MICHELIN
CHARME UND AMBIENTE

1000 preisgünstige Hotels und Privatunterkünfte mit Charme in Frankreich

Reise-Verlag

INHALT

ALSACE/ELSASS ... 9
67 **Bas-Rhin** – 68 **Haut-Rhin**

AQUITAINE/AQUITANIEN ... 37
24 **Dordogne** – 33 **Gironde** – 40 **Landes**
47 **Lot-et-Garonne** – 64 **Pyrénées-Atlantiques**

AUVERGNE ... 91
03 **Allier** – 15 **Cantal** – 43 **Haute-Loire** – 63 **Puy-de-Dôme**

BOURGOGNE/BURGUND ... 123
21 **Côte-d'Or** – 58 **Nièvre** – 71 **Saône-et-Loire** – 89 **Yonne**

BRETAGNE ... 157
22 **Côte-d'Armor** – 29 **Finistère** – 35 **Ille-et-Vilaine**
56 **Morbihan**

CENTRE ... 187
18 **Cher** – 28 **Eure-et-Loir** – 36 **Indre** – 37 **Indre-et-Loire**
41 **Loir-et-Cher** – 45 **Loiret**

CHAMPAGNE-ARDENNE ... 215
08 **Ardennes** – 10 **Aube** – 51 **Marne** – 52 **Haute-Marne**

CORSE/KORSIKA ... 227
2A **Corse-du-Sud** – 2B **Haute-Corse**

FRANCHE-COMTÉ ... 237
25 **Doubs** – 39 **Jura** – 70 **Haute-Saône** – 90 **Ter.-de-Belfort**

ÎLE-DE-FRANCE UND PARIS ... 253
75 **Seine (Paris)** – 77 **Seine-et-Marne** – 78 **Yvelines** – 91 **Essonne**
92 **Hauts-de-Seine** – 93 **Seine-Saint-Denis**
94 **Val-de-Marne** – 95 **Val-d'Oise**

LANGUEDOC-ROUSSILLON ... 271
11 **Aude** – 30 **Gard** – 34 **Hérault** – 48 **Lozère**
66 **Pyrénées-Orientales**

LIMOUSIN ... 295
19 **Corrèze** – 23 **Creuse** – 87 **Haute-Vienne**

LORRAINE/LOTHRINGEN ... 305
54 **Meurthe-et-Moselle** – 55 **Meuse** – 57 **Moselle** – 88 **Vosges**

MIDI-PYRÉNÉES ... 315
09 **Ariège** – 12 **Aveyron** – 31 **Haute-Garonne** – 32 **Gers**

46 **Lot** – 65 **Hautes-Pyrénées** – 81 **Tarn** – 82 **Tarn-et-Garonne**

NORD-PAS-DE-CALAIS ... 361
59 **Nord** – 62 **Pas-de-Calais**

NORMANDIE ... 377
14 **Calvados** – 27 **Eure** – 50 **Manche** – 61 **Orne** – 76 **Seine-Maritime**

PAYS-DE-LA-LOIRE ... 417
44 **Loire-Atlantique** – 49 **Maine-et-Loire** – 53 **Mayenne**

72 **Sarthe** – 85 **Vendée**

PICARDIE ... 437
02 **Aisne** – 60 **Oise** – 80 **Somme**

POITOU-CHARENTES ... 451
16 **Charente** – 17 **Charente-Maritime** – 79 **Deux-Sèvres**

86 **Vienne**

PROVENCE-ALPES-CÔTE-D'AZUR ... 467
04 **Alpes-de-Haute-Provence** – 05 **Hautes-Alpes**

06 **Alpes-Maritimes** – 13 **Bouches-du-Rhône** – 83 **Var** – 84 **Vaucluse**

RHÔNE-ALPES ... 523
01 **Ain** – 07 **Ardèche** – 26 **Drôme** – 38 **Isère** – 42 **Loire**

69 **Rhône** – 73 **Savoie** – 74 **Haute-Savoie**

BESONDERS PREISGÜNSTIGE ADRESSEN	575
ADRESSEN FÜR GOURMETS	580
ADRESSEN MIT SPORTAKTIVITÄTEN	582
ALLE ADRESSEN IN ALPHABETISCHER REIHENFOLGE	584

FRANKREICHS REGIONEN

- ALSACE/ELSASS
- AQUITAINE/AQUITANIEN
- AUVERGNE
- BOURGOGNE/BURGUND
- BRETAGNE
- CENTRE
- CHAMPAGNE-ARDENNE
- CORSE/KORSIKA
- FRANCHE-COMTÉ
- ÎLE-DE-FRANCE UND PARIS
- LANGUEDOC-ROUSSILLON
- LIMOUSIN
- LORRAINE/LOTHRINGEN
- MIDI-PYRÉNÉES
- NORD-PAS-DE-CALAIS
- NORMANDIE
- PAYS-DE-LA-LOIRE
- PICARDIE
- POITOU-CHARENTES
- PROVENCE-ALPES-CÔTE-D'AZUR
- RHÔNE-ALPES

Zeichenerklärung für die in diesem Reiseführer benutzten Symbole:

 **Laufende Nummer des Hauses**
im Text und auf den Regionalkarten:
in Blau für Hotels
in Rot für Privatunterkünfte

 Hotel

 Privatunterkunft (Maison d'hôte)

Hotels oder Privatunterkünfte, bei denen der Preis für ein Doppelzimmer unter 50 € pro Nacht liegt

 Das „gewisse Etwas" des Hotels oder der Privatunterkunft, das Sie sich auf keinen Fall entgehen lassen sollten

LEITFADEN FÜR DIE BENUTZUNG

Leitfaden für die Benutzung

In dieser Ausgabe von **Michelin Charme und Ambiente** stellen wir Ihnen eine Auswahl von 1 000 Hotels und Privatunterkünften in ganz Frankreich vor. Auswahlkriterien für unsere Inspektoren sind Authentizität, Charme, Empfang und Preise. Letztere liegen bei maximal 110 € pro Zimmer, bei 95 % der Adressen jedoch unter 80 € und bei einem Viertel unter 50 €.
Um Ihnen bei der Auswahl behilflich zu sein, weist Sie das Symbol 🐝 auf das „gewisse Etwas" der Adresse hin, z. B. „Die Unterwasserwelt des Naturschutzgebietes von La Scandola erforschen".

Aufbau dieses Reiseratgebers

Dieser Führer ist in 19 französische Regionen unterteilt, die den Verwaltungsregionen entsprechen. Innerhalb jeder Region sind die Adressen nach Departements geordnet, z. B. in Aquitanien: 24 (Dordogne), 33 (Gironde), 40 (Landes), 47 (Lot-et-Garonne), 64 (Pyrénées-Atlantiques). Innerhalb eines Departements sind die Gemeinden, in denen wir Adressen ausgewählt haben, in alphabetischer Reihenfolge geordnet. Außerdem wurden die Hotels und Privatunterkünfte nach ihrer Reihenfolge innerhalb der Regionen durchnummeriert. Hotels sind mit dem Symbol 🏨 in Blau, Privatunterkünfte mit dem Symbol 🏠 in Rot gekennzeichnet.

Karten

In der Einleitung gibt eine Frankreichkarte einen Überblick über die verschiedenen Regionen.
Am Anfang jeder Region finden Sie eine Regionalkarte, auf der die Hotels in Blau und die Privatunterkünfte in Rot eingezeichnet sind. Jede Unterkunft besitzt eine Nummer, die auf die Nummerierung in der Beschreibung verweist.

Privatunterkünfte

Maisons d'hôte und Chambres d'hôte sind Privatunterkünfte, die in der Regel 3 bis 6 Zimmer anbieten, oft in schön restaurierten und stilvoll eingerichteten Gebäuden, in denen sich die Gastgeber persönlich um das Wohl ihrer Gäste kümmern. Meistens befinden sich die Privatunterkünfte in ruhigen Wohnvierteln oder auf dem Land und bieten einen idealen Rahmen zum Entspannen.
Bei eventuellen Verspätungen sollte man seinen Gastgebern in jedem Fall vorher Bescheid sagen. Wenn Sie im Sommer oder an einem der langen Wochenenden im Frühling verreisen, ist außerdem eine frühzeitige Reservierung angeraten.

Hotels

Viele Hotels befinden sich in alten Burgen, Landhäusern, Klöstern usw. Wie die Privatunterkünfte wurden auch die Hotels aufgrund ihrer schönen Lage, ihres besonderen Charmes, ihrer ruhigen Atmosphäre und ihrer Ausstattung ausgewählt... Die Zimmer sind je nach Preis einfach bis luxuriös, viele sind individuell eingerichtet, alle sind gemütlich und wohnlich.
Viele Hotels verfügen über ein Restaurant und bieten Halbpension an. Ist dies der Fall, geben wir „Halbpension möglich" an. Bitte informieren Sie sich beim Hotel.
Auch bei Hotels gilt es, bei Verspätungen die Reservierung noch einmal telefonisch zu bestätigen, denn in der Regel muss man vor 18 Uhr eintreffen.

Die uns von den Hotels und Privatunterkünften mitgeteilten Angaben sind als Orientierungshilfen gedacht. Es ist möglich, dass sich einige Daten bis zum Erscheinen des Führers geändert haben. Wir können deshalb keine Haftung für die Angaben in diesem Führer übernehmen.

Mahlzeiten

Bei jeder Adresse wird angegeben, ob ein Restaurant vorhanden ist oder ob Mahlzeiten *(table d'hôte)* angeboten werden. Auch einige Privatunterkünfte bieten Mahlzeiten an. Oft isst man mit der Gastfamilie und anderen Hausgästen gemeinsam an einem großen

Tisch oder in einem Esszimmer mit mehreren kleinen Tischen, was jedoch von Haus zu Haus variiert.

Preise

Die Preise enthalten Steuern und Bedienung. Sie wurden uns von den Hotels und den privaten Vermietern im Jahr 2005 für das Jahr 2006 mitgeteilt und können im Laufe dieses Jahres Änderungen unterworfen sein. Alle Preise gelten für die Hauptsaison und sind unverbindlich. Für etwaige Unterschiede kann Michelin keine Haftung übernehmen.

Zimmer: Die Preise gelten für ein Doppelzimmer in der Hauptsaison. Angegeben werden der niedrigste und der höchste Preis. Lassen Sie sich bei der Reservierung den Zimmerpreis bestätigen.
In der Nebensaison bieten einige Adressen günstigere Preise. Erkundigen Sie sich danach bei der Reservierung.

Frühstück: Manchmal ist das Frühstück im Preis inbegriffen. Ist dies nicht der Fall, wird der Frühstückspreis pro Person angegeben.

Zahlungsmöglichkeiten

Es gibt in Frankreich zwei Arten von Anzahlung. „Arrhes" bedeutet, dass der Kunde bei Stornierung die Anzahlung verliert. Wenn dagegen das Hotel dem Kunden kein Zimmer zur Verfügung stellen kann, muss es ihm den doppelten Betrag der bereits bezahlten Summe erstatten. „Acompte" bedeutet, dass der Kunde bei Stornierung den Gesamtbetrag zahlen muss.

Kreditkarten

Häuser, die keine Kreditkarten akzeptieren, sind entsprechend gekennzeichnet.
Wir möchten darauf hinweisen, dass die Übermittlung der Kreditkartennummer bei der Reservierung das Hotel oder den Gastgeber dazu autorisiert, entweder eine Anzahlung oder einen Minimalpreis zu erheben, falls die Reservierung nach der vom Hotel oder Gastgeber vorgesehenen Frist storniert wird.

Anfahrt und Ausstattung

Folgende Angaben finden Sie bei jeder Adresse:
- Anfahrt von der nächstgelegenen Stadt oder Lage innerhalb des Ortes
- die Ausstattung: TV, Swimmingpool, Tennis, Sauna, Kinderspielplatz, usw. sowie Informationen über das Mitbringen von Hunden
- behindertengerechter Zugang, wenn vorhanden

Einige Adressen mit dem „gewissen Etwas"

Sie sind am Ende des Bandes aufgelistet.
Besonders günstige Adressen, unter 50 €, sind mit dem Münzsymbol gekennzeichnet.
Adressen für Gourmets haben uns durch ihre qualitativ hochwertige Küche beeindruckt.
Adressen mit Sportaktivitäten besitzen einen Swimmingpool und mindestens ein weiteres Sportangebot (Tennis, Golf, Reiten, Wandern, Kanufahren usw.).

Register

Alle Adressen sind in alphabetischer Reihenfolge aufgeführt.

Mit Michelin in Frankreich unterwegs

Für eine Erkundung Frankreichs sind die Michelin-Straßenkarten REGIONAL und LOCAL sowie die verschiedenen Grünen Reiseführer unerlässlich.
Um Ihre Reiseroute vorzubereiten, steht Ihnen unsere Website **www.ViaMichelin.de** zur Verfügung.

Ihre Meinung interessiert uns

Wir haben uns bemüht, diesen Führer praktisch und leicht leserlich zu gestalten. Jede Kritik sowie Anregungen und Kommentare, aber auch Vorschläge für neue Adressen sind jederzeit willkommen.
Wir danken Ihnen an dieser Stelle im Voraus für den uns zugesandten Fragebogen, den Sie am Ende dieses Bandes finden.

ALSACE/ELSASS

Das Elsass gehört zu den romantischsten Regionen Frankreichs: am Fuße der Berge Burgen wie im Märchen, die sanften Linien weiter Weinberge, malerische kleine Dörfer, die hier und da Farbtupfer in der grünen Landschaft bilden. Colmar bietet mit seinem „Petite Venise" genannten Viertel, gut erhaltenen Fachwerkhäusern, blumengeschmückten Balkons und Storchennestern mittelalterlichen Charme. Straßburg lädt zum Flanieren ein mit seiner herrlichen Kathedrale, dem berühmten Weihnachtsmarkt usw. Trotz des für Frankreich relativ kalten Winters strahlt die „französische Hauptstadt Europas" viel Wärme aus: das hübsche Viertel „Petite France" mit seinen schönen Fachwerkhäusern, die sich in der Ill spiegeln, die gemütlichen Bierkneipen, wo das berühmte Elsässer Bier fließt, und die malerischen Weinstuben, in denen man gut und reichlich essen kann. Auf der Karte stehen *Baeckeoffe*, Sauerkraut mit Schweinefleisch sowie Gugelhupf zum Nachtisch, serviert mit einem Glas Sylvaner, Riesling oder Gewürztraminer.

- Bas-Rhin (67)
- Haut-Rhin (68)

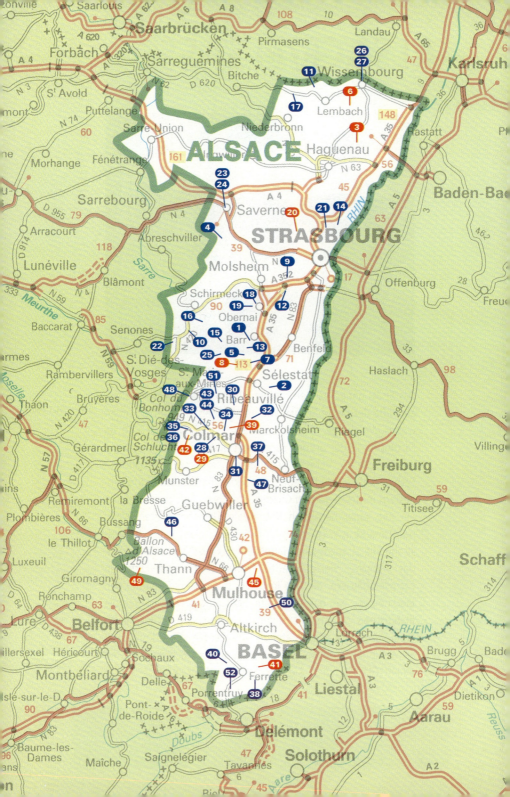

ALSACE/ELSASS

ANDLAU - 67140

1 ZINCKHOTEL
M. Zinck

13 rue de la Marne
67140 Andlau
Tel. 03 88 08 27 30
Fax 03 88 08 42 50
zinck.hotel@wanadoo.fr
www.zinckhotel.com

Ganzjährig geöffnet • 18 Zimmer mit Bad/WC oder Dusche/WC, einige mit TV • 55 bis 95 € für 2 Personen, Frühstück 8 € • kein Restaurant • Terrasse, Park, gesicherter Parkplatz; Hunde nicht erlaubt

Eine Siesta im blumengeschmückten Garten nach einem Spaziergang zwischen den Obstbäumen

Diese alten Mauern hätten wohl einige Geschichten zu erzählen! Das im 16. Jh. im Gerberviertel errichtete Gebäude war bis 1830 eine Mühle. Anschließend wurde es in eine Strickwarenfabrik und schließlich in ein Hotel umgewandelt, das um einen modernen Flügel erweitert wurde. Von der Vergangenheit zeugt noch das alte Mühlrad im Frühstücksraum. Die größte Überraschung sind jedoch die Zimmer, die in verschiedenen Stilrichtungen eingerichtet sind: das Englische Zimmer, Zen, Tausendundeine Nacht usw.

Anfahrt: über die D 500, Ausfahrt 13 Mittelbergheim

BALDENHEIM - 67600

2 LES PRÉS D'ONDINE
M. Dalibert

5 route de Baldenheim - Rathsamhausen-le-Haut
67600 Baldenheim
Tel. 03 88 58 04 60
Fax 03 88 58 04 61
message@presdondine.com
www.presdondine.com

Ganzjährig geöffnet • 12 Zimmer, davon eines behindertengerecht, alle mit Bad/WC und TV • 70 bis 90 €, Frühstück 10 €, Halbpension möglich • nur Abendessen (außer So und Mi), Menü 22 bis 32 € • Garten, gesicherter Parkplatz; Hunde im Restaurant nicht erlaubt • Fitnessraum, Bibliothek

Die idyllische Landschaft an den Ufern der Ill

Das in Flussnähe gelegene ehemalige Forsthaus wurde Anfang des 20. Jh.s gebaut und kürzlich einer Verjüngungskur unterzogen. Die ansprechende farbige Fassade lädt ein, durch das Gartentor zu treten. Im Innern entdeckt man zunächst den entzückenden Aufenthaltsraum mit Bibliothek. In dem gemütlichen Speisesaal mit seinem hübschen Holzdekor werden die Mahlzeiten eingenommen. Ausgesuchtes Mobiliar, warme Farben, passende Stoffe und Nippes verleihen den Räumen eine elegante Note.

Anfahrt: 5 km östlich von Sélestat über die D 21

ALSACE/ELSASS
BETSCHDORF - 67660   BIRKENWALD - 67440

3 KRUMEICH
M. Krumeich

23 rue des Potiers
67660 Betschdorf
Tel. 03 88 54 40 56
Fax 03 88 54 40 56

Ganzjährig geöffnet • 3 Zimmer • 48 bis 53 € für 2 Personen, Frühstück inkl. • keine Mahlzeit • Garten, überdachter Parkplatz; keine Kreditkarten, Hunde nicht erlaubt • Töpferkurse

 Der äußerst nette Besitzer, der selbst Töpfer ist

Das große Haus im Herzen eines für seine Töpferwaren berühmten Dorfes besitzt ruhige und freundliche Zimmer, die mit schönen alten Möbeln ausgestattet sind (besonders bemerkenswert sind die Schränke). Ein schattiger Garten mit Blumenbeeten rundet das Anwesen ab. Der Besitzer entstammt einer alten Töpferfamilie und bietet das ganze Jahr über Einführungskurse in seinen Beruf an.

Anfahrt: 15 km nordöstlich von Haguenau in Richtung Wissembourg über die D 263 und die D 243

4 AU CHASSEUR
M. Gass

7 rue de l'Eglise
67440 Birkenwald
Tel. 03 88 70 61 32
Fax 03 88 70 66 02
hotel.au-chasseur@wanadoo.fr
chasseurbirkenwald.com

Jan. geschlossen • 24 Zimmer mit Bad/WC oder Dusche/WC und TV • 60 bis 79 €, Frühstück 12 €, Halbpension möglich • Nichtraucher-Restaurant Mo, Di-mittag und Do-mittag geschlossen, Menüs 15 (werktags mittags) bis 65 € • Terrasse, Garten, Parkplatz; Hunde auf den Zimmern nicht erlaubt • beheiztes Schwimmbad, Sauna, Jacuzzi

 Der Wellness-Bereich mit beheiztem Schwimmbad, Sauna, Whirlpool und Solarium

Hier können Sie wirklich eine himmlische Nachtruhe erleben! Das einladende Familienhotel mit der blumengeschmückten Fassade beherrscht das Dorf Birkenwald. Die reizenden Zimmer sind komfortabel und tadellos sauber, von einigen genießt man den Blick auf die Vogesen. Die Karte bietet eine gelungene Mischung aus klassischen und regionalen Gerichten. Die bemalten Holztäfelungen, die den Speiseraum schmücken, stammen von einem einheimischen Künstler.

Anfahrt: im Dorfzentrum, zwischen Saverne und Molsheim

ALSACE/ELSASS

BLIENSCHWILLER - 67650

5 WINZENBERG
Mme Dresch-Horning

58 route des vins
67650 Blienschwiller
Tel. 03 88 92 62 77
Fax 03 88 92 45 22
winzenberg@visit-alsace.com
www.winzenberg.com

3. Jan. bis 18. Febr. geschlossen • 13 Zimmer mit Bad/WC oder Dusche/WC und TV • 41 bis 50 € für 2 Personen, Frühstück 6 € • kein Restaurant • gesicherter Parkplatz; Hunde nicht erlaubt

 Die günstige Lage im Dorf und an der Elsässischen Weinstraße

Das ehemalige Weingut in einem von Weinbergen umgebenen Dorf wurde restauriert und in ein Hotel umgewandelt. Dank der bemalten Möbel sind die nicht sehr großen Zimmer durchaus einladend. Einige liegen unter der Mansarde, andere haben einen Balkon. Die derzeitigen Besitzer sind gleichzeitig Winzer und bieten eine Besichtigung ihres Weinkellers mit anschließender Weinprobe an.

Anfahrt: in der Hauptstraße des Dorfes

CLEEBOURG - 67160

6 KLEIN
Mme Klein

59 rue Principale
67160 Cleebourg
Tel. 03 88 94 50 95
Fax 03 88 94 50 95
annejp.klein@laposte.net

www.chez.com/cleebourg

Ganzjährig geöffnet • 4 Zimmer • 40 € für 2 Personen, Frühstück inkl., Halbpension möglich • nur Abendessen 12 €, Getränk inkl. • Garten, Parkplatz; keine Kreditkarten, Hunde nicht erlaubt

 Das noch original erhaltene elsässische Dekor des Hauses

Das typisch elsässische Haus aus dem 18. und 19. Jh. steht im Herzen eines für seinen Wein berühmten Dorfes und ist in seinem Originalstil erhalten. Die ruhigen Zimmer liegen im Erdgeschoss und sind mit schönen alten Möbeln ausgestattet. Im Esszimmer, in dem Holz den Ton angibt, serviert man typisch regionale Speisen. Hinter dem Haus lädt ein kleiner Garten zum Ausruhen ein.

Anfahrt: 7 km südwestlich von Wissembourg über die D 7, in der Dorfmitte

ALSACE/ELSASS
DAMBACH-LA-VILLE - 67650   DIEFFENBACH-AU-VAL - 67220

7 LE VIGNOBLE
M. Boulanger

1 rue de l'Église
67650 Dambach-la-Ville
Tel. 03 88 92 43 75
Fax 03 88 92 62 21

24. Juni bis 8. Juli und 24. Dez. bis 23. März geschlossen
• 7 Zimmer, davon eines behindertengerecht, die meisten mit Bad/WC, alle mit TV • 48 bis 55 € für 2 Personen, Frühstück 7 € • kein Restaurant • gesicherter Parkplatz; Hunde nicht erlaubt

8 LA ROMANCE
M. Geiger

17 route de Neuve-Église
67220 Dieffenbach-au-Val
Tel. 03 88 85 67 09
Fax 03 88 57 61 58
corinne@la-romance.net
www.la-romance.net

Ganzjährig geöffnet • 6 Zimmer, davon eines mit Zwischengeschoss und 2 mit Sitzecke • 75 bis 85 € für 2 Personen, Frühstück inkl. • keine Mahlzeit • Garten, Parkplatz; keine Kreditkarten, Hunde nicht erlaubt • Sauna, Solarium und Whirlpool

 Der Weinlehrpfad von Dambach

Das Hotel ist in einem der bescheidenen Winzerhäuser der elsässischen Weinstraße untergebracht, die durch eine schmale Fassade zur Straße und durch Fachwerk im Obergeschoss gekennzeichnet sind. Im Erdgeschoss befinden sich traditionell die Kelter und der Weinkeller, während die Wohnräume oben untergebracht sind. Die Zimmer sind äußerst ruhig – nur die Glocken der benachbarten Kirche läuten ab und an –, und die behauenen Balken geben ihnen eine besondere Atmosphäre. Gemütlicher Frühstücksraum.

 Der moderne Komfort dieses Hauses im einheimischen Baustil

Das Hotel ist nicht ganz einfach zu finden, doch die Mühe lohnt sich. Sie werden hier auf das Herzlichste empfangen, und die geschmackvoll eingerichteten Zimmer haben viel versprechende Namen wie Kornblume, Tanne, Rose und Lavendel. Zwei von ihnen gehen zum Tal hinaus. Im Sommer ist es ein besonderes Vergnügen, im Garten am Waldrand zu frühstücken.

Anfahrt: in der Dorfmitte

Anfahrt: 12 km nordwestlich von Sélestat über die N 59 und die D 424 in Richtung Villé

ALSACE/ELSASS

ENTZHEIM - 67960

 9 PÈRE BENOIT
M. Massé

 34 route de Strasbourg
67960 Entzheim
Tel. 03 88 68 98 00
Fax 03 88 68 64 56
hotel.perebenoit@wanadoo.fr
www.hotelperebenoit.com

30. Juli bis 21. Aug. und 24. Dez. bis 2. Jan. geschlossen • 60 Zimmer auf 2 Stockwerken, davon 4 behindertengerecht, alle mit Bad/WC und TV • 60 € für 2 Personen, Frühstück 8 € • Restaurant mit Klimaanlage, Menüs 19 bis 24 € • Terrasse, Garten, gesicherter Parkplatz; Hunde im Restaurant nicht erlaubt • Fitnessraum, Sonnenterrasse

 Ein Hotel mit Charakter, nur 10 Minuten vom Straßburger Flughafen entfernt

Der Bauernhof aus dem 18. Jh. mit seiner braunroten Fassade und traditionellem Fachwerk bietet komfortable Zimmer, von denen die meisten auf einen reizenden Innenhof hinausgehen. Für die Mahlzeiten können Sie wählen zwischen dem familiären Speiseraum, der gemütlichen Winstub mit Gemälden, Holztäfelung und Kachelofen, dem Gewölbekeller, in dem Flammkuchen serviert wird, und der schönen Terrasse unter einer Holzgalerie – was von dem hohen Stellenwert zeugt, der hier dem Essen beigemessen wird.

Anfahrt: 12 km von Straßburg über die A 35 (Ausfahrt 8), die D 400 und die D 392

FOUDAY - 67130

 10 JULIEN
M. Goetz

12 route Nationale
67130 Fouday
Tel. 03 88 97 30 09
Fax 03 88 97 36 73
hoteljulien@wanadoo.fr
www.hoteljulien.com

8. bis 24. Jan. sowie Di geschlossen • 46 Zimmer, davon 8 mit Zwischengeschoss, alle mit Bad/WC oder Dusche/WC und TV • 72 bis 117 €, Frühstück 11 €, Halbpension möglich • Menüs 18 (werktags) bis 36 € • Terrasse, Garten, Schwimmbad, Parkplatz; Hunde im Restaurant nicht erlaubt • Wellnessbereich, verschiedene Angebote zur Erkundung des Elsass

 Der idyllische Blick auf das Tal der Breusch, die von einer kleinen Brücke überspannt wird

Die Straßenfassade mit ihrem ungewöhnlichen halbrunden Vorbau mit Kupferdach kontrastiert mit der Gartenfassade, die mit Fachwerk und üppig blühenden Balkonen geschmückt ist. Die äußerst aktive Familie, die das Hotel seit einigen Jahren betreibt, hat das Julien Zug um Zug renoviert und die eher rustikalen Zimmer zum Teil in luxuriöse Suiten umgewandelt. Ein weiterer Pluspunkt ist die schmackhafte regionale Küche des Hauses.

Anfahrt: am Ortsausgang in Richtung Schirmeck

ALSACE/ELSASS
GIMBELHOF - 67510   INNENHEIM - 67880

 GIMBELHOF
M. Gunder

 67510 Gimbelhof
Tel. 03 88 94 43 58
Fax 03 88 94 23 30
info@gimbelhof.com
 www.gimbelhof.com

15. Nov. bis 26. Dez. und während der Schulferien im Febr. geschlossen • 9 Zimmer, die meisten mit Dusche/WC • 40 bis 55 € für 2 Personen, Frühstück 6 €, Halbpension möglich • Restaurant Mo und Di geschlossen, Menüs 11 (werktags) bis 28 € • Parkplatz

 AU CEP DE VIGNE
M. Schaal

 5 route de Barr
67880 Innenheim
Tel. 03 88 95 75 45
Fax 03 88 95 79 73
www.aucepdevigne.com

15. bis 28. Febr., 1. bis 15. Juli sowie So-abend (außer Hotel) und Mo geschlossen • 37 Zimmer, davon eines behindertengerecht, alle mit Bad/WC oder Dusche/WC und TV • 57 bis 66 € für 2 Personen, Frühstück 8 €, Halbpension möglich • Menüs 15 bis 41 € • Garten, Parkplatz

 Die Ruinen der Burg Fleckenstein, die auf einem Felsen thront

Ein kleiner Waldweg führt zu dem einsamen Familienbetrieb inmitten der Höhenzüge der Nordvogesen. Zwar sind die Zimmer und der Speisesaal im rustikalen Stil recht schlicht gehalten, doch ist das Hotel ein idealer Ausgangspunkt für Naturliebhaber, Wanderfreunde und Geschichtsinteressierte. Der Wanderweg zu den vier Burgen verläuft mitten durch die Tannenwälder entlang der deutsch-französischen Grenze und gibt schöne Ausblicke auf den Pfälzer Wald frei.

 Gastlichkeit ist eine Familientradition!

Ein steiles Dach, stattliche Fachwerkfassaden und eine Loggia aus geschnitztem Holz – dieses traditionelle Gasthaus, das sich seit 1902 im Besitz der Familie Schaal befindet, ist mit der Zeit immer größer und immer schöner geworden, schließlich sind die Gastgeber seit jeher um das Wohlergehen der Gäste bemüht. Die rustikalen und etwas dunklen oder modernen und hellen Zimmer sind zur Gartenseite hin ruhiger. Gemütlicher Speiseraum mit dunkler Holztäfelung und mit Schnitzwerk verzierter Decke.

Anfahrt: Ausfahrt aus Lembach über die D 3, nach 3,5 km rechts auf die D 925 und nochmals rechts in den Waldweg einbiegen

Anfahrt: zwischen Straßburg und Obernai, im Ortskern

ALSACE/ELSASS

ITTERSWILLER - 67140

 13 ARNOLD
M. Arnold

98 route des vins
67140 Itterswiller
Tel. 03 88 85 50 58
Fax 03 88 85 55 54
arnold-hotel@wanadoo.fr
www.hotel-arnold.com

25. und 26. Dez. geschlossen • 29 Zimmer, davon 10 in einem Nebengebäude und eines behindertengerecht, alle mit Bad/WC oder Dusche/WC und TV • 90 bis 111 € (Nebensaison 77 bis 99 €) für 2 Personen, Frühstück 12 €, Halbpension möglich • Menüs 23 (werktags) bis 46 € • Terrasse, Garten, Parkplatz

 Der Laden, in dem regionale Erzeugnisse angeboten werden

Weinberge, schmucke Fachwerkfassaden, ein reizvolles Interieur und tadellose Führung - hier kann man so richtig ins Elsass eintauchen! Dank der kürzlich erfolgten Renovierung, bei der besonderes Augenmerk auf die Erhaltung des regionalen Charakters der drei Gebäude gelegt wurde, wird den Gästen nun mehr Komfort geboten. Die sehr heimeligen Zimmer gehen entweder auf das malerische Dorf oder auf die Weinberge hinaus. In der Winstub mit dem typischen Ambiente kostet man gerne die lokalen Gerichte.

Anfahrt: mitten im Dorf, südlich von Obernai

LA WANTZENAU - 67610

 14 LE MOULIN DE LA WANTZENAU
Mme Wolff B. et Mme Dametti A.

3 impasse du Moulin
67610 La Wantzenau
Tel. 03 88 59 22 22
Fax 03 88 59 22 00
moulin-wantzenau@wanadoo.fr
www.moulin-wantzenau.com

24. Dez. bis 2. Jan. geschlossen • 20 Zimmer und eines mit Zwischengeschoss, auf 4 Stockwerken mit Fahrstuhl, alle mit Bad/WC oder Dusche/WC und TV • 70 bis 98 €, Frühstück 11 €, Halbpension möglich • Restaurant Au Moulin: 7. bis 28. Juli, 27. Dez. bis 8. Jan., So und Feiertage geschlossen, Klimaanlage, Menüs 26 bis 32 € • Terrasse, Garten, gesicherter Parkplatz • In der Nähe : Golf-, Tennisplatz, Reiten, Fitness

 Die Ruhe und die Natur ganz in der Nähe von Straßburg genießen

Die ehemalige Mühle liegt ruhig an einem Seitenarm der Ill in einer ländlichen Umgebung. Gestreifte Tapeten in Pastelltönen, ausgesuchte Stoffe, Holzbalken und Möbel aus hellem Holz sorgen in den freundlichen Zimmern für ein gemütliches Ambiente. Im ebenfalls sehr angenehmen Aufenthaltsraum mit Kamin wird das köstliche Frühstück aus sorgfältig ausgewählten Produkten serviert. Das Restaurant gegenüber wird von derselben Familie geführt.

Anfahrt: 12 km nordöstlich von Straßburg über die D 468

ALSACE/ELSASS
LE HOHWALD - 67140   NATZWILLER - 67130

15 LA PETITE AUBERGE
M. Hubrecht

6 rue Principale
67140 Le Hohwald
Tel. 03 88 08 33 05
Fax 03 88 08 34 62
hrpetiteauberge@aol.com
www.lapetiteauberge-hohwald.com

2. Jan. bis 6. Febr., Di-abend und Mi geschlossen • 7 Zimmer mit Bad/WC und TV • 60 € für 2 Personen, Frühstück 8 €, Halbpension möglich • Nichtraucher-Speiseraum, Menüs 15 bis 27 € • Terrasse, Parkplatz

16 AUBERGE METZGER
M. Metzger

55 rue Principale
67130 Natzwiller
Tel. 03 88 97 02 42
Fax 03 88 97 93 59
auberge.metzger@wanadoo.fr
www.hotel-aubergemetzger.com

3. bis 24. Jan., 21. Juni bis 4. Juli sowie So-abend und Mo geschlossen • 16 Zimmer mit Bad/WC oder Dusche/WC und TV • 59 bis 73 € für 2 Personen, Frühstück 9 €, Halbpension möglich • Menüs 13 (werktags) bis 53 € • Garten

 Das großzügige Platzangebot in den zweigeschossigen Zimmern

Der Hotelbereich der Petite Auberge ist in einem langen Bau mit neuer Holzfassade untergebracht. Die zweigeschossigen Zimmer sind sehr großzügig geschnitten und bieten eine Fläche von 36 m², eine eigene Terrasse, schlichtes Dekor mit hellen Holzmöbeln, funktionelle Bäder und einen Schlafbereich unter dem Dach. Das Essen wird in einem traditionelleren Gebäude eingenommen. Im Restaurant wird eine klassische Küche serviert, während im Caveau Le Relais regionale Gerichte auf der Karte stehen.

 Der zauberhafte Garten, in dem es nur so grünt und blüht

Ruhe und Erholung beschert Ihnen dieses hübsche Hotel in einem friedlichen Dorf in schönster elsässischer Umgebung. Die individuell und geschmackvoll eingerichteten Zimmer bestehen aus Stil- oder modernen Möbeln in Verbindung mit einer ausgesuchten zeitgenössischen Dekoration. Die in dem gemütlichen Speiseraum oder auf der luftigen Terrasse servierten regionalen Gerichte sind nicht nur schmackhaft, sondern auch großzügig portioniert.

Anfahrt: im Dorfzentrum

Anfahrt: im oberen Teil des Dorfes

ALSACE/ELSASS

NIEDERSTEINBACH - 67510

17 AU CHEVAL BLANC
M. Zinck

11 rue Principale
67510 Niedersteinbach
Tel. 03 88 09 55 31
Fax 03 88 09 50 24
contact @ hotel-cheval-blanc.fr
 www.hotel-cheval-blanc.fr

30. Jan. bis 9. März sowie 2 Wochen Ende Juni und 2 Wochen Anfang Dez. geschlossen • 26 Zimmer, davon 3 Suiten, alle mit Bad/WC oder Dusche/WC und TV • 49 bis 69 €, Frühstück 8 € • Halbpension möglich • Menüs 18 (werktags) bis 53 € • Terrasse, Garten; Hunde im Restaurant nicht erlaubt • Swimmingpool, Tennis, Spielmöglichkeit für Kinder

 Die herrliche Lage inmitten von Burgen und Seen im Naturpark Nordvogesen

Das typisch elsässische Gebäude liegt in naher Nachbarschaft zu den mittelalterlichen Reichsfestungen. Die meisten der Zimmer (meiden Sie die zur Straße hin), die zwar etwas altmodisch, dafür jedoch komfortabel und sehr gepflegt sind, gehen auf die bewaldeten Hügel der Umgebung hinaus. In den gemütlichen Speiseräumen, die im Stil der guten alten Wohnstube gehalten sind, genießt man eine üppige elsässische Küche. Helmut Kohl soll hier Stammgast sein!

Anfahrt: 8 km nordwestlich von Lembach über die D 3 in Richtung Bitche

OBERNAI - 67210

18 COLOMBIER
M. Baly

6/8 rue Dietrich
67210 Obernai
Tel. 03 88 47 63 33
Fax 03 88 47 63 39
info @ hotel.colombier.com
www.hotel.colombier.com

Ganzjährig geöffnet • 44 Zimmer, davon 2 behindertengerecht, alle mit Bad/WC, TV und Klimaanlage • 81 bis 110 € für 2 Personen, Frühstück 10 € • kein Restaurant • Garage

 Das Auto in der Hotelgarage stehen lassen und den Reiz von Obernai zu Fuß entdecken

Das Colombier präsentiert sich in einer gelungenen Kombination aus regionaler Bauweise mit unverkennbar zeitgenössischer Ausstattung. Hinter der mit Blumen geschmückten Fassade, die sich harmonisch in das Gesamtbild der reizvollen elsässischen Kleinstadt einfügt, verbirgt sich so manche Überraschung: Designermöbel, moderne Lampen, Metallkonstruktionen, Fachwerk und Gebälk. Viele der Zimmer sind sehr geräumig, manche von ihnen besitzen einen Balkon zur Straße hin.

Anfahrt: mitten im Dorf

ALSACE/ELSASS
OTTROTT-LE-HAUT - 67530   PFETTISHEIM - 67370

 19 À L'AMI FRITZ
M. Fritz

8 rue des Châteaux
67530 Ottrott-le-Haut
Tel. 03 88 95 80 81
Fax 03 88 95 84 85
ami-fritz@wanadoo.fr
www.amifritz.com

20 LA MAISON DU CHARRON
Mme Gass

15 rue Principale
67370 Pfettisheim
Tel. 03 88 69 60 35
Fax 03 88 69 85 45
mdc67@free.fr

www.maisonducharron.com

18. Jan. bis 4. Febr. und 1 Woche im Karneval geschlossen • 22 Zimmer, davon die Hälfte mit Klimaanlage, alle mit Bad/WC oder Dusche/WC und TV • 69 bis 99 € für 2 Personen, Frühstück 11 €, Halbpension möglich • Mi geschlossen; Menüs 22 bis 59 € • Terrasse, Park, gesicherter Parkplatz, Garage

Ganzjährig geöffnet • 5 individuell eingerichtete Zimmer, davon 2 mit Zwischengeschoss, und 2 Ferienwohnungen • 44 bis 53 € für 2 Personen, Frühstück inkl. • keine Mahlzeit • Garten; keine Kreditkarten, Hunde nicht erlaubt

 Der Rotwein von Ottrott, der hervorragend zu den vom Chef gezauberten kleinen Gerichten passt

 Die individuelle Gestaltung der Zimmer

Der Name dieses schmucken elsässischen Hauses im oberen Teil des Dorfes spielt auf den Roman von Erckmann-Chatrian an, aber auch auf den Namen der Eigentümer. Das Hotel zeichnet sich durch individuell eingerichtete Zimmer, behaglichen Komfort, tadellose Führung und Ruhe aus. Die vom Chef zubereiteten regionalen Gerichte genießt man im hübschen Speiseraum oder in der pittoresken Winstub. In 500 m Entfernung, mitten im Grünen, bietet das Nebengebäude Aux Chants des Oiseaux schlichte kleine Zimmer.

Bei der Renovierung dieser beiden Häuser aus dem Jahr 1858 haben die Besitzer selbst Hand angelegt. Der Herr des Hauses ist Schreiner von Beruf und kümmerte sich um die individuelle Ausstattung der Zimmer, denen er die Namen von Bäumen gab (Birke, Ahorn, Lärche etc.). Seine Frau, eine begabte Schneiderin, schmückt die Räumlichkeiten mit ihren Patchwork-Arbeiten. Bei schönem Wetter hält man sich gerne im kleinen Garten auf, während die Kinder den Pferden einen Besuch abstatten können.

Anfahrt: 4 km westlich von Obernai über die D 426

Anfahrt: 13 km nordwestlich von Straßburg über die D 31

ALSACE/ELSASS

REICHSTETT - 67116

SAULXURES - 67420

21 AIGLE D'OR
Mme Jung

5 rue de la Wantzenau
67116 Reichstett
Tel. 03 88 20 07 87
Fax 03 88 81 83 75
info@aigledor.com
www.aigledor.com

1. Jan., 4. bis 20. Aug. und 24. bis 31. Dez. geschlossen
• 17 Zimmer mit Bad/WC oder Dusche/WC und TV
• 64 bis 99 € (Nebensaison 59 bis 97 €) für 2 Personen, Frühstück 10 € • kein Restaurant • Parkplatz • in der Nähe: Spaziergang am Rhein-Marne-Kanal

22 LA BELLE VUE
Mme Boulanger

36 rue Principale
67420 Saulxures
Tel. 03 88 97 60 23
Fax 03 88 47 23 71
labellevue@wanadoo.fr
www.la-belle-vue.com

21. bis 30. März, 27. Juni bis 6. Juli, 14. bis 30. Nov. und 24. bis 26. Dez. geschlossen • 11 Zimmer, davon 7 mit Zwischengeschoss, alle mit Dusche/WC und TV • 82 bis 119 €, Frühstück 10 €, Halbpension möglich • Nichtraucher-Restaurant Di und Mi geschlossen, Menüs 19 bis 50 € • Terrasse, Parkplatz • Tennisplatz

 Das elegante Dekor dieses kleinen familiären Hotels

In der Nähe der Kirche dieses gleich neben Straßburg gelegenen malerischen Dorfes erhebt sich die schöne weiße Fachwerkfassade des Hôtel de l'Aigle d'Or. Die Diele wird durch originale Buntglasfenster in helles Licht getaucht. Der hübsche Frühstücksraum befindet sich im Untergeschoss. Die Zimmer in den Obergeschossen sind zwar etwas klein, was jedoch durch die schönen schmiedeeisernen oder Louis-seize-Möbel, Holztäfelungen und freundliche Stoffe bei weitem wettgemacht wird.

 Die herrliche Innenausstattung, in der Alt und Neu schön kombiniert sind

Der seit fünf Generationen von derselben Familie geführte Dorfgasthof aus dem 19. Jh. hat eine bemerkenswerte Entwicklung hinter sich. Heute verfügt das Haus über eine moderne Ausstattung und angenehm große Räume. Farbige Holztäfelungen, Gemälde und Vorhänge in warmen Farben sorgen für eine persönliche Note. Die Zimmer mit Zwischengeschoss haben einen Aufenthaltsraum. Schönes Gebälk und moderne Fresken schmücken das Nichtraucher-Restaurant, in dem eine kreative Küche angeboten wird.

Anfahrt: 7 km nördlich von Straßburg über die D 468 und die D 37 oder über die A 4 und die D 63

Anfahrt: im Dorf

ALSACE/ELSASS

SAVERNE - 67700 | SAVERNE - 67700

 23 LE CLOS DE LA GARENNE
Mme Schmitt

 24 L'HÔTEL EUROPE
M. Kuhry

 88 route du Haut-Barr
67700 Saverne
Tel. 03 88 71 20 41
Fax 03 88 02 08 86
clos.garenne@wanadoo.fr
www.closdelagarenne.fr.st

7 rue de la Gare
67700 Saverne
Tel. 03 88 71 12 07
Fax 03 88 71 11 43
info@hotel-europe-fr.com
www.hotel-europe-fr.com

Ganzjährig geöffnet • 15 Zimmer mit Bad/WC oder Dusche/WC und TV • 48 bis 86 € für 2 Personen, Frühstück 8 €, Halbpension möglich • Menüs 15 bis 65 € • Parkplatz, Park

17. bis einschließlich 31. Dez. geschlossen • 28 Zimmer, davon 20 mit Dusche/WC, 8 mit Bad/WC, alle mit TV • 63 bis 87 € für 2 Personen, Frühstück 9 € • kein Restaurant • Garage, öffentlicher Parkplatz in der Nähe • Besichtigung des nahe gelegenen Rohan-Schlosses

 Der herrliche Park mit Bäumen und Blumenbeeten

 Die Stilvielfalt der Zimmer

Wunderschön beschaulich steht das Gebäude aus dem frühen 20. Jh. am Rand eines Tannenwaldes. Die mit viel Liebe zum Detail eingerichteten Zimmer sind mit rustikalen oder Stilmöbeln ausgestattet. Der mit Holz verkleidete Speiseraum erinnert an eine Almhütte. Von der Terrasse überblickt man den am Hang angelegten Park.

Das teilrenovierte Hotel ist ein Familienbetrieb unweit des Bahnhofs und des Schlosses, an dem der Rhein-Marne-Kanal vorbeifließt. Die Stilvielfalt der weiträumigen Zimmer spiegelt die Vielfalt Europas wider, nach dem das Hotel benannt ist; sie reicht von skandinavisch über englisch und modern bis zu typisch französisch. Der Frühstücksraum ist mit edlen Hölzern getäfelt und zeigt alte europäische Fahnen. Die Euro-Bar ist im Jugendstil gehalten. Hotelgarage und öffentlicher Parkplatz gegenüber.

Anfahrt: am Place des Dragons die Straße zur Burg Haut-Barr nehmen

Anfahrt: in der Nähe des Bahnhofs

ALSACE/ELSASS

VILLÉ - 67220   WISSEMBOURG - 67160

 LA BONNE FRANQUETTE
M. Schreiber

 6 place du Marché
67220 Villé
Tel. 03 88 57 14 25
Fax 03 88 57 08 15
bonne-franquette@wanadoo.fr

13. bis 27. Febr., 26. Juni bis 3. Juli und 23. Okt. bis 6. Nov. geschlossen • 10 Zimmer, davon 2 nur für Nichtraucher, alle mit Bad/WC oder Dusche/WC und TV • 39 bis 53 € für 2 Personen, Frühstück 7 €, Halbpension möglich • Menüs 20 bis 40 €

 HOSTELLERIE DU CYGNE
M. et Mme Kientz

 3 rue du Sel
67160 Wissembourg
Tel. 03 88 94 00 16
Fax 03 88 54 38 28
hostellerie-cygne@wanadoo.fr

15. Febr. bis 3. März, 3. bis 16. Juli, 8. bis 23. Nov. sowie Mi geschlossen • 16 Zimmer in 2 nebeneinander stehenden Häusern, alle mit Bad/WC oder Dusche/WC und TV • 50 bis 65 € für 2 Personen, Frühstück 8 €, Halbpension möglich • Restaurant Do-mittag und So-abend geschlossen, Menüs 25 (werktags) bis 58 € • Terrasse; Hunde auf den Zimmern nicht erlaubt

 Die Nähe zum Naturpark Ballons des Vosges

Einladender als dieses Haus mit seiner weißen Fassade, die im Sommer fast ganz hinter den Blumenkästen verschwindet, könnte eine Unterkunft nicht sein. Hinzu kommt die Freundlichkeit und Aufgeschlossenheit des Besitzers, der ständig um das Wohl der Gäste bemüht ist. Die Zimmer sind zwar recht schmucklos, dafür jedoch absolut sauber. Auf der Karte des Restaurants (zwei Räume, davon einer im Untergeschoss), das viele Einheimische zu seinen Stammgästen zählt, stehen traditionelle lokale Gerichte.

 Das Salzhaus aus dem Jahre 1448 und sein ungewöhnliches Dach

Das hohe Alter der beiden Gebäude dieses Hotels, von denen eines aus dem späten 15. Jh. und das andere von 1535 stammt, ist keine Besonderheit in dieser kleinen Stadt, in der mehr als 70 Häuser vor 1700 erbaut wurden. Die etwas altmodischen, jedoch komfortablen Zimmer sind ideal für einen Zwischenstopp. In die beiden Speiseräume des Restaurants – einer besitzt eine schöne Intarsiendecke – fällt das Licht durch Buntglasfenster. Die Terrasse befindet sich im Hof vor einer schönen Fachwerkfassade.

Anfahrt: in der Innenstadt

Anfahrt: in der Ortsmitte, neben dem Rathaus

ALSACE/ELSASS
WISSEMBOURG - 67160   AMMERSCHWIHR - 68770

 AU MOULIN DE LA WALK
M. Schmidt

2 rue de la Walk
67160 Wissembourg
Tel. 03 88 94 06 44
Fax 03 88 54 38 03
info@moulin-walk.com
www.moulin-walk.com

2. bis 25. Jan. und 19. Juni bis 4. Juli geschlossen • 25 Zimmer, davon eines behindertengerecht, alle mit Bad/WC oder Dusche/WC und TV • 58 bis 65 € für 2 Personen, Frühstück 8 €, Halbpension möglich • Menüs 30 bis 45 € • Terrasse, Garten, Parkplatz; Hunde auf den Zimmern nicht erlaubt

 AUX ARMES DE FRANCE
M. Gaertner

1 Grand' Rue
68770 Ammerschwihr
Tel. 03 89 47 10 12
Fax 03 89 47 38 12
aux.armes.de.france@wanadoo.fr
www.aux-armes-de-france.com

Mi und Do geschlossen • 10 Zimmer mit Bad/WC und TV • 67 bis 82 € für 2 Personen, Frühstück 12 € • Menüs 25 bis 42 € • Garten, gesicherter Parkplatz • schöne Lage im Herzen des elsässischen Weinbaugebiets, Golfplatz in 1 km Entfernung

 Der Gugelhupf zum Frühstück

Am Ufer der Lauter wurden an die Überreste einer alten Mühle, deren gut erhaltenes Schaufelrad sich immer noch dreht, drei Gebäude angebaut. Die meisten der Zimmer verfügen über eine moderne Komfortausstattung und neue Badezimmer. Im Speisesaal, der einer guten Stube von anno dazumal ähnelt, oder auf der Terrasse mit schönem Blumenschmuck serviert man klassische und regionale Gerichte.

 Elsässische Gastlichkeit und Lebenskunst

In diesem nach dem Zweiten Weltkrieg wieder aufgebauten stattlichen Haus haben sich zahlreiche berühmte Küchenchefs ihre Sporen verdient. Seine kulinarische Tradition geht auf die 30er Jahre zurück, als die Großmutter des heutigen Küchenchefs am Herd stand. Geräumige Zimmer und ein eleganter Speiseraum, in dem unter den aufmerksamen Blicken der Ahnen auf den Porträts an den Wänden erlesene und abwechslungsreiche Gerichte aufgetischt werden. Für Gourmets ein Muss.

Anfahrt: außerhalb der Innenstadt, am Ufer der Lauter

Anfahrt: am Rand der Innenstadt

ALSACE/ELSASS

AMMERSCHWIHR - 68770

29 MAISON THOMAS
Famille Thomas

41 Grand'Rue
68770 Ammerschwihr
Tel. 03 89 78 23 90
Fax 03 89 47 18 90
thomas.guy@free.fr

www.maisonthomas.com

Ganzjährig geöffnet • 4 Zimmer mit Kochecke • 43 bis 46 € für 2 Personen, Frühstück inkl. • keine Mahlzeit • Garten, Parkplatz; keine Kreditkarten • Sauna

Die hervorragend ausgestatteten Zimmer

Das ehemalige Winzerhaus mit seiner türkisblauen Fassade steht im malerischsten Teil des Dorfes. Jedes der geräumigen und mit einer Kochecke funktionell eingerichteten Zimmer hat einen eigenen Namen. Den Gästen stehen eine Sauna und ein Fitnessgerät zur Verfügung. Abwechslungsreich gestaltet ist der Garten mit schattigen Plätzen, Gartenlaube, Grillplatz, Schaukel, Tischtennistisch und Boulespiel. Von hier hat man einen schönen Blick auf die Weinberge.

Anfahrt: im Dorf

BERGHEIM - 68750

30 CHEZ NORBERT
M. Moeller

9 Grand'Rue
68750 Bergheim
Tel. 03 89 73 31 15
Fax 03 89 73 60 65
labacchante@wanadoo.fr

12. bis 18. Jan., 5. bis 31. März und 6. bis 13. Juli geschlossen • 12 Zimmer und 1 Suite, die meisten mit Bad/WC, alle mit TV und Klimaanlage • 69 bis 110 € für 2 Personen, Frühstück 12 €, Halbpension möglich • Restaurant mit Klimaanlage, Mi-mittag, Do und Fr-mittag geschlossen, Menüs 22 (werktags) bis 48 € • Terrasse, blumengeschmückter Hof, gesicherter Parkplatz

Die hausgemachten Kuchen und Marmeladen zum Frühstück

Die Gebäude des typischen Weingutes in einem malerischen Dorf an der Elsässischen Weinstraße sind um einen Hof angeordnet und üben durch die kräftigen Farben ihrer Fachwerkfassaden (14. Jh.) eine unwiderstehliche Anziehungskraft aus. Die modern eingerichteten Zimmer befinden sich zum Teil unter dem Dach. Die leiseren zur Hofseite hinaus sind allerdings vorzuziehen. In dem typisch elsässischen Restaurant oder auf der mit Geranien geschmückten Terrasse im Hof werden einheimische Gerichte serviert.

Anfahrt: in der Ortsmitte, in der Hauptstraße

ALSACE/ELSASS

COLMAR - 68000

ILLHAEUSERN - 68970

 31 TURENNE
Mme Helmlinger

 10 route de Bâle
68000 Colmar
Tel. 03 89 21 58 58
Fax 03 89 41 27 64
helmlinger@turenne.com
www.turenne.com

Ganzjährig geöffnet • 85 Zimmer, davon 42 nur für Nichtraucher, alle mit Bad/WC oder Dusche/WC, TV und Klimaanlage • 60 bis 68 € für 2 Personen, Frühstück 8 € • kein Restaurant • Hotelgarage

 32 LES HIRONDELLES
M. et Mme Muller

 33 rue du 25-Janvier
68970 Illhaeusern
Tel. 03 89 71 83 76
Fax 03 89 71 86 40
hotelleshirondelles@wanadoo.fr
www.hotelleshirondelles.com

29. Jan. bis 10. März und 19. bis 27. Dez. geschlossen • 19 Zimmer mit Blick auf den Innenhof oder die Gemüsegärten, die meisten mit Dusche/WC, alle mit TV • 70 bis 74 € für 2 Personen, Frühstück inkl. • kein Restaurant • Garten, gesicherter Parkplatz • Swimmingpool

 Die günstige Nähe zur Altstadt

Das an seiner rosaroten und gelben Fassade leicht zu erkennende Hotel liegt nur einen Steinwurf vom Altstadtviertel „Klein-Venedig" entfernt. Die geräumigen Doppelzimmer wurden aufgefrischt und sind zum Teil mit elsässischen Möbeln ausgestattet. Daneben hat das Hotel auch Einzelzimmer im Angebot, die kleiner, jedoch genauso gepflegt und schallisoliert sind. Das Frühstücksbüfett wird in einem typisch elsässischen Raum aufgebaut. Getäfelter Aufenthaltsraum und Bar, zuvorkommender Service.

Anfahrt: vom Bahnhof kommend in Richtung Autobahn A 35 fahren und an der Elf-Tankstelle links abbiegen

 Die Klimaanlage in den urgemütlichen Zimmern

In den schlichten Zimmern ist es dank der bemalten Bauernmöbel und der Holzbalken überaus gemütlich. Man blickt von hier auf den Innenhof mit den Balkonen oder auf reizende Gemüsegärten. An heißen Sommertagen sind der kürzlich gebaute Swimmingpool (plus Sonnenterrasse aus Teakholz) und die klimatisierten Zimmer besonders willkommen.

Anfahrt: in der Dorfmitte

ALSACE/ELSASS

KAYSERSBERG - 68240

KIENTZHEIM - 68240

33 L'ARBRE VERT
Famille Kieny-Wittner

1 rue Haute du Rempart
68240 Kaysersberg
Tel. 03 89 47 11 51
Fax 03 89 78 13 40
arbrevertbellepromenade@wanadoo.fr
http://perso.wanadoo.fr/
arbrevertbellepromenade

6. Jan. bis 12. Febr. geschlossen • 20 Zimmer, davon 14 im Nebengebäude Belle Promenade, alle mit Bad/WC oder Dusche/WC und TV • 62 bis 71 € (Nebensaison 59 bis 70 €) für 2 Personen, Frühstück 8 €, Halbpension möglich • Nichtraucher-Saal, Menüs 23 bis 38 € • Hunde im Restaurant nicht erlaubt

 Ein Streifzug durch die sehenswerte elsässische Kleinstadt

Das Geburtshaus Albert Schweitzers, des berühmtesten Einwohners von Kaysersberg, steht gleich neben dem Hotel, das sich aus zwei typisch elsässischen Häusern zusammensetzt, die beiderseits eines grünen Platzes stehen. Im Haupthaus befinden sich rustikale Zimmer und ein Restaurant, das für seine regional beeinflusste klassische Küche bekannt ist. Das andere Gebäude, La Belle Promenade, bietet geräumige, angenehme Zimmer mit sehenswerten Möbeln, die von der Chefin hübsch bemalt wurden.

Anfahrt: 6 km westlich von Colmar, im Dorfzentrum

34 HOSTELLERIE SCHWENDI
M. et Mme Schillé

2 place Schwendi
68240 Kientzheim
Tel. 03 89 47 30 50
Fax 03 89 49 04 49
hotel-schwendi@wanadoo.fr
www.hotel-schwendi.com

Ganzjährig geöffnet (24. Dez. bis 15. März nur nach Voranmeldung) • 25 Zimmer, davon 9 mit Klimaanlage, alle mit Bad/WC und TV • 78 bis 95 € für 2 Personen, Frühstück 9 €, Halbpension möglich • Restaurant vom 24. Dez. bis 15. März sowie Mi und Do-mittag geschlossen, Menüs 23 bis 59 € • Terrasse, gesicherter Parkplatz

 Der Hauch vergangener Zeiten

Auf dem gepflasterten Platz mit dem alten Brunnen stehen im Sommer die Tische und Stühle des Gasthauses aus dem 17. Jh. mit der einladenden hellgelben Fassade. In den renovierten Zimmern sind noch die alten Holzbalken erhalten. Eine interessante Stilmischung sind die rustikalen Steinwände und die eleganten Louistreize-Stühle im Speiseraum. Zu den typisch elsässischen Gerichten trinkt man einen hauseigenen Wein.

Anfahrt: 3 km östlich von Kaysersberg über die D 28

ALSACE/ELSASS
LAPOUTROIE - 68650   LAPOUTROIE - 68650

 35   **LES ALISIERS**
M. et Mme Degouy

Lieu-dit Faudé
68650 Lapoutroie
Tel. 03 89 47 52 82
Fax 03 89 47 22 38
jacques.degouy@wanadoo.fr
www.alisiers.com

6. Jan. bis 5. Febr., 25. Juni bis 1. Juli (außer Hotel), 21. bis 25. Dez. sowie Mo, Di (außer abends in der Hauptsaison) und Mi-mittag geschlossen • 18 Zimmer, davon 5 nur für Nichtraucher, alle mit Bad/WC oder Dusche/WC • 50 bis 122 € für 2 Personen, Frühstück 9 €, Halbpension möglich • Menüs 15 bis 44 € • Terrasse, Garten, Parkplatz

 36   **DU FAUDÉ**
M. et Mme Baldinger

28 rue du Général-Dufieux
68650 Lapoutroie
Tel. 03 89 47 50 35
Fax 03 89 47 24 82
info@faude.com
www.faude.com

12. bis 31. März und 6. bis 24. Nov. geschlossen • 31 Zimmer, davon 2 Suiten, alle mit Bad/WC oder Dusche/WC und TV • 74 bis 95 €, Frühstück 13 €, Halbpension möglich • Menüs 20 bis 75 €, Kindermenü 10 €, Restaurant Di und Mi geschlossen • Garten, Terrasse, Parkplatz • Schwimmbad, Fitnessraum, Dampfbad, Whirlpool, Skifahren

 Das Naturbewusstsein der Besitzer

Die rustikalen oder eher zeitgenössischen Zimmer (Auswahl auf der Webseite des Hotels) haben mit dem Restaurant mit den großen Fenstern eines gemeinsam, sie alle blicken auf das grüne Tal der Béhine. Der moderne Anbau fügt sich harmonisch in das Gesamtbild des alten Bauernhofs aus dem Jahr 1819 ein. Der Küchenchef hat sich den einheimischen Produkten verschrieben; der Speiseraum ist Nichtrauchern vorbehalten. Von dem hübschen Garten aus blickt man auf das Dorf Lapoutroie.

 Die Flussromantik im Garten

Dieses traditionelle Hotel ist seit mehr als 40 Jahren im Besitz der Familie Baldinger. An Erfahrung im Umgang mit den Gästen mangelt es ihr daher nicht. Die Zimmer zeichnen sich durch Geräumigkeit, Komfort und eine gute Schallisolierung aus. Die Bedienung im Restaurant trägt elsässische Tracht. Die verlockende regionale Speisekarte hat der Küchenchef, der mit der Zeit geht, seit kurzem durch leichte und vegetarische Gerichte ergänzt. Schönes Schwimmbad mit Fitnessbereich.

Anfahrt: auf einer Anhöhe oberhalb des Dorfes, 3 km südwestlich über eine Nebenstraße

Anfahrt: in der Ortsmitte, an der Hauptstraße

ALSACE/ELSASS

LOGELHEIM - 68280

37 À LA VIGNE
M. Bauer

5 Grande-Rue
68280 Logelheim
Tel. 03 89 20 99 60
Fax 03 89 20 99 69
restaurant.alavigne@calixo.net
www.reperes.com/la-vigne

22. Juni bis 9. Juli und 23. Dez. bis 7. Jan. geschlossen • 9 Zimmer mit Bad/WC oder Dusche/WC und TV • 52 bis 70 € für 2 Personen, Frühstück 6 €, Halbpension möglich • Restaurant Sa-mittag, So und Mo-abend geschlossen, Menüs 21 (werktags) bis 27 € • einige Parkplätze; Hunde auf den Zimmern nicht erlaubt

 Die schlichte und freundliche Atmosphäre dieses Hauses

Mit seiner einladenden rotbraunen Fassade und komplett renovierten Räumlichkeiten ist dieses Hotel nur 10 Minuten von Colmar entfernt eine empfehlenswerte Adresse. Die modernen Zimmer sind schlicht und sehr sauber. Dem Speiseraum, in dem man klassische französische Gerichte aufgetischt bekommt, gibt Holz eine gemütliche Atmosphäre. Die typisch elsässischen Flammkuchen verspeist man in der Bar beim alten Kachelofen.

Anfahrt: südöstlich von Colmar über die D 13 und die D 45

LUTTER - 68480

38 AUBERGE ET HOSTELLERIE PAYSANNE
Mme Guérinol

1 rue de Wolschwiller
68480 Lutter
Tel. 03 89 40 71 67
Fax 03 89 07 33 38
aubergepaysanne2@wanadoo.fr
www.auberge-hostellerie-paysanne.com

2 Wochen Ende Jan./Anfang Febr. und 2 Wochen Anfang Juli geschlossen • 16 Zimmer im Hauptgebäude und 9 Zimmer im Nebengebäude in 200 m Entfernung, alle mit Bad/WC oder Dusche/WC und TV • 48 bis 68 €, Frühstück 7 €, Halbpension möglich • Restaurant Di-mittag außerhalb der Saison und Mo geschlossen, Menüs 9 (werktags) bis 38 € • Terrasse, Garten, Parkplatz

 Die herrliche grüne Landschaft des Sundgaus, des „Elsässer Juras"

Das Hotel nahe der Schweizer Grenze besteht aus einem Hauptbau mit modernen Zimmern und einem Nebengebäude (150 m entfernt). Letzteres ist ein typischer Bauernhof des Sundgaus aus dem Jahr 1618, der an seinem früheren Standort abgetragen und hier Stein für Stein wieder aufgebaut wurde. An den Garten grenzen die Wiesen der umliegenden Landschaft. Die mehr oder weniger heimeligen Zimmer haben teilweise freiliegende Balken. Rezeption und Restaurant (einheimische Gerichte und Wild) im Hauptbau.

Anfahrt: Ausfahrt aus Ferrette in südöstlicher Richtung auf der D 23; in Sondersdorf die D 21B nehmen und in Raedersdorf erneut auf die D 23 abbiegen

ALSACE/ELSASS
MITTELWIHR - 68630   MOERNACH - 68480

 DOMAINE DU BOUXHOF
M. et Mme Edel

Rue du Bouxhof
68630 Mittelwihr
Tel. 03 89 47 93 67
Fax 03 89 47 84 82

Jan. geschlossen • 3 Zimmer mit TV und Kühlschrank • 50 € für 2 Personen, Frühstück inkl. • keine Mahlzeit • Garten, Parkplatz; keine Kreditkarten, Hunde nicht erlaubt

 AUX DEUX CLEFS
Mme Enderlin

218 rue Hennin Blenner
68480 Moernach
Tel. 03 89 40 80 56
Fax 03 89 08 10 47
 auxdeuxclefs@wanadoo.fr

Während der Herbstferien, der Ferien im Febr. sowie Ende Juli bis Anfang Aug. geschlossen • 7 Zimmer mit Dusche/WC und TV • 42 bis 47 €, Frühstück 6 €, Halbpension möglich • Restaurant Mi und Do geschlossen, Menüs 21 € (werktags) bis 44 €, Tagesmenü 9,50 € • Garten, Parkplatz, Hotelgarage

 Der Aufenthalt auf dem Weingut

Das kleine von Viereckturmen flankierte Landschlösschen aus dem 17. Jh. steht auf einem Weingut. Hier hat man die Wahl zwischen gepflegten, modernen Gästezimmern oder gut ausgestatteten Ferienwohnungen, von denen einige einen Balkon mit Blick auf die Weinberge besitzen. Besonders schön ist der Frühstücksraum, der in einer Kapelle aus dem 15. Jh. eingerichtet wurde. Ein Muss ist natürlich die Besichtigung des Weinkellers mit anschließender Weinprobe.

 Das sommerliche Farniente im schattigen Garten

Erkennungszeichen des wuchtigen Hauses im Stil des Sundgaus sind das Fachwerk im Obergeschoss, der Giebel mit einem Krüppelwalmdach und das schmiedeeiserne Aushängeschild, auf dem sich zwei Schlüssel kreuzen. In dem einladenden Speiseraum, dessen Wände mit Gemälden geschmückt sind, wird gebratener Karpfen, eine einheimische Spezialität, aufgetischt. Die komfortablen und freundlichen Gästezimmer sind in einem aus den 60er Jahren stammenden Flügel untergebracht. Sie werden nach und nach renoviert.

Anfahrt: im oberen Teil des Dorfes, auf dem Weingut

Anfahrt: in Vieux-Ferrette von der D 432 auf die D 473 abbiegen, die durch Koestlach und Moernach führt

ALSACE/ELSASS

OLTINGUE - 68480

41 **MOULIN DE HUTTINGUE**
M. Thomas Antoine

68480 Oltingue
Tel. 03 89 40 72 91
Fax 03 89 07 31 01

Jan. und Febr. geschlossen • 4 Zimmer • 55 bis 65 € für 2 Personen, Frühstück inkl. • Parkplatz, Garten, Terrasse; keine Kreditkarten, Hunde nicht erlaubt

 Dekorationsgegenstände, die an das Alter der Mühle erinnern

Unweit der französisch-schweizerischen Grenze steht diese Getreidemühle aus dem 17. Jh. am Ufer der Ill, die hier noch ein schmaler Bach ist. Die Gästezimmer im ersten Stock sind in ihrer Gesamtheit recht schlicht. Die Wohnung unter dem Dach ist dagegen umso schöner und verfügt über eine praktische Kochecke. Das Frühstück nimmt man im Esszimmer mit seinen dicken Holzbalken oder, wenn das Wetter es zulässt, auf der Terrasse ein.

Anfahrt: 1,5 km südlich von Oltingue über die D 21e

ORBEY - 68370

42 **FERME DU BUSSET**
Mme Batôt

33 lieu-dit Busset
68370 Orbey
Tel. 03 89 71 22 17
Fax 03 89 71 22 17
fabienne.batot@wanadoo.fr
 www.fermedubusset.com

23. bis 26. und 29. bis 31. Dez. geschlossen • 6 Zimmer • 48 € für 2 Personen, Frühstück inkl. • keine Mahlzeit • Garten, Parkplatz; keine Kreditkarten, Hunde nicht erlaubt

 Der Panoramablick auf das Tal von Orbey

Eine steil ansteigende Straße führt zu dem Bauernhof (Geflügel- und Schafzucht), der auf einer grünen Hochebene in 600 m Höhe liegt. Die Unterkunftsmöglichkeiten umfassen Zimmer oder Wohnungen für Selbstversorger sowie klassische Gästezimmer. Diese sind zwar nicht sehr groß, dafür jedoch schön getäfelt, gut gepflegt und sehr ruhig. Auf dem Hof kann man Erzeugnisse aus eigener Herstellung wie Käse, Wurstwaren und Marmelade kaufen.

Anfahrt: 1 km östlich von Orbey über eine Nebenstraße

ALSACE/ELSASS
RIQUEWIHR - 68340   RIQUEWIHR - 68340

 43 L'ORIEL
Mme Wendel

 3 rue des Écuries-Seigneuriales
68340 Riquewihr
Tel. 03 89 49 03 13
Fax 03 89 47 92 87
info@hotel-oriel.com
www.hotel-oriel.com

Ganzjährig geöffnet • 22 Zimmer, davon 3 mit Zwischengeschoss, alle mit Dusche/WC oder Bad/WC und TV • 67 bis 97 € für 2 Personen, Frühstück 10 € • kein Restaurant • schattige Terrasse

 Im Sommer das Frühstück im Innenhof genießen

Ein über zwei Stockwerke verlaufender Erker und ein ungewöhnliches Aushängeschild schmücken die Fassade dieses Hauses aus dem 16. Jh. Im Innern zeugt eine Vielzahl von Gängen und Treppen von dem hohen Alter des Gebäudes. Die Zimmer werden nach und nach renoviert und bieten entweder rustikale oder moderne Ausstattung. Diejenigen mit Zwischengeschoss sind besonders bei Familien beliebt.

Anfahrt: am Rathaus in die Rue du Général-de-Gaulle und anschließend in die erste Straße rechts einbiegen

 44 LE SARMENT D'OR
M. et Mme Merckling

 4 rue du Cerf
68340 Riquewihr
Tel. 03 89 86 02 86
Fax 03 89 47 99 23
info@riquewihr-sarment-dor.com
www.riquewihr-sarment-dor.com

9. Jan. bis 12. Febr. und 3. bis 10. Juli geschlossen • 9 Zimmer, davon 2 mit Zwischengeschoss, die meisten mit Bad/WC, alle mit TV • 60 bis 80 € für 2 Personen, Frühstück 8 € • Restaurant So-abend, Mo und Di-mittag geschlossen, Menüs 20 bis 52 € • Hunde auf den Zimmern nicht erlaubt

 Der zuvorkommende Empfang der Besitzer

Das Hotel liegt in einer ruhigen Straße, die von schönen Häusern aus dem 16. Jh. gesäumt ist. Zu den kleinen, modern und einladend eingerichteten Zimmern führt eine Wendeltreppe. Die eleganten Speiseräume strahlen dank der typisch elsässischen Ausstattung aus heller Täfelung und dunklen Holzbalken, zu denen sich ein knisterndes Kaminfeuer gesellt, eine heimelige Wärme aus.

Anfahrt: vom Rathausplatz die Rue du Général-de-Gaulle bis zu ihrem Ende hinaufgehen und links abbiegen (Fußgängerzone)

ALSACE/ELSASS

RIXHEIM - 68170   SAINT-AMARIN - 68550

45 LE CLOS DU MÛRIER
Mme Volpatti

42 Grande-Rue
68170 Rixheim
Tel. 03 89 54 14 81
Fax 03 89 64 47 08

Ganzjährig geöffnet • 5 Zimmer mit Kochnische und Bad mit separatem WC • 62 € für 2 Personen, Frühstück 8 € • keine Mahlzeit • Garten, Parkplatz; Hunde nicht erlaubt

46 AUBERGE DU MEHRBÄCHEL
M. et Mme Kornacker

Route de Geishouse
68550 Saint-Amarin
Tel. 03 89 82 60 68
Fax 03 89 82 66 05
kornacker@cegetel.net

Während der Herbstferien sowie Mo-abend, Do-abend und Fr geschlossen • 23 Zimmer in 2 Gebäuden, einige mit Bad/WC, die anderen mit Dusche/WC • 54 bis 58 € für 2 Personen, Frühstück 9 €, Halbpension möglich • Restaurant mit Klimaanlage, Menüs 16 (werktags) bis 45 € • Parkplatz; Hunde nicht erlaubt • ideal zum Ausspannen und für Wanderungen in den Vogesen

 Die geräumigen und komfortablen Zimmer

Das ehrwürdige Gebäude aus dem 16. Jh. wurde gelungen renoviert. In den modern gestalteten Zimmern sind noch die alten Holzbalken sichtbar. Alle haben eine Kochnische. Zur Entspannung kann man sich im schön gestalteten Innenhof mit Garten niederlassen, und für die Erkundung der Gegend stehen Fahrräder zur Verfügung.

 Der wärmende Kachelofen nach einem anstrengenden Wandertag

Der ehemalige Bauernhof am Waldrand ist eingebettet in eine typische Vogesenlandschaft und gehört seit 1886 derselben Familie. Die Zimmer sind zwar einfach, dafür aber geräumig und gut gepflegt. Die Hälfte besitzt einen Balkon, und von den meisten genießt man eine herrliche Aussicht auf den Rossberg. Im klimatisierten Speiseraum deuten die Jagdtrophäen darauf hin, dass auf der Karte neben regionalen Gerichten auch Wild steht. Ganz in der Nähe des Hotels verläuft ein Fernwanderweg.

Anfahrt: 6 km östlich von Mülhausen in Richtung Basel, in der Ortsmitte von Rixheim

Anfahrt: zwischen Thann und Bussang, 4 km auf der Straße nach Mehrbächel

ALSACE/ELSASS

SAINTE-CROIX-EN-PLAINE - 68127

47 **AU MOULIN**
M. et Mme Woeffle

Route d'Herrlisheim
68127 Sainte-Croix-en-Plaine
Tel. 03 89 49 31 20
Fax 03 89 49 23 11

1. Apr. bis 3. Nov. geöffnet • 17 Zimmer mit Bad/WC, fast alle mit TV • 56 bis 68 € für 2 Personen, Frühstück 8 € • Menüs 12 bis 25 € • Garten, Parkplatz • kleines elsässisches Heimatmuseum im Innenhof

 Das gemütliche Frühstück im blumengeschmückten Hof

Mit seinem herrlichen Hof und den Fachwerkgebäuden, die ihn umgeben, ist der ehemalige Mühlenbetrieb aus dem Jahr 1880 eine wahre Oase des Friedens – trotz der Nähe zur Autobahnzufahrt A 35. In den recht großen und praktischen, schlicht eingerichteten Zimmern stehen Rattanmöbel. Von einigen blickt man auf die Gipfel der Vogesen, von anderen auf die Rheinebene. Interessantes kleines Museum zum Elsass von anno dazumal.

Anfahrt: 10 km südlich von Colmar über die D 201, in Sainte-Croix-en-Plaine die D 1 nehmen

SAINTE-MARIE-AUX-MINES - 68160

48 **AUX MINES D'ARGENT**
Mme Willmann

8 rue du Docteur-Weisgerber
68160 Sainte-Marie-aux-Mines
Tel. 03 89 58 55 75
Fax 03 89 58 65 49

Ganzjährig geöffnet • 9 Zimmer mit Dusche/WC und TV • 45 bis 55 € für 2 Personen, Frühstück 6 €, Halbpension möglich • Menüs 10 bis 32 € • Terrasse

 Das geschäftige Treiben bei der berühmten Mineralien-, Edelstein- und Fossilienausstellung

Die Kreuzstockfenster der Vorderfront geben Zeugnis vom hohen Alter des Hauses ab, das 1596 für einen reichen Bergmann erbaut worden sein soll. Zu den Zimmern, die große Fenster erhellen und im Stil der Zeit um 1900 oder modern eingerichtet sind, gelangt man über die noch original erhaltene Wendeltreppe. Im Speiseraum sind Holzschnitzereien mit Szenen aus dem Bergarbeiteralltag zu sehen (die Grube von Sainte-Marie war vom 9. bis zum 18. Jh. in Betrieb).

Anfahrt: in der Ortsmitte, in der Parallelstraße zur Hauptstraße

ALSACE/ELSASS

SEWEN - 68290   SIERENTZ - 68510

49 LA VILLA DU LAC
Mme Rioual

2 route du Ballon
68290 Sewen
Tel. 03 89 82 98 38
Fax 03 89 82 98 38
villadulac.sewen@tv-com.net

Jan. geschlossen • 6 Zimmer nur für Nichtraucher, alle mit Bad/WC oder Dusche/WC • 50 bis 55 € für 2 Personen, Frühstück inkl. • Mahlzeit 20 €, Getränk inkl. • Garten, Aufenthaltsraum mit Bibliothek und TV, Parkplatz; keine Kreditkarten, Hunde nicht erlaubt

50 AUBERGE ST-LAURENT
M. et Mme Arbeit

1 rue Fontaine
68510 Sierentz
Tel. 03 89 81 52 81
Fax 03 89 81 67 08
info@auberge-saintlaurent.fr
www.auberge-saintlaurent.fr

2 Wochen im März und im Aug. sowie Mo und Di geschlossen • 10 Zimmer im ersten Stock, alle mit Bad/WC, TV und Klimaanlage • 100 bis 130 €, Frühstück 13 €, Halbpension möglich • Menüs 39 bis 70 € • Terrasse, Parkplatz

 Die ruhige Umgebung

 Die köstliche klassische Küche mit moderner Note

Die am Fuße des Ballon d'Alsace gegenüber dem Lac de Sewen gelegene Villa im Stil der 1930er-Jahre ist ein idealer Ausgangspunkt für Wanderungen. Bei Ihrer Rückkehr erwartet Sie ein leckeres Essen nach Elsässer Art, das die Gastgeberin mit Zutaten aus den umliegenden Bauernhöfen zubereitet. Und nach einer erholsamen Nacht in einem der zum See oder zum Wald gelegenen Zimmer wird ein üppiges Frühstück mit Streusel-, Weihnachts- oder Obstkuchen serviert (je nach Jahreszeit).

Ein Aufenthalt in dieser ehemaligen Poststation ist wirklich ein Genuss für Augen, Geist und Sinne! Bereits der charmante Empfang der Besitzer lässt die gute Laune steigen. In den schmucken Zimmern erinnert die Einrichtung an die Vorfahren der Familie Arbeit: Sophie, die Bäckerin, Marie, die „Großmama", Gustave, der Pflüger, usw. Die reizvollen Räume sind mit viel Liebe zum Detail eingerichtet. Im behaglichen Restaurant ist eine Sammlung von Hähnen, Nippes und Gemälden zu sehen. Schöne Terrasse.

Anfahrt: 400 m hinter dem Ortsausgang über die D 466 in Richtung Ballon d'Alsace, gegenüber dem Lac de Sewen

Anfahrt: Anfahrt über die Autobahnausfahrt Sierentz

ALSACE/ELSASS

THANNENKIRCH - 68590   WINKEL - 68480

51 AUBERGE LA MEUNIÈRE
M. et Mme Dumoulin

30 rue Sainte-Anne
68590 Thannenkirch
Tel. 03 89 73 10 47
Fax 03 89 73 12 31
info @ aubergelameuniere.com
www.aubergelameuniere.com

20. Dez. bis 20. März geschlossen • 25 Zimmer auf der Rückseite des Gebäudes, alle mit Bad/WC oder Dusche/WC und TV • 50 bis 80 €, Frühstück 7 €, Halbpension möglich • Restaurant Mo-mittag, Di-mittag und Mi-mittag geschlossen, Menüs 17 (werktags) bis 36 € • Terrasse, Parkplatz, Hotelgarage • Sauna, Fitnessraum, Tischtennis, Billard

Die friedvolle Aussicht auf den Wald von einigen Badezimmern aus

Hinter der stattlichen Fassade mit den Blumenkästen erwartet Sie ein einladendes Inneres. Fast alle Zimmer liegen auf der Rückseite des Hauses (die an der Straßenseite sollte man meiden) und geben den Blick auf das Bergenbach-Tal und die Hohkönigsburg frei, die Kinofans als Kulisse für Jean Renoirs Kriegsdrama „Die große Illusion" erkennen. Die neueren Zimmer besitzen ein schönes Dekor aus Holz und Backstein, große Fenster und schöne Balkone. Im Restaurant herrscht ein rustikales Ambiente.

Anfahrt: zwischen Ribeauvillé und Sélestat, in der Nähe der Hohkönigsburg

52 AU CERF
M. Koller

76 rue Principale
68480 Winkel
Tel. 03 89 40 85 05
Fax 03 89 08 11 10

g.koller @ tiscali.fr

Febr. geschlossen • 6 Zimmer im Obergeschoss mit Bad/WC, einige mit TV • 47 bis 50 € (Nebensaison 42 bis 47 €) für 2 Personen, Frühstück 7 €, Halbpension möglich • Menüs 10 bis 25 € • Hunde nicht erlaubt • Ausgangspunkt für Wanderungen

Die familiäre Atmosphäre

Die rote Hausfassade in diesem Dorf nahe der Schweizer Grenze ist nicht zu übersehen. Durch die Kachelung und die funktionelle Ausstattung wirken die Zimmer etwas karg. Doch wurden alle kürzlich renoviert und können dem sprichwörtlichen helvetischen Sauberkeitsanspruch standhalten. Auch die Speiseräume wurden einer Renovierung unterzogen – einer ist im Stil einer Winstub gehalten. Der grüne Sundgau bietet hier Wanderern auf zahlreichen Pfaden (z. B. zur Quelle der Ill) erholsames Freizeitvergnügen.

Anfahrt: in der Dorfmitte

AQUITAINE
AQUITANIEN

Willkommen in Aquitanien! Seit jeher ist diese Region für ihre Gastfreundlichkeit bekannt. Die ersten Bewohner siedelten sich hier bereits in der Frühzeit an. Aquitanien ist ein buntes Mosaik unterschiedlicher Landschaften, die Bewohner haben jedoch eines gemein: die Gastfreundlichkeit, Großzügigkeit und einen eigentümlichen Humor. Es kann Ihnen durchaus passieren, dass Sie beim Einkauf von Gänsestopfleber oder *Confits* vom Hausherrn dazu eingeladen werden, beim Stopfen der Gänse zuzuschauen! Nach einem Abstecher zu einem der berühmten Schlösser und Weinberge in der Region um Bordeaux geht es weiter zur Côte d'Argent, wo Surfer, Tapas-Bars, Rugby- und Corrida-Fans und baskischer Kuchen den Besucher erwarten. Die Region zwischen den Pyrenäen und der Küste hat sich ihre eigene Identität bis heute bewahrt. In den beschaulichen Dörfern mit den typischen Fachwerkfassaden und den roten Fensterläden werden die Traditionen mit feurigen Festen, Tänzen, Spielen und Gesängen gepflegt.

- Dordogne (24)
- Gironde (33)
- Landes (40)
- Lot et Garonne (47)
- Pyrénées Atlantiques (64)

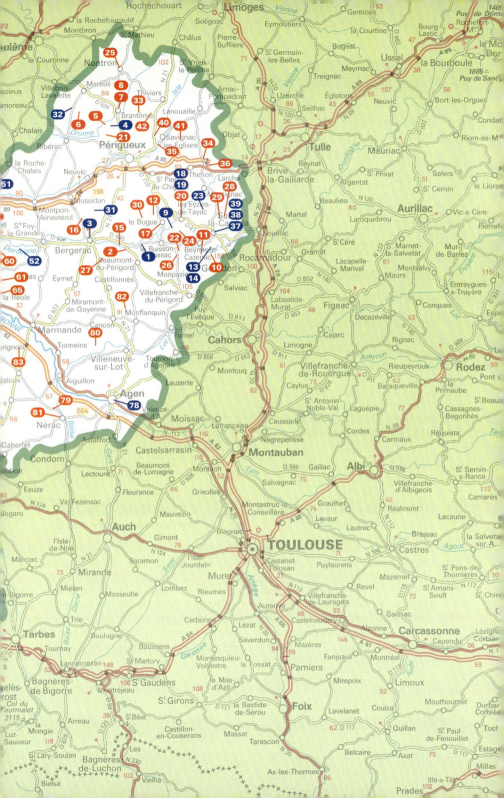

AQUITAINE/AQUITANIEN

BADEFOLS-SUR-DORDOGNE - 24150

 CÔTÉ RIVAGE
Mme De Roton-Couderc

Au bourg
24150 Badefols-sur-Dordogne
Tel. 05 53 23 65 00
Fax 05 53 22 56 01
coterivage@online.fr
www.cote-dordogne.com

30. Apr. bis Mitte Okt. geöffnet, So geschlossen • 7 individuelle Zimmer mit Klimaanlage • 55 bis 90 € für 2 Personen, Frühstück 9 €, Halbpension möglich • Menüs 25 bis 32 €, Getränk inkl. • Terrasse, Garten

 Ein Spaziergang durch den Garten bis ans Ufer der Dordogne

Das Haus steht nur ein paar Schritte von der Dordogne entfernt. Die strahlend weißen Wände, die bunten Vorhänge, die ausgesuchten alten Möbel und die Klimaanlage machen die Zimmer äußerst angenehm. Bar und Aufenthaltsraum sind mit alten Werbeartikeln dekoriert. Der Speiseraum gibt sich mit seinen weißen Holzbalken, den unverputzten Steinwänden und den Möbeln aus Gusseisen eher modern. Zu den abwechslungsreichen Speisen empfiehlt das Haus Weine aus der Region.

Anfahrt: am Ufer der Dordogne

BAYAC - 24150

 LE RELAIS DE LAVERGNE
Mme Pillebout

« La Vergne »
24150 Bayac
Tel. 05 53 57 83 16
Fax 05 53 57 83 16
relaisdelavergne@wanadoo.fr

Ganzjährig geöffnet • 4 Zimmer im Obergeschoss, 1 behindertengerechte Ferienwohnung, alle mit Bad • 60 bis 65 € für 2 Personen, Frühstück inkl. • nur Abendessen 23 € • Park, Terrasse, Parkplatz; keine Kreditkarten, Hunde im Speiseraum nicht erlaubt • Swimmingpool

 Die Ruhe dieses schönen Herrenhauses aus dem 17. Jh.

Nicht selten bedauert der Gast hier, nicht noch länger bleiben zu können. Daran sind die aufmerksamen Herrinnen des Hauses, die herrliche Ruhe des Ortes und die köstlichen Gerüche aus der Küche natürlich nicht unschuldig. In den hellen Zimmern sind der Reiz alter Zeiten und moderner Komfort eine gelungene Verbindung eingegangen. Im riesigen Speiseraum oder im Innenhof nimmt man gern seine Mahlzeiten ein.

Anfahrt: 10 km südöstlich von Lanquais, an der Straße nach Beaumont

AQUITAINE/AQUITANIEN

BERGERAC - 24100 **BOURDEILLES - 24130**

 LA FLAMBÉE
M. Delage

153 avenue Pasteur
24100 Bergerac
Tel. 05 53 57 52 33
Fax 05 53 61 07 57
laflambée@hotmail.fr
www.laflambee.com

Ganzjährig geöffnet • 21 Zimmer, davon 7 im Nebengebäude mit eigener Terrasse, alle mit Bad/WC oder Dusche/WC und TV • 74 bis 82 € (Nebensaison 65 bis 76 €) für 2 Personen, Frühstück 8 €, Halbpension möglich • Menüs 18 bis 37 € • Terrasse, Park, Parkplatz • Swimmingpool, Tennis

 Tennis und Schwimmen für Sportfreunde, ein schönes Glas Wein für Genießer

Das nette Hotel in einem alten Gebäude vor den Toren der französischen Tabakmetropole wurde kürzlich renoviert. Die geräumigen und praktisch eingerichteten Zimmer verfügen ein jedes über eine persönliche Note, und jedes trägt den Namen eines der benachbarten Weingüter. Die Zimmer im Nebengebäude sind schlichter gehalten, haben dafür aber eigene Terrassen zum Park hin. Die Speiseräume mit ihren mit Hussen bezogenen Stühlen, schmiedeeisernen Möbeln, Holzbalken und Kamin oder Veranda haben Stil.

Anfahrt: Ausfahrt aus Bergerac über die N 21 in Richtung Périgueux

 HOSTELLERIE LES GRIFFONS
M. et Mme Lebrun

Le bourg
24310 Bourdeilles
Tel. 05 53 45 45 35
Fax 05 53 45 45 20
griffons@griffons.fr
www.griffons.fr

14. Apr. bis 14. Okt. geöffnet; Juli/Aug. Mo- und Fr-mittag sowie Sept. bis Juni mittags (außer Sa/So und an Feiertagen) geschlossen • 10 Zimmer mit Bad/WC und TV • 86 bis 96 € (Nebensaison 75 bis 94 €) für 2 Personen, Frühstück 10 €, Halbpension möglich • Menüs 24 bis 39 €, Nichtraucher-Saal • Terrasse, Parkplatz

 Eine Besichtigung der beiden Schlösser von Bourdeilles

Der Herrensitz aus dem 16. Jh. liegt zu Füßen der beiden Schlösser (aus dem Mittelalter und der Renaissance) an der Dronne, nahe der malerischen alten Brücke. In den Zimmern herrscht ein rustikales Ambiente mit Holzbalken, Mauerwerk, alten Möbeln und Nippes. Die Zimmer im ersten Stock schmücken dekorative Kamine, während denen im zweiten Stock der offene Dachstuhl eine romantische Note verleiht. Vor dem stilvollen Speiseraum befindet sich eine Terrasse, von der man auf den Fluss blickt.

Anfahrt: im Dorfzentrum, zwischen Burg und Fluss

AQUITAINE/AQUITANIEN

BOURDEILLES - 24310

5 **CHAMBRE D'HÔTE L'AMBROISIE**
M. Joch

Grand'Rue
24310 Bourdeilles
Tel. 05 53 04 24 51
Fax 05 53 04 67 45
jc.joch@wanadoo.fr

1 Woche im Febr. und in den Herbstferien geschlossen • 4 Zimmer mit Bad/WC oder Dusche/WC • 51 bis 65 € für 2 Personen, Frühstück inkl. • Mahlzeit 23 €, Getränk inkl. • Terrasse, Garten, Aufenthaltsraum mit TV; keine Kreditkarten, Hunde nicht erlaubt

Die immer freundlichen Eigentümer

In dem schönen Haus aus dem 18. Jh., das sich in der Dorfmitte, ganz in der Nähe des Schlosses befindet, sind der Geist und der Charme des Périgord vereint. Die Gewürze, nach denen die Zimmer benannt sind („Curry", „Paprika", „Anis" usw.), waren auch bei der Farbgebung bestimmend. In einigen der Zimmer finden sich freiliegende Balken und unverputztes Mauerwerk. Zum Essen, das die Eigentümerin selbst zubereitet, lässt man sich bei schönem Wetter im Garten im Schatten der Olivenbäume nieder.

Anfahrt: im Ortszentrum

BOURG-DES-MAISONS - 24320

6 **DOMAINE DE TEINTEILLAC**
M. Pin

Route de Chapdeuil
24320 Bourg-des-Maisons
Tel. 05 53 91 51 03
Fax 05 53 91 51 03
www.teinteillac.com

Ganzjährig geöffnet • 4 Zimmer nur für Nichtraucher, alle mit Bad/WC • 60 € für 2 Personen, Frühstück inkl. • Mahlzeit 18 bis 28 € • Terrasse, Park, gesicherter Parkplatz; keine Kreditkarten, Hunde nicht erlaubt

Die unverfälschte Schönheit des Schlosses, des Parks und der grünen Umgebung

Auf einem riesigen Anwesen mitten auf dem Land, abseits des Trubels der Städte, liegt das bemerkenswerte Schloss aus dem 15. Jh., das gerade renoviert wird. Die Zimmer sind mit schlicht-eleganten Möbeln eingerichtet, die den Charme des Ortes noch hervorheben. Auf dem Bauernhof bekommen die Gäste eine schmackhafte regionale Küche serviert, die auf Bioprodukten basiert. Der wild-romantische Park lädt ein zu herrlichen Spaziergängen.

Anfahrt: 2 km nördlich über die D 99 und D 106, Straße nach Chapdeuil

AQUITAINE/AQUITANIEN

BRANTÔME - 24310   BRANTÔME - 24310

 7 LES HABRANS
M. Falcoz

Les Habrans
24310 Brantôme
Tel. 05 53 05 58 84
Fax 05 53 05 58 84

30. Okt. bis 1. Mai geschlossen • 5 Zimmer, davon 4 im ersten Stock • 60 bis 70 € für 2 Personen, Frühstück inkl. • keine Mahlzeit • Terrasse, Garten; keine Kreditkarten

 8 LA MAISON FLEURIE
M. et Mme Robinson

54 rue Gambetta
24310 Brantôme
Tel. 05 53 35 17 04
Fax 05 53 05 16 58
info@maisonfleurie.net
www.maisonfleurie.net

14. Febr. bis 1. März geschlossen • 5 hübsche und komfortable Zimmer nur für Nichtraucher • 60 bis 85 € für 2 Personen, Frühstück inkl. • keine Mahlzeit • keine Kreditkarten, Hunde nicht erlaubt • Swimmingpool

 Ein Schiffsausflug auf der Dronne

Der wesentliche Vorteil dieses kleinen unscheinbaren Hauses ist unbestreitbar seine Lage am Ufer der Dronne. Die geschmackvoll gestalteten Zimmer sind schlicht, doch wohnlich; die im ersten Stock liegen unter der Mansarde. Von hier genießt man den Blick auf den Fluss. Bei schönem Wetter wird das Frühstück zur großen Freude der Gäste auf der Terrasse serviert.

 Der Aufenthalt in der Heimat des Chronisten Brantôme

Das Haus aus dem 19. Jh. steht zu Füßen des romanischen Kirchturms der Abteikirche. Seine Vorzüge sind die zentrale Lage in der Innenstadt, die beispielhafte Gastlichkeit des Besitzerehepaares, das günstige Preis-Leistungs-Verhältnis und vor allem die hübschen und komfortablen Zimmer. Sobald das Wetter es zulässt, nehmen die Gäste das reichliche Frühstück im begrünten Hof ein. An heißen Tagen ist der Swimmingpool besonders willkommen.

Anfahrt: durch das Gässchen gegenüber der Gendarmerie

Anfahrt: in der Innenstadt

AQUITAINE/AQUITANIEN

CAMPAGNE - 24260

 9 HÔTEL DU CHÂTEAU
Mme Petit

Le bourg
24260 Campagne
Tel. 05 53 07 23 50
Fax 05 53 03 93 69
hotduchateau@aol.com

Apr. bis 15. Okt. geöffnet • 16 Zimmer, die meisten mit Bad/WC, einige mit Dusche/WC, alle mit TV • 46 bis 50 € für 2 Personen, Frühstück 7 €, Halbpension möglich • Menüs 18 bis 50 € • Terrasse, Parkplatz; Hunde auf den Zimmern nicht erlaubt

 Die ungekünstelte Atmosphäre dieses Familienbetriebes

Das Landhaus steht in einem kleinen Dorf im Périgord. Die Einrichtung der Zimmer ist zwar mittlerweile etwas veraltet, doch sind die Zimmer selbst geräumig, sauber und durch die dicken Wände des alten Gebäudes im Sommer schön kühl. Vom Speiseraum mit Veranda sieht man das Schloss von Campagne. Die Speisekarte besteht aus anspruchsvoll zubereiteten regionalen Gerichten. Schattige Terrasse mit Blumenschmuck.

Anfahrt: Ausfahrt aus Le Bugue nach Südosten über die D 703 und 4 km weiterfahren

CÉNAC-ET-SAINT-JULIEN - 24250

 10 LA GUÉRINIÈRE
M. et Mme Demassougne

« Baccas »
24250 Cénac-et-Saint-Julien
Tel. 05 53 29 91 97
Fax 05 53 30 23 89
contact@la-gueriniere-dordogne.com
www.la-gueriniere-dordogne.com

2. Nov. bis 1. Apr. geschlossen • 5 Zimmer im Obergeschoss und 2 Ferienwohnungen • 75 bis 90 € für 2 Personen, Frühstück inkl., Halbpension möglich • Mahlzeit 22 € (außer sonntags) • Terrasse, Park, Parkplatz; keine Kreditkarten, Hunde nicht erlaubt • Swimmingpool, Tennisplatz, Golfplatz, Fahrradverleih

 Die köstlichen Mahlzeiten aus Erzeugnissen des benachbarten Bauernhofs

Der vielfach umgebaute ehemalige Bauernhof aus dem 18. Jh. erinnert an eine Kartause des Périgord. Besonders romantisch sind die Zimmer mit ihren Steinwänden, den alten Möbeln und den ausgesuchten Stoffen. Jedes trägt den Namen einer Blume. In dem 10 ha großen Park laufen zum größten Vergnügen der Kinder Hühner, Enten, Katzen, Hunde, Ziegen und Pferde frei herum.

Anfahrt: an der D 46, der Straße nach Gourdon

AQUITAINE/AQUITANIEN

CÉNAC-ET-SAINT-JULIEN - 24250

 11 LA TOUILLE
M. et Mme Barry

 Route de l'Église
24250 Cénac-et-Saint-Julien
Tel. 05 53 28 35 25
Fax 05 53 28 35 25
sbarry.latouille@wanadoo.fr
www.sarlat-en-perigord.com/latouille

Ganzjährig geöffnet • 4 Zimmer, davon eines im ersten Stock, alle mit Bad/WC • 31 bis 36 € für 2 Personen, Frühstück 5 € • keine Mahlzeit • Garten, Parkplatz

 Die hervorragend gepflegten Zimmer

Alle Zimmer dieses in einer ruhigen kleinen Straße des Dorfes gelegenen Einfamilienhauses wurden renoviert. Diejenigen im Erdgeschoss sind schlicht gehalten mit weißen Metallbetten und hübschen Stoffen, während das im Obergeschoss gelegene mit seinen rustikalen Holzmöbeln eine gemütliche Atmosphäre ausstrahlt. Das Frühstück wird je nach Jahreszeit auf der Veranda oder der Pergola eingenommen. Im Garten finden die Kinder ausgezeichnete Spielmöglichkeiten vor. Herzlicher Empfang.

Anfahrt: 5 km südöstlich von Roque-Gageac über die D 703 und D 46, Richtung Gourdon, dann D 50 nach Saint-Cybranet, in Cénac

JOURNIAC - 24260

 12 LES LANDETTES
M. Stocklouser

 24260 Journiac
Tel. 05 53 54 35 19
Fax 05 53 54 35 19

Ganzjährig geöffnet • 2 Zimmer auf Gartenniveau, mit Bad • 50 € für 2 Personen, Frühstück inkl. • keine Mahlzeit • keine Kreditkarten, Hunde nicht erlaubt • Swimmingpool

 Das schöne Vézère-Tal

Der aus dem Jahr 1850 stammende Bauernhof mitten auf dem Land wurde äußerst gelungen restauriert. Die in den Nebengebäuden untergebrachten Zimmer sind zwar nicht sehr groß, doch mit ihren hellen Wänden, den weiß gefliesten Böden, den bunten Stoffen und den alten Möbeln schön anzusehen. Von allen blickt man auf den Swimmingpool. Im lauschigen Innenhof spendet eine große Linde im Sommer Schatten.

Anfahrt: 13 km westlich von La Madeleine

AQUITAINE/AQUITANIEN

LA ROQUE-GAGEAC - 24250   LA ROQUE-GAGEAC - 24250

 AUBERGE LA PLUME D'OIE
M. et Mme Walker

Le Bourg
24250 La Roque-Gageac
Tel. 05 53 29 57 05
Fax 05 53 31 04 81
laplumedoie@wanadoo.fr
www.hotels-restau-dordogne.org

20. Nov. bis 20. Dez., Mitte Jan. bis 14. Febr. sowie So-abend, Mo und Di-mittag geschlossen • 4 Zimmer nur für Nichtraucher im Obergeschoss, alle mit Bad/WC und TV • 70 bis 80 € für 2 Personen, Frühstück 12 € • Menüs 45 bis 58 €

 LA BELLE ÉTOILE
M. Ongaro

Le bourg
24250 La Roque-Gageac
Tel. 05 53 29 51 44
Fax 05 53 29 45 63
hotel.belle-etoile@wanadoo.fr

Ende März bis Anfang Nov. geöffnet • 15 Zimmer mit Bad/WC und TV • 50 bis 75 € für 2 Personen, Frühstück 8 €, Halbpension möglich • Menüs 23 bis 38 € • Terrasse, Garage • Kanufahren, Schwimmen, Angeln

 Das wunderschön gelegene Dorf La Roque-Gageac

Das alte Gebäude steht mit dem Rücken zur Felswand, im Herzen des malerischen mittelalterlichen Dorfes. Zu den in freundlichen Pastelltönen gehaltenen Zimmern führt eine Wendeltreppe. Hübsch ist auch der Speisesaal mit seinen hellen, ungestrichenen Holzbalken, den bunten Stühlen mit Strohsitzen und den Steinwänden. Besonders schön ist von hier die Aussicht auf die Boote und Kanus, die auf der Dordogne hinauf- und hinunterfahren. Die Küche ist sehr abwechslungsreich.

 Eine Bootsfahrt auf der Dordogne in einem der typischen Boote

Das schöne alte Haus aus hellem Stein steht geduckt unter der Felswand und blickt direkt auf den friedlichen Lauf der Dordogne. Die weiß gestrichenen Zimmer sind häufig mit Stilmöbeln eingerichtet. Auch die anspruchsvollsten Leckermäuler werden an der einheimischen Küche, die in zwei ansprechenden Speiseräumen oder im Sommer unter der Laube dargeboten wird, nichts auszusetzen haben. Zum Zeitvertreib gibt es unweit Kanus, ein Schwimmbad und Angelmöglichkeiten.

Anfahrt: im Ortskern, am Ufer der Dordogne

Anfahrt: an der D 703, zwischen Klippe und Fluss

AQUITAINE/AQUITANIEN

LANQUAIS - 24150   **LAVEYSSIÈRE - 24130**

15 DOMAINE DE LA MARMETTE
Mme Rose

« La Crabe »
24150 Lanquais
Tel. 05 53 24 99 13
lamarmette@aol.com
http://www.bergerac-tourisme.com/
annonces/chbmarmette.asp

1. Dez. bis 1. Apr. geschlossen • 5 Zimmer auf Gartenniveau • 59 bis 69 € für 2 Personen, Frühstück inkl., Halbpension möglich • nur Abendessen 18 bis 23 € • Garten, Terrasse, Parkplatz; keine Kreditkarten, Hunde nicht erlaubt • Swimmingpool

16 MAISON DE LA FORÊT
M. Swainson

Pas de l'Eyraud
24130 Laveyssière
Tel. 05 53 82 84 50
Fax 05 53 82 84 51
info@aubergerac.com
www.aubergerac.com

24. bis 26. Dez. geschlossen • 5 Zimmer mit Bad • 65 € (Nebensaison 49 bis 59 €) für 2 Personen, Frühstück 5 € • keine Mahlzeit • Park, Garten, Parkplatz; keine Kreditkarten, Hunde nicht erlaubt • Swimmingpool

 Im Grünen in Ruhe neue Energie tanken

 Nur 10 Minuten von Bergerac entfernt und doch abseits der Touristenströme

Der Bauernhof aus dem 16. Jh., dessen Nebengebäude von diesem durch Rasenflächen und Blumenbeete getrennt sind, sieht aus wie ein Weiler. Die Zimmer auf Gartenniveau wurden in den ehemaligen Pferdeboxen eingerichtet. Jedes besitzt eine besondere Note (ein bestimmtes Stoffmuster, eine schöne Kommode, ein schmiedeeisernes Bett etc.). Ferner umfasst das Gästehaus einen Aufenthaltsraum, eine Bibliothek und einen Speisesaal mit Veranda. Den Gästen steht eine Küche zur Selbstversorgung zur Verfügung.

Ein großer Park und ein 6 ha großer Wald umgeben dieses einladende weiße Gästehaus, das von einem reizenden englischen Ehepaar geführt wird. Die Zimmer unter der Mansarde sind recht klein, dafür jedoch in hübschen Farben gehalten und gehen auf die weite Landschaft hinaus. Die schönsten liegen an der Rückseite des Hauses. Sobald es das Wetter erlaubt, wird das Frühstück auf der Terrasse serviert.

Anfahrt: die Straße nach Faux nehmen, links nach Bournaz abbiegen und nach der Ortschaft noch 200 m weiterfahren

Anfahrt: 10 km nördlich von Bergerac über die D 709 und eine Nebenstraße

AQUITAINE/AQUITANIEN

LE BUGUE - 24260

 MAISON OLÉA
Mme Nardou

La Combe-de-Leygue
24260 Le Bugue
Tel. 05 53 08 48 93
Fax 05 53 08 48 93
info@olea-dordogne.com
www.olea-dordogne.com

Ganzjährig geöffnet • 5 Zimmer mit Bad/WC oder Dusche/WC • 65 bis 75 € (Nebensaison 55 bis 65 €) für 2 Personen, Frühstück 5 € • keine Mahlzeit • Garten, Parkplatz; keine Kreditkarten • beheizter Swimmingpool

 Auf der Zimmerterrasse mit Blick auf den Swimmingpool und das Tal die Seele baumeln lassen

Der Neubau hat sich im Stil an der regionalen Bauweise orientiert. Er steht in Südlage oberhalb des Salzwasserpools und des Tals der Vézère. Das Erdgeschoss trägt orientalische Züge. Die Wände sind farbig, die Fußböden gefliest, und die Veranda wurde als Wintergarten eingerichtet. Besonders einladend wirken die großen mit Klimaanlage ausgestatteten Zimmer im Obergeschoss dank ihrer strahlend weißen Wände, der Beistelltischchen, der ausgesuchten alten Möbelstücke und der hübschen Bettwäsche. Ruhe garantiert.

Anfahrt: 5 km östlich von Le Bugue über die D 703 in Richtung Sarlat-la-Canéda und links auf eine Nebenstraße

LES EYZIES-DE-TAYAC - 24620

 HOSTELLERIE DU PASSEUR
M. Brun

Place de la Mairie
24620 Les Eyzies-de-Tayac
Tel. 05 53 06 97 13
Fax 05 53 06 91 63
hostellerie-du-passeur@perigord.com
www.hostellerie-du-passeur.com

Anfang Nov. bis Anfang März geschlossen • 19 Zimmer auf 3 Stockwerken, die meisten mit Dusche/WC, einige mit Bad/WC, alle mit TV • 65 bis 100 € für 2 Personen, Frühstück 8 €, Halbpension möglich • Restaurant Mo-mittag und Di-mittag (Nebensaison) geschlossen, Menüs 19 bis 50 € • Terrasse, Parkplatz

 Die hausgemachte Foie gras, die man als Konserven vor Ort oder per Internet erstehen kann

Das malerische, von Wildem Wein bewachsene Haus befindet sich nahe einem der bedeutendsten prähistorischen Fundorte des Périgord. Die komfortablen Zimmer sind mit ihrer heiteren Farbgebung sehr einladend. Von einigen blickt man auf die von Eichen bekrönten Steilfelsen. Die aus der regionalen Tradition schöpfenden Gerichte nimmt man im klassischen Speiseraum mit seinem schönen Steinkamin, auf der lichtdurchfluteten Veranda oder auf der schattigen Terrasse mit Blick auf die Vézère ein.

Anfahrt: in der Ortsmitte, unweit der Vézère

AQUITAINE/AQUITANIEN

LES EYZIES-DE-TAYAC - 24620

19 **LE MOULIN DE LA BEUNE**
M. Soulié

2 rue du Moulin-Bas
24620 Les Eyzies-de-Tayac
Tel. 05 53 06 94 33
Fax 05 53 06 98 06
contact@moulindelabeune.com
moulindelabeune.com

Apr. bis Okt. geöffnet, Restaurant Di-mittag, Mi-mittag und Sa-mittag geschlossen • 20 Zimmer, die meisten mit Bad/WC, einige mit Dusche/WC, alle mit TV • 59 bis 69 € für 2 Personen, Frühstück 7 €, Halbpension möglich • Menüs 29 bis 50 € • Terrasse, Garten, Parkplatz; Hunde im Restaurant nicht erlaubt

Die lauschigen Sommerabende auf der Terrasse an der Beune

Der harmonische Steinbau war einst eine Getreide- und Sägemühle. Das heutige Hotel mit Restaurant bietet ansprechende, geschmackvoll eingerichtete und ruhige Zimmer sowie einen großen schönen Speiseraum mit Holztäfelung, von dem aus man auf das gut erhaltene Schaufelrad und den Garten mit dem Fluss dahinter blickt. Bei schönem Wetter ist die Terrasse am Wasser ein geradezu idyllisches Plätzchen.

Anfahrt: im Ortskern, unterhalb der Straße, am Ufer der Beune

LES EYZIES-DE-TAYAC - 24620

20 **LE PANORAMIQUE**
M. et Mme Spadi

Beune
24620 Les Eyzies-de-Tayac
Tel. 05 53 06 98 82
Fax 05 53 05 24 04

Ganzjährig geöffnet • 4 Zimmer • 28 bis 37 € für 2 Personen, Frühstück 5 € • keine Mahlzeit • Park, Parkplatz; keine Kreditkarten, Hunde nicht erlaubt • Swimmingpool

Der überwältigende Blick über das Dorf und den prähistorischen Fundort von Les Eyzies-de-Tayac

Ein hübscher, 1 ha großer Park umgibt die drei im regionalen Stil erbauten Häuser, die sich über der bedeutenden prähistorischen Fundstätte befinden. Das Dekor der einladenden Zimmer ist bewusst schlicht gehalten. Zwei von ihnen besitzen angenehme Panoramaterrassen. Auf Ihrem Weg in den Frühstücksraum mit Veranda sollten Sie einen Blick auf die Kaffee- und Pfeffermühlensammlung werfen, die die Besitzer im Laufe der Jahre zusammengetragen haben. Zwei Ferienwohnungen stehen auch zur Verfügung.

Anfahrt: 4 km südöstlich von Les Eyzies-de-Tayac über die D 47 in Richtung Sarlat, dann über die Straße nach Saint-Cyprien

AQUITAINE/AQUITANIEN

LISLE - 24350　　　　　　　　　　MARNAC - 24440

 LE PIGEONNIER DE PICANDINE
M. et Mme Lacourt

La Picandine
24350 Lisle
Tel. 05 53 03 41 93
Fax 05 53 03 28 43
picandine@aol.com
www.picandine.com

15. Nov. bis 1. März geschlossen • 5 Zimmer mit Dusche/WC oder Bad/WC • 50 € für 2 Personen, Frühstück inkl., Halbpension möglich • Mahlzeit 19 € • Terrasse, Parkplatz; keine Kreditkarten, Hunde nicht erlaubt • Swimmingpool

 LA GRANDE MARQUE
Mme Cockcroft

24440 Marnac
Tel. 05 53 31 61 63
grande.marque@perigord.com
www.lgmfrance.com

Ganzjährig geöffnet • 5 Zimmer mit Bad • 65 bis 75 € für 2 Personen, Frühstück 7 € • Mahlzeit 22 € • Terrasse, Park, Parkplatz; keine Kreditkarten • Swimmingpool

 Der herrliche Blick auf die weite Landschaft des Périgord

Das ehemalige Gehöft aus dem 17. Jh. ist um den großen Innenhof angeordnet, in dem zweihundertjährige Kastanien stehen. In den Zimmern des Hauptgebäudes wurden die Steinwände und Holzbalken belassen. Die beiden Ferienwohnungen in der ehemaligen Scheune eignen sich besonders für Familien. Im gemütlichen Aufenthaltsraum mit Bibliothek lässt es sich gut schmökern – es sei denn, Sie entspannen sich lieber bei einer Runde Billard.

 Im 4 ha großen Park reine Landluft atmen

Das ehrwürdige Anwesen aus dem 17. Jh. auf einer Anhöhe über Marnac wartet mit einer atemberaubenden Aussicht auf das Dordogne-Tal und das Dorf Siorac-en-Périgord auf. Die Zimmer liegen unter dem Dach und sind gerade erst renoviert worden. Ihre Einrichtung ist schlicht und ansprechend. Das Freizeitangebot umfasst einen Fitnessraum, eine Sauna und einen Tennisplatz.

Anfahrt: in Lisle in Richtung Périgueux (D 1), dann die dritte Straße rechts

Anfahrt: 9 km nordöstlich über die D 703, die Straße nach Sarlat, dann rechts abbiegen

MARQUAY - 24620

AQUITAINE/AQUITANIEN
MEYRALS - 24220

 23 **HÔTEL DES BORIES**
M. et Mme Dalbavie

 24 **LA BÉLIE**
Mme Baltzer

Le bourg
24620 Marquay
Tel. 05 53 29 67 02
Fax 05 53 29 64 15
hotel.des.bories@wanadoo.fr
 www.membres.lycos.fr/hoteldesbories/

L'Abeille
24220 Meyrals
Tel. 05 53 59 55 82
Fax 05 53 59 56 04
contact@perigord-labelie.com
www.perigord-labelie.com

1. Apr. bis 2. Nov. geöffnet • 30 Zimmer, davon 20 im Nebengebäude, 5 mit eigener Terrasse, alle mit Bad/WC oder Dusche/WC und TV • 33 bis 63 € (Nebensaison 31 bis 57 €) für 2 Personen, Frühstück 8 €, Halbpension möglich • Menüs 15 bis 38 € • Terrasse, Garten, Parkplatz • 2 Swimmingpools

15. Febr. bis 15. März geschlossen • 3 Zimmer nur für Nichtraucher, davon eines im Nebengebäude, alle mit Dusche/WC • 70 bis 100 € für 2 Personen, Frühstück inkl. • nur Abendessen 18 bis 23 € • Terrasse, Park, Parkplatz; keine Kreditkarten, Hunde nicht erlaubt

 Ruhe und Entspannung total

 Der freundliche Empfang der Eigentümer

Trotz des Hotelnamens sind Sie nicht in so genannten „Bories" untergebracht, den kargen Steinhütten, die für die Gegend typisch sind. Die Zimmer dieses Familienbetriebes sind zwar nicht luxuriös, dafür jedoch mit modernem Komfort ausgestattet. In einigen können Sie auf der Terrasse Ihr Frühstück zu sich nehmen. Das reizvollste Zimmer ist das mit dem riesigen Kamin und den Holzbalken. Für Entspannung sorgen die beiden Swimmingpools mit Blick auf die umliegende Landschaft.

Dieses perigordinische Haus wurde von einem jungen Architekten renoviert, der den ursprünglichen Charakter des Ortes bewahrt hat. Gleichzeitig wurden einige zeitgemäße Elemente hinzugefügt. In den Bädern bilden alte Balken und moderne Waschbecken einen interessanten Kontrast. Die Zimmer sind mit ungewöhnlichen Möbeln und wunderschönen Stoffen hübsch gestaltet. Auf Wunsch gibt es regionale Speisen, doch die Eigentümerin liebt in Erinnerung an ihre zahlreichen Reisen die internationale Küche...

Anfahrt: Ausfahrt aus Sarlat-la-Canéda in Richtung Les Eyzies-de-Tayac und der D 6 folgen

Anfahrt: 8 km über die Straße nach Sarlat, Richtung Meyrals, im Ort Abeille

AQUITAINE/AQUITANIEN

NONTRON - 24300

 CHRISTINE ET MAURICE BIRON
M. et Mme Biron

 Le Domaine du Petit-Houx „Brégou"
24300 Nontron
Tel. 05 53 60 78 82
Fax 05 53 60 78 81
layourte@wanadoo.fr
www.perigord.com/lepetithoux

Ganzjährig geöffnet • 3 Zimmer im Obergeschoss, alle mit Bad/WC • 57 € für 2 Personen, Frühstück inkl., Halbpension möglich • nur Abendessen 18 € • Aufenthaltsraum, Park, Parkplatz; keine Kreditkarten, Hunde nicht erlaubt • Wanderungen, Ausritte, Mountainbike-Touren

 Romantische Spaziergänge im Park und im Haut-Périgord

Nicht weniger als 4 ha Wald aus prächtigen hundertjährigen Eichen umgeben diesen ehemaligen Gutshof. Der ursprüngliche regionale Baustil ist trotz der grundlegenden Restaurierung der Scheune, der Schäferei und des Hauptgebäudes erhalten geblieben. In Letzterem befinden sich der Aufenthaltsraum mit Bibliothek und einem schönen Steinkamin sowie komfortable Zimmer im Obergeschoss. Ihre Wände leuchten in bunten Farben, die Betten sind neu und die Badezimmer mit allem Komfort ausgestattet. Die Adresse ist auch als Unterkunft für Pferd und Reiter gedacht.

Anfahrt: 6 km östlich von Nontron über die D 707 in Richtung Thiviers, dann links abbiegen auf die D 85, die Straße nach Châlus

SAGELAT - 24170

 LE BRANCHAT
M. et Mme Ginioux

 Lieu-dit de Branchat
24170 Sagelat
Tel. 05 53 28 98 80
Fax 05 53 28 98 80
info@lebranchat.com
www.lebranchat.com

Apr. bis Okt. geöffnet • 6 Zimmer mit Bad/WC oder Dusche/WC • 63 bis 69 € (Nebensaison 53 bis 63 €) für 2 Personen, Frühstück inkl. • Mahlzeit 20 bis 25 € • Spielmöglichkeit für Kinder, Park, Parkplatz; Hunde nicht erlaubt • Swimmingpool, Ponys

 Die beiden Zimmer mit eigener Terrasse und Blick auf das Bergdorf Belvès

Jedes der alten Gebäude dieses Bauernhofs (Schäferei, Stall, Scheune und Wohnhaus) wurde wundervoll restauriert und beherbergt heute Gästezimmer. Alle besitzen weiße Wände, Parkettboden und Holzmöbel. Der Hof liegt auf einem 5 ha großen, naturbelassenen Gelände mit Tälern, Wäldern und Nussbaumhainen und garantiert Ihnen daher absolut ruhigen Schlaf. Entspannen können Sie sich außerdem am Swimmingpool, bei einem Spaziergang durch den Park oder einem Ponyausritt.

Anfahrt: 3 km südlich von Belvès über die D 710 in Richtung Fumel und links eine Nebenstraße

AQUITAINE/AQUITANIEN

SAINT-AUBIN-DE-LANQUAIS - 24560

 27 **L'AGRYBELLA**
Mme Raby

Place de l'Église
24560 Saint-Aubin-de-Lanquais
Tel. 05 53 58 10 76
legall.ma@wanadoo.fr
www.agrybella.fr.st

Jan. und Febr. geschlossen • 4 Zimmer nur für Nichtraucher, davon eines behindertengerecht, alle mit Bad/WC • 75 € für 2 Personen, Frühstück inkl. • keine Mahlzeit • Terrasse, Garten, gesicherter Parkplatz; keine Kreditkarten, Hunde nicht erlaubt • Swimmingpool, Aufenthaltsraum mit Bibliothek und Gesellschaftsspielen

Die „Überraschungssuite" mit ihrer ungewöhnlichen Dekoration

Das schöne Haus aus dem 18. Jh. mit seinen Nebengebäuden liegt in einem baumbestandenen Park mit Swimmingpool. Jedes der Zimmer zeichnet sich durch eine ungewöhnliche Dekoration aus. So besitzt das in gedämpftes Licht getauchte „Kolonialzimmer" ein Bett mit Moskitonetz, „Retro" ist mit Möbeln und Gegenständen aus der Zeit um 1900 dekoriert, ländliches Ambiente herrscht im „perigordinischen Zimmer", und das Motto der „Überraschungssuite" – wird hier nicht verraten! Äußerst freundlicher Empfang.

Anfahrt: im Ortszentrum

SAINT-CRÉPIN-ET-CARLUCET - 24590

 28 **LES CHARMES DE CARLUCET**
M. et Mme Edgar

Carlucet
24590 Saint-Crépin-et-Carlucet
Tel. 05 53 31 22 60
lescharmes@carlucet.com
www.carlucet.com

1. Dez. bis 1. Febr. geschlossen • 5 Zimmer nur für Nichtraucher auf 2 Stockwerken, davon eines behindertengerecht und eine Ferienwohnung, alle mit Bad/WC oder Dusche/WC und TV • 75 bis 99 € (Nebensaison 65 bis 89 €) für 2 Personen, Frühstück inkl. • nur Abendessen 23 € (mit Voranmeldung) • Aufenthaltsraum, Terrasse, Park, Parkplatz; Hunde nicht erlaubt • Swimmingpool, Sauna

Die Ruhe auf diesem für das Périgord typischen Anwesen

Diese empfehlenswerte Adresse liegt mitten im Périgord Noir. Das von einem 2 ha großen Park umgebene Haus bietet geräumige Zimmer, von denen sich zwei unter dem Dach befinden. Die Inneneinrichtung mit rustikalem Mobiliar oder Stilmöbeln ist schlicht, aber einladend und gepflegt. Im Taubenhaus wurde eine äußerst komfortable Ferienwohnung für 8 Personen mit Terrasse und eigenem Swimmingpool eingerichtet. Überaus gastfreundlich und zuvorkommend sind die englischen Besitzer.

Anfahrt: 13 km nördlich von Sarlat-la-Canéda über die D 704 Straße nach Montignac und rechts in die D 60 einbiegen

AQUITAINE/AQUITANIEN

SAINT-CRÉPIN-ET-CARLUCET - 24590

 29 LES GRANGES HAUTES
M. Fauste

Le Poujol
24590 Saint-Crépin-et-Carlucet
Tel. 05 53 29 35 60
Fax 05 53 28 81 17
fauste@netcourrier.com
www.les-granges-hautes.fr

15. Dez. bis 28. Febr. geschlossen • 6 Zimmer nur für Nichtraucher, alle mit Bad/WC oder Dusche/WC • 64 bis 102 € (Nebensaison 57 bis 96 €) für 2 Personen, Frühstück 7 € • Mahlzeit 27 € • Garten, Parkplatz; Hunde nicht erlaubt

 Das erlesene Ambiente dieses stilvollen Landhauses

Dem Charme dieses regionaltypischen Landhauses aus dem 18. und 19. Jh., das von einem herrlichen Garten mit Salzwasserswimmingpool umgeben ist, kann so leicht keiner widerstehen. Die stilvollen Zimmer zeichnen sich durch Holzbalken, warme und freundliche Farben und erlesene Badezimmer aus. Das Herzstück des Aufenthaltsraums ist der große Kamin, vor dem man sich gern zum Ausruhen oder Lesen niederlässt. Die reizenden Besitzer geben Ihnen gerne Tipps für Besichtigungen in ihrer Region.

Anfahrt: 12 km nordöstlich von Sarlat in Richtung Brive, dann in Richtung Salignac

SAINTE-ALVÈRE - 24510

 30 LE MOULIN NEUF
MM. Chappell et Shippey

Paunat
24510 Sainte-Alvère
Tel. 05 53 63 30 18
Fax 05 53 63 30 55
moulin-neuf@usa.net
www.the-moulin-neuf.com

15. bis 31. Okt. und 25. Dez. geschlossen • 6 Zimmer mit Bad/WC • 60 bis 65 € für 2 Personen, Frühstück 10 € • keine Mahlzeit • Terrasse, Garten; keine Kreditkarten, Hunde nicht erlaubt

 Die stilvolle Forsthausatmosphäre dieses Hauses

Die kleine Mühle steht mitten in einem idyllischen Park, an dessen Ende ein Teich liegt. Die Innendekoration aus hellen Farbtönen, gemütlichen Sofas und bunten Stoffen harmoniert aufs Beste mit der beschaulichen Umgebung. Die nicht sehr großen Gästezimmer wurden in einer ehemaligen Scheune eingerichtet. Im Sommer frühstückt man unter der Laube, im Winter vor dem Kamin im Aufenthaltsraum.

Anfahrt: auf der D 2 in südlicher Richtung

AQUITAINE/AQUITANIEN

SAINT-JULIEN-DE-CREMPSE - 24140   SAINT-MARTIAL-VIVEYROLS - 24320

31 LE MANOIR DU GRAND VIGNOBLE
M. Scotti

Le grand vignoble
24140 Saint-Julien-de-Crempse
Tel. 05 53 24 23 18
Fax 05 53 24 20 89
grand.vignoble @ wanadoo.fr
www.manoirdugrandvignoble.com

Ende März bis Mitte Nov. geöffnet • 44 Zimmer mit Bad/WC und TV • 82 bis 109 € (Nebensaison 58 bis 79 €) für 2 Personen, Frühstück 9 €, Halbpension möglich • Menüs 23 bis 45 € • Park, Parkplatz • Swimmingpool, Tennisplatz, Golf-Übungsgelände, Sauna, Whirlpool, Krafttraining, Reitzentrum, Kurse zur Weinkunde

Ein Ausritt auf einem der Pferde des Reiterhofs, der sich auf dem Anwesen befindet

Das ehemalige Herrenhaus (17. Jh.) liegt ruhig in einem 43 ha großen Park. Im Haupthaus befinden sich die Rezeption, ein Aufenthaltsraum und der schlicht gehaltene Speisesaal, in dem man eine regionale Küche und Weine der Gegend (Bergerac, Pécharmant) genießt. Zehn Zimmer sind ebenfalls in diesem Gebäude untergebracht und zum Teil mit Himmelbetten ausgestattet. Die Zimmer in den Nebengebäuden, dem anderen Teil des Hotels, sind großzügiger geschnitten und eher modern eingerichtet.

Anfahrt: 16 km nördlich von Bergerac über die N 21 bis Campsegret, dann links auf eine Nebenstraße in Richtung Saint-Julien-de-Crempse, vor Saint-Julien

32 HOSTELLERIE LES AIGUILLONS
M. Beeuwsaert

Le Beuil
24320 Saint-Martial-Viveyrols
Tel. 05 53 91 07 55
Fax 05 53 91 00 43
lesaiguillons @ aol.com
www.hostellerielesaiguillons.com

1. Mai bis 1. Okt. geöffnet • 8 Zimmer, davon eines behindertengerecht, alle mit Bad/WC und TV • 50 bis 91 € für 2 Personen, Frühstück 8 €, Halbpension möglich • Menüs 25 bis 42 € • Terrasse, Park, Parkplatz • Swimmingpool

Wälder, Wiesen und Felder so weit das Auge reicht

Genau das Richtige für Naturliebhaber. Abgesehen vom Platz an der Sonne, der Ihnen hier geboten wird, gibt es Ruhe, weite Landschaft, unberührte Natur und Vögel satt. Das Hotel entstand auf den Resten eines perigordinischen Bauernhauses und verfügt über freundliche und geräumige Zimmer, ein Restaurant, das an eine Hazienda erinnert, und eine Terrasse mit Blick auf den Park und die weite Landschaft dahinter.

Anfahrt: 5 km nordwestlich von Verteillac über die D 1, dann nach rechts auf die D 101 abbiegen, auf die C 201 und schließlich auf eine Nebenstraße

AQUITAINE/AQUITANIEN

SAINT-PIERRE-DE-CÔLE - 24800

 DOUMARIAS
M. et Mme Fargeot

24800 Saint-Pierre-de-Côle
Tel. 05 53 62 34 37
Fax 05 53 62 34 37
doumarias@aol.com

1. Jan. bis 31. März und 30. Sept. bis 31. Dez. geschlossen • 6 Zimmer • 58 € für 2 Personen, Frühstück inkl. • Mahlzeit 16 € • Garten, Parkplatz; Hunde nicht erlaubt • Swimmingpool

Der Angelspaß im nahen Fluss Côle

Im Hof des mit Wildem Wein bewachsenen Landhauses unweit der Ruinen der Burg Bruzac, im Herzen des Grünen Périgord, erhebt sich eine majestätische Linde, die nicht unerheblich zu dem Reiz des Ortes beiträgt. Die ruhigen, hübschen Zimmer sind mit alten Möbeln, Dekorationsgegenständen und Gemälden ausgestattet. Der Swimmingpool, der Garten und der freundliche Service sind weitere Pluspunkte.

Anfahrt: 12 km östlich von Brantôme über die D 78

SAINT-RABIER - 24210

 VILLA DES COURTISSOUS
M. et Mme Dalibard

24210 Saint-Rabier
Tel. 05 53 51 02 26
Fax 05 53 50 73 55
villa.courtissous@libertysurf.fr
www.bienvenue-montignac.com

Nach Voranmeldung geöffnet, Nov. bis März geschlossen • 4 Zimmer mit Bad/WC • 74 € für 2 Personen, Frühstück inkl. • keine Mahlzeit • Terrasse, Garten, Parkplatz; keine Kreditkarten, Hunde nicht erlaubt • Swimmingpool

Die Besichtigung des nahen Schlosses Hautefort

Das stattliche Haus wurde im Jahr 1800 mitten in einem kleinen Park errichtet. Die geräumigen Zimmer wurden vor kurzem renoviert und sind mit Parkettböden, ausgesuchten Stoffen und schön restaurierten alten Möbeln ausgestattet. An den weißen Wänden hängen hier und da Fotografien. Je nach Jahreszeit wird das Frühstück am großen Tisch vor dem Kamin in der Küche oder auf der Terrasse neben dem Swimmingpool aufgetragen.

Anfahrt: 12 km südlich von Hautefort über die D 704

AQUITAINE/AQUITANIEN

SAINT-VINCENT-SUR-L'ISLE - 24420

SARLAT-LA-CANÉDA - 24200

35 **CHAMBRE D'HÔTE LA CALMADE**
M. Margo Collin

Le Bourg
24420 Saint-Vincent-sur-l'Isle
Tel. 05 53 07 87 83
margo@lacalmade.com
www.lacalmade.com

Ganzjährig geöffnet • 5 Zimmer, davon eines behindertengerecht, alle mit Bad/WC • 60 € für 2 Personen, Frühstück inkl. • keine Mahlzeit • Garten, Parkplatz; keine Kreditkarten • Swimmingpool

36 **CHAMBRE D'HÔTE LE CLOS-VALLIS**
M. Bosio

Le Clos Vallis
24200 Sarlat-la-Canéda
Tel. 05 53 28 95 64
Fax 05 53 28 95 21
br.b@wanadoo.fr
www.leclosvallis.com

Ganzjährig geöffnet • 4 Zimmer nur für Nichtraucher, davon 2 im Obergeschoss, alle mit Bad • 60 € für 2 Personen, Frühstück inkl. • keine Mahlzeit • Aufenthaltsraum, Garten, Parkplatz; keine Kreditkarten, Hunde nicht erlaubt • Swimmingpool

 Die gleichermaßen familiäre, schlichte und herzliche Atmosphäre

Die Ursprünge dieses Bauernhofs vor den Toren der kleinen Stadt gehen auf das Jahr 1750 zurück. Die Zimmer verteilen sich auf das Hauptgebäude und eine vollständig restaurierte Scheune. Sie sind geschmackvoll mit alten (Familienstücke oder vom Edeltrödel) und modernen Möbeln eingerichtet. Zum Zeitvertreib stehen eine Bibliothek, ein Klavier, Gesellschaftsspiele und im Garten, in dem eine herrliche Kastanie Schatten spendet, auch ein Klettergerüst für Kinder zur Verfügung.

 Nur wenige Kilometer von Sarlat entfernt reinste Landluft atmen

Die Gebäude dieses sorgsam restaurierten Bauernhofs sind um einen hübschen Hof im Stil des Périgord angeordnet. In der ehemaligen Scheune sind die Gästezimmer untergebracht, die schlicht (unverputzte Steinwände oder weiße Wände, gefliester oder mit Kokosmatten ausgelegter Boden, Kiefernholzmöbel), hell und einladend sind. Die gleiche angenehme Schlichtheit prägt den Aufenthaltsraum mit Kamin und den Frühstücksraum mit Teakholzmöbeln. Nette und zurückhaltende Bedienung.

Anfahrt: 15 km nordöstlich über die N 21 in Richtung Limoges und nach rechts über die D 705

Anfahrt: 3 km nordöstlich von Sarlat-la-Canéda über die D 47, die Straße nach Sainte-Nathaléne, dann links in einen Weg einbiegen

AQUITAINE/AQUITANIEN
SARLAT-LA-CANÉDA - 24200   SARLAT-LA-CANÉDA - 24200

37 HÔTEL DE LA MADELEINE
M. Mélot

1 place de la Petite-Rigaudie
24200 Sarlat-la-Canéda
Tel. 05 53 59 10 41
Fax 05 53 31 03 62
hotel.madeleine@wanadoo.fr
www.hoteldelamadeleine-sarlat.com

1. Jan. bis 12. Febr. geschlossen • 39 Zimmer, davon 2 behindertengerecht, alle mit Bad/WC oder Dusche/WC, TV und Klimaanlage • 76 bis 98 € (Nebensaison 64 bis 77 €) für 2 Personen, Frühstück 9 €, Halbpension möglich • Menüs 27 bis 46 € • Terrasse

 Die günstige Lage direkt neben der Altstadt

Das Gebäude stammt aus dem Jahr 1840 und soll das älteste Hotel der Stadt sein, das noch in Betrieb ist. Es wurde vor kurzem einer Generalüberholung unterzogen. Das gelungene Ergebnis sieht man unter anderem an der frisch gestrichenen Fassade mit den blauen Fensterläden, den renovierten, funktionellen Zimmern, dem nagelneuen Speiseraum in Orangerot und dem geräumigen Aufenthaltsraum, den Grünpflanzen und Radierungen aufheitern. Praktisch ist die Hotelgarage (gegen Aufpreis).

Anfahrt: an einem schönen Platz in der Ortsmitte, am Rand der mittelalterlichen Altstadt

38 HÔTEL DES RÉCOLLETS
M. Larequie

4 rue Jean-Jacques-Rousseau
24200 Sarlat-la-Canéda
Tel. 05 53 31 36 00
Fax 05 53 30 32 62
contact@hotel-recollets-sarlat.com
 www.hotel-recollets-sarlat.com

Ganzjährig geöffnet • 18 Zimmer mit Bad/WC und TV • 43 bis 63 € für 2 Personen, Frühstück 7 € • kein Restaurant • Parkplatz

 Die himmlische Ruhe in diesem Hotel mitten in der Altstadt

Das stilvolle Hotel ist im Kreuzgang des Rekollektenklosters (17. Jh.) untergebracht. Blumen schmücken die Fassade aus heimischem Stein. Zu den kleinen, hübsch renovierten Zimmern führt eine enge Treppe. Sie sind ganz unterschiedlich ausgestattet, doch weisen sie alle eine gelungene Mischung aus modernen Möbeln, Holzbalken und Originalsteinwänden auf. Das Frühstück nimmt man in einem überwölbten Raum oder im Sommer in einem reizenden Innenhof ein. Gepäckdienst ab dem öffentlichen Parkplatz.

Anfahrt: in der Altstadt

AQUITAINE/AQUITANIEN

SARLAT-LA-CANÉDA - 24200

39 **LE MAS DE CASTEL**
Mme Charpenet-Castalian

Sudalissant
24200 Sarlat-la-Caneda
Tel. 05 53 59 02 59
Fax 05 53 28 25 62
castalian@wanadoo.fr

Ostern bis 11. Nov. geöffnet • 13 Zimmer, davon etwa die Hälfte auf Gartenniveau, alle mit Bad/WC oder Dusche/WC und TV • 56 bis 68 € (Nebensaison 50 bis 58 €) für 2 Personen, Frühstück 7 € • kein Restaurant • Garten, Parkplatz; Hunde nicht erlaubt • Swimmingpool

 Die idyllische Atmosphäre dieses reizenden Fleckchens Erde

Aus dem mitten in unberührter Natur liegenden Bauernhof ist ein ansprechendes Hotel geworden, dessen rustikale Zimmer sich im ersten Stock und auf Gartenniveau (die schönsten) befinden. Von dem früheren Hühnerhaus ist nur der Hahn übrig geblieben, der die Gäste hier gerade rechtzeitig weckt, damit sie vor dem Frühstück noch einen Sprung in den Swimmingpool wagen können. Im Périgord verstehen nicht zuletzt auch die Hähne etwas von Lebenskunst.

Anfahrt: 3 km von Sarlat-la-Canéda über die D 704 in Richtung Gourdon, dann nach rechts auf die Straße nach La Canéda und weiter auf einer Nebenstraße

SORGES - 24420

40 **CHAMBRE D'HÔTE AU VILLAGE**
M. Valentini

Le Bourg
24420 Sorges
Tel. 05 53 05 05 08
 Fax 05 53 05 05 08

Okt. geschlossen • 3 Zimmer mit Dusche/WC und TV • 34 € für 2 Personen, Frühstück 5 € • keine Mahlzeit • Terrasse, Garten; keine Kreditkarten

 Trüffeln, die „schwarzen Diamanten", die Sorges berühmt gemacht haben

Das kleine Landhaus stammt aus dem 15. Jh. und steht in unmittelbarer Nachbarschaft zum Trüffelmuseum und zum Fremdenverkehrsamt. Die hübschen Zimmer geben sich mit ihren Holzfußböden, den unverputzten Steinwänden, den getäfelten Decken und den alten Möbeln rustikal. Nur zu gerne lässt man sich im Sommer zum Frühstück im Innenhof unter der riesigen Linde nieder.

Anfahrt: im Dorf

AQUITAINE/AQUITANIEN

TOURTOIRAC - 24390 **VAUNAC - 24800**

 L'ENCLOS
M. et Mme Ornsteen

 Pragelier
24390 Tourtoirac
Tel. 05 53 51 11 40
Fax 05 53 50 37 21
rornsteen@yahoo.com
www.hotellenclos.com

Okt. bis Apr. geschlossen • 5 Zimmer • 70 bis 100 € • Frühstück 9 € • Mahlzeit 20 bis 30 € • Park, Parkplatz; keine Kreditkarten • Swimmingpool

 FERME DES GUEZOUX
M. Fouquet

 Les Guezoux
24800 Vaunac
Tel. 05 53 62 06 39
Fax 05 53 62 88 74
escargot.perigord@wanadoo.fr
 www.escargotduperigord.com

Ganzjährig geöffnet • 3 Zimmer • 43 € (Nebensaison 39 €) für 2 Personen, Frühstück 4 € • keine Mahlzeit • Garten, Parkplatz • Swimmingpool

 Die originelle Ansammlung von sieben Cottages

Hier handelt es sich um die Urlaubsadresse einiger amerikanischer Filmstars! Der Weiler, der sich einst im Besitz eines Grafen befand, besteht aus mehreren Cottages, die vollständig renoviert wurden. Aus der Zeit des Grafen stammen die Dorfkapelle, das Backhaus und das Haus des Verwalters. Die Zimmer befinden sich in den Nebengebäuden und weisen eine rustikale Einrichtung mit provenzalischen Mustern auf. Auf dem Gelände, das von einer 250 Jahre alten Mauer umgeben ist, wachsen Bäume und Blumen.

 Der leckere hausgemachte Nusskuchen, den man zum Frühstück bekommt

Wer in freier Natur seine Erholung sucht, wird sich in diesem Bauernhaus, das in dem für die Gegend typischen Naturstein errichtet wurde, sicher wohlfühlen. Die schlichten Zimmer des 1990 renovierten Hofs haben gekalkte Wände und Kachelfußböden. Sie sind mit Kiefernholzmöbeln eingerichtet und in einwandfreiem Zustand. Die Gäste können sich in einer für sie eingerichteten Küche ihre Mahlzeiten selber zubereiten. Dem netten Wirt wird es ein Vergnügen sein, Ihnen seine Schneckenzucht zu zeigen!

Anfahrt: 5 km westlich von Hautefort über die D 62 und die D 67

Anfahrt: 9 km nördlich über die N 21 und rechts in einen Weg einbiegen

AQUITAINE/AQUITANIEN

ANDERNOS-LES-BAINS - 33510

ARÈS - 33740

43 LES ALBATROS
M. et Mme Malfère

10 bd de Verdun
33510 Andernos-les-Bains
Tel. 05 56 82 04 46
jmalfere@club-internet.fr
www.lesalbatros.com

Nov. bis Jan. geschlossen • 3 Zimmer nur für Nichtraucher • 60 bis 68 € für 2 Personen, Frühstück inkl. • keine Mahlzeit • blühender Garten; keine Kreditkarten, Hunde nicht erlaubt

44 LE GRAIN DE SABLE
Mme Bécaud

37 avenue de la Libération
33740 Arès
Tel. 05 56 60 04 50
Fax 05 57 17 14 98
hotel.legraindesable@wanadoo.fr
www.hotelgraindesable.com

Ganzjährig geöffnet • 14 Zimmer mit Bad/WC oder Dusche/WC, TV und Telefon • 52 bis 66 € für 2 Personen, Frühstück 7 € • kein Restaurant • Garten, Parkplatz, Konferenzraum

 Die Eigentümer, die stets um das Wohl ihrer Gäste bemüht sind

Das von einem schönen, sehr gepflegten Garten umgebene weiße Haus liegt ideal jeweils 100 m vom Strand, vom Hafen und vom Ort entfernt. Die drei individuell eingerichteten Zimmer tragen viel sagende Namen: „Romantik", „Meer" und „Safari". Das Letztgenannte ist geräumiger und daher für längere Aufenthalte besonders zu empfehlen. Zum reichhaltigen Frühstück mit hausgemachter Marmelade lässt man sich auf der Terrasse oder im Speiseraum mit Kristalllüster und schönen Möbeln nieder.

Anfahrt: 100 m vom Strand entfernt, in der Nähe des Ortes

 Die Lage zwischen dem Atlantik und dem Parc Naturel Régional des Landes de Gascogne

Die Inneneinrichtung des reizvollen Hauses, das auch nach der Renovierung seinen regionaltypischen Charakter bewahrt hat, erinnert an Urlaub! Die geräumigen Zimmer sind individuell nach verschiedenen Themen eingerichtet. Die Reise geht von Marokko („Ouarzazate") bis nach „Bali", auch ein „Cottage"-Zimmer ist dabei. Beim Frühstücksraum und beim Aufenthaltsraum, in denen Sandtöne und Rattanmöbel harmonisch kombiniert sind, ließ man sich von der Landschaft um Arcachon inspirieren.

Anfahrt: am Kirchplatz im Stadtzentrum in Richtung Arcachon/Andernos fahren, das Hotel liegt nach 400 m auf der linken Straßenseite

AQUITAINE/AQUITANIEN

BERNOS-BEAULAC - 33430   **BOMMES-SAUTERNES - 33210**

45 DOUSUD
M. et Mme Chapdelaine

33430 Bernos-Beaulac
Tel. 05 56 25 43 23
Fax 05 56 25 42 75
info@dousud.fr
www.dousud.fr

Ganzjährig geöffnet • 5 Zimmer nur für Nichtraucher, alle mit Bad/WC oder Dusche/WC und TV • 76 € (Nebensaison 61 €) für 2 Personen, Frühstück inkl. • nur Abendessen 16 € • Terrasse, Park, Kochecke, Parkplatz • Swimmingpool, Ausritte, Wanderungen, Kanu- und Kajakfahren, Fahrradtouren

Die himmlische Ruhe, die diesen hübschen Bauernhof umgibt

Hier ist die Natur allgegenwärtig! Das in einem riesigen Park errichtete Bauernhaus bildet den idealen Ausgangspunkt für Wanderungen, Radtouren und Ausritte. Jedes der reizenden Zimmer, die in den Pferdeboxen in den ehemaligen Stallungen eingerichtet wurden, hat seinen eigenen Ausgang nach draußen. Die Mahlzeiten können die Gäste selbst in der Kochecke oder am Grillplatz zubereiten – sie können sich aber auch von der Besitzerin, einer ausgebildeten Köchin, verwöhnen lassen...

Anfahrt: im Ort

46 PEYRAGUEY MAISON ROUGE
M. et Mme Belanger

33210 Bommes-Sauternes
Tel. 05 57 31 07 55
Fax 05 57 31 03 95
belanger@club-internet.fr
www.peyraguey-sauternes.com

Ganzjährig geöffnet • 3 Zimmer nur für Nichtraucher, davon 2 im Erdgeschoss mit eigenem Eingang, 1 im ersten Stock • 68 bis 79 € für 2 Personen, Frühstück inkl. • keine Mahlzeit • Garten, Parkplatz; keine Kreditkarten, Hunde nicht erlaubt • Swimmingpool

Dass jedes Zimmer über einen eigenen Eingang verfügt

„Sauternes", „St-Émilion", „Médoc" – die Namen der drei bezaubernden, geräumigen Gästezimmer im Herzen des Sauternes-Weinbaugebiets sprechen Bände... Bei der Ankunft wird man mit einer Flasche Bordeaux begrüßt, und abends kann man bei einer Weinprobe noch weitere Tropfen kosten. Da fühlt man sich gleich wie zu Hause. Außerdem besitzt das Haus viel Charme mit seiner Fassade aus dem regionaltypischen Stein, dem Terrakottaboden und dem antiken Mobiliar.

Anfahrt: Straße nach Sauternes

AQUITAINE/AQUITANIEN

BORDEAUX - 33000 | BORDEAUX - 33000

 47 **UNE CHAMBRE EN VILLE**
M. Labory

35 rue Bouffard
33000 Bordeaux
Tel. 05 56 81 34 53
Fax 05 56 81 34 54
ucev@bandb-bx.com
www.bandb-bx.com

Ganzjährig geöffnet • 5 Zimmer mit Bad/WC oder Dusche/WC und TV • 75 bis 85 € für 2 Personen, Frühstück 7 € • keine Mahlzeit

 48 **LA TOUR INTENDANCE**
M. Brandt

16 rue de la Vieille-Tour
33000 Bordeaux
Tel. 05 56 44 56 56
Fax 05 56 44 54 54
contact@hotel-tour-intendance.com
www.hotel-tour-intendance.com

Ganzjährig geöffnet • 22 Zimmer mit Klimaanlage, alle mit Bad/WC oder Dusche/WC und TV • 78 bis 100 € (Nebensaison 68 bis 94 €) für 2 Personen, Frühstück 8 € • kein Restaurant • Parkplatz

 Die zeitgemäße und schlichte Inneneinrichtung, die äußerst gepflegt ist

 Die gelungene Renovierung dieses im Zentrum gelegenen Hotels

Das im historischen Zentrum von Bordeaux gelegene Gebäude wurde einer umfassenden Renovierung unterzogen, seit der alte Bauteile (Mauern, Steintreppe) perfekt mit den modernen Elementen (Mobiliar, Komfort) harmonieren. Die äußerst gepflegten Zimmer sind individuell eingerichtet. So besticht die Bordeaux-Suite mit warmen Farbtönen und Stilmöbeln, im nautischen Zimmer dreht sich alles um das Thema Meer, und im orientalischen Zimmer geben kräftige Farben und Möbel aus Nordafrika den Ton an.

Mitten im Zentrum liegt dieses Hotel, das einer perfekt gelungenen Renovierung unterzogen wurde und sich durch eine für Bordeaux typische Fassade, unverputztes Mauerwerk und Terrakottaböden im Inneren auszeichnet. Ebenso reizvoll sind die komfortablen, modernen Zimmer mit persönlicher Note (ausgesuchte Farben und Stoffe, Kiesel auf den Badezimmerböden usw.). Hier werden Sie zuvorkommend und freundlich empfangen.

Anfahrt: im Stadtzentrum

Anfahrt: im Stadtzentrum

AQUITAINE/AQUITANIEN

CAPIAN - 33550

 49 **CHÂTEAU DE GRAND BRANET**
Mme Mainvielle

 859 Branet-Sud
33550 Capian
Tel. 05 56 72 17 30
Fax 05 56 72 36 59
chateaugrandbranet@entredeuxmers.com
www.entredeuxmers.com/chateaugrandbranet

Jan. geschlossen • 5 Zimmer nur für Nichtraucher im ersten Stock, alle mit Bad/WC • 60 € für 2 Personen, Frühstück inkl. • keine Mahlzeit • Park, Parkplatz; keine Kreditkarten

 Die Besichtigung des restaurierten Weinkellers

Das hübsche Schloss aus dem 17. Jh. wurde im 19. Jh. renoviert und liegt reizvoll in einem schattigen Park mit mehrere Jahrhunderte alten Bäumen. Vom Speiseraum im Erdgeschoss genießt man den Blick über die Weinberge der Umgebung. Die fünf Zimmer im Obergeschoss mit unverputztem Mauerwerk und alten Möbeln sind für drei bis vier Personen ausgelegt. Der charmante Besitzer lädt Sie sicherlich zu einer Besichtigung seines Weinguts und des Kellers ein – vielleicht können Sie sogar einige Tropfen kosten!

Anfahrt: 9 km südlich von Créon, Richtung Cadillac

CASTELNAU-DE-MÉDOC - 33480

 50 **DOMAINE DE CARRAT**
Mme Péry

 Route de Sainte-Hélène
33480 Castelnau-de-Médoc
Tel. 05 56 58 24 80
Fax 05 56 58 24 80

25. Dez. geschlossen • 5 Zimmer • 54 bis 60 € für 2 Personen, Frühstück inkl. • keine Mahlzeit • Park, Parkplatz; keine Kreditkarten

 Der charmante Empfang und der Hauch von Romantik, der auf dem Anwesen liegt

Das imposante Gebäude von 1885 mit seinen roten Fensterläden liegt im Herzen eines Parks, den ein 20 ha großes Waldgebiet umgibt. Es diente einst dem benachbarten Schloss als Stall und beherbergt heute bequeme und ruhige Zimmer, die mit Familienstücken ausgestattet sind. Die schönsten Zimmer liegen im Erdgeschoss und gehen direkt auf den Rasen hinaus. Im Winter versammelt man sich um das knisternde Kaminfeuer, im Sommer ist der Park erfüllt vom Lachen der Kinder, die in der Jalette schwimmen.

Anfahrt: 1 km südwestlich von Castelnau-de-Médoc

AQUITAINE/AQUITANIEN

COUTRAS - 33230

51 **HENRI IV**
Mme Dri-Stragier

Place du 8-Mai-1945
33230 Coutras
Tel. 05 57 49 34 34
Fax 05 57 49 20 72
hotel-henriIV.gironde@wanadoo.fr

 www.hotelcoutras.com

Ganzjährig geöffnet • 15 Zimmer auf 2 Stockwerken, alle mit Bad/WC oder Dusche/WC und TV • 45 bis 65 € für 2 Personen, Frühstück 8 € • kein Restaurant • Garten, Parkplatz

Der makellose Zustand des Hauses

Coutras ging in die französische Geschichte ein, als Heinrich von Navarra, der spätere Heinrich IV., hier 1587 eine Schlacht schlug. Gegenüber dem Bahnhof des Ortes liegt hinter einem Hof mit Garten dieses Herrenhaus aus dem 19. Jh., das heute als Hotel saubere Zimmer mit soliden Kiefernholzmöbeln bietet. Doppelfenster mit Schallisolierung halten effizient die Bahnhofsgeräusche fern. Die Zimmer unter der Mansarde sind mit Klimaanlage ausgestattet.

Anfahrt: in der Innenstadt, gegenüber dem Bahnhof

GENSAC - 33890

52 **LES REMPARTS**
M. Parker

16 rue du Château
33890 Gensac
Tel. 05 57 47 43 46
Fax 05 57 47 46 76
info@lesremparts.net
www.lesremparts.net

17. bis 30. Dez. geschlossen • 7 Zimmer, davon eines behindertengerecht, alle mit Bad/WC oder Dusche/WC und TV • 60 € (Nebensaison 55 €) für 2 Personen, Frühstück 8 €, Halbpension möglich • Menüs 18 bis 29 € • Parkplatz, Garten

Die herzliche Gastlichkeit der ganzen Familie

Von seinem günstigen Standort an der ehemaligen Stadtmauer überblickt dieses Haus das alte Dorf und die ganze umliegende Landschaft. Die in einem Pfarrhaus aus dem 11. Jh. untergebrachten Zimmer besitzen rustikale Möbel und helle und freundliche Farben und wirken dadurch trotz ihrer Schlichtheit einladend. Der Speiseraum liegt auf der anderen Seite des kleinen Gartens und bietet eine herrliche Aussicht auf das Tal der Durèze.

Anfahrt: in der Nähe der Kirche

AQUITAINE/AQUITANIEN

LATRESNE - 33360

 53 **CHÂTEAU COULON LAURENSAC**
M. Ronald Rens

 1 chemin de Meydieu
33360 Latresne
Tel. 05 56 20 64 12
Fax 05 56 21 79 44
coulonlaurensac@wanadoo.fr
www.clbx.com

Ganzjährig geöffnet • 1 Zimmer und 2 Suiten nur für Nichtraucher, alle mit Bad/WC mit eigenem Eingang und privater Terrasse • 95 bis 110 € für 2 Personen, Frühstück inkl. • Mahlzeit 58 €, Getränk inkl. • Terrasse, Park, Parkplatz; keine Kreditkarten, Hunde nicht erlaubt • Swimmingpool

 Eine Oase der Ruhe und Natur, nur 5 Minuten von Bordeaux entfernt

Die jungen holländischen Gastgeber bieten drei entzückende Gästezimmer an, die im Weinkeller des Schlosses eingerichtet wurden. In den gepflegten Innenräumen wurde altes Gemäuer und freiliegende Holzbalken mit modernen Möbeln und Komfort kombiniert. Alle Zimmer besitzen eine eigene Terrasse. Das Frühstück wird im Sommersalon des Haupthauses und bei schönem Wetter auch im Freien serviert.

Anfahrt: 5 km südöstlich von Bordeaux, Industriezone (ZI) von Latresne, am Ufer der Garonne

LESTIAC-SUR-GARONNE - 33550

 54 **LES LOGIS DE LESTIAC**
M. Dejean

 71 route de Bordeaux
33550 Lestiac-sur-Garonne
Tel. 05 56 72 17 90
philippe@logisdelestiac.com
www.logisdelestiac.com

Ganzjährig geöffnet • 5 Zimmer nur für Nichtraucher auf 2 Stockwerken, alle mit Bad und Dusche/WC (Massagedusche), mit TV und Modemanschluss • 80 bis 95 € für 2 Personen, Frühstück inkl., Halbpension möglich • nur Abendessen 25 € • Terrasse, Garten, Parkplatz; keine Kreditkarten, Hunde nicht erlaubt • Swimmingpool

 Die Inneneinrichtung dieses Herrenhauses, die schlicht und elegant zugleich ist

Der junge Besitzer dieses wunderschönen Gebäudes aus dem 18. Jh. hat ein Faible für alte Möbel und Inneneinrichtung und ist denn auch mit Freude bei der Sache. Vier Zimmer sind bereits geschmackvoll rund um das Thema der vier Jahreszeiten restauriert. Eines davon, „Herbstscheuer", vereint bordeauxrote Stoffe und ungewöhnliche Objekte (Nähmaschine, alte Koffer). „Philipps Zimmer" ist ebenso originell und wird gerade fertig gestellt. Im riesigen Garten lockt ein beheizter Salzwasserpool.

Anfahrt: im Ortszentrum

LIBOURNE - 33500

AQUITAINE/AQUITANIEN
MARGAUX - 33460

55 **LA TOUR DU VIEUX PORT**
M. Segonzac

23 quai Souchet
33500 Libourne
Tel. 05 57 25 75 56
Fax 05 57 25 01 45
latourduvieuxport @ free.fr

http://atourduvieuxport.com

Ganzjährig geöffnet • 14 Zimmer mit Bad/WC, Telefon und TV • 48 bis 68 € für 2 Personen, Frühstück 6 €; Halbpension möglich • Menüs 15 bis 29 € • Terrasse

56 **LE PAVILLON DE MARGAUX**
Mme Laurent

3 rue Georges-Mandel
33460 Margaux
Tel. 05 57 88 77 54
Fax 05 57 88 77 73
le-pavillon-de-margaux @ wanadoo.fr
www.pavillondemargaux.com

Ganzjährig geöffnet • 14 Zimmer, davon 5 in einem Nebengebäude und 10 mit Klimaanlage, alle mit Bad/WC und TV • 81 bis 110 € (Nebensaison 60 bis 90 €), Frühstück 12 €, Halbpension möglich • Restaurant Mi vom 16. Nov. bis 31. März und Di geschlossen, Menüs 12 (werktags mittags) bis 51 € • gesicherter Parkplatz • im Herzen des Weinbaugebiets

 Die persönliche Note, mit der jedes der Zimmer eingerichtet ist

 Der bemerkenswerte Weinkeller des Hotels

Das einladende Hotel mit Restaurant liegt neben dem Tour du Port, gegenüber der Dordogne. Es wurde mit viel Geschmack renoviert und bietet ein komfortables Ambiente. Die geräumigen, individuell eingerichteten Zimmer wurden von der Eigentümerin gestaltet, die die Kopfenden der Betten mit einem Gemälde passend zu den Stoffen und den Vorhängen geschmückt hat. In den drei Speisesälen wird eine traditionelle Küche aus marktfrischen Zutaten gereicht.

Beim Anblick des wunderschönen, von Weinbergen umgebenen Hauses aus dem 19. Jh. kann man sich nur schwerlich vorstellen, dass es einst die Dorfschule beherbergte. Im Inneren herrscht eine elegante und gediegene Atmosphäre. Die Namen und Einrichtungen der Zimmer sind nach den Weingütern des Médoc gewählt. Die Zimmer im Nebengebäude sind kleiner, aber dennoch komfortabel. Eleganter Speisesaal und Veranda mit Blick auf die Weinberge.

Anfahrt: im Stadtzentrum

Anfahrt: am Dorfeingang von Margaux

AQUITAINE/AQUITANIEN

MARTILLAC - 33650   MAUBUISSON - 33121

57 CHÂTEAU LANTIC
Mme Ginèbre

10 route de Lartigue
33650 Martillac
Tel. 05 56 72 58 68
Fax 05 56 72 58 67
mginebre @ wanadoo.fr
www.chateau-de-lantic.com

Ganzjährig geöffnet • 6 Zimmer nur für Nichtraucher mit Bad/WC oder Dusche/WC , Kochecke, einige mit TV • 70 bis 135 € für 2 Personen, Frühstück inkl. • keine Mahlzeit • Terrasse, Garten, Parkplatz • Swimmingpool

58 VILLA ASHRAM
Mme François

18 rue des Genêts-d'Or
33121 Maubuisson
Tel. 05 56 03 49 19

Ganzjährig geöffnet • 3 Zimmer mit Dusche/WC • 50 bis 70 € für 2 Personen, Frühstück 6 € • keine Mahlzeit • Terrasse, Garten; keine Kreditkarten, Hunde nicht erlaubt

Der Charme dieses renovierten kleinen Schlosses

Murielle Ginèbre, seit 2003 die Besitzerin dieses Anwesens aus dem 18. Jh., bewies bei der Renovierung des Gebäudes sehr viel Geschmack. Die herrlichen Zimmer sind mit alten Möbeln und wunderschönen Stoffen in harmonischen Farben eingerichtet. Einige besitzen eine Kochnische. Die weitläufige „Romeo-und-Julia"-Suite mit ihrem Himmelbett ist Romantik pur! Ob auf der Geschäfts- oder der Hochzeitsreise – alle Gäste verleben hier einen höchst angenehmen Aufenthalt.

Die Nähe des Waldes und des Meeres

Für Erholungs- und Ruhesuchende genau richtig ist diese Adresse in einem Wohnviertel, 500 m vom See von Hourtin-Carcans entfernt. Die drei Zimmer und die Ferienwohnung mit eigenem Eingang wurden von Madame François hübsch eingerichtet und hier und da mit eigenen Gemälden und anderen Werken geschmückt. Das Frühstück können die Gäste vor Ort oder in einem der zahlreichen Straßencafés am nahe gelegenen Strand einnehmen.

Anfahrt: vor der Kirche links abbiegen, das Schloss liegt hinter dem Weinberg links

Anfahrt: 500 m vom Strand des Sees und vom Stadtzentrum entfernt

AQUITAINE/AQUITANIEN

PAREMPUYRE - 33290

 DOMAINE DU MASCARET
M. Marin

44 avenue de Labarde
33290 Parempuyre
Tel. 05 56 95 21 47
Fax 05 56 35 22 56
info@domainedumascaret.com
www.domainedumascaret.com

Ganzjährig geöffnet • 6 Zimmer mit eigenem Eingang, alle mit Bad/WC und TV • 80 bis 100 € für 2 Personen, Frühstück inkl. • keine Mahlzeit • Terrasse, Park, Parkplatz

 Die Zimmer, in denen man sich in eine andere Welt versetzt fühlt

Jean-Bernard Marin, der neue Besitzer des am Ufer der Garonne gelegenen Gebäudes aus dem 18. Jh., bewies bei der Renovierung der sechs Zimmer viel Geschick. Jedes von ihnen lädt mit seiner persönlichen Note zu einer Reise ein. Im asiatischen Zimmer geben rote Wände, Kokosfaserteppiche und eine runde Badewanne den Ton an, das marokkanische zeichnet sich durch Stoffe und Perlendekorationen in warmen Farben aus. Zum Frühstück trifft man sich im rustikalen Saal oder auf der reizenden Terrasse.

Anfahrt: 8 km au nördlich von Bordeaux über die D 210 dann rechts in eine Nebenstraße

PUJOLS - 33350

 LES GUÉS RIVIÈRES
M. et Mme Bernard

5 place du Général-de-Gaulle
33350 Pujols
Tel. 05 57 40 74 73
Fax 05 57 40 73 26
margotte-sarl@wanadoo.fr
http://perso.wanadoo.fr/margotte.olivier

Ganzjährig geöffnet • 3 Zimmer nur für Nichtraucher im ersten Stock, alle mit Bad/WC • 52 bis 60 € für 2 Personen, Frühstück inkl. • Mahlzeit 23 € (mit Voranmeldung) • Terrasse, Garten; keine Kreditkarten, Hunde nicht erlaubt • in der Nähe: Tennisplatz, Golfplatz, Mountainbike-, Fahrradwege, Rudern, Kanu- und Kajakfahren

 Auf der Panoramaterrasse zu träumen

Das stilvolle Haus auf dem Hauptplatz des Dorfes bietet von seiner Terrasse aus einen herrlichen Blick auf die Weinbauregion Entre-Deux-Mers. Hier lässt es sich wunderbar träumen, ausgestreckt in einem Liegestuhl oder beim reichhaltigen Frühstück, zu dem Kuchen und hausgemachte Marmelade serviert werden. Die drei schlicht, aber geschmackvoll eingerichteten Zimmer im Obergeschoss verbreiten romantisches Flair. Die Mahlzeiten (nur nach Voranmeldung) werden aus regionalen Produkten zubereitet.

Anfahrt: 6 km südlich von Castillon-la-Bataille über die D 17

AQUITAINE/AQUITANIEN

RIMONS - 33580

 61 LE GRAND BOUCAUD
M. Levy

4 l'Aubrade
33580 Rimons
Tel. 05 56 71 88 57
Fax 05 56 61 43 77
grandboucaud@free.fr
http://grandboucaud.free.fr

Febr. bis Ende Sept. geöffnet • 3 Zimmer nur für Nichtraucher im ersten Stock, davon 2 mit Bad/WC und eines mit Dusche/WC • 65 € für 2 Personen, Frühstück inkl. • nur Abendessen 23 bis 35 € • Terrasse, Garten, Parkplatz; keine Kreditkarten, Hunde nicht erlaubt • Swimmingpool

 Ein Spaziergang in dieser grünen Oase

Mit seinem Swimmingpool, dem schattigen Garten und gemütlichen Zimmern mit Natursteinwänden ist dieses Haus aus dem 18. Jh. genau die richtige Adresse zum Ausspannen in einer hübschen Umgebung aus bewaldeten Hügeln und Weinbergen. Auch das leibliche Wohl liegt dem Besitzerpaar am Herzen. Der Chef referiert leidenschaftlich über die regionalen Produkte und die einheimischen Weine, die sich perfekt ergänzen, und begleitet seine Gäste gerne zu den Winzern. Seine Frau bietet ab und zu Kochkurse an.

Anfahrt: 3 km westlich von Rimons über die D 230, Straße nach Monségur und links in einen Weg einbiegen

SAINT-ÉMILION - 33330

 62 CHÂTEAU MEYLET
Mme Favard

La Gomerie
33330 Saint-Émilion
Tel. 05 57 24 68 85
Fax 05 57 24 77 35
chateau.meylet@free.fr
www.chateau.meylet.free.fr

Ganzjährig geöffnet • 4 Zimmer mit Bad/WC • 52 bis 58 € für 2 Personen, Frühstück inkl. • keine Mahlzeit • Aufenthaltsraum, Garten, Parkplatz; keine Kreditkarten

 Das rustikale Ambiente der Zimmer

Das aus dem Jahr 1789 stammende Haus steht auf einem 2 ha großen Weingut. In seinen mit Parkettboden ausgestatteten Gästezimmern stehen Möbel aus dem 18. Jh., die aus dem Familienbesitz stammen oder beim Trödler erstanden wurden. Von einigen blickt man auf die Weinberge, von anderen auf den majestätischen Trompetenbaum im Garten. Das Frühstück wird im Winter auf der Veranda und im Sommer in der Laube serviert.

Anfahrt: 1,5 km westlich von Saint-Émilion, über die Straße nach Libourne (D 243)

AQUITAINE/AQUITANIEN

SAINT-HIPPOLYTE - 33330

SAINT-MACAIRE - 33490

63 CHÂTEAU MONLOT
M. et Mme Rivals

33330 Saint-Hippolyte
Tel. 05 57 74 49 47
Fax 05 57 24 62 33
mussetrivals@belair-monlot.com
www.belair-monlot.com

Ganzjährig geöffnet • 6 Zimmer mit Bad/WC • 70 bis 98 € für 2 Personen, Frühstück inkl. • keine Mahlzeit • Garten, Parkplatz

64 LES FEUILLES D'ACANTHE
Mme Bielsa

5 rue de l'Église
33490 Saint-Macaire
Tel. 05 56 62 33 75
Fax 05 56 62 33 75
info@feuilles-dacanthe.fr
www.feuilles-dacanthe.fr

19. Dez. bis 20. Jan. geschlossen • 10 Zimmer und 1 Suite, behindertengerecht, alle mit Bad/WC • 60 bis 80 € für 2 Personen, Frühstück 8 € • Menüs 18 bis 29 € • Parkplatz • Whirlpool

 Die persönliche Note der Zimmer

Mit seiner gelblich-weißen Fassade und seinem schönen Ziegeldach ist das Weingut typisch für die Bürgerhäuser der Region. Die Zimmer sind geschmackvoll mit Stilmöbeln, Gemälden und alten Fotos ausgestattet und tragen die Namen verschiedener Rebsorten wie Merlot, Cabernet oder Sauvignon. Das Thema Wein war auch bei der Gestaltung des Frühstücksraums dominierend. Im Sommer spendet der hübsche Garten willkommenen Schatten.

 Der Reiz dieses ehemaligen Kaufmannsanwesens

Das schöne Gebäude aus dem 14. und 17. Jh. liegt im Herzen des mittelalterlichen Ortes Saint-Macaire und wurde innen wie außen perfekt restauriert. Die reizenden Zimmer und die Suite sind durch den regionaltypischen Fliesenboden, Eichenmöbel, unverputztes Mauerwerk oder orange verputzte Wände geprägt. Im Innenhof kann man sich an dem von Liegestühlen gesäumten Swimmingpool mit Massagedüsen und Gegenstromanlage herrlich entspannen.

Anfahrt: 3 km östlich von Saint-Émilion in Richtung Castillon über die D 245

Anfahrt: in der Altstadt

AQUITAINE/AQUITANIEN

SAINT-MARTIN-DE-LERM - 33540

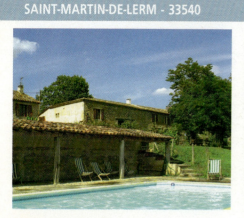

 LA LÉZARDIÈRE
M. et Mme Mattei

Boimier-Gabouriaud
33540 Saint-Martin-de-Lerm
Tel. 05 56 71 30 12
Fax 05 56 71 30 12
lalezardiere@free.fr
www.lalezardiere.free.fr

1. März bis 31. Dez. geöffnet • 4 Zimmer und 1 Ferienwohnung, alle mit Dusche/WC oder Bad/WC • 60 € für 2 Personen, Frühstück inkl., Halbpension möglich • Mahlzeit 20 € • Garten, Parkplatz; keine Kreditkarten • Swimmingpool, Fahrräder, Spielmöglichkeit für Kinder, Bouleplatz, Tischtennis

 Im weitläufigen Garten am Swimmingpool faulenzen

Von diesem hervorragend restaurierten Gutshof aus dem 17. Jh. genießt man eine herrliche Aussicht auf das Tal der Dropt. Die Steinwände und Holzbalken der im ehemaligen Stallgebäude untergebrachten Zimmer sorgen für eine heimelige Atmosphäre. Eine gelungene Kombination aus Alt und Neu ist der Frühstücksraum mit freiliegendem Dachstuhl, Terrakottafußboden, einem riesigen Tisch, einem großen Kamin und alten Futterkrippen. Für Weinliebhaber und Feinschmecker gibt es instruktive Literatur!

Anfahrt: 8 km südöstlich von Sauveterre-de-Guyenne über die D 670, die D 230 und die D 129

SAINT-PALAIS - 33820

 LA SAUVAGEONNE
M. Bienfail

2 les Mauvillains
33820 Saint-Palais
Tel. 05 57 32 92 15
marc@relax-in-gironde.com
www.relax-in-gironde.com

Ganzjährig geöffnet • 3 Zimmer nur für Nichtraucher mit Bad/WC oder Dusche/WC und TV sowie 2 Ferienwohnungen • 80 € (Nebensaison 65 €) für 2 Personen, Frühstück inkl. • nur Abendessen 26 €, Getränk inkl. • Terrasse, Park, Parkplatz; keine Kreditkarten, Hunde nicht erlaubt • Swimmingpool; Aufenthaltsraum

 Die idyllische Lage des Hauses aus dem 18. Jh. mitten im Grünen

Der Name des Hauses, „Naturkind", mag früher perfekt gepasst haben, als der Garten noch sich selbst überlassen war. Seit der Ankunft der neuen Besitzer hat sich jedoch alles grundlegend geändert. Die gepflegten Außenanlagen heben den Reiz des von Wald und Weinbergen umgebenen Anwesens noch hervor. Im Innern bieten die eleganten Zimmer viel Platz. Einer der Eigentümer, seines Zeichens Konditor und Feinkosthändler, bereitet in der Küche die Mahlzeiten aus Produkten aus dem eigenen Garten zu.

Anfahrt: 200 m vom Ort entfernt

AQUITAINE/AQUITANIEN

VILLENAVE-DE-RIONS - 33550

 67 LES BATARELLES
M. Tandonnet

 103 Deyma
33550 Villenave-de-Rions
Tel. 05 56 72 16 08
Fax 05 56 72 33 30
tandonnet.danielle@wanadoo.fr
http://lesbatarelles.free.fr

Ganzjährig geöffnet • 4 Zimmer, davon 2 im ersten Stock, alle mit Bad/WC • 50 bis 60 € für 2 Personen, Frühstück inkl. • Mahlzeit 20 bis 25 € • Terrasse, Garten, Parkplatz; keine Kreditkarten, Hunde nicht erlaubt

 Die einladende Atmosphäre dieses Hauses

Wenn Sie eine behagliche Adresse mitten in den Weinbergen der Bordeaux-Region suchen, ist Les Batarelles genau das Richtige für Sie! Die hübschen und komfortablen Zimmer wurden von der Besitzerin, die alles daransetzt, um ihren Gästen einen angenehmen, erholsamen Aufenthalt zu bieten, mit viel Geschmack eingerichtet. Zum Frühstück, zu dem Honig und hausgemachte Marmelade gereicht werden, lässt man sich im Winter am Kamin nieder, im Sommer lockt die Terrasse mit Blick auf die Reben.

Anfahrt: 1,5 km westlich über die D 237

ANGRESSE - 40150

 68 TY-BONI
M. et Mme Boniface

 1831 route de Capbreton
40150 Angresse
Tel. 05 58 43 98 75
Fax 05 58 43 98 75
info@ty-boni.com
www.ty-boni.com

Ganzjährig geöffnet • 5 Zimmer • 75 € (Nebensaison 55 €) für 2 Personen, Frühstück inkl. • keine Mahlzeit • Park, Parkplatz; keine Kreditkarten, Hunde nicht erlaubt • Swimmingpool

 Die Herzlichkeit der Besitzer, dank der man sich gleich wie zu Hause fühlt

In dem modernen Haus im regionalen Baustil herrscht eine himmlische Ruhe, die lediglich vom Gesang der Vögel und vom Säuseln des Windes in den Kiefern unterbrochen wird. Die einfachen Zimmer sind dennoch ansprechend. Den Gästen steht eine Küche zur Verfügung. Bei schönem Wetter kann man in den Park und an den Swimmingpool gehen, der sich unweit eines Teiches befindet. Eine ideale Adresse ganz in der Nähe von Hossegor mit seinen Stränden und seinem geschäftigen Treiben.

Anfahrt: 3 km östlich von Hossegor über die D 133

AQUITAINE/AQUITANIEN

BETBEZER-D'ARMAGNAC - 40240

69 **LE DOMAINE DE PAGUY**
M. et Mme Darzacq

Domaine de Paguy
40240 Betbezer-d'Armagnac
Tel. 05 58 44 81 57
Fax 05 58 44 68 09
albert.darzacq@wanadoo.fr

1. Juli bis 15. Sept. Mi geschlossen • 6 Zimmer • 40 bis 66 € für 2 Personen, Frühstück inkl. • Mahlzeit 16 (werktags) bis 31 € • Park, Terrasse, Parkplatz; keine Kreditkarten, Hunde auf den Zimmern nicht erlaubt • Swimmingpool, Besichtigung der Weinkeller

 Die Führung durch die Weinkeller, in denen der Armagnac reift

Das elegante Herrenhaus aus dem 16. Jh. steht auf einem weitläufigen Weingut über dem Tal der Douze. Von den schönen, geräumigen Zimmern blickt man auf den hübschen Park und die Reben, zwischen denen sich Hühner und Enten tummeln. Die ausgezeichneten Gerichte, die man hier serviert, sind der Tradition der regionalen Küche entsprungen.

Anfahrt: 5 km nordöstlich von Labastide-d'Armagnac über die D 11 und die D 35

CRÉON-D'ARMAGNAC - 40240

70 **LE POUTIC**
M. Subra

Route de Cazaubon
40240 Créon-d'Armagnac
Tel. 05 58 44 66 97
lepoutic@wanadoo.fr
www.lepoutic.com

Ganzjährig geöffnet • 3 Zimmer nur für Nichtraucher im ersten Stock, alle mit Dusche/WC • 45 bis 55 € für 2 Personen, Frühstück inkl. • Mahlzeit 18 €, Getränk inkl. • Terrasse, Park, Parkplatz; keine Kreditkarten, Hunde nicht erlaubt • Aufenthaltsraum mit Bibliothek, Whirlpool; thematische Aufenthalte

 Die themenbezogenen Aufenthalte

Bei der Restaurierung des ehemaligen Bauernhofes wurden die alten Steinmauern, das Gebälk und das Fachwerk wieder freigelegt. Auch die Zimmer wurden stilsicher und qualitätsbewusst renoviert. Ein Wellnessbereich und ein 100 m^2 großer Sommersalon im Nebengebäude laden zur Entspannung ein. Die Gastgeber organisieren themenbezogene Aufenthalte, z. B. zum Thema Reiten, Golf, Ringeltaubenjagd u. a.

Anfahrt: am Ortsausgang von Créon-d'Armagnac über die D 51, Straße nach Cazaubon

HAGETMAU - 40700

AQUITAINE/AQUITANIEN
HOSSEGOR - 40150

71 LES LACS D'HALCO
M. et Mme Demen

Route de Cazalis
40700 Hagetmau
Tel. 05 58 79 30 79
Fax 05 58 79 36 15
contact@hotel-des-lacs-dhalco.fr
www.hotel-des-lacs-dhalco.com

Ganzjährig geöffnet • 24 Zimmer mit Klimaanlage, mit Blick auf den See oder Wald, alle mit Bad/WC und TV • 68 bis 98 € (Nebensaison 64 bis 85 €) für 2 Personen, Frühstück 10 €, Halbpension möglich • Restaurant mit Klimaanlage, Menüs 27 bis 50 € • Parkplatz; Hunde im Restaurant nicht erlaubt • Schwimmbad, Tennisplatz, Fahrradverleih

Die futuristische Architektur, die sich perfekt in die Landschaft der Landes einfügt

Stahl, Glas, Holz und Stein prägen das ungewöhnliche moderne Gebäude. Die breiten Fensterfronten des kreisbogenförmigen Baus geben den Blick auf die Seen und Wälder frei. Im Erdgeschoss befinden sich die riesige Eingangshalle, die zeitgenössische Bar und der ungewöhnliche runde Speisesaal, der über dem Wasser zu schweben scheint. Die geräumigen, modernen Zimmer im ersten Stock sind puristisch, aber sehr angenehm eingerichtet. Schönes Schwimmbad, Ruderboote und Minigolfanlage.

Anfahrt: 3 km südwestlich von Hagetmau an der Straße nach Cazalis

72 BARBARY-LANE
M. Duclau

156 avenue de la Côte-d'Argent
40150 Hossegor
Tel. 05 58 43 46 00
Fax 05 58 43 95 19
barbary-lane@wanadoo.fr
www.barbary-lane.com

Jan. und Febr. geschlossen • 18 Zimmer, davon 2 Suiten, alle mit Bad/WC und TV • 100 € (Nebensaison 45 €), Frühstück 6,80 € • 15. Juni bis 15. Sept. Halbpension möglich • Terrasse, komplett ausgestatteter Konferenzraum • Swimmingpool

Genießen Sie das Farniente am Swimmingpool

Das in einem ruhigen Wohnviertel gelegene Haus im regionaltypischen Stil beherbergt heute ein komplett renoviertes Hotel. Die individuell gestalteten Zimmer sind besonders hübsch eingerichtet. Bunte Stoffe, Möbel vom Trödler, alte Einbaubetten und bemalte Kacheln sorgen für eine besondere Atmosphäre. Im Sommer wird auch Halbpension angeboten. Der Frühstücksbrunch wird dann bis zur Mittagszeit serviert.

Anfahrt: in der Stadt

AQUITAINE/AQUITANIEN

MIMBASTE - 40350

73 **CAPCAZAL DE PACHIOU**
Mme Dufourcet

606 route de Pachiou
40350 Mimbaste
Tel. 05 58 55 30 54
Fax 05 58 55 30 54

Ganzjährig geöffnet • 4 Zimmer • 47 bis 65 € für 2 Personen, Frühstück inkl. • Mahlzeit 20 € (außer So) • Parkplatz; keine Kreditkarten

 Authentisch vom Keller bis zum Speicher

Das Haus gehört seit seiner Entstehung im 17. Jh. derselben Familie. Es wurde wunderschön restauriert und birgt zahlreiche Zeugnisse seiner Vergangenheit. Dazu gehören der Taubenschlag, die Volière, Holztäfelungen und Parkettfußböden. Das gleiche geschichtsträchtige Ambiente findet sich in den Zimmern wieder, die mit Himmelbetten, geschnitzten Kaminen und alten Stichen ausgestattet sind. Traditionell geht es auch in der Küche zu, in der Enten und Gänse die Speisekarte anführen.

Anfahrt: 11 km über die N 947 in Richtung Dax-Orthez

SABRES - 40630

74 **LES ARBOUSIERS**
Mme Labri

Le Gaille
40630 Sabres
Tel. 05 58 07 52 52
Fax 05 58 07 52 52
lesarbousiers@aol.com
www.chambres-landes.com

Ganzjährig geöffnet • 6 Zimmer • 49 € (Nebensaison 45 €) für 2 Personen, Frühstück inkl., Halbpension möglich • nur Abendessen 18 € • Park, Parkplatz; keine Kreditkarten, Hunde nicht erlaubt

 Das herrliche Fachwerkhaus in einem Park mit vielen Tieren

Stattlich erhebt sich das große und für die Landes typische Fachwerkhaus vor dem Hintergrund hoher Kiefern. Die neuen Zimmer sind hell, freundlich und komfortabel. Die großen Fenster im Speiseraum geben den Blick auf den Park frei, in dem die naturverbundene Besitzerin ihrem Hobby der Natur- und Vogelkunde nachgeht. Die ungezwungene und natürliche Atmosphäre des Hauses wird Ihnen gefallen.

Anfahrt: 7,5 km westlich von Sabres über die D 44

AQUITAINE/AQUITANIEN

SOUSTONS - 40140

75 **DOMAINE DE BELLEGARDE**
M. Bouvy

23 avenue Charles-de-Gaulle
40140 Soustons
Tel. 05 58 41 24 06
Fax 05 58 41 33 60
domainedebellegarde@wanadoo.fr
www.domainebellegarde.com

Ganzjährig geöffnet • 4 Zimmer nur für Nichtraucher, alle mit Dusche/WC und TV, 2 Zimmer mit Sauna • 90 bis 175 € (Nebensaison 60 bis 150 €), Frühstück 10 € • keine Mahlzeit • Terrasse, Park, gesicherter Parkplatz; keine Kreditkarten, Hunde nicht erlaubt • Swimmingpool, Billard, Tennisplatz

Der unvergleichliche Charme des Hauses

Das schöne Haus vom Beginn des 20. Jh.s bietet raffiniert und zeitgemäß eingerichtete Zimmer mit einer gelungenen Kombination verschiedener Stile (Kokosteppiche, schmiedeeiserne Betten usw.). Ein Zimmer besitzt eine eigene Sauna, ein anderes führt zu einer Privatterrasse hinaus. Den Hausgästen stehen auch gemütliche Aufenthaltsräume, ein Billardzimmer, ein Tennisplatz, ein Swimmingpool und ein 2,5 ha großer Park zur Verfügung.

Anfahrt: am Ortsausgang an der Straße nach Saint-Geours-de-Maremne

ST-MICHEL-D'ESCALUS - 40550

76 **LA BERGERIE ST-MICHEL**
M. Verdoux-Loustau

40550 St-Michel-d'Escalus
Tel. 05 58 48 74 04

6. Okt. bis 30. Apr. geschlossen • 5 Zimmer mit eigenem Eingang, alle mit Bad/WC und TV • 90 € (Nebensaison 80 €) für 2 Personen, Frühstück inkl. • keine Mahlzeit • Garten, Parkplatz; keine Kreditkarten, Hunde nicht erlaubt

Der außerordentlich freundliche Empfang durch den Eigentümer und das königliche Frühstück!

Die äußerst gelungen restaurierte ehemalige Schäferei liegt im Wald in der Nähe der Kirche St-Michel (12. Jh.). Die in den Nebengebäuden untergebrachten Zimmer sind mit schönen alten Möbeln eingerichtet. Alle besitzen ein herrliches Bad im Designerstil und eine eigene Terrasse. Das größte (mit eigenem Eingang) wurde eine Zeit lang von einem amerikanischen Maler als Atelier genutzt. Das Frühstück gibt es im Haupthaus, das eine hübsche Fachwerkfassade aufzuweisen hat, oder im Garten.

Anfahrt: 5 km östlich von Saint-Michel-d'Escalus über die D 142, gegenüber der Kirche

AQUITAINE/AQUITANIEN

TARNOS - 40220   AGEN - 47000

77 **CHAMBRE D'HÔTE M. LADEUIX**
M. et Mme Ladeuix

26 avenue Salvador-Allende
40220 Tarnos
Tel. 05 59 64 13 95
Fax 05 59 64 13 95
heleneladeuix@hotmail.com
www.enaquitaine.com

Ganzjährig geöffnet • 5 Zimmer und 1 Ferienwohnung • 65 € (Nebensaison 53 bis 55 €) für 2 Personen, Frühstück inkl. • keine Mahlzeit • Park, Parkplatz; keine Kreditkarten • Swimmingpool

78 **CHÂTEAU DES JACOBINS**
M. et Mme de Capmarty-Bujan

1 ter place des Jacobins
47000 Agen
Tel. 05 53 47 03 31
Fax 05 53 47 02 80
hotel@chateau-des-jacobins.com
www.chateau-des-jacobins.com

Ganzjährig geöffnet • 15 Zimmer, davon 13 mit Klimaanlage, alle mit Bad/WC oder Dusche/WC und TV • 98 bis 107 € für 2 Personen, Frühstück 12 € • kein Restaurant • Park, gesicherter Parkplatz

 Der unerwartet idyllische Charakter dieses Gästehauses

Von der Straße aus deutet nichts darauf hin, dass sich hinter dem von Glyzinien bewachsenen Haus ein wundervoller Park mit Eichen, Kastanien-, Ahorn-, Bananen- und Birnbäumen und Mimosen befindet. Recht schlicht ist die Ausstattung der Zimmer, mit Ausnahme eines Zimmers, das eine typisch baskische Einrichtung besitzt. Den Gästen stehen eine Küche und eine Waschküche zur Verfügung. Die Kinder werden sich sicher über die Schafweide in der Nähe der Kaninchenställe und des Hühnerhauses freuen.

 Die angenehm altmodische Atmosphäre in diesem stilvollen Haus

Das 1832 erbaute Herrenhaus wird wegen seiner günstigen, aber dennoch ruhigen Lage sehr geschätzt. Durch einen mit Bäumen bestandenen Hof betritt man das Erdgeschoss mit seinen beiden hübsch möblierten Aufenthaltsräumen. Eine schöne Treppe führt zu den unterschiedlich großen, eleganten Zimmern, die individuell eingerichtet sind und einen angenehm altmodischen Reiz ausstrahlen. Eine gute Alternative zu den nüchternen Hotelketten!

Anfahrt: 5 km nördlich von Bayonne über die N 10

Anfahrt: im Stadtzentrum, in der Nähe der Kirche Les Jacobins

AQUITAINE/AQUITANIEN

BARBASTE - 47230

MONCLAR-D'AGENAIS - 47380

79 LA CASCADE AUX FÉES
Mme Mazurier

La Riberotte - Chemin du Moulin des Tours
47230 Barbaste
Tel. 05 53 97 05 96
Fax 05 53 97 05 96
gmazurier@aol.com
www.cascade-aux-fees.com

Jan. und Febr. geschlossen • 4 Zimmer nur für Nichtraucher im ersten Stock, alle mit Bad/WC oder Dusche/WC • 80 bis 95 € (Nebensaison 64 bis 76 €) für 2 Personen, Frühstück 7 €, Halbpension möglich • Mahlzeit 15 bis 25 € • Aufenthaltsraum, Terrasse, Garten, Parkplatz; keine Kreditkarten • Swimmingpool, Petanque-Spiel, Angeln und Mountainbike

Der Blick auf die restaurierte befestigte Mühle

Das teilweise an den Felsen gebaute Haus (18. Jh.) ist von einem herrlichen schattigen, blumengeschmückten Park umgeben, der von dem Fluss Gélise gesäumt ist. Hier finden Sie zahlreiche Entspannungsmöglichkeiten: Swimmingpool, Hängematte, eine Terrasse und sogar eine Bar, die am Wasser aufgebaut wurde. Die Zimmer und Aufenthaltsräume sind mit antiken Möbeln eingerichtet und schlicht, aber elegant dekoriert. Ebenso reizend wie die Räumlichkeiten ist der Empfang durch die liebenswerte Hausherrin.

Anfahrt: 6 km nordwestlich von Nérac über die D 930 und D 655, Straße nach Casteljaloux

80 CHÂTEAU DE LA SEIGLAL
M. et Mme Decourty

47380 Monclar-d'Agenais
Tel. 05 53 41 81 30
decourty-chambres-hotes@worldonline.fr

Ganzjährig geöffnet (nach Voranmeldung) • 5 Zimmer • 53 € für 2 Personen, Frühstück 5 €, Halbpension möglich • nur Abendessen 20 €, Getränk inkl. • Park, Parkplatz; keine Kreditkarten, Hunde nicht erlaubt • Swimmingpool, Tischtennis, Tischfußball, Fußballfeld, Angeln, Radfahren

Der freundliche Umgang, der auf diesem Anwesen aus dem 19. Jh. gepflegt wird

Das 1820 errichtete kleine Landschloss steht in einem Park mit hundertjährigen Bäumen. Die geräumigen und komfortablen Zimmer tragen die Namen der fünf Schwestern des Besitzers und bieten eine schöne Aussicht auf den Park und die umliegenden Wiesen. Schmuckstück des Hauses ist der Speiseraum mit antiken Möbeln, einem Jagdrelief und einem herrlichen Kamin aus Marmor und Fayence. Bei Tisch werden Gerichte aus Erzeugnissen des Gartens, des benachbarten Bauernhofes und hausgemachte Desserts serviert.

Anfahrt: 6 km nördlich von Fongrave über die D 238, dann nach links auf die D 667, die Straße nach Miramont-de-Guyenne, abbiegen

AQUITAINE/AQUITANIEN

NÉRAC - 47600

 81 LE DOMAINE DU CAUZE
SCI du Cause- Mlle Pope Isabelle

 47600 Nérac
Tel. 05 53 65 54 44
Fax 05 53 65 54 44
cauze.pope@wanadoo.fr
www.domaineducauze.com

23. Dez. bis 2. Jan. geschlossen • 4 Zimmer • 53 € für 2 Personen, Frühstück inkl., Halbpension möglich • Mahlzeit 18 € (abends 24 €) • Parkplatz; Hunde nicht erlaubt • Swimmingpool

 Die Ruhe in dem hundertjährigen Haus

Das wunderschön renovierte Bauernhaus wird Ihnen auf Anhieb gefallen. Allein schon wegen seiner Lage auf einem grünen Hügel, von dem aus man bei klarem Wetter bis zu den Wäldern der Landes und zum Fluss Gers blicken kann. Die geschmackvoll eingerichteten Zimmer garantieren Ruhe und Erholung. Nicht zu vergessen die köstlichen Speisen, die der leidenschaftliche Koch und Besitzer, der darüber hinaus auch äußerst gastfreundlich ist, im Sommer in der Laube auftragen lässt!

Anfahrt: 2,5 km östlich von Nérac in Richtung Agen (D 656)

SAINT-EUTROPE-DE-BORN - 47290

 82 MOULIN DE LABIQUE
Mme Boulet

47290 Saint-Eutrope-de-Born
Tel. 05 53 01 63 90
Fax 05 53 01 73 17
moulin-de-labique@wanadoo.fr
www.moulin-de-labique.fr

Ganzjährig geöffnet (mit Voranmeldung) • 6 Zimmer nur für Nichtraucher auf 2 Stockwerken, alle mit Bad/WC oder Dusche/WC • 90 € für 2 Personen, Frühstück 8 €; Halbpension möglich • Mahlzeit 30 € • Garten, Parkplatz • Aufenthaltsraum mit Bibliothek, Tennisplatz, Swimmingpool, Pony-Zucht

 Die äußerst gepflegte Inneneinrichtung

Der schattige Innenhof bildet den Mittelpunkt dieses Anwesens. Von hier aus gelangt man in die Zimmer, die in den ehemaligen Scheuern und Stallungen und im Wohnhaus mit seiner an den Kolonialstil erinnernden Fassade eingerichtet wurden. In den eleganten Zimmern mit persönlicher Note harmonieren Möbel, Dekorationsobjekte, Stiche und Gemälde perfekt. Nach einer Angelpartie, einem Sprung in den Pool oder einer Schmökerstunde im Aufenthaltsraum kann man die Kochkunst der Chefin genießen...

Anfahrt: 4 km südöstlich von Saint-Eutrope-de-Born auf der D 153

AQUITAINE/AQUITANIEN

SAMAZAN - 47250

83 CHÂTEAU CANTET
M. et Mme Raitrie

47250 Samazan
Tel. 05 53 20 60 60
Fax 05 53 89 63 53
jbdelaraitrie@wanadoo.fr

15. Dez. bis 15. Jan. geschlossen • 3 Zimmer und 1 Suite, alle mit Dusche/WC oder Bad/WC • 57 bis 70 € für 2 Personen, Frühstück inkl. • Mahlzeit (nach Voranmeldung) 25 €, Getränk inkl. • Park, Parkplatz; keine Kreditkarten, Hunde nicht erlaubt • Swimmingpool, Spielzimmer für die Kinder

Das umfangreiche Freizeitangebot

Das elegante Anwesen aus dem 16. Jh. in einem gepflegten Park mitten auf dem Land bietet Zimmer, die in Gelb- und Blautönen gehalten und mit rustikalen oder mit Stilmöbeln ausgestattet sind. Je nach Jahreszeit werden die Tische im schönen Louis-treize-Speiseraum oder in der Laube neben dem Swimmingpool gedeckt. Im Freizeitangebot: Spielzimmer für Kinder, Fahrradverleih, Croquet, Billard, Tischtennis, Basketball und Boulespiel. In Marmande (10 km) gibt es einen Golf- und einen Tennisplatz.

Anfahrt: 10 km südlich von Marmande in Richtung Casteljaloux

ASCAIN - 64310

84 CHAMBRE D'HÔTE ARRAYOA
M. Ibarburu

Ferme „Arrayoa"
64310 Ascain
Tel. 05 59 54 06 18

Ganzjährig geöffnet • 4 Zimmer mit Bad/WC • 52 € für 2 Personen, Frühstück inkl. • keine Mahlzeit • Aufenthaltsraum mit Küche und Bibliothek; keine Kreditkarten

Auf dem Land und doch nicht weit vom Treiben an der Küste zu sein

In dem schönen Haus lässt es sich gut leben. Die Zimmer bieten ländlichen Charme, während die Küche hausgemachte Stopfleber und eingemachtes Enten- oder Gänsefleisch im ehemaligen Stall serviert. Nach dem guten Essen tut ein wenig Bewegung gut, wozu sich die hauseigene Pelotawand oder der Berg Rhune hervorragend eignen. Letzterer bietet außerdem noch eine herrliche Aussicht. Wer ihn nicht zu Fuß besteigen will oder kann, dem sei die Zahnradbahn angeraten.

Anfahrt: 800 m von der Pelotawand entfernt

AQUITAINE/AQUITANIEN
BUZY - 64260   CASTAGNÈDE - 64270

85 MAÏNADE
Mme Augareils

6 place Cazenave
64260 Buzy
Tel. 05 59 21 01 01
Fax 05 59 21 01 01
rolande.augareils@free.fr

Jan. geschlossen • 6 Zimmer • 52 bis 54 € (Nebensaison 50 bis 51 €) für 2 Personen, Frühstück inkl., Halbpension möglich • Mahlzeit 18 bis 22 € • Parkplatz; keine Kreditkarten, Hunde nicht erlaubt

86 LA BELLE AUBERGE
M. et Mme Vicassiau

64270 Castagnède
Tel. 05 59 38 15 28
Fax 05 59 65 03 57

1. bis 15. Juni, 20. Dez. bis 31. Jan. sowie So-abend und Mo-abend geschlossen • 14 Zimmer mit Blick aufs Land, einige mit Bad/WC oder Dusche/WC, alle mit TV • 39 bis 43 €, Frühstück 6 €, Halbpension möglich • Menüs 12 bis 22 € • Terrasse, Garten, Parkplatz • Swimmingpool

Der herzliche Empfang, den Ihnen Rolande und ihr Team bereiten

Man erkennt das hübsche Bauernhaus im Herzen des Dorfes an seinem schmiedeeisernen Tor, seinen Blumenkästen an den Fenstern und dem riesigen Tisch im Hof, an dem 25 Personen Platz finden. Hier lassen sich im Sommer Gäste und Familienmitglieder zu den geselligen Mahlzeiten nieder, bei denen auch schon mal ein Lied angestimmt wird. Auf den Tisch kommen ausschließlich regionale Gerichte. In den Zimmern, die schöne Möbel und Spitzenarbeiten schmücken, gibt es allerdings keine Heizung.

Eine Siesta am Swimmingpool nach einer leckeren Mahlzeit

Eine Adresse zum Wohlfühlen ist dieser Familienbetrieb in einem malerischen Weiler am Ufer des Gave d'Oloron. Das alte Gebäude beherbergt die Bar und zwei rustikale Speiseräume, in denen üppige Mahlzeiten aus der einheimischen Küche aufgetischt werden. Die recht schlicht eingerichteten Hotelzimmer befinden sich in einem anderen Gebäude, das an einem großen Garten und einem originell geformten Swimmingpool liegt.

Anfahrt: 4 km nördlich von Arudy über die D 920

Anfahrt: Salies-de-Béarn über die D 17 (in Richtung Peyrehorade) verlassen, dann nach links auf die D 27 und nach rechts auf die D 384 abbiegen

AQUITAINE/AQUITANIEN

FÉAS - 64570 **GUÉTHARY - 64210**

87 **LE CHÂTEAU DE BOUES**
Mme Dornon

64570 Féas
Tel. 05 59 39 95 49
Fax 05 59 39 95 49

Ende Sept. bis Apr. geschlossen • 4 Zimmer • 60 € für 2 Personen, Frühstück inkl. • keine Mahlzeit • Garten, Parkplatz; keine Kreditkarten, Hunde nicht erlaubt • Swimmingpool

88 **BRIKÉTÉNIA**
M. et Mme Ibarboure

142 rue de l'Église
64210 Guéthary
Tel. 05 59 26 51 34
Fax 05 59 54 71 55

15. März bis 15. Nov. geöffnet • 16 Zimmer, davon 12 mit Balkon und eines behindertengerecht, alle mit Bad/WC und TV • 65 bis 68 € (Nebensaison 60 bis 65 €) für 2 Personen, Frühstück 8 € • kein Restaurant • Parkplatz

Die Gastfreundlichkeit der Besitzerin

Das stolze Landschloss aus dem 18. Jh. mit seiner blendend weißen Fassade liegt am Beginn des Baretous-Tals und überragt von seiner Anhöhe aus die umliegende Landschaft des Béarn. Die Zimmer liegen im Hauptgebäude (in den Türmen wohnen die Besitzer) und gehen auf den Garten, den Swimmingpool und den schönen Gemüsegarten hinaus. Beim Frühstück geht es locker und heiter zu, was der beispielhaften Gastfreundlichkeit der Besitzerin zu verdanken ist.

Mit der „Makhila", dem baskischen Spazierstock, auf Erkundungstour gehen

Die ehemalige Poststation aus dem Jahr 1680 auf den Anhöhen von Guéthary ist typisch für die Bauweise des Baskenlandes, die ein vorspringendes Ziegeldach, Balkone, ein weißer Putz, Holzverkleidungen und rote Fensterläden kennzeichnen. Berühmtester Gast des Hauses war kein Geringerer als Napoleon Bonaparte. Das Hotel ruht sich jedoch nicht auf seinen Lorbeeren aus und hat dem Gebäude vor kurzem eine Generalüberholung zukommen lassen. Von einigen Zimmern reicht der Blick über das weite Meer.

Anfahrt: 8 km südwestlich von Oloron-Sainte-Marie über die D 919

Anfahrt: nahe der Kirche

AQUITAINE/AQUITANIEN

ISPOURE - 64220 **ISSOR - 64570**

89 FERME ETXEBERRIA
M. Mourguy

64220 Ispoure
Tel. 05 59 37 06 23
Fax 05 59 37 06 23
domainemourguy@hotmail.com
www.domainemourguy.com

Ganzjährig geöffnet • 4 Zimmer • 44 € für 2 Personen, Frühstück inkl. • keine Mahlzeit • Parkplatz; keine Kreditkarten, Hunde nicht erlaubt • Besichtigung des Weinkellers und Weinprobe

90 LA FERME AUX SANGLIERS
M. Delhay-Cazaurang

Micalet
64570 Issor
Tel. 05 59 34 43 96
Fax 05 59 34 43 96

Ganzjährig geöffnet • 5 Zimmer mit Bad • 43 bis 55 € für 2 Personen, Frühstück inkl. • nur Abendessen 15 bis 22 € • Parkplatz; keine Kreditkarten, Hunde nicht erlaubt • Kostprobe und Verkauf von hausgemachten Wurstwaren

 Die Ausritte auf einem Esel durch die Weinberge von Irouleguy

 Die einmalige Aussicht aus allen Zimmern

Das stattliche Haus inmitten der Weinlagen von Irouleguy ist eine ausgezeichnete Adresse für Leute, die das Baskenland näher kennen lernen möchten. Die modernen, schlicht eingerichteten und bequemen Zimmer befinden sich in der ehemaligen Scheune. Den Gästen stehen eine kleine Küche, ein schöner Frühstücksraum und eine große Veranda mit Aussicht auf die Weinberge zur Verfügung. Die Besitzer sind gleichzeitig noch als Winzer und Eselzüchter tätig und bieten zahlreiche Ausritte in die Umgebung an.

Zu diesem wunderschön restaurierten Bauernhof im Béarn schlängelt sich eine schmale Straße den Berg hinauf. Oben angekommen erwarten Sie ein äußerst liebenswerter Empfang und sehr komfortable Zimmer, von denen man eine herrliche Aussicht auf das Tal und die Gipfel der Pyrenäen genießt. Die Küche verwöhnt ihre Gäste mit einheimischen Produkten. Der Besitzer ist Wildschweinzüchter und zeigt ihnen gerne seine Gehege. Besonders die Kinder haben ihren Spaß dabei.

Anfahrt: 0,8 km nordöstlich von Saint-Jean-Pied-de-Port über die D 933

Anfahrt: 10 km westlich von Saint-Christau über die D 918 bis nach Asasp, dann auf die N 134 und die D 918 in Richtung Arette

AQUITAINE/AQUITANIEN

ITXASSOU - 64250 | ITXASSOU - 64250

91 HÔTEL DU CHÊNE
Mme Salaberry

64250 Itxassou
Tel. 05 59 29 75 01
Fax 05 59 29 27 39

Jan., Febr., Di von Okt. bis Ende Juni sowie Mo geschlossen • 16 Zimmer mit Bad/WC, einige mit TV • 45 € (Nebensaison 43 €), Frühstück 7 €, Halbpension möglich • Menüs 15 bis 38 € • Terrasse, Garten, Parkplatz; Hunde im Restaurant nicht erlaubt

92 SOUBELETA
Mme Régérat

64250 Itxassou
Tel. 05 59 29 78 64

Ganzjährig geöffnet • 5 Zimmer • 49 bis 55 € (Nebensaison 48 bis 52 €) für 2 Personen, Frühstück inkl. • keine Mahlzeit • Garten, Parkplatz; keine Kreditkarten, Hunde nicht erlaubt

 Die Villa Arnaga im nahen Cambo, die Edmond Rostand, dem Schöpfer des Cyrano de Bergerac, gehörte

Dieses urtümliche und einladende Hotel existiert bereits seit 1696. Von den Zimmern, die zum Teil Marmorkamine und alte baskische Möbel verschönern, blickt man auf die berühmten Kirschbäume von Itxassou. Unter den blauen Holzbalken des Speisesaals oder im Schatten einer prachtvollen Glyzinie hat man selbstverständlich Gelegenheit, die köstliche Schwarzkirschmarmelade zu probieren.

 Die herrliche Ruhe auf diesem wunderschönen Anwesen aus dem 17. Jh.

Von hoch oben blickt dieses imposante Gebäude aus dem Jahre 1675 auf das Dorf hinunter. Die äußerst geräumigen und mit schönen Möbeln aus Familienbesitz ausgestatteten Zimmer gehen auf die Wiesen und den Obstgarten hinaus. In zweien steht ein Marmorkamin. Der helle und freundliche Aufenthaltsraum gefällt den Gästen besonders gut. Die Kinder werden sich sicher für die Kühe auf dem benachbarten Bauernhof interessieren!

Anfahrt: nahe der Kirche

Anfahrt: im Dorf, bis zur Nive-Brücke auf der D 918 bleiben, dann nach rechts abbiegen

AQUITAINE/AQUITANIEN

IZESTE - 64260

93 CHAMBRE D'HÔTE M. ET MME ASNAR
M. Asnar

4 avenue Georges-Messier
64260 Izeste
Tel. 05 59 05 71 51
Fax 05 59 05 71 51
jean-lili.asnar@tele2.fr
www.vallee-ossau.com/hebergement/asnar

2 Wochen im Okt. geschlossen • 3 Zimmer mit Dusche/WC und TV • 43 € für 2 Personen, Frühstück inkl. • keine Mahlzeit • Terrasse, Garten, Parkplatz; keine Kreditkarten

Der einfache und freundliche Empfang

Das schöne Feldsteinhaus liegt in einem üppig bepflanzten Garten (Platanen, Linden, Palmen und Obstbäume) und bietet einen herrlichen Blick auf die Berge. Die Gastgeberin bietet eine Ferienwohnung und drei Zimmer mit eigenem Eingang im Erdgeschoss an. Die Zimmer sind unterschiedlich eingerichtet, schlicht möbliert, aber mit hohem Komfort.

Anfahrt: im Ort

LANNE EN BARÉTOUS - 64570

94 MAISON RACHOU
M. Masero

64570 Lanne-en-Barétous
Tel. 05 59 34 10 30
Fax 05 59 34 10 30
www.gites64.com/maison-rachou

Ganzjährig geöffnet • 5 Zimmer, davon eines behindertengerecht, alle mit Dusche/WC • 46 € für 2 Personen, Frühstück inkl. • Mahlzeit 17 €, Getränk inkl. • Terrasse, Garten, Parkplatz; keine Kreditkarten • Swimmingpool

Der Blick auf das Dorf und die Pyrenäen

Der im oberen Teil der Ortschaft gelegene alte Bauernhof wurde von den Eigentümern komplett restauriert. Die neu verputzte Fassade, das große Speisezimmer mit Kamin und das freiliegende Gebälk verleihen dem Haus einen besonderen Stil. Die Zimmer sind fast alle gleich: getäfelte Decke, Parkettfußboden, weiße Wände und praktisch eingerichtetes Bad. Der Gastgeber war früher Koch und bereitet das Abendessen für seine Gäste selbst zu.

Anfahrt: im Dorf gegenüber der Bäckerei der Beschilderung folgen

AQUITAINE/AQUITANIEN

LESCAR - 64230   **PAGOLLE - 64120**

95 **LA GRANGE DU MOULIN**
Mme Dubosc

Moulin du Batan
64230 Lescar
Tel. 06 88 25 39 20
Fax 05 59 81 29 01
lagrangedumoulin@club-internet.fr
www.lagrangedumoulin.com

Ganzjährig geöffnet • 4 Zimmer nur für Nichtraucher im ersten Stock, alle mit Dusche/WC, TV und Modemanschluss • 90 € (Nebensaison 68 €) für 2 Personen, Frühstück inkl. • keine Mahlzeit • Terrasse, Park, gesicherter Parkplatz; keine Kreditkarten, Hunde nicht erlaubt

 In dem entzückenden Garten am Wasser entspannen

Die Gastgeber empfangen ihre Gäste in der schön restaurierten Scheune der alten Mühle. Die individuell und stilsicher eingerichteten Zimmer sind sehr hübsch. Bemerkenswert ist auch der Frühstücksraum mit unverputztem Mauerwerk, einem großen Kamin und einem schönen Tisch. Das Haus und der herzliche Empfang garantieren Ihnen einen gelungenen Urlaub im Béarn.

Anfahrt: in Lescar, Richtung Bayonne über die N 117, dann weiter Landstraße links

96 **MAISON ELIXONDOA**
M. et Mme Walther

64120 Pagolle
Tel. 05 59 65 65 34
Fax 05 59 65 72 15
jean.walther@wanadoo.fr

 www.elixondoa.com

Ganzjährig geöffnet • 4 Zimmer • 48 € für 2 Personen, Frühstück inkl. • nur Abendessen 20 € • Garten, Parkplatz; keine Kreditkarten

 Die Idylle dieses einsam gelegenen Gutes

Der Bauernhof aus dem 17. Jh. steht mitten zwischen Feldern und Wiesen an einem der alten Pilgerwege nach Santiago de Compostela. Von den kürzlich mit allem modernen Komfort ausgestatteten Zimmern blickt man auf die umliegenden Hügel. Die Mahlzeiten werden im großen Speiseraum mit unverputzten Steinwänden unter einem imposanten Dachstuhl serviert. Nette Bedienung.

Anfahrt: 13 km westlich von Mauléon-Licharre über die D 918 und die D 302

AQUITAINE/AQUITANIEN

SAINT-JEAN-DE-LUZ - 64500 **SALIES-DE-BÉARN - 64270**

 97 VILLA ARGI-EDER
M. Basset

Avenue Napoléon III
64500 Saint-Jean-de-Luz
Tel. 05 59 54 81 65
Fax 05 59 54 81 65
villa-argi-eder@wanadoo.fr

Ganzjährig geöffnet • 4 Zimmer • 50 € für 2 Personen, Frühstück 5 € • keine Mahlzeit • Terrasse, Garten, Parkplatz; keine Kreditkarten

 98 LA CLOSERIE DU GUILHAT
Mme Potiron

Le Guilhat
64270 Salies-de-Béarn
Tel. 05 59 38 08 80
Fax 05 59 38 31 90
guilhat@club-internet.fr

 www.holidayshomes.com/guilhat

Ganzjährig geöffnet • 4 Zimmer und 1 Ferienwohnung • 49 bis 55 € für 2 Personen, Frühstück inkl., Halbpension möglich • nur Abendessen 20 € (außer Do) • Park, Parkplatz; keine Kreditkarten, Hunde nicht erlaubt

 Der Anblick der Surfer auf den hohen Wellen

Das gerade erst in Blau und Grau gestrichene baskische Haus wartet mit zahlreichen Vorzügen auf: ruhige Lage, schöner Garten mit Rasenfläche und Blumenbeeten sowie nur 100 m Entfernung bis zum Surfstrand. Die nagelneuen Zimmer geben sich schlicht und besitzen eigene Terrassen auf der Gartenseite. In den Badezimmern ist alles vorhanden, was zu einer modernen Ausstattung gehört. Eine der nettesten Adressen des Badeortes!

 Die lauschigen Sommerabende auf der Terrasse am Fuß der Pyrenäen

Das alte Herrenhaus hat mehrere Vorteile zu bieten, darunter in erster Linie ein herrlicher Landschaftspark und eine zauberhafte Terrasse mit Blick auf das Tal und die Gipfel der Pyrenäen im Hintergrund. Die nach Blumen benannten Zimmer sind geräumig, ruhig und in ansprechenden Farben gehalten. Die Freundlichkeit der Gastgeberin macht den Aufenthalt noch angenehmer. Das Abendessen auf der Veranda im Winter oder auf der Terrasse im Sommer wird Ihnen in guter Erinnerung bleiben.

Anfahrt: 5 km nordöstlich von Saint-Jean-de-Luz über die N 10 in Richtung Biarritz und eine Nebenstraße

Anfahrt: 4 km nördlich von Salies in Richtung Puyoo, oberhalb von Salies

AQUITAINE/AQUITANIEN

SALIES-DE-BÉARN - 64270

SALIES-DE-BÉARN - 64270

99 **LA DEMEURE DE LA PRESQU'ÎLE**
M. Sclafer

22 avenue des Docteurs-Foix
64270 Salies-de-Béarn
Tel. 05 59 38 06 22
Fax 05 59 38 06 22
www.demeurepresquile.com

Ganzjährig geöffnet • 3 Zimmer im ersten Stock, alle mit Bad/WC oder Dusche/WC, 2 Zimmer mit TV • 61 € (Nebensaison 54 €) für 2 Personen, Frühstück inkl. • Mahlzeit 23 €, Getränk inkl. • Terrasse, Park, Aufenthaltsraum mit Bibliothek, Garage; keine Kreditkarten

100 **MAISON LÉCHÉMIA**
Mme Camougrand

Quartier du Bois
64270 Salies-de-Béarn
Tel. 05 59 38 08 55
Fax 05 59 38 08 55

Ganzjährig geöffnet • 3 Zimmer nur für Nichtraucher, davon 2 im Nebengebäude, alle mit Bad/WC oder Dusche/WC • 52 € (Nebensaison 48 €), Frühstück inkl. • Mahlzeit 23 €, Getränk inkl. • Terrasse, Garten, gesicherter Parkplatz; keine Kreditkarten

Das selbstgebackene Gebäck

Die in der Nähe des Zentrums gelegene Villa aus dem 18. Jh. besitzt besonders stilvoll gestaltete Innenräume: Natursteinboden aus Schiefer in der Eingangshalle, Speisezimmer mit Spiegelwand, in der sich der hübsche Holzkamin spiegelt, und ein reizender kleiner Salon mit Bibliothek. Eine prachtvolle Treppe führt zu den großzügigen und eleganten Zimmern, die mit Stilmöbeln eingerichtet sind. Zu den Mahlzeiten werden regionale Spezialitäten gereicht. Weitläufiger Park mit einem herrlichen Magnolienbaum.

Der formlose und nette Empfang

Der mitten auf dem Land gelegene alte Bauernhof wurde stilsicher renoviert. Am besten reservieren Sie eines der beiden schlichten, aber hübschen Zimmer in den ehemaligen Pferdeställen. Im Winter werden die Mahlzeiten in einem gemütlichen Speisezimmer mit Kamin und im Sommer auf einer überdachten Terrasse serviert. Genießen Sie die sorgfältig zubereiteten Gerichte mit Zutaten vom eigenen Hof: Gemüse aus dem Garten, selbstgemachte Marmelade mit Früchten aus dem Garten u. v. m.

Anfahrt: im Ort

Anfahrt: im Ort die Straße nach Carresse über die D 17 nehmen und dann die Landstraße rechts nach Quartier du Bois

AQUITAINE/AQUITANIEN
SARE - 64310

 ARRAYA
M. Fagoaga

64310 Sare
Tel. 05 59 54 20 46
Fax 05 59 54 27 04
hotel @ arraya.com
www.arraya.com

2. Nov. bis 30. März geschlossen • 23 Zimmer, die meisten mit Bad/WC, einige mit Dusche/WC, alle mit TV • 69 bis 110 €, Frühstück 9 €, Halbpension möglich • Restaurant So-abend und Mo-mittag (außer vom 3. Juli bis 12. Sept.) geschlossen, Menüs 21 bis 31 € • Terrasse, Garten; Hunde auf den Zimmern nicht erlaubt • Laden mit baskischer Wäsche und anderen lokalen Erzeugnissen

 Mit der Zahnradbahn von 1924 auf den Berg Rhune fahren

Das Dorf am Hang des Berges Rhune ist ein wahres Schmuckstück baskischer Architektur. Das Hotel aus dem 17. Jh., das früher die Pilger auf dem Weg nach Santiago de Compostela beherbergte, blieb seiner traditionsreichen Vergangenheit treu und präsentiert sich heute noch in historischer Ausstattung mit Holzbalken, dunkler Holztäfelung, alten Möbeln und farbenfrohen Stoffen. Die umliegende Landschaft hingegen, einst ein Paradies für Schmuggler, hat sich in ein Wanderparadies verwandelt.

Anfahrt: im Ortskern, in der Nähe des Dorfplatzes, neben der Pelotawand

AUVERGNE

Psst …! Wie in der Eifel sind die Vulkane der Auvergne seit Jahrtausenden erloschen. Sie bilden einen natürlichen Wall gegen das Eindringen des Menschen in die urwüchsige Landschaft. Unterbrochen wird die Stille nur durch das ferne Grollen des Erlebnisparks Vulcania, in dem spektakuläre Naturschauspiele zum Thema Vulkane geboten werden. In der vom Feuer geformten Landschaft mit Vulkankuppen und Kratern sammelten sich große Wassermengen. So entstanden zahlreiche kristallklare Seen, Flüsse und natürliche Quellen, denen eine besondere Heilkraft nachgesagt wird. Heilbäder und elegante Kurstädte ziehen Wellness-Touristen aus ganz Europa an. Es heißt jedoch, dass viele Besucher beim Anblick der wohlduftenden, herzhaften Eintöpfe und des feinen Cantal-Käses der Versuchung nicht widerstehen können und ihren gesunden Ernährungsplan vergessen …

- Allier (03)
- Cantal (15)
- Haute-Loire (43)
- Puy-de-Dôme (63)

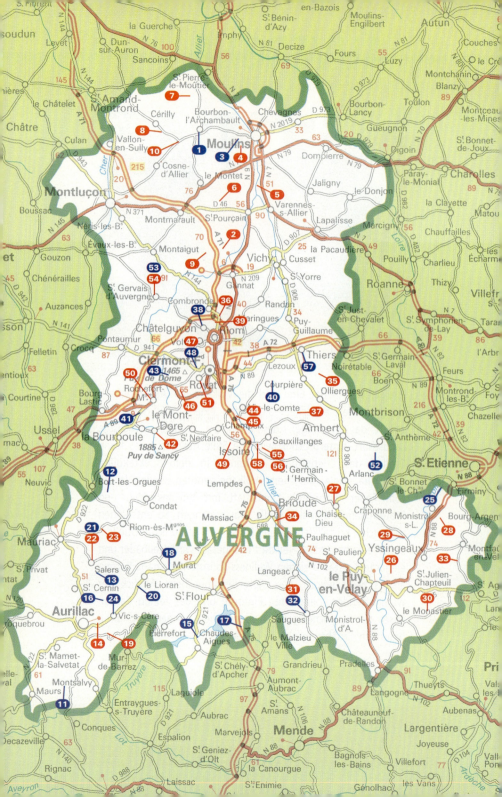

AUVERGNE

BOURBON-L'ARCHAMBAULT - 03160

CHARROUX - 03140

1 G. H. MONTESPAN-TALLEYRAND
M. Livertout

Place des Thermes
03160 Bourbon-L'Archambault
Tel. 04 70 67 00 24
Fax 04 70 67 12 00
hotelmontespan@wanadoo.fr
www.hotel-montespan.com

1. Apr. bis 20. Okt. geöffnet • 44 Zimmer, davon 4 mit Kochecke, alle mit Bad/WC oder Dusche/WC und TV • 58 bis 103 € für 2 Personen, Frühstück 10 €, Halbpension möglich • Menüs 22 (werktags) bis 45 € • Hotelgarage; Hunde im Restaurant nicht erlaubt • Swimmingpool, Fitnessraum

2 LA MAISON DU PRINCE DE CONDÉ
M. Speer

Place d'Armes
03140 Charroux
Tel. 04 70 56 81 36
Fax 04 70 56 81 36
jspeer@club-internet.fr
www.maison-conde.com

Ganzjährig geöffnet • 6 Zimmer nur für Nichtraucher, davon eines in einem Turm, alle mit Bad/WC oder Dusche/WC und TV • 56 € für 2 Personen, Frühstück inkl. • keine Mahlzeit • Garten; keine Kreditkarten, Hunde nicht erlaubt

Hier logierten schon berühmte historische Persönlichkeiten!

Die drei schönen alten Häuser in unmittelbarer Nachbarschaft zum Kurhaus und mit dem Schloss der Herzöge von Bourbon im Hintergrund haben die Atmosphäre aus der Zeit Ludwigs XVI. bewahrt. Fast alle Decken haben traditionelle Holzbalken, elegante Kamine vor den weißen Wänden setzen in den individuell und wohnlich gestalteten Zimmern Akzente. Das Hotel empfing so berühmte Persönlichkeiten wie Madame de Montespan, Madame de Sévigné und Talleyrand, die hierher zur Kur kamen.

Der Hausherr, der jederzeit für eine kleine Diskussion mit seinen Gästen bereit ist

In dem kleinen mittelalterlichen Ort Charroux steht dieses von einem kanadischen Rentnerpaar geführte Haus. Fünf Zimmer sind im Hauptgebäude untergebracht, während das sechste, „La Porte d'Orient", in einem Turm gelegen und über eine enge, unregelmäßige Treppe zugänglich ist. Es ist mit Whirlpool und Himmelbett ausgestattet und geht über zwei Stockwerke. Sehenswert ist auch das einladende Esszimmer mit Deckengewölbe aus dem 13. Jh.

Anfahrt: im Zentrum, neben dem Kurhaus

Anfahrt: im Dorfzentrum

AUVERGNE
COULANDON - 03000   COULANDON - 03000

 3   **LE CHALET ET MONTÉGUT**
M. Navarro

28 route du Chalet
03000 Coulandon
Tel. 04 70 46 00 66
Fax 04 70 44 07 09
hotel-chalet @ cs3i.fr
www.hotel.lechalet.com

18. Dez. bis 10. Jan. geschlossen • 28 Zimmer, davon 19 in einem Nebengebäude und eines behindertengerecht, alle mit Bad/WC oder Dusche/WC und TV • 66 bis 81 € für 2 Personen, Frühstück 9 €, Halbpension möglich • Menüs 18 (werktags) bis 39 € • Terrasse, Park, Parkplatz • Swimmingpool

 4   **LA GRANDE POTERIE**
M. Pompon

9 rue de la Grande-Poterie
03000 Coulandon
Tel. 04 70 44 30 39
Fax 04 70 44 30 39
jcpompon @ lagrandepoterie.com
www.lagrandepoterie.com

Jan. geschlossen • 4 Zimmer, davon eines im Erdgeschoss, alle mit Bad/WC • 58 bis 64 € für 2 Personen, Frühstück inkl. • Menü 20 € • Terrasse, Garten, Parkplatz, Kochecke; keine Kreditkarten • Swimmingpool, Fahrräder auf Anfrage

 Das üppige Frühstück wie in der Schweiz, der Heimat des Besitzers

 Der freundliche und immer hilfsbereite Gastgeber

Das Hotel besteht aus drei Gebäuden, die in einem Wäldchen im Bourbonnais liegen. Die Zimmer befinden sich im „Chalet", in dem auch die Rezeption untergebracht ist sowie in den ehemaligen Stallungen. Das Restaurant hat in einem Neubau Platz gefunden. Das Anwesen umfasst ebenfalls einen Swimmingpool und liegt in einen 4 ha großen, hundertjährigen Park mit Teich (Angeln möglich). Eine Adresse für Naturliebhaber und Erholungsuchende.

Eine ideale Adresse für einen erholsamen Aufenthalt ist dieser restaurierte ehemalige Bauernhof, den ein gepflegter Park mit Bäumen und Blumen umgibt. Besonders angenehm sind die Zimmer, die schlicht, aber elegant eingerichtet sind, ohne überladen zu wirken. Beim Essen kann der Gast auvergnatische Spezialitäten wie Pâté bourbonnais, Pompe aux Pommes, Brioche aux Grattons usw. entdecken. Und wer diese Kalorien wieder loswerden möchte, dem steht ein beheiztes Schwimmbad zur Verfügung!

Anfahrt: 7 km südwestlich von Moulins über die D 945 (Richtung Souvigny), dann rechts in eine Nebenstraße einbiegen

Anfahrt: ab Coulandon auf der Straße nach Souvigny, hinter dem Bahnübergang 600 m weiter fahren, erste Straße links, dann der Beschilderung folgen

AUVERGNE

LA FERTÉ-HAUTERIVE - 03340

5 **DEMEURE D'HAUTERIVE**
M. Lefebvre

03340 La Ferté-Hauterive
Tel. 04 70 43 04 85
Fax 04 70 43 00 62
j.lefebvre@demeure-hauterive.com
www.demeure-hauterive.com

Ganzjährig geöffnet • 5 Zimmer, davon eines im Erdgeschoss • 75 bis 83 € (Nebensaison 70 bis 78 €) für 2 Personen, Frühstück inkl. • Mahlzeit 20 bis 25 € • Park, Parkplatz • Schwimmbad, Kutschfahrten

Ein Spaziergang in dem in bunten Herbstfarben leuchtenden Park

Einen angenehmen Aufenthalt garantiert das majestätische Anwesen aus dem Jahre 1850, das von einem 3 ha großen Park umgeben ist. Die geräumigen Zimmer, und besonders das im Erdgeschoss, sind geschmackvoll eingerichtet. Zum Zeitvertreib können die Gäste Billard, Badminton und Tischtennis spielen. Besonders schön sind romantische Spaziergänge im Park, der mit kleinen Gartenpavillons und Zierteichen ausgestattet ist. Sehr freundlicher Service.

Anfahrt: 12 km nördlich von Saint-Pourçain-sur-Sioule über die N 9 und die D 32

LE THEIL - 03240

6 **CHÂTEAU DU MAX**
M. Mazet-Pesar

03240 Le Theil
Tel. 04 70 42 35 23
Fax 04 70 42 34 90
chateaudumax@club-internet.fr
www.chateaudumax.com

Ganzjährig geöffnet • 4 Zimmer mit Bad/WC und TV • 70 € für 2 Personen, Frühstück inkl. • Mahlzeit 22 bis 25 €, Getränk inkl. • Garten, Parkplatz, keine Kreditkarten

Das herrliche Schloss mit den immer noch vorhandenen Wassergräben

Man betritt dieses Schloss aus dem 13. und 15. Jh. über einen Vorbau, der einst die Zugbrücke war. Vom gepflasterten Hof aus führt eine Wendeltreppe zum mittelalterlich gestalteten Speisesaal und zu den in verschiedenen Farben gehaltenen Zimmer, die von der Besitzerin, einer ehemaligen Bühnenbildnerin an einem Pariser Theater, mit viel Geschmack eingerichtet wurden. Zu den Mahlzeiten, zu denen man sich mit ihr gemeinsam niederlässt, werden einheimische Spezialitäten serviert.

Anfahrt: westlich von Theil, 2,5 km über die D 235

AUVERGNE

POUZY-MÉSANGY - 03320

 7 MANOIR LE PLAIX
Mme Raucaz

03320 Pouzy-Mésangy
Tel. 04 70 66 24 06
Fax 04 70 66 25 82
leplaix@yahoo.fr

15. Dez. bis 15. März geschlossen • 4 Zimmer nur für Nichtraucher, alle mit Dusche/WC • 44 € für 2 Personen, Frühstück inkl., Halbpension möglich • nur Abendessen 16 € (mit Voranmeldung) • Aufenthaltsraum, Parkplatz; keine Kreditkarten • in der Nähe: Tennis, Minigolf

 Ein Spaziergang am romantischen Ufer der Bieudre, die das weite Anwesen durchfließt

Das befestigte Haus aus dem 16. Jh. gehört zu einem Landwirtschaftsbetrieb. Zu einem der Zimmer führt eine schöne Wendeltreppe. Terrakottafliesen, Holzbalken, antike Möbel und Steinkamine schaffen eine wohlige Atmosphäre. Beim Abendessen bekommt man Gelegenheit, die köstlichen Produkte der Region kennen zu lernen, darunter das berühmte Charolais-Rindfleisch, das vom Gut selbst stammt. Zum Freizeitangebot gehören je nach Jahreszeit Spaziergänge, Angeln oder Pilzesammeln.

Anfahrt: D 234, 1,5 km nordwestlich über eine Nebenstraße

THENEUILLE - 03350

 8 L'OMBRE DE GOZINIÈRE
Mme Pamela Line

03350 Theneuille
Tel. 04 70 67 59 17
Fax 04 70 67 59 17
pamelaline@wanadoo.fr

Mai bis Sept. geöffnet • 3 Zimmer unter der Mansarde • 50 € für 2 Personen, Frühstück inkl. • Mahlzeit 18 € (nur nach Voranmeldung) • Aufenthaltsraum, Garten, Parkplatz; keine Kreditkarten • Swimmingpool

 Der runde Swimmingpool im Garten mit Blick auf die umliegende Landschaft

Das hübsche Haus aus dem 17. Jh., ein Nebengebäude des benachbarten Herrenhauses, wurde einer gelungenen Renovierung unterzogen. Die zauberhaften Zimmer sind mit ihren karierten Stoffen, massiven Holzbalken und stilvollen Möbeln einer gewissen Rustikalität treu geblieben. Frühstück und Abendessen werden in einem gemütlichen Speiseraum serviert, an den sich ein Aufenthaltsraum anschließt.

Anfahrt: am Ortsausgang an der D 953

AUVERGNE

VALIGNAT - 03330

9 CHÂTEAU DE L'ORMET
M. et Mme Laederich

Lieu-dit l'Ormet
03330 Valignat
Tel. 04 70 58 57 23
Fax 04 70 58 54 36
lormet@wanadoo.fr
http://membres.lycos.fr/ormet

1. Jan. bis 2. März, 17. bis 31. Dez. geschlossen • 4 Zimmer nur für Nichtraucher auf 2 Stockwerken, alle mit Bad/WC • 63 bis 79 € für 2 Personen, Frühstück inkl. • Mahlzeit 25 € (Fr und Sa mit Voranmeldung) • Garten, Park, Parkplatz; keine Kreditkarten, Hunde nicht erlaubt • Swimmingpool

Die Modelleisenbahnen, die allabendlich durch den Park schnaufen

Das in 465 m Höhe auf einem Plateau über der Limagne gelegene Herrenhaus (18. Jh.) wurde mehrfach umgebaut und hat dennoch seinen ursprünglichen Charakter bewahrt. Die geschmackvoll und persönlich eingerichteten Zimmer gehen zum Park mit Salzwasserpool hinaus. Hier hat der Besitzer, ein Eisenbahn-Fan, eine originelle Anlage aufgebaut. Die Mahlzeiten umfassen einen Aperitif – „Birlou", Kastanienlikör mit Weißwein –, ein regionales Hauptgericht, Käse aus der Auvergne und hausgemachte Desserts.

Anfahrt: 8 km östlich von Charroux über die D 183, in Valignat im Ort Ormet

YGRANDE - 03160

10 LE CHALET DE LA NEVERDIÈRE
M. et Mme Vrel

Les Ferrons
03160 Ygrande
Tel. 04 70 66 31 67
Fax 04 70 66 32 64

Ganzjährig geöffnet • 4 Zimmer in einem kleinen Haus, 100 m vom Hof entfernt • 45 € für 2 Personen, Frühstück inkl. • keine Mahlzeit • Garten, Parkplatz; keine Kreditkarten, Hunde nicht erlaubt

Das überaus reichliche Frühstück

Trotz seines Namens ähnelt dieses Haus aus dem frühen 20. Jh. mit seiner bemalten Fassade und dem hohen Dach in keinster Weise einem Chalet. Angesichts der recht großen und hübsch dekorierten Zimmer mit Blick auf die grüne Landschaft dürfen wir diese kleine Ungereimtheit jedoch getrost übersehen ... Das Frühstück fällt mehr als reichlich aus, der Service ist überaus sympathisch, und im 12 km nahen Forêt de Tronçais warten herrliche Spazierwege auf die Gäste.

Anfahrt: 10 km südwestlich von Bourbon-l'Archambault über die D 953 und eine Nebenstraße

AUVERGNE
CALVINET - 15340　　　　　　　　CHAMPS-SUR-TARENTAINE - 15270

 BEAUSÉJOUR
M. Puech

15340 Calvinet
Tel. 04 71 49 91 68
Fax 04 71 49 98 63
beauséjour.puech@wanadoo.fr
www.cantal-restaurant-puech.com

9. Jan. bis 12. Febr. geschlossen • 10 Zimmer mit Bad/WC oder Dusche/WC und TV • 58 bis 100 € für 2 Personen, Frühstück 10 €, Halbpension möglich • Menüs 20 (werktags) bis 60 € (Reservierung empfohlen) • gesicherter Parkplatz

 AUBERGE DU VIEUX CHÊNE
Mme Moins

34 route des Lacs
15270 Champs-sur-Tarentaine
Tel. 04 71 78 71 64
Fax 04 71 78 70 88
danielle.moins@wanadoo.fr

1. Jan. bis 1. Apr., 1. Nov. bis 31. Dez. sowie So und Mo außerhalb der Saison geschlossen • 15 Zimmer auf 2 Stockwerken, alle mit Bad/WC, einige mit TV • 57 bis 80 € (Nebensaison 52 bis 71 €) für 2 Personen, Frühstück 9 € • kein Restaurant • Terrasse, Garten, Parkplatz

 Eine Geheimadresse für Gourmets

In diesem Dorf in der tiefsten Auvergne tischt ein höchst begabter Küchenchef seinen Gästen lukullische Genüsse aus traditionellen Rezepten mit einem guten Schuss Kreativität auf, bei denen Pilze, Schweinefleisch und Kastanien wichtige Zutaten darstellen. Die originellen Köstlichkeiten werden in einem eleganten, in Ziegelrot gehaltenen Speiseraum mit Veranda serviert. Dass die Zimmer eher praktisch als reizvoll sind, wird durch die exquisiten Gaumenfreuden mehr als wettgemacht.

 Die erstaunliche Artense, eine Region, die an Skandinavien erinnert

Das schöne alte Bauernhaus aus dem 19. Jh. ist ganz von Blumen und Wildem Wein überdeckt. Die schmucken und heimeligen Zimmer gehen auf den ruhigen Garten hinaus. Der Speiseraum in der ehemaligen Scheune gibt sich rustikal mit seinen Holzbalken, dicken Steinwänden und dem riesigen Kamin. Die bukolische Landschaft mit Hügeln, Tälern und Weiden, auf denen die Pferde der Besitzer grasen, genießt man am besten von der schattigen Terrasse aus.

Anfahrt: auf der Straße von Figeac nach Aurillac die N 122 in Maurs verlassen und auf die D 19 abbiegen; in der Dorfmitte

Anfahrt: etwas außerhalb der Ortsmitte

AUVERGNE

FONTANGES - 15140

 13 AUBERGE DE L'ASPRE
M. Landau

 15140 Fontanges
Tel. 04 71 40 75 76
Fax 04 71 40 75 27
auberge-aspre@wanadoo.fr
www.auberge-aspre.com

17. Nov. bis 4. Febr. sowie So-abend, Mo und Mi-abend von Okt. bis Mai geschlossen • 8 Zimmer, davon eines behindertengerecht, alle mit originellen Badezimmern mit WC (auf dem Zwischengeschoss) und TV • 50 bis 55 € für 2 Personen, Frühstück 8 €, Halbpension möglich • Menüs 17 bis 34 € • Terrasse, Garten, Parkplatz • Swimmingpool

 Statt Verkehrslärm das sanfte Läuten der Kuhglocken

Das alte Bauernhaus mit seinem tief heruntergezogenen Steinschindeldach gehört zu einem einsam gelegenen winzigen Dorf in der Nähe von Salers im Aspre-Tal. Die modernen und farbenfrohen Zimmer befinden sich in der ehemaligen Scheune und besitzen originelle Badezimmer, die sich über zwei Etagen erstrecken. Die der einheimischen Tradition verpflichteten Speisen kann man im rustikalen Speiseraum, auf der Veranda oder auf der Terrasse mit dem Garten im Hintergrund zu sich nehmen.

Anfahrt: 5 km südlich von Salers über die D 35

GIOU-DE-MAMOU - 15130

 14 DE BARATHE
M. et Mme Breton

 15130 Giou-de-Mamou
Tel. 04 71 64 61 72
 barathe@wanadoo.fr

Ganzjährig geöffnet • 5 Zimmer • 48 € für 2 Personen, Frühstück inkl., Halbpension möglich • nur Abendessen 13 € (außer So) • Garten, Parkplatz; keine Kreditkarten, Hunde nicht erlaubt

 Der Sinn der Besitzer für das Echte und Urtümliche

Wenn Sie es lieben, sich morgens beim Öffnen des Fensters vom Klang der Kuhglocken auf den Tag einstimmen zu lassen, sind Sie hier an der richtigen Adresse. Die einfachen, doch komfortablen Zimmer eignen sich besonders für Familien. Ländliches Ambiente vermittelt auch der Speiseraum mit seinen groben Steinwänden, den alten Möbeln, dem Kamin, Holzbänken und einem Waschbottich. Bei Tisch werden Sie von den Erzeugnissen des Bauernhofs angenehm überrascht.

Anfahrt: 7 km östlich von Aurillac über die N 122 und die D 58

AUVERGNE
LANAU - 15260   LASCELLE - 15590

 AUBERGE DU PONT DE LANAU
M. et Mme Kergoat

15260 Lanau
Tel. 04 71 23 57 76
Fax 04 71 23 53 84
aubergedupontdelanau@wanadoo.fr
auberge-du-pont-de-lanau.fr

Jan. sowie Mo und Di-mittag vom 1. Nov. bis Ostern geschlossen • 8 Zimmer auf 2 Stockwerken, alle mit Bad/WC oder Dusche/WC • 55 bis 60 € für 2 Personen, Frühstück 9 €, Halbpension möglich • Menüs 25 (werktags) bis 50 € (nur nach Voranmeldung) • Terrasse, Garten, Parkplatz

 LAC DES GRAVES
M. Barbério

Jaulhac
15590 Lascelle
Tel. 04 71 47 94 06
Fax 04 71 47 96 55
lac.des.graves@wanadoo.fr
www.lacdesgraves.com

Ganzjährig geöffnet, außer Di und Mi in der Nebensaison • 24 Zimmer, davon 5 nur für Nichtraucher, 2 behindertengerecht, alle mit Bad/WC oder Dusche/WC und TV • 62 € (Nebensaison 50 €), Frühstück 6 €, Halbpension möglich • Menüs 15 bis 38 € • gesicherter Parkplatz, Park, Terrasse • Swimmingpool, Angeln auf dem See, Reiten

 Eine Wanderung durch die tiefe Schlucht der Truyère bis zum Viaduc de Garabit

 Sich im Angeln oder Fliegenfischen üben

Die ehemalige Poststation wurde 1821 an einem der wenigen Truyère-Übergänge erbaut. In den gut gepflegten Zimmern stehen solide Bauernmöbel. Trotz wechselnder Besitzer hat sich der ursprüngliche und typisch auvergnatische Charakter des Speiseraums erhalten. Er ist an der mit den Jahren nachgedunkelten Holztäfelung, den Deckenbalken und dem Kamin aus dem einheimischen Stein zu erkennen. Die Gäste können sich im kleinen Garten oder auf der schattigen Terrasse entspannen.

Die kanadisch anmutende Architektur dieses Hotels fügt sich harmonisch in das großartige Landschaftsbild ein, das das Tal der Jordanne dem Betrachter bietet. Es besteht aus mehreren Holzhütten am Ufer des Sees, in denen die neuen, schlichten und gleichzeitig behaglichen Zimmer untergebracht sind, und einem Restaurant mit Panoramablick. Von hier und den Hütten erstreckt sich die Aussicht über den See und die Berge des Cantal. In dem schönen, 38 ha großen Park befindet sich ein großer Reitstall.

Anfahrt: 4,5 km von Chaudes-Aigues über die D 921 (Straße nach Saint-Flour)

Anfahrt: 12 km nördlich von Aurillac in Richtung Puy-Mary und Saint-Simon

AUVERGNE

LOUBARESSE - 15320

 17 LA PAGNOUNE
Mme et Mlle Coutarel

Valadour
15320 Loubaresse
Tel. 04 71 73 74 69
auberge-lapagnoune@wanadoo.fr
www.auberge-lapagnoune.com

Jan. und Febr. sowie So-abend und Mo vom 1. Sept. bis 1. Juli geschlossen • 7 Zimmer, davon eines behindertengerecht, alle mit Bad/WC • 50 € (Nebensaison 44 €) für 2 Personen, Frühstück 8 € • Menüs 11 (werktags) bis 20 €

 Ein Besuch auf der Ferme de Pierre Allègre, dem Bauernmuseum mitten im Dorf

Hier gibt es keine Kühe oder Schweine mehr, denn der ehemalige Bauernhof aus dem Jahre 1877 wurde in einen sympathischen Gasthof umgewandelt, der durch seine Schlichtheit und Authentizität besticht. Mauer- und Balkenwerk, eindrucksvolle Kamine, eine alte Uhr, landwirtschaftliche Geräte und rustikales Mobiliar prägen den ländlichen Stil des Speiseraums, in dem regionale Gerichte serviert werden. Die Zimmer bieten zwar keinen Luxus, sind aber komfortabel, sauber und ebenfalls rustikal gehalten.

Anfahrt: 5 km südlich des Viadukts von Garabit über die D 909, in Richtung Charmensac

MURAT - 15300

 18 HOSTELLERIE LES BREUILS
M. et Mme Rochès

34 avenue Docteur Mallet
15300 Murat
Tel. 04 71 20 01 25
Fax 04 71 20 33 20
info@hostellerie-les-breuils.com
www.hostellerie-les-breuils.com

Ende Mai bis 15. Okt. geöffnet • 10 Zimmer, die meisten mit Bad/WC, einige mit TV • 62 bis 78 € (Nebensaison 60 bis 76 €) für 2 Personen, Frühstück 7 € • kein Restaurant • Garten, gesicherter Parkplatz; Hunde nicht erlaubt • Schwimmbad, Sauna, Liegestühle

 Die freundliche und persönliche Atmosphäre

Das kleine Stadtpalais aus dem 19. Jh. steht unweit der Altstadt und erwartet seine Gäste mit vor kurzem in modernen Farben aufgefrischten Zimmern. In einigen befinden sich noch Louis-seize-Möbel. Die recht großen Badezimmer sind mit modernem Komfort ausgestattet. Im Leseraum mit seinem Kamin und dem Klavier kommt man sich vor wie in Großmutters guter Stube. Das Schwimmbad ist in einem separaten Gebäude hinten im Garten untergebracht.

Anfahrt: außerhalb der Stadtmauer, an der Nationalstraße

AUVERGNE
SAINT-ÉTIENNE-DE-CARLAT - 15130   SAINT-JACQUES-DES-BLATS - 15800

19 LOU FERRADOU
M. et Mme Balleux

Caizac
15130 Saint-Étienne-de-Carlat
Tel. 04 71 62 42 37
Fax 04 71 62 42 37
balleux@louferradou.com
www.louferradou.com

Ganzjährig geöffnet • 6 Zimmer nur für Nichtraucher, alle mit Bad/WC • 44 bis 54 € für 2 Personen, Frühstück inkl., Halbpension möglich • nur Abendessen 14 € • Parkplatz, Garten, Terrasse; keine Kreditkarten, Hunde nicht erlaubt • Spielsaal

Die Mahlzeiten im zauberhaften Garten

Der imposante, typisch auvergnatische Bau wurde einst als Bauernhof bewirtschaftet. Bei der Restaurierung hat man die Steinwände, die Holzbalken und den Kamin wieder zur Geltung gebracht. Eines der drei Zimmer im Hauptgebäude hat eine kleine Sitzecke, während die beiden Zimmer in der ehemaligen Dependance über ein Zwischengeschoss verfügen. Alle sind mit Möbeln im bäuerlichen Stil eingerichtet. Bei Tisch bekommen die Gäste Gemüse aus dem hauseigenen Garten sowie regionale Spezialitäten gereicht.

Anfahrt: 4 km über eine Nebenstraße

20 LE GRIOU
M. Troupel

15800 Saint-Jacques-des-Blats
Tel. 04 71 47 06 25
Fax 04 71 47 00 16
hotel.griou@wanadoo.fr
www.hotel-griou.com

5. bis 20. Apr., 10. Okt. bis 20. Dez. geschlossen • 16 Zimmer, davon eines behindertengerecht, alle mit Bad/WC oder Dusche/WC, einige mit TV • 42 bis 52 € für 2 Personen, Frühstück 7 €, Halbpension möglich • Menüs 14 (werktags) bis 31 € • Parkplatz, Garten

Die Naturschönheiten und Baudenkmäler im Regionalpark Volcans d'Auvergne entdecken

Das in zwei Phasen entstandene Hotel hat zwei Zimmerkategorien im Angebot: Die neueren Zimmer sind mit Möbeln im Louis-Philippe-Stil, die älteren etwas standardmäßiger eingerichtet. Alle befinden sich in einem tadellosen Zustand, und die meisten besitzen einen Balkon. Von einem der beiden Speiseräume genießt man durch die großen Fenster einen herrlichen Blick auf den Kirchturm des Dorfes und die Berge des Cantal. Der in Terrassen angelegte Garten öffnet sich auf die offene Landschaft.

Anfahrt: am Ortsausgang

AUVERGNE

SALERS - 15140

 21 LE BAILLIAGE
M. et Mme Gouzon

 Rue Notre-Dame
15140 Salers
Tel. 04 71 40 71 95
Fax 04 71 40 74 90
info@salers-hotel-bailliage.com
www.salers-hotel-bailliage.com

15. Nov. bis 6. Febr. geschlossen • 25 Zimmer, davon 4 in einem Nebengebäude (La Demeure Jarriges, in 300 m Entfernung), alle mit Bad/WC und TV • 55 bis 75 € (Nebensaison 49 bis 70 €) für 2 Personen, Frühstück 9 €, Halbpension möglich • Menüs 14 bis 40 € • Terrasse, Garten, Hotelgarage, Parkplatz • Swimmingpool

 Ein Bummel durch die historischen Gassen von Salers

Das gedrungene, cottageähnliche Gebäude entstand in den 60er Jahren im Herzen der zauberhaften mittelalterlichen Altstadt. Die geräumigen und komfortablen Zimmer gehen zum Garten, zum Dorf oder zu den Hängen des Puy Violent hinaus. Das neu gestaltete Restaurant zeichnet sich durch gedämpftes Licht, Rattanmöbel und orangerote Vorhänge aus. Auf der Speisekarte stehen zur großen Freude der Feinschmecker selbstverständlich das berühmte Salers-Rindfleisch und der gleichnamige Käse. Hübsche Terrasse.

Anfahrt: am Ortseingang, neben dem großen Parkplatz

SALERS - 15140

 22 CHAMBRE D'HÔTE M. PRUDENT
M. et Mme Prudent

 Rue des Nobles
15140 Salers
Tel. 04 71 40 75 36
Fax 04 71 40 75 36
claudine@chezprudent.com
 www.chezprudent.com

Ganzjährig geöffnet • 6 Zimmer mit eigenem Eingang • 42 € für 2 Personen, Frühstück inkl. • keine Mahlzeit • Garten

 Das außergewöhnliche Panorama der Vulkangipfel des Cantal

Das entzückende Haus aus dem 17. Jh. steht günstig im Herzen in der mittelalterlichen Altstadt von Salers. Jedes der schlichten, doch gemütlichen Zimmer besitzt einen eigenen Eingang, von einigen blickt man auf die Vulkane der Umgebung. Frühstücken kann man auf dem Zimmer, im traditionellen Speiseraum oder, wenn das Wetter es zulässt, im hübschen Garten mit Aussicht. An das Hotel ist ein Souvenirladen angeschlossen.

Anfahrt: im Ortskern

AUVERGNE

TRIZAC - 15400

 23 LE COUVENT
M. et Mme Belaiche

 Le Bourg
15400 Trizac
Tel. 04 71 78 67 51
Fax 04 71 78 67 51
le-couvent@wanadoo.fr
www.lecouvent.fr

1. Nov. bis Ostern geschlossen • 1 Zimmer und 3 Suiten mit Bad/WC • 65 bis 75 € für 2 Personen, Frühstück 10 € • keine Mahlzeit • Park; keine Kreditkarten, Hunde auf Anfrage erlaubt

 Der erholsame Garten zwischen dem ehemaligen Kloster und der romanischen Dorfkirche

Bitten Sie Ihre charmanten Gastgeber, Ihnen die lange Geschichte dieses alten Herrenhauses mit der etwas feierlichen Fassade zu erzählen, und Sie werden verstehen, welch umfangreiche Arbeiten seit 1995 nötig waren, um es in dieses zauberhafte, wenig klösterliche Hotel zu verwandeln. Eine schöne Treppe führt zu den ruhigen, hübschen Zimmern und drei Suiten, die alle komfortabel und unterschiedlich eingerichtet sind. Reichhaltiges Frühstück im gemütlichen Aufenthaltsraum mit Bibliothek.

Anfahrt: in der Dorfmitte, über die D 678 zwischen Mauriac und Riom-ès-Montagne

VIC-SUR-CÈRE - 15800

 24 AUBERGE DES MONTAGNES
M. et Mme Combourieu

 15800 Vic-sur-Cère
Tel. 04 71 47 57 01
Fax 04 71 49 63 83
info@auberge-des-montagnes.com
www.auberge-des-montagnes.com

12. Okt. bis 20. Dez. geschlossen (außer Sa/So um den 1. Nov.) • 25 Zimmer, davon 10 in einem Nebengebäude und eines behindertengerecht, alle mit Bad/WC oder Dusche/WC, einige mit TV • 49 bis 56 € (Nebensaison 45 bis 50 €), Frühstück 7 €, Halbpension möglich • Restaurant Di außerhalb der Saison geschlossen, Menüs 15 (werktags) bis 24 € • Terrasse, Parkplatz, Hotelgarage • 2 Schwimmbäder, Mountainbike

 Die Besichtigung des Bauernhofes, wo der Film „Harry meint es gut mit dir" gedreht wurde

Das Hotel besteht aus einem ehemaligen Bauernhaus mit Schindeldach und einem Neubau mit einem Turm, der sich im Wasser eines Teichs spiegelt. Die beiden Gebäude, auf die die rustikalen oder modernen Zimmer verteilt sind, stehen einige hundert Meter voneinander entfernt. Zum Freizeitangebot gehören 2 Schwimmbäder, Mountainbike-Touren, Wanderungen, Kutschfahrten, Angeln, Skifahren etc. Nichts zeugt so sehr von der Emsigkeit der Besitzer wie diese lange Liste. Schmackhafte einheimische Küche.

Anfahrt: in Vic-sur-Cère von der N 122 (von Aurillac nach Murat) auf die D 54 in Richtung Pailherols abbiegen

AUVERGNE

AUREC-SUR-LOIRE - 43110

25 **LES CÈDRES BLEUS**
M. et Mme Duverney

Route de la Rivière
43110 Aurec-sur-Loire
Tel. 04 77 35 48 48
Fax 04 77 35 37 04
www.lescedresbleus.com

2. Jan. bis 2. Febr. sowie So-abend und Mo-mittag geschlossen • 15 Zimmer, davon eines behindertengerecht, die meisten mit Bad/WC, einige mit Dusche/WC, alle mit TV • 58 bis 75 € für 2 Personen, Frühstück 8 €, Halbpension möglich • Restaurant mit Klimaanlage, Menüs 18 (werktags) bis 75 € • Terrasse, Garten, Parkplatz; Hunde nicht erlaubt

 Wasserskifahren auf dem Lac de Grangent

Obwohl Sie hier vergeblich nach Mammutbäumen, Grizzlybären und Blockhütten wie in den amerikanischen Nationalparks Ausschau halten, ist die Atmosphäre vergleichbar. Die Rezeption und das Restaurant befinden sich in einem alten Wohnhaus, die funktionellen Zimmer in drei modernen „Chalets", aus denen man auf den mit Zedern bepflanzten Garten blickt. Eine mit Blumen geschmückte Terrasse rundet das Anwesen ab, das sich harmonisch in die natürliche Umgebung einfügt.

Anfahrt: südwestlich von Saint-Étienne über die D 46, dann in Aurec-sur-Loire in Richtung Bas-en-Basset weiterfahren

CHASPINHAC - 43700

26 **LA PARAVENT**
M. Jourde

43700 Chaspinhac
Tel. 04 71 03 54 75
michel-jourde@wanadoo.fr

Ganzjährig geöffnet • 5 Zimmer • 44 bis 48 € für 2 Personen, Frühstück inkl. • Mahlzeit 16 € • Garten; keine Kreditkarten, Hunde nicht erlaubt

 Die warmherzige Atmosphäre dieses freundlichen Hauses aus dem frühen 20. Jh.

Nur wenige Kilometer von Le Puy-en-Velay entfernt steht dieses Landhaus, dessen Besitzer sich durch ihre beispielhafte Gastfreundlichkeit und permanente Sorge um das Wohlergehen ihrer Gäste auszeichnen. Das rustikale Innere ist noch original erhalten. Die gemütlichen Zimmer haben alle einen eigenen Eingang, einige besitzen eine kleine Sitzecke. Im Winter bietet die Gastgeberin Patchworkkurse an.

Anfahrt: 10 km nordöstlich von Le Puy über die D 103 in Richtung Retournac und dann auf die D 71

AUVERGNE

LA CHAISE-DIEU - 43160　　　　LA SEAUVE-SUR-SEMÈNE - 43140

 27 LA JACQUEROLLE
Mme Chailly

Rue Marchédial
43160 La Chaise-Dieu
Tel. 04 71 00 07 52
lajacquerolle@hotmail.com
www.lajacquerolle.com

Ganzjährig geöffnet • 4 Zimmer, davon 1 Zimmer mit Bad • 55 bis 58 € für 2 Personen, Frühstück inkl., Halbpension möglich • nur Abendessen 22 € • Parkplatz; keine Kreditkarten, Hunde nicht erlaubt

 28 LOU CHANDEL'AIGUE
M. et Mme Pigat

Les Mazeaux
43140 La Séauve-sur-Semène
Tel. 04 71 66 26 16

Ganzjährig geöffnet • 4 Zimmer nur für Nichtraucher, alle mit Dusche/WC • 45 € für 2 Personen, Frühstück inkl. • keine Mahlzeit • Park, Parkplatz; keine Kreditkarten, Hunde nicht erlaubt • Swimmingpool

 Im benachbarten Wald Steinpilze sammeln

Das vollständig aus dem heimischen Stein erbaute eigenwillige Gebäude befindet sich im unteren Teil des Dorfes. Zahlreiche Familienstücke verschönern das mit Sorgfalt gestaltete Innere, in dem Holz das vorherrschende Element ist, darunter ein schöner Louis-Philippe-Schrank und zierliche Spiegel. In den behaglichen Zimmern fühlt man sich auf Anhieb wohl. Den Speiseraum beherrscht ein herrlicher Kamin aus Granit.

 Die entspannende Ruhe des einsam gelegenen Landhauses

Das große Landhaus aus dem 17. Jh. erreicht man über eine kleine Brücke. Es erwarten Sie geräumige und geschmackvoll eingerichtete Zimmer, ein luxuriöser Salon und ein ansprechender Aufenthaltsraum, in dem im Winter das Frühstück serviert wird. Der blühende Garten um den Pool lädt zur Erholung ein. Am Rande des Grundstücks fließt die Semène, in der man herrlich Forellen angeln kann. Ein Geheimtipp für Angelfreunde.

Anfahrt: im unteren Teil des Ortes

Anfahrt: 500 m östlich des Ortes über die D 12, dann 1,5 km auf einer Landstraße

AUVERGNE

RETOURNAC - 43130

29 LES REVERS
M. et Mme Chevalier

43130 Retournac
Tel. 04 71 59 42 81
Fax 04 71 59 42 81
jean-pierre.chevalier6@libertysurf.fr
www.lesrevers.fr.st

Okt. bis Apr. geschlossen • 4 Zimmer mit Blick auf den Wald und die Wiesen • 45 € für 2 Personen, Frühstück inkl. • nur Abendessen (nach Voranmeldung) 16 € • Garten, Parkplatz; keine Kreditkarten, Hunde nicht erlaubt

 Die unberührte Landschaft

Das einsam zwischen Feldern und Wäldern gelegene Anwesen wird besonders denen gefallen, die Ruhe, Naturnähe und Urtümlichkeit suchen. Von den recht geräumigen und mit hochwertigen Betten ausgestatteten Zimmern blickt man auf die grüne Landschaft. Zwei von ihnen haben ein Zwischengeschoss. Der Eigentümer ist ein Pferdenarr, besitzt selbst eine Pferdezucht und bietet seinen Gästen Ausritte an. Kein Wunder also, dass die Atmosphäre hier locker und stressfrei ist.

Anfahrt: 8 km südöstlich von Retournac über die D 103, dann der Beschilderung folgen

SAINT-FRONT - 43550

30 L'HERMINETTE
M. Mathieu

Bigorre - Les Maziaux
43550 Saint-Front
Tel. 04 71 59 57 58
Fax 04 71 56 34 91
lherminette@wanadoo.fr

Ganzjährig geöffnet, mit Voranmeldung; 1. Woche im Sept. und 1. Woche im März geschlossen • 6 Zimmer mit Bad • 67 bis 74 € (Nebensaison 56 bis 60 €) für 2 Personen, Frühstück inkl., Halbpension möglich • Menüs 12 (werktags) bis 23 €, Restaurant So-abend und Mo geschlossen • Garten, Parkplatz; Hunde nicht erlaubt • Freilichtmuseum in der Nähe

 Eine Reise in die Vergangenheit bei einem Museumsbesuch

Dieses für die Gegend typische Gebäude steht in einem winzigen Dorf aus Steinhäusern mit schön gedeckten Strohdächern. Zu erschwinglichen Preisen bekommt man hier große, freundliche Zimmer, davon zwei mit Zwischengeschoss, einen im örtlichen Stil gehaltenen Speiseraum und eine schmackhafte regionale Küche geboten. Wenn Sie sich für das Leben von anno dazumal und die einstigen Dachdeckertechniken interessieren, lässt das nahe gelegene Freilichtmuseum keine Frage offen.

Anfahrt: 5 km nordwestlich von Saint-Front über die D 39 und einen Weg rechts

AUVERGNE

SAUGUES - 43170 **SAUGUES - 43170**

31 LES GABALES
M. Gauthier

Route du Puy-en-Velay
43170 Saugues
Tel. 04 71 77 86 92
Fax 04 71 77 86 92
pierrelesgabales@wanadoo.fr
www.lesgabales.com

1. Dez. bis Ende Febr. geschlossen • 5 Zimmer nur für Nichtraucher • 45 bis 72 € für 2 Personen, Frühstück inkl., Halbpension möglich • Aufenthaltsraum, Park, Parkplatz; keine Kreditkarten, Hunde nicht erlaubt

32 LA TERRASSE
M. Fargier

Cours Dr. Gervais
43170 Saugues
Tel. 04 71 77 83 10
Fax 04 71 77 63 79
laterrasse-saugues@wanadoo.fr
www.chemindecompostelle.com

1. Jan. bis 28. Febr., 30. Nov. bis 31. Dez. sowie So-abend und Mo (außerhalb der Saison) geschlossen • 9 Zimmer auf 2 Stockwerken, alle mit Bad/WC oder Dusche/WC und TV • 58 € für 2 Personen, Frühstück 8 €, Halbpension möglich • Restaurant mit Klimaanlage, Menüs 23 (werktags) bis 50 € • Hotelgarage

 Die Besichtigung des Museums zur sagenhaften Bestie des Gévaudan

Hier sind Sie im Land der Bestie des Gévaudan, deren Sage auch heute noch weiterlebt, dank so geschickter Erzähler wie z. B. dem Besitzer dieses Bürgerhauses aus den 30er Jahren, der abgesehen von seinen Geschichten den Gästen auch gute Wandertipps geben kann. Den hübschen Park, den gemütlichen Aufenthaltsraum mit Bibliothek, den Speiseraum mit Originalholztäfelung und die in einem exquisiten Stil vergangener Zeiten unterschiedlich dekorierten Zimmer werden Sie sicher zu schätzen wissen.

 Der Blutspur der Bestie des Gévaudan folgen ...

Die Familie Fargier lebt bereits seit 1795 in Saugues und empfängt ihre Gäste heute in einer ehemaligen Notarskanzlei, die renoviert und in ein Hotel umgewandelt worden ist. Die Zimmer bieten modernen Komfort. Abgesehen von zweien sind sie recht geräumig. Der gemütliche Speiseraum hat dank eines Steinkamins einen rustikalen Touch. Die gutbürgerlichen französischen Gerichte rundet man vorzugsweise mit Auvergne-Käse von der reichhaltigen Käseplatte ab.

Anfahrt: an der Straße nach Le Puy-en-Velay

Anfahrt: in der Ortsmitte

AUVERGNE

TENCE - 43190

VIEILLE-BRIOUDE- 43100

33 LES PRAIRIES
M. et Mme Bourgeois

1 rue du Pré Long - Salettes
43190 Tence
Tel. 04 71 56 35 80
thomas.bourgeois@freesbee.fr
www.lesprairies.com

Ganzjährig geöffnet (1. Nov. bis 15. Apr. mit Voranmeldung) • 5 Zimmer nur für Nichtraucher, davon eines behindertengerecht, alle mit Bad/WC oder Dusche/WC • 66 € für 2 Personen, Frühstück inkl. • keine Mahlzeit • Terrasse, Garten, Parkplatz, Aufenthaltsraum mit TV und Bibliothek; keine Kreditkarten • Spielmöglichkeit für Kinder und Tischtennisplatte

Die reizenden Eigentümer

Etwas außerhalb des Ortes steht dieses schöne Steinhaus (1850) in einem hübschen, 9 000 m² großen Park mit hundertjährigen Bäumen. Es umfasst zwei Flügel, von denen der eine von den Eigentümern bewohnt wird. Im anderen Flügel mit eigenem Eingang sind die Gäste untergebracht. Das behindertengerechte Zimmer mit großem Bad liegt im Erdgeschoss, während sich die vier anderen in den oberen Etagen befinden. Alle sind schlicht dekoriert und mit schönen alten Möbeln ausgestattet.

Anfahrt: im Ort

34 ERMITAGE SAINT VINCENT
M. et Mme Boyer

Place de l'Église
43100 Vieille-Brioude
Tel. 04 71 50 96 47

Dez. und Jan. geschlossen (außer für Gruppen nach Voranmeldung) • 5 Zimmer mit Bad/WC • 50 € für 2 Personen, Frühstück inkl. • nur Abendessen 20 € (nach Voranmeldung) • Terrasse, Garten; keine Kreditkarten, Hunde nicht erlaubt

Die wunderbare Ruhe, in der nur das Plätschern des Flusses und der Gesang der Vögel zu hören sind

Das restaurierte einstige Pfarrhaus hoch über dem Fluss bietet schöne Blicke auf das Allier-Tal. Alles hier ist großzügig bemessen: die mit landwirtschaftlichen Geräten geschmückte Eingangshalle, der Aufenthaltsraum mit Bibliothek, die imposante Steintreppe, die zu den ebenfalls geräumigen und komfortablen, mit hochwertigen zeitgenössischen Möbeln eingerichteten Zimmern führt. Sie werden aufs Herzlichste empfangen von dem Besitzer, der Ihnen Tipps für kulturelle oder sportliche Aktivitäten gibt.

Anfahrt: 4 km südlich von Brioude, über die N 102, in der Nähe des Allier

AUVERGNE

AUBUSSON- D'AUVERGNE - 63120

 35 LE MOULIN DES VERNIÈRES
Mme Hansen

 63120 Aubusson-d'Auvergne
Tel. 04 73 53 53 01
Fax 04 73 53 53 01
www.moulindesvernières.com

1. Nov. bis 1. März geschlossen • 6 Zimmer nur für Nichtraucher • 65 bis 85 € für 2 Personen, Frühstück inkl. • Mahlzeit 22 € (abends) • Aufenthaltsraum, Park, Parkplatz; Hunde nicht erlaubt • Swimmingpool

 Die einfallsreichen Gerichte aus regionalen Erzeugnissen

Eine alte Mühle mitten in einem romantischen Garten und an einem plätschernden Bach – für die Besitzerin war es Liebe auf den ersten Blick! Sie hat aus dem Gebäude ein behagliches Gästehaus inmitten von Rosen und Jasmin gemacht, und auch die Zimmer tragen viel sagende Namen wie „Englische Rosen", „Vergissmeinnicht" und „Mohnblume". Die Möbel wurden bei Antiquitätenhändlern ausgesucht, an den Wänden hängen Fotos von Doisneau oder naive Gemälde, und die Küche ist ebenfalls eine Wohltat.

Anfahrt: 7 km östlich von Coupière über die D 7 und die D 311

BEAUREGARD-VENDON - 63460

 36 CHAMBRE D'HÔTE MME BEAUJEARD
Mme Beaujeard

 8 rue de la Limagne à Chaptes
63460 Beauregard-Vendon
Tel. 04 73 63 35 62

Ganzjährig geöffnet, Nov. bis März nur mit Voranmeldung • 3 Zimmer nur für Nichtraucher • 66 bis 70 € für 2 Personen, Frühstück inkl. • keine Mahlzeit • Garten; keine Kreditkarten, Hunde nicht erlaubt

 Die zauberhafte Einrichtung wie in der guten alten Zeit

In diesem stattlichen Herrenhaus vom Ende des 18. Jh.s mitten in der Natur geben sich Ruhe und reizvolle Umgebung ein Stelldichein. Die mit hübschen Möbeln ausgestatteten Nichtraucherzimmer sind überaus gemütlich. Der wohlige Aufenthaltsraum mit seinem Kamin, der im Sommer üppig blühende Garten, das reichliche Frühstück, der freundliche Service und die kleinen Preise machen aus der Unterkunft eine äußerst empfehlenswerte Adresse.

Anfahrt: 9 km nördlich von Riom über die N 144 und die D 122

AUVERGNE

CEILLOUX - 63520

 37 DOMAINE DE GAUDON
M. et Mme Bozzo

 63520 Ceilloux
Tel. 04 73 70 76 25
Fax 04 73 70 74 04
domainedegaudon@wanadoo.fr
www.domainedegaudon.fr

Ganzjährig geöffnet • 5 Zimmer für Nichtraucher, alle mit Bad/WC oder Dusche/WC und Telefon • 90 € für 2 Personen, Frühstück inkl. • keine Mahlzeit • Terrasse, Park, Garage; Hunde nicht erlaubt

 Hier fühlt man sich wie bei Freunden!

Ein Park mit hundertjährigen Bäumen umgibt dieses schöne Herrenhaus aus dem 19. Jh. Über eine bemerkenswerte Holztreppe erreicht man die prächtigen Zimmer, die viel sagende Namen tragen („Esthers Ankleide", „Der Liebesgarten", „Vogelnest"). Das Frühstück nehmen die Gäste in einem hübschen, holzgetäfelten Raum oder auf der Terrasse ein, von der der Blick bei schönem Wetter bis zum Puy de Dôme reicht. Angelmöglichkeiten im eigenen Weiher.

Anfahrt: von Saint-Dier-d'Auvergne in Richtung Domaize fahren; nach 3 km in „Les Palles" rechts abbiegen in Richtung Ceilloux, nach 1 km erreicht man Gaudon

CHATELGUYON - 63140

 38 RÉGENCE
M. et Mme Porte

 31 avenue des États-Unis
63140 Chatelguyon
Tel. 04 73 86 02 60
Fax 04 73 86 02 49
hotel-regence3@wanadoo.fr
www.hotel-regence-central.com

1. Jan. bis 15. März, 1. bis 18. Dez. sowie So-abend und Mo geschlossen • 26 Zimmer mit Bad/WC oder Dusche/WC, einige mit TV • 50 € für 2 Personen, Frühstück 8 €, Halbpension möglich • Menüs 24 bis 39 € • Garten, gesicherter Parkplatz; Hunde im Restaurant nicht erlaubt • kostenloser Busservice zum Kurhaus

 Die schönen Kureinrichtungen

Ein Kamin aus geschnitztem Holz, alte Möbel und ein Klavier tragen dazu bei, die Atmosphäre aus der Zeit um 1900 zu erhalten. Die Renovierung des Erdgeschosses, bei der der Aufenthaltsraum und der Speiseraum in Rot und Gold gestaltet wurden, die Wände und Decken einen neuen Anstrich und die Fenster eine Doppelverglasung erhielten, erfolgte gelungen und ohne Stilbruch. Die Renovierung der etwas altmodischen Zimmer dürfte demnächst anstehen. Üppiger grüner Garten.

Anfahrt: am Ortseingang, an der Hauptstraße

AUVERGNE
DAVAYAT - 63200　　　　　　　　GLAINE-MONTAIGUT - 63160

 39 **LA MAISON DE LA TREILLE**
M. et Mme Honnorat

25 rue de l'Église
63200 Davayat
Tel. 04 73 63 58 20
honnorat.la.treille@wanadoo.fr
http://honnorat.la.treille.free.fr

Ganzjährig geöffnet • 4 Zimmer und eine Familiensuite, alle mit Bad oder Dusche • 70 bis 85 € für 2 Personen, Frühstück inkl. • keine Mahlzeit • Park, Parkplatz; keine Kreditkarten, Hunde nicht erlaubt

 40 **AUBERGE DE LA FORGE**
M. et Mme Zuk

Place de l'Église
63160 Glaine-Montaigut
Tel. 04 73 73 41 80
Fax 04 73 73 33 83
a.delaforge@wanadoo.fr
 www.aubergedelaforge.com

1. bis 20. Sept. geschlossen • 4 Zimmer mit Dusche/WC • 39 bis 50 € (Nebensaison 28 bis 39 €) für 2 Personen, Frühstück 6 €, Halbpension möglich • Restaurant Soabend und Di geschlossen, Menüs 12 bis 30 € • Terrasse

 Die Marmeladen aus Obst, das aus dem eigenen Garten kommt

Bei diesem hübschen Bürgerhaus aus dem Jahre 1810 hat der Klassizismus italienischer Prägung seine Spuren hinterlassen. Im Aufenthaltsraum im Erdgeschoss steht ein Klavier, und den Frühstücksraum schmückt ein Kamin aus Lavagestein. Die Gäste wohnen in der Orangerie, einem Nebengebäude, das versteckt in dem reizenden Garten liegt. Individuell wie die Namen der Zimmer (Ähren, Vögel, Trauben und Bienenstock, Letzteres für vier Personen) ist auch die hübsche und ausgesuchte Einrichtung.

 Die deftigen Imbisse zu jeder Tageszeit

Aus der Dorfkneipe und der Schmiede gegenüber der schönen romanischen Kirche aus dem 11. und 12. Jh. haben die Besitzer dieses schmucke Landgasthaus gemacht. Die hellblauen Fensterläden und die nach alter Manier verputzten Lehmwände wirken schon von außen einladend. Das Innere besteht aus schlichten, doch hübschen Zimmern und dem Restaurant, in dem die Werkstatt des Schmieds nachgestellt ist (Feuerstelle, Blasebalg, Amboss). Die Speisekarte bietet vorwiegend regionale Spezialitäten.

Anfahrt: 7 km nördlich von Riom über die N 144

Anfahrt: etwa 5 km nordöstlich von Billom in Richtung Thiers über die D 229 und die D 212

AUVERGNE

LAQUEUILLE - 63820　　　LE MONT-DORE - 63240

 41 AUBERGE DE FONDAIN
Mme Demossier

lieu-dit Fondain
63820 Laqueuille
Tel. 04 73 22 01 35
Fax 04 73 22 06 13
auberge.de.fondain@wanadoo.fr
www.auberge-fondain.com

10 Tage im März, Nov. sowie Mi-mittag während der Schulferien, Mo und Di geschlossen • 6 Zimmer mit Bad/WC oder Dusche/WC • 70 € (Nebensaison 60 €) für 2 Personen, Frühstück 8 €, Halbpension möglich • Menüs 12 (werktags) bis 23 € • Terrasse, Garten, Parkplatz • Fitnessraum mit Sauna, Wanderungen, Mountainbike-Touren

 Die ausgeschilderten Wege zu bestimmten Themen wie Fauna, Flora, Kraterseen etc.

Das inmitten von Feldern und Wiesen gelegene Anwesen aus dem 19. Jh. soll dem Erfinder eines Blauschimmelkäses, des Laqueuille, gehört haben. Die neu eingerichteten Zimmer sind nach Blumen benannt. Die hellen und freundlichen Farben kontrastieren mit den dunklen Parkettböden und der modernen Ausstattung. Von einigen blickt man auf den Berg Banne d'Ordanche. Rustikaler Speisesaal. Der Fitnessraum, die Sauna und ein Dutzend Mountainbikes sorgen für einen sportlichen Aufenthalt im Herzen der Natur.

Anfahrt: 2 km nordöstlich von Laqueuille über die D 922 und eine Nebenstraße

 42 LA CLOSERIE DE MANOU
Mme Larcher

 Au Genestoux - BP 30
63240 Le Mont-Dore
Tel. 04 73 65 26 81
Fax 04 73 65 58 34
lacloseriedemanou@club-internet.fr
www.lacloseriedemanou.com

15. Okt. bis 15. März geschlossen, Anfang März Sa/So geöffnet • 5 Zimmer nur für Nichtraucher • 75 € für 2 Personen, Frühstück inkl. • keine Mahlzeit • Garten, Parkplatz; keine Kreditkarten, Hunde nicht erlaubt

 Die Vielzahl an Büchern über die Gegend

Das zauberhafte Steinhaus aus dem 18. Jh. mit seinen weißen Fensterläden liegt mitten im Grünen. Die geräumigen Zimmer sind Nichtrauchern vorbehalten und variieren im Stil zwischen modern und behaglich. Im Aufenthaltsraum und im Speiseraum bilden die schönen alten Möbel den perfekten Rahmen für den köstlichen Frühstückstisch. Die Liebenswürdigkeit und Aufmerksamkeit der Besitzerin sind ein weiterer Grund, warum Sie am liebsten noch länger bleiben würden.

Anfahrt: 3 km westlich von Le Mont-Dore, die Avenue des Belges (D 996) in Richtung Murat-le-Quaire/A 89 nehmen

AUVERGNE
MAZAYE - 63230   MONTPEYROUX - 63114

43 AUBERGE DE MAZAYES
M. Michy

à Mazayes-Basses
63230 Mazaye
Tel. 04 73 88 93 30
Fax 04 73 88 93 80
www.restolit-auvergne.com

12. Dez. bis 20. Jan. sowie Mo außerhalb der Saison und Di-mittag geschlossen • 15 Zimmer, davon eines behindertengerecht, alle mit Dusche/WC und TV • 59 bis 69 € für 2 Personen, Frühstück 9 €, Halbpension möglich • Menüs 16 (werktags) bis 38 € • Terrasse, Parkplatz

44 CHAMBRE D'HÔTE MME BOISSIÈRE
Mme Boissière

Rue de la Poterne
63114 Montpeyroux
Tel. 04 73 96 69 42
Fax 04 73 96 95 39
jules.boissiere@wanadoo.fr

Ganzjährig geöffnet • 5 Zimmer nur für Nichtraucher • 53 bis 59 € für 2 Personen, Frühstück inkl. • keine Mahlzeit • Parkplatz; keine Kreditkarten

 Der Bauernhof als idealer Ausgangspunkt zur Erkundung der Bergkette der Monts Dome

Der aus Basaltsteinen erbaute Bauernhof befindet sich in der Nähe des Puy de Dôme. Die Zimmer zeigen eine Mischung aus ländlichem und modernem Stil und zeichnen sich durch kräftige Farben, hübsche Stoffe und zum Teil schöne alte Möbel aus. Im Speiseraum erkennt man noch am Lavafußboden, an den Abflussrinnen und an der niedrigen Decke, die durch dunkle Holzbalken abgestützt wird, dass es sich hier um den früheren Stall handelt. Auf der Speisekarte stehen schmackhafte einheimische Gerichte.

Anfahrt: südlich von Pontgibaud, nach 6 km über die D 986 die Sioule in Saint-Pierre-le-Chastel überqueren und nach Mazaye fahren

 Am Leben des schönen alten, am Allier gelegenen Dorfes teilnehmen

Das reizende Sandsteinhaus zu Füßen eines Bergfrieds aus dem 13. Jh. lohnt den kurzen Aufstieg auf den Hügel vom öffentlichen Parkplatz aus (einige wenige Parkplätze gibt es auch vor dem Haus). Jedes der Zimmer wartet mit einem eigenen Pluspunkt auf, sei es eine Terrasse, ein Kamin, ein Himmelbett oder ein Whirlpool. Nach der willkommenen Stärkung im überwölbten Speiseraum lädt das Dorf zu einem Spaziergang durch seine Gassen ein, in denen Maler und Töpfer die Winzer von einst ersetzt haben.

Anfahrt: 8 km südwestlich von Vic-le-Comte oder über die A 75, Ausfahrt 7

AUVERGNE

MONTPEYROUX - 63114

45 LES PRADETS
Edith Grenot

Les Pradets
63114 Montpeyroux
Tel. 04 73 96 63 40
Fax 04 73 96 63 40
grenot@maison-hotes.com
www.auvergne.maison-hotes.com

Ganzjährig geöffnet • 3 Zimmer mit Dusche/WC • 68 € für 2 Personen, Frühstück inkl. • keine Mahlzeit • Aufenthaltsraum, Garten; keine Kreditkarten

Die überragende Gastfreundlichkeit der Besitzerin Edith Grenot

Das hübsche Haus steht versteckt am Ende einer Gasse in dem malerischen befestigten Dorf Montpeyroux. Der gemütliche Aufenthaltsraum im Erdgeschoss lädt mit seinen antiken Möbeln, dem Klavier und einer Sammlung von Werken über die Auvergne zum Verweilen ein. Bei schönem Wetter können die Gäste das Frühstück in dem Innenhof mit Garten einnehmen. Der Parkettboden, die hübschen Teppiche, die Bilder einheimischer Künstler und das rustikale Mobiliar machen die Zimmer besonders einladend.

Anfahrt: in der Ortsmitte

NÉBOUZAT - 63210

46 LES GRANGES
Mme Gauthier

Recoleine
63210 Nébouzat
Tel. 04 73 87 10 34
Fax 04 73 87 10 34

gauthier.jocelyne@free.fr

15. Nov. bis 1. Febr. geschlossen • 3 Zimmer • 44 bis 48 € für 2 Personen, Frühstück inkl., Halbpension möglich • Mahlzeit 16 € • keine Kreditkarten, Hunde nicht erlaubt

Die idyllische Lage, praktisch nur einen Steinwurf von der Gebirgskette der Puys entfernt

Das Landwirtsehepaar empfängt seine Gäste in der restaurierten Scheune mit außergewöhnlicher Gastlichkeit. Die gepflegten und komfortabel eingerichteten Zimmer gehen alle auf die grüne Landschaft hinaus. Im geräumigen Aufenthaltsraum lädt ein eindrucksvolles Sofa zum Ausruhen ein. Die auskunftsfreudige Besitzerin gibt gerne nützliche Tipps für Ihre Wanderungen. Kurzum, eine ideale Unterkunft für Naturliebhaber.

Anfahrt: 3 km von Randanne über die N 89

AUVERGNE
ORCINES - 63870

ORCINES - 63870

 DOMAINE DE TERNANT
Mme Piollet

Ternant
63870 Orcines
Tel. 04 73 62 11 20
Fax 04 73 62 29 96
domaine.ternant@free.fr
http://domaine.ternant.free.fr

15. Nov. bis 15. März geschlossen • 5 Zimmer nur für Nichtraucher • 72 bis 86 € für 2 Personen, Frühstück inkl. • keine Mahlzeit • Aufenthaltsraum, Park, Parkplatz; keine Kreditkarten, Hunde nicht erlaubt • Tennis, Billardzimmer

 HOSTELLERIE LES HIRONDELLES
M. Amblard

Route de Limoges
63870 Orcines
Tel. 04 73 62 22 43
Fax 04 73 62 19 12
info@hotel-leshirondelles.com
www.hotel-leshirondelles.com

30. Nov. bis 4. Febr. sowie So-abend, Mo und Di-mittag von Okt. bis Apr. geschlossen • 18 Zimmer mit Bad/WC oder Dusche/WC, alle mit TV • 62 bis 70 € für 2 Personen, Frühstück 8 €, Halbpension möglich • Restaurant Mo-mittag und Di-mittag (Mai, Juni und Sept.) geschlossen, Menüs 17 (werktags) bis 42 € • Terrasse, Parkplatz

 Die schlichte Eleganz der Inneneinrichtung

Das Herrenhaus steht majestätisch in einem 10 ha großen Park unweit der erloschenen Vulkankette der Monts Dôme. In den geräumigen Zimmern wie auch im Aufenthaltsraum, in der Bibliothek und im Esszimmer schaffen die ausgesuchten Familienstücke eine wohlige Atmosphäre (die Besitzerin entwirft Patchwork-Muster). Das Anwesen verfügt über einen Tennisplatz, andere Sportarten können ganz in der Nähe ausgeübt werden. Außerdem ist Vulcania, der Themenpark zu den Vulkanen der Auvergne, nicht weit.

 Die faszinierende Gebirgskette der Puys

Das Hotel am Fuß der Monts Dôme entstand erst kürzlich aus einem alten Bauernhof aus grauen Steinen. Die vor allem praktisch eingerichteten Zimmer befinden sich in der ehemaligen Scheune und sind zur Vorderfront hin größer und heller. Mehr Charakter hat der Speiseraum im ehemaligen Stall, dessen ländliches Ambiente durch Schwalbennester unterstrichen wird.

Anfahrt: 11 km nordwestlich von Clermont-Ferrand über die D 941A und die D 90

Anfahrt: westlich von Clermont-Ferrand, die D 941A und die D 941B nehmen

AUVERGNE

PERRIER - 63500

49 CHAMBRE D'HÔTE PAUL GEBRILLAT
M. Gebrillat

Chemin de Siorac
63500 Perrier
Tel. 04 73 89 15 02
Fax 04 73 55 08 85
lgebrillat@club.fr
www.maison-gebrillat.com

1. Dez. bis 31. Jan. geschlossen • 2 Zimmer und 1 Suite • 48 bis 55 € für 2 Personen, Frühstück inkl. • keine Mahlzeit • Garten, Parkplatz; keine Kreditkarten, Hunde auf Anfrage erlaubt

Ein Spaziergang im Park, an dem die Couze de Pavin entlangfließt

In dem schönen Wohnhaus aus dem 18. Jh., das in einem Dorf am Fuße der Monts Dore steht, würde man gerne noch länger bleiben. Die geschmackvoll dekorierten Zimmer verbinden Charme mit Komfort. Bei den ersten Sonnenstrahlen, auch wenn es noch recht kühl draußen ist, kann man unter einem beheizten Vordach mit Blick auf den reizenden Garten im Innenhof das Frühstück einnehmen. Die Gäste schätzen den gepflegten Umgang und die wertvollen Tipps des Besitzers.

Anfahrt: 3 km westlich von Issoire über die D 996

ROCHEFORT-MONTAGNE - 63210

50 CHÂTEAU DE VOISSIEUX
M. et Mme Phillips

Saint-Bonnet-d'Orcival
63210 Rochefort-Montagne
Tel. 04 73 65 81 02
Fax 04 73 65 81 27

Nov. bis Jan. geschlossen • 4 Zimmer mit Bad • 52 bis 60 € für 2 Personen, Frühstück inkl. • keine Mahlzeit • Terrasse, Park, Parkplatz; keine Kreditkarten • in der Nähe: Mountainbike, Reiten, Schwimmen, Golf, Paragliding, Skifahren

Mitten im Naturpark Auvergne den Schlossherrn oder die Schlossherrin spielen

Es verstand sich von selbst, dass für den Bau und die Restaurierung des Schlosses aus dem 13. Jh. auf den einheimischen Vulkanstein zurückgegriffen wurde. Im Park wacht eine 400 Jahre alte Linde über das Anwesen. Zwei der Zimmer sind schlicht, das dritte ist im Rokokostil eingerichtet. Gefrühstückt wird in der Küche vor dem schönen Kamin oder auf der Terrasse, von der man auf den Park blickt. Das Haus bietet kein Mittag- oder Abendessen, doch mangelt es in der Gegend nicht an Restaurants.

Anfahrt: 4 km nordöstlich von Orcival über die D 27

AUVERGNE
ROYAT - 63130　　　　　　　　SAINT-ANTHÈME - 63660

51 **CHÂTEAU DE CHARADE**
M. et Mme Gaba

63130 Royat
Tel. 04 73 35 91 67
Fax 04 73 29 92 09
gaba@chateau-de-charade.com
www.chateau-de-charade.com

Anfang Nov. bis Ende März geschlossen • 5 Zimmer mit Bad • 74 bis 83 € für 2 Personen, Frühstück inkl. • keine Mahlzeit • Park, Parkplatz; keine Kreditkarten, Hunde nicht erlaubt

52 **AU PONT DE RAFFINY**
M. et Mme Beaudoux

Raffiny
63660 Saint-Anthème
Tel. 04 73 95 49 10
Fax 04 73 95 80 21
hotel.pont.raffiny@wanadoo.fr
www.hotel-pont-raffiny.com

2. Jan. bis 5. März, So-abend und Mo (außer im Juli und Aug.) sowie Di-Do vom 6. bis 31. März geschlossen • 11 Zimmer und 2 kleine Häuser mit eigenem Garten, alle mit Bad/WC oder Dusche/WC und TV • 39 bis 45 €, Frühstück 7 €, Halbpension möglich • Menüs 16 bis 30 € • Parkplatz • Swimmingpool, Sauna, Whirlpool, Dampfbad, Billard, Wandern, Mountainbike

 Urlaub auf einem Schloss ganz in der Nähe von Clermont-Ferrand

Stilvoll geht es in diesem eleganten Schloss in der Nähe des Golfplatzes von Royat zu. Das Innere mit den hohen Wänden, der Steintreppe und den antiken Möbeln, die man sogar in den Badezimmern vorfindet, zeugt noch vom Glanz vergangener Zeiten. Hinzu kommen die aufmerksame Bedienung, die Musik, die man ab und an vom Klavier im Aufenthaltsraum hört, und das klickende Geräusch der Billardkugeln. Die nahen Monts Dôme bieten sich für einen Ausflug an.

 Eine Fahrt mit der Touristenbahn „Autorail Livradois-Forez"

Die beiden neuen Holzhütten mit eigener Küche und Garten werden besonders Familien gefallen. Die Gästezimmer des Haupthauses, einer ehemaligen Dorfkneipe, sind schlichter in der Ausstattung; dagegen verleiht die Holztäfelung den Zimmern im zweiten Stock ein gewisses Berghüttenambiente. Blickfang im rustikalen Speiseraum ist der Rocaille-Brunnen. Alles in allem eine ansprechende Adresse.

Anfahrt: 6 km südwestlich von Royat über die D 941 C und die D 5, in Richtung der Autorennstrecke und des Golfplatzes

Anfahrt: Ausfahrt aus Saint-Anthème nach Süden über die D 261 und 5,5 km weiterfahren

AUVERGNE

SAINT-GERVAIS-D'AUVERGNE - 63390   SAINT-GERVAIS-D'AUVERGNE - 63390

 CASTEL HÔTEL 1904
M. Mouty

Rue du Castel
63390 Saint-Gervais-d'Auvergne
Tel. 04 73 85 70 42
Fax 04 73 85 84 39
castel.hotel.1904@wanadoo.fr
www.castel-hotel-1904.com

März bis Dez. geöffnet, Restaurant Mo, Di und Mi geschlossen • 17 Zimmer mit Bad/WC oder Dusche/WC, alle mit TV • 65 bis 75 € für 2 Personen, Frühstück 8 €, Halbpension möglich • Menüs 15 bis 55 € • Garten, Parkplatz; Hunde nicht erlaubt

 MONTARLET
M. et Mme Pelletier

Lieu-dit Montarlet
63390 Saint-Gervais-d'Auvergne
Tel. 04 73 85 87 10
Fax 04 73 85 75 79
montarlet@libertysurf.fr
www.montarlet-chambresdhotes.com

1. Jan. bis 29. Febr. geschlossen • 3 Zimmer mit Bad • 46 € für 2 Personen, Frühstück inkl. • keine Mahlzeit • Mit Bäumen und Blumen bepflanzter Park; keine Kreditkarten

 Der Charme vergangener Zeiten

Die am Kamin eingravierte Jahreszahl von 1616 zeugt vom hohen Alter des Gebäudes. Das Herrenhaus wurde 1904 zu einer Poststation umfunktioniert. Die Relikte aus der Vergangenheit des Gebäudes, wie Holzbalken, knarrendes Parkett, alte Möbel, blitzendes Tafelsilber, Figuren und Lampen aus der Zeit um 1900, werden gehegt und gepflegt und verbreiten eine herrlich nostalgische Atmosphäre. Im Landgasthaus Comptoir à Moustaches serviert man Gerichte „wie bei Muttern".

 Die unberührte Umgebung dieses Bauernhofs

Der renovierte Bauernhof geizt nicht mit Reizen zum Wohl seiner Gäste. Zu der Ruhe seiner Lage kommen entzückende Zimmer, Wände in Wischtechnik, bei Antiquitätenhändlern erstandene Möbel, aufeinander abgestimmte Gardinen und Bettwäsche, geräumige Badezimmer sowie ein hübscher Aufenthaltsraum mit Kamin und Fußboden aus Volvic-Vulkangestein hinzu. Vom Park erstreckt sich der Blick bis zu den Gebirgszügen der Auvergne. Nicht zu vergessen die große Gastfreundlichkeit der Besitzer!

Anfahrt: im Ortskern

Anfahrt: 3 km westlich von Saint-Gervais-d'Auvergne über die D 90 in Richtung Espinasse und einen Weg links

AUVERGNE
SAINT-RÉMY-DE-CHARGNAT - 63500   SAINT-RÉMY-DE-CHARGNAT - 63500

 55 CHÂTEAU DE LA VERNÈDE
M. et Mme Chauve

 63500 Saint-Rémy-de-Chargnat
Tel. 04 73 71 07 03
Fax 04 73 71 07 03
chateauvernede@aol.com
www.chateauvernedeauvergne.com

Ganzjährig geöffnet • 5 Zimmer nur für Nichtraucher, alle mit Bad/WC oder Dusche/WC • 60 bis 75 € für 2 Personen, Frühstück inkl. • keine Mahlzeit • Park, Garage; Hunde auf Anfrage erlaubt • Aufenthaltsraum mit Billard

 56 CHÂTEAU DE PASREDON
Mme Marchand

 63500 Saint-Rémy-de-Chargnat
Tel. 04 73 71 00 67
Fax 04 73 71 08 72

16. Okt. bis 14. Apr. geschlossen • 5 Zimmer nur für Nichtraucher, alle mit Bad/WC • 70 bis 90 € für 2 Personen, Frühstück inkl. • keine Mahlzeit • Park, Aufenthaltsraum mit Bibliothek, Garage; Hunde nicht erlaubt • Tennisplatz

 Die Reize der „kleinen Toskana der Auvergne" zu entdecken

Das bezaubernde Schloss, das im 19. Jh. im neugotischen Stil umgebaut wurde, war ursprünglich ein Jagdschloss Margaretes von Valois. Im Inneren ist die glanzvolle Vergangenheit überall gegenwärtig: schöne Holztäfelungen, Kamine, antike Möbel, prächtiger Aufenthaltsraum und Speisesaal, sehr elegante Zimmer. Der Park mit Fluss, alter Mühle, Taubenhaus und von Bäumen und Blumen gesäumten Wegen lädt zu unvergesslichen Spaziergängen ein. Eine empfehlenswerte Adresse mit sehr moderaten Preisen.

 Ein Aufenthalt in diesen geschichtsträchtigen Mauern

Das Schloss aus dem 17. und 19. Jh. erhebt sich in einem schönen Park, von dem man den Blick auf die Bergkette der Puys genießt. Das Innere ist ebenfalls bemerkenswert mit geräumigen Zimmern mit persönlicher Note (Louis-Philippe-Möbel, polnisches Bett in der Mitte des Zimmers), einem prächtigen Aufenthaltsraum mit Kassettendecke und Holztäfelungen, einer gut gefüllten Bibliothek usw. Und auch das köstliche Frühstück darf nicht unerwähnt bleiben!

Anfahrt: 6 km südöstlich von Issoire über die D 996 und 1 km auf der D 125

Anfahrt: 8 km südöstlich von Issoire über die D 996 und die D 999

AUVERGNE

THIERS - 63300 **VARENNES-SUR-USSON - 63500**

 LE PARC DE GEOFFROY
M. Brugere

49 avenue du Général-de-Gaulle
63300 Thiers
Tel. 04 73 80 87 00
Fax 04 73 80 87 01
reservation@parc-de-geoffroy.com
www.parc-de-geoffroy.com

Ganzjährig geöffnet • 31 Zimmer auf 3 Stockwerken, alle mit Blick auf den Garten, mit Bad/WC und TV • 67 bis 85 € für 2 Personen, Frühstück 8 €, Halbpension möglich • Menüs 11 (werktags) bis 38 € • Terrasse, Garten mit schönen Bäumen, Parkplatz

 LES BAUDARTS
Mme Verdier

63500 Varennes-sur-Usson
Tel. 04 73 89 05 51
Fax 04 73 89 05 51

1. Okt. bis 1. Mai geschlossen • 3 Zimmer • 65 bis 75 € (Nebensaison 62 bis 72 €) für 2 Personen, Frühstück inkl. • keine Mahlzeit • Garten, Parkplatz; keine Kreditkarten, Hunde nicht erlaubt

 Die interessante Besichtigung des Messermuseums

Vor dem lebhaften Treiben des benachbarten Einkaufs- und Gewerbegebietes schützt ein üppig blühender umfriedeter Garten. Das ehemalige Wohnhaus eines Messerschmieds beherbergt die Rezeption und die mit Fresken dekorierten eleganten Speiseräume. Die Zimmer befinden sich in einem ruhigen und modernen Nebengebäude. Sie sind hell und mit allem Notwendigen ausgestattet. Beim reichlichen Frühstück kann man sich für den Aufstieg durch die winkeligen Gassen der Oberstadt stärken.

 Die ausgefeilte Eleganz jedes Raumes

Das einsam gelegene Anwesen ist nicht leicht zu finden, doch lohnt sich die Beharrlichkeit, denn das rosafarbene Gebäude, das einer kleinen Festung ähnelt, wartet mit exquisiten und ruhigen Räumlichkeiten auf. Die geräumigen und gekonnt in hellen Farben dekorierten Zimmer sind eine Augenweide. Im Aufenthaltsraum, der im Winter durch einen Kamin beheizt wird, stehen Bücher zum Schmökern bereit. Hinzu kommt die Herzlichkeit der Besitzerin, alles zusammen macht einen Aufenthalt hier unvergesslich.

Anfahrt: 5 km auf der N 89 in Richtung Clermont-Ferrand

Anfahrt: bei der Ausfahrt aus Varennes die erste Straße rechts (D 123) nehmen und in der ersten Kurve in die von Bäumen gesäumte Allee einbiegen

BOURGOGNE
BURGUND

Eine Reise nach Burgund ist wie eine Reise in die Vergangenheit, in jene Zeit, in der die Großherzöge mit den Königen von Frankreich und den Kaisern des Deutschen Reiches rivalisierten. Die vollkommene Architektur und der überwältigende Reichtum an Schlössern, Burgen, Abteien und romanischen Kirchen zeugen vom Goldenen Zeitalter, als man Prestige durch Repräsentation erreichte. Verurteilen kann man diese Maßlosigkeit heute eigentlich nicht, wenn man bedenkt, dass sie die weltberühmte Kunststadt Dijon hervorbrachte. Und auch den Anspruch Burgunds, den „besten Wein der Christenheit" herzustellen, kann ihm wohl angesichts der Besuchermassen, die die Weinkeller der Region alljährlich besichtigen, niemand streitig machen. Die Regionalküche ist bis heute stark von Traditionen geprägt und lädt zum Schlemmen ein: Der aromatische Époisses-Käse und der mit Honig getränkte Gewürzkuchen sind ein wahrer Genuss! Nach einer reichhaltigen Mahlzeit kann sich der Besucher bei einer Bootsfahrt auf den Kanälen und Flüssen entspannen und die herrliche Landschaft in aller Ruhe genießen.

- Côte-d'Or (21)
- Nièvre (58)
- Saône-et-Loire (71)
- Yonne (89)

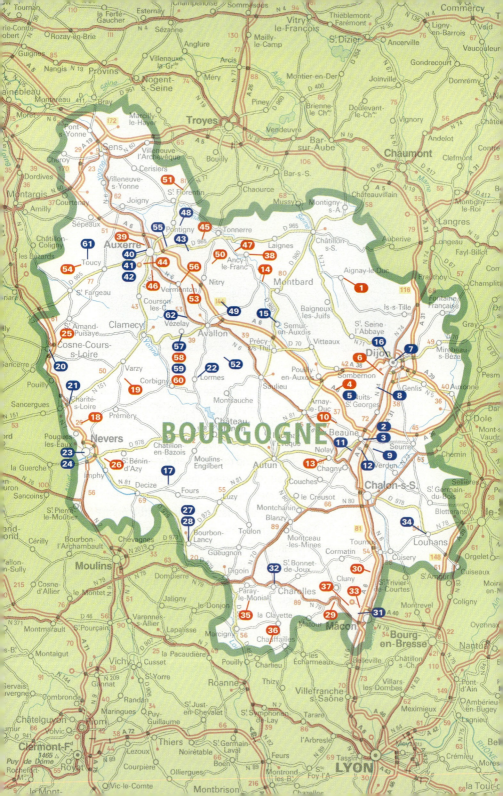

BOURGOGNE/BURGUND

AIGNAY-LE-DUC - 21510

BEAUNE - 21200

1 MANOIR DE TARPERON
M. de Champsavin

Route de Saint-Marc
21510 Aignay-le-Duc
Tel. 03 80 93 83 74
Fax 03 80 93 83 74
manoir-de-tarperon@wanadoo.fr

Nov. bis März geschlossen • 5 Zimmer mit Bad • 65 € für 2 Personen, Frühstück inkl. • Mahlzeit 25 € (abends) • Aufenthaltsraum, Terrasse, Garten; keine Kreditkarten, Hunde nicht erlaubt • Reitzentrum, Konzerte, Ausstellungen

2 GRILLON
M. et Mme Grillon

21 route de Seurre
21200 Beaune
Tel. 03 80 22 44 25
Fax 03 80 24 94 89
joel.GRILLON@wanadoo.fr
www.hotel-grillon.fr

30. Jan. bis 3. März geschlossen • 18 Zimmer, die meisten mit Bad/WC und TV, alle mit Klimaanlage, einige nur für Nichtraucher • 52 bis 65 € für 2 Personen, Frühstück 9 € • kein Restaurant • Garten, blumengeschmückte Terrasse, gesicherter Parkplatz • Swimmingpool

Die Lage direkt am Wasser

Das Landschlösschen steht ganz romantisch in einer Grünanlage am Ufer der Coquille. Die unterschiedlich großen Zimmer präsentieren sich in geschmackvollen Farben und mit ausgesuchten Möbeln. Hinter dem Aufenthaltsraum mit Bibliothek erstreckt sich eine Veranda oberhalb des Gartens. Angelfreunde können beim Wettfischen ihr Können unter Beweis stellen, die anderen vergnügen sich mit Bootsfahrten oder einem Ausflug zu den Quellen der Seine.

Die grüne Idylle hinter einem schmiedeeisernen Zaun

Der Anblick dieses schmucken rosafarbenen Hauses mit den hellgrünen Fensterläden, das versteckt hinter einer Reihe von Kastanienbäumen liegt, sollte Sie ruhig dazu ermuntern, das schmiedeeiserne Eingangstor zu durchschreiten. Im Innern des Gebäudes aus dem 19. Jh. erwarten Sie helle und freundliche oder mehr behagliche Zimmer, die zum Teil mit Antiquitäten ausgestattet sind, sowie ein Aufenthaltsraum mit Bar im Gewölbekeller. Die Terrasse ist der ideale Rahmen für das Frühstück.

Anfahrt: die kleine Straße in Richtung Saint-Marc nehmen

Anfahrt: am Ortseingang von Beaune, von Seurre (D 973, Straße nach Dôle) kommend

BOURGOGNE/BURGUND

BEAUNE - 21200 **CHÂTEAUNEUF - 21320**

 3 VILLA FLEURIE
Mme Chartier

19 place Colbert
21200 Beaune
Tel. 03 80 22 66 00
Fax 03 80 22 45 46
la.villa.fleurie@wanadoo.fr
www.lavillafleurie.com

1. Jan. bis 1. Febr. geschlossen • 10 Zimmer, die meisten mit Bad/WC, alle mit TV • 68 bis 78 € für 2 Personen, Frühstück 8 € • kein Restaurant • Garten, gesicherter Parkplatz

 Die familiäre Atmosphäre des Hauses

Eine duftende Glyzinie heißt Sie am Eingang dieser kleinen Villa aus der Zeit um 1900 willkommen. Sie haben die Wahl zwischen drei verschiedenen Zimmerkategorien: moderne, elegante und Familienzimmer, wobei letztere über ein Zwischengeschoss verfügen und sich in der obersten Etage befinden. Der Frühstücksraum verbreitet mit seinen blumigen Gardinen, dem Kamin und den Stuckornamenten ein stilvolles Ambiente. Die Liegestühle auf der Gartenterrasse laden zum Faulenzen ein.

Anfahrt: abseits der Straße, an einem kleinen Platz in der Nähe des Schwimmbads

 4 CHAMBRE D'HÔTE MME BAGATELLE
Mme Bagatelle

Rue des Moutons
21320 Châteauneuf
Tel. 03 80 49 21 00
Fax 03 80 49 21 49
jean-michel.bagatelle@wanadoo.fr

Während der Schulferien im Febr. geschlossen • 4 Zimmer mit Dusche/WC • 50 bis 60 € für 2 Personen, Frühstück inkl. • Mahlzeit 23 € • Garten, Parkplatz; keine Kreditkarten, Hunde nicht erlaubt

 Die engen Gassen dieses befestigten Dorfes durchstreifen

Eine Adresse zum Wohlfühlen ist die ehemalige Schäferei aus Naturstein im Herzen eines mittelalterlichen Dorfes, durch das der Canal de Bourgogne fließt. Von Geschmack zeugt das Innere, in dem Stein und Holz den Ton angeben. In den Zimmern (eines hat einen Kamin) fühlt man sich fast wie zu Hause. Die Zimmer mit Zwischengeschoss sind besonders für Familien geeignet.

Anfahrt: im Dorf

BOURGOGNE/BURGUND

CHÂTEAUNEUF - 21320

5 HOSTELLERIE DU CHÂTEAU
M. Dusoulier

Rue du Centre
21320 Châteauneuf
Tel. 03 80 49 22 00
Fax 03 80 49 21 27
hdc@hostellerie-chateauneuf.com
www.hostellerie-chateauneuf.com

Dez. bis Febr. sowie Mo und Di außer im Juli und Aug. geschlossen • 17 Zimmer, davon eines behindertengerecht, 8 in einem Nebengebäude und 4 mit Zwischengeschoss für Familien, alle mit Bad/WC oder Dusche/WC • 45 bis 70 €, Frühstück 8 €, Halbpension möglich • Menüs 23 bis 40 € • Terrasse, Garten; Hunde im Restaurant nicht erlaubt

 Der Hauch von Mittelalter, der über dem Haus schwebt

Das Dorf liegt hoch oben am Berg und blickt auf Frankreichs „Sonnenautobahn" hinunter. Früher wachte es über die ganze Ebene. Heute öffnet es seine Pforten müden Reisenden auf der Suche nach einem Etappenziel. Das Gästehaus steht nahe der imposanten mittelalterlichen Burg, die man beim Aperitif im Garten betrachten kann. Die charaktervollen Zimmer mit alten Holzbalken und Steinwänden sind in zwei Gebäuden (Nebengebäude aus dem 17. Jh.) untergebracht. Aufenthaltsraum mit mittelalterlichem Flair.

Anfahrt: in der Dorfmitte, neben der Burg

COUCHEY - 21160

6 CHAMBRE D'HÔTE LES BRUGÈRES
M. et Mme Brugère

7 rue Jean-Jaurès
21160 Couchey
Tel. 03 80 52 13 05
Fax 03 80 52 93 20
brugeref@aol.com
www.francoisbrugere.com

Dez. bis März geschlossen • 4 Zimmer mit Dusche/WC • 58 bis 66 € für 2 Personen, Frühstück inkl. • keine Mahlzeit • Parkplatz; Hunde nicht erlaubt

 Auf einem Weingut einen edlen Tropfen genießen

Das reizvolle Wohnhaus aus dem 17. Jh. gehört einem Winzerehepaar, das Marsannay-Weine produziert. Es versteht sich daher von selbst, dass sich hier alles um den kostbaren Rebensaft dreht. Die wundervoll renovierten Zimmer besitzen Holzbalken und antike Möbel, eines hat sogar ein Klavier. In dem mit Wandteppichen behängten Frühstücksraum knistert im Winter ein wärmendes Feuer. Der Weinkeller ist für Besichtigungen und Weinproben geöffnet.

Anfahrt: 2 km südlich von Marsannay über die D 122

BOURGOGNE/BURGUND
DIJON - 21000 GEVREY-CHAMBERTIN - 21220

 7 **WILSON**
Mmes Descaillot et Etievant

1 rue Longvic
21000 Dijon
Tel. 03 80 66 82 50
Fax 03 80 36 41 54
hotelwilson@wanadoo.fr
www.wilson-hotel.com

Ganzjährig geöffnet • 27 Zimmer, davon 18 mit Bad/WC, 9 mit Dusche/WC, alle mit TV • 65 bis 91 € für 2 Personen, Frühstück 11 € • kein Restaurant • Hotelgarage

 8 **LES GRANDS CRUS**
Mme Farnier

Rue de Lavaux
21220 Gevrey-Chambertin
Tel. 03 80 34 34 15
Fax 03 80 51 89 07
hotel.lesgrandscrus@ipac.fr
www.hoteldesgrandscrus.com

Dez. bis März geschlossen • 24 Zimmer auf 2 Stockwerken, alle mit Bad/WC, TV und Klimaanlage • 70 bis 80 € für 2 Personen, Frühstück 10 oder 12 € • kein Restaurant • blumengeschmückter Garten, gesicherter Parkplatz

 Die heimelige und wohlige Atmosphäre dieses charaktervollen Hauses

Im Zuge einer geschickten und gut durchdachten Renovierung entstand aus dieser Poststation aus dem 17. Jh. ein modern eingerichtetes, komfortables Hotel, das seinen typisch burgundischen Baustil bewahrt hat. Die gut schallisolierten Zimmer sind um einen Innenhof angeordnet und besitzen dank der alten Holzbalken und ihrer schlicht-eleganten Ausstattung einen besonderen Reiz. Im Winter nimmt man das Frühstück vor dem offenen Kamin ein.

 Die Lage mitten im Anbaugebiet der großen Burgunderweine

Hier sind Sie im Königreich des Weins. Zu der Berühmtheit dieses alten Winzerdorfes haben Schriftsteller und Weinliebhaber gleichermaßen beigetragen. Aus den eleganten oder rustikalen Zimmern blickt man auf die Weinberge. Im Winter diskutiert man am liebsten in den tiefen Sesseln vor dem knisternden Feuer über die Vorzüge dieses oder jenes Jahrgangs. Herrlich blühender Garten und Terrasse im Sommer.

Anfahrt: vom Stadtzentrum aus zum Place du Théâtre und in die Rue Chabot-Charny einbiegen

Anfahrt: an der Ecke Route des Grands Crus/Rue de Lavaux

BOURGOGNE/BURGUND

LEVERNOIS - 21200 **LUSIGNY-SUR-OUCHE - 21360**

9 PARC
M. et Mme Oudot

13 rue du Golf
21200 Levernois
Tel. 03 80 24 63 00
Fax 03 80 24 21 19
hotel.le.parc@wanadoo.fr
www.hotelleparc.fr

1. bis 26. Jan. und 26. Nov. bis 31. Dez. geschlossen • 25 Zimmer mit Bad/WC oder Dusche/WC und TV • 52 bis 92 € für 2 Personen, Frühstück 8 € • kein Restaurant • Parkplatz, Park; Hunde nicht erlaubt

10 LA SAURA
M. et Mme Berthaud

Route de Beaune
21360 Lusigny-sur-Ouche
Tel. 03 80 20 17 46
Fax 03 80 20 07 73
la-saura@wanadoo.fr
www.douix.com/la-saura

Ganzjährig geöffnet • 6 Zimmer mit Dusche/WC • 60 bis 80 € für 2 Personen, Frühstück inkl. • keine Mahlzeit • Garten, Parkplatz; keine Kreditkarten, Hunde im Speiseraum nicht erlaubt • Swimmingpool, Reiten, Tennis, Golf, Bootsfahrten auf dem Kanal

Im Schatten der hundertjährigen Bäume im Park faulenzen

Typisch burgundisch geben sich die beiden Gebäude mit ihren von wildem Wein bewachsenen Fassaden, die ein hübscher Hof mit Blumenschmuck voneinander trennt. Im Hintergrund erheben sich einige riesige Bäume in einem angenehmen Park. Eine familiäre Atmosphäre vermitteln die schönen alten Möbel, die nostalgischen Lampen und die bunten Stoffe in den Zimmern, die alle tadellos gepflegt, im zweiten Gebäude jedoch etwas größer sind. Äußerst aufmerksamer Service.

Anfahrt: südöstlich von Beaune, 5 km über die Straße nach Verdun-sur-le-Doubs, die D 970 und die D 111

Die schöne Sammlung zeitgenössischer Kunst

Der Hausherr, der sich selbst als Maler betätigt, besitzt eine Sammlung abstrakter Gemälde, die sich harmonisch in die Originaleinrichtung aus Kamin, Holzbalken und Steinboden einfügen. Die Stilrichtungen der Zimmer variieren zwischen Parkett und alten Möbeln in den einen, Terrakottafußboden, schmiedeeisernem Bett und bemalten Möbeln in den anderen. Alle Zimmer gehen hingegen auf den Garten hinaus. In den Nebengebäuden wurden ein Schwimmbad und ein Ausstellungsraum eingerichtet.

Anfahrt: 2 km südlich von Bligny-sur-Ouche über die D 970

BOURGOGNE/BURGUND
MEURSAULT - 21190   MONTAGNY-LÈS-BEAUNE - 21200

 DOMAINE DU MOULIN AUX MOINES
M. Hanique

Auxey-Duresses
21190 Meursault
Tel. 03 80 21 60 79
Fax 03 80 21 60 79
contact@laterrasse.fr
www.laterrasse.fr

Ganzjährig geöffnet • 3 Zimmer und 1 Ferienwohnung in der Mühle sowie 3 Zimmer in 500 m Entfernung in Meursault, alle mit Bad • 72 bis 115 € für 2 Personen, Frühstück 7 € • keine Mahlzeit • Garten, Parkplatz

 LE CLOS
M. Oudot

22 rue des Gravières
21200 Montagny-lès-Beaune
Tel. 03 80 25 97 98
Fax 03 80 25 94 70
hotelleclos@wanadoo.fr
www.hotelleclos.com

25. Nov. bis 15. Jan. geschlossen • 19 Zimmer und 5 Suiten, 2 der Zimmer sind behindertengerecht, alle mit Bad/WC oder Dusche/WC und TV • 65 bis 110 € für 2 Personen, Frühstück 9 € • kein Restaurant • Parkplatz, Garten; Hunde nicht erlaubt

 Die einmalige Lage mitten in den Weinbergen von Meursault

Das Anwesen inmitten der Weinberge gehörte einst zur berühmten Abtei von Cluny. Dank der unverputzten Wände, der Holzbalken, der Terrakottafliesen und der Kamine mangelt es den geräumigen und geschmackvoll eingerichteten Zimmern nicht an Charme. Besonders schön sind die in der Mühle. Durch den malerischen Innenhof fließt ein Bach. Auf dem Gelände kann man den Weinkeller (mit Weinprobe), das Taubenhaus und das kleine Weinbaumuseum mit seiner hübschen Kelter aus dem 15. Jh. besichtigen.

 Ruhige Nächte, nur fünf Minuten von Beaune, der edlen Weinstadt, entfernt

Das hübsche Anwesen stammt aus dem 18. Jh. und war einst ein Weingut, wovon noch die alte Kelter im großen Hof zeugt. Es wurde von Grund auf renoviert und verfügt heute über recht geräumige Zimmer mit schönen rustikalen Möbeln und hochwertigen Betten. Einer der Hauptvorzüge dieses Hotels ist die himmlische Ruhe, die hier herrscht.

Anfahrt: inmitten der Weinberge des Weinguts

Anfahrt: 3 km südlich von Beaune über die Avenue Charles-de-Gaulle und die D 113

BOURGOGNE/BURGUND

NOLAY - 21340 **ROUGEMONT - 21500**

 AU TEMPS D'AUTREFOIS
M. Pocheron

Place Monge
21340 Nolay
Tel. 03 80 21 76 37
Fax 03 80 21 76 37
noellepocheron@wanadoo.fr
www.terroirs-b.com/gite

Ganzjährig geöffnet • 3 Zimmer und 1 Suite • 60 € für 2 Personen, Frühstück inkl. • keine Mahlzeit • keine Kreditkarten

 CHAMBRE D'HÔTE MME BACCHIERI
Mme Bacchieri

La Forge, bord du Canal de Bourgogne
21500 Rougemont
Tel. 03 80 92 35 99
Fax 03 80 92 35 99

Weihnachten bis einschließlich 1. Jan. geschlossen • 3 Zimmer mit Bad/WC • 50 € für 2 Personen, Frühstück inkl. • keine Mahlzeit • Parkplatz; keine Kreditkarten • Bootsfahrten

 Der altehrwürdige Charme dieses Bauernhauses

Das schöne alte Fachwerkhaus aus dem 14. Jh. steht an einem Platz mit Brunnen. Die Inneneinrichtung ist mit ihren verputzten Wänden, Holzbalken, alten Möbeln, karierten Gardinen und dem Terrakottafußboden äußerst gemütlich. In den hübschen und ruhigen Zimmern hängen alte Schwarzweißfotos von Nolay. Im Sommer setzt man sich zum Frühstück auf die Terrasse des Gasthauses, auf der anderen Seite des Platzes.

 Die Bootsfahrten auf dem Canal de Bourgogne

Das charmante kleine Haus am Canal de Bourgogne im Armançon-Tal hält, was es verspricht. Die einladenden Zimmer sind in tadellosem Zustand und vor allem äußerst ruhig. Insbesondere die Kamine verleihen ihnen ein gewisses Etwas. Ein romantisches Flair herrscht im reizenden Garten bei der Schleuse und auf dem Fahrradweg auf dem Treidelpfad. Üppiges Frühstück und ausgezeichneter Service.

Anfahrt: in der Dorfmitte

Anfahrt: 10 km nordwestlich von Montbard über die D 905

BOURGOGNE/BURGUND

SEMUR-EN-AUXOIS - 21140   TALANT - 21240

15 LES CYMAISES
M. et Mme Faidide

7 rue Renaudot
21140 Semur-en-Auxois
Tel. 03 80 97 21 44
Fax 03 80 97 18 23
hotel.cymaises@libertysurf.fr
www.hotelcymaises.com

3. Nov. bis 4. Dez. geschlossen • 18 Zimmer, davon eines behindertengerecht, die meisten mit Bad/WC, einige mit Dusche/WC, alle mit TV • 62 € für 2 Personen, Frühstück 7 € • kein Restaurant • blumengeschmückter Garten, gesicherter Parkplatz

16 LA BONBONNIÈRE
M. Kreis

24 rue des Orfèvres
21240 Talant
Tel. 03 80 57 31 95
Fax 03 80 57 23 92
labonbonniere@wanadoo.fr
www.labonbonnierehotel.fr

23. Dez. bis 9. Jan., 30. Juli bis 15. Aug., Sa und So im Jan. und Febr. geschlossen • 20 Zimmer mit Bad/WC oder Dusche/WC und TV • 65 bis 90 € für 2 Personen, Frühstück 8 € • kein Restaurant • gesicherter Parkplatz; Hunde nicht erlaubt

 Ein Spaziergang auf der alten Stadtmauer

Der kleine Hauptort des Auxois liegt in unmittelbarer Nähe der schönsten Sehenswürdigkeiten Burgunds wie der Abtei von Fontenay, dem befestigten Dorf Flavigny, der Ausgrabungsstätte von Alésia usw. Unweit des Stadttors Porte Sauvigny führt eine kleine Straße zu diesem imposanten Herrenhaus aus dem 18. Jh., das mit schallisolierten Zimmern mit rustikalem Mobiliar, stilvollem Aufenthaltsraum und einer Veranda aufwartet, auf der das Frühstück serviert wird. Schöner Garten hinter dem Gebäude.

 Nach der Besichtigung des nahen Dijon im hübschen Garten die Ruhe genießen

Das Hotel steht in unmittelbarer Nähe einer Kirche aus dem 13. Jh. in einem malerischen Dorf oberhalb des Lac Kir. Die verspielt-romantische Inneneinrichtung mit ihren stilvollen Möbeln und den zarten Farben macht dem Namen des Hotels alle Ehre. Es besteht aus geräumigen und ruhigen Zimmern, einem eleganten Aufenthalts- und einem einladenden Frühstücksraum. Darüber hinaus wachen die Besitzer mit Eifer über das Wohl ihrer Gäste.

Anfahrt: in einer ruhigen kleinen Straße in der Altstadt

Anfahrt: in der Dorfmitte, in der Nähe der Kirche

BOURGOGNE/BURGUND

CERCY-LA-TOUR - 58340   CHAULGNES - 58400

 17 LE VAL D'ARON
M. Terrier

5 rue des Écoles
58340 Cercy-la-Tour
Tel. 03 86 50 59 66
Fax 03 86 50 04 24
val.aron@wanadoo.fr
www.hotelrestaurant-aron.com

20. Dez. bis 10. Jan. sowie Sa und So von Okt. bis Mai geschlossen • 12 Zimmer mit Bad/WC und TV, 4 Zimmer auf der Gartenseite mit Balkon • 64 bis 74 € (Nebensaison 56 bis 64 €) für 2 Personen, Frühstück 9 €, Halbpension möglich • Menüs 19 (werktags) bis 46 € • Terrasse, Garten, Parkplatz • Swimmingpool

 18 BEAUMONDE
Mme Trinquard

Le Margat
58400 Chaulgnes
Tel. 03 86 37 86 16
Fax 03 86 37 86 16
cheryl.jj.trinquard@wanadoo.fr

Ganzjährig geöffnet (im Winter mit Voranmeldung) • 4 Zimmer nur für Nichtraucher mit Bad/WC, 2 mit Massagedusche, alle mit TV • 60 bis 75 € für 2 Personen, Frühstück inkl. • Mahlzeit 22 €, Getränk inkl. • Park, gesicherter Parkplatz; keine Kreditkarten, Hunde nicht erlaubt • Swimmingpool, Fitnessraum und Angeln im Teich

 Eine Bootsfahrt auf dem Canal du Nivernais

Bevor es zu einem Hotel umgebaut wurde, war in diesem Gebäude aus dem 19. Jh. die Gendarmerie untergebracht. Sie haben bei der Reservierung die Wahl zwischen den Mansardenzimmern im Obergeschoss mit Deckenbalken und Fachwerk oder Zimmern im Erdgeschoss, die zum Garten hinausgehen. Alle sind geräumig und kühl. Im Winter nehmen die Gäste die Mahlzeiten im rustikalen Speisesaal mit Kamin ein, im Sommer auf der „Terrasse" unter dem wieder aufgebauten Dachstuhl eines Bauernhauses.

Anfahrt: auf halbem Weg zwischen Decize und Saint-Honoré-les-Bains

 Die sehr zuvorkommende Hausherrin

Das schöne Haus mit Charakter (1960) liegt in einem 7 ha großen Park im Herzen Burgunds. Je nach Jahreszeit und Lust und Laune können die Gäste sich im Swimmingpool oder im Fitnessraum sportlich betätigen oder sich vor dem offenen Kamin niederlassen. Die schlicht, aber geschmackvoll eingerichteten Zimmer bieten sehr guten Komfort. Bei Tisch werden gelungen kombinierte Spezialitäten aus Frankreich und Australien, dem Ursprungsland der sehr aufmerksamen Eigentümerin, serviert.

Anfahrt: 7 km nördlich von Pougues-les-Eaux D 138 und D 267

BOURGOGNE/BURGUND

CORVOL-D'EMBERNARD - 58210　　COSNE-COURS-SUR-LOIRE - 58200

 19 LE COLOMBIER DE CORVOL
M. et Mme Collet

 58210 Corvol-d'Embernard
Tel. 03 86 29 79 60
Fax 03 86 29 79 33
robert.collet1@wanadoo.fr
www.lecolombierdecorvol.com

Nov., Dez. und Jan. geschlossen,; an Weihnachten geöffnet • 4 Zimmer nur für Nichtraucher, alle mit Bad/WC oder Dusche/WC • 85 bis 95 € für 2 Personen, Frühstück inkl. • Mahlzeit 25 bis 35 € • Park, Parkplatz; Hunde nicht erlaubt • beheizter Swimmingpool, Badminton-Platz, Fahrräder

 20 LES FORGES
M. Marcellot

21 rue Saint-Agnan
58200 Cosne-Cours-sur-Loire
Tel. 03 86 28 23 50
Fax 03 86 28 91 60
denis.cathye@wanadoo.fr
 www.lesforges58.com

1 Woche Anfang Juli und 1 Woche an Weihnachten geschlossen • 7 Zimmer mit Bad/WC, TV und Internetanschluss • 45 bis 60 € für 2 Personen, Frühstück 7 € • So-abend und Mo geschlossen, Restaurant mit Klimaanlage, Menüs 18 bis 60 € • Mountainbike-Verleih

 Die Kunstwerke, mit denen die Zimmer geschmückt sind

In diesem Bauernhaus (1812) im Nivernais kann Robert Collet, der belgische Besitzer, seine Leidenschaften, Kunst und Küche, voll ausleben. Speiseraum, Aufenthaltsraum und die Zimmer sind mit Gemälden, Skulpturen, Fotos usw. geschmückt, die ihm gehören oder von Künstlern ausgestellt werden. Die nach Tieren – Hahn, Fasan, Wildschwein etc. – benannten Zimmer sind mit zeitgemäßem Mobiliar eingerichtet. An Freizeitaktivitäten herrscht kein Mangel (beheizter Pool, Badminton, Radfahren, Wandern).

Anfahrt: Anfahrt über die D 977 Richtung Nevers, zwischen Varzy und Prémery

 Der diskrete Charme dieses schön restaurierten Gebäudes

Welch eine Farbenpracht! Die hübsche grüne Fassade dieses gelungen restaurierten traditionellen Hauses macht Lust, durch die Eingangstür zu treten. Gelb und weiß gestreifte Tapeten schmücken die kleinen, aber reizenden Zimmer, die in Pastelltönen und mit ausgesuchten Stoffen gestaltet sind. Im freundlichen Restaurant dominieren Ockertöne, die gut mit den bordeauxfarbenen Tischdecken und den weißen Zierdeckchen harmonieren. Serviert werden Gerichte mit moderner Note.

Anfahrt: im Stadtzentrum

BOURGOGNE/BURGUND

LA CHARITÉ-SUR-LOIRE - 58400 **LORMES - 58140**

21 LE BON LABOUREUR
M. Boulin

Quai Romain Mollot
58400 La Charité-sur-Loire
Tel. 03 86 70 22 85
Fax 03 86 70 23 64
lebonlaboureur@wanadoo.fr
www.lebonlaboureur.com

Ganzjährig geöffnet • 16 Zimmer mit Bad/WC oder Dusche/WC und TV • 45 bis 72 € für 2 Personen, Frühstück 6 € • Menü 15 € • Garten; Hunde in den Zimmern nicht erlaubt • Leseraum

 Der friedliche Garten, in dem man wunderbar ausspannen kann

Neben der auf einer Loire-Insel gelegenen ehemaligen Poststation befindet sich eine Scheuer, die einst von den Seeleuten genutzt wurde. Die Hoteleigentümer pflegen die Kunst der Gastfreundschaft mit einer Perfektion, die jeden überzeugt. Die renovierten, hellen Zimmer sind äußerst gepflegt. Der einladende Frühstücksraum umfasst eine Veranda mit Blick auf einen schönen, mit Bäumen bestandenen Garten.

22 PERREAU
M. et Mme Girbal

8 route d'Avallon
58140 Lormes
Tel. 03 86 22 53 21
Fax 03 86 22 82 15

25. Dez. bis 31. Jan. sowie So-abend und Mo von Okt. bis Mai geschlossen • 17 Zimmer, davon 9 in einem Nebengebäude, alle mit Bad/WC oder Dusche/WC und TV • 44 bis 50 € für 2 Personen, Frühstück 6 €, Halbpension möglich • Menüs 16 bis 35 € • gesicherter Parkplatz; Hunde nicht erlaubt • Ausgangspunkt für Wanderungen oder Ausritte, Mountainbike-Touren

 Die herrliche Aussicht auf das Morvan von Lormes und dem Mont de la Justice aus

Die Fassade des traditionsreichen Hotels an der Hauptstraße des netten Dorfes im Morvan erhielt vor kurzem einen neuen Anstrich. Die Zimmer im Nebengebäude sind moderner und ruhiger. Im Speiseraum mit seinen unverputzten Steinwänden, den dunklen Holzbalken und den schönen Glaslampen lässt man sich gerne nieder.

Anfahrt: in der Nähe des Stadtzentrums, an der Loire, über die D 955 in Richtung Sancerre

Anfahrt: in der Dorfmitte, 29 km südlich von Avallon über die D 944

BOURGOGNE/BURGUND

NEVERS - 58000

 CLOS SAINTE-MARIE
M. et Mme F. Vincent

 25 rue du Petit Mouësse
58000 Nevers
Tel. 03 86 71 94 50
Fax 03 86 71 94 69
clos.ste.marie@wanadoo.fr
www.clos-sainte-marie.fr

24. Dez. bis 2. Jan. geschlossen • 17 Zimmer, davon 8 nur für Nichtraucher, alle mit Bad oder Dusche/WC und TV • 62 bis 78 € für 2 Personen, Frühstück 9 € • kein Restaurant • Garten, gesicherter Parkplatz; Hunde nicht erlaubt

 Der Innenhof des Hotels mit seinen Goldfischteichen

Das Hotel liegt in der Nähe einer Durchgangsstraße, doch die gute Schallisolierung der zur Straße hinausgehenden Zimmer sorgt dennoch für eine erholsame Nachtruhe. Die meisten der gepflegten und oft geräumigen Zimmer sind um den lauschigen begrünten Innenhof verteilt, den einige Goldfischteiche schmücken. Manche der Zimmer wurden kürzlich renoviert, die Möbel stammen teilweise von Antiquitätenhändlern aus der Region.

Anfahrt: 2 km vom Stadtzentrum über die N 81 in Richtung Dijon

NEVERS - 58000

 VERDUN
M. et Mme Prat

 4 rue de Lourdes
58000 Nevers
Tel. 03 86 61 30 07
Fax 03 86 57 75 61
hotel.de.verdun@wanadoo.fr
 www.hoteldeverdun-nevers.com

31. Juli bis 20. Aug. und 26. Dez. bis 8. Jan. geschlossen • 21 Zimmer zum Innenhof hinaus oder in einem Nebengebäude, davon eines behindertengerecht, alle mit Bad mit oder ohne WC und TV • 32 bis 54 € für 2 Personen, Frühstück 6 € • kein Restaurant • Hunde nicht erlaubt • in nächster Nähe des historischen Viertels

 Ein Spaziergang im direkt gegenüber gelegenen Parc Roger Salengro

Die Verjüngungskur hat diesem Hotel in der Innenstadt sichtlich gut getan! Dank des Einsatzes und der Entschlossenheit seiner neuen Besitzer präsentiert es sich nun als sympathische Adresse in der Herzogstadt. Die reizvollen Zimmer weisen zwar keinen Luxus auf, doch sind sie in freundlichen Farben gehalten und mit neuen Böden und Betten ausgestattet. Das Frühstück holt man sich am Büfett, das im schlichten rustikalen Speisesaal oder im Sommer im hübschen Innenhof aufgebaut wird.

Anfahrt: im Stadtzentrum, gegenüber dem Stadtpark

BOURGOGNE/BURGUND

SAINT-PÈRE - 58200 **SAUVIGNY-LES-BOIS - 58160**

25 L'ORÉE DES VIGNES
Mme Kandin

Croquant
58200 Saint-Père
Tel. 03 86 28 12 50
Fax 03 86 28 12 50
loreedesvignes@wanadoo.fr
www.loreedesvignes.com

Ganzjährig geöffnet • 5 Zimmer nur für Nichtraucher, alle mit Bad/WC, Raucherbereich im Haus • 50 bis 52 € für 2 Personen, Frühstück inkl., Halbpension möglich • Mahlzeit (nach Voranmeldung) 22 € • Terrasse, Garten, Parkplatz; keine Kreditkarten, Hunde nicht erlaubt

26 CHÂTEAU DE MARIGNY
M. et Mme Belz

58160 Sauvigny-les-Bois
Tel. 03 86 90 98 49
Fax 03 86 90 98 45
belz.marigny@wanadoo.fr
http://perso.wanadoo.fr/marigny

Ganzjährig geöffnet • 3 Zimmer nur für Nichtraucher im 1. Stock, alle mit Bad/WC oder Dusche/WC • 85 bis 99 € für 2 Personen, Frühstück inkl. • keine Mahlzeit • Terrasse, Park, Parkplatz, Aufenthaltsraum mit TV und Klavier; keine Kreditkarten, Hunde nicht erlaubt

Der gut bestückte Infostand in der Eingangshalle

Das etwas unscheinbare, doch hübsche Steinhaus mit Ziegeldach hat einiges zu bieten: Die Zimmer unter der Mansarde sind geräumig und geschmackvoll eingerichtet; die Mahlzeiten werden in einem schönen Speiseraum eingenommen, dem Möbel aus Burgund oder im spanischen Renaissancestil eine besondere Note verleihen. Im Aufenthaltsraum ist ein alter Backofen erhalten, und auf der Terrasse mit Blick auf den herrlichen Garten lässt es sich wunderbar faulenzen.

Der Blick über das Loire-Tal

Man muss sich schon ausweisen können, wenn man vor dem elektrischen Tor dieses hübschen Schlosses aus der Zeit Napoleons III. steht, das einmal Alain Prost gehörte. Die reizenden Besitzer sind deutschen Ursprungs. Der Chef kümmert sich mit viel Hingabe um den Park, während die Hausherrin alles für das Wohl der Gäste tut. Nach einer Nacht in einem der stilvoll möblierten Zimmer lässt man sich das reichhaltige Frühstück mit Wurst, Käse, Müsli usw. schmecken.

Anfahrt: 3,2 km östlich von Cosne-sur-Loire über die D 33 und die D 168

Anfahrt: 8 km von Nevers entfernt, an der N 81

BOURGOGNE/BURGUND
BOURBON-LANCY - 71140　　　　BOURBON-LANCY - 71140

 LE GRAND HOTEL
M. Monssus

 Parc Thermal
71140 Bourbon-Lancy
Tel. 03 85 89 08 87
Fax 03 85 89 32 23
bourbon.thermal@wanadoo.fr
www.grand-hotel-thermal.com

Nov. bis März geschlossen • 29 Zimmer, davon 8 mit Kochecke, alle mit Bad/WC oder Dusche/WC und TV • 54 bis 76 € für 2 Personen, Frühstück 6 €, Halbpension möglich • Menüs 13 bis 33 € • Terrasse, blumengeschmückter Innenhof, Park, Parkplatz; Hunde im Restaurant nicht erlaubt

 Ein romantischer Spaziergang auf der Stadtmauer des Kurortes

Das Hotel, ein ehemaliges Kloster, steht am Rande des Kurparks mit dem Kurhaus. Die geräumigen Zimmer, die nacheinander renoviert und mit modernen oder antik imitierenden Möbeln ausgestattet wurden, sind daher sehr ruhig. Im dank der großen Fenster sehr hellen Speiseraum verkehren Kurgäste und Touristen gleichermaßen. Bei schönem Wetter ziehen jedoch alle die schöne Terrasse im Kreuzgang vor.

Anfahrt: in der Ortsmitte, neben dem Kurhaus und dem Kurpark

 VILLA DU VIEUX PUITS
M. et Mme Perraudin

 7 rue de Bel-Air
71140 Bourbon-Lancy
Tel. 03 85 89 04 04
 Fax 03 85 89 13 87

23. Dez. bis 3. Jan., 15. Febr. bis 15. März sowie So-abend und Mo geschlossen • 7 Zimmer im Obergeschoss, alle mit Bad/WC oder Dusche/WC und TV • 45 bis 52 € für 2 Personen, Frühstück 9 €, Halbpension möglich • Menüs 18 bis 50 € • Terrasse, Garten, Parkplatz; Hunde im Restaurant nicht erlaubt

 Der verspielte Garten mit Blumenbeeten, Bäumen und einem Wasserbecken

Ein ehemaliges Gerbereigebäude beherbergt heute dieses hübsche Hotel mit verschieden großen, modernen und gleichzeitig gemütlichen Zimmern. Die Zimmer zum Garten sind ruhiger und haben eine schöne Aussicht. Ein ländlich geprägter Speiseraum, eine angenehme Terrasse und ein etwas altmodischer Aufenthaltsraum mit Klavier vervollständigen das Angebot dieses Familienbetriebs, in dem es recht schlicht zugeht und Gastlichkeit groß geschrieben wird.

Anfahrt: in der Nähe des Place d'Aligre und des Kurhauses

BOURGOGNE/BURGUND

BOURGVILAIN - 71520

29 **LE MOULIN DES ARBILLONS**
M. et Mme Dubois-Favre

71520 Bourgvilain
Tel. 03 85 50 82 83
Fax 03 85 50 86 32
arbillon@club-internet.fr
www.club-internet.fr/perso/arbillon

15. Apr. bis 15. Okt. geöffnet • 5 Zimmer • 58 bis 79 € für 2 Personen, Frühstück inkl. • keine Mahlzeit • Aufenthaltsraum, Terrasse, Garten, Park; keine Kreditkarten, Hunde nicht erlaubt • Weinkeller, Weinprobe und -verkauf

 Die idyllische Umgebung des Anwesens

Die Mühle aus dem 18. Jh. und das stattliche Anwesen aus dem 19. Jh. stehen inmitten eines idyllischen Parks mit Fluss und Teich. Die meist geräumigen Zimmer besitzen schöne antike Schränke. Alle haben Blick auf das Tal und das Dorf. Das kleinste Zimmer ist in den Farben Blau und Weiß gehalten und ist von einer Gewölbedecke überspannt. Gefrühstückt wird in der Orangerie aus dem 20. Jh., deren bemalte Wände, metallene Möbel und Kachelofen auch Morgenmuffel in gute Laune versetzen!

Anfahrt: 8 km südlich von Cluny über die D 980 und die D 22

CHARDONNAY - 71700

30 **LE TINAILLER DU MANOIR DE CHAMPVENT**
Mme Rullière

Lieu-dit Champvent
71700 Chardonnay
Tel. 03 85 40 50 23
Fax 03 85 40 50 18

1. Nov. bis 1. März geschlossen • 5 Zimmer • 55 bis 60 € für 2 Personen, Frühstück inkl. • keine Mahlzeit • Garten, Park, Parkplatz; keine Kreditkarten, Hunde auf Anfrage erlaubt • Ausstellungsraum

 Die regelmäßig dargebotenen Theatervorstellungen

Hinter einem Torbogen versteckt sich ein romantisches Landhaus aus Naturstein. Die Gästezimmer, die alte Möbel, Stillleben und von einem Vorfahren des Besitzers gemalte abstrakte Gemälde schmücken, sind in den Nebengebäuden untergebracht. In einem der Räume werden Plastiken ausgestellt und sogar Theatervorführungen gegeben. Die Kinder lieben es, auf der großen Wiese herumzutoben. Hübsche Blumen zieren den Hof.

Anfahrt: 11 km südwestlich von Tournus über die D 56 und die D 463

BOURGOGNE/BURGUND
CHARNAY-LÈS-MÂCON - 71850　　CHAROLLES - 71120

 LE MOULIN DU GASTRONOME
M. et Mme Goineau

 540 route de Cluny
71850 Charnay-lès-Mâcon
Tel. 03 85 34 16 68
Fax 03 85 34 37 25

15. Febr. bis 1. März, 25. Juli bis 9. Aug. sowie So-abend und Mo außer an Feiertagen geschlossen • 8 Zimmer, davon eines behindertengerecht, alle mit Bad/WC • 58 bis 72 € für 2 Personen, Frühstück 10 € • Menüs 23 bis 54 €, Getränk inkl. • Terrasse, Park, Konferenzraum, Parkplatz • Swimmingpool

 LA POSTE
M. et Mme Doucet

 2 avenue de la Libération
71120 Charolles
Tel. 03 85 24 11 32
Fax 03 85 24 05 74
 hotel-de-la-liberation-doucet@wanadoo.fr
www.la-poste-hotel.com

2 Wochen Ende Nov., 2 Wochen zu Jahresanfang sowie So-abend und Mo geschlossen • 14 Zimmer, davon 3 mit Terrasse, alle mit Bad/WC und TV • 48 bis 120 € für 2 Personen, Frühstück 10 €, Halbpension möglich • Menüs 23 (werktags) bis 70 € • Terrasse, Garage

 Die ursprüngliche Atmosphäre und der gute Wein

Das reizende Hotel mit Blick auf den Felsen von Solutré verfügt über einen Garten mit Swimmingpool und acht hübsche Zimmer, die ausgezeichneten Komfort bieten. Der Schwerpunkt des Hauses liegt jedoch auf dem Restaurant, in dem ein junges und dynamisches Team köstliche traditionelle Gerichte aus heimischen marktfrischen Zutaten zubereitet. Die Weinkarte, auf der sich zahlreiche Burgunder und Bordeaux finden, wird jeden Gast beeindrucken – der joviale Chef berät Sie gerne...

 Die fröhliche Stimmung auf den Viehmärkten im Charolais

Das wuchtige, typisch burgundische Gebäude gegenüber der Kirche bietet romantische Zimmer an, die komfortabel und gut gepflegt sind. Manche haben einen Balkon oder eine Terrasse. Die Ausstattung des stilvollen Speiseraums besteht aus in Nischen stehenden Statuen, Nippes, Stilmöbeln und Geschirr aus Charolles-Porzellan. Auf der Speisekarte, die beweist, was Burgund kulinarisch zu bieten hat, steht das berühmte Charolais-Rindfleisch ganz oben. Bei schönem Wetter werden die Tische im Hof gedeckt.

Anfahrt: in der Nähe des Stadtzentrums, oberhalb der Stadt

Anfahrt: an der Straßenecke gegenüber der Kirche, in der Ortsmitte

BOURGOGNE/BURGUND

HURIGNY - 71870

33 CHÂTEAU DE SALORNAY
M. Guérin

71870 Hurigny
Tel. 03 85 34 25 73
Fax 03 85 20 11 43

Ganzjährig geöffnet • 4 Zimmer • 45 bis 52 € für 2 Personen, Frühstück inkl. • keine Mahlzeit • Garten, Parkplatz; keine Kreditkarten

 Die herrliche Aussicht auf Mâcon von der Schlossterrasse aus

Die schönen Türme, die dicken Mauern und der Wehrgang dieser Burg aus dem 11. und 15. Jh. geben ein beeindruckendes Bild ab. Von den großen Zimmern, in denen alte Möbel stehen, blickt man auf die offene Landschaft. Das Zimmer im Bergfried besitzt noch seinen Terrakottaboden und die ursprünglichen Kreuzstockfenster. Im gleichen Stil präsentiert sich der Speiseraum, den ein Steinboden, Holzbalken und ein Kamin prägen. Den Kindern werden sicherlich die Tiere des benachbarten Bauernhofs gefallen.

Anfahrt: 6 km westlich von Mâcon über die D 82 und eine Nebenstraße

LOUHANS - 71500

34 MOULIN DE BOURGCHÂTEAU
M. Donatelli

Rue du Guidon
71500 Louhans
Tel. 03 85 75 37 12
Fax 03 85 75 45 11
bourgchateau@netcourrier.com
www.bourgchateau.com

Ganzjährig geöffnet • 19 Zimmer mit Bad/WC oder Dusche/WC und TV; schöne Aussicht auf die Seille und den Park vom 2. und 3. Stock • 54 bis 85 €, Frühstück 9 €, Halbpension möglich • Restaurant Mo außerhalb der Saison geschlossen, Menüs 24 (werktags) bis 60 € • Park, Parkplatz • Tretboote, Verkauf von Weinen aus der Region in einem Nebengebäude

 Der Aufenthaltsraum mitten im Räderwerk der alten Mühle

Die aus dem Jahre 1778 stammende Mühle an einem Arm der Seille war bis 1973 in Betrieb. Die modernen und tadellos gepflegten Zimmer bieten von den letzten beiden Stockwerken eine herrliche Aussicht auf den Park und den Fluss. Der alte Mühlstein und der Trichter im hübschen Speiseraum gehören zu den Überbleibseln der alten Mühle. In einem Nebengebäude wird einheimischer Wein verkauft. Wer sich sportlich betätigen will, kann mit einem der Tretboote eine Fahrt auf dem Fluss unternehmen.

Anfahrt: Ausfahrt aus Louhans in Richtung Chalon über die Rue du 11-Novembre-1918, dann auf die Rue du Guidon und rechts in den Chemin de Bourgchâteau

BOURGOGNE/BURGUND

POISSON - 71600   **ST-MAURICE-LÈS-CHÂTEAUNEUF - 71740**

 35 CHAMBRE D'HÔTE M. MATHIEU
M. et Mme Mathieu

 Sermaize
71600 Poisson
Tel. 03 85 81 06 10
Fax 03 85 81 06 10
 mp.mathieu@laposte.net

1. Nov. bis 15. März geschlossen • 5 Zimmer mit Dusche/WC • 48 bis 58 € für 2 Personen, Frühstück inkl. • Mahlzeit 20 € • Garten, Parkplatz; keine Kreditkarten, Hunde nicht erlaubt

 36 LA VIOLETTERIE
Mme Chartier

71740 Saint-Maurice-lès-Châteauneuf
Tel. 03 85 26 26 60
Fax 03 85 26 26 60
madeleinechartier@yahoo.fr

11. Nov. bis 15. März geschlossen • 3 Zimmer, davon eines unter dem Dach, alle mit Bad/WC • 55 € für 2 Personen, Frühstück inkl. • nur Abendessen (nur nach Voranmeldung) 18 € • Garten, Parkplatz; keine Kreditkarten, Hunde nicht erlaubt

 Die gut ausgestattete Bibliothek mit Werken über die Region

Eine wirklich originelle Bleibe ist dieses ehemalige Jagdschlösschen aus dem 14. Jh. mit seinem mächtigen runden Turm und dem mit Blumen bestandenen Ehrenhof! Zu den Zimmern, die alle mit einer ganz persönlichen Note aufwarten, führt die Wendeltreppe aus der Bauzeit des Gebäudes. Die Badezimmer von zweien der Zimmer befinden sich im runden Turm. Besonders einladend ist die Suite mit ihren massiven Holzbalken, tiefen Sesseln, Fotos von Doisneau und Kopien von Gemälden aus dem 19. Jh.

 Das erlesene Ambiente des 19. Jh.s

Zu dem Herrenhaus aus dem 19. Jh. mit seiner zierlichen Vortreppe gibt ein schmiedeeisernes Portal Einlass, von dem man zunächst in einen Hof und einen Garten gelangt. Das frühere Sommerhaus des Lyoner Architekten Roux-Spitz beherbergt heute ein Gästehaus mit hellen und freundlichen Zimmern, von denen die unter dem Dach bemalte Möbel und noch originale Terrakottaböden und Holzbalken enthalten. Täfelwerk und ein Kamin prägen den Aufenthaltsraum und den Speiseraum.

Anfahrt: 12,5 km südöstlich von Paray-le-Monial über die D 34 und die D 458 in Richtung Saint-Julien-de-Civry

Anfahrt: 10 km nordöstlich von Charlieu über die D 487 und die D 987 in Richtung La Clayette

BOURGOGNE/BURGUND

VERZÉ - 71960 **ANCY-LE-FRANC - 89160**

37 **LE CHÂTEAU D'ESCOLLES**
M. et Mme de Potter

71960 Verzé
Tel. 03 85 33 44 52
Fax 03 85 33 34 80
info@gite-escolles.com

Ganzjährig geöffnet • 4 Zimmer mit Bad • 70 € für 2 Personen, Frühstück inkl. • keine Mahlzeit • Park, Parkplatz; keine Kreditkarten, Hunde nicht erlaubt

38 **AU MOULIN D'ANCY LE FRANC**
M. et Mme Guiennot

Chemin de Halage
89160 Ancy-le-Franc
Tel. 03 86 75 02 65
info@moulin-ancy.com
www.moulin-ancy.com

Apr. bis Okt. geöffnet, sonst mit Voranmeldung • 5 Zimmer nur für Nichtraucher, davon 4 Suiten im ersten Stock, alle mit Bad/WC oder Dusche • 61 bis 130 € für 2 Personen, Frühstück inkl. • keine Mahlzeit • Park, gesicherter Parkplatz; keine Kreditkarten, Hunde nicht erlaubt • Mountainbike-Verleih

Die äußerst geschmackvolle Dekoration des stilvollen Hauses

Einen herzlichen Empfang wird man Ihnen in dem Nebengebäude eines Schlosses aus dem 17. Jh. bereiten, das am Rand eines 5 ha großen, von Weinbergen und Wald umgebenen Parks steht. Die behaglichen Dachzimmer zeichnen sich durch dicke Teppichböden, Holzbalken und antike Möbel aus. Im Frühstücksraum, in dem eine Anrichte, ein Backtrog und ein schmiedeeiserner Lüster stilvolle Akzente setzen, bekommt man morgens hausgemachte Marmelade und frisch gepressten Obstsaft aufgetischt. Schöne Terrasse.

Die malerische Umgebung

Das Ehepaar Guiennot hat die eindrucksvolle Mühle (5 Stockwerke mit insgesamt 400 m^2) aus dem 17. Jh. renoviert. So stehen heute ein Zimmer und vier Suiten für die Gäste bereit. Als ausgebildete Malerin hat Marie-Pierre ein Stockwerk in ein Atelier umgebaut. Jean-Louis verwandelte eine ehemalige Sägerei in einen Ausstellungssaal mit Werken einheimischer Künstler. Von der idyllischen Umgebung – ein 2 ha großes Anwesen zwischen Kanal und Fluss – ist man auf den ersten Blick verzaubert.

Anfahrt: 2 km nördlich von La Roche-Vineuse über die D 85

Anfahrt: an der Ausfahrt von Ancy-le-Franc in Richtung Montbard, über die Brücke des Canal de Bourgogne fahren, vor der Brücke über den Armançon links abbiegen

BOURGOGNE/BURGUND

APPOIGNY - 89380 | AUXERRE - 89000

39 **LE PUITS D'ATHIE**
Mme Siad et M. Fèvre

1 rue de l'Abreuvoir
89380 Appoigny
Tel. 03 86 53 10 59
bnbpuitsd'athie@wanadoo.fr
www.puitsdathie.com

Ganzjährig geöffnet • 4 Zimmer, davon 3 Suiten nur für Nichtraucher, alle mit Bad/WC oder Dusche/WC • 69 bis 115 € für 2 Personen, Frühstück inkl. • Mahlzeit 45 € • Park; keine Kreditkarten • In einem Nebengebäude befindet sich ein Spielsaal mit Billard und Flipper.

40 **MAXIME**
M. et Mme Leclerc

2 quai de la Marine
89000 Auxerre
Tel. 03 86 52 14 19
Fax 03 86 52 21 70
hotel-maxime@wanadoo.fr
www.lemaxime.com

Ganzjährig geöffnet • 25 Zimmer mit Bad/WC und TV • 75 bis 120 € für 2 Personen, Frühstück 10 €, Halbpension möglich • Terrasse, gesicherter Parkplatz

 Die harmonische Kombination aus Alt und Neu

Das schöne burgundische Haus ist eine empfehlenswerte Adresse. Zwei Zimmer liegen im Hauptgebäude, die anderen – darunter die Suite „Porte d'Orient", ein wunderschönes Zimmer mit großem Bett, Whirlpool und Ankleide – sind über die Orangerie, einen separaten Trakt, zu erreichen. Zum Frühstück gibt es nach köstlichen Rezepten hausgemachte Marmelade, während zu den Mahlzeiten eine moderne Küche mit Weinen aus der Region serviert wird.

 Zu versuchen, den Ortsnamen wie die Einheimischen „Ausserre" auszusprechen

Das Hotel liegt unweit des Schifferviertels in unmittelbarer Nachbarschaft zum Wasserkutschenmuseum und zu den Fachwerkhäusern der Kutscher. Die Zimmer zum Kai mit Blick auf die Yonne werden zurzeit nacheinander renoviert, dafür sind die nach hinten hinausgehenden ruhiger. Das typisch burgundische Restaurant und das Bistro mit der schönen Gewölbedecke sind das Stammlokal der berühmten Fußballmannschaft von Auxerre. Hier wurde schon so mancher Sieg feuchtfröhlich begossen.

Anfahrt: im Dorf, 50 m von der Yonne entfernt

Anfahrt: an der Straße am linken Ufer der Yonne

BOURGOGNE/BURGUND

AUXERRE - 89000 **AUXERRE - 89000**

 41 NORMANDIE
M. Ramisse

41 boulevard Vauban
89000 Auxerre
Tel. 03 86 52 57 80
Fax 03 86 51 54 33
reception @ hotelnormandie.fr
www.hotelnormandie.fr

Ganzjährig geöffnet • 47 Zimmer, davon 4 nur für Nichtraucher, alle mit Bad/WC oder Dusche/WC, TV und Klimaanlage • 58 bis 80 € für 2 Personen, Frühstück 8 € • kein Restaurant • Terrasse, Hotelgarage • Billard

 42 LE PARC DES MARÉCHAUX
M. et Mme Leclerc

6 avenue Foch
89000 Auxerre
Tel. 03 86 51 43 77
Fax 03 86 51 31 72
contact @ hotel-parcmarechaux.com
www.hotel-parcmarechaux.com

Ganzjährig geöffnet • 14 Zimmer, alle mit Bad/WC, TV und Klimaanlage • 79 bis 110 € für 2 Personen, Frühstück 12 €, Halbpension möglich • kein Restaurant, aber Zimmerservice, 18,50 bis 29,50 €, überall Klimaanlage • Terrasse, Park, Parkplatz • Swimmingpool

 Bei einer Billardpartie den Kontakt zu den Einheimischen pflegen

Wilder Wein bedeckt die weiß und rot abgesetzte Fassade des Bürgerhauses aus dem 19. Jh. In dem mit Kieselsteinen bedeckten Hof wird im Sommer das Frühstück serviert. Die meisten der nach und nach renovierten Zimmer sind in einem moderneren und ruhigen Nebengebäude untergebracht. Sie sind allesamt gemütlich, einige besitzen sogar eine Massagedusche. Die umfangreichen Leistungen des Hotels, darunter auch ein Zimmerservice, unterstreichen den Stellenwert der Gäste.

 Der kürzlich gebaute Swimmingpool, der unter dem Laubwerk zu verschwinden scheint

Ein Pariser Richter ließ 1854 das herrliche Stadtpalais im Stil des Zweiten Kaiserreichs erbauen. Die heutigen Besitzer, die es 1980 in ein Hotel umbauten, bewiesen Weitsicht, indem sie den ursprünglichen Charakter des Hauses so weit wie möglich beibehielten. Die Zimmer im Empire-Stil tragen die Namen der Marschälle Frankreichs, während der Aufenthalts- und der Frühstücksraum den viktorianischen Stil widerspiegeln. Romantik verbreitet der herrliche Park mit seinen hundertjährigen Bäumen.

Anfahrt: an der Ringstraße um die Innenstadt, von der A 6 (Paris) und der N 6 (Sens) kommend am Kreisverkehr rechts

Anfahrt: von der A 6 (Paris) oder der N 6 (Sens) kommend am Kreisverkehr rechts in den Boulevard Vauban, dann hinter dem Musée d'Histoire Naturelle rechts abbiegen

BOURGOGNE/BURGUND

CHABLIS - 89800   CHEVANNES - 89240

43 HOSTELLERIE DES CLOS
M. et Mme Vignaud

18 rue Jules-Rathier
89800 Chablis
Tel. 03 86 42 10 63
Fax 03 86 42 17 71
host.clos@wanadoo.fr
www.hostellerie-des-clos.fr

20. Dez. bis 16. Jan. geschlossen • 32 Zimmer und 4 Ferienwohnungen mit Bad/WC und TV • 60 bis 110 € für 2 Personen, Frühstück 10 €, Halbpension möglich • Menüs 38 bis 73 € • Garten, Parkplatz

44 CHÂTEAU DE RIBOURDIN
M. et Mme Brodard

89240 Chevannes
Tel. 03 86 41 23 16
Fax 03 86 41 23 16
château.de.ribourdin@wanadoo.fr

Ganzjährig geöffnet • 5 Zimmer, davon ein behindertengerechtes im Erdgeschoss • 60 bis 70 € für 2 Personen, Frühstück inkl. • keine Mahlzeit • Garten; keine Kreditkarten, Hunde nicht erlaubt • Swimmingpool

 Das Raucherzimmer, in dem man ungeniert eine Havanna rauchen darf

Das ehemalige Hospiz, in dem die kleine Hauskapelle aus dem 14. Jh. erhalten ist, besaß früher viele Weinberge. Von dieser Winzervergangenheit zeugt der reizende Weinkeller, in dem mehr als 30 Chablis-Weine angeboten werden. Die kürzlich renovierten Zimmer zeichnen sich durch warme Stoffe und eine moderne Einrichtung aus. Vom Restaurant mit seinen Erkerfenstern blickt man auf den Innenhof, in dem Getränke und das Frühstück eingenommen werden. Die Gerichte sind reichlich und schmackhaft.

Anfahrt: in der Ortsmitte

 Die erlesene Atmosphäre des kleinen Landschlosses

Das Schloss aus dem 16. Jh. und sein Taubenhaus stehen unterhalb des Dorfes inmitten der Getreidefelder. Nach einer geschmackvollen Renovierung des Anwesens beherbergt die Scheune aus dem 18. Jh. heute den großen Frühstücksraum mit Kamin sowie die Gästezimmer, von denen ein jedes den Namen eines Schlosses aus der Umgebung trägt. Die Einrichtung ist überwiegend ländlich, passend zu der das Gebäude umgebenden Felder- und Wiesenlandschaft.

Anfahrt: 9 km südwestlich von Auxerre über die N 151, die D 1 und eine Nebenstraße

BOURGOGNE/BURGUND

COLLAN - 89700

ESCOLIVES-SAINTE-CAMILLE - 89290

45 LA MARMOTTE
M. et Mme Lecolle

2 rue de l'École
89700 Collan
Tel. 03 86 55 26 44
Fax 03 86 55 00 08
lamarmotte.glecolle@wanadoo.fr
www.bonadresse.com/bourgogne/collan.htm

Ganzjährig geöffnet • 3 Zimmer nur für Nichtraucher, alle mit Bad • 45 € für 2 Personen, Frühstück inkl. • keine Mahlzeit • Garten, Parkplatz; keine Kreditkarten, Hunde nicht erlaubt • in der Nähe: Kutschfahrten, Bootsfahrten auf dem Canal de Bourgogne, Angeln

46 DOMAINE BORGNAT LE COLOMBIER
Mme Borgnat

1 rue de l'Église
89290 Escolives-Sainte-Camille
Tel. 03 86 53 35 28
Fax 03 86 53 65 00
regine@domaineborgnat.com
www.domaineborgnat.com

Ganzjährig geöffnet • 5 Zimmer, davon 3 mit Dusche/WC und 2 mit Bad/WC • 50 bis 60 € für 2 Personen, Frühstück inkl., Halbpension möglich • Mahlzeit 23 bis 35 € • Garten, Parkplatz; Hunde im Restaurant nicht erlaubt • Swimmingpool, Besichtigung des Weinkellers

Die schönen Spazierwege durch die Weinberge des Chablis

Die Besichtigung der mehrstöckigen Weinkeller

Das urtümliche Steinhaus steht im Herzen eines kleinen typischen Dorfes im Departement Yonne. Die individuell eingerichteten Zimmer tragen die Namen der darin vorherrschenden Farben. Die Möbel im „Blauen Zimmer" sind aus weißem Rattan. Im „Hellroten Zimmer" bilden schöne Holzbalken und ein schmiedeeisernes Himmelbett den Blickfang. Das Frühstück wird im Wintergarten serviert, in dem ein Brunnen sprudelt.

Einen herrlichen Anblick bietet dieser befestigte Bauernhof aus dem 17. Jh., der über ein herrliches Weingut wacht. Das Angebot des Hauses umfasst etwas spartanische Gästezimmer und ein Appartement im ehemaligen Taubenhaus. Im Frühstücksraum stehen kleine Bistrotische und ein Klavier, davor erstreckt sich eine Terrasse am Swimmingpool. Zu den Mahlzeiten werden die Weine des Gutes gereicht, die man auch bei der Besichtigung des beeindruckenden Weinkellers aus dem 12. und 17. Jh. kosten kann.

Anfahrt: 7,5 km nordöstlich von Chablis über die D 150 und die D 35

Anfahrt: 9,5 km südlich von Auxerre über die D 239

BOURGOGNE/BURGUND

LÉZINNES - 89160

 47 CHAMBRE D'HÔTE M. PIEDALLU
M. et Mme Piedallu

 5 avenue de la Gare
89160 Lézinnes
Tel. 03 86 75 68 23

Ganzjährig geöffnet • 3 Zimmer • 43 € für 2 Personen, Frühstück inkl. • keine Mahlzeit • Aufenthaltsraum, Garten, Parkplatz; keine Kreditkarten, Hunde nicht erlaubt

 Die tadellose Führung des zeitgenössischen Gästehauses

Das Haus ist zwar neu, wurde jedoch nach dem traditionellen regionalen Baustil errichtet und besitzt mit seinem quadratischen Turm viel Charme. Bezaubernd ist auch das Innere, wo die unter dem Dach gelegenen, aber dennoch geräumigen Zimmer mit schönen alten Möbeln eingerichtet sind. Der Frühstücksraum führt auf eine hübsche Veranda, und im ausschließlich den Gästen vorbehaltenen Aufenthaltsraum kann man in Ruhe schmökern.

Anfahrt: 11 km südöstlich von Tonnerre über die D 905

LIGNY-LE-CHATEL - 89144

 48 LE RELAIS SAINT VINCENT
Mme Vuillemin

 14 Grande-rue
89144 Ligny-le-Chatel
Tel. 03 86 47 53 38
Fax 03 86 47 54 16
 relais.saint.vincent@libertysurf.fr

1. bis 8. Jan. und 16. bis 31. Dez. geschlossen • 15 Zimmer in 2 Gebäuden, davon eines behindertengerecht, alle mit Bad/WC und TV • 43 bis 70 €, Frühstück 8 €, Halbpension möglich • Menüs 13 bis 27 € • Terrasse, Innenhof, gesicherter Parkplatz • günstige Lage für die Besichtigung der Weinberge und der Klöster

 Die Chablis-Weine

In den Mauern des Gebäudes aus dem 17. Jh., in dem einst die Vögte von Ligny residierten, trifft man noch auf sorgsam erhaltene Relikte aus der Vergangenheit dieses Hauses. Die Zimmer wirken ein wenig veraltet, sind jedoch geräumig und ruhig. Der Speiseraum hingegen besitzt mit den Holzbalken, Wandbehängen und dem riesigen Kamin aus der Zeit der Renaissance einen ganz besonderen Charme. Bei schönem Wetter wird im Innenhof gefrühstückt. Das berühmte Kloster von Pontigny ist nur 4 km entfernt.

Anfahrt: Ausfahrt aus Auxerre über die N 77 in Richtung Saint-Florentin und zwischen Montigny-la-Resle und Pontigny rechts auf die D 8 abbiegen

BOURGOGNE/BURGUND

L'ISLE-SUR-SEREIN - 89440　　MOLAY - 89310

 49　AUBERGE LE POT D'ÉTAIN
M. et Mme Pechery

24 rue Bouchardat
89440 L'Isle-sur-Serein
Tel. 03 86 33 88 10
Fax 03 86 33 90 93
potdetain@ipoint.fr
www.potdetain.com

 50　LE CALOUNIER
M. et Mme Collin

5 rue de la Fontaine Hameau de Arton
89310 Molay
Tel. 03 86 82 67 81
Fax 03 86 82 67 81
info@lecalounier.fr
www.lecalounier.fr

Febr., eine Woche Ende Okt. sowie So-abend, Mo (im Juli und Aug.) und Di-mittag geschlossen • 9 Zimmer, davon eines besonders geräumig mit Kamin, alle mit Bad/WC oder Dusche/WC und TV • 56 bis 75 € für 2 Personen, Frühstück 8 €, Halbpension möglich • Menüs 23 (werktags) bis 49 € • Terrasse, Hotelgarage

Ganzjährig geöffnet • 5 Zimmer nur für Nichtraucher, davon 2 behindertengerechte im Erdgeschoss, alle mit Bad/WC • 58 € für 2 Personen, Frühstück inkl., Halbpension möglich • Mahlzeit 23 € • Aufenthaltsraum, Bibliothek, Garten, Parkplatz; keine Kreditkarten, Hunde nicht erlaubt

 Die Mahlzeiten im Sommer im begrünten Innenhof einnehmen

 Die von der Besitzerin, einer Spitzenköchin, angebotenen Kochkurse

Wer bleibt schon auf der überfüllten A 6, wenn in der Nähe das idyllische Serein-Tal lockt? Zumal Sie hier über eine Adresse verfügen, wie sie einladender nicht sein könnte! In der ehemaligen Poststation aus dem 18. Jh. werden die Gäste überaus reichlich verwöhnt. Auf der Webseite des Hotels können Sie sich Ihr Zimmer im 360°-Rundumblick anschauen. Alle sind ansprechend, genauso wie das Restaurant, in dem zu einheimischen Gerichten natürlich ein Chablis-Wein gereicht wird (große Auswahl).

Dem Reiz dieses renovierten burgundischen Bauernhofs kann man schwerlich widerstehen. Sein Name leitet sich von der örtlichen Bezeichnung der Nussbäume ab, die auf dem Anwesen wachsen. Die Zimmer sind in zwei Gebäudeflügeln untergebracht. Ihr Stil ist eine gelungene Mischung aus elegant und einheimisch, was sich in fröhlichen Farben, schönen alten Möbeln und Werken lokaler Künstler ausdrückt. In der von zwei großen Fenstern erhellten Scheune befinden sich der Speiseraum und der Aufenthaltsraum.

Anfahrt: im Ortskern, an der D 86: Avallon nach Nordosten über die D 957 verlassen, dann 2 km hinter Montréal links abbiegen

Anfahrt: 8 km nördlich von Noyers über die D 86 und eine Nebenstraße

BOURGOGNE/BURGUND

NEUVY-SAUTOUR - 89570

 51 LA GRANGE DE BOULAY
M. et Mme Gron

Lieu-dit Boulay
89570 Neuvy-Sautour
Tel. 03 86 56 43 52
Fax 03 86 56 43 98
christiane-laurent@wanadoo.fr
www.lagrangedeboulay.com

Ganzjährig geöffnet • 5 Zimmer nur für Nichtraucher auf 2 Stockwerken, alle mit Bad/WC oder Dusche/WC, davon eines mit Whirlpool • 70 bis 90 €, Frühstück inkl. • Mahlzeit 20 € • Terrasse, Park, Parkplatz, Grill, Kochecke; keine Kreditkarten, Hunde nicht erlaubt • 2 Swimmingpools, Fahrrad- und Mountainbike-Verleih, Petanque-Spiel, Tischtennis und Billard

 Die unterschiedlichen Unterbringungsmöglichkeiten, die das Haus anbietet

Bis zu 42 Personen kann dieses kürzlich renovierte Haus in seinen drei Ferienwohnungen und den fünf Zimmern beherbergen. Die Zimmer befinden sich im „La Palombière" genannten Gebäude und sind unterschiedlich gestaltet. So besticht „La Coloniale" mit einem Bett nach indonesischer Art durch seine exotische Atmosphäre. Die Ferienwohnung „La Forge" umfasst einen großen Raum im mittelalterlichen Stil und ein Zwischengeschoss mit Billardtisch. Außerdem: Swimmingpools, Tischtennis und Mountainbikes.

Anfahrt: in Neuvy-Sautour, 2 km über die D 12 in Richtung Chailley bis Boulay

QUARRÉ-LES-TOMBES - 89630

 52 AUBERGE DES BRIZARDS
M. Besancenot

Les Brizards
89630 Quarré-les-Tombes
Tel. 03 86 32 20 12
Fax 03 86 32 27 40
lesbrizards@free.fr
www.aubergedesbrizards.com

5. Jan. bis 18. Febr. sowie Mo und Di geschlossen • 20 Zimmer, davon 7 in einem Nebengebäude, die meisten mit Bad/WC, einige mit TV • 39 bis 115 €, Frühstück 9 €, Halbpension möglich • Menüs 23 (werktags) bis 30 € • Terrasse, Garten, Park, Parkplatz • Tennisplatz, Weiher

 Der Waldweg, der bis zur Abtei Sainte-Marie de la Pierre-qui-Vire führt

Das Hotel im Herzen der Region Morvan mit ihren Seen, Weihern, Wäldern, ihrer unberührten Natur und der himmlischen Ruhe besteht aus mehreren Gebäuden, darunter zwei hübschen „Puppenhäusern" mitten im Park. Die meisten der gemütlichen Zimmer wurden renoviert. Vom eleganten Restaurant genießt man den Blick auf den Garten. Die Gerichte nach einheimischer Tradition sind mehr als reichlich. Eine Adresse für Liebhaber der Natur und des guten Essens. Ein Weiher lädt zum Angeln ein.

Anfahrt: südöstlich von Quarré-les-Tombes, 10 km über die D 55 und die D 355, hinter Moulin-Colas und Trinquelin

BOURGOGNE/BURGUND

SACY - 89270 **TANNERRE-EN-PUISAYE - 89350**

 LES VIEILLES FONTAINES
M. et Mme Moine

89270 Sacy
Tel. 03 86 81 51 62
Fax 03 86 81 54 86
vf.cm @ free.fr
http://lesvieillesfontaines.free.fr

Jan. und Febr. geschlossen • 4 Zimmer • 58 € für 2 Personen, Frühstück inkl. • nur Abendessen 27 € • Aufenthaltsraum, Garten, Parkplatz; keine Kreditkarten, Hunde nicht erlaubt

 LE MOULIN DE LA FORGE
M. et Mme Gagnot

89350 Tannerre-en-Puisaye
Tel. 03 86 45 40 25
renegagnot @ aol.com

Ganzjährig geöffnet • 5 Zimmer, davon 3 im Erdgeschoss, alle mit Bad/WC • 52 € für 2 Personen, Frühstück inkl. • keine Mahlzeit • Terrasse, Garten, Parkplatz; keine Kreditkarten • Swimmingpool

 Im Aufenthaltsraum unter dem herrlichen Kellergewölbe in einem Buch schmökern

 Angeln in dem Fluss, der durch das Anwesen fließt

Das hübsche Steinhaus im Herzen eines uralten burgundischen Dorfes gehörte früher einem Winzer. In den schlichten, doch recht komfortablen Zimmern liegt Parkettboden. Sehenswert sind der Aufenthaltsraum und die Küche, die im ehemaligen Weinkeller mit Gewölbedecke eingerichtet sind. Die Mahlzeiten werden im privaten Esszimmer der Besitzer eingenommen, in dem ein Kamin und ein schöner schmiedeeiserner Leuchter ins Auge fallen.

Die Mühle aus dem 14. Jh. wurde ganz hervorragend restauriert. Das Schaufelrad wurde wieder instand gesetzt, und aus dem ehemaligen Sägewerk entstand ein hübscher, rustikaler Raum mit einer Kochecke, wo sich die Gäste ihre Mahlzeiten zubereiten können. In den komfortablen Zimmern sieht man schöne Holzbalken und Möbel aus den 30er Jahren. Der Landschaftspark wartet mit einem Fluss, einem Wasserfall und einem Fischteich auf.

Anfahrt: 6 km östlich von Vermenton über die D 11

Anfahrt: 11 km nordöstlich von Saint-Fargeau über die D 18 und die D 160

BOURGOGNE/BURGUND

VENOY - 89290   **VERMENTON - 89270**

55   **LE MOULIN DE LA COUDRE**
M. et Mme Vaury

2 rue des Gravottes
89290 Venoy
Tel. 03 86 40 23 79
Fax 03 86 40 23 55
lemoulin89@wanadoo.fr
www.moulin-de-la-coudre.com

Die letzten 3 Wochen im Jan. und 1 Woche im Nov. geschlossen • 14 Zimmer, davon 5 in einem Gebäude auf der anderen Seite des Gartens, alle mit Bad/WC oder Dusche/WC und TV • 60 bis 100 € für 2 Personen, Frühstück 9 €, Halbpension möglich • Restaurant So-abend und Mo geschlossen, Menüs 22 bis 55 € • Terrasse, blühender Garten, Parkplatz

 Die unerwartet ruhige Lage unweit des Autobahnzubringers zur A 6

Dass die Gartenarbeit hier ein Vollzeitjob ist, kann man gut verstehen beim Anblick der Blumenbeete, der gepflegten Wege und der Teiche, in denen die Frösche quaken. Alles in dieser Mühle aus dem 19. Jh. an der Sinotte ist auf Erholung ausgerichtet. Die ländlich eingerichteten Zimmer sind äußerst ruhig, und auf der Terrasse sitzt man im Schatten dichten Laubwerks. Das liebevoll restaurierte Schaufelrad kann auf Anfrage in Gang gesetzt werden, was besonders den kleinen Gästen gefallen wird.

Anfahrt: Ausfahrt aus Auxerre über die N 65 in Richtung Chablis und hinter der A 6 (Anschlussstelle Auxerre-Sud) links abfahren

56   **LE MOULINOT**
M. et Mme Wootton

Route d'Auxerre - RN 6
89270 Vermenton
Tel. 03 86 81 60 42
Fax 03 86 81 62 25
lemoulinot@aol.com
www.moulinot.com

20. Dez. bis 10. Jan. geschlossen • 6 Zimmer mit Bad • 55 bis 80 € für 2 Personen, Frühstück inkl. • keine Mahlzeit • Garten, Park, Parkplatz; keine Kreditkarten, Hunde nicht erlaubt • Swimmingpool

 Die zahlreichen Wassersportmöglichkeiten

Romantischer könnte die Lage dieser Mühle aus dem 18. Jh., die man über eine schmale Brücke erreicht, gar nicht sein. Zu den geräumigen und individuell gestalteten Zimmern führt eine schöne Holztreppe. Im Aufenthaltsraum und im Speiseraum, von denen man auf den Teich blickt, prägen Rattanmöbel, Gebälk, ein Kamin und Nachbildungen impressionistischer Gemälde das Bild. Zum Freizeitangebot gehören Schwimmen, Angeln, Kanufahren und Mountainbike-Touren. Der Binnenhafen ist nur 5 Gehminuten entfernt.

Anfahrt: über die kleine Privatbrücke über die Cure

BOURGOGNE/BURGUND

VÉZELAY - 89450

57 LES AQUARELLES
Mme Basseporte

Fontette, 6 ruelle des Grands Prés
89450 Vézelay
Tel. 03 86 33 34 35
Fax 03 86 33 29 82

19. Dez. bis 15. März, 12. Nov. bis 5. Dez. sowie Di und Mi geschlossen • 10 Zimmer, davon eines behindertengerecht, alle mit Bad/WC • 46 bis 52 € für 2 Personen, Frühstück 6 €, Halbpension möglich • Mahlzeit à la carte 12 bis 34 € • Terrasse, Parkplatz; Hunde im Restaurant nicht erlaubt

58 CABALUS, L'ANCIENNE HÔTELLERIE DE L'ABBAYE
Albert Schmidij

Rue Saint-Pierre
89450 Vézelay
Tel. 03 86 33 20 66
Fax 03 86 33 38 03
contact@cabalus.com
www.cabalus.com

Mo und Di geschlossen • 4 Zimmer • 38 bis 56 € für 2 Personen, Frühstück 9 € • Mahlzeit à la carte 18 € • Terrasse

Der Weg durch die Felder bis nach Vézelay

Beim Umbau des Bauernhofs achteten die Besitzer darauf, den ursprünglichen Charakter und die ländliche Atmosphäre des Hauses zu erhalten. Aus dem Stall wurde der Aufenthaltsraum, und im früheren Heuschober sind die mit rustikalen Eichenmöbeln ausgestatteten Zimmer untergebracht. Die Mahlzeiten nimmt man an zwei riesigen Bauerntischen ein. Im Sommer serviert Madame Basseporte das Abendessen auf der Terrasse, wo die schöne Kalksteinfassade die Wärme des Tages zurückwirft.

Die Kunstgalerie, in der Töpferwaren, Skulpturen und zeitgenössische Gemälde ausgestellt werden

Das Gästehaus ist durch seine einmalige Lage, 100 m von der Basilika entfernt, und durch das geschichtsträchtige Flair, das das Gebäude umgibt, einzigartig. Es handelt sich um das ehemalige Gästehaus des Klosters von Vézelay, in dessen zauberhaftem Gewölbesaal aus dem 12. Jh. heute ein Café und eine Kunstgalerie untergebracht sind. Die sehr geräumigen und komfortablen Zimmer sind originell eingerichtet. Das reichliche Frühstück wird auf der Terrasse im Schatten einer Glyzinie serviert.

Anfahrt: 5 km östlich von Vézelay über die D 957 (Straße nach Avallon)

Anfahrt: in der Nähe des Klosters

BOURGOGNE/BURGUND

VÉZELAY - 89450

VÉZELAY - 89450

59 CRISPOL
Mme Schori

Fontette
89450 Vézelay
Tel. 03 86 33 26 25
Fax 03 86 33 33 10
crispol@wanadoo.fr
www.crispol.com

Jan. und Febr. sowie Mo und Di-mittag geschlossen • 12 Zimmer in einem separaten Gebäude, davon eines behindertengerecht, alle mit Bad/WC und TV • 72 bis 90 € für 2 Personen, Frühstück 9 oder 10 €, Halbpension möglich • Menüs 21 bis 50 € • Terrasse, Garten, Parkplatz

60 LA PALOMBIÈRE
Mme Danguy-Pandel

Place du Champ-de-Foire
89450 Vézelay
Tel. 03 86 33 28 50
Fax 03 86 32 35 61
lapalomberie-host@wanadoo.fr

Jan. und Febr. geschlossen • 10 Zimmer mit Bad • 55 bis 79 € für 2 Personen, Frühstück 9 € • keine Mahlzeit • Garten, Parkplatz

 Der tadellose Zustand des Hauses

Zwei angenehme Überraschungen erwarten den Gast in diesem Steinhaus in einem kleinen Weiler. Zum einen haben die Zimmer mit ihren spitzen Winkeln, den lackierten Decken und den Kunstwerken der Besitzerin ein originelles Aussehen, zum anderen sind sie überaus ruhig, da sie der Garten vor den Geräuschen von der nahen Haarnadelkurve der Straße schützt. Vom eleganten Restaurant blickt man hingegen auf das Cure-Tal mit der Basilika auf dem Hügel im Hintergrund.

 Die harmonische Stilmischung der Inneneinrichtung

Romantisches Flair verleiht der wilde Wein dem hübschen Herrenhaus aus dem 18. Jh. In den großen und gemütlichen Zimmern sind mehrere Stilepochen harmonisch vereint: Louis-treize, Louis-quatorze, Empire, Bettüberwürfe aus Satin und Badezimmer wie Anno dazumal. Das Frühstück, zu dem hausgemachte Marmelade gereicht wird, nimmt man auf der Veranda ein, von der sich ein herrlicher Blick auf die umliegende Landschaft bietet. Der schöne Garten mit seinem Blumenschmuck ist im Sommer eine Augenweide.

Anfahrt: Ausfahrt aus Vézelay über die D 957 in Richtung Avallon und 5 km weiterfahren; das Hotel liegt an der Straße

Anfahrt: in der Unterstadt

BOURGOGNE/BURGUND

VILLIERS-SAINT-BENOÎT - 89130 VOUTENAY-SUR-CURE - 89270

61 LE RELAIS SAINT BENOÎT
M. et Mme Roche

89130 Villiers-Saint-Benoît
Tel. 03 86 45 73 42
Fax 03 86 45 77 90
micheline.roche@wanadoo.fr

 www.relais-saintbenoit.fr

3. bis 16. Febr., 25. bis 30. Dez. sowie So-abend und Mo geschlossen • 6 Zimmer mit Dusche/WC und TV • 42 bis 62 €, Frühstück 8 €, Halbpension möglich • Menüs 19 bis 37 € • Terrasse, Garten • Trödelladen hinten im Garten

62 AUBERGE LE VOUTENAY
M. et Mme Poirier

89270 Voutenay-sur-Cure
Tel. 03 86 33 51 92
Fax 03 86 33 51 91
auberge.voutenay@wanadoo.fr

 www.monsite.wanadoo.fr/auberge.voutenay

3 Wochen im Jan., jeweils 1 Woche im Juni und im Nov. sowie So-abend, Mo und Di geschlossen • 8 Zimmer mit Bad/WC und 1 Ferienwohnung zum Garten hin • 45 bis 65 € für 2 Personen, Frühstück 7 €, Halbpension möglich • Menüs 24 bis 42 € (Voranmeldung, begrenzte Anzahl an Gedecken) • Garten, Parkplatz; Hunde nicht erlaubt

 Im Hinterzimmer dieses „Hotels mit Restaurant und Trödelladen" auf Schnäppchensuche gehen

Wer die Werke der Schriftstellerin Colette, deren Geburtshaus in Saint-Sauveur steht, gelesen hat, wird in diesem Hotel sofort die Atmosphäre ihrer Bücher wieder erkennen. Die renovierten Zimmer, die Sammlung von Steingut aus der Gegend im Restaurant und die kleine schattige Terrasse tragen zum Charme dieses ländlichen Gasthauses bei. Darüber hinaus besitzt das Dorf im Ouanne-Tal ein Museum zur Kunst und Geschichte der Region, nur ein paar Schritte vom Hotel entfernt.

 Dass den Gästen Mountainbikes und Kanus zur Verfügung stehen

Das Bürgerhaus aus dem 18. Jh. wird seit einigen Jahren Schritt für Schritt einer Verjüngungskur unterzogen. Gerade wurde eine 45 m^2 große Ferienwohnung fertig gestellt, und nach und nach werden alle Zimmer renoviert. Das Restaurant schmückt ein schöner Kamin mit geschnitztem Mantel. Der umfriedete, ein wenig verwilderte Garten, in dem zweihundertjährige Bäume stehen, erstreckt sich bis zu einem Nebenfluss der Cure und ist wahrhaft paradiesisch. Der Fernwanderweg GR 13 führt am Haus vorbei.

Anfahrt: in Tourcy die Straße von Auxerre nach Saint-Fargeau (N 965) verlassen und 8,5 km der D 950 folgen

Anfahrt: an der N 6 zwischen Auxerre und Avallon

BRETAGNE

Die zerklüftete Granitküste, die geheimnisvollen, dichten Wälder und die bunten kleinen Fischerhäfen sind das Markenzeichen der Bretagne. Der Besucher genießt die frische Meeresbrise, die vielfältigen Landschaften und das rauhe Land, das von unzähligen Geschichten und Legenden umwoben ist. Die Bretonen sind stolz auf die von ihren keltischen Vorfahren geprägte Regionalsprache und die überlieferten Traditionen. Sie pflegen ihre Identität mit zahlreichen Folklorefesten, auf denen u. a. Barden und Glöckner gefeiert werden. Bei diesen Festen werden natürlich auch kulinarische Spezialitäten angeboten: süße und salzige *Galettes* (Buchweizenpfannkuchen) und Crêpes, der bretonische Butterkuchen *Kouign Amann* und jede Menge gekühlter Cidre. Für den Gourmet-Reisenden bietet die bretonische Küche auch feinste Gemüse, sonnengereifte Früchte, cremige Milchprodukte, schmackhafte Fleisch- und Fischgerichte sowie eine Vielzahl von Meeresfrüchten, für die die Bretagne über ihre Grenzen hinaus bekannt ist.

- Côte-d'Armor (22)
- Finistère (29)
- Ille-et-Vilaine (35)
- Morbihan (56)

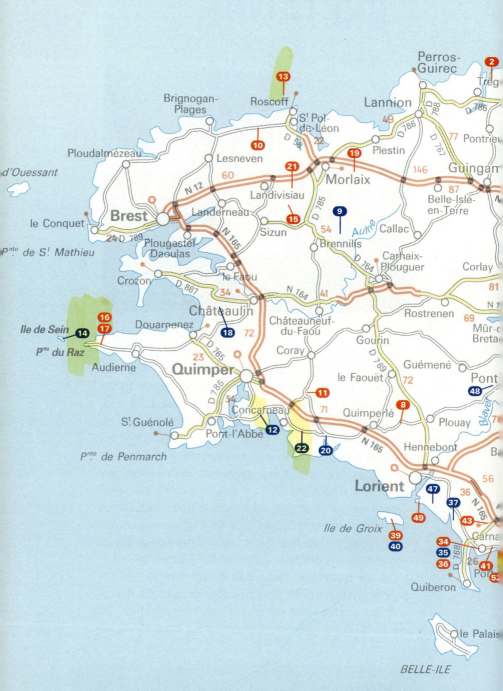

BRETAGNE

DINAN - 22100

KERBORS - 22610

1 ARVOR
M. Renault

5 rue A. Pavie
22100 Dinan
Tel. 02 96 39 21 22
Fax 02 96 39 83 09
hote-arvor@wanadoo.fr
www.hotel-arvor-dinan.com

Ganzjährig geöffnet • 24 Zimmer, davon eines behindertengerecht, alle mit Bad/WC oder Dusche/WC und TV • 48 bis 63 €, Frühstück 6 € • kein Restaurant • gesicherter Parkplatz

 Die Straßen von Dinan mit ihren schönen Fachwerkhäusern

Durch den hübschen Renaissanceeingang gelangt man zur Rezeption und zu den einheitlich und sehr funktionell und modern eingerichteten Zimmern und sonstigen Räumlichkeiten, die einen herben Kontrast zu den alten Mauern des ehemaligen Klosters aus dem 18. Jh. bilden. Die im Herzen der Altstadt sehr willkommenen Parkplätze liegen neben einer verfallenen Kapelle.

Anfahrt: in der Altstadt, fast gegenüber dem Theater

2 MANOIR DE TROÉZEL VRAS
M. et Mme Maynier

22610 Kerbors
Tel. 02 96 22 89 68
Fax 02 96 22 90 56
troezel.vras@free.fr
http://troezel.vras.free.fr

20. Okt. bis 1. April geschlossen • 5 Zimmer • 66 € (Nebensaison 59 €), Frühstück inkl. • Mahlzeit 19 € (außer So) • Garten, Parkplatz; keine Kreditkarten, Hunde nicht erlaubt

 Die zahlreichen Ausflugsmöglichkeiten zu Fuß oder mit dem Fahrrad

In dem hübschen Landhaus aus dem 17. Jh. inmitten einer grünen Landschaft findet der Reisende die wohlverdiente Ruhe. Die Zimmer sind mit Terrakottafliesen, abricotfarbenen Wänden, alten Schränken und Drucken mit Ansichten der Gegend ausgestattet. Im Esszimmer mit den dicken weißen Holzbalken und dem Steinkamin herrscht die gleiche erholsame Atmosphäre. Je nach Jahreszeit werden die Mahlzeiten, bei denen der Schwerpunkt auf Meeresfrüchten liegt, im Garten oder vor dem offenen Kamin aufgetragen.

Anfahrt: 9 km nordöstlich von Tréguier über die Straße nach Paimpol, in Richtung Pleumeur-Gautier und Kerbors

BRETAGNE

MORIEUX - 22400

 3 LE MANOIR DE LA VILLE GOURIO
M. et Mme Guihot

 22400 Morieux
Tel. 02 96 32 72 60
Fax 02 96 32 75 68
golf@lacriniere.fr
www.lacriniere.fr

Ende Dez. geschlossen • 5 Zimmer mit Bad/WC und TV • 58 bis 107 € für 2 Personen, Frühstück 9 € • Mahlzeit 11 bis 15 € • Aufenthaltsraum, Terrasse, Garten, Park, Parkplatz; Hunde nicht erlaubt

 Ein Golfkurs bei einem Profi

Vor dem Landsitz aus dem 17. Jh. erstreckt sich ein 9-Loch-Golfplatz, der von jahrhundertealten Bäumen gesäumt ist. Aus den rustikalen Zimmern in den Obergeschossen blickt man auf den Garten, die Fairways und die Wasserflächen. Das Erdgeschoss umfasst einen Lesesaal, ein Billardzimmer und einen Frühstücksraum, der in der kalten Jahreszeit durch einen Kamin beheizt wird. In den ehemaligen Stallungen sind das Clubhaus (Golfkurse), die Bar, das Restaurant und eine Diskothek untergebracht.

Anfahrt: 11 km südlich von Le Val-André über die D 786 und die D 34

PLÉNEUF-VAL-ANDRÉ - 22370

 4 VILLA MARGUERITE
M. et Mme Campion-Levive

 34 rue des Garennes
22370 Pléneuf-Val-André
Tel. 02 96 72 85 88
Fax 02 96 72 85 88

Apr. bis Sept. geöffnet (in der Nebensaison nur nach Voranmeldung) • 4 Zimmer auf 2 Stockwerken, davon 3 mit Balkon und Meerblick, alle mit Bad/WC • 58 bis 63 € für 2 Personen, Frühstück inkl. • keine Mahlzeit • Garten; keine Kreditkarten, Hunde nicht erlaubt

 Ein Spaziergang über die Strandpromenade von Le Val-André

Die im Stil der eleganten Seebäder des 19. Jh.s erbaute Villa liegt über der Bucht von Saint-Brieuc. Meerblick genießt man auch von den Zimmern, von denen die meisten einen Balkon besitzen. Die Einrichtung der Zimmer ist schlicht und einladend zugleich und besteht aus Holzfußboden, farbigen Wänden und einem Himmelbett in zweien davon. Der das Haus umgebende Garten sorgt für ruhige Nächte. Im Frühstücksraum stehen schöne alte Möbel.

Anfahrt: 300 m von der Innenstadt, am Meer

BRETAGNE

PLOUËR-SUR-RANCE - 22490

 5 **MANOIR DE RIGOURDAINE**
M. Van Valenberg

 Route de Langrolay
22490 Plouër-sur-Rance
Tel. 02 96 86 89 96
Fax 02 96 86 92 46
hotel.rigourdaine@wanadoo.fr
www.hotel-rigourdaine.fr

13. Nov. bis 31. März geschlossen • 19 Zimmer, davon 5 mit Zwischengeschoss und 2 behindertengerecht, alle mit Bad/WC oder Dusche/WC und TV • 66 bis 82 € (Nebensaison 58 bis 74 €) für 2 Personen, Frühstück 7 € • kein Restaurant • Park, gesicherter Parkplatz; Hunde nicht erlaubt • Spielsalon mit Billardtisch, Angeln im hauseigenen Teich

Die zahlreichen Spazierwege entlang der Rance

Ein schmaler Weg führt zu dem schönen Bauernhof, dessen Ursprünge weit in die Vergangenheit zurückreichen. Er steht einsam oberhalb der Rance-Mündung und garantiert erholsame Nächte, aus denen man nur vom Möwengeschrei am Morgen geweckt wird. Solide rustikale Möbel und kräftige Farben kennzeichnen die Zimmer, alte Holzbalken, Steinwände und ein großer Esstisch den Frühstücksraum. Eine Adresse mit Charakter.

Anfahrt: 3 km nördlich von Plouer-sur-Rance über die D 12 in Richtung Langrolay, dann rechts in einen Privatweg einbiegen

QUINTIN - 22800

 6 **COMMERCE**
M. Gourdin

 2 rue Rochonen
22800 Quintin
Tel. 02 96 74 94 67
Fax 02 96 74 00 94
hotelducommerce@cegetel.net
http://www.hotelducommerce.fr.st

1. bis 4. Jan., 22. bis 28. März, 23. bis 29. Aug. sowie So-abend, Mo und Fr-abend (außer nach Voranmeldung) geschlossen • Nichtraucherhotel, 11 Zimmer mit Dusche/WC und TV • 54 bis 66 € (Nebensaison 49 bis 60 €) für 2 Personen, Frühstück 7 €, Halbpension möglich • Menüs 13 (werktags außer abends in der Hauptsaison) bis 40 €

Die Spaziergänge am Gouët

Das imposante Granithaus, das fast vollständig von Wildem Wein bewachsen ist, soll aus dem 18. Jh. stammen. Die kürzlich renovierten Zimmer sind sehr individuell und modern eingerichtet und tragen appetitliche Namen (Salzblüte, Paprika, Zimt etc.). Blickfang im rustikal vertäfelten Speiseraum ist der original erhaltene Kamin mit seinem mit Schnitzwerk verzierten Mantel.

Anfahrt: im Ortskern, an der D 790 zwischen Saint-Brieuc und Rostrenen

BRETAGNE

SABLES-D'OR-LES-PINS - 22240

MANOIR SAINT-MICHEL
M. et Mme Fournel-Besnier

La Carquois
22240 Sables-d'Or-les-Pins
Tel. 02 96 41 48 87
Fax 02 96 41 41 55
manoir-st-michel@fournel.de
www.fournel.de

1. Jan. bis 14. Apr. und 2. Nov. bis 31. Dez. geschlossen • 20 Zimmer auf 2 Stockwerken, alle mit Bad/WC oder Dusche/WC und TV • 44 bis 106 € für 2 Personen, Frühstück 8 € • kein Restaurant • Parkplatz, Garten; Hunde nicht erlaubt • Angeln im See

 Das Frühstück im Garten mit dem Meer im Hintergrund

Das Herrenhaus aus dem 16. und 17. Jh. eignet sich ideal für einen romantischen Aufenthalt. Das aus bretonischem Stein errichtete Haupthaus und die Cottages, der riesige Garten und der Teich lassen die enge Anfahrtsstraße schnell vergessen. Von weitem erkennt man sogar den Strand von Sables-d'Or-les-Pins. Antik präsentieren sich die Zimmer mit ihren schönen Schränken und Möbelstücken in verschiedenen Stilrichtungen (rustikal, Louis-treize und Louis-quinze). Sehr zuvorkommender Empfang.

Anfahrt: 1,5 km östlich über die D 34

ARZANO - 29300

CHÂTEAU DE KERLAREC
M. et Mme Bellin

Kerlarec
29300 Arzano
Tel. 02 98 71 75 06
Fax 02 98 71 74 55
château-de-kerlarec@wanadoo.fr
www.chateau-de-kerlarec.com

Ganzjährig geöffnet • 6 individuell eingerichtete Zimmer • 78 bis 110 € für 2 Personen, Frühstück inkl., Halbpension möglich • keine Mahlzeit • Aufenthaltsraum, Park, Parkplatz; keine Kreditkarten • Swimmingpool, Tennisplatz, Ausstellungen; in der Nähe: 18-Loch-Golfplatz, Reiten

 Das wunderbar erhaltene Ambiente des Zweiten Kaiserreichs

Man kann gut verstehen, dass die derzeitigen Besitzer sich in dieses Schloss aus dem Jahr 1830, das in einem Park mit Wasserbecken steht, verliebt haben. Im Innern herrscht die erlesene Eleganz aus der Zeit Napoleons III. vor (Fresken, Möbel und Kunstgegenstände vom Antiquitätenhändler, Reiseandenken usw.). Ruhe, Geräumigkeit und individuelles Flair charakterisieren die Zimmer. Vergessen Sie nicht, einen Blick in den Raum Jeanne d'Arc zu werfen!

Anfahrt: 6 km östlich von Quimperlé über die D 765, die Straße nach Lorient, und nach links auf die Straße nach Arzano (D 22) abbiegen

BRETAGNE

BERRIEN - 29690

9 **LA FERME DE PORZ KLOZ**
M. et Mme Berthou

Trédudon-le-Moine
29690 Berrien
Tel. 02 98 99 61 65
Fax 02 98 99 67 36
yvberthou @ wanadoo.fr
http://monsite.wanadoo.fr/porzkloz

März bis Nov. geöffnet • 5 Zimmer und 1 Apartment, alle mit Bad/WC • 45 bis 90 € (Nebensaison 39 bis 80 €) für 2 Personen, Frühstück 7 € • Mahlzeit (nur nach Voranmeldung) 20 € • Parkplatz; keine Kreditkarten, Hunde nicht erlaubt • in der Nähe: Reiterhof, Schwimmbad, Tennisplatz, Golfplatz

 Im bretonischen Hinterland auf Entdeckungstour gehen

In dieser Gruppe von Bauernhäusern aus dem 17. Jh., die vormals zur Abtei von Le Releq gehörten, scheint die Zeit still zu stehen. Die mit Möbeln aus Familienbesitz ausgestatteten Zimmer sind überaus gemütlich, die meisten sind groß genug für Familien. In der Empfangshalle sind Fotos mit Szenen aus dem Alltag der Bretonen im 19. Jh. ausgestellt. Bei den Mahlzeiten kommen ausschließlich Zutaten aus der Region auf den Tisch.

Anfahrt: 11 km nordwestlich von Huelgoat über die D 14 in Richtung Berrien und links auf die D 42

CLÉDER - 29233

10 **COS-MILIN**
Mme Moysan

29233 Cléder
Tel. 02 98 69 42 16
Fax 02 98 69 42 16
www.gites-finistere.com/gites/cozmilin

Ganzjährig geöffnet • 3 Zimmer nur für Nichtraucher, alle mit Bad • 50 € für 2 Personen, Frühstück inkl. • keine Mahlzeit • Aufenthaltsraum, Garten, Parkplatz; keine Kreditkarten, Hunde nicht erlaubt

 Das reichhaltige Frühstück wie bei Muttern

Von diesem hübschen Steinhaus mit Schieferdach ist es nicht weit bis zum Meer und zu den Wanderwegen an der Küste. Die mit persönlicher Note eingerichteten Zimmer sind eine gelungene Kombination aus Alt und Neu. Die gleiche Stilmischung herrscht im Erdgeschoss vor, wo sich ein eleganter Aufenthaltsraum und der Frühstücksraum befinden. Zum Frühstück werden hausgemachte Crêpes und bretonischer Kuchen serviert. Im schön angelegten Garten laden Liegestühle zum Erholen ein.

Anfahrt: 10 km westlich von Saint-Pol-de-Léon über die D 10 bis Cléder und dort in Richtung „Les plages" (Strände)

BRETAGNE

ROSPORDEN - 29140

11 **LE MANOIR DE COAT CANTON**
M. et Mme Simon

Grandbois
29140 Rosporden
Tel. 02 98 66 31 24

Ganzjährig geöffnet • 4 Zimmer mit Dusche/WC, davon 2 im Erdgeschoss • 40 bis 45 € für 2 Personen, Frühstück inkl. • keine Mahlzeit • Aufenthaltsraum, Parkplatz; keine Kreditkarten, Hunde nicht erlaubt • Reitmöglichkeiten vor Ort

 Die Reitausflüge durch die grüne Landschaft der Bretagne

Der Bau des hübschen Herrenhauses erstreckte sich vom 13. bis ins 17. Jh. Die in einem renovierten Nebengebäude untergebrachten Zimmer sind alle in einem anderen Stil eingerichtet: mittelalterlich, bretonisch oder englisch. Die alten Möbel im Aufenthaltsraum schaffen einen schönen Rahmen für das Frühstück. Die Besitzer haben gleichzeitig auch einen Reitstall und bieten Reitkurse an.

Anfahrt: 13 km nordöstlich von Concarneau über die Straße nach Pont-l'Abbé (D 783), dann nach rechts abbiegen in Richtung Rosporden (D 70)

FOUESNANT - 29170

12 **LA POINTE DU CAP COZ**
M. et Mme Le Torc'h

153 avenue de la Pointe - Cap Coz
29170 Fouesnant
Tel. 02 98 56 01 63
Fax 02 98 56 53 20
bienvenue@hotel-capcoz.com
www.hotel-capcoz.com

1. Jan. bis 10. Febr., 20. bis 27. Nov., So-abend und Mo-mittag vom 15. Sept. bis 15. Juni sowie Mi geschlossen • 16 Zimmer mit Bad/WC oder Dusche/WC und TV • 63 bis 88 €, Frühstück 8 € • behindertengerechtes Restaurant, Menüs 22 bis 42 € • Terrasse • Billardzimmer, in der Nähe: Golf, Strand, Wassersport

 Die Lage, angesichts derer man jedes Fernweh nach exotischeren Zielen vergisst

Das Hotel steht auf einer schönen Landzunge aus feinem Sand, die sich zwischen dem Meer und einer kleinen Bucht mit klarem Wasser erstreckt. Die ruhigen Zimmer sind eher schlicht gehalten, als ob sie so die Schönheit der Küste noch unterstreichen sollten. Einige besitzen eine eigene Terrasse, von der man die Aussicht genießen kann. Die beiden kürzlich renovierten Nichtraucherspeisesäle bilden den Rahmen für die köstlichen, saisonal bestimmten Meeresspezialitäten. Aufenthaltsraum mit Bar.

Anfahrt: 2,5 km südöstlich von Fouesnant über eine Nebenstraße

BRETAGNE

ÎLE-DE-BATZ - 29253

13 **TI VA ZADOU**

M. et Mme Prigent

Le bourg
29253 Île-de-Batz
Tel. 02 98 61 76 91
Fax 02 98 61 76 91

15. Nov. bis 1. Febr. geschlossen • 4 Zimmer auf 2 Stockwerken, alle mit eigenem Bad, außer ein Familienzimmer mit Bad auf dem Flur • 60 € für 2 Personen, Frühstück inkl. • keine Mahlzeit • Aufenthaltsraum; keine Kreditkarten, Hunde nicht erlaubt

 Eine Radtour durch die Straßen dieses kleinen Inseldorfes

Fröhlichkeit und Lebensfreude prägen das Natursteinhaus mit den blauen Fensterläden. Das Hausschild in bretonischer Sprache bedeutet „das Haus meiner Väter". Die behaglichen Zimmer sind eine harmonische Mischung aus Alt und Neu; alle bieten eine herrliche Aussicht auf den Hafen, die Inselgruppe und das Festland. Im Aufenthaltsraum und im Frühstücksraum, die beide durch einen Kamin beheizt werden, stehen alte Möbel aus Familienbesitz. Fahrradverleih in der Nähe.

Anfahrt: in der Nähe des Hafens

ÎLE-DE-SEIN - 29990

14 **AR-MEN**

M. Fouquet-Portais

Route du Phare
29990 Île-de-Sein
Tel. 02 98 70 90 77
Fax 02 98 70 93 25
hotel.armen@wanadoo.fr
www.hotel-armen.com

2. bis 25. Jan. und 2. bis 25. Okt. geschlossen • 10 Zimmer mit Meerblick, alle mit Dusche/WC • 50 bis 65 €, Frühstück 8 €, Halbpension möglich • Restaurant Soabend und Mi (in der Hauptsaison) geschlossen, Menü 18 € • Aufenthaltsraum mit Bibliothek

 Dem Reiz der Inselatmosphäre erliegen

Hier auf der Île de Sein können Sie getrost den Alltag vergessen! Nach der kurzen Überfahrt durchqueren Sie das Dorf in Richtung Leuchtturm und erreichen das große Gebäude mit seiner rosafarbenen Fassade. Die kleinen Zimmer sind schlicht, aber in schönen Farben gehalten und bieten alle einen Blick übers Meer. Die einfachen Gerichte auf der Karte sind sehr schmackhaft, wie z. B. das Hummerragout, die Spezialität der Insel. Aufenthaltsraum mit Bibliothek und Kamin. Freundlicher Service.

Anfahrt: am Ortsausgang, in Richtung Leuchtturm

BRETAGNE

LOC-EGUINER-ST-THÉGONNEC - 29410

15 TY-DREUX
Mme Martin

29410 Loc-Eguiner-Saint-Thégonnec
Tel. 02 98 78 08 21
Fax 02 98 78 01 69
ty-dreux@club-internet.fr
gites-peche-saint-thegonnec.com

Ganzjährig geöffnet • 7 komfortable Zimmer mit Dusche/WC und 3 Ferienwohnungen • 46 bis 56 € für 2 Personen, Frühstück inkl. • Mahlzeit 19 € • Garten; keine Kreditkarten, Hunde nicht erlaubt

Der hausgemachte Cidre

Der Name des mitten im Grünen stehenden Bauernhofs, wo heute Milchkühe gehalten werden, bedeutet „Haus des Webers", eine Anspielung auf seine Vergangenheit im Textilhandwerk. Dank der traditionellen Einrichtung aus alten Möbeln, einem großen Granitkamin (18. Jh.) und der Ausstellung von alten Trachten, die den Vorfahren gehört haben, ist die Adresse wirklich empfehlenswert. In den renovierten Zimmern gibt es moderne Himmelbetten. Zu den Mahlzeiten kommen Produkte vom Bauernhof auf den Tisch.

Anfahrt: 3,5 km südöstlich von Guimiliau über die Straße nach Plounéour-Menez (D 111)

PLOGOFF - 29770

16 AN TIEZ BIHAN
M. et Mme Ganne

Kerhuret
29770 Plogoff
Tel. 02 98 70 34 85
www.fumoir-2lapointeduraz.com

15. Nov. bis 1. Jan. geschlossen • 4 Zimmer • 40 € für 2 Personen, Frühstück inkl. • Mahlzeit 18 € (abends nach Voranmeldung außer Mi und So) • Parkplatz, Garten; keine Kreditkarten

Die hausgemachten Crêpes zum Frühstück

Dank einer kürzlichen Renovierung ist der ehemalige Bauernhof zu neuem Leben erwacht. Die neuen Besitzer haben klugerweise die ursprünglichen Proportionen und Baustoffe bewahrt. In kleinen Häuschen, die vormals als Stall und Scheune dienten, befinden sich hübsche, schlicht möblierte Zimmer. Das Anwesen umfasst ebenfalls eine Ferienwohnung. Im Speiseraum im Hauptgebäude werden leckere Gerichte aus Meeresfrüchten serviert. Wer gut zu Fuß ist, kann über den Küstenweg bis zur Pointe du Raz wandern.

Anfahrt: 2,5 km über die D 784 in Richtung Pointe du Raz

BRETAGNE
PLOGOFF - 29770　　　　　　　　　PLOMODIERN - 29550

17　DE LESCOFF
M. et Mme Le Corre

29 rue des Hirondelles - Lieu-dit „Lescoff"
29770 Plogoff

Tel. 02 98 70 38 24

Ganzjährig geöffnet • 3 Zimmer mit Bad/WC • 40 € (Nebensaison 38 €) für 2 Personen, Frühstück inkl. • keine Mahlzeit • Parkplatz, Garten, Terrasse; keine Kreditkarten

18　PORZ-MORVAN
M. Nicolas

Route de Lescuz
29550 Plomodiern
Tel. 02 98 81 53 23
Fax 02 98 81 28 61

christian.nicolas19@wanadoo.fr

10. Jan. bis Ende Febr. geschlossen • 12 Zimmer, davon 4 im Obergeschoss, die anderen in einem separaten Gebäude, alle mit Bad/WC oder Dusche/WC und TV • 48 bis 50 € für 2 Personen, Frühstück 6 € • rustikale Crêperie in der ehemaligen Scheune • Terrasse, schöner Garten mit Teich, Parkplatz • Tennisplatz

 Bei stürmischem Wetter bis zur Pointe du Raz wandern

Das Dörfchen Lescoff ist die letzte Siedlung vor der berühmten Landspitze Pointe du Raz. Die Gebäude dieses ehemaligen Bauernhofes sind um einen kleinen Hof angeordnet und wirken überaus einladend. Die nicht sehr großen Zimmer wurden gelungen restauriert und besitzen rustikale Möbel und unverputzte oder mit weißem Putz versehene Steinwände. Praktisch und willkommen ist die Kochecke im Frühstücksraum unter der Mansarde im ersten Stock.

 Die echten bretonischen Crêpes und Galettes

Dies ist ein Tipp für Naturfreunde und Ruhesuchende. Das wirklich reizende Bauernhaus wurde 1830 erbaut und steht nur einen Steinwurf vom berühmten Ménez-Hom (330 m) entfernt, von dem man eine umwerfende Aussicht über die ganze Gegend genießt. Die meisten der Zimmer sind schrittweise renoviert worden und befinden sich auf Gartenniveau im ehemaligen Stall. Die Scheune wurde in eine Crêperie umgewandelt, wobei der Dachstuhl und die dicken Steinmauern erhalten blieben. Großer Garten mit Teich.

Anfahrt: 300 m vom Parkplatz an der Pointe du Raz entfernt

Anfahrt: 3 km östlich von Plomodiern über eine Nebenstraße

BRETAGNE

PLOUIGNEAU - 29610

19 MANOIR DE LANLEYA
M. Marrec

Au bourg de Lanleya
29610 Plouigneau
Tel. 02 98 79 94 15
Fax 02 98 79 94 15
manoir.lanleya@wanadoo.fr
www.manoir-lanleya.com

Ganzjährig geöffnet • 5 Zimmer nur für Nichtraucher, alle mit Dusche/WC • 66 € für 2 Personen, Frühstück inkl. • keine Mahlzeit • Garten, Parkplatz; keine Kreditkarten, Hunde nicht erlaubt

 Die Legende, die sich um das Gebäude rankt und die der Besitzer gerne erzählt

Wenn man sich die gelungene Restaurierung betrachtet, glaubt man kaum, dass das Herrenhaus und seine „Malouinière" (von Bürgern aus Saint-Malo errichtete Landhäuser) aus dem 18. Jh. in letzter Minute vor dem Verfall gerettet wurden. Das Hausinnere ist herrlich: bretonische Möbel, Holzbalkendecke, Schieferfußboden, Steinwände, Wendeltreppe, Kamin aus rosarotem Granit, erlesene Stoffe etc. Das größte und schönste Zimmer ist das Louis-quinze-Zimmer. Zauberhafter Garten mit Bächlein.

Anfahrt: 5 km nordöstlich von Morlaix über die D 712 und die D 64 in Richtung Lanmeur

PONT-AVEN - 29930

20 LE MOULIN DE ROSMADEC
M. et Mme Sébilleau

Venelle de Rosmadec
29930 Pont-Aven
Tel. 02 98 06 00 22
Fax 02 98 06 18 00

Während der Schulferien im Febr., 14. bis 30. Okt. sowie So-abend außerhalb der Saison und Mi geschlossen • 4 Zimmer in einem separaten Gebäude, alle mit Bad/WC und TV • 85 bis 90 € für 2 Personen, Frühstück 10 € • Menüs 32 bis 74 € (Voranmeldung, begrenzte Anzahl an Gedecken)

 Auf der reizenden Veranda mit Blick auf den Fluss frühstücken

Die malerische alte Mühle stammt aus dem Jahr 1456. Ein einheimisches Sprichwort besagt: „Pont-Aven, bekannte Stadt – 14 Mühlen, 15 Häuser hat". Die Müller, die in dem reißenden Strom ideale Bedingungen vorfanden, haben sicherlich zu der Berühmtheit des Ortes beigetragen (allein schon durch die weithin bekannten „Galettes"), doch waren es die Maler, die dem Ort zu Weltruf verhalfen. In dem typisch bretonischen Restaurant hängen Werke aus der Schule von Pont-Aven. Geräumige, moderne Zimmer.

Anfahrt: im Stadtzentrum, in der Nähe der Brücke

BRETAGNE

SAINT-THÉGONNEC - 29410

 AR PRESBITAL KOZ
Mme Prigent

18 rue Lividic
29410 Saint-Thégonnec
Tel. 02 98 79 45 62
Fax 02 98 79 48 47
andre.prigent@wanadoo.fr

Ganzjährig geöffnet • 6 Zimmer auf 2 Stockwerken, davon 4 mit Bad/WC und 2 mit Dusche/WC • 47 bis 50 € für 2 Personen, Frühstück inkl. • nur Abendessen 20 € • Garten, Parkplatz; keine Kreditkarten, Hunde nicht erlaubt

 Die typisch bretonischen umfriedeten Pfarrbezirke

Das ehemalige Pfarrhaus aus dem 18. Jh. liegt versteckt hinter einer Reihe von Zypressen und bietet geräumige und komfortable Zimmer, die alle in einer anderen Farbe gehalten sind. Besonderer Schmuck der Zimmer sind die schönen alten Möbel und ein Kamin im größten Raum. Auf den freundlichen Rauchsalon und Aufenthaltsraum verteilt sich eine Sammlung von Enten aus der ganzen Welt. Bei schönem Wetter lädt der Garten mit seinen Gemüsebeeten zum Verweilen ein. Fahrradverleih vor Ort.

Anfahrt: in der Nähe des Altenheims Sainte-Bernadette

TRÉGUNC - 29910

 AUBERGE LES GRANDES ROCHES
M. Raday

Les Grandes-Roches
29910 Trégunc
Tel. 02 98 97 62 97
Fax 02 98 50 29 19
hrlesgrandesroches@club-internet.fr
www.hotel-lesgrandesroches.com

20. Dez. bis 1. Febr. geschlossen • 17 Zimmer in mehreren Gebäuden und Reetdachhäusern, alle mit Bad/WC oder Dusche/WC • 75 bis 130 € für 2 Personen, Frühstück 12 €, Halbpension möglich • Menü 41 € • Park mit Dolmen und Menhir, Parkplatz; Hunde nicht erlaubt

 Das 100%ige „Breizh" (bretonische) Ambiente des Anwesens zwischen Armor und Argoat

Der reizende Weiler aus alten Gehöften und 200 Jahre alten Strohdachhäusern liegt versteckt in einem 5 ha großen Park mit leicht wildem Touch, in dem ein riesiger Dolmen und ein „geweihter" Menhir stehen. Die geschmackvoll eingerichteten und regelmäßig aufgefrischten Zimmer sind absolut ruhig. Im Restaurant wurde das Ambiente echter bretonischer Wohnhäuser mit dicken Bruchsteinwänden und monumentalen Kaminen nachempfunden.

Anfahrt: 0,6 km nordöstlich von Trégunc über eine Nebenstraße

BRETAGNE

CANCALE - 35260

 23 LE CHATELLIER
Mme Lescarmure

 Route de Saint-Malo
35260 Cancale
Tel. 02 99 89 81 84
Fax 02 99 89 61 69
hotelchatel@aol.com
www.hotellechatellier.com

Ganzjährig geöffnet • 13 Zimmer, davon eines behindertengerecht, alle mit Bad/WC oder Dusche/WC und TV • 55 bis 73 € für 2 Personen, Frühstück 8 € • kein Restaurant • Aufenthaltsraum, Garten, Parkplatz

 Die wilde Landschaft um die Pointe du Grouin

Wer die Gegend kennen lernen und gleichzeitig dem geschäftigen Treiben des Seebades entgehen will, ist in dem ehemaligen Bauernhaus aus Naturstein an der richtigen Adresse. Das Hotel bietet recht geräumige und mit rustikalen Möbeln ausgestattete, tadellos gepflegte Zimmer. Ein Kamin verbreitet während der kalten Winterabende im Aufenthaltsraum wohlige Wärme.

Anfahrt: 2 km westlich über die D 355 in Richtung Saint-Malo

CANCALE - 35260

 24 LA POINTE DU GROUIN
Mme Simon

 À la Pointe-du-Grouin
35260 Cancale
Tel. 02 99 89 60 55
Fax 02 99 89 92 22
hotel-pointe-du-grouin@wanadoo.fr
www.hotelpointedugrouin.com

Ganzjährig geöffnet • 16 Zimmer auf 2 Stockwerken, alle mit Bad/WC oder Dusche/WC und TV • 78 bis 98 € für 2 Personen, Frühstück 8 €, Halbpension möglich • Restaurant Di und Do-mittag außerhalb der Saison geschlossen, Menüs 20 bis 61 € • Parkplatz • 400 m vom Strand entfernt

 Der Sonnenuntergang an der Pointe du Grouin

Bei schönem Wetter geht es hier recht hektisch zu. Darüber hinaus ist die Landspitze Pointe du Grouin der Ausgangspunkt der berühmten Segelregatta Route du Rhum, die alle vier Jahre stattfindet (2006). Bei Sonnenuntergang ist der Blick von diesem Haus über der Steilklippe auf die Landspitze atemberaubend schön. Die hübschen und komfortablen Zimmer und das Panoramarestaurant bieten einen grandiosen Ausblick auf die Île des Landes (Vogelschutzgebiet) und auf die Bucht des Mont-Saint-Michel.

Anfahrt: 5 km nördlich von Cancale über die D 201

BRETAGNE

CESSON-SÉVIGNÉ - 35510

25 GERMINAL
M. et Mme Goualin

9 cours de la Vilaine
35510 Cesson-Sévigné
Tel. 02 99 83 11 01
Fax 02 99 83 45 16
le-germinal@wanadoo.fr
www.legerminal.com

Während der Weihnachtsferien geschlossen • 20 Zimmer auf 3 Stockwerken, alle mit Bad/WC und TV • 70 bis 90 € für 2 Personen, Frühstück 9 € • Restaurant Mo im Sommer und So geschlossen, Menüs 17 bis 43 € • Terrasse, Parkplatz

Die Terrasse über dem Fluss

Die ehemalige Mühle (1883) auf einer kleinen Insel in der Vilaine bezaubert durch ihre ungewöhnliche Lage. Auf einer zweiten Insel befindet sich der Parkplatz, der mit dem Hotel über einen Steg verbunden ist. Die neuen Besitzer haben sich mit Eifer an den Ausbau gemacht, die Zimmer und das Restaurant werden gerade renoviert. Die Aussicht, die Ruhe, die idyllische Lage - das Hotel besitzt viele Vorzüge und wird nach und nach wieder zu einer ebenso reizvollen wie einzigartigen Adresse.

Anfahrt: 6 km östlich von Rennes, auf einer Insel in der Vilaine

CHÂTEAUBOURG - 35220

26 AR MILIN'
M. Burel

30 rue de Paris
35220 Châteaubourg
Tel. 02 99 00 30 91
Fax 02 99 00 37 56
resa.armilin@wanadoo.fr
www.armilin.com

1. bis 4. Jan. geschlossen • 32 Zimmer in der Mühle und der Résidence du Parc, alle mit Bad/WC oder Dusche/WC und TV • 85 € (Nebensaison 79 €) für 2 Personen, Frühstück 11 €, Halbpension möglich • Menüs 27 bis 44 € • 5 ha großer, von der Vilaine durchflossener Park, Arboretum mit 60 verschiedenen Pflanzen, Terrasse, Parkplatz • Tennisplatz

Der herrliche, 5 ha große Park mit einem Arboretum und Skulpturen

Herzlich willkommen in Ar Milin', einer Getreidemühle aus dem 19. Jh. an der Vilaine. Sie haben die Wahl zwischen zwei Restaurants: Das eine präsentiert sich komfortabel mit Deckenbalken und einer auf den Fluss hinausgehenden Veranda, das andere ist im Stil eines zeitgenössischen Bistros gehalten. In der Mühle selbst gibt es einige stilvolle Zimmer, doch die ruhigeren, allerdings auch eher funktionellen Unterkünfte liegen in einem separaten kleinen Gebäude.

Anfahrt: 16 km westlich von Rennes über die N 157, Ausfahrt „Châteaubourg", 900 m von der Ausfahrt entfernt, in der Ortsmitte

BRETAGNE

LE RHEU - 35650   PAIMPONT - 35380

27 MANOIR DU PLESSIS
M. Desmots

Route de Lorient
35650 Le Rheu
Tel. 02 99 14 79 79
Fax 02 99 14 69 60
info@manoirduplessis.fr
www.manoirduplessis.fr

26. Dez. bis 3. Jan. und 15. bis 20. Febr. geschlossen • 5 Zimmer mit Bad/WC und TV • 95 € für 2 Personen, Frühstück 9 € • Menüs 16 bis 27 € • Terrasse mit Park (Südlage), Parkplatz • Billardraum

28 LA CORNE DE CERF
Mme Morvan

Le Cannée
35380 Paimpont
Tel. 02 99 07 84 19

Jan. geschlossen • 3 Zimmer mit Bad • 50 € für 2 Personen, Frühstück inkl. • keine Mahlzeit • Aufenthaltsraum, Bibliothek, Garten; keine Kreditkarten, Hunde nicht erlaubt

Eine Runde Billard im Aufenthaltsraum, bevor man sich im Speisesaal vom Chef verwöhnen lässt

Das schöne Herrenhaus liegt in einem 2,5 ha großen Park, der etwas zurückgesetzt von der Straße nach Lorient angelegt wurde. Bekannt ist die Adresse vor allem für ihre gute, saisonal bestimmte Küche, die hübschen Speisesäle mit Parkettboden, Holztäfelung und Louis-seize-Möbeln und die begrünte Terrasse. Erwähnenswert sind jedoch auch die entzückenden, geräumigen Zimmer mit Blick über die grüne Landschaft, in denen eine zeitgenössische Ausstattung und angenehm nostalgisches Ambiente vereint sind.

Die erlesene Eleganz in allen Räumen

Das gediegene, sehr hübsch renovierte Haus steht mitten im Wald von Brocéliande, der für seine Legenden und Zauberer bekannt ist. Stilvoll gibt sich das Innere mit seinen Gemälden, Wandbehängen und den bemalten Möbeln. Von den hellen und freundlichen Zimmern blickt man auf einen üppig blühenden Garten. Im Dorf und in der Umgebung bieten sich zahlreiche Wassersport- und Wandermöglichkeiten.

Anfahrt: 6 km westlich von Rennes über die Straße nach Lorient

Anfahrt: 2 km südlich von Paimpont über die D 71

BRETAGNE
QUEDILLAC - 35290   SAINT-COULOMB - 35350

29 RELAIS DE LA RANCE
M. Guitton-Chevrier

6 rue de Rennes
35290 Quedillac
Tel. 02 99 06 20 20
Fax 02 99 06 24 01

 relaisdelarance@21s.fr

20. Dez. bis 20. Jan. sowie Fr- und So-abend geschlossen
• 13 Zimmer mit Bad/WC oder Dusche WC und TV
• 49 bis 64 € für 2 Personen, Frühstück 9 €, Halbpension möglich • Menüs 20 bis 70 € • Parkplatz

30 AUBERGE DE LA MOTTE JEAN
M. et Mme Simon

35350 Saint-Coulomb
Tel. 02 99 89 41 99
Fax 02 99 89 92 22
hotel-pointe-du-grouin@wanadoo.fr
www.hotelpointedugrouin.com

Ganzjährig geöffnet • 11 Zimmer in 2 modernen Gebäuden, alle mit Bad/WC oder Dusche/WC und TV
• 78 bis 130 € (Nebensaison 65 bis 110 €) für 2 Personen, Frühstück 7 €, Halbpension möglich • Menüs 20 bis 61 €
• Garten, Parkplatz; Hunde auf den Zimmern nicht erlaubt • Ententeich

 Der nette Empfang, den die Familie Guitton ihren Gästen seit 1946 bietet

Hier haben Sie eine Adresse, in der sich die Gastgeber diskret, doch äußerst aufmerksam um das Wohl ihrer immer zahlreicher werdenden Stammgäste kümmern. Geschätzt werden die familiäre Atmosphäre, die in dem typisch bretonischen Gebäude herrscht, die schmackhafte traditionelle Küche, die täglich durch ein regionales Menü ergänzt wird, und die individuell eingerichteten und kürzlich renovierten Zimmer. Sie sind komfortabel und verfügen über moderne Bäder.

 Das Frühstück, das im Winter am Kamin und im Sommer im Garten serviert wird

Die vom Meer geformten Landspitzen, Kaps und Halbinselchen und die Île du Guesclin, deren Fort dem Chansonnier Léo Ferré gehörte, sind nur wenige hundert Meter von diesem einsamen Landhaus aus dem Jahre 1707 entfernt. Alle Zimmer sind geschmackvoll renoviert worden; besonders gelungen sind die Zimmer im ehemaligen Pferdestall. Fast meint man, jeden Moment müsste Miss Marple mit einer Gartenschere in der Hand hinter den Rosenbüschen im wunderschönen französischen Garten auftauchen.

Anfahrt: an der Grenze des Departements, zwischen Rennes und Saint-Brieuc, über die N 12 und die D 220, im Dorfzentrum

Anfahrt: am Ortsausgang von Cancale auf der D 355 in Richtung Saint-Malo fahren

BRETAGNE

SAINT-MALO - 35400

31 **QUIC-EN-GROIGNE**
Mme Roualec

8 rue d'Estrées
35400 Saint-Malo
Tel. 02 99 20 22 20
Fax 02 99 20 22 30
rozenn.roualec@wanadoo.fr
www.quic-en-groigne.com

5. bis 19. Jan. und 23. bis 25. Dez. geschlossen • 15 Zimmer auf 2 Stockwerken, alle mit Bad/WC oder Dusche/WC und TV • 58 bis 64 € (Nebensaison 54 bis 59 €), Frühstück 7 € • kein Restaurant • Hotelgarage; Hunde nicht erlaubt

 Die ruhige Lage mitten in Saint-Malo

Der Name des Hotels erinnert an den Turm, den Anna von Bretagne zum großen Bedauern der Stadtbürger, die ein solches Machtsymbol nicht gern sahen, an die Burg anbauen ließ. „Mögt ihr auch murren (qui qu'en groigne), ich habe es so beschlossen", war ihre Antwort auf die Unzufriedenheit ihrer Untertanen. Das Hotel ist unweit der Strände in einem alten Haus aus Naturstein untergebracht. Die modernen Zimmer werden nach und nach renoviert. Frühstück auf der Veranda oder im hübschen Garten.

Anfahrt: in der Altstadt von Saint-Malo, an der Porte Saint-Louis die Rue de Toulouse nehmen und an ihrem Ende zweimal rechts abbiegen

SAINT-SULIAC - 35430

32 **LES MOUETTES**
Mme Rouvrais

17 Grande-Rue
35430 Saint-Suliac
Tel. 02 99 58 30 41
contact@les-mouettes-saint-suliac.com
http://www.les-mouettes-saint-suliac.com

Ganzjährig geöffnet • 5 Zimmer, davon eines behindertengerecht, alle mit Bad • 48 € (Nebensaison 43 €) für 2 Personen, Frühstück inkl. • keine Mahlzeit • Garten; keine Kreditkarten, Hunde nicht erlaubt

 Die Gastfreundlichkeit der Besitzerin

Das Natursteinhaus aus dem Jahr 1870 beherbergte lange Zeit den Krämerladen und die Metzgerei des Dorfes. Es steht an der Hauptstraße, die zum Rance-Ufer führt, und wartet heute mit gemütlichen Zimmern in Pastellfarben auf, die Gemälde und schöne alte Möbel zieren. Eines der Zimmer ist für Körperbehinderte zugänglich. Der Frühstücksraum verfügt über eine Bibliothek, und der Garten hinter dem Haus lädt zum Verweilen ein.

Anfahrt: im Ortskern

BRETAGNE

BADEN - 56870   **CARNAC - 56340**

 33 GAVRINIS
M. et Mme Lignières

 Toulbroch
56870 Baden
Tel. 02 97 57 00 82
Fax 02 97 57 09 47
gavrinis@wanadoo.fr
www.gavrinis.com

16. Jan. bis 2. Febr., 16. Febr. bis 5. März, Sa- und Mo-mittag (Hauptsaison), So-abend und Mo geschlossen • 18 Zimmer, davon 4 nur für Nichtraucher, alle mit Bad/WC oder Dusche/WC und TV • 72 bis 89 €, Frühstück 11 €, Halbpension möglich • Menüs 20 bis 46 € • Terrasse, Garten, Parkplatz • In der Nähe: Mountainbike, Wanderungen, Angeln, Segeln

 Vom Gavrinis aus den Golf von Morbihan und die Inseln entdecken

Das von einem Garten umgebene Gebäude im modernen bretonischen Stil ist die ideale Adresse für einen angenehmen Urlaub in familiärer Atmosphäre. Einige der komfortablen und tadellos sauberen Zimmer besitzen einen Balkon. Bekannt ist das Haus jedoch vor allem für seine gute Küche, für die der Chef gemeinsam mit seinem Sohn verantwortlich zeichnet. Die köstlichen Gerichte aus heimischen Erzeugnissen sind eine geschickte Verbindung aus traditioneller französischer und regionaler Küche.

Anfahrt: ab Baden die Straße in Richtung Vannes nehmen und zum Weiler Toulbroch

 34 L'ALCYONE
Mme Balsan

 Impasse de Beaumer - Carnac-plage
56340 Carnac
Tel. 02 97 52 78 11

10 Tage im Jan. und 2 Wochen im Nov. geschlossen • 5 Zimmer mit Bad • 62 € (Nebensaison 57 €) für 2 Personen, Frühstück inkl. • keine Mahlzeit • Aufenthaltsraum, Garten, Parkplatz; keine Kreditkarten, Hunde auf Anfrage erlaubt

 Das köstliche Frühstück mit hausgemachter Marmelade

Das Bauernhaus aus dem Jahr 1870 liegt günstig zwischen Meer und Menhiren, nur 500 m von einem der schönsten Strände in der Bucht von Carnac entfernt. Hinter der von wildem Wein bewachsenen Fassade befinden sich ansprechende Zimmer mit weiß gekalkten Wänden, Parkettfußböden und geschmackvollen Stoffen. In dieser ruhigen Umgebung erholt man sich nur zu gern auf den weichen Sofas im Aufenthaltsraum oder in den Liegestühlen im Garten mit Blick auf die weite Landschaft.

Anfahrt: am Ortsausgang von Carnac-Plage, in Richtung La Trinité-sur-Mer

BRETAGNE

CARNAC - 56340

 35 **AUBERGE LE RÂTELIER**
M. Bouvart

4 chemin du Douet
56340 Carnac
Tel. 02 97 52 05 04
Fax 02 97 52 76 11
bouvart @ infonie.fr
www.le-ratelier.com

13. bis 30. Nov. sowie Di und Mi außerhalb der Saison geschlossen • 8 Zimmer, einige mit Dusche/WC und TV • 46 bis 55 € (Nebensaison 38 bis 43 €), Frühstück 7 €, Halbpension möglich • Menüs 17 bis 40 € • schön angelegter Hof, Parkplatz

 Die berühmten Menhire von Carnac zu sehen

Das Bauernhaus in einer stillen Gasse im alten Dorf soll von einem Soldaten Napoleons errichtet worden sein. Hinter seiner von Wildem Wein bewachsenen Granitfassade verbirgt sich ein behagliches, rustikales Innenleben. Den recht kleinen und sehr einfach eingerichteten Zimmern fehlt es dennoch nicht an ländlichem Reiz. In dem länglichen Speiseraum im ehemaligen Stall, den Blumenstoffe aufheitern, sind die alten Holzbalken und die Futterkrippe erhalten.

Anfahrt: im alten Dorf, unweit der Kirche

CARNAC - 56340

 36 **TY ME MAMM**
Mme Daniel

Quelvezin
56340 Carnac
Tel. 02 97 52 45 87

Ganzjährig geöffnet • 4 Zimmer, davon eines im Erdgeschoss • 50 € für 2 Personen, Frühstück inkl. • keine Mahlzeit • Garten, Parkplatz; keine Kreditkarten

 Die Gastfreundlichkeit und Ungezwungenheit der Gastgeber

Mitten auf dem Land steht dieses schöne, von Grund auf renovierte Bauernhaus aus der Zeit um 1900. Vor ihm erstreckt sich ein großer Garten mit einem Teich. Die äußerst gepflegten Zimmer sind nach den Stränden von Carnac benannt und vereinen harmonisch rustikale und moderne Elemente. Im Frühstücksraum mit dem großen Granitkamin schmeckt das Frühstück besonders gut. Außerdem stehen den Gästen ein Kühlschrank und ein Mikrowellenherd zur Verfügung.

Anfahrt: 5 km nördlich von Carnac über die D 768 und die Straße nach Quelvezin (C 202)

BRETAGNE

ÉTEL - 56410   GUILLIERS - 56490

37 LE TRIANON
Mme Guezel

14 rue du Général-Leclerc
56410 Étel
Tel. 02 97 55 32 41
Fax 02 97 55 44 71
hotel.letrianon@wanadoo.fr
www.hotel-le-trianon.com

Jan. sowie Mo-mittag, Sa-mittag und So-abend von Nov. bis März geschlossen • 24 Zimmer, alle mit Bad/WC oder Dusche/WC und TV • 60 bis 100 € (Nebensaison 48 bis 65 €) für 2 Personen, Frühstück 9 €, Halbpension möglich • Menüs 19 bis 42 € • Garten, Parkplatz

 Bei stürmischem Wetter das atemberaubende Naturschauspiel am Barre d'Étel

Lassen Sie sich von der recht unscheinbaren Fassade dieses Gebäudes in dem kleinen Fischerdorf nicht abschrecken, denn im Innern erwarten Sie einige angenehme Überraschungen. Die geräumigen und verspielt-romantisch eingerichteten Zimmer sind von unterschiedlicher Größe und unterschiedlichem Komfort, einige haben noch ihre Originalsitzbadewanne. Die schönsten befinden sich in der Villa im Garten. Der gemütliche Speisesaal ist rustikal und familiär zugleich, der Service äußerst zuvorkommend.

Anfahrt: in der Ortsmitte, in der Nähe der Kirche

38 RELAIS DU PORHOËT
M. et Mme Courtel

11 place de l'Église
56490 Guilliers
Tel. 02 97 74 40 17
Fax 02 97 74 45 65
aurelaisduporhoet@wanadoo.fr
www.aurelaisduporhoet.com

1. bis 22. Jan., 1. bis 8. Okt., 1. bis 8. Juli sowie So-abend und Mo außerhalb der Saison geschlossen • 12 Zimmer mit Bad/WC oder Dusche/WC und TV • 40 bis 49 € für 2 Personen, Frühstück 7 €, Halbpension möglich • Menüs 10 (werktags) bis 36 € • Garten, gesicherter Parkplatz; Hunde auf den Zimmern nicht erlaubt

 Das junge Besitzerpaar, das jederzeit für Tipps zu der Gegend zur Verfügung steht

Das Landgasthaus mit seinen schönen Blumenkästen im Sommer ist eine äußerst empfehlenswerte Adresse. In den geräumigen, rustikalen Zimmern schläft man gut, und in dem hübschen Speiseraum mit dem riesigen Kamin werden schmackhafte große Portionen regionaler Gerichte serviert. Den Kindern wird vor allem der Garten gefallen.

Anfahrt: in der Ortsmitte, gegenüber der Kirche

BRETAGNE

ILE DE GROIX - 56590

 39 **LA GREK**
M. et Mme Le Touze

 3 place du Leurhé
56590 Île de Groix
Tel. 02 97 86 89 85
Fax 02 97 86 58 28
groe @ infonie.fr
www.groix.com

Jan. geschlossen • 4 Zimmer nur für Nichtraucher, alle mit Bad/WC • 50 € (Nebensaison 38 bis 45 €) für 2 Personen, Frühstück inkl. • keine Mahlzeit • Aufenthaltsraum, Garten, Parkplatz; keine Kreditkarten, Hunde nicht erlaubt

 Die von Wind und Wellen gepeitschte Insel

Das Gebäude im Art-déco-Stil gehörte einst dem Reeder einer Thunfischfangflotte, seinen Namen verdankt es allerdings dem Spitznamen der Inselbewohner. Auch nach den Restaurierungen von 1993 und 1997 blieb sein besonderer Charakter erhalten. Die komfortablen und eleganten Zimmer besitzen riesige Badezimmer. Die mit schönen alten Möbeln ausgestatteten Aufenthaltsräume wirken sehr einladend. In einem steht eine Sammlung alter Kaffeekannen. Erholung garantiert der umfriedete Garten.

Anfahrt: im Dorf

ÎLE DE GROIX - 56590

 40 **LA MARINE**
Mme Hubert

 7 rue du Général-de-Gaulle
56590 Île de Groix
Tel. 02 97 86 80 05
Fax 02 97 86 56 37
hotel.dela.marine @ wanadoo.fr
 www.hoteldelamarine.com

Jan. sowie So-abend und Mo außerhalb der Saison (außer während der Schulferien) geschlossen • 22 Zimmer mit Bad/WC oder Dusche mit oder ohne WC • 42 bis 90 € (Nebensaison 36 bis 80 €) für 2 Personen, Frühstück 8 €, Halbpension möglich • Menüs 16 bis 25 € • Terrasse, Garten

 Die Rundfahrt um die Insel auf einem alten Kutter

Der kleine Spazierweg zwischen der Anlegestelle und dem Hauptort der Insel hat Sie hungrig gemacht? Wenn ja, sollten Sie in dem stilvollen Restaurant dieses Bürgerhauses aus dem 19. Jh. einkehren, denn es hat eine reichhaltige und abwechslungsreiche Küche zu bieten. So gestärkt, können Sie sich getrost zu Fuß oder mit dem Fahrrad zu einer Erkundungstour um die Insel aufmachen. Einfache, aber gut gepflegte Zimmer, schattige Terrasse und Garten.

Anfahrt: im Ort, 5 Gehminuten vom Hafen entfernt

BRETAGNE

LA TRINITÉ-SUR-MER - 56470

NOYAL-MUZILLAC - 56190

 STIREN AR MOR
M. et Mme Hans

1 clos du Poulbert
56470 La Trinité-sur-Mer
Tel. 02 97 30 15 28
Fax 02 97 30 15 28
danchant@libertysurf.fr
 www.stiren-ar-mor.fr.st

15. Okt. bis Ostern geschlossen • 4 Zimmer (davon 2 mit eigenem Aufenthaltsraum), alle mit Dusche/WC oder Bad/WC und TV • 48 bis 63 € für 2 Personen, Frühstück inkl. • keine Mahlzeit • Garten, Terrasse; keine Kreditkarten, Hunde nicht erlaubt

 MANOIR DE BODREVAN
M. et Mme Rüfenacht

56190 Noyal-Muzillac
Tel. 02 97 45 62 26
Fax 02 97 45 61 40
www.pour-les-vacances.com

2. Nov. bis 20. Dez. und 7. Jan. bis 1. Apr. geschlossen • 6 Zimmer, davon eines behindertengerecht, alle mit Bad/WC oder Dusche/WC und TV • 74 bis 96 € (Nebensaison 68 bis 84 €) für 2 Personen, Frühstück 10 €, Halbpension möglich • Menü 21 € (nur abends und nur für Hausgäste) • gesicherter Parkplatz, Garten; Hunde im Restaurant nicht erlaubt

 Das Auto stehen lassen und die Küste zu Fuß erkunden

Das moderne Gebäude, das vom bretonischen Baustil inspiriert ist, wird von einem wunderhübschen Garten umgeben und liegt in einem ruhigen Wohnviertel beim Strand. Die in Blau, Lachs, Gelb oder Grün gehaltenen Zimmer sind bequem und besitzen eine recht neue Ausstattung mit rustikalen oder funktionellen Möbeln. Im ersten Stock sind sie größer und verfügen über eine Sitzecke, dagegen besitzen die Zimmer im zweiten Stock unter der Mansarde mit ihrem Gebälk mehr Charme. Familienstücke im Erdgeschoss.

 Der zauberhafte Garten mit seinen wunderschönen Rosen

Wer Ruhe vor der Hektik der Stadt sucht, ist bei diesem mitten auf dem Land gelegenen ehemaligen bretonischen Jagdschlösschen aus dem 16. Jh. genau an der richtigen Adresse. Wie ein Schild am Eingang besagt, handelt es sich hier um eine „Pension de Prestige", deren Zimmer sehr originell eingerichtet sind und manchmal fast ein wenig barock-überladen wirken. Das Restaurant, in dem schmackhafte Tagesgerichte aufgetischt werden, ist den Hausgästen vorbehalten.

Anfahrt: 300 m vom Strand entfernt

Anfahrt: 2 km nordöstlich über die D 153 und eine Nebenstraße

BRETAGNE

PLOEMEL - 56400

43 CHAMBRE D'HÔTE M. MALHERBE
M. et Mme Malherbe

Kerimel
56400 Ploemel
Tel. 02 97 56 84 72
Fax 02 97 56 84 72
elisabeth.malherbe@wanadoo.fr
http://kerimel.free.fr

14. Nov. bis 3. Febr. geschlossen • 4 Zimmer nur für Nichtraucher, alle mit Dusche/WC und TV • 65 bis 70 € für 2 Personen, Frühstück inkl. • keine Mahlzeit • Garten, Parkplatz; keine Kreditkarten, Hunde nicht erlaubt

Die wohlige Wärme des Holzofens nach einem Tag in der frischen Luft

Die Ansammlung kleiner Landhäuser aus dem 17. Jh., die um einen großen Hof angeordnet sind, ist ein reizendes Fleckchen Erde. Die Zimmer unter der Mansarde wurden geschmackvoll renoviert und sind mit alten Möbeln, komfortablen Betten und funktionellen Badezimmern ausgestattet. Das Frühstück mit Croissants, Crêpes, Kuchen und hausgemachter Marmelade wird im Winter vor dem riesigen Kamin aus Granit eingenommen. Auch der Aufenthaltsraum und die Bibliothek sind zu empfehlen.

Anfahrt: 8 km nördlich von Carnac über die D 119, den Ort in Richtung Erdeven durchqueren, nach 1,5 km rechts ab und weiter in Richtung Kerimel

PLOËRMEL - 56800

44 LE THY
M. et Mme Dinael

19 rue de la Gare
56800 Ploërmel
Tel. 02 97 74 05 21
Fax 02 97 74 02 97
info@lethy.com
www.le-thy.com

Ganzjährig geöffnet • 7 Zimmer mit Bad/WC oder Dusche/WC und TV • 50 bis 60 € für 2 Personen, Frühstück 5 € • kein Restaurant, jedoch eine Bar, die belegte Brote anbietet • kleiner Parkplatz; Hunde nicht erlaubt • Konzerte und Theateraufführungen (am Wochenende)

Der Hortensienlehrpfad (220 Sorten) am Ufer des Lac au Duc

Dieses untypische Hotel fällt zur Freude seiner Gäste völlig aus dem Rahmen. In den äußerst modernen Zimmern wird jeweils einem anderen Künstler einer unterschiedlichen Epoche Ehre erwiesen. Sie tragen Namen wie „Tapiès", „Hooper", „Bonnard", „Hugo Pratt", „Klimt", „Van Gogh" oder „Maleratelier". Im Kabarettraum, den 300 Schubladen schmücken, finden am Wochenende Konzerte statt. Ein Hotel, das mit der Zeit geht, Charakter hat und gepflegt ist – was will man mehr?

Anfahrt: in der Innenstadt

BRETAGNE

PLOUGOUMELEN - 56400

PLOUGOUMELEN - 56400

45 LES CHAUMIÈRES DE CAHIRE
M. et Mme Hermellin

56400 Plougoumelen
Tel. 02 97 57 84 83

• 3 komfortable Zimmer mit Dusche/WC • 63 bis 70 € für 2 Personen, Frühstück inkl. • keine Mahlzeit • Garten, Parkplatz; keine Kreditkarten, Hunde nicht erlaubt • in der Nähe: Tennis, Reiten

46 FERME DE GUERLAN
M. Le Douaran

À Guerlan
56400 Plougoumelen
Tel. 02 97 57 65 50
Fax 02 97 57 65 50
ledouaran@aol.com

www.bedbreak.com/guerlan

15. Nov. bis 1. März geschlossen • 5 Zimmer, davon 1 Familienzimmer und eines behindertengerecht • 36 bis 50 € für 2 Personen, Frühstück inkl. • keine Mahlzeit • Aufenthaltsraum, Garten, Parkplatz; keine Kreditkarten

Die originelle Aufteilung der Zimmer auf drei reetgedeckte Häuschen

Die drei malerischen Häuschen mit Reetdach aus dem 17. Jh. gehören zu einem Weiler, der unter Denkmalschutz steht. Die Ausstattung der geräumigen und erlesenen Zimmer besteht aus schönen Möbeln und zeitgenössischen Gemälden. Zwei der Zimmer befinden sich im ehemaligen Kelterhaus, ein weiteres im früheren Backhaus und das letzte im Wohngebäude. Das reichlich dargebotene Frühstück nehmen die Gäste in der großen Küche vor dem Kamin ein.

Die Begeisterung der Kinder bei der Besichtigung des Bauernhofs

Das eindrucksvolle Gebäude aus dem 18. Jh. dient als praktischer Ausgangspunkt für die Erkundung des Golfs von Morbihan. In den Zimmern, die vor Sauberkeit blitzen, vermischt sich gelungen Altes mit Neuem. Ein Zimmer steht Familien, ein anderes Körperbehinderten zur Verfügung. Den sehr großzügigen Speiseraum ziert ein Kamin. Die Gäste können die Küche und den Garten benutzen. Besichtigung des Bauernhofs auf Anfrage.

Anfahrt: 7 km auf der Straße nach Vannes, Ausfahrt Plougoumelen und in Richtung Cahire

Anfahrt: westlich von Vannes über die N 165, Ausfahrt Plougoumelen, in Richtung Meriadec

BRETAGNE

PLOUHINEC - 56680

47 **HÔTEL DE KERLON**
M. et Mme Coeffic

56680 Plouhinec
Tel. 02 97 36 77 03
Fax 02 97 85 81 14
hotel-de-kerlon@wanadoo.fr
www.auberge-de-kerlon.com

Hotel von Ende März bis Anfang Nov. geöffnet • 16 Zimmer, einige mit Bad/WC, sonst mit Dusche/WC, alle mit TV • 52 bis 61 € für 2 Personen, Frühstück 8 €, Halbpension möglich • Restaurant nur abends geöffnet, Menüs 16 € • Garten, Parkplatz; Hunde nicht erlaubt

 Die spektakuläre Ria d'Étel mit den malerischen Fischerdörfern

Der Bauernhof aus behauenen Steinen (19. Jh.) steht in einem friedlichen Dorf oberhalb der Ria d'Étel. Die zwar etwas veralteten, jedoch gut gepflegten Zimmer sind ruhig gelegen und sehr günstig im Preis. Von allen blickt man auf den hübschen Garten. Die landwirtschaftliche Vergangenheit des Anwesens spiegelt sich in dem rustikalen Speiseraum wider. Das Fleisch der hier aufgetischten Geflügel- und Lammgerichte kommt aus eigener Zucht. Das Meer ist nur 10 Minuten entfernt.

Anfahrt: 1,5 km nordöstlich von Plouhinec, über die D 158 und eine Nebenstraße

QUELVEN - 56310

48 **AUBERGE DE QUELVEN**
SCI de la Lande

À la Chapelle
56310 Quelven
Tel. 02 97 27 77 50
Fax 02 97 27 77 50

Ganzjährig geöffnet, Mi geschlossen • 7 Zimmer mit Dusche/WC und TV • 55 € für 2 Personen, Frühstück 6 € • Menüs 10 bis 12 € • Parkplatz

 Pontivy, auch „Napoléonville" genannt, da vom Kaiser höchstpersönlich in Auftrag gegeben

Die lange Granitfassade des Hotels erhebt sich im Herzen eines kleinen einsamen Weilers im Morbihan. Von den funktionellen und tadellos gepflegten Zimmern blickt man zum Teil auf eine Kapelle aus dem 16. Jh. Im Gebäude ist ebenfalls eine Crêperie untergebracht, in der die schönen Steinwände und der alte Kamin sehr einladend wirken. Ein empfehlenswertes Landgasthaus, in dem sich die Gäste wohlfühlen.

Anfahrt: 10 km südwestlich von Pontivy über die Straße nach Plouay; gegenüber der Kapelle

BRETAGNE

RIANTEC - 56670

 49 LA CHAUMIÈRE DE KERVASSAL
M. et Mme Watine

 Lieu-dit Kervassal
56670 Riantec
Tel. 02 97 33 58 66
Fax 02 97 33 58 66
gonzague.watine@wanadoo.fr
http://pro.wanadoo.fr/chaumiere.kervassal

Ganzjährig geöffnet • 3 Mansardenzimmer mit modernen Badezimmern, nur für Nichtraucher • 64 € für 2 Personen, Frühstück inkl. • keine Mahlzeit • Aufenthaltsraum, Garten, Parkplatz; keine Kreditkarten, Hunde nicht erlaubt • Strand in der Nähe

 Die tadellose Einrichtung dieses malerischen Cottages

Dem Reiz dieses reetgedeckten Hauses aus dem 17. Jh. kann so leicht keiner widerstehen. Das Strohdach, die alten Holzbalken, die schönen Steinwände, die stilvollen Möbel, die ausgesuchten Stoffe und der überreiche Blumenschmuck sind eine Augenweide. Die ruhigen Zimmer mit ihren hohen Decken und den modernen Badezimmern tun ein Übriges. Im Sommer nimmt man das exquisite Frühstück im Garten ein.

Anfahrt: 8 km östlich von Port-Louis über die D 781 und die D 33, die Straße nach Merlevenez

ROCHEFORT-EN-TERRE - 56220

 50 LE PÉLICAN
M. Nays

 Place des Halles
56220 Rochefort-en-Terre
Tel. 02 97 43 38 48
 Fax 02 97 43 42 01

15. Jan. bis 15. Febr. sowie Mo geschlossen • 7 Zimmer mit Bad/WC oder Dusche/WC und TV • 42 bis 48 € für 2 Personen, Frühstück 7 €, Halbpension möglich • Menüs 13 (werktags mittags) bis 37 €

 Der Charme des bretonischen Hinterlandes

Das Gebäude aus dem 16. und 18. Jh., das im Sommer blühende Geranien an den Fenstern schmücken, steht in einem kleinen bretonischen Dorf. Die Zimmer sind modern und wie neu, außer eines, in dem noch ein antiker Schrank und ein antikes Bett stehen. Der Speiseraum präsentiert sich rustikal mit einer hohen Balkendecke und einem schönen Kamin.

Anfahrt: am Hauptplatz, an dem sich auch das Bürgermeisteramt und das Fremdenverkehrsamt befinden

BRETAGNE

SAINTE-ANNE-D'AURAY - 56400

SAINT-PHILIBERT - 56470

51 L'AUBERGE
M. et Mme Larvoir

56 route de Vannes
56400 Sainte-Anne-d'Auray
Tel. 02 97 57 61 55
Fax 02 97 57 69 10
auberge-jl-larvoir@wanadoo.fr
www.auberge-larvoir.com

24. Febr. bis 13. März, Mitte Nov. bis Mitte Dez. sowie Di (außer im Juli und Aug.) und Mi geschlossen • 17 Zimmer mit Bad/WC oder Dusche/WC und TV • 60 bis 110 € für 2 Personen, Frühstück 8 €, Halbpension möglich • Restaurant mit Klimaanlage, Menüs 20 (werktags) bis 67 € • Parkplatz

 Die malerischen, typisch bretonischen Wallfahrten

Von dem Hotel aus hat man Gelegenheit, die echte und mystische Bretagne mitzuerleben, die die imposante Basilika, das Haus des Nicolazic und die Wallfahrten zu Ehren der hl. Anna, der Schutzpatronin der Region, umfasst. In den modernen und durch bunte Stoffe aufgelockerten Zimmern stehen regionaltypische Möbel oder Möbel im Art-déco-Stil. Einheimische Möbelstücke findet man auch im eleganten Speiseraum vor, den Fayencen aus Quimper schmücken, und regionale Produkte bestimmen die Speisekarte.

Anfahrt: am Ortseingang, an der Hauptstraße

52 CHAMBRE D'HÔTE MADAME GOUZER
Mme Gouzer

17 route de Quéhan (C 203)
56470 Saint-Philibert
Tel. 02 97 55 17 78
Fax 02 97 30 04 11
fgouzer@club-internet.fr
http://chrisgouzer.free.fr

Ganzjährig geöffnet • 3 Zimmer • 60 bis 65 € für 2 Personen, Frühstück inkl. • keine Mahlzeit • Garten, Parkplatz; keine Kreditkarten

 Die malerische Aussicht auf den Fluss Crach und seine Austernbänke

Ein Glückstreffer für Austern- und Bretagneliebhaber! Die außerordentlich schöne Lage des Hauses von Austernzüchtern inmitten von Strandkiefern am Fluss Crach und gegenüber dem geschäftigen Hafen von La Trinité-sur-Mer beschert ihm regen Zulauf. Hinzu kommt, dass die Besitzer äußerst gastfreundlich sind. Von den hellen und ruhigen Zimmern blickt man auf die faszinierende Küstenlandschaft. Zwei der Zimmer haben eine Kochecke, und das größte besitzt einen breiten Balkon.

Anfahrt: 2 km auf der Straße nach Auray und nach der Brücke in Kérisper an der 1. Ampel links

CENTRE

Die Loire-Schlösser – Chambord, Azay-le-Rideau, Chenonceau, um nur ein paar zu nennen – liegen wie im Dornröschenschlaf in bezaubernder Umgebung am Ufer der Loire oder ihrer Nebenflüsse. Es wäre fast vermessen, eine Liste der architektonischen Wunderwerke und prächtigen Gärten in diesem Landstrich Frankreichs aufstellen zu wollen. Im Sommer finden in den Burgen und Schlössern zahlreiche Theateraufführungen statt, bei denen das höfische Leben, die Feste, die Liebesgeschichten und Heldentaten der Ritter und Edelleute wieder zum Leben erweckt werden. Die Landschaft hat zahlreiche Schriftsteller, wie Pierre de Ronsard, Balzac und Georges Sand, inspiriert. Sie waren von dem Tal der Könige, den Seen und den weiten Wäldern fasziniert. Lassen Sie sich von Ihrem Gastgeber nach einem schmackhaften Abendessen mit einem leichten Loire-Wein am Kaminfeuer eine der zahlreichen Legenden erzählen!

- Cher (18)
- Eure-et-Loir (28)
- Indre (36)
- Indre-et-Loire (37)
- Loir-et-Cher (41)
- Loiret (45)

CENTRE

ARCAY - 18340

1 **CHÂTEAU DE BEL AIR**
M. et Mme Maginiau

Lieu-dit le Grand-Chemin
18340 Arcay
Tel. 02 48 25 36 72
Fax 02 48 25 36 72

Ganzjährig geöffnet • 6 Zimmer mit Bad/WC • 45 € für 2 Personen, Frühstück inkl. • keine Mahlzeit • Park, Parkplatz; keine Kreditkarten

 Das äußerst günstige Preis-Leistungs-Verhältnis

Das im 19. Jh. in einem 4 ha großen, schattigen Park errichtete Schloss bietet Ruhe und Erholung. Die meisten der geräumigen Zimmer sind im Louis-seize-Stil eingerichtet. Eines hat eine Kaminecke, ein anderes einen zweiten Raum, in dem zwei Kinderbetten aufgestellt werden können. Der riesige Kamin im Speiseraum schafft eine behagliche Atmosphäre. Mountainbike-Verleih und Golfplatz vor Ort.

Anfahrt: 11 km nördlich von Châteauneuf über die D 73

BERRY-BOUY - 18500

2 **DOMAINE DE L'ERMITAGE**
M. et Mme De La Farge

L'Ermitage
18500 Berry-Bouy
Tel. 02 48 26 87 46
Fax 02 48 26 03 28
domaine-ermitage@wanadoo.fr

20. bis 31. Dez. geschlossen • 5 Zimmer mit Dusche/WC • 57 bis 60 €, Frühstück inkl. • keine Mahlzeit • Parkplatz; keine Kreditkarten, Hunde nicht erlaubt

 Die Stille des Parks, in dem nur der Gesang der Vögel zu hören ist

Das herrliche Anwesen gehörte einst zum Kloster Saint-Sulpice in Bourges und erhielt seinen Namen von dem Einsiedler Jacques, der sich eine Zeitlang hier aufhielt. Die Papiermühle nebenan stammt aus dem Jahr 1495. Die beiden Gebäude beherbergen heute geräumige und mit viel Liebe zum Detail eingerichtete Zimmer, in denen man die absolute Ruhe des Ortes genießt. Der Park mit seinen hundertjährigen Bäumen lädt zu schönen Spaziergängen ein. Weinliebhaber können sich den Weinkeller zeigen lassen und den hauseigenen Rebensaft probieren.

Anfahrt: 6 km nordwestlich von Bourges über die D 60

CENTRE

BRINON-SUR-SAULDRE - 18410 **CHÂTEAUMEILLANT - 18370**

 LA SOLOGNOTE
M. et Mme De Passos

34 Grande-Rue
18410 Brinon-sur-Sauldre
Tel. 02 48 58 50 29
Fax 02 48 58 56 00
lasolognote@wanadoo.fr
www.lasolognote.com

15. Febr. bis 31. März geschlossen • 13 Zimmer mit Bad/WC oder Dusche/WC und TV • 58 bis 78 €, Frühstück 10 €, Halbpension möglich • Restaurant mit Klimaanlage Di und Mi vom 12. Nov. bis 15. März geschlossen, Menüs 26 bis 45 € • Garten, Parkplatz; Hunde auf den Zimmern nicht erlaubt

 Französisches Dorfleben kennen zu lernen

Das unscheinbare Haus steht in einer Reihe roter Backsteinhäuser an der Hauptstraße des Dorfes, die zusammen ein malerisches Bild abgeben. Die auf alt oder modern eingerichteten Zimmer sind um einen bezaubernden Innenhof angeordnet. Die roten Fliesen auf dem Fußboden, die Buntglasfenster und die antiken Möbel geben Zeugnis von der regionalen Wohnkultur. Das Porzellan stammt hingegen aus Gien.

Anfahrt: die N 20 in Lamotte-Beuvron verlassen und auf die D 923 abbiegen

 AUBERGE DU PIET À TERRE
M. Finet et Mme Piet

21 rue du Château
18370 Châteaumeillant
Tel. 02 48 61 41 74
Fax 02 48 61 41 88
TFINET@wanadoo.fr
 http://le.piet.a.terre.free.fr

März bis 30. Nov. geöffnet, So-abend, Mo und Di geschlossen (im Juli und Aug. geöffnet) • 5 Zimmer mit Bad/WC oder Dusche/WC und TV • 46 bis 78 € für 2 Personen, Frühstück 15 € • Restaurant mit Klimaanlage, Menüs 40 (werktags) bis 120 € (begrenzte Anzahl an Gedecken) • Hunde nicht erlaubt

 Die „Elternsuite" mit einem richtigen Kinderzimmer

Aufgepasst! Dies ist eine Herberge, in der müde Reisende gerne einkehren. Der Parkplatz liegt neben der Gendarmerie, anschließend erwartet Sie ein hübsches Zimmer und die Taverne hält auch für die feinsten Gaumen die leckersten Überraschungen bereit. Der Küchenchef, der eigentlich Kunstschmied von Beruf ist, hat sich für die Küche dermaßen begeistert, dass er mit einem Michelin-Stern ausgezeichnet wurde.

Anfahrt: neben der Gendarmerie

CENTRE

VIGNOUX-SUR-BARANGEON - 18500

5 VILLEMENARD
M. et Mme Gréaud

18500 Vignoux-sur-Barangeon
Tel. 02 48 51 53 40
Fax 02 48 51 58 77
villemenard@wanadoo.fr
www.villemenard.com

Ganzjährig geöffnet • 6 Zimmer • 50 bis 55 € für 2 Personen, Frühstück inkl. • keine Mahlzeit • Park, Terrasse, Parkplatz; keine Kreditkarten, Hunde nicht erlaubt • Teich und Fluss auf dem Anwesen, Billardzimmer

 Ein Spaziergang durch den Park mit seinen hundertjährigen Bäumen

Zu dem stattlichen Gutshof aus dem 19. Jh. gelangt man über einen Weg, der an kleinen Teichen vorbeiführt und dann einen Fluss überquert. Die Inneneinrichtung wurde mit besonderer Sorgfalt ausgewählt. Die Eingangshalle und den Speiseraum zieren Azulejos, im Treppenhaus hängen Waffen und Lithographien, im Billardzimmer steht eine wunderschöne Theke aus lackiertem Holz. Von den geräumigen und ruhigen Zimmern blickt man auf die umliegende Landschaft.

Anfahrt: 6 km nördlich von Méhun über die D 79 in Richtung Vouzeron

VIGNOUX-SUR-BARANGEON - 18500

6 LE PRIEURÉ
Famille Ribail

2 route de Saint-Laurent
18500 Vignoux-sur-Barangeon
Tel. 02 48 51 58 80
Fax 02 48 51 56 01
prieurehotel@wanadoo.fr
www.leprieurehotel.com

Juni bis Sept. geöffnet • 7 Zimmer im Obergeschoss mit Dusche/WC und TV • 54 bis 66 € (Nebensaison 49 bis 60 €), Frühstück 7 €, Halbpension möglich • Restaurant Di und Mi geschlossen, Menüs 27 (werktags) bis 67 € • Terrasse, Garten, Parkplatz • Swimmingpool

 Das stilvolle Ambiente in ländlicher Umgebung

Die Spitzbogenfenster zeugen vom kurzfristigen religiösen Zweck dieses 1860 für den Dorfpfarrer gebauten Pfarrhauses. Das Gebäude ist seitdem irdischen Freuden zugewandt und hat sich in ein friedliches Hotel verwandelt, dessen behagliche und freundliche Zimmer Blumennamen tragen. Es ist ein besonderes Vergnügen, die klassischen französischen Speisen und die Weine des Berry auf der überdachten Terrasse einzunehmen. Das schöne Porzellan stammt aus Foëcy.

Anfahrt: etwas zurückgesetzt von der Straße, an der D 30 (Richtung Neuvy-sur-Barangeon), nahe der Kirche

CENTRE
BAILLEAU-L'ÉVÊQUE - 28300

7 **LA FERME DU CHÂTEAU**
M. et Mme Vasseur

À Lévesville
28300 Bailleau-l'Évêque
Tel. 02 37 22 97 02
Fax 02 37 22 97 02

Ganzjährig geöffnet • 3 Zimmer • 55 € für 2 Personen, Frühstück inkl. • Mahlzeit 18 € • Garten, Parkplatz; keine Kreditkarten, Hunde nicht erlaubt

 Erholung und Ruhe in unmittelbarer Nähe zur pulsierenden Stadt

Die Gebäude des schönen Bauernhofs sind um einen weiten Innenhof angeordnet und stehen direkt neben einem kleinen Schloss. Die recht großen Zimmer sind freundlich, gut ausgestattet und ebenso ruhig wie die ganze Umgebung des Anwesens. Die natürliche und geradlinige Gastlichkeit des Hauses, die vernünftigen Preise, der hübsche Garten und die Nähe zur Stadt Chartres (15 km entfernt) machen diese Adresse besonders attraktiv.

Anfahrt: 8 km nordwestlich von Chartres über die N 154 und die D 134

CHERVILLE - 28700

8 **CHAMBRES D'HÔTES**
Mme Lethuillier

2 rue des Prunus
28700 Cherville
Tel. 02 37 31 72 80
Fax 02 37 31 38 56
info@cherville.com
www.cherville.com

Ganzjährig geöffnet • 4 Zimmer nur für Nichtraucher, alle mit Bad/WC oder Dusche/WC • 44 bis 55 € für 2 Personen, Frühstück inkl. • keine Mahlzeit • Garten, Parkplatz, Kochecke

 Der ländliche Charme des Hauses

Die Eigentümer des Bauernhofs, der bis heute in Betrieb ist, haben in einem Nebengebäude vier hübsche helle Zimmer eingerichtet (drei Zimmer befinden sich unter dem Dach). Der Frühstücksraum wirkt durch seine unverputzten Wände und einen alten Futtertrog besonders gemütlich. Angeboten werden Spezialitäten aus dem eigenen Garten sowie Crêpes mit selbstgemachter Marmelade, die von der Gastgeberin persönlich zubereitet werden.

Anfahrt: auf der N 10 in Richtung Chartres, nach 13 km am Kreisverkehr weiter in Richtung Umpeau, durch das Dorf fahren, Chambres d'Hôtes befindet sich rechts in Cherville

CENTRE

ÉCROSNES - 28320

9 CHÂTEAU DE JONVILLIERS
M. et Mme Thompson

17 rue L.-Petit-Jonvilliers
28320 Écrosnes
Tel. 02 37 31 41 26
Fax 02 37 31 56 74
info@chateaudejonvilliers.com
www.chateaudejonvilliers.com

Ganzjährig geöffnet • Nichtraucherhaus, 5 Zimmer mit Dusche/WC • 65 bis 75 € für 2 Personen, Frühstück inkl. • keine Mahlzeit • Garten, Parkplatz; Hunde nicht erlaubt

Die erlesene Eleganz dieses stattlichen Landsitzes

Eine herrliche Allee führt zu dem hübschen Herrenhaus aus dem 18. Jh. mitten in einem Park, an den ein dichter Wald grenzt. Die mit viel Sorgfalt eingerichteten Zimmer sind geräumig und ebenso ruhig wie die umliegende Landschaft. Das reichliche Frühstück wird in einem großen Speiseraum serviert, den stilvolle Möbel verschönern. Im ganzen Haus herrscht Rauchverbot!

Anfahrt: 4 km nordöstlich von Gallardon über die D 32

MONTIGNY-SUR-AVRE - 28270

10 LE MOULIN DES PLANCHES
Mme Maï

28270 Montigny-sur-Avre
Tel. 02 37 48 25 97
Fax 02 37 48 35 63
moulin.des.planches@wanadoo.fr
www.moulin-des-planches.fr

Jan. sowie So-abend und Mo geschlossen • 18 Zimmer, die meisten mit Bad/WC, alle mit TV • 49 bis 100 € für 2 Personen, Frühstück 9 €, Halbpension möglich • Menüs 26 (werktags) bis 55 € • Terrasse, Park, Parkplatz; Hunde auf den Zimmern nicht erlaubt • Gesellschaftsspiele, Billard

Echte Mühlenromantik!

An dieser heiß umkämpften Grenzlinie zwischen Frankreich und der Normandie, die einst vom Schlachtengetümmel widerhallte, sind heute nur noch Vogelgezwitscher und das Plätschern des Wassers zu hören. Die Mühle liegt einsam in der Landschaft und ist eine Oase der Ruhe. Die mit Stilmöbeln ausgestatteten Zimmer gehen auf den Fluss oder den Park hinaus. Rustikal ist der Speiseraum mit Holzbalken, Terrakottafußboden und Backsteinen.

Anfahrt: 1 km nordöstlich über die D 102 (Richtung Tillières-sur-Avre)

CENTRE
NOGENT-LE-ROTROU - 28400　　　　SAINT-AUBIN-DES-BOIS - 28300

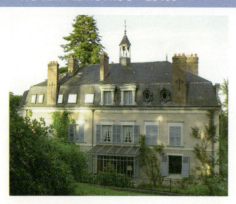

 L'AULNAYE
M. et Mme Dumas

Route d'Alençon
28400 Nogent-le-Rotrou
Tel. 02 37 52 02 11
http://laulnaye-accueil-France.com

Ganzjährig geöffnet • 3 nostalgisch eingerichtete Zimmer mit Bad/WC • 65 bis 68 € für 2 Personen, Frühstück inkl. • keine Mahlzeit • Park, Parkplatz; keine Kreditkarten, Hunde nicht erlaubt

 L'ERABLAIS
M. et Mme Guinard

38 rue Jean-Moulin à Chazay
28300 Saint-Aubin-des-Bois
jmguinard@aol.com
 www.erablais.com

Ganzjährig geöffnet • 3 Zimmer nur für Nichtraucher, alle mit Dusche/WC • 33 bis 45 € für 2 Personen, Frühstück inkl. • keine Mahlzeit • Garten, gesicherter Parkplatz, Kochecke, Aufenthaltsraum mit Bibliothek; Hunde nicht erlaubt • Fahrradverleih

 Die Stille des Parks trotz der Nähe der Innenstadt

Das einem viktorianischen Herrenhaus ähnelnde Gebäude aus dem 19. Jh. steht in einem üppig bepflanzten Park in unmittelbarer Nähe des Stadtzentrums. Das Innere gibt sich elegant. Einheitlich gestaltet sind die Zimmer, die mit Parkettböden, alten Möbeln und Marmorkaminen ausgestattet und über eine schöne Holztreppe zu erreichen sind. Das reichhaltige Frühstück nimmt der Gast im Winter im getäfelten Speiseraum und im Sommer auf der hübschen schmiedeeisernen Veranda ein.

 Die ländlich-idyllische Atmosphäre

Der in einer Ortschaft unweit von Chartres gelegene Bauernhof aus dem 19. Jh. besteht aus fünf Gebäuden aus Feuerstein und Strohlehm. In dem ehemaligen Stall befinden sich heute drei nette, individuell eingerichtete blumige Gästezimmer (zwei Zimmer liegen unter dem Dach). Das Frühstück mit selbstgemachter Marmelade wird auf der Terrasse oder in dem Frühstücksraum mit Blick auf die Rapsfelder serviert. Auf Anfrage können die Hausgäste Fahrräder leihen. In der Nähe kann man Wasserski fahren und angeln.

Anfahrt: 3,5 km westlich von Nogent-le-Rotrou in Richtung Alençon

Anfahrt: über die D 24 in Richtung Senonches, in Saint-Aubin-des-Bois links ab in Richtung Chazay, weiter auf der Rue Jean Moulin, die Gebäude stehen rechts

CENTRE

SAINT-LAURENT-LA-GÂTINE - 28210

 CLOS SAINT-LAURENT
M. et Mme James

 Chemin départemental 113
28210 Saint-Laurent-la-Gâtine
Tel. 02 37 38 24 02
clos-st-laurent@fr.st
www.clos-st-laurent.fr.st

23. Dez. bis 2. Jan. geschlossen • 3 Zimmer nur für Nichtraucher, alle mit Bad/WC oder Dusche/WC • 53 bis 63 € für 2 Personen, Frühstück inkl. • keine Mahlzeit • Garten, gesicherter Parkplatz; Hunde nicht erlaubt

 Die ruhige Lage des ehemaligen Bauernhofs

Le Clos ist ein hübsch umgebauter Bauernhof. Die Gastgeber bieten drei geräumige, lichtdurchflutete Zimmer im elegant-ländlichen Stil (Sichtbalken, weiße Wände, Terrakotta-Fliesen) mit modernsten Badezimmern. Bemerkenswert sind auch der reizende Frühstücksraum mit Kamin und die hübsche Gartenterrasse. Eine Adresse mit gutem Preis-Leistungs-Verhältnis.

Anfahrt: über die N 154 in Richtung Dreux, Ausfahrt Nogent-le-Roi über die D 26, dann weiter auf der D 21 in Richtung Anet; das Haus gegenüber der Kirche

VILLIERS-LE-MORHIER - 28130

 LES CHANDELLES
M. et Mme Simon

 19 rue des Sablons, village les Chandelles
28130 Villiers-le-Morhier
Tel. 02 37 82 71 59
Fax 02 37 82 71 59
info@chandelles-golf.com
www.chandelles-golf.com

Ganzjährig geöffnet • 5 Zimmer nur für Nichtraucher, alle mit Bad/WC und TV • 60 bis 80 € für 2 Personen, Frühstück inkl. • keine Mahlzeit • Garten, Parkplatz; Hunde nicht erlaubt

 Das vielfältige Freizeitangebot

Ein großes Holzportal bewacht den Eingang des gelungen restaurierten Bauernhofs aus dem Jahre 1840. Er steht auf einem Grundstück, wo Pferde friedlich grasen. Die in der ehemaligen Scheune untergebrachten Zimmer zeichnen sich durch schöne Frühlingsfarben und komfortable Badezimmer aus. Viel Charme verleihen die schönen alten Möbel dem Frühstücksraum. Zum Freizeitangebot gehören Ausritte, Angeln und Golf, das Ihnen der Besitzer, ein erfahrener Golfer, gerne beibringt.

Anfahrt: 8 km nördlich von Maintenon über die D 116 in Richtung Coulomb

CENTRE
ARGENTON-SUR-CREUSE - 36200

15 MANOIR DE BOISVILLERS
M. et Mme Fournal

11 rue du Moulin-de-Bord
36200 Argenton-sur-Creuse
Tel. 02 54 24 13 88
Fax 02 54 24 27 83
manoir.de.boisvilliers@wanadoo.fr
www.manoir-de-boisvillers.com

Jan. geschlossen • 16 Zimmer in 2 Gebäuden auf beiden Seiten des Hofes, alle mit Bad/WC oder Dusche/WC und TV • 58 bis 105 € (Nebensaison 57 bis 97 €), Frühstück 8 € • kein Restaurant • Garten, gesicherter Parkplatz; Hunde nicht erlaubt • Swimmingpool, Sonnenterrasse

 Ein Sprung in den Swimmingpool nach einem Tag mit vollem Besichtigungsprogramm

Im Landhaus der Familie Boisvillers, die während der Revolution auswanderte, lebt die Erinnerung an sie weiter. Die reizenden Besitzer haben sich bei der Renovierung der Zimmer viel Mühe gegeben: eine fröhliche Toile-de-Jouy-Dekoration und antike Möbel im Hauptgebäude mit Blick auf das Tal, moderne Ausstattung im Nebengebäude. Dagegen hat der Aufenthaltsraum mit seinen Designersofas, dem Bang & Olufsen-Fernseher und den zeitgenössischen Gemälden einen deutlich modernen Touch.

Anfahrt: von der Innenstadt in Richtung Gargilesse fahren, dann rechts in die Rue Paul-Bert, links in die Rue d'Orion und gleich danach wieder rechts abbiegen

BOUESSE - 36200

16 CHÂTEAU DE BOUESSE
M. et Mme Lorry

36200 Bouesse
Tel. 02 54 25 12 20
Fax 02 54 25 12 30
château.bouesse@wanadoo.frf
www.chateau-bouesse.de

Jan. bis März sowie Mo und Di vom 1. Apr. bis 15. Mai und 1. Okt. bis Ende Dez. geschlossen • 12 Zimmer mit Bad/WC, davon 6 mit TV • 85 bis 110 € für 2 Personen, Frühstück 10 €, Halbpension möglich • Menüs 23 (werktags) bis 36 € • Terrasse, Park, Parkplatz

 Das Turmzimmer mit seinen unzähligen Balken

Jeanne d'Arc, Karl VII., Ludwig XI., Karl VIII. u. a. m. - in dieser kleinen Burg aus dem 13. Jh. weilten schon illustre Persönlichkeiten! Und in der Tat hat die Adresse einiges zu bieten: geräumige Zimmer mit mittelalterlichem Ambiente (Himmelbetten, Kamine) oder romantischem Charme, ein elegantes Restaurant (Deckengemälde aus dem 15. Jh.) und eine reizvolle Terrasse zum französischen Garten hin. Hier kann man sich wirklich wie ein Schlossherr fühlen!

Anfahrt: im Dorfzentrum, 11 km von Argenton-sur-Creuse über die N 20

CENTRE

SAINT-BENOÎT-DU-SAULT - 36170

17 LE PORTAIL
Mme Boyer

Rue Émile-Surun
36170 Saint-Benoît-du-Sault
Tel. 02 54 47 57 20
Fax 02 54 47 57 20

Jan. geschlossen • 2 Zimmer und 1 Ferienwohnung • 43 bis 58 € für 2 Personen, Frühstück inkl. • keine Mahlzeit • keine Kreditkarten, Hunde auf Anfrage erlaubt

Ein Bummel durch die Altstadt mit ihrem mittelalterlichen Flair

Zahlreiche Überreste wie das befestigte Tor, das gemeißelte Steinkreuz und die schöne Wendeltreppe zeigen, auf welch reiche Vergangenheit dieses Gebäude aus dem 14. und 15. Jh., einst Eigentum der Tempelritter, zurückblicken kann. Charaktervoll präsentieren sich die Ferienwohnung und die Zimmer, dank der beeindruckenden Holzbalken und der mittelalterlich oder von der Renaissance inspirierten Möbel. Der einladende Frühstücksraum und die freundliche Besitzerin sind weitere Pluspunkte.

Anfahrt: in der Altstadt

SARZAY - 36230

18 MONTGARNI
M. et Mme Labaurie

36230 Sarzay
Tel. 02 54 31 31 05
Fax 02 54 31 30 10

Ganzjährig geöffnet • 5 Zimmer nur für Nichtraucher • 43 € für 2 Personen, Frühstück inkl., Halbpension möglich • Mahlzeit 17 € • Park, Parkplatz; Hunde nicht erlaubt • Swimmingpool, Kostprobe der eigenen landwirtschaftlichen Erzeugnisse

Die gastronomische Begabung des Besitzers, eines wahren Meisterkochs

Seit mehr als 15 Jahren empfängt das Landwirtsehepaar in seinem gastfreundlichen Haus seine Gäste, die wegen der Ruhe und des guten Essens hierher kommen. Die in einem halb hinter Bäumen versteckten Herrenhaus aus dem 19. Jh. eingerichteten Zimmer bieten allen Komfort. Die gesundheitsbewussten und schmackhaften Gerichte werden ausschließlich mit Erzeugnissen aus dem Berry, den Cevennen und dem Périgord zubereitet. Der Park und die umliegende Landschaft laden zu herrlichen Spaziergängen ein.

Anfahrt: 1,5 km südlich von Sarzay über die D 41 in Richtung Chassignolles

CENTRE

AMBOISE - 37400

19 LE BLASON
M. Varin

11 place Richelieu
37400 Amboise
Tel. 02 47 23 22 41
Fax 02 47 57 56 18
leblason@wanadoo.fr
www.leblason.fr

10. Jan. bis 10. Febr. geschlossen • 25 Zimmer, davon 2 behindertengerecht, alle mit Dusche/WC und TV • 49 bis 56 € für 2 Personen, Frühstück 7 € • Terrasse, Hotelgarage

 Die unbeschwerte Atmosphäre dieses Hotels

Eine familiäre Unterkunft mit ländlichem Charme in der Stadt, in der Leonardo da Vinci verstarb. Die einladenden Zimmer liegen zum Teil unter der Mansarde. Traurig gestimmten Gästen mag vielleicht ein Zimmer zur Rue Joyeuse („fröhliche Straße") weiterhelfen. Eine diskret rustikale Atmosphäre herrscht im Speiseraum und auf der überdachten Terrasse im hinteren Teil des Hofs, wo traditionelle Gerichte serviert werden.

Anfahrt: an einem Platz in der Innenstadt

AZAY-LE-RIDEAU - 37190

20 DE BIENCOURT
Mme Marioton

7 rue Balzac
37190 Azay-le-Rideau
Tel. 02 47 45 20 75
Fax 02 47 45 91 73
biencourt@infonie.fr
www.hotelbiencourt.com

1. März bis 15. Nov. geöffnet • 16 Zimmer, verteilt auf das Hauptgebäude und das so genannte „La Classe", eine ehemalige Schule, alle mit Bad/WC oder Dusche/WC, einige mit TV • 47 bis 53 € für 2 Personen, Frühstück 7 € • kein Restaurant • schön begrünter Innenhof; Hunde nicht erlaubt

 Die günstige Lage in der Nähe des Schlosses und des dazugehörigen Parks

Die ruhige Straße, in der das stattliche Haus aus dem 18. Jh. steht, führt zum Schloss von Azay, einem Schmuckstück der Renaissance. Die geräumigen und mit rustikalen Möbeln ausgestatteten Zimmer haben im obersten Stock schräge Wände. In einem Gebäude im Hof, vormals eine Schule, wurden Zimmer im Directoire-Stil eingerichtet. Ferner gibt es einen gemütlichen Aufenthaltsraum mit Rattanmöbeln, einen klassisch-eleganten Speiseraum und einen Wintergarten, in dem das Frühstück eingenommen wird.

Anfahrt: in der Innenstadt (in der Nähe der Post), in einer verkehrsberuhigten Straße, die zum Schloss führt

CENTRE

CANGEY - 37530 **CHAMBOURG-SUR-INDRE - 37310**

 **LE FLEURAY**
M. et Mme Newington

37530 Cangey
Tel. 02 47 56 09 25
Fax 02 47 56 93 97
lefleurayhotel@wanadoo.fr
www.lefleurayhotel.com

Ganzjährig geöffnet • 14 Zimmer, davon 6 behindertengerecht, alle mit Bad/WC oder Dusche/WC • 78 bis 115 € für 2 Personen, Frühstück 11 €, Halbpension möglich • Menüs (nach Voranmeldung und nur abends) 28 bis 48 €, Nichtraucher-Saal • Terrasse, Garten, Garage • beheizter Swimmingpool

 LE CLOS DU PETIT MARRAY
M. et Mme Plantin

 37310 Chambourg-sur-Indre
Tel. 02 47 92 50 67
Fax 02 47 92 50 67
serge.plantin@wanadoo.fr
www.opencom.fr/petitmarray

Ganzjährig geöffnet • 4 geräumige Zimmer mit Bad • 52 bis 62 € für 2 Personen, Frühstück inkl. • nur Abendessen (nach Voranmeldung) 26 € • Garten, Parkplatz; keine Kreditkarten, Hunde im Restaurant nicht erlaubt • Spiele und Angeln für die Kinder

 **Ein Spaziergang durch den Garten, zwischen den Obstbäumen und dem kleinen Teich**

 Am Indre-Ufer die Landschaft erkunden

Eine reizvolle ländliche Umgebung, absolute Ruhe und ein aufmerksamer Service sind die Trümpfe dieses restaurierten ehemaligen Bauernhofes. Bei der Unterkunft können Sie wählen zwischen den gemütlichen und komfortablen Zimmern im Hauptgebäude und den geräumigeren in der ehemaligen Scheune, die zum Garten mit Swimmingpool hinausgehen. Der Speisesaal ist ländlich-elegant gehalten, doch im Sommer genießt man das Essen im Freien auf der zauberhaften Terrasse. Hier möchte man ewig bleiben!

Der ehemalige Bauernhof aus dem 19. Jh. liegt mitten in der grünen Landschaft und ist umgeben von einem großen Garten mit Teich, in dem die Kinder angeln können. Die Namen der geräumigen und hübsch dekorierten Zimmer regen zum Träumen an. Eine Bibliothek liefert interessantes Material zum Schmökern, und der Wald lädt zu schönen Wanderungen ein.

Anfahrt: 7 km von Amboise über die N 152 nach Blois und die D 74 in Richtung Cangey und Dame-Marie-des-Bois

Anfahrt: 5 km nördlich von Loches über die N 143 in Richtung Tours

CENTRE

CHINON - 37500 | CINQ-MARS-LA-PILE - 37130

23 DIDEROT

M. et Mme Dutheil

4 rue de Buffon - 7 rue Diderot
37500 Chinon
Tel. 02 47 93 18 87
Fax 02 47 93 37 10
hoteldiderot@hoteldiderot.com
www.hoteldiderot.com

2 Wochen Anfang Jan. geschlossen • 27 Zimmer, davon eines behindertengerecht, alle mit Bad/WC oder Dusche/WC und TV • 51 bis 71 € für 2 Personen, Frühstück 7 € • kein Restaurant • Terrasse, gesicherter Parkplatz; Hunde nicht erlaubt

24 LA MEULIÈRE

M. et Mme Manier

10 rue de la Gare
37130 Cinq-Mars-la-Pile
Tel. 02 47 96 53 63
Fax 02 47 96 53 63
cgmanier-lameuliere@planetis.com
www.lameuliere.free.fr

Ganzjährig geöffnet • 3 Zimmer mit Bad • 44 bis 52 € für 2 Personen, Frühstück inkl. • keine Mahlzeit • Garten, Parkplatz; keine Kreditkarten, Hunde nicht erlaubt

 Selbstgemachte Marmelade wie bei Muttern!

Oliven-, Bananen-, Zitronen-, Mandarinen- und Mispelbäume bilden eine exotische grüne Kulisse zu diesem stattlichen Haus aus dem 18. Jh., das um 1970 von einem Zyprioten erworben wurde. Die Zimmer werden nach und nach standardmäßig renoviert; diejenigen zum Hof hin sind besonders ruhig. Zum Frühstück, das man im Winter vor dem knisternden Feuer und bei schönem Wetter auf der Terrasse einnimmt, gibt es selbstgemachte Marmelade.

 Die ruhige Lage trotz der Nähe zum Bahnhof

Der unbestreitbare Vorteil des stattlichen Herrenhauses aus dem 19. Jh. ist seine Nähe zum Bahnhof, ohne dass es den damit verbundenen Unannehmlichkeiten ausgesetzt ist. Zu den freundlichen Zimmern, die gut schallisoliert und mit stilvollen Möbeln eingerichtet sind, führt eine schöne Holztreppe. Das Frühstück nimmt man im eleganten Speiseraum ein. Im Sommer werden im Garten Liegestühle aufgestellt.

Anfahrt: am Rande der Innenstadt, in einer ruhigen Straße zwischen dem Place Jeanne-d'Arc und der Rue Diderot

Anfahrt: in der Nähe des Bahnhofs

CENTRE

CIVRAY-DE-TOURAINE - 37150

25 **CHAMBRE D'HÔTE LA MARMITTIÈRE**
M. et Mme Boblet

22 Vallée-de-Mesvres
37150 Civray-de-Touraine
Tel. 02 47 23 51 04
marmittiere@libertysurf.fr
http://perso.libertysurf.fr/marmittiere

16. März bis 14. Nov. geöffnet • 3 Zimmer nur für Nichtraucher • 56 € für 2 Personen, Frühstück inkl. • Mahlzeit (außer Sa/So und nur nach Voranmeldung) 22 € • Terrasse, Garten, Parkplatz; keine Kreditkarten, Hunde nicht erlaubt

 Die ausschließlich aus Bioprodukten zubereiteten Mahlzeiten

Diese sympathische Adresse besteht aus einem Winzerhaus aus dem 17. Jh. (Frühstücksraum und Speiseraum) und einem Haus aus Stein aus dem frühen 20. Jh., in dem die Zimmer untergebracht sind. Die moderne und äußerst farbenfrohe Einrichtung des Inneren harmoniert dennoch perfekt mit dem alten Gemäuer. Im friedvollen Garten leisten Ihnen bestimmt ein paar Hühner, Esel und anderes Getier Gesellschaft.

Anfahrt: 4 km westlich von Chenonceaux über die D 40 und eine Nebenstraße

CONTINVOIR - 37340

26 **LA BUTTE DE L'ÉPINE**
M. Bodet

37340 Continvoir
Tel. 02 47 96 62 25
Fax 02 47 96 07 36
mibodet@wanadoo.fr
www.labutte delepine.com

15. Dez. bis 15. Jan. geschlossen • Nichtraucherhaus, 3 Zimmer, davon eines im ersten Stock • 60 € für 2 Personen, Frühstück inkl. • keine Mahlzeit • Park; keine Kreditkarten, Hunde nicht erlaubt

 Die gelungene Rekonstruktion eines Bauernhauses aus dem 16. und 17. Jh.

Dank ihres großen Eifers ist es den Besitzern gelungen, mit Hilfe alter Baumaterialien das reizende Bauernhaus nach seinem Vorbild aus dem 16. und 17. Jh. wieder aufzubauen. Der Wohnraum, der Möbel verschiedener Epochen und einen großen Kamin enthält, dient als Frühstücks- und Aufenthaltsraum. Die tadellosen Zimmer sind wahre Schmuckkästchen. Das im ersten Stock ist besonders romantisch. Schöne Blumenbeete schmücken den Park hinter dem Haus.

Anfahrt: 2 km östlich von Gizeux über die D 15

CENTRE

HUISMES - 37420

 27 LA PILLETERIE
Mme Prunier

37420 Huismes
Tel. 02 47 95 58 07
Fax 02 47 95 58 07
www.lapilletrie.com

Ganzjährig geöffnet • 4 Zimmer • 57 bis 65 € für 2 Personen, Frühstück inkl. • keine Mahlzeit • Garten, Parkplatz; keine Kreditkarten, Hunde nicht erlaubt • in der Nähe: Besichtigung der Schlösser von Azay-le-Rideau, Villandry u. a.

 Die günstige Lage in der Nähe von Azay und Villandry

Erholungssuchende kommen auf diesem Bauernhof aus dem 19. Jh. mitten in der Natur voll auf ihre Kosten. Der Terrakottafußboden in den Zimmern trägt nicht unerheblich zu ihrem rustikalen Charme bei. Die ruhigsten Zimmer sind in einem kleinen Nebengebäude untergebracht. Besonders die Kinder werden an den Schafen, Gänsen und anderen Tieren, die auf dem Hof gezogen werden, ihre Freude haben. Besonders liebenswürdige Besitzer.

Anfahrt: 6 km nördlich von Chinon über die D 16

LANGEAIS - 37130

 28 MAISON ERRARD
M. et Mme Errard

2 rue Gambetta
37130 Langeais
Tel. 02 47 96 82 12
Fax 02 47 96 56 72
info@errard.com
www.errard.com

Dez., Jan. sowie Mo, Di-mittag und So-abend von Okt. bis Apr. geschlossen • 10 Zimmer mit Bad/WC und TV • 67 bis 94 € für 2 Personen, Frühstück 12 € • Restaurant mit Klimaanlage, Menüs 29 bis 49 € • Terrasse, Hotelgarage

 Die günstige Lage für Ausflüge in der Region

Das traditionelle Hotel liegt unweit der schönsten Schlösser der Touraine (Luynes, Villandry, Saché, Azay-le-Rideau, Ussé) und nur 100 m von der imposanten Festung von Langeais entfernt. Die mal sehr eleganten, mal modernen Zimmer sind zur Straße hin etwas laut, auch wenn abends der Verkehr abflacht. Dass Sie sich hier im Geburtsland von Rabelais' Gargantua befinden, wird Ihnen spätestens beim Anblick der überaus reichlichen Speisen nach der Tradition des Loire-Tals wieder in Erinnerung gerufen.

Anfahrt: im Stadtzentrum, gegenüber dem Fremdenverkehrsamt

CENTRE

LIGRÉ - 37500

29 **LA MILAUDIÈRE**
M. Marolleau

5 rue St-Martin
37500 Ligré
Tel. 02 47 98 37 53
Fax 02 47 98 37 52
milaudiere@club-internet.fr
www.milaudiere.com

Ganzjährig geöffnet • 6 Zimmer, davon eines im Erdgeschoss und 5 im ersten Stock • 43 bis 60 € für 2 Personen, Frühstück inkl. • keine Mahlzeit • Parkplatz; keine Kreditkarten, Hunde nicht erlaubt

 Die warmherzige Gastlichkeit der Besitzer

Das Haus aus dem 18. Jh. ist aus dem einheimischen Tuffstein gebaut. Die Besitzer haben den größten Teil der Renovierungsarbeiten selbst durchgeführt und können auf das Ergebnis zu Recht stolz sein. Die Zimmer (davon 3 unter dem Dach) sind überaus einladend, besonders schön ist das im Erdgeschoss mit seinem alten Terrakottafußboden, den zarten Gardinen und dem rustikalen Mobiliar. Ein alter Brotbackofen verleiht dem Frühstücksraum besonderes Flair.

Anfahrt: 8 km südöstlich von Chinon, in Richtung L'Île-Bouchard über die D 749 und die D 29

PANZOULT - 37220

30 **DOMAINE DE BEAUSÉJOUR**
M. et Mme Chauveau

37220 Panzoult
Tel. 02 47 58 64 64
Fax 02 47 95 27 13
info@domainedebeausejour.com
www.domaine.de.beausejour.com

Ganzjährig geöffnet • 3 Zimmer • 75 bis 90 € (Nebensaison 70 bis 80 €) für 2 Personen, Frühstück inkl. • keine Mahlzeit • Parkplatz; keine Kreditkarten, Hunde nicht erlaubt • Swimmingpool

 Erholung und guter Wein in der Heimat Rabelais'

Man könnte meinen, das stattliche Haus stamme aus dem 18. Jh. Der Effekt ist gewollt, denn bei seiner Errichtung 1978 wurden in der Gegend zusammengetragene alte Baumaterialien verwendet. In den hübsch dekorierten Zimmern sorgen Schieferböden und antike Möbel für die passende Atmosphäre. Darüber hinaus hat man von dem Anwesen einen herrlichen Blick über die schon von Rabelais gerühmten Weinberge. Dem Besitzer wird es eine Freude sein, Weinliebhaber von seinen besten Tropfen kosten zu lassen.

Anfahrt: 5 km nordwestlich von Bouchard über die D 757, dann in Richtung Chinon (D 21)

CENTRE

SAINT-BRANCHS - 37320

31 LE LOGIS DE LA PAQUERAIE
M. et Mme Binet

La Paqueraie
37320 Saint-Branchs
Tel. 02 47 26 31 51
Fax 02 47 26 39 15
monique.binet@wanadoo.fr
http://perso.wanadoo.fr/lapaqueraie/

Ganzjährig geöffnet • 4 Zimmer mit Bad und 1 Ferienwohnung • 85 € für 2 Personen, Frühstück inkl. • Mahlzeit 26 €, Getränk inkl. • Garten, Parkplatz; keine Kreditkarten • Swimmingpool, in der Nähe: Angeln, Wandern, Tennisplatz, 18-Loch-Golfplatz, Reitverein

Der herrliche Landschaftsgarten und der Swimmingpool

Die typische regionale Bauweise, der wilde Wein an der Fassade und die hundertjährigen Eichen machen einen glauben, dass das um 1970 gebaute Haus viel älter ist. Die Zimmer werden gehobenen Ansprüchen an Komfort und Geschmack gerecht. Spiegel, antike Möbel und ein Kamin machen den Aufenthaltsraum besonders einladend. Bei Tisch serviert man Ihnen eine exquisite Küche aus einheimischen Zutaten. Die wundervolle Stille im Garten ist ein weiteres Plus.

Anfahrt: am Ortsausgang von Cormery (von Tours kommend) hinter dem Bahnübergang rechts die D 32 nehmen

VERNOU-SUR-BRENNE - 37210

32 LES PERCE-NEIGE
M. et Mme Chartier

13 rue Anatole-France
37210 Vernou-sur-Brenne
Tel. 02 47 52 10 04
Fax 02 47 52 19 08
perceneige@perceneige.com
www.perceneige.com

Nov. geschlossen • 5 Zimmer, die meisten mit Bad/WC oder Dusche/WC • 50 bis 70 € für 2 Personen, Frühstück 5 € • kein Restaurant • Terrasse, großer Garten, gesicherter Parkplatz; keine Kreditkarten

Das vom Weinberg von Vouvray umgebene friedliche Dorf

Das hübsche Bürgerhaus beherbergte einst die Kanzleiräume des Notars von Vernou. Der Komfort in den recht altmodisch wirkenden Zimmern variiert, weshalb Sie eines reservieren sollten, das auf den großen Garten mit dem alten Brunnen hinausgeht. Die einheimischen Speisen mit den passenden Loire-Weinen dazu nehmen die Gäste in zwei eleganten Speiseräumen oder auf der Terrasse ein, die schön mit Blumen geschmückt ist.

Anfahrt: im Ortskern, 4 km östlich von Vouvray (D 46)

CENTRE

BOURRÉ - 41400

 33 MANOIR DE LA SALLE DU ROC
M. et Mme Boussard

 69 route de Vierzon
41400 Bourré
Tel. 02 54 32 73 54
Fax 02 54 32 47 09
boussard.patricia@wanadoo.fr
www.manoirdelasalleduroc.monsite.
wanadoo.fr

Ganzjährig geöffnet • 4 Zimmer • 70 bis 110 €
(Nebensaison 70 bis 100 €) für 2 Personen, Frühstück
inkl. • keine Mahlzeit • Park, Parkplatz; keine American
Express Kreditkarte, Hunde nicht erlaubt • Tennisplatz

 Luxus, Ruhe und Sinnenfreuden in der Nähe des Höhlendorfes Bourré

Eine schöne Allee führt zu dem hübschen Herrenhaus, das an den Felshang gebaut wurde. Die einladende Fassade zieht den Blick auf sich. In dem herrlichen Park, der das Haus umgibt, kann man zwischen Teichen, Steintreppen, gestutzten Buchshecken, Statuen, Blumenbeeten und über 500 Rosenstöcken wunderbar spazieren gehen. Sehr reizvoll ist auch das Innere mit der großartigen Bibliothek und den Aufenthaltsräumen im Erdgeschoss. Die eleganten Zimmer sind stilvoll möbliert.

Anfahrt: 2 km nördlich von Montrichard über die D 62

CONTRES - 41700

 34 LA RABOULLIÈRE
Mme Thimonnier

Chemin de Marçon
41700 Contres
Tel. 02 54 79 05 14
Fax 02 54 79 59 39
raboullière@wanadoo.fr
www.laraboullere.com

Ganzjährig geöffnet • 6 Zimmer, davon eines im Obergeschoss • 60 bis 90 € für 2 Personen, Frühstück inkl.
• keine Mahlzeit • Aufenthaltsraum, Park, Parkplatz; Hunde nicht erlaubt

 Die ausgesuchte Dekoration

Das hübsche Bauernhaus wirkt absolut authentisch. Dabei ist es eine Rekonstruktion mit Hilfe von alten Baumaterialien, die auf benachbarten Gehöften zusammengesucht wurden. Die reich ausgestatteten Zimmer haben Holzbalkendecken. Zum Frühstück begibt man sich im Winter vor den Kamin oder im Sommer in den Garten. In der umliegenden Naturlandschaft kann man ausgedehnte Spaziergänge unternehmen.

Anfahrt: 10 km südlich von Cheverny über die D 102 und eine Nebenstraße

CENTRE

COUR-CHEVERNY - 41700

 35 LE BÉGUINAGE
M. et Mme Deloison

41700 Cour-Cheverny
Tel. 02 54 79 29 92
Fax 02 54 79 94 59
le.beguinage@wanadoo.fr
www.lebeguinage.fr.st

Ganzjährig geöffnet • 6 Zimmer, davon 4 in einem Nebengebäude • 50 bis 95 € für 2 Personen, Frühstück inkl. • keine Mahlzeit • Park, Parkplatz • Fahrten im Heißluftballon, Golf, Wandern

 Eine Fahrt im Heißluftballon über die Schlösser der Loire

Der hübsche Park mit seinem Teich ist nicht der einzige Vorzug dieses schmucken niedrigen Hauses, das von wildem Wein bewachsen ist. Die großzügigen Zimmer (das kleinste misst 20 m^2) tragen Farbnamen und zeichnen sich durch Parkett oder Terrakottafußböden, Holzbalken, Kamine, große Betten und eine elegante Dekoration aus. Gönnen Sie sich die atemberaubende Aussicht über die Schlösser der Loire und steigen Sie mit dem Besitzer, selbst Ballonfahrer, in einen Heißluftballon ein.

Anfahrt: in einem Park

LA VILLE-AUX-CLERCS - 41160

 36 LE MANOIR DE LA FORÊT
M. et Mme Redon

Fort Girard
41160 La Ville-aux-Clercs
Tel. 02 54 80 62 83
Fax 02 54 80 66 03
manoirdelaforet@wanadoo.fr
www.manoirdelaforet.fr

2 Wochen im Jan. geschlossen • 18 Zimmer auf 2 Stockwerken, alle mit Bad/WC oder Dusche/WC und TV • 51 bis 90 € für 2 Personen, Frühstück 10 €, Halbpension möglich • Restaurant So-abend und Mo von Okt. bis Ostern geschlossen, Menüs 27 bis 48 € • Terrasse, Park, Parkplatz

 Das Apartment mit Terrasse und Blick auf den Park (allerdings auch das teuerste …)

Das Jagdschlösschen aus rotem Backstein wurde 1832 in unberührter Natur am Rande des Waldes von Fréteval errichtet. Die Zimmer wirken trotz ihrer stilvollen Möbel ein wenig altmodisch, gehen aber auf den mehr als 2 ha großen Park hinaus. Durch die Glastüren des großzügigen Speiseraums blickt man auf die Terrasse und den blühenden Garten. Für einen Digestif nach der Mahlzeit begibt man sich in einen der beiden Aufenthaltsräume, die ebenfalls mit antiken Möbeln eingerichtet sind.

Anfahrt: 1,5 km östlich über eine Nebenstraße

CENTRE

MONDOUBLEAU - 41170

37 CHAMBRE D'HÔTE PEYRON-GAUBERT
M. et Mme Peyron-Gaubert

Carrefour de l'Ormeau
41170 Mondoubleau
Tel. 02 54 80 93 76
Fax 02 54 80 93 76
i.peyron1@tiscali.fr
www.carrefour-de-lormeau.com

Ganzjährig geöffnet • 5 Zimmer mit Bad • 43 bis 48 € für 2 Personen, Frühstück inkl. • nur Abendessen (nur nach Voranmeldung) 22 € • Garten, Parkplatz; keine Kreditkarten, Hunde nicht erlaubt • Ausstellungs- und Konzertsaal

 Die einzigartige Zusammenstellung aus Kunst und Kunsthandwerk

Das Gebäude aus dem 17. Jh. aus rotem Backstein ist eine außergewöhnliche Kombination aus Gästehaus, Ausstellungsraum für die Werke des Besitzers und Tischlerwerkstatt. In den verschieden großen Zimmern stehen polierte Möbel in klaren Linien aus Ulmen-, Eschen- oder Akazienholz. Im obersten Stock finden manchmal Konzerte statt. Schön ist auch der Garten hinter dem Gebäude.

Anfahrt: im Dorf, gegenüber der Ford-Werkstatt

PONTLEVOY - 41400

38 HÔTEL DE L'ÉCOLE
M. et Mme Preteseille

12 route de Montrichard
41400 Pontlevoy
Tel. 02 54 32 50 30
Fax 02 54 32 33 58

14. Nov. bis 6. Dez., 20. Febr. bis 21. März sowie So-abend und Mo außer im Juli und Aug. und an Feiertagen geschlossen • 11 Zimmer mit Bad/WC oder Dusche/WC, einige mit TV • 51 bis 70 € für 2 Personen, Frühstück 10 €, Halbpension möglich • Menüs 21 bis 51 € • Terrasse, Garten, gesicherter Parkplatz; Hunde nicht erlaubt

 Der zauberhafte Garten, in dem ein Springbrunnen plätschert

Eine ideale Postkartenansicht: ein wunderhübsches Haus, eine von wildem Wein überwucherte Fassade und überall Geranien. Die etwas veraltete Dekoration der Zimmer wird durch den tadellosen Zustand wieder wettgemacht. Die vom Küchenchef mit viel Hingabe zubereiteten Speisen nimmt man gerne in einem der beiden rustikalen Speiseräume oder auf der schattigen Terrasse ein.

Anfahrt: im Ortskern, an der D 764, die Montrichard mit Blois verbindet

CENTRE

SAINT-DYÉ-SUR-LOIRE - 41500

 39 MANOIR DE BEL AIR
M. Abel

1 route d'Orléans
41500 Saint-Dyé-sur-Loire
Tel. 02 54 81 60 10
Fax 02 54 81 65 34
manoirbelair@free.fr
www.manoirbelair.com

15. Jan. bis 20. Febr. geschlossen • 43 Zimmer in 3 Gebäudeflügeln, davon 40 mit Bad/WC, 3 mit Dusche/WC, alle mit TV • 60 bis 89 € (Nebensaison 54 bis 75 €) für 2 Personen, Frühstück 7 €, Halbpension möglich • Menüs 24 bis 46 € • Innenhof, Park, gesicherter Parkplatz; Hunde im Restaurant nicht erlaubt

 Ein Spaziergang auf dem alten Treidelpfad, der am Hotel entlangführt

Unter den Besitzern dieses im 17. Jh. aus dem heimischen Tuffstein erbauten Herrenhauses befanden sich ein Weinhändler und ein Gouverneur von Guadeloupe. Von den Zimmern, die zumeist renoviert sind, sowie vom Restaurant mit seinem schönen Steinkamin und den traditionellen Möbeln hat man einen herrlichen Blick auf die Loire. Angenehmer schattiger Park.

Anfahrt: 15 km von Blois in Richtung Orléans, über die D 951, die an der Loire entlang verläuft

SAINT-GEORGES-SUR-CHER - 41400

 40 LE PRIEURÉ DE LA CHAISE
Mme Duret-Therizols

8 rue du Prieuré - Lieu-dit la Chaise
41400 Saint-Georges-sur-Cher
Tel. 02 54 32 59 77
Fax 02 54 32 69 49
prieuredelachaise@yahoo.fr
http://www.prieuredelachaise.com

Ganzjährig geöffnet • 4 Zimmer nur für Nichtraucher • 60 bis 115 € für 2 Personen, Frühstück inkl. • keine Mahlzeit • Garten, Park, Parkplatz; keine Kreditkarten, Hunde nicht erlaubt • Swimmingpool

 Die Weinprobe mit Rebensäften aus hauseigener Produktion

Das ehemalige Priorat auf einem Weingut hat schon das gewisse Etwas. Das Haus aus dem 16. Jh. steht neben einer hübschen Kapelle aus dem 13. Jh., in der einmal jährlich die Messe gehalten wird. Besonders elegant geben sich die Zimmer mit ihren Kalktuffwänden, den Terrakottafliesen, den Holzbalken, dem Kamin und den schönen alten Möbeln und Wandbehängen. In den Nebengebäuden aus dem 17. Jh. ist ein Winzermuseum untergebracht, das man nach einem ausgedehnten Spaziergang im Park besichtigen kann.

Anfahrt: 2 km südlich von Saint-Georges-sur-Cher über die D 27A

CENTRE

SELLES-SAINT-DENIS - 41300

THÉSÉE - 41140

41 LES ATELLERIES
Mme Quintin

41300 Selles-Saint-Denis
Tel. 02 54 96 13 84
Fax 02 54 96 13 78
caroline.quintin@wanadoo.fr
www.lesatelleries.com

Während der Schulferien im Febr. geschlossen • 4 Zimmer mit Bad/WC • 52 € für 2 Personen, Frühstück inkl. • keine Mahlzeit • Aufenthaltsraum, Park; keine Kreditkarten, Hunde nicht erlaubt

Das typische Landschaftsbild der Sologne

Das auf einem 65 ha großen Gelände aus Wald, Brachland und Teichen angesiedelte Gehöft ist besonders für Jäger interessant. Das Haus bietet Jagdpauschalen mit Begleitung von Jagdhelfern an, und für die Hunde stehen Zwinger bereit. Die Zimmer sind schlicht und in gutem Zustand. Zwei davon befinden sich in einem früheren Backhaus, in dem noch der alte Brotofen steht. Fahrradverleih vor Ort.

42 LE MOULIN DE LA RENNE
M. Suraud

11 Route de Vierzon
41140 Thésée
Tel. 02 54 71 41 56
Fax 02 54 71 75 09

contact@moulindelarenne.com

www.moulindelarenne.com

Mitte Jan. bis Mitte März sowie So-abend, Mo und Di-mittag (Hauptsaison) geschlossen • 15 Zimmer auf 2 Stockwerken, fast alle mit Bad/WC oder Dusche/WC • 46 bis 51 € für 2 Personen, Frühstück 8 €, Halbpension möglich • Menüs 16 (werktags) bis 39 € • Terrasse, Garten, Parkplatz • Spielmöglichkeit für Kinder

Eine Wanderung an dem kleinen ruhigen Fluss bis zu den ersten Teichen der Sologne

Die alte Mühle steht märchenhaft in einem schattigen Garten, durch den der kleine Fluss Renne fließt. Die schlicht eingerichteten Zimmer wurden fast alle renoviert, ebenso wie der Speiseraum, den kräftige Farben aufheitern. Zu dem weiteren Angebot dieses sympathischen Familienbetriebs gehören ein geräumiger Aufenthaltsraum mit einem Kamin und einem Aquarium, Spielmöglichkeiten für Kinder und eine Terrasse am Mühlteich.

Anfahrt: 16 km nordöstlich von Romorantin-Lanthenay über die D 123, zwischen Selles-Saint-Denis und Marcilly

Anfahrt: zwischen Montrichard und Noyers-sur-Cher über die D 176, am Ufer der Renne

CENTRE

AMILLY - 45200
BRIARE - 45250

 BELVÉDÈRE
M. Massicard

192 rue Jules Ferry
45200 Amilly
Tel. 02 38 85 41 09
Fax 02 38 98 75 63
h.belvedere@wanadoo.fr
http://perso.wanadoo.fr/hbelvedere

16. Dez. bis 2 Jan. und 13. bis 31. Aug. geschlossen • 24 Zimmer, davon 12 nur für Nichtraucher, alle mit Bad/WC oder Dusche/WC und TV • 51 € für 2 Personen, Fr/Sa (vom 14. Okt. bis 30. Apr.) 43 € • kein Restaurant • Garten, Garagen, gesicherter Parkplatz; Hunde im Frühstücksraum nicht erlaubt

 Die Ruhe in diesem Familienhotel

Ein hübscher Garten mit Blumen und Bäumen schmückt das Haus, das sich in einem Wohnviertel am Rand von Montargis befindet. Nicht weniger reizvoll sind die zwar eher kleinen, aber geschmackvoll und individuell mit bunten Tapeten, ausgesuchten Stoffen, alten Möbeln, Nippes und Pflanzen eingerichteten Zimmer. Bei der Reservierung können Sie angeben, ob Sie ein Nichtraucherzimmer wünschen!

Anfahrt: 4 km südlich von Montargis, über die D 943 in Richtung Auxerre, dann in Richtung Zentrum, gegenüber der Schule

 DOMAINE DE LA THIAU
Mme Bénédicte François Ducluzeau

Route de Gien
45250 Briare
Tel. 02 38 38 20 92
Fax 02 38 38 06 20
lathiau@club-internet.fr
 http://lathiau.club.fr

Ganzjährig geöffnet • 4 Zimmer im Obergeschoss, nur für Nichtraucher • 46 bis 59 € für 2 Personen, Frühstück inkl., Halbpension möglich • keine Mahlzeit • Garten, Park; keine Kreditkarten • Tennisplatz, Fahrradverleih

 Ein Spaziergang auf dem kleinen Privatweg des Anwesens bis zum Ufer der Loire

Ein 3 ha großer Park mit hundertjährigen Bäumen (darunter eine mehr als 200 Jahre alte Zeder) umgibt das elegante Herrenhaus aus dem 18. Jh. Die nostalgisch gestalteten Zimmer besitzen dank der schönen alten Möbel (zum Teil aus Familienbesitz), der Wandbehänge und der Toile-de-Jouy-Stoffe einen ganz besonderen Reiz. Vor Ort stehen sportlichen Gästen ein Tennisplatz, eine Tischtennisplatte und Fahrräder zur Verfügung.

Anfahrt: 300 m von der Loire entfernt

CENTRE

CHAILLY-EN-GÂTINAIS - 45260

 45 **LA FERME DU GRAND CHESNOY**
M. Chevalier

45260 Chailly-en-Gâtinais
Tel. 02 38 96 27 67
Fax 02 38 96 27 67
bclechesnoy@yahoo.fr

1. Dez. bis 31. März geschlossen • 4 Zimmer nur für Nichtraucher, alle mit Bad • 60 € für 2 Personen, Frühstück inkl. • keine Mahlzeit • Aufenthaltsraum, Garten, Parkplatz; keine Kreditkarten, Hunde auf den Zimmern nicht erlaubt • Tennis, Billard

 Die urtümlich gebliebene Inneneinrichtung

Ein riesiges Anwesen von 80 ha mit Wald, Feldern und Teichen umgibt den stattlichen Bauernhof am Canal d'Orléans. Die Gästezimmer befinden sich in einem 1896 errichteten Turm und besitzen dank ihrer Einrichtung aus Parkettboden, antiken Möbeln oder Familienstücken und Wandbehängen viel Charakter. Die sehr geräumigen Badezimmer bieten hohen Komfort. Erholung verspricht der Garten mit seinem Taubenhaus, darüber hinaus gibt es einen Tennisplatz und viele Wanderwege durch den Wald.

Anfahrt: 8,5 km nördlich von Lorris über die D 44, die Straße nach Bellegarde, dann rechts auf eine Nebenstraße abbiegen

CHÉCY - 45430

 46 **LES COURTILS**
Mme Monthel

Rue de l'Avé
45430 Chécy
Tel. 02 38 91 32 02
Fax 02 38 91 48 20
les-courtils@wanadoo.fr
www.france-bonjour.com/les-courtils/

Ganzjährig geöffnet • 4 Zimmer mit Bad • 50 € für 2 Personen, Frühstück inkl. • keine Mahlzeit • Garten; keine Kreditkarten, Hunde nicht erlaubt

 Die mit viel Liebe zum Detail zusammengestellte Einrichtung

In diesem Gästehaus fühlt man sich gleich bei der Ankunft wie zu Hause. Der Blick auf die Loire ist malerisch, die Inneneinrichtung ausgefeilt: Blumenstoffe in Beige- und Cremefarben, antike oder moderne Möbel, gefliese Böden etc. Die Zimmer tragen die Namen von Pflanzen und heißen Flaschenkürbis (Coloquinte), Winde (Volubilis, mit Blick auf den Kanal), Geißblatt (Chèvrefeuille) und Kapuzinerkresse (Capucine, das farbenfrohste). Die Friese in den Badezimmern sind handgemalt. Malerischer Garten.

Anfahrt: 10 km östlich von Orléans über die N 460

CENTRE

LA FERTÉ-SAINT-AUBIN - 45240   MARIGNY-LES-USAGES - 45760

 LA VIEILLE FORÊT
Mme Ravenel

Route de Jouy-le-Potier
45240 La Ferté-Saint-Aubin
Tel. 02 38 76 57 20
Fax 02 38 64 82 80
www.vieilleforetra@aol.com

Während der Schulferien im Febr. geschlossen • 2 Zimmer • 48 € für 2 Personen, Frühstück inkl. • keine Mahlzeit • Aufenthaltsraum, Garten, Parkplatz; keine Kreditkarten, Hunde nicht erlaubt

LES USSES
M. Marin

145 rue du Courtasaule
45760 Marigny-les-Usages
Tel. 02 38 75 14 77
Fax 02 38 75 90 65
kris.marin@wanadoo.fr
www.france-bonjour.com/marigny

20. bis 29. Dez. geschlossen • 3 Zimmer mit Bad/WC, TV und Telefon • 55 € für 2 Personen, Frühstück inkl. • keine Mahlzeit • Garten, Parkplatz; keine Kreditkarten, Hunde nicht erlaubt • Spielmöglichkeit für Kinder, Badminton und Mountainbike

 Die typische Landschaft der Sologne, die das 9 ha große Anwesen umgibt

Das typische Bauernhaus aus Backstein am Ende eines Waldweges, auf dem man manchmal das Wild beobachten kann, ist bei Familien, Wanderern und Erholungssuchenden gleichermaßen beliebt. Die Zimmer befinden sich in dem ehemaligen Stallgebäude. Zwei von ihnen sind modern eingerichtet, das dritte besitzt einen schönen Terrakottafußboden und einen Kamin. Das Zimmer mit Zwischengeschoss bietet einen schönen Ausblick auf den Fischteich.

 Die unmittelbare Nähe zum Wald von Orléans

Nach zwei Jahren umfangreicher Renovierungsarbeiten ist dieses Landhaus aus dem Jahr 1850 wieder zu neuem Leben erwacht. Die einladende Fassade deutet bereits auf ein ebenso reizendes Inneres hin. Die Zimmer verfügen nicht nur über schöne Stilmöbel, sondern auch über komfortable Badezimmer. Im ehemaligen Stall, in dem das Frühstück eingenommen wird, sind noch die Futtertröge zu sehen. Darüber hinaus verspricht der zauberhafte Garten einen angenehmen Aufenthalt.

Anfahrt: 5,5 km nordwestlich von Ferté-Saint-Aubin über die D 18 und rechts in einen Weg einbiegen

Anfahrt: 12 km nordöstlich von Orléans in Richtung Pithiviers über die N 152

CENTRE

NEVOY - 45500

49 LE DOMAINE DE SAINTE-BARBE
Mme Le Lay

45500 Nevoy
Tel. 02 38 67 59 53
Fax 02 38 67 28 96
annielelay@aol.com
www.france-bonjour.com/sainte-barbe/

20. Dez. bis 6. Jan. und 10. bis 28. Aug. geschlossen • 4 Zimmer, davon 3 mit Bad, sowie 1 Ferienwohnung in 25 m Entfernung • 65 € für 2 Personen, Frühstück inkl. • keine Mahlzeit • Garten, Parkplatz; keine Kreditkarten, Hunde nicht erlaubt • Swimmingpool, Whirlpool und Tennisplatz

Die gesellige Atmosphäre, die der netten Besitzerin zu verdanken ist

Dieses Gut besitzt den Charme alter Häuser, die seit Generationen derselben Familie gehören. Die Inneneinrichtung aus Blumenstoffen, Terrakottaböden, Nippes und alten Möbeln scheint von den Urahnen der Besitzerin vererbt worden zu sein. Die Zimmer, die zum Garten hinausgehen, haben zum Teil ein Himmelbett. Im Sommer bietet sich die Terrasse mit Aussicht auf Felder und Wälder für das Frühstück an. Für einen längeren Aufenthalt steht eine Ferienwohnung bereit.

Anfahrt: 4 km nordwestlich von Gien in Richtung Lorris, hinter dem Bahnübergang die zweite Straße links nehmen und der Beschilderung folgen

POILLY-LEZ-GIEN 45500

50 VILLA HÔTEL
M. et Mme Petit

Z. A. Le Clair Ruisseau
45500 Poilly-lez-Gien
Tel. 02 38 27 03 30
Fax 02 38 27 03 43

Hotel ganzjährig geöffnet • 24 Zimmer, davon 10 nur für Nichtraucher und 2 behindertengerecht, alle mit Dusche/WC und TV • 33 € für 2 Personen, Frühstück 5 €, Halbpension möglich • Restaurant Fr, Sa/So, Tage vor und während Feiertagen geschlossen, nur Abendessen, Menüs 11 bis 14 € • Parkplatz

Ein Besuch in den Museen von Gien, in denen man alles über Porzellan und über die Jagd erfährt

In diesem Hotel sollten Sie vorher reservieren, da es häufig ausgebucht ist. Das Geheimnis des Erfolgs sind seine ruhige Lage in einem Wohnviertel, der freundliche Service, moderne und komfortable Einrichtungen und die ausgezeichnete Führung. Die hübschen Zimmer sind allerdings eher klein. Die von der Chefin gezauberten Mahlzeiten wechseln täglich. Dazu gibt es Vorspeisen und Desserts vom Büfett. Die Wände des Restaurants sind mit Tellern aus dem berühmten Gien-Porzellan geschmückt.

Anfahrt: 2 km südwestlich von Gien über die D 940 in Richtung Bourges

CHAMPAGNE-ARDENNE

Beim Anblick der unendlichen Weinberge kommt der Reisende ins Träumen. Ihm läuft das Wasser im Mund zusammen, die Lust nach dem prickelnden Geschmack des Champagners lässt sich kaum noch unterdrücken, und die Vorfreude auf den ersten Schluck wird immer größer. Das edle Getränk hieß früher „teuflischer Wein", bevor ein Mönch das Geheimnis der Kohlensäure entdeckte. In Reims fasziniert den Reisenden die überwältigende Schönheit der Kathedrale, in der einst die französischen Könige gekrönt wurden. Auch sollte man unbedingt das ortstypische rosafarbene Gebäck probieren. Weiter geht die Fahrt nach Troyes, einem hübschen Städtchen mit kleinen Gassen und malerischen Fachwerkhäusern. Wer es sich zutraut, sollte unbedingt die Wurstspezialität der Stadt, *Andouillette*, probieren. Danach kann der Reisende einen Ausflug in die weiten Wälder der Ardennen machen und sich am Ufer der Maas entspannen. Naturliebhaber können an einem der vielen Seen Wildvögel und Wildschweine beobachten.

- Ardennes (08)
- Aube (10)
- Marne (51)
- Haute-Marne (52)

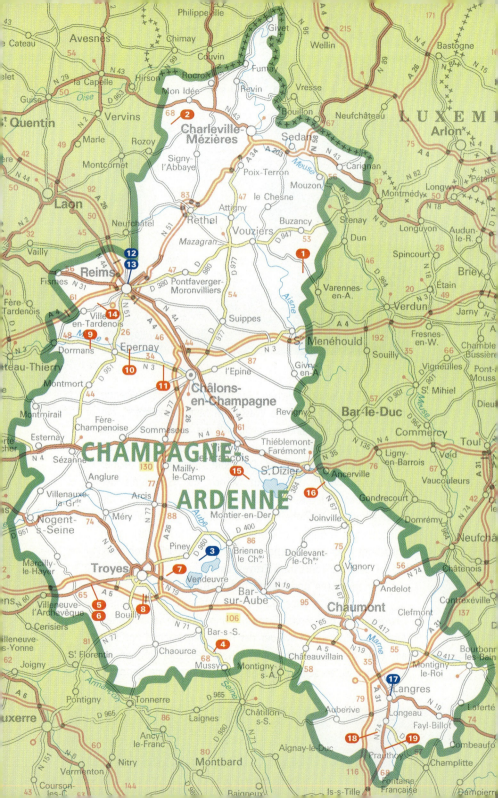

CHAMPAGNE-ARDENNE

CHÂTEL-CHÉHÉRY - 08250

 1 CHÂTEAU DE CHÂTEL
M. et Mme Huet

08250 Châtel-Chéhéry
Tel. 03 24 30 78 54
Fax 03 24 30 25 51
jacques.huet9@wanadoo.fr
http://perso.fr/chateaudechatel

So-abend geschlossen • 3 Zimmer • 70 bis 80 € (Nebensaison 60 bis 70 €) für 2 Personen, Frühstück inkl., Halbpension möglich • nur Abendessen 22 € • Park, Parkplatz; keine Kreditkarten, Hunde nicht erlaubt • Swimmingpool

 Das Glas Champagner bei der Pauschale „Feinschmeckeraufenthalt"

Einen zauberhaften Anblick bieten dieses Schloss aus dem 18. Jh. und sein Park am Hang über dem Aire-Tal. Trotz der gründlichen Renovierung des Gebäudes trifft man in den Räumlichkeiten noch auf zahlreiche Zeugen vergangenen Glanzes: ein herrliches Treppenhaus, riesige Kamine, Stilmöbel u. v. m. Die Bäder der geräumigen Zimmer bieten modernen Komfort. An Freizeitmöglichkeiten mangelt es ebenfalls nicht: Swimmingpool, Tennis auf Anfrage und Wanderungen oder Radtouren.

Anfahrt: 9 km nordwestlich von Varennes-en-Argonne über die D 38A und die D 42

RUMIGNY - 08290

 2 LA COUR DES PRÉS
M. Avril

 08290 Rumigny
Tel. 03 24 35 52 66
Fax 03 24 35 52 66
la-cour-des-pres@laposte.net

Nov. bis März geschlossen • 2 Zimmer • 65 bis 70 € für 2 Personen, Frühstück inkl. • keine Mahlzeit • Park, Parkplatz; keine Kreditkarten, Hunde nicht erlaubt • Schlossbesichtigung (außer Di), im Sommer Abendessen mit Konzert

 Die warmherzige Fürsorge der Herrin des Hauses

In diesem befestigten Anwesen aus dem Jahr 1546, das von Wassergräben umgeben ist und vom Gerichtsvorsteher von Rumigny erbaut wurde, wird Gastlichkeit groß geschrieben. Die heutige Besitzerin, eine direkte Nachfahrin, wird Ihnen gerne ihre Familiengeschichte erzählen. In den Zimmern sind noch die Täfelungen und die alten Möbel erhalten. Das Gleiche gilt für den herrlichen Speiseraum im ehemaligen Wachensaal. Im Park mit seinen hundertjährigen Buchen kann man wunderbar spazieren gehen.

Anfahrt: an der D 877, am östlichen Ortseingang, an der Ecke mit der D 27

CHAMPAGNE-ARDENNE
BRÉVONNES - 10220   COURTERON - 10250

3 AU VIEUX LOGIS
M. et Mme Baudesson

1 rue de Piney
10220 Brévonnes
Tel. 03 25 46 30 17
Fax 03 25 46 37 20
logisbrevonnes@wanadoo.fr
www.auvieuxlogis.com

6. bis 30. März sowie So-abend und Mo geschlossen • 5 Zimmer mit Dusche/WC und TV • 42 bis 52 € für 2 Personen, Frühstück 7 €, Halbpension möglich • Menüs 16 (werktags) bis 40 € • Terrasse, Garten, gesicherter Parkplatz • am Rand des Regionalparks Forêt d'Orient

4 FERME DE LA GLOIRE DIEU
M. Ruelle

10250 Courteron
Tel. 03 25 38 20 67
Fax 03 25 38 21 78

Jan. geschlossen • 3 Zimmer • 37 € für 2 Personen, Frühstück inkl. • Park, Terrasse, Parkplatz; keine Kreditkarten

 Die 140 km an ausgeschilderten Wanderwegen im Wald von Orient

An den Seen Lac d'Orient und Lac du Temple, deren Namen an die mittelalterlichen Orden erinnern, denen das Gebiet gehörte, besteht ein reichhaltiges Freizeitangebot (Angeln, Wassersport, Wanderungen, Strände etc.). Das „alte Haus" mit neuer Fassade steht in unmittelbarer Umgebung. Die Inneneinrichtung, die weder luxuriös noch besonders eigenwillig ist, spiegelt den nostalgischen Reiz von Anno dazumal wider. Rustikale Möbel, Nippes und Blumentapeten schaffen eine familiäre Atmosphäre.

 Die leckeren Erzeugnisse des Bauernhofs, zum Verzehr vor Ort oder zum Mitnehmen

Der Name des Gästehauses – „Hof der Herrlichkeit Gottes" – verrät, dass der im 16. Jh. errichtete befestigte Bauernhof sehenswerte Bauteile eines Klosters aus dem 13. Jh. birgt. Die hübschen und gut gepflegten Zimmer weisen noch die ursprünglichen Steinwände auf. Die hausgemachten Pasteten, Wurstwaren und Geflügelprodukte, die bei Tisch serviert werden, stellen auch anspruchsvolle Feinschmecker zufrieden. Eine herzliche Atmosphäre und kleine Preise sind weitere Vorzüge.

Anfahrt: nordöstlich von Troyes, 25 km über die D 960, dann in Piney die D 11 nehmen

Anfahrt: 10 km östlich von Les Riceys über die D 70 und die N 71

CHAMPAGNE-ARDENNE

ESTISSAC - 10190

5 DOMAINE DU VOIRLOUP
M. et Mme Hulo

3 place Betty-Dié
10190 Estissac
Tel. 03 25 43 14 27
le.voirloup@free.fr
www.vrlp.com

Ganzjährig geöffnet • 3 Zimmer nur für Nichtraucher im ersten Stock, alle mit Bad, TV und Telefon • 60 € für 2 Personen, Frühstück inkl. • Mahlzeit 19 bis 25 € • Terrasse, Garten, Parkplatz; keine Kreditkarten, Hunde nicht erlaubt • Internetanschluss

 Die Inneneinrichtung dieses großen Herrenhauses aus dem Jahre 1904

Das Herrenhaus wurde Anfang des 20. Jh.s mitten in einem 8 000 m² großen Park errichtet und besticht durch seine geschmackvolle, elegante Inneneinrichtung. Die schlichten Zimmer sind praktisch eingerichtet mit zeitgemäßem Mobiliar, W-LAN-Anschluss usw. Zum Frühstück sorgen hausgemachte Leckereien wie Kuchen, Brot und Marmelade für einen guten Start in den Tag, während man bei den Mahlzeiten eine gutbürgerliche regionaltypische Küche entdecken kann. Bei schönem Wetter wird unter der Laube gespeist.

Anfahrt: im Dorfzentrum

ESTISSAC - 10190

6 LE MOULIN D'EGUEBAUDE
M. Mesley

10190 Estissac
Tel. 03 25 40 42 18
Fax 03 25 40 40 92

 eguebaude@aol.com

Ganzjährig geöffnet • 8 Zimmer nur für Nichtraucher, davon 3 im Nebengebäude, alle mit Bad/WC und TV • 49 bis 70 € für 2 Personen, Frühstück inkl. • nur Abendessen 20 € • Terrasse, Garten, Parkplatz, Kochecke; keine Kreditkarten, Hunde nicht erlaubt • Sauna, Fischzucht

 Die köstlichen Spezialitäten der Region

Die ehemalige Mühle verspricht einen ruhigen Aufenthalt in einer waldreichen Umgebung mit zahlreichen Fischzuchtbecken. Vor kurzer Zeit wurden die fünf bereits in der Mühle eingerichteten Zimmer um drei weitere ergänzt, die in gemütlichem Ambiente ausgezeichneten Komfort bieten. Die Hausherrin verwöhnt ihre Gäste mit einheimischen Spezialitäten (Lachs aus der eigenen Zucht, mit Kräutersauce) und bietet in ihrem Geschäft auch regionale Erzeugnisse zum Verkauf.

Anfahrt: im Ort

CHAMPAGNE-ARDENNE

LAUBRESSEL - 10270   MOUSSEY - 10800

7 LES COLOMBAGES CHAMPENOIS
Mme Jeanne

33 rue du Haut
10270 Laubressel
Tel. 03 25 80 27 37
Fax 03 25 80 80 67

Ganzjährig geöffnet • 6 Zimmer mit Dusche/WC • 42 € für 2 Personen, Frühstück inkl. • keine Mahlzeit • Garten, Parkplatz; keine Kreditkarten, Hunde nicht erlaubt • Swimmingpool

8 DOMAINE DE LA CREUSE
M. Le Borgne

10800 Moussey
Tel. 03 25 41 74 01
Fax 03 25 73 13 87
contact@domainedelacreuse.com
www.domainedelacreuse.com

Ganzjährig geöffnet • 3 Zimmer nur für Nichtraucher im Erdgeschoss, alle mit Bad/WC • 85 bis 95 € für 2 Personen, Frühstück inkl. • keine Mahlzeit • Terrasse, Garten, Park, überdachter Parkplatz; keine Kreditkarten, Hunde nicht erlaubt

 Auf der Terrasse vor dem Hintergrund endloser Wiesen und Weiden dösen

Diese beiden entzückenden Fachwerkhäuser wurden vor zehn Jahren aus Baumaterial von benachbarten verfallenen Bauernhöfen errichtet. Der Besitzer hat sogar einen Taubenschlag nachgebaut. Die Gebäude wirken verblüffend authentisch. In den Zimmern hat man alte Holzbalken mit modernen Möbeln harmonisch kombiniert. Beim Frühstück kommen Erzeugnisse des Hofes auf den Tisch.

 Die ländliche Ruhe – direkt vor den Toren von Troyes

Etwas abseits der Straße steht dieses Gebäude im Stil der Champagne (18. Jh., Fachwerk), das von einem kleinen Park mit Blumen und Bäumen umgeben ist. In den Nebengebäuden aus Backstein wurden drei geräumige, saubere und hochwertig ausgestattete Zimmer mit persönlicher Note eingerichtet. Das Frühstück an den blumengeschmückten Tischen steht denen in großen Hotels in nichts nach. Zwar wird keine Mahlzeit angeboten, doch für Tipps kann man sich jederzeit an den liebenswerten Hausherrn wenden.

Anfahrt: 7 km nordwestlich von Lusigny-sur-Barse über die N 19 und die D 186

Anfahrt: 2 km östlich von Moussey über die D 25 und die D 444

CHAMPAGNE-ARDENNE

BOURSAULT - 51480   **MAREUIL-SUR-AY - 51160**

9 | **LA BOURSAULTIÈRE**
Mme De Coninck

44 rue de la Duchesse-d'Uzès
51480 Boursault
Tel. 03 26 58 47 76
Fax 03 26 58 47 76

Ganzjährig geöffnet • 4 Zimmer • 60 € für 2 Personen, Frühstück inkl. • keine Mahlzeit • Garten, Parkplatz; keine Kreditkarten

10 | **LA FAMILLE GUY CHARBAUT**
M. et Mme Charbaut

12 rue du Pont
51160 Mareuil-sur-Ay
Tel. 03 26 52 60 59
Fax 03 26 51 91 49
champagne.guy.charbaut@wanadoo.fr
www.champagne-guy-charbaut.com

Ganzjährig geöffnet (außer Weihnachten und 1. Jan.) • 6 Zimmer mit Bad/WC • 65 € für 2 Personen, Frühstück inkl. • nur Abendessen 40 € • Parkplatz; Hunde im Speiseraum nicht erlaubt • Besichtigung des Weinguts und des Weinkellers

Das mit einem freundlichen Lächeln aufgetragene reichhaltige Frühstück

Die entzückenden Zimmer dieses hübschen Steinhauses im Herzen des Weinbaugebiets sind mit Stoffen bespannt, die Motive aus dem Mittelalter oder aus der Renaissance tragen. In den luxuriösen Badezimmern zieren italienische Fliesen die Wände und den Fußboden. Sobald die Sonne herauskommt, werden Sie die erfrischende Kühle des gepflasterten Hofs zu schätzen wissen, wo herrliche Sukkulenten gedeihen. Vorbildlicher Service.

Die Besichtigung des Weinguts, des Weinkellers und der Kelter des Familienbetriebs

Auf dem seit 1930 vom Vater an den Sohn weitergegebenen Familienbetrieb scheut man keine Mühe, um Sie in seinem hundertjährigen Haus standesgemäß aufzunehmen, Ihnen die Kelter und den Keller zu zeigen und Ihnen die besten Jahrgänge von weißem und Rosé-Champagner zum Probieren anzubieten. Die Gäste in den geräumigen, mit antiken Möbeln ausgestatteten Zimmern verfügen über einen Aufenthaltsraum. Das Abendessen wird in einem herrlichen Kellergewölbe serviert – und der Champagner fließt in Strömen!

Anfahrt: 9 km westlich von Épernay über die N 3 und die D 222

Anfahrt: auf dem Weingut

CHAMPAGNE-ARDENNE

MATOUGUES - 51510

11 **LA GROSSE HAIE**
M. et Mme Songy

Chemin de Saint-Pierre
51510 Matougues
Tel. 03 26 70 97 12
Fax 03 26 70 12 42
songy.chambre@wanadoo.fr

24. und 25. Dez. geschlossen • 3 Zimmer im Obergeschoss, nur für Nichtraucher • 42 bis 45 € für 2 Personen, Frühstück inkl. • Mahlzeit (außer So) 18 bis 27 € • Garten, Park, Parkplatz; keine Kreditkarten, Hunde nicht erlaubt • Besichtigung des Bauernhofs

 Im Obstgarten in Kindheitserinnerungen schwelgen

Die unmittelbare Nachbarschaft eines Bauernhofs mit Weiden, auf denen gut genährte Charolais-Rinder grasen, ergänzt die ländliche Idylle dieses Gasthauses, in dessen Garten die Kinder ungestört unter den Bäumen spielen können. Erdbeeren, Artischocken und andere Früchte des Gartens warten nur darauf, geerntet zu werden und in den Kochkopf des Hauses zu wandern. Blau, Weiß und Rosa sind die dominierenden Farben in den schlichten Zimmern, in denen man nachts ungestört schlafen kann.

Anfahrt: 12 km westlich von Châlons-en-Champagne über die D 3 in Richtung Épernay

REIMS - 51100

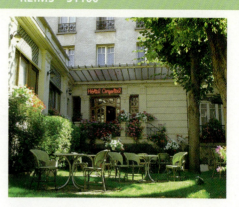

12 **CRYSTAL**
Mme Jantet

86 place Drouet-d'Erlon
51100 Reims
Tel. 03 26 88 44 44
Fax 03 26 47 49 28
hotelcrystal@wanadoo.fr
www.hotel-crystal.fr

24. Dez. bis 3. Jan. geschlossen • 31 Zimmer, davon 8 mit Bad/WC und 23 mit Dusche/WC, alle mit TV • 50 bis 68 € für 2 Personen, Frühstück 9 € • kein Restaurant • Garten

 Der schöne Originalaufzug

Das von dem geschäftigen Place Drouet-d'Erlon durch eine Reihe von Gebäuden abgeschirmte Hotel aus den 20er Jahren ist eine grüne Insel der Stille mitten in der Innenstadt. Vor kurzem wurden die Zimmer mit hochwertigen Möbeln und Betten ausgestattet, die Badezimmer sind vor allem praktisch ausgerichtet. Im Sommer wird das Frühstück im reizenden begrünten Innenhof serviert.

Anfahrt: im Stadtzentrum, unweit des Bahnhofs

CHAMPAGNE-ARDENNE

REIMS - 51100
SAINT-EUPHRAISE-ET-CLAIRIZET - 51390

 13 **UNIVERS**
M. Bombaron

41 boulevard Foch
51100 Reims
Tel. 03 26 88 68 08
Fax 03 26 40 95 61
contact@hotel-univers-reims.com
www.hotel-univers-reims.com

Ganzjährig geöffnet • 42 Zimmer, davon 36 mit Bad/WC, 6 mit Dusche/WC, alle mit TV • 78 bis 88 € (Nebensaison 70 bis 76 €) für 2 Personen, Frühstück 11 € • Menüs 18 (werktags) bis 40 € • öffentlicher Parkplatz in der Nähe

 14 **CHAMBRE D'HÔTE DELONG**
M. et Mme Delong

24 rue des Tilleuls
51390 Saint-Euphraise-et-Clairizet
Tel. 03 26 49 20 86
Fax 03 26 49 24 90
jdscom@wanadoo.fr
www.domainedelong.com

Ganzjährig geöffnet • 4 Zimmer in einem renovierten ehemaligen Stallgebäude, alle mit Bad/WC • 56 € für 2 Personen, Frühstück inkl. • keine Mahlzeit • Aufenthaltsraum, Parkplatz; Hunde nicht erlaubt • Besichtigung des Weinkellers mit Kelter, Wanderungen und Mountainbike-Touren

 Ein Glas Champagner an der Hotelbar

Die Fassade des Eckhauses aus dem Jahr 1932 gegenüber dem Square Colbert weist eindeutig den Einfluss des Art déco-Stils der damaligen Zeit auf. Die meisten Zimmer sind neu ausgestattet worden und besitzen eine ausgezeichnete Schallisolierung, große Betten, Möbel aus edlen Hölzern und komfortable Badezimmer. In der gemütlichen Bar lässt man sich gern auf einen Plausch nieder. Das Restaurant ist mit einer dunklen Holztäfelung versehen.

 Nach der Besichtigung des Weinkellers den Champagnerkorken knallen lassen

Der ehemalige Stall gehört zu einem Familienweingut und wurde durch eine gelungene Renovierung zu neuem Leben erweckt. In den Zimmern, die Steinwände, ein offener Dachstuhl und komfortable Badezimmer charakterisieren, war man nicht geizig bei der Qualität der Betten, Matratzen und Möbel. Der Frühstücksraum mit seinem Backsteindekor und dem riesigen Esstisch ist sehr einladend. Der Besitzer gehört einer langen Linie von Winzern an und zeigt Ihnen gerne den Weinkeller und die Kelter.

Anfahrt: in der Nähe des Bahnhofs, gegenüber dem Jardin Colbert

Anfahrt: in der Dorfmitte

CHAMPAGNE-ARDENNE

SAINT-RÉMY-EN-BOUZEMONT - 51290

15 **AU BROCHET DU LAC**
M. Gringuillard

15-17 Grande-Rue
51290 Saint-Rémy-en-Bouzemont
Tel. 03 26 72 51 06
Fax 03 26 73 06 95
info @ au-brochet-du-lac.com
www.au-brochet-du-lac.com

Weihnachten und 1. Jan. geschlossen • 5 Zimmer • 45 € für 2 Personen, Frühstück inkl. • nur Abendessen 19 € • Aufenthaltsraum mit Kamin, Terrasse, Parkplatz; Hunde im Speiseraum nicht erlaubt • Vermietung von Mountainbikes und Kanus

 Die Zugvögel über dem nahen Lac du Der beobachten

Das reizende Fachwerkhaus ist ein Traumziel, wenn man den Lac du Der-Chantecoq und seine vielen Wassersportmöglichkeiten (Bootfahren, Wasserski, Angeln, Baden usw.) kennen lernen will. Das Haus selbst ist gut ausgestattet und vermietet Mountainbikes und Kanus. Die gepflegten Zimmer sind komfortabel und ländlich möbliert. Der Aufenthaltsraum mit seinem Holzdekor, Terrakottafliesen und einem Kamin ist besonders gemütlich.

Anfahrt: 6 km westlich von Arrigny über die D 57 und die D 58, in der Dorfmitte, gleich neben dem See

CHAMOUILLEY - 52100

16 **LE MOULIN**
M. et Mme Forêt

52100 Chamouilley
Tel. 03 25 55 81 93
Fax 03 25 55 81 93

Ganzjährig geöffnet • 5 Zimmer nur für Nichtraucher mit Bad/WC, Massagedusche, Satelliten-TV • 53 bis 57 € für 2 Personen, Frühstück inkl. • nur Abendessen 27 € (mit Voranmeldung) • Garten, Park, Parkplatz; keine Kreditkarten, Hunde im Speiseraum nicht erlaubt • Swimmingpool, Spielmöglichkeit für Kinder

 Der liebenswürdige Empfang der Besitzerin

Hier finden Sie eine Oase der Ruhe! Dabei liegt die zwischen dem Mühlbach und der Marne gelegene ehemalige Mühle nur wenige Schritte von dem Ort entfernt. Alles lädt zur Entspannung ein: der Park mit Swimmingpool, der Aufenthaltsbereich, der ideal zum Schmökern ist, usw. Die zeitgemäß eingerichteten Zimmer sind geschmackvoll und schlicht dekoriert und ausgezeichnet ausgestattet (Bad mit Massagedusche, Bademantel etc.). Ein weiteres Plus: die freundliche, unkomplizierte Gastgeberin...

Anfahrt: unweit vom Ortskern, 500 m auf einem kleinen Weg zwischen dem Marne-Kanal und dem Fluss

CHAMPAGNE-ARDENNE

LANGRES - 52200　　　　**PRANGEY - 52190**

17 **LE CHEVAL BLANC**
M. et Mme Chevalier

4 rue de l'Estres
52200 Langres
Tel. 03 25 87 07 00
Fax 03 25 87 23 13
info@hotel-langres.com
www.hotel-langres.com

10. bis 30. Nov. geschlossen • 22 Zimmer, davon 11 in einem Nebengebäude und eines behindertengerecht, alle mit Bad/WC oder Dusche/WC und TV • 65 bis 84 € für 2 Personen, Frühstück 9 €, Halbpension möglich • Restaurant Mi-mittag geschlossen, Menüs 25 bis 75 € • Hotelgarage

Die Geschichte des Hauses, die bis ins Jahr 834 zurückreicht

Die dicken Mauern des Cheval Blanc stammen aus mehreren Epochen zwischen dem 12. und dem 16. Jh. und wirken alle wie eine natürliche Klimaanlage. Während dieser langen Jahrhunderte diente das Gebäude als Kloster, als Pfarrkirche und seit der Revolution als Herberge. Die Zimmer im „Pavillon Diderot", einem Steinhaus gegenüber dem Hotel, wurden vor kurzem renoviert. Besonderen Charme haben die Zimmer mit Gewölbedecke und Spitzbögen. Die Bilder und Lampen im Restaurant sind modern.

Anfahrt: im Stadtzentrum

18 **L'ORANGERIE**
M. et Mme Trinquesse

Place Adrien-Guillaume
52190 Prangey
Tel. 03 25 87 54 85

Ganzjährig geöffnet • 3 Zimmer • 58 bis 63 € für 2 Personen, Frühstück inkl. • keine Mahlzeit • keine Kreditkarten, Hunde nicht erlaubt

Die sehr feminine Dekoration

Eine angenehme romantische Atmosphäre herrscht in diesem efeubewachsenen Haus gleich neben dem Schloss und der Kirche. Das nette Dörfchen liegt etwas einsam in der Champagne. Die hellen, gemütlichen Zimmer haben viel Charme; eines von ihnen, ganz in Blautönen gehalten, bietet einen Blick auf das Herrenhaus und seinen Turm aus dem 12. Jh. Und die Gastgeber? Sie sind per-fekt!

Anfahrt: 16 km südlich von Langres über die N 74 und die D 26

CHAMPAGNE-ARDENNE
PRAUTHOY - 52190

 CHÂTEAU DE PRAUTHOY
MM. Bugnod et Berchard

22 Grand'Rue
52190 Prauthoy
Tel. 03 25 84 95 70
Fax 03 25 87 37 19
ch.prauthoy@infonie.fr
www.chateaudeprauthoy.com

2. Jan bis Ende März und Dez. geschlossen • 4 Zimmer nur für Nichtraucher, davon 2 Suiten, alle mit Bad/WC oder Dusche/WC • 99 € für 2 Personen, Frühstück inkl. • keine Mahlzeit • Terrasse, Park, Parkplatz, Aufenthaltsräume mit Satelliten-TV und Klavier • beheizter Swimmingpool mit Solarium

 Das Leben auf dem Schloss zu genießen

Das renovierte Schloss aus dem 18. und 19. Jh. liegt in einem 5 ha großen romantischen Park mit Gebüsch, hundertjährigen Bäumen, Swimmingpool und Sonnenterrasse. Im herrlichen Aufenthaltsraum im Louis-quinze-Stil werden Sie von den Eigentümern empfangen. Die Zimmer sind in unterschiedlichen Stilen (Louis-seize, Second Empire usw.) gehalten. Sehenswert ist die Grotte, die den Innenhof mit den ehemaligen Küchen verbindet und in der einige Gegenstände an den Alltag im 19. Jh. erinnern.

Anfahrt: im Dorfzentrum

CORSE/KORSIKA

Korsika glitzert wie ein Juwel in der Sonne des Mittelmeers. Die hoch auf den Felsen gelegenen Zitadellen erreicht man über steile und kurvenreiche Straßen. Genießen Sie beim Erklimmen der dicht bewaldeten Berge die herrlichen Ausblicke und den zarten Duft nach wildem Rosmarin. Vielleicht entdecken Sie auf einem Ausflug eine einsame Kapelle, ein Dorf, an dem die Zeit seit Jahrhunderten nichts geändert hat, oder Sie treffen mitten auf der Straße eine Schafherde auf dem Weg zur Weide. Die Korsen sind ebenso stolz auf ihre Naturschätze wie auf ihre Geschichte und ihre Traditionen. Dem erschöpften Wanderer wird ganz selbstverständlich ein Teller mit gekochtem Fleisch, Käse und selbstgebackenem Kuchen zur Stärkung angeboten. Nach der Erkundung der rauhen Natur im Inneren der Insel laden einsame Sandstrände und das türkisfarbene Meer zur kühlen Erfrischung und zum Sonnenbaden ein.

- Corse-du-Sud (2A)
- Haute-Corse (2B)

CORSE/KORSIKA

FELICETO - 20225

1 MARE E MONTI
M. et Mme Renucci

20225 Feliceto
Tel. 04 95 63 02 00
Fax 04 95 63 02 01

1. Jan. bis 30. März und 1. Nov. bis 31. Dez. geschlossen • 16 Zimmer mit Bad/WC oder Dusche/WC, alle mit Klimaanlage • 81 bis 114 € (Nebensaison 58 bis 77 €) für 2 Personen, Frühstück 7 € • kein Restaurant • Parkplatz; Hunde nicht erlaubt • Swimmingpool

Der warme Sommerwind, der den Duft wilder Pflanzen auf die Terrasse weht

Das zwischen Meer und Gebirge („mare et monti") gelegene Haus ist einer der wenigen „amerikanischen Paläste" der Balagne, die am Cap Corse häufiger anzutreffen sind. Die Vorfahren des Besitzers waren in Puerto Rico durch den Zuckerrohranbau reich geworden und errichteten nach ihrer Rückkehr im 19. Jh. dieses zauberhafte Haus mit den blauen Fensterläden. Die etwas schlichten Zimmer haben dennoch ihr Flair dank der Messingbetten, Terrakottaböden und Kamine. Kleine Kapelle, üppiger Garten.

Anfahrt: 20 km südlich von L'Île-Rousse

GALÉRIA - 20245

2 A MARTINELLA
Mme Corteggiani

Route du Port
20245 Galéria
Tel. 04 95 62 00 44

Ende Okt. bis 15. März geschlossen • 5 Zimmer im ersten Stock, mit eigener Terrasse • 63 € (Nebensaison 52 €) für 2 Personen, Frühstück inkl. • keine Mahlzeit • Garten, Parkplatz; keine Kreditkarten, Hunde nicht erlaubt • Strand und Naturpark Scandola in der Nähe

Die Entdeckung der Unterwasserwelt im Naturpark Scandola

Eine einfache, aber hervorragend geführte Adresse. Der Standort ist ideal gelegen, 150 m von einem großen Kiesstrand entfernt und ganz in der Nähe des Naturparks Scandola. Klar, dass man hier Halt macht. Die Zimmer bieten einfachen Komfort und besitzen alle eine eigene Terrasse. Die Ruhe des Gartens und der herzliche Empfang der Gastgeberin sind ein besonderes Plus.

Anfahrt: 150 m vom Strand

CORSE/KORSIKA

L'ÎLE-ROUSSE - 20220   LURI - 20228

3 FUNTANA MARINA
M. et Mme Khaldi

Route de Monticello
20220 L'Île-Rousse
Tel. 04 95 60 16 12
Fax 04 95 60 35 44
hotel-funtana-marina@wanadoo.fr
www.hotel-funtana.com

Ganzjährig geöffnet • 29 Zimmer mit Bad oder Dusche, 6 Zimmer mit Klimaanlage • 85 bis 91 € (Nebensaison 49 bis 62 €), Frühstück 9 € • kein Restaurant • Parkplatz; Hunde nicht erlaubt • Swimmingpool

4 LI FUNDALI
M. et Mme Gabelle-Crescioni

Spergane
20228 Luri

Tel. 04 95 35 06 15

Nov. bis März geschlossen • 16 Zimmer • 40 bis 45 € für 2 Personen, Frühstück inkl., Halbpension möglich • Mahlzeit 14 € • Terrasse, Garten, Parkplatz; keine Kreditkarten, Hunde nicht erlaubt

 Die Lage über dem Hafen von L'Île-Rousse

Die kleine Bergstraße, die zu dem neuen Gebäude inmitten üppiger Vegetation führt, ist den Umweg wert, und sei es nur wegen der herrlichen Aussicht auf das Meer und den Hafen von L'Île-Rousse. Die renovierten Zimmer mit schönen Bädern sind komfortabel und ansprechend. Der Swimmingpool mit Panoramablick und der beispielhafte Empfang der Gastgeber tragen zusätzlich zum Charme des Hotels bei.

 Die sprichwörtliche südländische Gastfreundschaft der Besitzer

Dolce vita lautet das Motto dieses reizenden Gästehauses am tiefsten Punkt (fundali) des grünen Luri-Tals. Nachdem Sie sich auf den zahlreichen Wanderwegen, die das Anwesen umgeben, verausgabt haben, freuen Sie sich besonders über die schlichten, doch tadellos gepflegten Zimmer. Bei Tisch versammeln sich die Gäste zu einem geselligen Essen, das die aufmerksamen Besitzer aus alten Familienrezepten zusammengestellt haben.

Anfahrt: im oberen Teil von L'Île-Rousse, 1 km entfernt

Anfahrt: im Tal

CORSE/KORSIKA

OLMETO - 20113 | PIGNA - 20220

 SANTA MARIA
M. et Mme Ettori

Place de l'Église
20113 Olmeto
Tel. 04 95 74 65 59
Fax 04 95 74 60 33
ettorinathalie@aol.com
www.hotel-restaurant-santa-maria.com

Nov. und Dez. geschlossen • 12 Zimmer mit Dusche/WC, TV und Klimaanlage • 53 € (Nebensaison 40 bis 48 €) für 2 Personen, Frühstück 6 €, Halbpension möglich • Menüs 16 bis 23 € • Terrasse

 Das Wort „Stress" scheint hier nicht zu existieren!

Das alte Haus aus Granit gegenüber der Kirche blickt bereits seit mehr als 100 Jahren auf den Golf von Valinco. Eine steile Treppe führt zu den recht eintönigen, dafür jedoch funktionellen und gut gepflegten Zimmern. Um so schöner ist der Speiseraum, ein Überbleibsel einer alten Ölmühle, mit seiner Gewölbedecke und vor allem die Terrasse, wo man vom Küchenchef mit dem Spitznamen Mimi typisch korsische Gerichte aufgetischt bekommt.

Anfahrt: im Ortskern, 8 km nördlich von Propriano über die N 196

 LA CASA MUSICALE
M. et Mme Casalonga

Fondu di u paese
20220 Pigna
Tel. 04 95 61 77 31
Fax 04 95 61 74 28
infos@casa-musicale.org
www.casa-musicale.org

7. Jan. bis 10. Febr. sowie Mo von Nov. bis März geschlossen • 7 Zimmer mit Bad/WC oder Dusche/WC • 65 bis 92 € (Nebensaison 48 bis 68 €) für 2 Personen, Frühstück 6 €, Halbpension möglich • Mahlzeit à la carte 17 bis 30 € • Hunde nicht erlaubt • Konzertsaal (polyphone Darbietungen einheimischer Künstler)

 Das „Terza" genannte Zimmer und seine winzige Terrasse, die man über eine Leiter erreicht

Dies ist ein Geheimtipp! Behalten Sie die Adresse lieber für sich, denn dieses reizende alte Haus, das man nur zu Fuß durch die von Bougainvilleen gesäumten Gassen dieses Bergdorfes erreicht, ist einzigartig. Von den Zimmern, deren Wände mit kunstvollen Fresken verziert sind, blickt man entweder auf das Meer oder auf die Berge. Das Restaurant befindet sich in einer ehemaligen Ölpresse, die Terrasse ist überaus malerisch, und im Konzertsaal werden regelmäßig Darbietungen gegeben.

Anfahrt: von L'Île-Rousse über die N 197 in Richtung Calvi fahren, nach 2 km links auf die D 151 (8 km); Parkgelegenheit am Platz (autofreies Dorf)

CORSE/KORSIKA
PIOGGIOLA - 20259   PORTICCIO - 20166

 7 **A TRAMULA**
M. Giovanetti

 20259 Pioggiola
Tel. 04 95 61 93 54

Ganzjährig geöffnet • 7 Zimmer • 70 € (Nebensaison 52 bis 60 €) für 2 Personen, Frühstück 7 € • kein Restaurant • Park, Parkplatz; keine Kreditkarten

 8 **PIAGGIOLA**
M. et Mme Paolini

 20166 Porticcio
Tel. 04 95 24 23 79

Ende Jan. bis 15. Apr. geschlossen • 6 Zimmer • 62 € für 2 Personen, Frühstück inkl., Halbpension möglich • Mahlzeit 20 € • Parkplatz; keine Kreditkarten, Hunde nicht erlaubt • Swimmingpool

 Der überaus herzliche Gastgeber, ein echter Korse, der gerne von seiner Heimat erzählt

Die Zimmer dieses korsischen Hauses aus lokalem Stein sind im ersten Stock untergebracht und wurden alle nach demselben Muster konzipiert: lachsfarbene Wände, Terrakottafliesen, neue Möbel und modernes Bad. Die Bar und der Aufenthaltsraum laden mit einem Ofen und einem Kamin zum Entspannen ein. Der Park am Fuße des Gebirges ist ideal für einen Spaziergang. Zum Frühstück gibt es köstlichen Honig, der vom Besitzer selbst hergestellt wird.

 Das weitläufige Anwesen um das Haus, reich an Sehenswertem

Herzlicher Empfang, Sinn für Gastfreundschaft, eine Küche, bei der regionale Produkte groß geschrieben werden – das große Granitgebäude im Herzen eines herrlichen Anwesens hat viele Vorzüge zu bieten. Die riesigen Zimmer besitzen wunderschöne Schränke; die Fenster eröffnen einen herrlichen Blick auf den Golf von Valinco oder auf den Wald. Wer ausspannen will, für den gibt es auf dem großen Anwesen viel zu entdecken.

Anfahrt: 1,9 km westlich von Olmi-Cappella in Richtung Forêt de Tartagine

Anfahrt: 13 km südöstlich vom Strand von Agosta über die D 255A (Richtung Pietrosella), dann rechts auf die D 255

CORSE/KORSIKA

SAN-MARTINO-DI-LOTA - 20200

9 **CHÂTEAU CAGNINACCI**
Famille Cagninacci

20200 San-Martino-di-Lota
Tel. 06 78 29 03 94
Fax 06 76 43 01 44
www.chateaucagninacci.com

1. Okt. bis 14. Mai geschlossen • 4 Zimmer, davon 2 mit Klimaanlage, alle mit Blick auf die Insel Elba • 92 bis 97 € (Nebensaison 76 bis 81 €) für 2 Personen, Frühstück inkl. • keine Mahlzeit • Terrasse; keine Kreditkarten, Hunde nicht erlaubt

 Die ungestörte Ruhe dieses Anwesens mitten im Grünen

Das an den Hang geschmiegte Kapuzinerkloster aus dem 17. Jh. wurde im 19. Jh. nach dem Vorbild toskanischer Landsitze umgebaut. Nach einer geschmackvollen Renovierung bietet es heute geräumige und antik eingerichtete Zimmer mit modernen, ausgesprochen gepflegten Badezimmern. Von überall ist die Aussicht auf das Meer und die Insel Elba ganz fantastisch. Ein pures Vergnügen ist es im Sommer, das Frühstück auf der von Grünflächen umgebenen Terrasse einzunehmen.

Anfahrt: 10 km nordwestlich von Bastia über die D 80 (Richtung Cap Corse), in Pietranera dann auf die D 131

SAN-MARTINO-DI-LOTA - 20200

10 **LA CORNICHE**
M. Anziani

20200 San-Martino-di-Lota
Tel. 04 95 31 40 98
Fax 04 95 32 37 69
info@hotel-lacorniche.com
www.hotel-lacorniche.com

Jan. geschlossen • 19 Zimmer mit Bad/WC und TV • 69 bis 99 € (Nebensaison 48 bis 62 €) für 2 Personen, Frühstück 8 €, Halbpension möglich • Restaurant Mo und Di-mittag geschlossen, Menüs 25 bis 46 € • Terrasse, Parkplatz • Swimmingpool

 Der von einem Kastanienwäldchen umgebene Swimmingpool am Hang

Die Aussicht von der dank der Platanen schattigen Terrasse dieses Hotels auf den Anhöhen über Bastia ist atemberaubend schön. Man blickt auf den zweistöckigen Kirchturm und die Häuser des alten Dorfes, das sich an den Berghang klammert, mit dem blauen Meer als Hintergrund. Die gleiche schöne Aussicht auf das Meer hat man von den funktionellen Zimmern, die gerade nach und nach einen persönlichen Touch erhalten (Terrakottafußböden, Wände in Wischtechnik). Typisch korsische Küche.

Anfahrt: 13 km nördlich von Bastia über die D 80, dann links auf die D 131

CORSE/KORSIKA
SARTÈNE - 20100   SPELONCATO - 20226

11   **DOMAINE DE CROCCANO**
M. et Mme Perrier

Route de Granace
20100 Sartène
Tel. 04 95 77 11 37
Fax 04 95 77 11 37
christian.perrier@wanadoo.fr
www.corsenature.com

Dez. geschlossen • 4 Zimmer nur für Nichtraucher • 78 € (Nebensaison 64 €) für 2 Personen, Frühstück inkl., Halbpension möglich • Restaurant nur für Nichtraucher und nur für Hotelgäste mit Halbpension • Terrasse, Park, Parkplatz; Hunde nicht erlaubt • Reitstall auf dem Anwesen

12   **A SPELUNCA**
Mme Princivalle

Place de l'Église
20226 Speloncato
Tel. 04 95 61 50 38
Fax 04 95 61 53 14
hotel.a.spelunca@wanadoo.fr

1. Nov. bis 31. März geschlossen • 17 Zimmer • 60 bis 70 € (Nebensaison 50 bis 60 €), Frühstück 6 € • kein Restaurant • Terrasse

 Ein Ausflug zu Pferde durch die korsische Sumpflandschaft

Reisende auf der Suche nach der friedlichen Stille der Natur werden von diesem komfortablen Haus aus Granit, das in einer unberührten Landschaft zwischen Korkeichen und Olivenbäumen steht, begeistert sein. Die Zimmer mit ihren schönen Steinwänden und den Terrakottafußböden sind äußerst behaglich. Die überaus freundlichen Besitzer teilen ihre Liebe zu Pferden gerne mit Ihnen und nehmen Sie mit auf Ausritte durch die korsische Sumpflandschaft oder bieten Wanderungen bzw. botanisch interessante Spaziergänge an.

 Die wundervolle Aussicht über die ganze obere Balagne

Das elegante Gebäude ist der ehemalige Palast des Kardinals Savelli, des Polizeiministers von Papst Pius IX. Von seiner glanzvollen Vergangenheit zeugen die großen Zimmer, die Stilmöbel in den Salons, die Lüster und der kleine Turm. Die Zimmer hingegen strahlen einen eher diskreten Luxus aus. Von dreien hat man einen bezaubernden Blick über das Dorf und das Tal. Sehr empfehlenswert.

Anfahrt: 3,5 km nordöstlich von Sartène über die D 148

Anfahrt: im Ortskern

CORSE/KORSIKA

ZONZA - 20124

 L'AIGLON
Mlle Quilichini

20124 Zonza
Tel. 04 95 78 67 79
Fax 04 95 78 63 62
info @ aiglonhotel.com
www.aiglonhotel.com

15. Jan. bis 15. Apr. und außerhalb der Saison Mo geschlossen • 10 Zimmer • 60 bis 70 € (Nebensaison 51 bis 54 €), Frühstück 7 €, Halbpension möglich • Menüs 16 bis 25 € • Terrasse, Parkplatz

 Die regelmäßig organisierten korsischen Abende

Das ehrwürdige Granithaus im Ortskern ist ein erklärter Zufluchtsort der korsischen Seele. Zur ausgesuchten Innendekoration zählen Sammlungen von alten Kaffeemühlen, Bügeleisen usw. Die Zimmer, jedes in einer anderen Farbe – Rot, Blau, Gelb, Grün usw. – gehalten, sind klein, aber entzückend; zwei von ihnen befinden sich unter der Mansarde. Die Küche bietet den Gästen eine kulinarische Inselrundreise.

Anfahrt: im Dorfzentrum

FRANCHE-COMTÉ

Es war einmal ... ein Land namens Franche-Comté. Die geheimnisvolle Landschaft dieser Region an der Schweizer Grenze hat zahlreiche Märchen und Legenden inspiriert. Der dunkle Nadelwald erstreckt sich über die Berge und Täler des Jura-Massivs und zieht den Wanderer und Besucher der Höhlen, Felsspalten und Schluchten in seinen Bann. Die unzähligen Wildbäche, Wasserfälle und tiefblauen Seen tragen zum Zauber der Region bei. Berühmt sind auch die traditionellen Holzschnitzereien, Uhren, Spielzeuge und Pfeifen aus Holz, die bis heute in Handarbeit hergestellt werden. Zu den kulinarischen Spezialitäten gehören der Comté-Käse mit seinem ausgeprägten Haselnussaroma, der nach einem von Generation zu Generation weitergereichten Rezept hergestellt wird, außerdem geräuchertes bzw. gesalzenes Fleisch mit einem feinen Geschmack nach Tannen und Wacholder und eine Reihe von fruchtigen Weinen.

- Doubs (25)
- Jura (39)
- Haute-Saône (70)
- Ter.-de-Belfort (90)

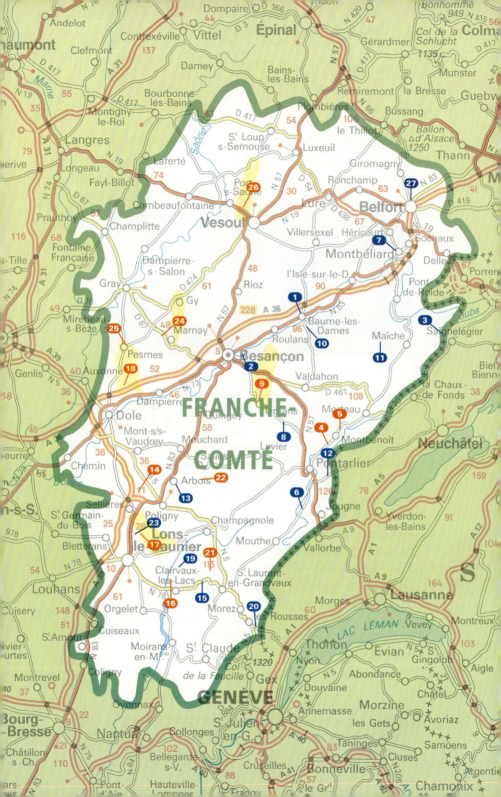

FRANCHE-COMTÉ

BAUME-LES-DAMES - 25110

1 **HOSTELLERIE DU CHÂTEAU D'AS**
MM. Patrick et Laurent Cachot

24 rue du Château-Gaillard
25110 Baume-les-Dames
Tel. 03 81 84 00 66
Fax 03 81 84 39 67
chateau.das@wanadoo.fr
www.château-das.fr

24. Jan. bis 7. Febr., 21. Nov. bis 4. Dez. sowie So-abend und Mo geschlossen • 6 Zimmer mit Bad/WC oder Dusche/WC und TV • 57 bis 74 € für 2 Personen, Frühstück 10 €, Halbpension möglich • Menüs 19 bis 68 € • Terrasse, Parkplatz

... oder auch nicht: die Käsespezialität Cancoillotte

Das massive Haus, das wunderbar in eine schweizerische oder deutsche Landschaft passen würde, entstand in den 30er Jahren im oberen Teil der Kleinstadt. Die geräumigen, hellen und gut ausgestatteten Zimmer sind frisch renoviert. Die frühere Atmosphäre des Speiseraums blieb erhalten: Leuchter und Lüster sowie eine Standuhr schaffen ein nostalgisches Flair. Traditionelle Küche.

Anfahrt: im oberen Teil der Stadt, am Ortsausgang

CHALEZEULE - 25220

2 **A L'HÔTEL DES TROIS ÎLES**
M. Thierry

1 rue des vergers
25220 Chalezeule
Tel. 03 81 61 00 66
Fax 03 81 61 73 09
hotel.3iles@wanadoo.fr

www.hoteldes3iles.com

26. Dez. bis 6. Jan. geschlossen • 17 Zimmer, davon 2 nur für Nichtraucher, alle mit Bad/WC oder Dusche/WC und TV • 46 bis 80 € für 2 Personen, Frühstück 7 €, Halbpension möglich • Menü (nur abends) 20 € • Terrasse, Parkplatz; Hunde im Restaurant nicht erlaubt

Die Ruhe in diesem Dorf am rechten Doubs-Ufer

Das große Haus mit Schrägdach wird besonders wegen seiner Ruhe und seiner grünen Umgebung geschätzt. Die Zimmer sind nicht besonders groß, dafür renoviert und hübsch im rustikalen Stil eingerichtet. In der Küche kocht der Gastgeber täglich ein Menü für die Hotelgäste. Der Speiseraum besitzt mit seinen großen Fenstern, seiner Decke mit Kiefernbalken und seinen bunten Tischdecken viel Charme.

Anfahrt: 4 km nordöstlich von Besançon, in der Dorfmitte

FRANCHE-COMTÉ

GOUMOIS - 25470   HAUTERIVE - 25650

3 TAILLARD
M. Taillard

3 route de la Corniche
25470 Goumois
Tel. 03 81 44 20 75
Fax 03 81 44 26 15
hotel.taillard@wanadoo.fr
www.hoteltaillard.com

Mitte Nov. bis Mitte März geschlossen • 21 Zimmer, davon eines behindertengerecht, alle mit Bad/WC oder Dusche/WC und TV • 60 bis 110 €, Frühstück 11 €, Halbpension möglich • Menüs 30 bis 70 € • Terrasse, Garten, Parkplatz • Lesezimmer, Swimmingpool, Fitness

4 CHEZ LES COLIN
Mme Colin

25650 Hauterive-la-Fresse
chezlescolin@wanadoo.fr
www.chezlescolin.fr

Ganzjährig geöffnet • 6 Zimmer mit Waschbecken • 80 € für 2 Personen, Vollpension • Parkplatz; keine Kreditkarten, Hunde nicht erlaubt

 Die grüne Umgebung dieses traditionellen Gasthofes

Bereits seit 1874 ist das bezaubernde Hotel oberhalb des Doubs-Tals im Besitz der Familie Taillard. Die Zimmer im Nebengebäude sind größer und behaglicher als diejenigen im Hauptgebäude, die zum Teil etwas altmodisch sind und demnächst renoviert werden dürften. Verzierte Holztäfelungen sorgen im Restaurant für ein warmes Ambiente. Hier werden regional beeinflusste klassische Gerichte und eine gute Auswahl an Weinen geboten. Ausstellung von Gemälden des Besitzers.

 Die schöne Lage zwischen Wiesen und Tannenwäldern

Das ehemalige Zollhaus auf dem Kamm des Französisch-Schweizer Jura bietet seinen Gästen einen Aufenthalt in reiner Natur. Die sechs Zimmer sind mit Tannenholzmöbeln im Stil der Region eingerichtet und besitzen je ein kleines Waschbecken. Auf der Etage befinden sich Gemeinschaftsduschen und WCs. Die Gastgeberin serviert mittags und abends schmackhafte Gerichte nach lokalen Rezepten. Den Hausgästen werden verschiedene Kurse angeboten: Yoga, Aquarellmalerei, Golf, Skilanglauf u. a.

Anfahrt: über dem Dorf

Anfahrt: 10 km südöstlich von Pontarlier über die D 47 zwischen Pontarlier und Les Gras an der Straße

FRANCHE-COMTÉ

LA LONGEVILLE - 25650

5 LE CRÊT L'AGNEAU
M. et Mme Jacquet-Pierroulet

Les auberges
25650 La Longeville
Tel. 03 81 38 12 51
lecret.lagneau@wanadoo.fr
www.lecret-lagneau.com

1. bis 31. Juli geschlossen • 7 Zimmer • 76 bis 90 € für 2 Personen, Frühstück inkl. • Mahlzeit 21 bis 24 € • Parkplatz; keine Kreditkarten, Hunde nicht erlaubt • Schneeschuh- und Langlauftouren

Die zahlreichen Ausflüge, die vom Besitzer, einem Skilanglauflehrer, angeboten werden

Dieser prachtvolle Bauernhof aus dem 17. Jh., der sich harmonisch in die grüne Landschaft einfügt, bietet seit mehr als 20 Jahren Eingeweihten Unterkunft. Was Sie hier zu Stammgästen werden lässt, sind nicht nur die gemütlichen Zimmer, in denen Holz dominiert, sondern vor allem die reichhaltigen einheimischen Gerichte der Hausherrin und die Mountainbike-Touren und Wanderungen zu Fuß, mit Schneeschuhen oder Langlaufskiern, die der Besitzer organisiert. Themenwochenenden, im Herbst Pilzesammeln.

Anfahrt: 5,5 km nördlich von Montbenoît über die D 131 bis La Longeville-Auberge

MALBUISSON - 25160

6 LE BON ACCUEIL
M. et Mme Faivre

Rue de la Source
25160 Malbuisson
Tel. 03 81 69 30 58
Fax 03 81 69 37 60
lebonaccueilfaivre@wanadoo.fr

24. Apr. bis 3. Mai, 30. Okt. bis 8. Nov., 18. Dez. bis 17. Jan. sowie So-abend, Mo und Di-mittag geschlossen • 12 Zimmer mit Dusche/WC oder Bad/WC, alle mit TV • 60 bis 75 €, Frühstück 9 €, Halbpension möglich • Menüs 26 bis 47 € • Garten, Hotelgarage, Parkplatz; Hunde nicht erlaubt

Das üppige Frühstück mit Brioches, Marmelade, hausgemachtem Joghurt und frisch gepressten Obstsäften

In dem schmucken Dorfgasthof am Rand eines Tannenwaldes ist man ganz besonders um das Wohl der Gäste bemüht. Er gehört zu den Familienbetrieben, deren Adresse man unter Freunden weitergibt. Die geräumigen und modern eingerichteten Zimmer sind in tadellosem Zustand. Vor kurzem wurde der Speiseraum vergrößert, wobei er eine schöne Fichtenholzdecke, bunte Vorhänge und breite Fenster erhielt, die den Blick auf den Wald freigeben. Die köstlichen Speisen sind das Tüpfelchen auf dem i.

Anfahrt: im Ortskern, in einer Kurve direkt an der Straße

FRANCHE-COMTÉ
MONTBÉLIARD - 25200   MOUTHIER-HAUTE-PIERRE - 25920

7 LA BALANCE
M. et Mme Receveur

40 rue de Belfort
25200 Montbéliard
Tel. 03 81 96 77 41
Fax 03 81 91 47 16
hotelbalance@wanadoo.fr
www.hotel-la-balance.com

Weihnachten geschlossen • 44 Zimmer, davon 2 behindertengerecht und 5 nur für Nichtraucher, alle mit Bad/WC und TV • 79 bis 100 € für 2 Personen, Frühstück 9 €, Halbpension möglich • Menüs 14 bis 22 € • Terrasse, gesicherter Parkplatz

Das Peugeot-Abenteuermuseum

Das Haus aus dem 16. Jh. zu Füßen der Burg war das Hauptquartier eines der bekanntesten französischen Generäle im Zweiten Weltkrieg, des Marschalls De Lattre de Tassigny. Die schöne alte Treppe aus geschnitztem Holz führt zu den verschieden großen, funktionellen und neu hergerichteten Zimmern. Der Speiseraum hat mit seiner hellen Holztäfelung sein nostalgisches Flair bewahrt. Die Veranda, auf der das Frühstück serviert wird, ist bei den Gästen besonders beliebt.

Anfahrt: in der Geschäftsstraße der Innenstadt, zu Füßen der Burg

8 LA CASCADE
M. et Mme Savonet

4 route des Gorges-de-Noailles
25920 Mouthier-Haute-Pierre
Tel. 03 81 60 95 30
Fax 03 81 60 94 55
hotellacascade@wanadoo.fr

1. Jan. bis 13. März geschlossen • 17 Zimmer mit Blick auf die Loue, davon eines behindertengerecht, die meisten mit Bad/WC, einige mit Dusche/WC, alle mit TV • 48 bis 61 €, Frühstück 8 €, Halbpension möglich • Restaurant nur für Nichtraucher, Menüs 19 bis 44 € • Parkplatz; Hunde nicht erlaubt • Forellenangeln und Kanufahren auf der Loue

Eine Kanufahrt durch die malerische Schlucht der Loue

Alle Zimmer dieses traditionellen Hotels mit Blick auf die Loue sind kürzlich renoviert worden (Tapeten, Anstrich und Teppichböden). Die familiäre Küche des Hauses genießt man in einem rauchfreien Speiseraum, durch dessen große Fenster sich ein malerisches, grünes Panorama eröffnet.

Anfahrt: an der Hauptstraße in der Dorfmitte

FRANCHE-COMTÉ

ORNANS - 25290

9 LE JARDIN DE GUSTAVE
M. Rigoulot

28 rue Édouard-Bastide
25290 Ornans
Tel. 03 81 62 21 47
Fax 03 81 62 21 47
www.louelison.com

Ganzjährig geöffnet • 3 Zimmer mit Bad/WC oder Dusche/WC • 60 bis 78 € für 2 Personen, Frühstück inkl. • Mahlzeit 20 €, Getränk inkl. • Garten, Aufenthaltsraum mit TV, Garage; keine Kreditkarten

Die freundliche Gastgeberin

Das Stadthaus liegt an der Hauptstraße von Ornans, die an der Loue entlang führt. Zwei Zimmer bieten einen Blick auf den Garten und den Fluss, das dritte Zimmer ist zur Straße hin gelegen, besitzt aber ein schallisolierendes Doppelfenster. Die Zimmer wurden von der Eigentümerin individuell und geschmackvoll eingerichtet. In einem Zimmer herrscht z. B. die exotische Atmosphäre des afrikanischen Dschungels. Zu den Mahlzeiten werden im Winter Regionalspezialitäten und im Sommer leichtere Gerichte im Garten serviert.

Anfahrt: im Ort

PONT-LES-MOULINS - 25110

10 L'AUBERGE DES MOULINS
M. et Mme Porru

Route de Pontarlier
25110 Pont-les-Moulins
Tel. 03 81 84 09 99
Fax 03 81 84 04 44
auberge.desmoulins@wanadoo.fr

22. Dez. bis 20. Jan., So-abend von Sept. bis Juni (außer an Feiertagen) sowie Fr und Sa-mittag geschlossen • 14 Zimmer mit Bad/WC oder Dusche/WC und TV • 50 € für 2 Personen, Frühstück 7 €, Halbpension möglich • Menüs 18 (werktags) bis 20 € • Park, Parkplatz • private Angelstrecke

Die atemberaubenden Naturschönheiten der Region wie Höhlen, Naturparks und Aussichtspunkte

Im Jura, der allgemein für seine Forellen bekannt ist, ist dies eine Anlaufstelle, die passionierte Angler interessieren wird. Das Hotel steht in einem Park, in dem eine private Angelstrecke angelegt wurde. Und wenn kein Fisch anbeißt, können Sie sich immer noch Ihre wohlverdiente Erholung in den stilvollen und unterschiedlich großen Zimmern gönnen. Im gemütlichen Restaurant werden Sie mit regionalen Spezialitäten verwöhnt.

Anfahrt: südlich von Baume-les-Dames, 6 km über die D 50

FRANCHE-COMTÉ
VAUCLUSE - 25380   VERRIÈRES-DE-JOUX - 25300

11 LE MOULIN
M. et Mme Malavaux

Le Moulin du Milieu, Route de Consolation
25380 Vaucluse
Tel. 03 81 44 35 18

15. Okt. bis 1. März sowie Mi geschlossen • 6 Zimmer, davon einige mit Terrasse, alle mit Bad/WC oder Dusche/WC und TV • 42 bis 65 € für 2 Personen, Frühstück 7 €, Halbpension möglich • Menüs 29 € • Garten, Parkplatz; Hunde im Restaurant nicht erlaubt • private Angelstrecke

Der wild-romantische und imposante Cirque de Consolation

Diese ungewöhnliche Villa mit ihrem Türmchen und den Säulengängen wurde um 1930 für einen Müller aus dem Tal gebaut. Der Reiz der sorgsam erhaltenen Inneneinrichtung liegt in ihrer Kombination aus Art déco (Sofa von Le Corbusier in der Eingangshalle) und älteren Stilelementen. Einige Zimmer haben eine Terrasse. Vom Speiseraum aus blickt man auf den idyllischen Garten am Ufer der Dessoubre.

Anfahrt: von Montbéliard kommend die D 437 in Saint-Hippolyte verlassen, auf die D 39 abbiegen und in Le Pont-Neuf links in Richtung Consolation fahren

12 AUBERGE LE TILLAU
M. Parent

Le Mont-des-Verrières
25300 Verrières-de-Joux
Tel. 03 81 69 46 72
Fax 03 81 69 49 20
luc.parent@wanadoo.fr
www.letillau.com

Während der Schulferien im Apr., 15. Nov. bis 15. Dez. sowie So-abend und Mo geschlossen • 12 Zimmer • 40 bis 52 € für 2 Personen, Frühstück 7 €, Halbpension möglich • Menüs 17 bis 33 € • Aufenthaltsraum, Terrasse • Sauna, Spielsalon, Wanderungen und Mountainbike-Touren

Nach einem Tag an der frischen Luft am knisternden Kaminfeuer so richtig ausspannen

In diesem reizenden Gasthaus in 1 200 m Höhe inmitten von Weiden und Tannenwäldern kann man wunderbar frische Luft tanken. Die im typischen Stil des Jura eingerichteten Zimmer werden Ihnen gefallen. Entspannung versprechen der Leseraum und die Vital-Oase (Whirlpool und Sauna). Die deftigen Menüs aus Wurstwaren, Käse und einheimischen Speisen werden von Zeit zu Zeit durch innovative Gerichte ergänzt.

Anfahrt: 7 km östlich von La Cluse-et-Mijoux über die D 67bis und eine Nebenstraße

FRANCHE-COMTÉ

ARBOIS - 39600   BERSAILLIN - 39800

13 MESSAGERIES
M. et Mme Ricoux

2 rue de Courcelles
39600 Arbois
Tel. 03 84 66 15 45
Fax 03 84 37 41 09
hotel.lesmessageries@wanadoo.fr
www.hoteldesmessageries.com

Dez., Jan. sowie Mi geschlossen • 26 Zimmer mit Bad oder Dusche, 8 Zimmer ohne WC, die meisten mit TV • 54 bis 80 € für 2 Personen, Frühstück 8 € • kein Restaurant • Kostprobe von Arbois-Weinen in der Nähe, Besichtigung des Musée Pasteur

 Die Kostprobe von einheimischen Weinen in einem der zahlreichen Weinkeller des Ortes

Weinliebhabern sei ein Aufenthalt in Arbois empfohlen, dem Hauptort des Weinbaugebietes des Jura, der mit zahlreichen Schätzen aufwartet. Die ehemalige Poststation, deren Fassade von Efeu bewachsen ist, bietet bescheidenen Komfort, doch sind die ebenso bescheidenen Preise bei der Biou-Prozession, einem traditionellen Umzug zum Thema Wein Anfang September, besonders willkommen. Verlangen Sie eines der nach hinten hinausgehenden Zimmer, die komplett ausgestattete Badezimmer besitzen.

Anfahrt: in der Innenstadt

14 LA FERME DU CHÂTEAU
Association E. de Villeneuve-Bargemont

Rue de la Poste
39800 Bersaillin
Tel. 03 84 25 91 31
Fax 03 84 25 93 62

Jan. geschlossen • 9 Zimmer, davon eines behindertengerecht • 60 bis 62 € für 2 Personen, Frühstück 8 € • keine Mahlzeit • Parkplatz • Gemäldeausstellungen, Konzerte im Sommer

 Die Nähe zu den Weinbergen des Jura und der Route du Comté

In diesem gelungen restaurierten Bauernhof aus dem 18. Jh. sind eine Reihe von Räumlichkeiten aus der Bauzeit erhalten, darunter der Säulensaal mit seinen herrlichen Gewölben und Pfeilern, in dem im Sommer Gemäldeausstellungen und Konzerte stattfinden. Die schlichten, doch stilvollen Zimmer gehen aufs Land hinaus, eines ist für Körperbehinderte geeignet. Den Gästen steht eine sehr gut ausgestattete Küche zur Verfügung.

Anfahrt: 9 km westlich von Poligny über die N 83 und die D 22

FRANCHE-COMTÉ
BONLIEU - 39130   CHAREZIER - 39130

15   **L'ALPAGE**
M. Lerch

1 chemin de la Madone
39130 Bonlieu
Tel. 03 84 25 57 53
Fax 03 84 25 50 74
reservation@alpage-hotel.com
www.alpage-hotel.com

15. Nov. bis 15. Dez. sowie Mo und Di-mittag außer während der Schulferien geschlossen • 9 Zimmer • 55 bis 63 € für 2 Personen, Frühstück 8 €, Halbpension möglich • Menüs 22 (werktags) bis 35 € • Terrasse, Parkplatz; Hunde auf den Zimmern nicht erlaubt

16   **CHAMBRE D'HÔTE MME DEVENAT**
Mme Devenat

17 rue du Vieux-Lavoir
39130 Charezier
Tel. 03 84 48 35 79

Ganzjährig geöffnet • 4 Zimmer • 40 € für 2 Personen, Frühstück inkl., Halbpension möglich • Mahlzeit 11 € • Garten, Parkplatz; keine Kreditkarten, Hunde im Restaurant nicht erlaubt

 Die weite Aussicht über das ganze Tal und die Seen

Zu dem auf einer Anhöhe über Bonlieu errichteten schmucken Hotel führt nur eine schmale Straße. Fast alle der komfortablen Zimmer bieten einen Blick auf das Tal der Seen und die umliegenden bewaldeten Hügel. Grünpflanzen und große Fenster prägen den Speiseraum, in dem man, wie auch auf der windgeschützten Terrasse, das gleiche Panorama genießen kann. Auf der Speisekarte stehen einheimische Spezialitäten.

 Die Mahlzeiten, die den kulinarischen Reichtum der Region widerspiegeln

In diesem großen einladenden Wohnhaus im Herzen eines winzig kleinen Dorfes zwischen Clairvaux-les-Lacs und dem See von Chalain fühlt man sich gleich wie zu Hause. In einem separaten kleinen Haus neben dem Wäldchen sind ebenfalls Zimmer untergebracht. Zu denen im Haupthaus führt eine schöne Holztreppe. In besonders angenehmer Erinnerung werden Ihnen die Mahlzeiten bleiben, bei denen jeden Tag eine andere regionale Spezialität aufgetischt wird.

Anfahrt: an der N 78, in Richtung Saint-Laurent-en-Grandvaux

Anfahrt: 13 km südwestlich des Lac de Chalain über die D 27

FRANCHE-COMTÉ

CHÂTEAU-CHALON - 39210

17 LE RELAIS DES ABBESSES
M. Vidal

Rue de la Roche
39210 Château-Chalon
Tel. 03 84 44 98 56
Fax 03 84 44 68 58
relaisdesabbesses@wanadoo.fr
www.chambres-hotes-jura.com

Ganzjährig geöffnet • 4 Zimmer nur für Nichtraucher im ersten Stock, alle mit Dusche/WC • 60 € für 2 Personen, Frühstück inkl. • Mahlzeit 20 €, Getränk inkl. • Garten, Parkplatz; keine Kreditkarten

Das auf der Terrasse mit Blick über das Tal servierte Frühstück

Das in der hübschen mittelalterlichen Ortschaft gelegene Dorfhaus besitzt geschmackvoll gestaltete und möblierte Zimmer mit einem schönen Blick auf die Côtes de Beaune und Voiteur. Die Adresse ist auch bei Feinschmeckern beliebt. Serviert wird eine raffinierte bürgerliche Küche mit frischen Zutaten (Wildschwein-Pastete, Rinderlendchen mit Teighülle). Im Sommer wird das Frühstück auf der Gartenterrasse mit Blick über das Tal hergerichtet.

Anfahrt: im Ort

CHÂTENOIS - 39700

18 À LA THUILERIE DES FONTAINES
M. et Mme Meunier

2 rue des Fontaines
39700 Châtenois
Tel. 03 84 70 51 79
Fax 03 84 70 57 79
michel.meunier2@wanadoo.fr

Ganzjährig geöffnet • 4 Zimmer • 50 € für 2 Personen, Frühstück inkl. • keine Mahlzeit • Terrasse, Park, Parkplatz; keine Kreditkarten, Hunde nicht erlaubt • Swimmingpool

Das enorme Wissen der Besitzer über ihre Region

Das Herrenhaus aus dem 18. Jh., zwischen dem Forêt de la Serre und dem unteren Doubs-Tal gelegen, ist für seine Gastlichkeit und den zuvorkommende Service bekannt. Die gepflegten Zimmer befinden sich am Ende einer Steintreppe und zeichnen sich durch ihren Komfort und ihre absolute Ruhe aus. Im zauberhaften Park oder auf den Liegestühlen am Swimmingpool in der Nähe der ehemaligen Stallungen entspannt man sich ganz wunderbar.

Anfahrt: 7,5 km nordöstlich von Dole über die N 73 in Richtung Besançon, dann auf die D 10 und die D 79 bis nach Châtenois

FRANCHE-COMTÉ

DOUCIER - 39130

 LE COMTOIS
M. Menozzi

806 route des 3 lacs
39130 Doucier
Tel. 03 84 25 71 21
Fax 03 84 25 71 21
restaurant.comtois@wanadoo.fr

19. Dez. bis 11. Febr. sowie So-abend, Di-abend und Mi geschlossen • 8 Zimmer mit Dusche, mit oder ohne WC • 50 € für 2 Personen, Frühstück 7 €, Halbpension möglich • Menüs 20 bis 37 € • Terrasse

 Der herrliche Wanderweg zu den Hérisson-Wasserfällen

Eine andere Art, die Region kennen zu lernen ... In einem friedlichen Dörfchen im Jura liegt dieses hübsche Hotel mit mehreren Zimmern und vor allem einer Küche, die selbst die Anspruchsvollsten zufrieden stellt. In einem neorustikalen Dekor werden üppige Gerichte mit Produkten der Region angeboten. Der Gastgeber, seines Zeichens Präsident der Vereinigung der Kellermeister des Jura, versteht es meisterhaft, Gerichte und Weine anzupreisen, die er in seinen Menüs harmonisch aufeinander abstimmt.

Anfahrt: im Ortskern, gegenüber der Post

LA CURE - 39220

 ARBEZ FRANCO-SUISSE
M. Arbez

39220 La Cure
Tel. 03 84 60 02 20
Fax 03 84 60 08 59
hotelarbez@netgdi.com
www.hotelarbez.fr.st

Ganzjährig geöffnet • 10 Zimmer, die eine Hälfte in Frankreich, die andere Hälfte in der Schweiz, alle mit Bad/WC oder Dusche/WC und TV • 59 € (Nebensaison 53 €), Frühstück 7 €, Halbpension möglich • Menüs 15 bis 33 € • Parkplatz; Hunde im Restaurant nicht erlaubt

 Auf dem Abenteuerklettersteig im Fort des Rousses die eigene Geschicklichkeit unter Beweis stellen

In diesem französisch-schweizerischen Hotel überschreitet man die Grenze, wenn man sich ins Badezimmer begibt. In den mit hellem Holz getäfelten modernen Zimmern kann es auch vorkommen, dass man mit dem Kopf in der Schweiz und mit den Füßen in Frankreich schläft. Im Restaurant werden traditionelle Menüs und kleine Gerichte angeboten. Zudem ist man in unmittelbarer Nähe der Abfahrtspisten, Langlaufloipen und Schneeschuhstrecken und des Lac des Rousses. Was will man mehr?

Anfahrt: an der Schweizer Grenze, südöstlich von Les Rousses, 2,5 km über die N 5 (Richtung Genf)

FRANCHE-COMTÉ

LE FRASNOIS - 39130

PONT-D'HÉRY - 39110

 21 LES CINQ LACS
M. et Mme Colombato

 66 route des Lacs
39130 Le Frasnois
Tel. 03 84 25 51 32
Fax 03 84 25 51 32
pcolomba@club-internet.fr
http://auberge.5.lacs.free.fr

Ganzjährig geöffnet (nach Voranmeldung) • 5 Zimmer nur für Nichtraucher, davon eines behindertengerecht; 2 Ferienhäuser • 50 € für 2 Personen, Frühstück inkl., Halbpension möglich • Mahlzeit 17 € • Terrasse; keine Kreditkarten, Hunde nicht erlaubt • Ausgangspunkt für Wanderungen um die nahen Seen

 22 MOULIN CHANTEPIERRE
M. et Mme Godin

 Route du Val-Cercennes, Moutaine
39110 Pont-d'Héry
Tel. 03 84 73 29 90
Fax 03 84 37 97 06
chante-pierre@tele2.fr
www.chantepierre.com

Jan. geschlossen • 3 Zimmer nur für Nichtraucher, alle mit Dusche/WC • 57 € für 2 Personen, Frühstück inkl.
• keine Mahlzeit • Garten, Parkplatz; keine Kreditkarten, Hunde nicht erlaubt

 Die interessanten Besichtigungstipps der Besitzer

Der zwischen Seen, Wasserfällen und Wäldern gelegene ehemalige Bauernhof im Jura ist bei Wanderern besonders beliebt. Die komfortablen Zimmer, die von der Herrin des Hauses mit viel Sorgfalt hübsch eingerichtet wurden, tragen die Namen der zahlreichen Seen der Umgebung. Bei den Mahlzeiten, die man im Winter vor dem offenen Kamin und im Sommer auf der windgeschützten Terrasse einnimmt, liegt der Schwerpunkt auf regionalen Spezialitäten.

 Die freundlichen Gastgeber

In der am Bach La Furieuse gelegenen Wassermühle aus dem 19. Jh. werden drei gepflegte Zimmer angeboten: „Ingrid" ist in blau-weiß, „Ornella" mit schmiedeeisernen Möbeln und „Romy" mit hübschen kleinen Sesseln eingerichtet. Zum Frühstück gibt es selbstgebackenes Gebäck, Brot, Joghurt und je nach Jahreszeit frisches Obst. Es wird in einem ansprechenden Raum oder auf der mit Teakholzmöbeln eingerichteten Terrasse serviert.

Anfahrt: 3,5 km nördlich von Illay über die D 75

Anfahrt: 7 km südlich von Salins-les-Bains über die D 467 zum Flurstück Moutaine

FRANCHE-COMTÉ

SAINT-GERMAIN-LES-ARLAY - 39210   CULT - 70150

 23 **HOSTELLERIE SAINT-GERMAIN**
M. et Mme Tupin

39210 Saint-Germain-les-Arlay
Tel. 03 84 44 60 91
Fax 03 84 44 63 64

15. Jan. bis Mitte Febr. geschlossen • 6 Zimmer, die meisten mit Bad/WC, die anderen mit Dusche/WC, alle mit TV • 50 bis 70 € für 2 Personen, Frühstück 7 €, Halbpension möglich • Menüs 17 bis 50 € • Terrasse, Parkplatz

 24 **CHAMBRE D'HÔTE LES ÉGRIGNES**
Mme Lego-Deiber

Le Château - Route d'Hugier
70150 Cult
Tel. 03 84 31 92 06
Fax 03 84 31 92 06
lesegrignes@wanadoo.fr
www.les-egrignes.com

Ganzjährig geöffnet • 3 Zimmer im ersten Stock mit Blick auf den Park, nur für Nichtraucher, alle mit Bad • 80 € für 2 Personen, Frühstück inkl. • nur Abendessen (nach Voranmeldung) 25 € • Aufenthaltsraum, Park, Parkplatz; keine Kreditkarten, Hunde nicht erlaubt

 Die selbstgemachte Foie gras mit Morcheln und dazu ein Gläschen Gelber Wein

Sollten Sie diese an Bräuchen und Legenden reiche Gegend näher erkunden wollen, bietet sich dieses Gasthaus mit seinen ruhigen und tadellos gepflegten Zimmern im Herzen des Weinbaugebietes des Jura an. Die kulinarische Entdeckungsreise beginnt gleich vor Ort in einem der beiden Speiseräume mit ihren Gewölbedecken, Holzbalken und Steinwänden, in denen lokale Gerichte aufgetischt werden.

 Die von der Gastgeberin zubereiteten kulinarischen Köstlichkeiten

Das Herrenhaus aus dem 19. Jh. steht in einem schönen Park voller Bäume und Blumen. Dank einer sorgfältigen Renovierung der Innendekoration wurden Zierleisten, Stuck, Treppenhaus und Marmor optimal zur Geltung gebracht. Die eleganten Zimmer besitzen antike Möbel in verschiedenen Stilrichtungen (Louis-Philippe, Directoire etc.) und bieten alle einen schönen Blick ins Grüne. Besonderes Detail im Speiseraum ist der schöne elsässische Kachelofen von 1805.

Anfahrt: im Ortskern, gegenüber der Kirche

Anfahrt: 4 km nordöstlich von Marnay

FRANCHE-COMTÉ

PESMES - 70140

PUSY-ET-ÉPENOUX - 70000

25 LA MAISON ROYALE
M. Hoyet

70140 Pesmes
Tel. 03 84 31 23 23
Fax 03 84 31 23 23

1. Jan. bis 15. März und 15. Okt. bis 31. Dez. geschlossen • 5 Zimmer • 70 € für 2 Personen, Frühstück inkl. • keine Mahlzeit • blumengeschmückter Garten, Parkplatz; keine Kreditkarten, Hunde nicht erlaubt • Bibliothek, Billard, Orgel, Kunstausstellung und sonstige kulturelle Veranstaltungen

26 CHÂTEAU D'ÉPENOUX
M. Klufts

5 rue Ruffier
70000 Pusy-et-Épenoux
Tel. 03 84 75 19 60
Fax 03 84 74 45 05
fernand.klufts@wanadoo.fr
www.chateau-epenoux.com

Ganzjährig geöffnet • 4 Zimmer nur für Nichtraucher, alle mit Bad/WC oder Dusche/WC • 70 bis 80 € für 2 Personen, Frühstück inkl. • Mahlzeit 23 €, Getränk inkl. • Park, Parkplatz;

 Luxus und Komfort zu erschwinglichen Preisen

Das imposante „Königshaus" aus dem 15. Jh., das wundervoll restauriert wurde, verdient wahrlich seinen Namen. Die überaus gastfreundlichen Besitzer haben es mit Gegenständen dekoriert, die sie von ihren zahlreichen Reisen mitgebracht haben. Die Zimmer sind daher sehr individuell eingerichtet und bieten einen herrlichen Ausblick über die Dächer hinweg aufs offene Land. Zum Zeitvertreib gibt es gut bestückte Bücherregale, einen Billardtisch, eine Orgel und einen hübschen blühenden Garten.

 Im Park zwischen jahrhundertealten Bäumen flanieren

Das in einem schattigen Park gelegene Schloss aus dem 18. Jh. empfängt Sie in einem eleganten Rahmen. Zum Abendessen serviert die aufmerksame und freundliche Gastgeberin ihren Gästen bürgerliche Küche an einem hübsch gedeckten Tisch: feines Prozellan, Silberbesteck und Kristallgläser. Im ersten Stock befinden sich vier geräumige und stilvoll eingerichtete Zimmer mit antiken Möbeln und hohem Komfort.

Anfahrt: in der Innenstadt, in der Nähe einer Tankstelle

Anfahrt: in Vesoul auf die N 19, dann weiter über die D 10 in Richtung Saint-Loup-sur-Vesoul

FRANCHE-COMTÉ
BELFORT - 90000

 VAUBAN
M. Lorange

 4 rue du Magasin
90000 Belfort
Tel. 03 84 21 59 37
Fax 03 84 21 41 67
hotel.vauban@wanadoo.fr
www.hotel-vauban.com

Weihnachten bis 1. Jan., während der Schulferien im Febr. und So geschlossen • 14 Zimmer mit Bad/WC oder Dusche/WC, alle mit TV • 70 bis 74 € für 2 Personen, Frühstück 8 € • kein Restaurant • Garten; Hunde nicht erlaubt

 Die gemütliche Familienatmosphäre des Hotels

Hier fühlt man sich eher als Gast denn als Kunde: Hinter den farbenfrohen Fassaden der aneinander gereihten Stadthäuser verbirgt sich ein behagliches Hotel, dekoriert mit Hunderten von Bildern des Gastgebers und seiner Künstlerfreunde. Die nach und nach renovierten Zimmer sind recht ansprechend und gut schallisoliert; reservieren Sie ein Zimmer auf der Rückseite, wo ein hübscher, baumbestandener Garten bis zur Savoureuse reicht.

Anfahrt: in der Nähe des Fremdenverkehrsamts, die Straße führt an der Savoureuse entlang

ILE-DE-FRANCE UND PARIS

Die Lichterstadt Paris bildet das Zentrum der Region Île-de-France. Die schlanke Silhouette des Eiffelturms erhebt sich über Frankreichs kosmopolitischer Hauptstadt, in der zu Museen umfunktionierte Königspaläste, moderne Glasbauten und bescheidene Künstlerateliers mit prachtvollen Wohnhäusern im Haussmann-Stil harmonieren. Die Stadt lebt von ihrem einzigartigen Flair, das von starken Kontrasten geprägt ist: Der Besucher genießt die dörfliche Atmosphäre mit Blumen bepflanzter kleiner Gassen sowie das pulsierende Leben an den Großen Boulevards, den eleganten Empfang in gehobenen Gourmet-Restaurants sowie die gemütlich-laute Atmosphäre der Bistros, eine Bootsfahrt auf der Seine sowie die glitzernden Cabaret-Abende. Doch auch das Pariser Umland hat eine Menge Sehenswürdigkeiten zu bieten: Schlösser mit prächtigen Gärten, den märchenhaften Vergnügungspark Disneyland, die aus der Zeit der Jahrhundertwende stammenden Cafés am Ufer der Marne und natürlich das prunkvolle Schloss von Versailles, das Besucher aus der ganzen Welt anzieht.

- Seine (Paris) (75)
- Seine-et-Marne (77)
- Yvelines (78)
- Essonne (91)
- Hauts-de-Seine (92)
- Seine-Saint-Denis (93)
- Val-de-Marne (94)
- Val-d'Oise (95)

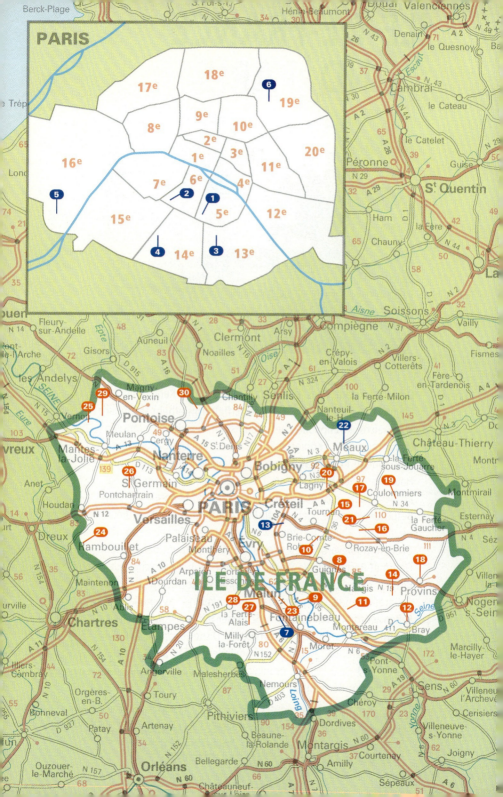

ÎLE-DE-FRANCE

PARIS - 75005

1 **PIERRE NICOLE**
M. Dayot

39 rue Pierre-Nicole
75005 Paris
Tel. 01 43 54 76 86
Fax 01 43 54 22 45
hotelpierre-nicole@voila.fr

1. bis 21. Aug. geschlossen • 33 Zimmer, die meisten mit Bad/WC oder Dusche/WC, alle mit TV • 80 bis 95 € für 2 Personen, Frühstück 6 € • kein Restaurant • Hunde nicht erlaubt

 Im zauberhaften Jardin du Luxembourg spazieren gehen

Der Name dieses Hotels in einem schönen Gebäude der Haussmann-Ära geht auf einen umstrittenen Theologen des 17. Jh.s aus dem Kloster Port-Royal zurück. Die kleinen, recht eintönigen Zimmer, die jedoch praktisch eingerichtet und gepflegt sind, zählten solch illustre Gäste wie die Schriftsteller Gabriel García Márquez und Patrick Modiano zu ihren Gästen. Die – wenn auch relative – Ruhe dieser Straße in der Nähe der Kneipen des Boulevard du Montparnasse dürfte Ihnen eine erholsame Nacht bescheren.

Anfahrt: vom Boulevard du Montparnasse kommend auf den Boulevard de Port-Royal weiterfahren und in die dritte Straße links einbiegen

PARIS - 75006

2 **SÈVRES-AZUR**
M. Baguès

22 rue de l'Abbé-Grégoire
75006 Paris
Tel. 01 45 48 84 07
Fax 01 42 84 01 55
sevres.azur@wanadoo.fr
www.sevres-azur.com

Ganzjährig geöffnet • 31 Zimmer mit Bad/WC oder Dusche/WC und TV • 85 bis 110 €, Frühstück 8 € • kein Restaurant

Die ungewöhnliche Kapelle zur Wundertätigen Medaille in der Rue du Bac

Das Hotel befindet sich in einem Haus aus Quaderstein aus dem 19. Jh., ganz in der Nähe des Kaufhauses Bon Marché. Die gut schallisolierten Zimmer besitzen teilweise Betten aus Kupfer und sind mit farbenfrohen Stoffen verziert. Den lichtdurchfluteten Frühstücksraum schmücken schöne Grünpflanzen. Ein weiterer Vorteil: die Hotelgäste genießen auf einem benachbarten Parkplatz Sondertarife.

Anfahrt: die Rue de Vaugirard hinauf, dann die zweite Straße links nach Überqueren des Boulevard du Montparnasse

ÎLE-DE-FRANCE
PARIS - 75013   PARIS - 75014

 3 RESIDENCE VERT GALANT
M. et Mme Laborde

43 rue Croulebarbe
75013 Paris
Tel. 01 44 08 83 50
Fax 01 44 08 83 69
www.vertgalant.com

Ganzjährig geöffnet • 15 Zimmer, davon 11 mit Bad/WC, 4 mit Dusche/WC, alle mit TV • 90 bis 100 € für 2 Personen, Frühstück 7 € • Restaurant vom 6. bis 21. Aug. geschlossen, Menüs 25 bis 32 € • Hunde auf den Zimmern nicht erlaubt

 4 APOLLON MONTPARNASSE
M. Prigent

91 rue de l'Ouest
75014 Paris
Tel. 01 43 95 62 00
Fax 01 43 95 62 10
apollonm@wanadoo.fr
www.apollon-montparnasse.com

Ganzjährig geöffnet • 33 Zimmer, davon 11 mit Bad/WC und 22 mit Dusche/WC, alle mit TV und Klimaanlage • 79 bis 95 € für 2 Personen, Frühstück 7 € • kein Restaurant • Parkplatz in der Nähe • unweit des Bahnhofs Montparnasse mit vielen Bars und Kinos

 Die ländliche Atmosphäre in unmittelbarer Nähe des Place d'Italie

Diese Adresse im Quartier des Gobelins beweist, dass man auch mitten in Paris ein ruhiges Hotel zu einem moderaten Preis ausfindig machen kann. Die praktisch eingerichteten und gut gepflegten Zimmer gehen alle auf eine stille Grünfläche hinaus. Bei schönem Wetter nimmt man in diesem von Weinranken umgebenen kleinen Garten das Frühstück ein. Ansonsten steht ein Frühstücksraum zur Verfügung, der an einen Wintergarten erinnert. Die Besitzer führen ebenfalls die benachbarte „Auberge Etchegorry".

 Die ausgezeichnete Webseite des Hotels mit vielen Tipps für Paris-Besucher

Die günstige Lage in der Nähe des Bahnhofs Montparnasse, der Haltestellen der Flughafen-Shuttlebusse, der Rue de la Gaîté, der Kinos und der Meisterwerke des Architekten Ricardo Bofill, dem die Renovierung des Viertels oblag, macht aus diesem kleinen Hotel die ideale Unterkunft für Leute, die ein paar Tage in Paris verbringen wollen. Die Zimmer wurden vor kurzem renoviert und sind etwas nüchtern gehalten, dafür jedoch funtionell eingerichtet. Überwölbter Frühstücksraum

Anfahrt: am Place d'Italie in die Avenue des Gobelins und links abbiegen

Anfahrt: am Place de Catalogne die Rue du Château nehmen und rechts abbiegen

ÎLE-DE-FRANCE

PARIS - 75016

 5 **BOILEAU**
M. Fabrice Royer

 81 rue Boileau
75016 Paris
Tel. 01 42 88 83 74
Fax 01 45 27 62 98
info@hotel-boileau.com
www.hotel-boileau.com

Ganzjährig geöffnet • 31 Zimmer, davon eines behindertengerecht, alle mit Bad/WC oder Dusche/WC und TV • 77 bis 90 € (Nebensaison 65 bis 72 €), Frühstück 9 € • kein Restaurant

 Ein Plausch mit Oscar, dem Hotelpapagei!

Das Hotel steht in einer hübschen kleinen Straße im ehemaligen Dorf Auteuil, dessen ländliche Atmosphäre in einigen Teilen noch fortbesteht. Im Innern zeugen Gemälde und Nippes von der Liebe des Besitzers zu der Bretagne und Nordafrika. Klassischer gestaltet ist die Eingangshalle mit ihren Nischen mit Figuren und der hellen Holztäfelung. Am schönsten sind die orientalisch angehauchten renovierten Zimmer. Der helle Frühstücksraum geht auf den winzigen Innenhof hinaus.

Anfahrt: am Place de la Porte de Saint-Cloud die Rue Michel-Ange nehmen und in die erste Straße rechts, dann in die zweite Straße links einbiegen

PARIS - 75019

 6 **HOTEL LAUMIÈRE**
Mme Desprat

 4 rue Petit
75019 Paris
Tel. 01 42 06 10 77
Fax 01 42 06 72 50
le-laumiere@wanadoo.fr
www.hotel-lelaumiere.com

Ganzjährig geöffnet • 54 Zimmer mit Bad/WC oder Dusche/WC und TV • 54 bis 74 € für 2 Personen, Frühstück 8 € • kein Restaurant

 Reine Luft atmen im malerischen Parc des Buttes-Chaumont

Das reizende kleine Hotel, das seit 1931 von derselben Familie geführt wird, gleicht seine Entfernung zu den bedeutenden Pariser Sehenswürdigkeiten durch mehrere Vorzüge aus. Dazu gehören die im zeitgenössischen Stil renovierte Innenausstattung, die Gartenterrasse, wo man bei schönem Wetter frühstückt, und die Nähe zur Metrostation Laumière. Die Zimmer zum Garten hin sind ruhiger und geräumiger.

Anfahrt: am Place de la Bataille de Stalingrad in die Av. Jean-Jaurès, rechts in die Rue Armand-Carrel, in die 2. Straße links und in die 2. Straße rechts

ÎLE-DE-FRANCE

BARBIZON - 77630

 7 HOSTELLERIE LA CLÉ D'OR
M. Gayer

73 Grande-Rue
77630 Barbizon
Tel. 01 60 66 40 96
Fax 01 60 66 42 71
cle.dor@wanadoo.fr
www.hotelcledor.com

• 16 Zimmer mit Bad/WC • 56 bis 83 € für 2 Personen, Frühstück 11 € • Restaurant von Nov. bis Apr. geschlossen; Menüs 29 bis 39 €, Getränk inkl. • Terrasse, Garten, Parkplatz, Konferenzraum

 Die Gemälde der Meister von Barbizon in den Zimmern

Die ehemalige Poststation, deren Fassade im Frühling mit hübschen Glyzinien bedeckt ist, befindet sich gegenüber der Auberge Ganne, in der die Künstler der Schule von Barbizon wohnten. Die individuell eingerichteten Zimmer des Hotels Clé d'Or liegen rings um einen hübschen Garten mit Terrasse. In dem bürgerlichen Speisezimmer (Parkett, Gebälk und Kamin) wird eine moderne Küche mit Produkten der Jahreszeit serviert.

Anfahrt: an der Hauptstraße im Dorfzentrum

BRÉAU - 77720

 8 LA FERME DU COUVENT
M. et Mme Legrand

Rue de la Chapelle-Gauthier
77720 Bréau
Tel. 01 64 38 75 15
Fax 01 64 38 75 15
ferme.couvent@wanadoo.fr
www.lafermeducouvent.fr

Ganzjährig geöffnet • 13 Zimmer • 55 € für 2 Personen, Frühstück inkl. • Mahlzeit (nur werktags und nach Voranmeldung) 18 bis 20 € • Garten, Park; keine Kreditkarten • Tennis, Fahrten mit dem Heißluftballon

 Die Brie-Region aus der Vogelperspektive

Einen ruhigeren und erholsameren Ort als diesen einsam mitten auf dem Land gelegenen und von einem 7 ha großen Park umgebenen Bauernhof aus dem 18. Jh. kann man sich schwerlich vorstellen. Die Mansardenzimmer erhielten einen neuen Anstrich in Cremetönen und wurden mit modernen Möbeln ausgestattet. Für Nervenkitzel sorgen die Ausflüge im bunten Heißluftballon der Besitzer, die erfahrene Ballonfahrer sind.

Anfahrt: 14,5 km östlich von Vaux-le-Vicomte über die Straße nach Provins (D 408), dann links auf die D 227

ÎLE-DE-FRANCE

CHARTRETTES - 77590 | CHÂTRES - 77610

9 CHÂTEAU DE ROUILLON
Mme Morize-Thévenin

41 avenue Charles-de-Gaulle
77590 Chartrettes
Tel. 01 60 69 64 40
Fax 01 60 69 64 50
château.de.rouillon@club-internet.fr
www.chateauderouillon.net

Ganzjährig geöffnet • 5 Zimmer, davon eine Suite für Nichtraucher, alle mit Bad/WC • 73 bis 95 € für 2 Personen, Frühstück inkl. • keine Mahlzeit • Terrasse, Park, gesicherter Parkplatz • Tischtennis, Mountainbike-Verleih

 Die zahlreichen Freizeitaktivitäten (Angeln, Wasserski, Mountainbike-Verleih u. a.)

Das Schloss aus dem 17. Jh. besitzt einen eleganten französischen Park, der bis zur Seine hinunter führt, und eine raffinierte Inneneinrichtung, wo jedes Möbelstück und jeder Einrichtungsgegenstand eine eigene Geschichte erzählen könnte. Die Zimmer sind individuell eingerichtet, verfügen über geräumige Badezimmer und bieten einen Blick auf den Fluss. Das Frühstück wird in einem eleganten Speisesaal oder auf der Terrasse serviert.

Anfahrt: im Dorfzentrum am Ufer der Seine

10 LE PORTAIL BLEU
M. et Mme Laurent

2 route de Fontenay
77610 Châtres
Tel. 01 64 25 84 94
Fax 01 64 25 84 94
leportailbleu@voila.fr
www.leportailbleu.com

Ganzjährig geöffnet • 4 Zimmer, davon 3 Suiten, mit Dusche/WC und TV • 57 € für 2 Personen, Frühstück inkl. • Mahlzeit 20 € • Terrasse, Garten, Parkplatz; keine Kreditkarten, Hunde nicht erlaubt • Bibliothek

 Eine ideale Adresse für einen Erholungsurlaub in der Natur

Die Eigentümer des komplett renovierten Bauernhofes empfangen ihre Gäste mit großer Herzlichkeit. Angeboten werden mehrere gemütliche Zimmer, die in zwei Gebäuden untergebracht sind. Rings um die Gebäude liegt ein hübscher Garten. Im Speisezimmer herrscht eine gemütliche Atmosphäre: ein schöner Holzkamin, Gemälde und ein gemeinsamer Esstisch. Serviert werden Quiches, Pasteten und andere Spezialitäten des Hauses mit Zutaten aus dem eigenen Gemüsegarten.

Anfahrt: im Dorfzentrum

ÎLE-DE-FRANCE

ÉCHOUBOULAINS - 77830

11 FERME DE LA RECETTE
Famille Dufour

Au hameau d'Échou
77830 Échouboulains
Tel. 01 64 31 81 09
Fax 01 64 31 89 42
fermedelarecette@aol.com
www.fermedelarecette.com

Während der Schulferien im Febr. geschlossen • 3 Zimmer mit Bad/WC und TV • 55 € für 2 Personen, Frühstück inkl. • Mahlzeit 22 bis 29 € • Hunde auf den Zimmern nicht erlaubt

 Die echte Gastfreundschaft des Landwirtsehepaars

Der Hof, dessen Ursprünge bis ins 12. Jh. zurückreichen, gehörte einst zum Zisterzienserkloster von Preuilly. Heute bietet er gemütliche Zimmer mit wunderbar weichen Bettdecken. Das Gasthaus besitzt einen Speiseraum, der mit seinen Holzbalken und den unverputzten Steinwänden an das Alter des Hauses erinnert. Reservieren Sie einen Tisch am Fenster, wo Sie die schöne Aussicht auf den Teich und die Wiesen genießen können, auf denen Kühe weiden.

Anfahrt: 11 km nördlich von Montereau-Fault-Yonne über die N 105, die Straße nach Melun, und in Valence-en-Brie auf die D 107

GRISY-SUR-SEINE - 77480

12 LA FERME DE TOUSSACQ
Mme Colas

Hameau de Toussacq
77480 Grisy-sur-Seine
Tel. 01 64 01 82 90
Fax 01 64 01 82 90
toussacq@wanadoo.fr
www.hameau-de-toussacq.com

Ganzjährig geöffnet • 5 Zimmer nur für Nichtraucher, alle mit Bad/WC • 50 € für 2 Personen, Frühstück inkl. • Mahlzeit (nur nach Voranmeldung) 15 bis 18 € • Garten, Park, Parkplatz • Besichtigung der Kapelle und des Taubenhauses

 Die ländliche Idylle am Ufer der Seine

Lassen Sie sich nicht von dem strengen Aussehen dieses Gutes aus dem 17. Jh. abschrecken. Denn hier sind die Gäste in den Nebengebäuden des Schlosses untergebracht, die 25 Jahre lang mit Geduld und Hingabe restauriert wurden. Die schlichten Zimmer befinden sich unter der Mansarde. Hübsch anzusehen ist der rustikale Frühstücksraum mit modernem Touch. Im Park stehen ein Brunnen, eine Kapelle und ein Taubenhaus, und hier und da weiden Schafe. Hauseigene Erzeugnisse prägen die Mahlzeiten.

Anfahrt: 20 km südlich von Provins über die Straße nach Nogent-sur-Seine (N 19), dann auf die D 78 und die D 411

ÎLE-DE-FRANCE

LÉSIGNY - 77150　　　　　　LIZINES - 77650

13 HÔTEL DU GOLF
Mme Kranz-Groslein

Ferme des Hyverneaux
77150 Lésigny
Tel. 01 60 02 25 26
Fax 01 60 02 03 84
reservation@parisgolfhotel.com
www.parisgolfhotel.com

Ganzjährig geöffnet • 48 Zimmer, davon 2 behindertengerecht, alle mit Bad/WC und TV • 75 bis 110 € für 2 Personen, Frühstück 10 € • gesicherter Parkplatz • Golfplatz

14 CHAMBRE D'HÔTE M. DORMION
M. et Mme Dormion

2 rue des Glycines
77650 Lizines
Tel. 01 60 67 32 56
Fax 01 60 67 32 56

Ganzjährig geöffnet • 5 Zimmer nur für Nichtraucher, alle unter der Mansarde und mit Kochecke • 45 € für 2 Personen, Frühstück inkl. • keine Mahlzeit • großer Garten mit Obstgarten und Rasen, Park; keine Kreditkarten, Hunde nicht erlaubt

 Die ausgezeichnete Schallisolierung der Zimmer in der Nähe der Schnellstraße

 Der tadellose Zustand der Zimmer

Das Hotel wurde auf den Überresten einer Abtei aus dem 12. Jh. errichtet, die zum Teil noch zu sehen sind. Große Glasdächer und Wände aus Glasbausteinen lassen viel Licht in das Gebäude und verleihen ihm einen modernen Touch. Die funktionellen Zimmer und das Restaurant unter dem Dachstuhl gehen auf den 100 ha großen 18-Loch-Golfplatz hinaus. Von der Terrasse des Clubhauses betritt man das Green.

Seit mehr als elf Jahren bietet dieser 300 Jahre alte und immer noch bewirtschaftete Bauernhof seinen Gästen Unterkunft und Verpflegung. Die Zimmer unter der Mansarde geben sich rustikal und sind von einer tadellosen Sauberkeit. Alle haben eine praktische Kochecke. Durch das große Fenster fällt viel Licht in den Frühstücksraum, der in der ehemaligen Scheune eingerichtet wurde. Der Rasen und der Obstgarten laden zum Verweilen ein.

Anfahrt: über die „Francilienne" (äußere Ringstraße um Paris) oder die A 4 (Ausfahrt 19) nach Lésigny und dann in Richtung Golfplatz fahren

Anfahrt: 15 km südwestlich von Provins über die N 19 und die D 209

ÎLE-DE-FRANCE

NEUFMOUTIERS-EN-BRIE - 77610

 15 BELLEVUE
M. et Mme Galpin

77610 Neufmoutiers-en-Brie
Tel. 01 64 07 11 05
Fax 01 64 07 19 27
bellevue@fr.st
www.bellevue.fr.st

Ganzjährig geöffnet • 7 Zimmer, davon 5 in einem separaten Trakt, alle mit Bad/WC und TV • 57 bis 76 € für 2 Personen, Frühstück inkl. • keine Mahlzeit • Garten, Parkplatz

 Der elegante Rahmen des Herrenhauses aus dem 19. Jh.

Kehren Sie beim Anblick dieser Einfamilienhausgegend nicht gleich wieder um, denn vom Garten des eleganten Bürgerhauses aus dem 19. Jh. bietet sich ein herrlicher Blick auf die weiten Felder der Brie, und die Zimmer mit Loggia haben durchaus Charme. Ruhe und Erholung versprechen die beiden Ferienwohnungen mit eigenem Garten und Liegestühlen. Die Mahlzeiten werden in einem stilvollen Speiseraum mit schönen Holzbalken, alten Fliesen und einem mächtigen Holztisch serviert.

Anfahrt: 10 km südlich von Disneyland Paris, über die A 4, Ausfahrt 13, dann über die D 231 und die D 96

ORMEAUX - 77540

 16 LA FERME DU VIEUX CHÂTEAU
Mme Maegerlein

Chemin du Pont-Levis
77540 Ormeaux
Tel. 06 78 02 25 17
BandB77@wanadoo.fr
www.chambres-table-hotes.com

Ganzjährig geöffnet (nach Voranmeldung) • 4 Zimmer nur für Nichtraucher, alle mit TV • 48 bis 65 € für 2 Personen, Frühstück inkl. • Mahlzeit 13 bis 55 € • Garten, Parkplatz; keine Kreditkarten, Hunde auf den Zimmern nicht erlaubt

 Die herzliche Atmosphäre des Gästehauses

Von einem „alten Schloss" kann zwar nicht die Rede sein, dafür trifft man auf einen schön restaurierten Bauernhof aus dem 18. Jh. mit modernstem Komfort und eleganter Inneneinrichtung: edle Materialien, antike Möbel, alte Geräte und Kunsthandwerk. Sehr gemütliche Zimmer, außerdem Wassermassagen. Ein mächtiger Louis-treize-Kamin im „Cathédrale" genannten Aufenthaltsraum sorgt für eine behagliche Atmosphäre. Im Freizeitangebot: Ausritte oder Einführung in die Pferdepflege mit der Stute Ivoire.

Anfahrt: im Dorf

ÎLE-DE-FRANCE

POMMEUSE - 77515

 LE MOULIN DE POMMEUSE
M. et Mme Thomas

 32 avenue du Général-Huerne
77515 Pommeuse
Tel. 01 64 75 29 45
Fax 01 64 75 29 45
info @ le-moulin-de-pommeuse.com
www.le-moulin-de-pommeuse.com

Ganzjährig geöffnet • 5 Zimmer nur für Nichtraucher • 58 € für 2 Personen, Frühstück inkl. • Mahlzeit 25 bis 35 € • Park, Parkplatz; Hunde nicht erlaubt • Dampfbad, Sauna; Wassermühle, die im 14. Jh. erstmals erwähnt wurde

 Die herzliche und unaufdringliche Gastfreundschaft

Hier fühlt man sich gleich bei der Ankunft wie zu Hause, denn die Gastgeberin tut alles dafür: ein Willkommensgetränk, Maiglöckchen für die Damen am 1. Mai, ein Weihnachtsgeschenk etc. Der Rahmen – eine Wassermühle aus dem 14. Jh. – ist bezaubernd, ebenso wie die Zimmer, die klingende Namen tragen: „Semailles" (Saat), „Moisson" (Ernte), „Batteuse" (Dreschmaschine) usw. Entspannung bieten der kleine Aufenthaltsraum im ehemaligen Maschinenraum und der Park, in dem sich eine Insel verbirgt!

Anfahrt: 5 km westlich von Coulommiers über die N 34, dann weiter auf einer Nebenstraße

PROVINS - 77160

 FERME DU CHATEL
M. Lebel

 5 rue de la Chapelle-Saint-Jean
77160 Provins
Tel. 01 64 00 10 73
Fax 01 64 00 10 99
 fermeduchatel @ wanadoo.fr

Ganzjährig geöffnet • 5 Zimmer nur für Nichtraucher, alle mit Bad • 44 bis 46 € für 2 Personen • keine Mahlzeit • Garten, Parkplatz; keine Kreditkarten, Hunde nicht erlaubt

 Ein Mittagsschläfchen im Garten

Dieses Wohnhaus, dessen Bau sich vom 12. bis ins 18. Jh. hinzog, liegt einmalig günstig im Herzen der mittelalterlichen Altstadt. Die Zimmer unter dem offenen Dachstuhl sind ruhig und tadellos gepflegt. Die Badezimmer haben eine gute Ausstattung. Das Frühstück nimmt man in einem netten, rustikalen Speiseraum ein. Nachmittags kann man sich im mit Obstbäumen bepflanzten Garten ein Nickerchen gönnen.

Anfahrt: in der mittelalterlichen Altstadt

ÎLE-DE-FRANCE

SAINT-DENIS-LÈS-REBAIS - 77510   SAINT-GERMAIN-SUR-MORIN - 77860

19 CHAMBRE D'HÔTE BRIE CHAMPAGNE
M. et Mme Bodin

22 Chantareine
77510 Saint-Denis-lès-Rebais
Tel. 01 64 65 46 45
Fax 01 64 65 46 45
contact@chambres-brie-champagne.com
www.chambres-brie-champagne.com

Ganzjährig geöffnet • 3 Zimmer nur für Nichtraucher, davon eines mit Kochecke, alle mit Bad/WC oder Dusche/WC • 60 € für 2 Personen, Frühstück inkl. • keine Mahlzeit • Terrasse, Park, gesicherter Parkplatz; keine Kreditkarten, Hunde nicht erlaubt

20 LES HAUTS DE MONTGUILLON
M. et Mme Legendre

22 rue de Saint-Quentin,
Hameau de Montguillon
77860 Saint-Germain-sur-Morin
Tel. 01 60 04 45 53
Fax 01 60 42 28 59
chantal.legendre@wanadoo.fr

Ganzjährig geöffnet • 3 Zimmer, davon 2 im ersten Stock, alle mit Bad/WC • 66 bis 80 € für 2 Personen, Frühstück inkl. • Garten, Parkplatz; keine Kreditkarten, Hunde nicht erlaubt • in der Nähe von Disneyland Paris

 Das Frühstück unter der Laube

Das von Wildem Wein und Glyzinien bewachsene ehemalige Bauernhaus im regionalen Stil verbreitet eine behagliche Atmosphäre. Die Wände mit Fachwerkelementen und die Möbel aus Familienbesitz im Speiseraum sind nur ein Vorgeschmack auf das Interieur der hübschen Zimmer, die im ehemaligen Kornspeicher unter der Mansarde eingerichtet wurden. Die üppigen Mahlzeiten werden je nach Jahreszeit im baumbestandenen Garten oder am Kamin eingenommen.

 Die farbenfrohe und freundliche Inneneinrichtung

Der ehemalige Bauernhof befindet sich unweit von Disneyland Paris. Die Zimmer wirken durch helle Pastelltöne und dunkle Holzbalken besonders einladend. Sie sind durchwegs mit Doppelbetten, Schränken und Kommoden vom Edeltrödel und mit Designerbadezimmern ausgestattet. Die Wohnräume verbinden historischen Charme und Moderne, besonders bemerkenswert ist der alte Brotbackofen in der Eingangshalle. Bei schönem Wetter lädt der gepflegte, schattige Garten zur Entspannung ein.

Anfahrt: hinter Mazagran nach links auf die D 19 zum Flurstück Chantareine Nr. 22

Anfahrt: südlich von Saint-Germain-sur-Morin, im oberen Teil von Montguillon

ÎLE-DE-FRANCE

SAINTS - 77120 | VARREDDES - 77910

21 LA BASTIDE DE L'AUBETIN
M. et Mme Pyla

3 rue du Chardon
77120 Saints
Tel. 01 64 03 27 86
Fax 01 64 03 27 86
evelyne.pyla@free.fr
http://evelyne.pyla.free.fr

Ganzjährig geöffnet • 3 Zimmer mit Bad/WC oder Dusche/WC • 59 € für 2 Personen, Frühstück inkl. • Mahlzeit 20 bis 25 €, Getränk inkl. • Terrasse, Park, Parkplatz; keine Kreditkarten, Hunde nicht erlaubt

22 AUBERGE DU CHEVAL BLANC
Mme Cousin

55 rue Victor-Clairet
77910 Varreddes
Tel. 01 64 33 18 03
Fax 01 60 23 29 68
r.cousin2@libertysurf.fr
www.auberge-cheval-blanc.fr

1. bis 24. Aug. sowie So-abend, Mo und Di-mittag geschlossen • 8 Zimmer mit Bad/WC und TV • 77 bis 96 € für 2 Personen, Frühstück 10 € • Menüs 33 bis 49 € • Garten, gesicherter Parkplatz

 Die gepflegte Inneneinrichtung des traditionellen Landhauses

Über eine kleine Straße und einen Sandweg erreicht man das schöne Landhaus. Rings um das Haus liegt ein mit Bäumen und Blumen bepflanzter Garten. Vermietet werden drei gepflegte Zimmer, eines liegt im Erdgeschoss. Die Zimmer wirken durch spanische Kacheln und harmonische Farben besonders gemütlich. Zu den Mahlzeiten werden appetitliche Gerichte mit Gemüse aus dem eigenen Gemüsegarten und Erzeugnissen der benachbarten Bauernhöfe serviert.

 Die blumengeschmückte Terrasse im Schatten der Bäume

Die reizenden Zimmer in dieser ehemaligen Poststation wurden kürzlich renoviert. Die Möbel sind aus Kiefernholz oder Schmiedeeisen, die Böden in den Badezimmern aus Teakholz. Im eleganten, mit Stillleben geschmückten Speiseraum serviert man abwechslungsreiche Menüs, bei denen der Schwerpunkt auf Produkten aus der Region liegt. Der unvergleichliche Brie de Meaux-Käse ist ein Muss!

Anfahrt: ab Saint Ausfahrt nach Osten über die D 15

Anfahrt: an der Hauptstraße des Dorfes

ÎLE-DE-FRANCE

VOSVES - 77190

23 LA FERME DE VOSVES
Mme Lemarchand

155 rue de Boissise
77190 Vosves
Tel. 01 64 39 22 28
Fax 01 64 79 17 26
contact@fermedevosves.com
www.fermedevosves.com

21. Dez. bis 3. Jan. geschlossen • 3 Zimmer • 55 bis 65 € für 2 Personen, Frühstück inkl. • keine Mahlzeit • Garten, Parkplatz; keine Kreditkarten, Hunde nicht erlaubt

Die natürliche Herzlichkeit der Gastgeber und die private Atmosphäre

In dem ehemaligen Bauernhof fühlt man sich wie zu Hause: Mit seinen grünen Fensterläden, seinen zwei Gärten mit bunten Blumen und Obstbäumen sowie einem hübschen Brunnen ist das Gut richtig einladend. Die freundliche Gastgeberin empfängt ihre Gäste in privater Atmosphäre. Die auf mehrere Gebäude verteilten Zimmer sind schlicht und ruhig. Schönes Wohnzimmer mit Klavier sowie Speiseraum mit Kamin und selbstgemalten Aquarellen.

Anfahrt: 10 km nördlich von Barbizon über die N 7 und die D 372, dann in die Rue de la Gare

LA BOISSIÈRE-ÉCOLE - 78125

24 LA GÂTINE
M. Chauzy

15 route de Faverolles
78125 La Boissière-École
Tel. 01 34 94 32 79
Fax 01 34 94 32 79
marion.gatine@wanadoo.fr
www.lagatine.com

15. Jan. bis 15. Febr. geschlossen • 6 Zimmer nur für Nichtraucher, davon eines behindertengerecht, alle mit Bad/WC • 72 bis 95 € für 2 Personen, Frühstück inkl. • Mahlzeit 32 € (mit Voranmeldung) • Terrasse, Park, Parkplatz; keine Kreditkarten, Hunde nicht erlaubt • Aufenthalt mit Benutzung der Country Spa möglich

Ein Wellnessaufenthalt mitten in der Natur und doch weniger als eine Stunde von Paris entfernt

Am Rande des Waldes von Rambouillet liegt dieses Haus, das seine Gäste mit seinem „Country Spa" genannten Wellnessbereich mit Pflegebehandlungen, Massagen und Fitnessangebot verwöhnt. Die in einem strohgedeckten Haus untergebrachten Zimmer wurden alle unterschiedlich zum Thema Reisen eingerichtet. In der Empfangshalle wird jeden Monat eine andere Gemäldeausstellung gezeigt. In der Jagdsaison kann man köstliche Wildgerichte genießen.

Anfahrt: von Faverolles nach links auf die D 152 in Richtung La Boissière-École; nach 3 km liegt La Gâtine auf der linken Seite

ÎLE-DE-FRANCE

MOISSON - 78840 | MONTAINVILLE - 78124

25 **LE PRIEURÉ MAÏALEN**
M. et Mme Lévi

 4 allée du Jamboree
78840 Moisson
Tel. 01 34 79 37 20
Fax 01 34 79 37 58
blevi@free.fr

Ganzjährig geöffnet • 4 Zimmer mit Bad/WC • 65 € (Nebensaison 59 €) für 2 Personen, Frühstück inkl. • Mahlzeit (nur nach Voranmeldung) 20 € • Garten, Parkplatz; keine Kreditkarten, Hunde nicht erlaubt • Swimmingpool; in der Nähe: Golf, Reiten, Tennis und Freizeitzentrum

 Eine Spazierfahrt in einem der Oldtimer aus der Sammlung des Gastgebers

Schon Monet liebte das Dorf, in dem sich dieses ehemalige Priorat aus dem 16. Jh. befindet. Die Inneneinrichtung ist äußerst originell: In dem Zimmer mit dem Namen „Bateau" ist ein Original-Segelbootmodell aus dem 18. Jh. ausgestellt, „Shéhérazade" lädt zum Relaxen ein, und „Provence" besticht durch südliche Farben. Im Wohnzimmer mit seinen Nippes und antiken Möbeln sowie einer Schallplattensammlung oder in dem blühenden Garten steht der Entspannung nichts mehr im Wege.

Anfahrt: 3 km südöstlich von La Roche-Guyon

26 **LA FAUCONNERIE DU ROY**
M. et Mme Oger

 1 rue de l'Ormoir
78124 Montainville
Tel. 01 34 75 17 24
oger@lafauconnerie.com
www.lafauconnerie.com

24. und 25. Dez. geschlossen • 2 Zimmer und 1 Ferienwohnung • 75 bis 80 € für 2 Personen • keine Mahlzeit • Parkplatz; keine Kreditkarten, Hunde nicht erlaubt • Swimmingpool

 Der historische Charme der gut erhaltenen Gebäude

Das 1680 auf Veranlassung Ludwigs XIV. erbaute Falkenhaus bietet den Gästen zur Übernachtung einen historischen Rahmen: Treppe und Türen weisen noch die Originalschnitzereien auf, zusätzlich sorgen Terrakottafliesen sowie antike Möbel und ein Klavier im Frühstücksraum für ein besonderes Ambiente. Die Zimmer sind mit Himmelbetten, sehr guten Matratzen und schönen Badezimmern ausgestattet. Für die Freizeitgestaltung stehen der Park mit Kinderspielplatz und ein Fahrradverleih zur Verfügung.

Anfahrt: 6 km östlich von Thoiry über die D 45 in Richtung Maule, dann rechts abbiegen

ÎLE-DE-FRANCE

MOIGNY-SUR-ÉCOLE - 91490

 27 **CHAMBRE D'HÔTE**
CLOS DE LA CROIX BLANCHE

 M. Lenoir

9 rue du Souvenir
91490 Moigny-sur-École
Tel. 01 64 98 47 84
lenoir@aol.com
www.compagnie-des-clos.com

Ganzjährig geöffnet • 4 Zimmer, davon eines im Erdgeschoss • 55 bis 60 € für 2 Personen, Frühstück inkl. • Mahlzeit 16 € • Garten; keine Kreditkarten

 Der von einer Mauer umschlossene Landschaftsgarten

Eine hohe Mauer schützt das schöne Steinhaus und seinen reizvollen Garten vor neugierigen Blicken. Die liebevoll dekorierten Zimmer bieten absolute Ruhe. Das Zimmer mit Zwischengeschoss ist besonders praktisch für Familien. Der Frühstücksraum im ehemaligen Hühnerstall besitzt noch die Steinnischen, in denen die Hühner früher ihre Eier legten. Eine ansprechende Adresse, wo Sie sehr zuvorkommend aufgenommen werden.

Anfahrt: 3,5 km nördlich von Milly-la-Forêt

NAINVILLE-LES-ROCHES - 91750

 28 **LE CLOS DES FONTAINES**
Mme Soton

 3 rue de l'Église
91750 Nainville-les-Roches
Tel. 01 64 98 40 56
Fax 01 64 98 40 56
soton@closdesfontaines.com
www.closdesfontaines.com

Ganzjährig geöffnet • 5 Zimmer nur für Nichtraucher, davon eines behindertengerecht, alle mit Bad/WC oder Dusche/WC, TV und Internetanschluss • 100 € (Nebensaison 84 €) für 2 Personen, Frühstück 7 € • keine Mahlzeit • Park, Parkplatz; Hunde nicht erlaubt • Swimmingpool, Tennisplatz, Boule-Platz; thematische Wochenenden

 Die Ruhe und die zeitlose Atmosphäre des Ortes

Zwischen der kleinen Kirche und den Häusern des Dorfes steht das ehemalige Pfarrhaus, das von einem grünen, baumbestandenen Park umgeben ist. Die hübschen zeitgemäßen Zimmer sind geschmackvoll in den Farbtönen der Gewürze gestaltet, nach denen sie benannt sind („Safran", „Zimt", „Muskat"). Zum Frühstück werden die Gäste in einem modernen Saal neben dem von einem Glasdach überspannten Aufenthaltsraum mit hausgemachten Backwaren und Marmeladen verwöhnt. Tennis, Bouleplatz, Fitnessraum, Sauna.

Anfahrt: im Dorfzentrum

ÎLE-DE-FRANCE

CHÉRENCE - 95510

29 CHAMBRE D'HÔTE LE SAINT-DENIS
Mme Pernelle

1 rue des Cabarets
95510 Chérence
Tel. 01 34 78 15 02

Ganzjährig geöffnet (nach Voranmeldung) • 5 Zimmer mit Bad • 60 bis 65 € für 2 Personen, Frühstück inkl. • keine Mahlzeit • Garten, Parkplatz; keine Kreditkarten, Hunde nicht erlaubt

 Das reichliche Frühstück

Das hübsche Steinhaus im mittelalterlichen Dorf Chérence beherbergte einst ein Hotel mit Restaurant. 1996 wurde es in ein Gästehaus umfunktioniert und bietet seitdem kleine schlichte Zimmer, die wegen des hohen Alters des Gebäudes manchmal eine ungewöhnliche Form haben. Auch das Erdgeschoss, in dem sich das Esszimmer und der Aufenthaltsraum mit Kamin befinden, hat zahlreiche Winkel und Ecken. Im Sommer kann man im Garten wunderbar faulenzen. Zuvorkommender Service.

Anfahrt: 4 km nordöstlich von La Roche-Guyon über die D 100

PARMAIN - 95620

30 CHAMBRE D'HÔTE MONSIEUR DELALEU
M. Delaleu

131 rue du Maréchal-Foch
95620 Parmain
Tel. 01 34 73 02 92
Fax 01 34 08 80 76
chambresdhotes.parmain@wanadoo.fr

Ganzjährig geöffnet • 4 Zimmer • 51 € für 2 Personen, Frühstück inkl. • keine Mahlzeit • Garten, Parkplatz; keine Kreditkarten, Hunde nicht erlaubt

 Die besonders originellen Badezimmer

Kaum hat man sein Gepäck abgestellt, fühlt man sich wie zu Hause! Die geräumigen und farbenfrohen Zimmer sind nach Spielkartenfarben benannt: Pik, Herz, Karo und Kreuz. Doch es sind die originellen, im Stil ganz unterschiedlichen Badezimmer, die Sie am meisten überraschen werden. Der in ein Spielzimmer verwandelte Gewölbekeller, das Mini-Fußballfeld und die Besichtigung des nach wie vor bewirtschafteten Bauernhofs werden besonders den Kindern gefallen.

Anfahrt: 1 km westlich von L'Isle-Adam über die D 64

LANGUEDOC-ROUSSILLON

Die Region Languedoc-Roussillon hat dem Reisenden überwältigend vielfältige Landschaften und Kulturen zu bieten: zahllose Musik- und Theaterfestivals, die wildromantischen Gorges du Tarn, die Schwindel erregende Pracht der Pyrenäen, die geheimnisvolle Atmosphäre der einsam auf den Bergen gelegenen Katharer-Burgen, die an eines der blutigsten Kapitel in der Geschichte Frankreichs erinnern, der schwere Duft der sonnenverbrannten Sträucher, die Gelassenheit der rosa Flamingos auf den Salzseen, die beeindruckende mittelalterliche Stadtmauer der Festungsstadt Carcassonne, die reich verzierten Altäre im spanisch-barock beeinflussten Roussillon, das ruhige Bild des Canal du Midi, die rauhe Schönheit der Cevennen. Wenn der Reisende durch die vielen neuen Eindrücke erschöpft ist, bieten die zahlreichen Regionalgerichte eine ideale Stärkung. Besonders empfehlenswert sind das mit Knoblauch und Käse verfeinerte Kartoffelpüree *Aligot*, der Fleisch-Bohnen-Eintopf *Cassoulet* – weiße Bohnen mit Entenfleisch, Würsten und Kräutern – und ein Stück des herzhaften Roquefort, serviert mit einem Glas Rotwein.

- Aude (11)
- Gard (30)
- Hérault (34)
- Lozère (48)
- Pyrénées-Orientales (66)

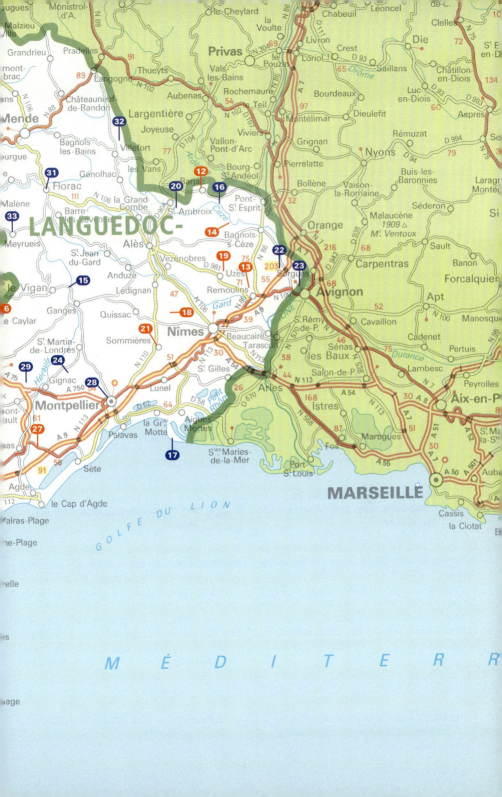

LANGUEDOC-ROUSSILLON

BIZANET - 11200

1 **DOMAINE DE SAINT-JEAN**
M. et Mme Delbourg

11200 Bizanet
Tel. 04 68 45 17 31
Fax 04 68 45 17 31
didierdelbourgbizanet@yahoo.fr

Ganzjährig geöffnet • 4 Zimmer im ersten Stock, alle mit Bad • 55 bis 70 € für 2 Personen, Frühstück inkl. • keine Mahlzeit • Garten; keine Kreditkarten, Hunde nicht erlaubt

 Die wunderbaren Momente im Aufenthaltsraum, dem früheren Weinkeller

Das große, von Weinbergen und Kiefern umgebene Winzerhaus aus dem 19. Jh. eignet sich für alle, die Ruhe und Authentizität suchen. Die Zimmer mit den handbemalten Möbeln und Wänden tragen die Namen der Vorfahren der Gastgeber. Eines besitzt eine eigene Terrasse, von der sich ein schöner Blick auf das Fontfroide-Massiv bietet. In dem vom Gastgeber selbst gepflegten Garten lässt es sich wunderbar entspannen.

Anfahrt: 2,5 km nordwestlich der Abtei über die D 613 in Richtung Lagrasse, dann weiter auf einer Nebenstraße

BOUTENAC - 11200

2 **LA BASTIDE DES CORBIÈRES**
M. et Mme Camel

17 rue de la Révolution
11200 Boutenac
Tel. 04 68 27 20 61
Fax 04 68 27 62 71
bastide.corbières@wanadoo.fr
www.bastide-corbieres.com

10. Jan. bis 15. Febr. und 15. Nov. bis 26. Dez. geschlossen • 5 Zimmer mit Bad/WC • 79 bis 84 € (Nebensaison 70 bis 75 €) für 2 Personen, Frühstück inkl. • nur Abendessen (außer Di und Fr) 30 € • Terrasse, Garten; Hunde nicht erlaubt • Swimmingpool, Leseraum, Tischtennis, Mountainbike-Verleih

 Das Willkommensgläschen bei der Ankunft

In dem Herrenhaus aus dem späten 19. Jh. sind moderner Komfort und das Ambiente aus Großmutters Zeiten in wunderbarer Weise vereint. Die geräumigen, farbenfrohen und manchmal mit schönen alten Möbeln ausgestatteten Zimmer tragen die Namen der Weinreben, aus denen die vollmundigen Corbières-Weine hergestellt werden. Der üppig mit Rosen, Schwertlilien, Pfingstrosen, Buchsbaum und Akazien bewachsene Garten bildet den idealen Rahmen für die Mahlzeiten.

Anfahrt: 7,5 km südlich von Lézignan über die D 61 in Richtung Luc-sur-Orbieu

LANGUEDOC-ROUSSILLON

CARCASSONNE - 11000

 3 LA MAISON SUR LA COLLINE
Mme Galinier

 Lieu-dit Sainte-Croix
11000 Carcassonne
Tel. 04 68 47 57 94
Fax 04 68 47 58 67
contact @ lamaisonsurlacolline.com
www.lamaisonsurlacolline.com

10. Dez. bis 14. Febr. geschlossen • 6 Zimmer mit Bad und TV • 65 bis 85 € für 2 Personen, Frühstück inkl. • nur Abendessen (nach Voranmeldung) 30 € • Garten, Parkplatz; keine Kreditkarten • Swimmingpool

 Ein Sonnenbad im Garten beim Zirpen der Zikaden

Das ruhige Gut auf einem Hügel gegenüber der Altstadt von Carcassonne ist ein idealer Ort zum Entspannen. Überall duftet es nach Ginster, Zypressen, Thymian und wilder Minze. Die schön mit alten Möbeln und Nippes eingerichteten Zimmer sind geräumig und haben alte Fliesenfußböden. In jedem der Zimmer gibt eine andere Farbe den Ton an; das weiße Zimmer hat ein eigenes Gärtchen. Im Sommer nehmen die Gäste das Frühstück am Swimmingpool ein.

Anfahrt: 1 km südlich der Altstadt über die Route de Sainte-Croix

CARCASSONNE - 11000

 4 MONTSÉGUR
M. Faugeras

 27 allée d'Iéna
11000 Carcassonne
Tel. 04 68 25 31 41
Fax 04 68 47 13 22
info @ hotelmontsegur.com
www.hotelmontsegur.com

20. Dez. bis 1. Febr. geschlossen • 21 Zimmer auf 3 Stockwerken, alle mit Bad/WC oder Dusche/WC, TV und Klimaanlage • 73 bis 96 € für 2 Personen, Frühstück 9 €, Halbpension möglich • Menüs 24 bis 44 € • gesicherter Parkplatz

 Der unvergessliche Spaziergang auf der Stadtmauer von Carcassonne

Das Herrenhaus aus dem späten 19. Jh. liegt vor den Toren der Unterstadt. Die nach und nach renovierten Zimmern besitzen dank der schönen alten Möbel, die noch gut nach Politur riechen, einen nostalgischen Charme. Stilvoll gibt sich der Aufenthaltsraum mit seinem Parkettboden, den alten Lampen und dem Marmorkamin. Im Frühstücksraum steht eine schöne alte Anrichte.

Anfahrt: von Castelnaudary aus über die N 113 (Avenue du Président F.-Roosevelt) und bei der Pont d'Artigues rechts abbiegen

LANGUEDOC-ROUSSILLON

CASTELNAUDARY - 11400

 HÔTEL DU CANAL
Mme Geli

2 ter avenue Arnaut-Vidal
11400 Castelnaudary
Tel. 04 68 94 05 05
Fax 04 68 94 05 06
hotelducanal@wanadoo.fr
www.hotelducanal.com

Ganzjährig geöffnet • 38 Zimmer, die Hälfte mit Blick auf den Kanal, die anderen mit Blick auf den Garten, alle mit Bad/WC und TV, 2 Zimmer sind behindertengerecht, unbegrenzte Nutzung des DSL-Anschlusses 5 € pro Nacht • 56 bis 60 € für 2 Personen, Frühstück 7 € • kein Restaurant • Garten, Parkplatz • Billardzimmer

 Die Promenade vor dem Hotel am Ufer des Canal du Midi

In dem schönen ockerfarbenen Gebäude befand sich im 19. Jh. eine Kalkfabrik. Die praktischen Zimmer sind recht einfach gehalten, aber ruhig zum Garten oder zum Kanal hinaus gelegen. Das Hotel selbst liegt idyllisch am Kanalufer, und im Sommer wird das Frühstück am Wasser serviert. In den Restaurants der Region bekommt man den herrlichen traditionellen Bohneneintopf Cassoulet aufgetischt, den sich niemand entgehen lassen sollte!

Anfahrt: in Richtung Pamiers, am Ufer des Canal du Midi

CUCUGNAN - 11350

 AUBERGE DE CUCUGNAN
M. Villa

2 place de la Fontaine
11350 Cucugnan
Tel. 04 68 45 40 84
 Fax 04 68 45 01 52

Jan., Febr., 1. bis 15. März und Mi geschlossen • 6 Zimmer mit Klimaanlage im ersten Stockwerk, alle mit Bad/WC oder Dusche/WC und TV • 45 bis 60 € für 2 Personen, Frühstück 7 €, Halbpension möglich • Restaurant Mi geschlossen; Menüs 17 bis 44 € • Terrasse, Parkplatz

 Eine Fahrt auf den reizvollen kleinen Straßen durch die Weinberge der Corbières

Seit einigen Jahren wird diese Adresse in einem malerischen Dorf der Corbières wegen ihrer ausgezeichneten regionalen Küche als Geheimtipp gehandelt. Die ehemalige Scheune dient als Speisesaal, und die Preise sind glücklicherweise moderat geblieben. Nun werden den Gästen auch neu eingerichtete Zimmer geboten, die sich durch strahlend weiße Wände, ein schlichtes Dekor mit schmiedeeisernen Möbeln und farbenfrohen Stoffen, Ruhe und Komfort auszeichnen. Voranmeldung nicht vergessen!

Anfahrt: in einer Gasse im Dorfzentrum

LANGUEDOC-ROUSSILLON

GINCLA - 11140

7 **HOSTELLERIE DU GRAND DUC**
M. et Mme Bruchet

2 route de Boucheville
11140 Gincla
Tel. 04 68 20 55 02
Fax 04 68 20 61 22
host-du-grand-duc@ataraxie.fr
www.host-du-grand-duc.com

3. Nov. bis Ende März geschlossen • 12 Zimmer, alle mit Bad/WC oder Dusche/WC und TV • 65 bis 70 €, Frühstück 9 €, Halbpension möglich • Restaurant Mittag außer im Juli und Aug. geschlossen, Menüs 30 bis 59 € • Terrasse, Garten, Hotelgarage, gesicherter Parkplatz • günstige Lage zur Erkundung des oberen Aude-Tals

Ein Candlelight-Dinner mit dem Garten und seinem Wasserbecken als Kulisse

Das 1780 errichtete imposante Herrenhaus steht im Herzen eines friedlichen Dorfes mitten in der Region Cathare. Die Zimmer sind zwar ein wenig veraltet, haben dafür jedoch Charakter. In einem zweiten Gebäude wurden vor kurzem drei weitere hübsche Zimmer eingerichtet. Vor dem elegant-rustikalen Speiseraum erstreckt sich eine Terrasse, der die Linden im Garten Schatten spenden. Im nahen Wald bieten sich schöne Wandermöglichkeiten.

Anfahrt: in Lapradelle von der D 117 (von Quillan nach Perpignan) auf die D 22 abbiegen, die an der Bouizane entlang verläuft

LA POMARÈDE - 11400

8 **HOST. DU CHÂTEAU DE LA POMARÈDE**
M. Garcia

Place du Château
11400 La Pomarède
Tel. 04 68 60 49 69
Fax 04 68 60 49 71
www.hostellerie-lapomarede.fr

2 Wochen nach den Schulferien im Februar, Nov. sowie So-abend außerhalb der Saison, Mo und Di ganzjährig geschlossen • 6 Zimmer und 1 Apartment, alle mit Bad/WC und TV • 75 bis 110 € für 2 Personen, Frühstück 12 €, Halbpension möglich • Menüs 16 (werktags) bis 80 € • Terrasse, Parkplatz

Die Atmosphäre einer echten Burg

Das reizvolle Haus in einem Weiler in der Nähe der Montagne Noire wird von einem jungen Ehepaar geführt. Das in den Nebengebäuden einer mittelalterlichen Burg neu eingerichtete Hotel bietet historischen Charme und moderne Eleganz mit 7 neuen Zimmern. Der Speiseraum überrascht durch eine elegante Kombination aus Fachwerk und schmiedeeisernen Möbeln, von der Terrasse hat man einen Blick auf das Tal. Serviert wird eine moderne Küche, die 2002 von Michelin mit einem Stern ausgezeichnet worden ist.

Anfahrt: etwas abseits von der D 624, die von Castelnaudary nach Revel führt

LANGUEDOC-ROUSSILLON

NARBONNE - 11100

 9 LA RÉSIDENCE
La Résidence SA

6 rue du 1er-Mai
11100 Narbonne
Tel. 04 68 32 19 41
Fax 04 68 65 51 82
hotellaresidence@free.fr
http://hotelresidence.fr

15. Jan. bis 15. Febr. geschlossen • 25 Zimmer auf 2 Stockwerken, alle mit Bad/WC oder Dusche/WC, TV und Klimaanlage • 68 bis 96 € (Nebensaison 58 bis 86 €) für 2 Personen, Frühstück 8 € • kein Restaurant • kleine Garage • nur wenige Gehminuten vom historischen Zentrum entfernt

 Das auf einem Tablett mit der Tageszeitung servierte Frühstück

Das am Ende des 19. Jh.s errichtete Herrenhaus wurde in der Mitte des 20. Jh.s in ein Hotel umgebaut. Die etwas altmodische Inneneinrichtung verleiht dem Hotel einen gewissen nostalgischen Charme. Einige Zimmer gehen zum Palais des Archevêques und zur Kathedrale hinaus. Im Gästebuch sind die Einträge einiger Prominenter zu lesen: Politiker, Sportler und Künstler sind hier eingekehrt, darunter Louis de Funès, der während der Dreharbeiten zum Film „Balduin, der Trockenschwimmer" hier wohnte.

Anfahrt: Ausfahrt Narbonne-Sud, in Richtung Innenstadt, über den Canal de la Robine, rechts in die Rue Jean-Jaurès, dann in die zweite Straße links einbiegen

PORTEL-DES-CORBIERES - 11490

 10 DOMAINE DE LA PIERRE CHAUDE
M. et Mme Pasternak

 Les Campets
11490 Portel-des-Corbières
Tel. 04 68 48 89 79
Fax 04 68 48 89 79
lescampets@aol.com
www.lapierrechaude.com

1. Jan. bis 15. Febr. geschlossen • 4 Zimmer mit Bad • 72 bis 80 € für 2 Personen, Frühstück inkl. • keine Mahlzeit • Terrasse, Garten, Parkplatz; keine Kreditkarten, Hunde nicht erlaubt

 Alles!

Der ehemalige Weinkeller (18. Jh.) liegt in einem kleinen Dorf, umgeben von Weinbergen und einem Kiefernwald. 1960 wurde er schön restauriert von einem Schüler des Architekten Gaudí. Seitdem wurde das Anwesen nach und nach in ein angenehmes Feriendomizil verwandelt. Reizende Zimmer (Terrakotta, Schmiedeeisen, alte Möbel, warme Farben), ein Patio im andalusischen Stil, der als Aufenthaltsraum dient, eine von Feigenbäumen beschattete Terrasse, ein mediterraner Garten - einfach unvergesslich!

Anfahrt: bei Les Campets, 6 km von „Reserve africaine„, über die D 611 in Richtung Durban-Corbières

LANGUEDOC-ROUSSILLON

SAINT-MARTIN-LE-VIEIL - 11170   **BARJAC - 30430**

 11 **ABBAYE DE VILLELONGUE**
M. Eloffe

11170 Saint-Martin-le-Vieil
Tel. 04 68 76 92 58
Fax 04 68 76 92 58

10 Tage im Nov. und 10 Tage an Weihnachten geschlossen • 4 Zimmer • 60 € für 2 Personen, Frühstück inkl. • keine Mahlzeit • Parkplatz, Park, Garten; keine Kreditkarten, Hunde nicht erlaubt • täglich Besichtigungen mit oder ohne Führer

 12 **LA SÉRÉNITÉ**
Mme L'Helgoualch

Place de la Mairie
30430 Barjac
Tel. 04 66 24 54 63
Fax 04 66 24 54 63
catherine@la-serenite.fr
www.la-serenite.fr

11. Nov. bis 20. März geschlossen • 3 individuell eingerichtete Zimmer mit Dusche/WC oder Bad/WC • 70 bis 115 € für 2 Personen, Frühstück inkl. • keine Mahlzeit • Terrasse; keine Kreditkarten, Hunde nicht erlaubt

 Die wunderbare Ruhe in den Klostergärten, wenn die Besichtigungszeit vorüber ist

Die Stille und Feierlichkeit der ehemaligen Zisterzienserabtei aus dem 12. Jh. ist eine Wohltat! Doch keine Sorge, der gebotene Komfort ist alles andere als klösterlich mit schönen alten Möbeln, Himmelbetten und Zimmern mit Bad. Von den Gästezimmern blickt man auf den entzückenden Kreuzgang und seinen kleinen Garten. Im Sommer werden hier einige Tische für das Frühstück aufgestellt; während es im Winter im 1998 renovierten Mönchskeller serviert wird.

 Ein gemütlicher Abend in der Bibliothek oder am Kamin

Der Herrensitz aus dem 17. Jh. besitzt einen exquisiten Charme. Der elegante Rahmen und der zarte Lavendelduft versprechen dem Besucher einen besonderen Aufenthalt. Ockerfarben gekalkte Wände, mit Schablonen aufgemalte Friese, sauber gewachste Terrakottafliesen, Wandteppiche, stilvoll ausgewählte Nippsachen, antike Möbel und individuell gestaltete Zimmer mit Spitzenbettwäsche usw. Das Frühstück wird am Kamin oder, im Sommer, auf der mit Blumen geschmückten Terrasse serviert.

Anfahrt: 5 km nordwestlich über die D 64

Anfahrt: 6 km westlich des Aven d'Orgnac über die D 317 und die D 176

LANGUEDOC-ROUSSILLON

CASTILLON-DU-GARD - 30210

 13 VIC

 M. Vic

Mas de Raffin
30210 Castillon-du-Gard
Tel. 04 66 37 13 28
Fax 04 66 37 62 55
viccastillon4@aol.com
www.chambresdhotes-vic.com

Ganzjährig geöffnet • 5 Zimmer • 70 bis 90 € für 2 Personen, Frühstück inkl. • keine Mahlzeit • Garten, Parkplatz; keine Kreditkarten • Swimmingpool, Wellness, Dampfbad

 Die gelungene Kombination aus historischem Charme und Moderne

Das ehemalige Weingut liegt in einer idyllischen Landschaft mit duftenden Sträuchern, hundertjährigen Olivenbäumen und Weinbergen. Die in Rot- und Gelbtönen gehaltenen Zimmer kombinieren modernsten Komfort mit altem Mauerwerk und antiken Möbeln. Einige Zimmer besitzen eine Gewölbedecke, andere ein Zwischengeschoss. Im Sommer wird das Frühstück unter dem Maulbeerbaum serviert.

Anfahrt: 4 km nordöstlich des Pont-du-Gard über die D 19 und die D 228

LA ROQUE-SUR-CÈZE - 30200

 14 LA TONNELLE

M. et Mme Rigaud

Place des Marronniers
30200 La Roque-sur-Cèze
Tel. 04 66 82 79 37
Fax 04 66 82 79 37
latonnelle30@aol.com

Ganzjährig geöffnet • 6 Zimmer • 72 € für 2 Personen, Frühstück inkl. • keine Mahlzeit • Parkplatz; Hunde nicht erlaubt

 Eine Kanufahrt auf der Cèze, die ganz in der Nähe vorüberfließt

Die am Dorfeingang gelegene Adresse ist leicht zu finden. Die Hausherrin empfängt ihre Gäste mit großer Freude und führt sie gern durch das ganze Haus. Die schlichten, gepflegten Zimmer sind nach verschiedenen Blumen benannt. Im Sommer frühstückt man im kühlen Schatten der Gartenlaube. Hier kann man den Blick von unten auf das Dorf und die Zypressen genießen.

Anfahrt: 17 km nordwestlich von Bagnols-sur-Cèze über die N 86, dann die D 298 in Richtung Barjac und die D 166

LANGUEDOC-ROUSSILLON

LE VIGAN - 30570

MONTCLUS - 30630

15 CHÂTEAU DU REY
Mme Cazalis de Fondouce

Le Rey
30570 Le Vigan
Tel. 04 67 82 40 06
Fax 04 67 82 47 79
abeura@club-internet.fr
www.château-du-rey.com

30. Sept. bis 1. Apr. geschlossen • 13 Zimmer, alle mit Bad/WC und TV • 70 bis 97 € für 2 Personen, Frühstück 8 €, Halbpension möglich • Restaurant So-abend und Mo außer im Juli und Aug. geschlossen, Menüs 20 bis 42 € • Terrasse, Park am Flussufer, Parkplatz • Swimmingpool, private Angelstrecke

Das historische Ambiente

Die hübsche Burg aus dem 13. Jh., die von dem berühmten Architekten Viollet-le-Duc umgebaut wurde, gehört bis heute derselben Familie. Die Zimmer, einige sogar mit Kamin, sind mit schönen Stilmöbeln ausgestattet. Der Speiseraum ist in dem ehemaligen Schafstall eingerichtet, dessen gemauertes Gewölbe im Sommer für eine angenehme Frische sorgt. Die Terrasse geht zu dem weiten, von einem Fluss durchzogenen Park hinaus. Ein Paradies für Forellenangler!

Anfahrt: 5 km östlich über die D 999 (Richtung Ganges), kurz vor Pont-d'Hérault nach links abbiegen

16 LA MAGNANERIE DE BERNAS
M. et Mme Keller

Le Hameau de Bernas
30630 Montclus
Tel. 04 66 82 37 36
Fax 04 66 82 37 41
lamagnanerie@wanadoo.fr
www.magnanerie-de-bernas.com

29. Okt. bis Ostern geschlossen • 15 Zimmer, davon eines behindertengerecht und 2 mit Zwischengeschoss, alle mit Bad/WC und TV • 65 bis 105 €, Frühstück 10 €, Halbpension möglich • Restaurant Di und Mi im März, Apr. und Okt. geschlossen, Menüs 20 bis 46 € • Terrasse, Garten, Parkplatz • Swimmingpool

In der ehemaligen Komturei aus dem 13. Jh. auf den Spuren der Templer wandeln

Die Seidenraupenfarm wurde erst vor kurzem von einem Schweizer Ehepaar renoviert, weshalb der einwandfreie Zustand des Gebäudes nicht verwundert. Die unverputzten Steinwände, die Holzbalken und die schönen Stoffe zeugen vom guten Geschmack der Besitzer. Von den meisten Zimmern blickt man auf das Tal der Cèze. Einladend sind auch der Speiseraum mit seiner Gewölbedecke, die schattige Terrasse im Hof und der südländische Garten, dem man ansieht, dass der Besitzer Landschaftsgärtner von Beruf ist.

Anfahrt: zwischen Barjac und Bagnols-sur-Cèze, dann 2 km östlich von Monclus

LANGUEDOC-ROUSSILLON

PORT-CAMARGUE - 30240

 RELAIS DE L'OUSTAU CAMARGUEN
M. Daweritz

3 route des Marines
30240 Port-Camargue
Tel. 04 66 51 51 65
Fax 04 66 53 06 65
oustaucamarguen@wanadoo.fr
www.chateauxhotels.com/camarguen

Hotel 24. März bis 4. Nov. sowie Fr und Sa-abend im Febr., März und Nov. geöffnet • 39 meist ebenerdige Zimmer mit Klimaanlage, alle mit Bad/WC und TV • 99 €, Frühstück 11 €, Halbpension möglich • Restaurant mit Klimaanlage, Menüs (nur abends) 27 bis 31 € • Terrasse, Garten, gesicherter Parkplatz • Swimmingpool

 Die entspannte Atmosphäre in diesem kleinen Landhaus

Wie der Name bereits vermuten lässt, wurde dieses neue Hotel in der regionalen Bauweise errichtet. Die geräumigen Zimmer liegen im Erdgeschoss und besitzen bisweilen kleine begrünte Terrassen mit Blick auf den reizenden Garten. Beim eher schlichten Dekor ließ man sich von der nahen Provence inspirieren. Im Restaurant herrscht ein rustikales Ambiente mit massiven Holzbalken. Angenehme Terrasse in der Nähe des Swimmingpools, bewusst klein gehaltene Karte mit traditionellen französischen Gerichten.

Anfahrt: an der Straße der Marinas

SAINT-MAMERT-DU-GARD - 30730

 LA MAZADE
Mme Couston

Dans le village
30730 Saint-Mamert-du-Gard
Tel. 04 66 81 17 56
Fax 04 66 81 17 56
www.bbfrance.com/couston.html

Ganzjährig geöffnet • 3 Zimmer mit Bad • 55 bis 60 € für 2 Personen, Frühstück inkl. • Mahlzeit (nach Voranmeldung) 20 € • Garten, Parkplatz; keine Kreditkarten, Hunde nicht erlaubt

 Die fantasievolle Innenausstattung des im 19. Jh. erbauten Hauses

Im Herzen eines ruhigen Dörfchens steht das wirklich originelle Landhaus, wo jeder Raum eine gelungene Mischung aus Designermöbeln und -dekor, Teppichen, Bildern und Kunstgegenständen aus Mexiko sowie eine Vielzahl von Grünpflanzen aufweist. Das Gesamtbild ist wirklich beindruckend! Alle Zimmer gehen auf den Garten hinaus. An Sommerabenden ist das Abendessen an der frischen Luft unter der Weinlaube ein wahres Vergnügen.

Anfahrt: 17 km westlich von Nîmes über die D 999 und die D 1

LANGUEDOC-ROUSSILLON

SAINT-QUENTIN-LA-POTERIE - 30700   SAINT-VICTOR-DE-MALCAP - 30500

19 LE MAS DU CAROUBIER
Mme Charpentier

684 route de Vallabrix
30700 Saint-Quentin-la-Poterie
Tel. 04 66 22 12 72
Fax 04 66 22 12 72
contact@mas-caroubier.com
www.mas-caroubier.com

Jan. geschlossen • 4 Zimmer nur für Nichtraucher, alle mit Bad/WC • 70 bis 85 € für 2 Personen, Frühstück inkl. • keine Mahlzeit • Garten; keine Kreditkarten, Hunde nicht erlaubt • Swimmingpool

20 LA BASTIDE DES SENTEURS
M. Subileau

30500 Saint-Victor-de-Malcap
Tel. 04 66 60 24 45
Fax 04 66 60 26 10
subileau@bastide-senteurs.com
www.bastide-senteurs.com

Nov. bis 1. März geschlossen • 14 Zimmer, davon eines behindertengerecht, alle mit Bad/WC und TV • 72 bis 85 € für 2 Personen, Frühstück 9 €, Halbpension möglich • Menüs 37 bis 100 € • gesicherter Parkplatz, Terrasse • Swimmingpool

Die ruhige Atmosphäre

Die schöne Auswahl an Weinen aus der Region zu den Gerichten des Chefs

Der Bauernhof aus dem 18. Jh. mit ockerfarbener Fassade und hellblauen Fensterläden liegt am Ende eines Landwegs. Eine traumhafte Adresse: Der Empfang ist herzlich, die Einrichtung stilvoll, das Frühstück reichhaltig mit selbstgemachter Marmelade. Der ruhige Garten mit Swimmingpool ist an heißen Tagen besonders willkommen. Außerdem werden verschiedene Kurse wie Töpfern, Malen und provenzalische Küche angeboten.

Die Seidenraupenfarm aus dem 19. Jh. liegt am Rande eines hübschen Dorfes, das von einer mittelalterlichen Burg beherrscht wird. Das komplett renovierte Gebäude bietet behagliche, in angenehmen Farben gehaltene Zimmer, eingerichtet mit antiken oder schmiedeeisernen Möbeln. Manche bieten einen schönen Blick auf das Cèze-Tal, und alle sind sehr ruhig gelegen. Zu den Mahlzeiten nimmt man in dem eleganten Speiseraum mit mediterranem Flair oder auf der Terrasse über dem Swimmingpool Platz.

Anfahrt: 5 km nordöstlich von Saint-Quentin-la-Poterie über die D 982 und die D 5

Anfahrt: im Dorf

LANGUEDOC-ROUSSILLON

SOMMIÈRES - 30250

 MAS FONTCLAIRE
Mme Labbé

 8 rue Émile-Jamais
30250 Sommières
Tel. 04 66 77 78 69
Fax 04 66 77 78 69

Ganzjährig geöffnet • 3 Zimmer • 67 bis 80 € für 2 Personen, Frühstück inkl. • keine Mahlzeit • Garten, Parkplatz; keine Kreditkarten • Swimmingpool

 Im hübsch bepflanzten Garten ausspannen

Beim Betreten des ehemaligen Winzerhauses hat man gleich das Gefühl, dass man hier eigentlich viel länger als geplant bleiben könnte. Das ganze Haus verströmt eine angenehme Ruhe. Die in den Nebengebäuden untergebrachten Zimmer sind in verschiedenen Stilen eingerichtet: provenzalisch, modern, Louis-seize usw. Im Sommer wird das Frühstück im Innenhof serviert, im Winter am Kamin. Es gibt selbstgemachte Marmelade und frisch gepressten Orangensaft.

Anfahrt: im Dorf

TAVEL - 30126

 LE PONT DU ROY
M. Schorgeré

 Route de Nîmes - D 976
30126 Tavel
Tel. 04 66 50 22 03
Fax 04 66 50 10 14
contact@hotelpontduroy.fr
www.hotelpontduroy.fr

30. Sept. bis 13. Apr. geschlossen • 14 Zimmer mit Bad/WC oder Dusche/WC, TV und Klimaanlage • 73 bis 79 € (Nebensaison 59 bis 65 €), Frühstück 7 €, Halbpension möglich • Menüs 25 bis 45 € (abends für Hotelgäste) • Terrasse, Garten, Parkplatz; Hunde im Restaurant nicht erlaubt • Swimmingpool, Bouleplatz, Spielmöglichkeit für Kinder

 Erleben Sie, dass Boule viel mehr als nur ein Spiel ist

Das im Stil eines provenzalischen Bauernhofes errichtete Haus wurde 1986 in ein Hotel umgebaut. Die Zimmer sind in Pastellfarben gestrichen und bieten einen Blick auf den hübschen Garten mit Bäumen oder auf den berühmten Weinberg von Tavel. Das Restaurant strahlt bis heute eine ländliche Atmosphäre aus, im Sommer sitzt man auf der schattigen Terrasse. Der Küchenchef bietet regionaltypische Gerichte aus marktfrischen Zutaten. An besonders heißen Tagen sorgt der Swimmingpool für Abkühlung.

Anfahrt: 3 km südöstlich von Tavel über die D 4 und die D 976 (Straße von Roquemaure nach Remoulins)

LANGUEDOC-ROUSSILLON

VILLENEUVE-LÈS-AVIGNON - 30400   ARGELLIERS - 34380

 23 L'ATELIER
M. Burret

5 rue de la Foire
30400 Villeneuve-lès-Avignon
Tel. 04 90 25 01 84
Fax 04 90 25 80 06
hotel-latelier@libertysurf.fr
www.hoteldelatelier.com

2. Jan. bis 20. Febr. geschlossen • 23 Zimmer mit Bad/WC oder Dusche/WC und TV • 61 bis 91 € (Nebensaison 49 bis 81 €) für 2 Personen, Frühstück 9 € • kein Restaurant • Garten, Hotelgarage • Gemälde- und Skulpturenausstellungen, Café

 24 AUBERGE DE SAUGRAS
M. et Mme Aurelle

Domaine Saugras
34380 Argelliers
Tel. 04 67 55 08 71
Fax 04 67 55 04 65
 auberge.saugras@wanadoo.fr

9. bis 25. Aug., 20. Dez. bis 20. Jan. sowie Mo- und Di-mittag im Sommer und Mi geschlossen • 7 Zimmer mit Bad/WC, TV und Klimaanlage • 42 bis 85 €, Frühstück 8 €, Halbpension möglich • Menüs 18 bis 49 € • Terrasse, Parkplatz • Swimmingpool

 Der lauschige Innenhof und der Blick auf Avignon von der kleinen Terrasse aus

Das Haus aus dem 16. Jh. mitten in der malerischen Altstadt ist gerade von einer Filmdekorateurin neu gestaltet worden. Das Ergebnis sind ausgewählter Nippes, schöne alte Möbel, Binsenmatten auf dem Fußboden und elegante Badezimmer, wobei bei der Renovierung darauf geachtet wurde, dass der nostalgische Charme des Gebäudes (Holzbalken, Kamine und eine schöne alte Treppe) erhalten blieb. Der Frühstücksraum ist mediterran geprägt. Gemälde- und Skulpturenausstellungen.

 Ganz in der Nähe von Montpellier - und doch so fern!

Die Anfahrt zu dem Gasthof ähnelt bisweilen einer Schnitzeljagd, doch wenn Sie es erst einmal erreicht haben, werden Sie begeistert sein! Das alte Landhaus aus Naturstein geht bis ins 12. Jh. zurück und liegt völlig einsam zwischen Garrigue und bewaldeten Hügeln. Ein weiteres Plus ist die schmackhafte regionale Küche, die man im einladenden rustikalen Speiseraum oder auf der Panoramaterrasse entdecken kann. Die komfortablen Zimmer, die kürzlich renoviert wurden, versprechen ruhige Nächte.

Anfahrt: in der Altstadt

Anfahrt: 12 km südlich von Saint-Martin-de-Londres über die D 32, die D 127 und die D 127E

LANGUEDOC-ROUSSILLON

CAPESTANG - 34310   LE CAYLAR - 34520

25   LA BASTIDE VIEILLE
Mme Fouissac

La Bastide Vieille
34310 Capestang
Tel. 04 67 93 46 23
Fax 04 67 93 46 56

1. Nov. bis 1. März geschlossen • 3 Zimmer • 54 € für 2 Personen, Frühstück inkl. • Terrasse, Garten, Parkplatz; keine Kreditkarten, Hunde nicht erlaubt

26   LE BARRY DU GRAND CHEMIN
M. et Mme Vandenbroucke

88 faubourg Saint-Martin
34520 Le Caylar
Tel. 04 67 44 50 19
Fax 04 67 44 52 36
lebarry34@aol.com
www.le-barry.fr

Ganzjährig geöffnet • 5 Zimmer • 50 bis 55 € für 2 Personen, Frühstück inkl., Halbpension möglich • Mahlzeit 20 € • Parkplatz; keine Kreditkarten, Hunde im Speiseraum nicht erlaubt

 Eine Fahrradtour, Kutschfahrt oder Bootsfahrt auf dem Canal du Midi (auf Anfrage)

Die von einem Turm aus dem 12. Jh. flankierte Bastide liegt etwas abseits inmitten von Weingärten. Die geräumigen Zimmer in den Nebengebäuden sind im provenzalischen Stil geschmackvoll eingerichtet und versprechen absolute Ruhe. Im heutigen Speiseraum wurde früher das Brot gebacken. In der Bibliothek kann man wunderbar schmökern, und der kleine Garten lädt zum Entspannen und Genießen der Natur ein.

 Die „Causse" genannte stille Landschaft um diesen typischen Bauernhof

Die unberührte Natur des Causse du Larzac (Kalkplateau) umgibt dieses Haus aus dem Jahr 1850 mit seiner schönen Steinfassade zu Füßen des Roc Castel. Die nicht sehr großen, aber tadellos sauberen und unglaublich ruhigen Zimmer liegen im Erdgeschoss. Appetit bekommt man im überwölbten Esszimmer, in dem es im Sommer angenehm kühl ist, auf die über dem offenen Feuer gegrillten Gerichte.

Anfahrt: 13 km westlich von Béziers in Richtung Castres über die D 39

Anfahrt: im Dorf

LANGUEDOC-ROUSSILLON

MONTAGNAC - 34530 **MONTPELLIER - 34000**

27 CHAMBRE D'HÔTE MONSIEUR GENER
M. et Mme Gener

34 avenue Pierre-Sirven
34530 Montagnac
Tel. 04 67 24 03 21
Fax 04 67 24 03 21
valexboyer@aol.com

Ganzjährig geöffnet • 4 Zimmer in den ehemaligen Stallungen, alle mit Dusche/WC und Klimaanlage • 48 € für 2 Personen, Frühstück inkl. • keine Mahlzeit • Terrasse, Garten, Parkplatz; keine Kreditkarten

28 PARC
Mme Jacquin

8 rue Achille-Bège
34000 Montpellier
Tel. 04 67 41 16 49
Fax 04 67 54 10 05
hotelduparcmtp@wanadoo.fr
www.hotelduparc-montpellier.com

Ganzjährig geöffnet • 19 Zimmer, die meisten mit Dusche/WC, einige mit Bad/WC oder Dusche ohne WC, alle mit TV und Klimaanlage • 48 bis 75 € für 2 Personen, Frühstück 9 € • kein Restaurant • Parkplatz; Hunde nicht erlaubt

 Die Nähe zu Pézenas und den Kunsthandwerkerläden

Im Jahre 1750 gehörten die um einen großen Innenhof errichteten Gebäude zur Gendarmerie. In den ehemaligen Stallungen sind heute geräumige, ruhige und komfortable Zimmer eingerichtet, wobei man in einigen noch die Trennwände aus massivem Eichenholz sehen kann. Im Sommer wird das Frühstück auf der höher gelegenen Terrasse eingenommen.

 Die Liebenswürdigkeit der Wirtsleute

Das herrschaftliche Haus aus dem 18. Jh. fällt durch seine besonders schöne Fassade auf. Die Zimmer bieten eine individuelle Atmosphäre und werden nach und nach geschmackvoll renoviert. Das Stadtzentrum ist nur wenige Gehminuten entfernt, die Stammgäste – Studenten, Dozenten und Offiziere – genießen die ruhige Lage des in einer kleinen Straße gelegenen Hotels. Der Innenhof dient als Parkplatz. Im Sommer kann man das Frühstück manchmal auf der Terrasse einnehmen.

Anfahrt: 6,5 km nordwestlich von Pézenas über die N 9 und die N 113

Anfahrt: durch die Rue Proudhon (Richtung Parc Zoologique) fahren und beim E.C.A.T. nach links in die Rue Turgot einbiegen

LANGUEDOC-ROUSSILLON

SAINT-SATURNIN-DE-LUCIAN - 34725

 MIMOSA
M. et Mme Pugh

 10 place de la Fontaine
34725 Saint-Saturnin-de-Lucian
Tel. 04 67 88 62 62
Fax 04 67 88 62 82
ostalaria.cardabela@wanadoo.fr

1. Jan. bis 9. März und 30. Okt. bis 31. Dez. geschlossen • 7 Zimmer auf 2 Stockwerken, alle mit Bad/WC • 68 bis 95 € für 2 Personen, Frühstück 10 € • kein Restaurant, aber die Hotelbesitzer führen ein Restaurant in Saint-Guiraud, das „Mimosa" • Hunde nicht erlaubt

 Die authentische Atmosphäre der „Ostalaria"

Nur ein kleines Schild weist darauf hin, dass sich in dem hübschen Dorfhaus ein Hotel befindet. Die frisch renovierten Zimmer versprechen einen angenehmen Aufenthalt. Bunte Bettdecken, Designerlampen und provenzalische Möbel verbinden sich mit unverputzten Mauern, gewachsten Terrakottafliesen, alten Holzbalken und Kaminen zu einer harmonischen Einheit. Einige Zimmer gehen auf den ruhigen Dorfplatz hinaus. Das Frühstück nimmt man in herzlicher Atmosphäre ein. Sehr zu empfehlen!

Anfahrt: am Dorfplatz, in der Nähe der Kirche

AUMONT-AUBRAC - 48130

 GRAND HÔTEL PROUHÈZE
M. et Mme Roudgé-Joly

 2 route du Languedoc
48130 Aumont-Aubrac
Tel. 04 66 42 80 07
Fax 04 66 42 87 78
prouheze@prouheze.com
www.prouheze.com

Erste Januarhälfte und vom 3. bis 30. Nov. geschlossen • 24 Zimmer mit Bad/WC und TV • 50 bis 90 €, Frühstück 10 €, Halbpension möglich • Restaurant Mo geschlossen, Menüs 33 bis 58 €, im Bistro „Compostelle" 18 bis 27 € • Terrasse, Parkplatz

 Der herzliche Empfang in der traditionellen Pilgerherberge

Das traditionelle Hotel wurde 1891 von den Vorfahren des heutigen Besitzers gegründet. Die gemütlichen Zimmer sind mit bemalten Holzmöbeln oder Möbeln im Louis-Philippe-Stil eingerichtet. Der Gastraum, in dem regionaltypische Gerichte serviert werden, wirkt durch die mit bunten Stoffen bezogenen Stühle besonders schön. Ein ländliches Bistro bietet Pilgern nach Santiago de Compostela (der Jakobsweg führt durch das Dorf) eine kleine Stärkung. Verkauf von Porzellan und hausgemachten Konserven.

Anfahrt: im Ortskern, gegenüber dem Bahnhof

LANGUEDOC-ROUSSILLON

COCURÈS - 48400

LA GARDE-GUÉRIN - 48800

31 LA LOZERETTE
Mme Agulhon

48400 Cocurès
Tel. 04 66 45 06 04
Fax 04 66 45 12 93
lalozerette@wanadoo.fr

Palmsonntag bis 1. Nov. geöffnet • 21 Zimmer, davon eines behindertengerecht, alle mit Bad/WC oder Dusche/WC und TV • 52 bis 76 € (Nebensaison 51 bis 74 €) für 2 Personen, Frühstück 8 €, Halbpension möglich • Restaurant Di und Mi-mittag außer im Juli und Aug. geschlossen, Menüs 16 (werktags) bis 46 € • Parkplatz, Garten; Hunde im Restaurant nicht erlaubt

32 AUBERGE RÉGORDANE
M. Nogier

48800 La Garde-Guérin
Tel. 04 66 46 82 88
Fax 04 66 46 90 29
pierre.nogier@free.fr
www.regordane.com

1. Jan. bis 15. Apr. und 15. Okt. bis 31. Dez. geschlossen • 15 Zimmer mit Bad/WC oder Dusche/WC, einige mit TV • 51 bis 62 € für 2 Personen, Frühstück 8 €, Halbpension möglich • Menüs 17 bis 33 € • Terrasse im Innenhof

Der wunderhübsche Garten und die Oleandersträucher in den Anduze-Tontöpfen

Das Gebäude in einem Weiler am Rand des Cevennen-Nationalparks ist ein Erbstück, denn die junge Besitzerin wurde hier geboren, und es war ihre Großmutter, die das Hotel gründete. In den renovierten Zimmern sind die Gardinen und Bettüberwürfe aufeinander abgestimmt, und von den blumengeschmückten Balkonen blickt man auf die offene Landschaft. Der Speiseraum mit seiner geschnitzten Decke ist ländlich und elegant zugleich. Die Weinkarte hat die Besitzerin und Weinkennerin selbst zusammengestellt.

Die beeindruckende Lage des Dorfes oberhalb der Schlucht von Chassezac

Der Bischof von Mende ließ das befestigte Dorf an der Römerstraße von der Auvergne ins Languedoc anlegen, um Räuberbanden besser kontrollieren zu können. Edelleute aus La Garde-Guérin erhielten den Auftrag, die Reisenden zu begleiten. Eines der befestigten Häuser ist nun in ein Hotel umgewandelt worden, und die „Gemächer" mit ihren Kreuzstockfenstern sind auch heute noch recht klein. Bemerkenswert sind der Speiseraum mit Kreuzrippengewölbe und die Terrasse im Innenhof mit schönen Granitfliesen.

Anfahrt: 5,5 km nordöstlich von Florac über die N 106, dann rechts abbiegen auf die D 998

Anfahrt: im Ortskern

LANGUEDOC-ROUSSILLON

MEYRUEIS - 48150

33 LE SAINT-SAUVEUR
M. Bourguet

Place Jean-Séquier
48150 Meyrueis
Tel. 04 66 45 40 42
Fax 04 66 45 40 43
saint-sauveur@demeures.de.lozere.com
www.demeures-de-lozere.com

15. Nov. bis 1. Apr. geschlossen • 10 Zimmer mit Bad/WC und TV • 40 bis 45 € (Nebensaison 39 bis 43 €) für 2 Personen, Frühstück 6 €, Halbpension möglich • Menüs 16 bis 32 € • Terrasse

Die herrliche Sykomore, die der Steinterrasse Schatten spendet

Das elegante Bürgerhaus aus dem 18. Jh. ist eine herausragende Adresse mit sehr moderaten Preisen. Darüber hinaus steht das Hotel in einer an Naturschönheiten reichen Gegend: hier liegen Aven Armand, die Höhle von Dargilan und die Jonte-Schlucht. Möbel aus massivem Kirschbaumholz verleihen den funktionell eingerichteten und dank der Doppelverglasung gut schallisolierten Zimmern Stil. Die beiden Speiseräume wurden vollkommen neu gestaltet.

Anfahrt: im Ortskern

CÉRET - 66400

34 LES ARCADES
M. Astrou

1 place Picasso
66400 Céret
Tel. 04 68 87 12 30
Fax 04 68 87 49 44
hotelarcades.ceret@wanadoo.fr
www.hotel-arcades-ceret.com

Ganzjährig geöffnet • 30 Zimmer auf 4 Stockwerken mit Fahrstuhl, davon 7 mit Klimaanlage und 12 mit Kochecke, alle mit Bad/WC oder Dusche/WC • 42 bis 57 € für 2 Personen, Frühstück 7 € • kein Restaurant • Garage; Hunde nicht erlaubt

Die schönen Sammlungen des Museums für moderne Kunst in Céret

Eine große Caféterrasse, auf der Sonnenschirme und Platanen Schatten spenden, erstreckt sich vor dem netten Hotel. Es liegt gegenüber der Befestigungsmauer der katalanischen Kleinstadt. Auf dem Weg ins Zimmer kann man in der Eingangshalle, auf der Treppe und in den Gängen Gemälde, Plakate und Lithografien bewundern, die an die Malschule von Céret erinnern. Weitere Vorzüge des Hauses sind die gute Führung, solides Mobiliar im regionalen Stil, der Komfort und die familiäre Atmosphäre.

Anfahrt: im Stadtzentrum, in der Nähe des Archäologischen Museums

LANGUEDOC-ROUSSILLON

ELNE - 66200

LAS ILLAS - 66480

 35 CAN OLIBA
M. Boisard et Mme Le Corre

24 rue de la Paix
66200 Elne
Tel. 04 68 22 11 09
elna@club-internet.fr
www.can-oliba.com

Ganzjährig geöffnet • 6 Zimmer nur für Nichtraucher mit Bad • 60 € für 2 Personen, Frühstück inkl. • Mahlzeit 22 € (nach Voranmeldung und nur abends) • Garten; keine Kreditkarten, Hunde nicht erlaubt • Swimmingpool

 36 HOSTAL DELS TRABUCAYRES
M. Davesne

66480 Las Illas
Tel. 04 68 83 07 56
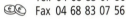 Fax 04 68 83 07 56

6. Jan. bis 15. März, 25. bis 30. Okt. sowie Di und Mi außerhalb der Saison geschlossen • 5 Zimmer im Obergeschoss, davon 3 mit Terrasse • 29 bis 33 € für 2 Personen, Frühstück 5 €, Halbpension möglich • Menüs 12 (werktags) bis 42 € • Terrasse, Parkplatz; Hunde an den Zimmern nicht erlaubt • ideale Adresse für Wanderer

 Die herrliche Dekoration, die vom Besitzer, einem Innenarchitekten, stammt

Das nahe der Kathedrale gelegene Herrenhaus aus dem 17. Jh. wird Sie sofort in seinen Bann ziehen! Beim Anblick der eleganten Steintreppe und des wunderschönen, mit alten Möbeln ausgestatteten Aufenthaltsraums merkt jeder gleich, dass man hier großen Wert darauf legt, das Auge zu erfreuen. Die reizvollen und originellen Zimmer sind mit schönen Möbeln, Nippes und Gemälden dekoriert und machen Lust, wiederzukommen. Erwähnenswert ist auch der kleine Garten mit Swimmingpool. Wir sind begeistert!

 Die Wanderungen im umliegenden Korkeichenwald

Wenn Ihnen die Anfahrt auf dieser schmalen Bergstraße unendlich vorkommt, sollten Sie sich immer vor Augen halten, dass dieses ruhige Hotel am Ende der Welt die Mühe wert ist. Die alte Herberge hat schließlich Geschichte geschrieben und 1936 den Offizieren der spanischen republikanischen Truppen auf dem Weg ins Exil Unterkunft gewährt. Übermäßige Komfortansprüche sollte man an die einladenden Zimmer nicht stellen. Im Speiseraum in der ehemaligen Scheune werden katalanische Gerichte aufgetragen.

Anfahrt: im historischen Zentrum der Stadt, in der Nähe der Kathedrale Sainte-Eulalie

Anfahrt: die D 618 zwischen Céret und Le Boulou nehmen und ab Maureillas-las-Illas auf der D 13 11 km nach Südwesten fahren

LANGUEDOC-ROUSSILLON

LATOUR-DE-CAROL - 66760

 37 AUBERGE CATALANE
Mme Ernst

 10 avenue du Puymorens
66760 Latour-de-Carol
Tel. 04 68 04 80 66
Fax 04 68 04 95 25
auberge-catalane@club-internet.fr
www.auberge-catalane.fr

2. bis 10. April, 12. Nov. bis 22. Dez. sowie So-abend und Mo außerhalb der Schulferien geschlossen • 10 Zimmer mit Dusche/WC und TV • 52 € (Nebensaison 48 €) für 2 Personen, Frühstück 6 €, Halbpension möglich • Menüs 15 bis 32 € • Terrasse, Parkplatz

 Eine Rundfahrt mit dem kleinen gelben Zug, der seit 1910 durch die malerische Cerdagne fährt

Die 1929 errichtete Herberge wurde vor einigen Jahren von den Enkelkindern des ersten Besitzers erworben, und in der Küche ist derzeit der Urenkel tätig – ein echter Familienbetrieb! Die Zimmer wurden renoviert und an den heutigen Standard angepasst, wobei das ursprüngliche Mobiliar im Art déco-Stil erhalten blieb. Manche Zimmer haben einen Balkon mit Blick über die Dächer des Dorfes. Speiseraum mit Veranda.

Anfahrt: im Dorf an der Hauptstraße (N 20) zwischen Bourg-Madame und dem Col de Puymorens

PERPIGNAN - 66100

 38 DOMAINE DU MAS BOLUIX
M. et Mme Ceilles

 chemin du Pou de les Colobres
66100 Perpignan
Tel. 04 68 08 17 70
Fax 04 68 08 17 71
www.domaine-de-boluix.com

Ganzjährig geöffnet • 7 individuell eingerichtete Zimmer mit Bad/WC • 82 € für 2 Personen, Frühstück inkl. • keine Mahlzeit • Terrasse, Garten, Parkplatz; keine Kreditkarten, Hunde nicht erlaubt • Schwimmbad und Tennisplatz in der Nähe

 Die Lage: ganz in der Nähe von Perpignan, jedoch abseits vom Touristentrubel

Der mitten in den Obst- und Weingärten von Cabestany gelegene ehemalige Bauernhof aus dem 18. Jh. bietet eine ruhige und lockere Atmosphäre. Das 1998 renovierte Haus besitzt geräumige und gepflegte Zimmer mit hohem Komfort. Die mit blütenweißen Wänden und bunten Stoffen dekorierten Zimmer sind nach Künstlern der Region benannt: Dalí, Rigaud, Maillol, Picasso, Casals etc. Schon allein der weite Blick über das Roussillon, den Canigou und das Meer lohnt einen Umweg!

Anfahrt: 5 km südlich von Perpignan in Richtung Argelès, dann in Richtung Cabestany, Midipole, Mas Guivido

LANGUEDOC-ROUSSILLON

PRUGNANES - 66220

39 **DOMAINE DE COUSSÈRES**
Joo et Ann Maes

66220 Prugnanes
Tel. 04 68 59 23 55
Fax 04 68 59 23 55
www.cousseres.com

1. Nov. bis 15. März geschlossen • 6 Zimmer • 75 € für 2 Personen, Frühstück inkl. • nur Abendessen 23 €
• Parkplatz, Park; keine Kreditkarten, Hunde nicht erlaubt
• Swimmingpool

 Die Stille, nur unterbrochen von dem Gesang der Vögel

Die Lage ist atemberaubend: Auf einem Hügel mitten in den Weinbergen thront die Bastide über einer herrlichen Landschaft aus Bergen und Garrigue. Die großen Zimmer sind individuell und sehr geschmackvoll eingerichtet. Im freundlichen Speiseraum beeindruckt ein riesiger Gästetisch. Der schöne Garten, der Swimmingpool, die zahlreichen Terrassen rund um das Haus und eine himmlische Ruhe sind weitere Vorzüge dieses Hauses – einfach traumhaft!

Anfahrt: 5 km nordwestlich von Saint-Paul-de-Fenouillet über die D 117 und die D 20

THUIR - 66300

40 **CASA DEL ARTE**
Mme Toubert

Mas Petit
66300 Thuir
Tel. 04 68 53 44 78
Fax 04 68 53 44 78
casadelarte@wanadoo.fr
www.casadelarte.fr.fm

Ganzjährig geöffnet • 5 individuell gestaltete Zimmer • 75 bis 100 € für 2 Personen, Frühstück inkl. • Mahlzeit 25 €, Getränk inkl. • Aufenthaltsraum, Garten, Parkplatz • Swimmingpool, Sonnenterrasse

 Die originelle Einrichtung der Zimmer

Der Besitzer, seines Zeichens Maler, hat dieses Haus aus dem 11. und 14. Jh. in eine Kunstgalerie umfunktioniert. In den Zimmern und den zumeist sehr geräumigen Badezimmern trifft man überall auf farbenfrohe Malereien. Im Aufenthaltsraum, in dessen Mitte ein mittelalterlicher Kamin steht, sind Gemälde einheimischer Künstler ausgestellt. Auf der Sonnenterrasse über dem Swimmingpool oder im Park mit seinen hundertjährigen Eichen und dem Bambushain lässt man es sich gerne gut gehen.

Anfahrt: 17 km westlich von Perpignan in Richtung Thuir und Ille-sur-Têt

LANGUEDOC-ROUSSILLON
VALCEBOLLÈRE - 66340

 41 AUBERGE LES ÉCUREUILS
M. et Mme Laffitte

 66340 Valcebollère
Tel. 04 68 04 52 03
Fax 04 68 04 52 34
auberge-ecureuils@wanadoo.fr
www.aubergeecureuils.com

5. bis 20. Mai und 3. Nov. bis 4. Dez. geschlossen
• 15 Zimmer mit Bad/WC, einige mit TV • 70 bis 90 €
für 2 Personen, Frühstück 9 bis 11 €, Halbpension
möglich • Menüs 19 (werktags) bis 52 € • Terrasse,
Fitnessraum • Schwimmbad, Balneotherapie, Dampfbad,
Skilanglauf, Skitrekking, Schneeschuhwandern

 Der Besitzer, der gerne für Tipps zu Schmugglerpfaden oder guten Angelstellen zur Verfügung steht

Das Dorf liegt halb verlassen am Ende der Straße in 1 500 m Höhe in einem abgelegenen Winkel der Pyrenäen und zählt nur noch ca. 20 Seelen. Wenn Sie das nicht abschreckt, werden Sie in dieser Schäferei aus dem 18. Jh. mit einer einzigartig warmherzigen und zuvorkommenden Gastfreundschaft belohnt. Daneben machen auch die komfortablen Zimmer mit Badezimmern aus spanischem Marmor und das elegant-rustikale Restaurant den besonderen Charakter des Hotels aus.

Anfahrt: 9 km südöstlich von Bourg-Madame über die D 70, dann auf die D 30 abbiegen

LIMOUSIN

Im Limousin erlebt der Reisende ländliche Idylle pur. Großstädter entspannen sich hier in unberührter Natur, genießen die reine Luft der Hochplateaus, spazieren am Ufer der fischreichen Flüsse und streifen durch die Wälder, um Pilze oder Kastanien zu sammeln. Der friedliche Anblick weidender Kühe und Schafe stimmt den Reisenden auf echtes Landleben ein. Im Herbst leuchtet der Wald in warmen Rot-, Gelb- und Brauntönen. Die hübschen Dörfer und Städtchen sind vorwiegend aus warmem Sandstein und Granit erbaut. Berühmtes Kunsthandwerk kommt aus dieser Region: Porzellan aus Limoges, Email aus Saint-Yrieix, Wandteppiche aus Aubusson usw. Heute wird dieses traditionelle Kunsthandwerk mit zeitgenössischer Kunst kombiniert. Die Küche des Limousin ist bodenständig wie die Region. Es gibt Specksuppe, Pâté mit Kartoffeln, Eintopfgerichte und nach Meinung der Einheimischen das zarteste und feinste Fleisch der Welt!

- Corrèze (19)
- Creuse (23)
- Haute-Vienne (87)

LIMOUSIN

AUBAZINE - 19190

1 LA TOUR
M. Lachaud

Place de l'Église
19190 Aubazine
Tel. 05 55 25 71 17

Fax 05 55 84 61 83

2. bis 24. Jan. geschlossen • 19 Zimmer mit Bad/WC oder Dusche/WC und TV • 49 € für 2 Personen, Frühstück 7 €, Halbpension möglich • Menüs 16 (werktags) bis 37 €

Ein Spaziergang an dem im 12. Jh. erbauten Canal des Moines

Das am Dorfplatz gegenüber der Zisterzienserabtei gelegene Hotel umfasst zwei Gebäude, von denen das ältere von einem Turm flankiert wird. Im Innern geben farbenfrohe Tapeten den Zimmern ein freundliches Ambiente. Der Gastraum und die kleineren Räume für Familienmahlzeiten oder Geschäftsessen sind eher rustikal. Auf der Karte stehen Spezialitäten der Region, auf der Terrasse hingegen wird nur zum Aperitif oder zum Kaffee serviert.

Anfahrt: am Dorfplatz, gegenüber der Abtei

BEAULIEU-SUR-DORDOGNE - 19120

2 LA MAISON
M. Henriet

11 rue de la Gendarmerie
19120 Beaulieu-sur-Dordogne
Tel. 05 55 91 24 97
Fax 05 55 91 51 27

Okt. bis März geschlossen • 6 Zimmer, davon 4 mit Blick auf einen hübschen Patio, alle mit Bad/WC • 52 bis 62 € für 2 Personen, Frühstück inkl. • keine Mahlzeit • keine Kreditkarten, Hunde nicht erlaubt • Hängender Garten, Swimmingpool

Eher eine Hazienda als ein typisches Landhaus des Limousin

Im 19. Jh. ließ ein General Napoleons dieses Haus im Andenken an seine Reisen im mexikanischen Stil erbauen: Arkadengänge, Patio mit Hortensien, Rosen und Zitronenbäumen, rötlich-ockerfarbene Mauern – man hat das Gefühl, auf einer echten Hazienda zu sein. Die originell und kreativ eingerichteten Zimmer besitzen verschiedene Namen: „La Mariée", „Les Indiens", „Les Caricatures" usw. Zwei Zimmer bieten einen Blick auf die herrliche Gartenterrasse und den Swimmingpool.

Anfahrt: im Dorf

LIMOUSIN

BEAULIEU-SUR-DORDOGNE - 19120   COLLONGES-LA-ROUGE - 19500

3 LE MANOIR DE BEAULIEU
M. Landrein

4 place du Champ-de-Mars
19120 Beaulieu-sur-Dordogne
Tel. 05 55 91 01 34
Fax 05 55 91 23 57
reservation@manoirdebeaulieu.com
www.manoirdebeaulieu.com

1. Jan. bis 1. März geschlossen • 25 Zimmer mit Bad/WC oder Dusche/WC, einige mit TV • 55 bis 90 € (Nebensaison 36 bis 70 €), Frühstück 8 €, Halbpension möglich • Menüs 24 (werktags) bis 50 € • Terrasse, gesicherter Parkplatz • Swimmingpool

4 LA RAZE
Mme Tatien

19500 Collonges-la-Rouge
Tel. 05 55 25 48 16
domainedelaraze@yahoo.fr
http://chambrelaraze.free.fr

Ganzjährig geöffnet • 5 Zimmer • 45 € für 2 Personen, Frühstück inkl. • keine Mahlzeit • Parkplatz, Garten; keine Kreditkarten, Hunde nicht erlaubt

 Die Altstadt mit ihrem Labyrinth aus engen Gassen

Nomen est omen: das 1912 von Madame Amélie Fournié gegründete Hotel ist ganz zentral gelegen. Fragen Sie bei der Reservierung nach einem renovierten Zimmer. Die traditionellen und in großzügigen Portionen servierten Regionalgerichte werden in einem hübschen Speisesaal und auf der Terrasse serviert, auf der man die laue Brise genießen kann.

 Am Morgen die frische Landluft atmen

In diesem Gut aus dem 18. Jh., das 800 m von dem Dorf aus rotem Sandstein entfernt liegt, durchdringt nur das Schreien der Pfauen während der Balz die himmlische Ruhe. Die Wände in den komfortablen Zimmern wurden von der Hausherrin handbemalt. Einfach herrlich sind auch der mit Familienstücken und alten Nippes ausgestattete Frühstücksraum und der englische Landschaftsgarten mit seinen Obstbäumen und Rosenstöcken.

Anfahrt: am Dorfplatz im Ortskern

Anfahrt: 5,5 km südwestlich von Collonges über die D 38 und die D 19, der Beschilderung „La Raze" folgen

LIMOUSIN

DONZENAC - 19270

5 **LE RELAIS DU BAS LIMOUSIN**
M. et Mme Delavier

 Sadroc
19270 Donzenac
Tel. 05 55 84 52 06
Fax 05 55 84 51 41
relais-du-bas-limousin@wanadoo.fr
 www.relaisbaslimousin.fr

15. bis 25. Febr. und 23. Okt. bis 5. Nov. geschlossen
- 22 Zimmer mit Bad/WC oder Dusche/WC und TV
- 42 bis 67 €, Frühstück 8 €, Halbpension möglich
- Restaurant So-abend außer im Juli und Aug. und Mo-mittag geschlossen, Menüs 16 (werktags) bis 47 €
- Terrasse, Garten, Garage, Parkplatz • Swimmingpool

 Ein Besuch der stillgelegten Schieferbrüche, jedoch nur für Schwindelfreie!

Der solide Bau aus den 60er Jahren ist von der regionaltypischen Architektur inspiriert. Die Zimmer sind individuell und mit persönlicher Note eingerichtet, wobei die nach hinten hinaus gelegenen einen entspannenden Blick auf die Umgebung bieten. In dem gemütlichen Gastraum spürt der Gast die familiäre Atmosphäre. Helle Veranda und Terrasse am Garten mit Swimmingpool und Spielgeräten für Kinder.

Anfahrt: 6 km über die D 920 in Richtung Uzerche

NAVES - 19460

6 **CHEZ MONSIEUR ET MADAME PERROT**
M. et Mme Perrot

 Gourdinot
19460 Naves
Tel. 05 55 27 08 93
brunhild.perrot@wanadoo.fr
 www.hotes-naves-correze.com

Ganzjährig geöffnet • 3 Zimmer im ersten Stock, davon eines mit Loggia • 38 bis 41 € für 2 Personen, Frühstück inkl., Halbpension möglich • Mahlzeit 15 € • Parkplatz; keine Kreditkarten, Hunde nicht erlaubt

 Das Gefühl, am Ende der Welt angelangt zu sein

Der ehemalige Bauernhof aus Naturstein im Herzen eines hübschen bewaldeten Tals ist ein idealer Ausgangspunkt für Ausflüge in die Region, auf das Plateau de Millevaches, zum Lac de Seilhac, nach Uzerche etc. Sie genießen hier die Ruhe, die gemütlichen Zimmer, den Aufenthaltsraum mit Kamin und die Herzlichkeit der jungen Gastgeber. Morgens weckt Sie der Duft nach frisch gebackenem Brot zum üppigen Frühstück, zu dem auch ein selbstgemachter Honigkuchen und verschiedene Konfitüren gereicht werden.

Anfahrt: 5 km nördlich von Naves über die N 20 und eine Nebenstraße

LIMOUSIN

NESPOULS - 19600 **SAINT-MARTIN-LA-MÉANNE - 19320**

7 À LA TABLE DE LA BERGÈRE
Mme Verlhac

Belveyre
19600 Nespouls
Tel. 05 55 85 82 58

Ganzjährig geöffnet • 5 Zimmer mit Bad • 40 € für 2 Personen, Frühstück inkl. • keine Mahlzeit • Garten, Parkplatz; keine Kreditkarten, Hunde nicht erlaubt

8 LES VOYAGEURS
M. et Mme Chaumeil

Place de la Mairie
19320 Saint-Martin-la-Méanne
Tel. 05 55 29 11 53
Fax 05 55 29 27 70
info@hotellesvoyageurs.com

www.hotellesvoyageurs.com

Ende März bis 2. Nov. geöffnet, So-abend und Mo außerhalb der Saison geschlossen • 8 Zimmer im ersten Stock, alle mit Bad/WC oder Dusche/WC, einige mit TV • 40 bis 51 € für 2 Personen, Frühstück 6 €, Halbpension möglich • Menüs 16 bis 34 € • Terrasse, Garten, Parkplatz • Privatteich zum Angeln

Der hervorragende Empfang, der bereits vielfach ausgezeichnet wurde

Der schöne Garten mit Fischteich

Der Bauernhof auf dem Kalksteinplateau der Corrèze, zwischen Eichen, Wiesen und Steinhütten, liegt ideal für die Besichtigung der zahlreichen Sehenswürdigkeiten des Bas-Limousin. Die mit Möbeln aus Familienbesitz ausgestatteten Zimmer sind wohnlich, vor allem die im zweiten Stock. Die regionale Küche bietet viele Spezialitäten, das Ambiente ist herzlich, und die Gastgeberin setzt alles daran, damit Sie sich so richtig wohl fühlen.

Das nette Hotel mit schlichten, gepflegten Zimmern verspricht einen entspannenden Aufenthalt. Der 1853 aus Naturstein errichtete Bau befindet sich schon seit fünf Generationen in Familienbesitz. In dem rustikalen, mit geschnitzten Holzfiguren dekorierten Speiseraum serviert der Gastgeber eine traditionelle Küche. „Nach dem Essen sollst du ruh'n oder 1000 Schritte tun" – für Letzteres bietet sich ein Spaziergang durch den Garten und zum Fischteich an, in dem sich Karpfen und Hechte tummeln.

Anfahrt: Ausfahrt 53 (Nespouls), am Kreisverkehr rechts, anschließend in die erste Straße rechts und die erste Straße links einbiegen

Anfahrt: an einem Platz im Ortszentrum

LIMOUSIN

TURENNE - 19500 **SAINT-PARDOUX-LE-NEUF- 23200**

9 LA MAISON DES CHANOINES
M. et Mme Cheyroux

Chemin de l'Église
19500 Turenne
Tel. 05 55 85 93 43
Fax 05 55 85 93 43
www.maison-des-chanoines.com

Ostern bis Ende Sept. geöffnet • 6 Zimmer in 2 Gebäuden, alle mit Bad/WC oder Dusche/WC • 65 bis 90 € für 2 Personen, Frühstück 9 €, Halbpension möglich • nur Abendessen (nur nach Voranmeldung) 30 bis 40 € • Terrasse; Hunde auf den Zimmern nicht erlaubt

10 CHAMBRE D'HÔTE M. DUMONTANT
M. et Mme Dumontant

Les Vergnes
23200 Saint-Pardoux-le-Neuf
Tel. 05 55 66 23 74
Fax 05 55 67 74 16
sylvie.dumontant@freesbee.fr
www.lesvergnes.com

Ende Okt. bis Anfang Apr. geschlossen • 6 Zimmer mit Bad/WC • 56 € für 2 Personen, Frühstück inkl. • Mahlzeit 17 bis 25 € • Terrasse, Parkplatz; keine Kreditkarten • Angelteich

 Die Terrasse mit Blick auf den äußerst gepflegten Kräutergarten

Eine schöne spätgotische Tür schmückt die Fassade dieses hübschen Hauses aus dem 16. Jh., das mitten in dem malerischen Dorf steht. Und auch das Innere mit dem überwölbten Speiseraum, dem Kamin und der Wendeltreppe zu den mit schönen alten Möbeln versehenen Zimmern hält, was der Eingang verspricht. Die Mahlzeiten stellt der Küchenchef mit viel Kreativität aus einheimischen Produkten(insbesondere Trüffel aus dem Périgord) zusammen. Begrenzte Anzahl an Gedecken.

 Angeln im benachbarten Teich

Wer Ruhe und Entspannung sucht, ist auf dem Bauernhof aus dem 18. Jh., mitten auf dem Land, genau richtig. Das Gut umfasst eine Fläche von 30 ha und ist nur 7 km von Aubusson, der französischen Hauptstadt der Tapisseriekunst, entfernt. Die geräumigen, renovierten Zimmer bieten einen Blick auf den Teich und die Wälder. Der Speiseraum besitzt noch immer seine ursprünglichen Steinwände und seinen großen offenen Kamin.

Anfahrt: im Dorfzentrum

Anfahrt: 7 km östlich von Aubusson über die N 141

LIMOUSIN

COUSSAC-BONNEVAL - 87500

 11 LE MOULIN DE MARSAGUET
M. Gizardin

 87500 Coussac-Bonneval
Tel. 05 55 75 28 29
Fax 05 55 75 28 29
 www.tourismorama-moulindemarsaguet.com

Ende Sept. bis Mitte Apr. geschlossen • 3 Zimmer • 45 € für 2 Personen, Frühstück inkl. • Mahlzeit 20 € • Garten, Terrasse, Parkplatz; keine Kreditkarten, Hunde auf Anfrage erlaubt • Angeln, Bootsfahrten und Baden

 Die Gastronomiekurse mit den Erzeugnissen des Bauernhofs

Die Familie empfängt die Gäste auf ihrem Bauernhof aus dem 18. Jh. mit natürlicher Herzlichkeit. Die Zimmer sind schlicht und hell. In geselliger Atmosphäre werden regionaltypische Gerichte bester Qualität serviert, und an dem 13 ha großen, fischreichen See kann man angeln, baden und mit dem Boot fahren.

Anfahrt: 3,6 km nördlich von Coussac über die D 17 in Richtung La Roche-l'Abeille, dann weiter auf der D 57

SAINT-PRIEST-TAURION - 87480

 12 LE RELAIS DU TAURION
M. Roger

 2 chemin des Contamines
87480 Saint-Priest-Taurion
Tel. 05 55 39 70 14
 Fax 05 55 39 67 63

15. Dez. bis 15. Jan. geschlossen • 8 Zimmer mit Bad/WC oder Dusche/WC, fast alle mit TV • 49 bis 69 € für 2 Personen, Frühstück 8 € • Restaurant So-abend und Mo geschlossen, Menüs 20 (werktags) bis 38 € • Terrasse, Garten, Parkplatz; Hunde auf den Zimmern nicht erlaubt • Baden, Angeln, Kanuverleih in der Nähe

 Der charmante Empfang der Gastgeber

Das Hotel befindet sich in einem 100 Jahre alten Haus, dessen Fassade mit wildem Wein bewachsen ist. Die relativ kleinen Zimmer sind gepflegt, einige besitzen einen alten Kamin aus Marmor. Der Speiseraum wirkt durch die Holzbalken und die rustikalen Möbel besonders gemütlich. Im Sommer werden die Mahlzeiten im Garten eingenommen. Traditionelle französische Küche.

Anfahrt: 11 km nordöstlich von Limoges über die D 29

LIMOUSIN

SOLIGNAC - 87110

13 SAINT-ÉLOI
Mme Ashton

66 avenue Saint-Éloi
87110 Solignac
Tel. 05 55 00 44 52
Fax 05 55 00 55 56
lesaint.eloi@wanadoo.fr

www.lesainteloi.fr

3 Wochen im Jan., 1 Woche im Juni, 2 Wochen im Sept. sowie Sa-mittag, So-abend und Mo geschlossen • 15 Zimmer, davon eines behindertengerecht, alle mit Bad/WC und TV • 46 bis 65 €, Frühstück 9 €, Halbpension möglich • Menüs 16 (werktags) bis 45 € • Terrasse; Hunde nicht erlaubt • Gemälde- und Skulpturenausstellung

 Die gelungene Kombination aus Mittelalter und Moderne

Das gegenüber der vom hl. Eligius gegründeten Abtei gelegene Hotel mit seinen blauen Fensterläden und dem alten Fachwerk ist ideal für Erholungssuchende. Die geräumigen, gut schallisolierten Zimmer wirken durch helle Stoffe und Bilder sehr ansprechend. Von dem bunten Glasfenster blickt der Schatzmeister von König Dagobert auf den Speiseraum aus dem 12. Jh. und den großen Kamin aus Granit herab. Serviert werden regionaltypische Gerichte, die vom Hotelbesitzer selbst zubereitet werden.

Anfahrt: 10 km südlich von Limoges über die D 704 (Richtung Saint-Yrieix), dann rechts auf die D 32

THOURON - 87140

14 LA POMME DE PIN
M. Mounier

Étang de Tricherie
87140 Thouron
Tel. 05 55 53 43 43
Fax 05 55 53 35 33

Während der Schulferien im Febr., Sept. sowie Mo, Di-mittag, Mi-mittag und Sa-mittag geschlossen • 7 Zimmer mit Bad/WC und TV • 59 bis 61 € für 2 Personen, Frühstück 7 €, Halbpension möglich • Menüs 27 (werktags) bis 32 € • Terrasse, Garten; Hunde auf den Zimmern nicht erlaubt

 Die idyllische Landschaft aus Teichen, Seen und Wäldern

Die ruhigen, großen und auf den Fluss hinausgehenden Zimmer sind in einer ehemaligen Spinnerei untergebracht, während sich die beiden Speiseräume in der alten Mühle am Teich befinden. Dem einen verleihen unverputzte Steinwände und ein riesiger Kamin, auf dem Grillgerichte zubereitet werden, einen rustikalen Anstrich, der zweite ist heller und freundlicher und bietet einen Blick auf die umliegende Landschaft.

Anfahrt: nördlich von Limoges, über die A 20 bis zur Ausfahrt 26, dann auf die D 5 in Richtung Nantiat

LORRAINE
LOTHRINGEN

Lothringen erlebt der Reisende am besten zu Fuß. Die Region eignet sich ideal für einen Wanderurlaub. Die Städte Nancy und Metz bieten dem Kulturinteressierten zahlreiche Sehenswürdigkeiten aus Kunst und Geschichte. Weiter geht es zu einer Reihe kleiner Thermalbäder, die für ihr Wasser mit schlankheitsfördernden Eigenschaften bekannt sind, und berühmten Orten des Kunsthandwerks, an denen das legendäre Baccarat-Kristall, die Emailarbeiten von Longwy und die Fayencen von Lunéville hergestellt werden. Danach kommt man zu den stillgelegten Hochöfen und Bergbauminen in Domrémy und Colombey. Beeindruckend sind die tiefen Seen, dichten Wälder und wild lebenden Tiere im Naturpark der Vogesen sowie die sanften Hügel mit Obstgärten voller Mirabellen. Machen Sie in einer *Marcairerie* Halt, einem der alten Gasthöfe der Region, probieren Sie die berühmte *Quiche lorraine* und runden Sie die Mahlzeit mit einem Stück des aromatischen Münster-Käses oder einem Dessert mit Kirschwasser ab!

- Meurthe-et-Moselle (54)
- Meuse (55)
- Moselle (57)
- Vosges (88)

LORRAINE / LOTHRINGEN

ANCEMONT - 55320

 1 CHÂTEAU DE LABESSIÈRE
M. Eichenauer

 9 rue du Four
55320 Ancemont
Tel. 03 29 85 70 21
Fax 03 29 87 61 60
rene.eichenauer@wanadoo.fr
www.labessiere.com

• 4 Zimmer mit Dusche/WC • 74 € für 2 Personen, Frühstück inkl., Halbpension möglich • Mahlzeit 28 €
• Garten, Parkplatz; keine Kreditkarten, Hunde auf Anfrage erlaubt • Swimmingpool

 Die etwas altmodisch eingerichteten, aber sehr reizvollen Zimmer

Das zwischen den Argonnen und dem Maastal gelegene Schlösschen aus dem 18. Jh. ist der ideale Ausgangspunkt für Ausflüge in die Umgebung. Im Innern verleihen die pastellfarbenen Tapeten, die Himmelbetten und das antike Mobiliar den Zimmern einen gewissen Charme. Im Aufenthaltsraum liegen zahlreiche Reiseführer, Broschüren und Bücher über die Gegend aus. Der Garten und der Swimmingpool sind weitere Vorzüge, die das Haus zu bieten hat.

Anfahrt: 15 km südlich von Verdun über die D 34 (Straße nach Saint-Mihiel)

GORZE - 57680

 2 HOSTELLERIE DU LION D'OR
M. Erman

 105 rue du Commerce
57680 Gorze
Tel. 03 87 52 00 90
Fax 03 87 52 09 62

So-abend und Mo geschlossen • 15 Zimmer in 2 Gebäuden, alle mit Bad/WC oder Dusche/WC und TV • 55 bis 60 € für 2 Personen, Frühstück 8 €, Halbpension möglich
• Menüs 18 bis 59 € • Terrasse, Garten, Parkplatz
• Kinderspielplatz

 Die schattige Terrasse, auf der es sich wunderbar entspannen lässt

Die Poststation aus dem 19. Jh. ist seit 1949 im Besitz derselben Familie. Die Zimmer werden nach und nach renoviert, doch trotz der Modernisierung bewahren die Räumlichkeiten ihren historischen Charme. Wir empfehlen, eines der Zimmer mit Blick auf den hübschen Patio mit Forellenbecken zu reservieren. Bemerkenswert in dem eher zeitgenössisch eingerichteten Restaurant ist ein monumentaler Steinkamin, der an vergangene Zeiten erinnert.

Anfahrt: südwestlich von Metz, über die D 6

LORRAINE / LOTHRINGEN

MANDEREN - 57480

 3 AU RELAIS DU CHÂTEAU DE MENSBERG
M. Schneider

15 rue du Château
57480 Manderen
Tel. 03 82 83 73 16
Fax 03 82 83 23 37
aurelaismensberg@aol.com
www.relais-mensberg.com

26. Dez. bis 21. Jan. sowie Mo von Jan. bis 15. März und Di geschlossen • 13 Zimmer, davon eines behindertengerecht, alle mit Dusche/WC oder Bad/WC und TV • 60 € (Nebensaison 51 €), Frühstück 8 €, Halbpension möglich • Menüs 19 bis 44 € • Terrasse, Garten, Parkplatz

 Die kulturellen Veranstaltungen im majestätischen Ambiente der Burg

Den Namen „Malbrouck" verdankt die Burg dem englischen Herzog Marlborough, der dort 1705 im Spanischen Erbfolgekrieg sein Hauptquartier einrichtete. Er wollte von hier aus weiter Richtung Süden ziehen, musste sich jedoch schmachvoll zurückziehen. Bis heute besingt ein französisches Volkslied dieses Ereignis. Drei Zimmer blicken zu der schön restaurierten Burg. Neben dem rustikalen Speiseraum mit einem riesigen Steinkamin besitzt das Hotel zwei Aufenthaltsräume und eine ruhige Terrasse.

Anfahrt: von Sierck-les-Bains 2 km auf der N 153 nach Norden fahren und in Apach nach rechts auf die D 64 abbiegen

MEISENTHAL - 57960

 4 AUBERGE DES MÉSANGES
M. et Mme Walter

2 rue du Tiseur
57960 Meisenthal
Tel. 03 87 96 92 28
Fax 03 87 96 99 14
hotel-restaurant.auberge-mesanges
@wanadoo.fr
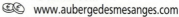 www.aubergedesmesanges.com

18. Febr. bis 7. März, 1. bis 9. Juli und 23. Dez. bis 2. Jan. geschlossen • 22 Zimmer mit Dusche/WC, die Hälfte mit TV • 45 bis 51 € (Nebensaison 32 bis 44 €), Frühstück 7 €, Halbpension möglich • Restaurant So-abend und Mo geschlossen, Menüs 10 (werktags) bis 17 € • Terrasse, Parkplatz

 Entspannen in schöner Natur

Das günstig am Rande des Naturparks Nordvogesen gelegene Hotel bietet vielfältige Freizeitmöglichkeiten in idyllischer Umgebung: Wandern, Golf, Museen, Burgen usw. Die geräumigen Zimmer sind funktionell und äußerst gepflegt. Die Mahlzeiten werden in einem schlichten, rustikalen Speiseraum serviert. Auf der Karte stehen typisch lothringische Gerichte.

Anfahrt: nahe der Ortsmitte

LORRAINE / LOTHRINGEN

METZ - 57000   AUTREVILLE - 88300

5 LA CATHÉDRALE
M. Hocine

25 place de la Chambre
57000 Metz
Tel. 03 87 75 00 02
Fax 03 87 75 40 75
hotelcathedrale-metz@wanadoo.fr
www.hotelcathedrale-metz.fr

Ganzjährig geöffnet • 19 Zimmer und 1 Suite auf 3 Stockwerken, die meisten mit Bad/WC, einige mit Dusche/WC, alle mit TV • 68 bis 95 € für 2 Personen, Frühstück 11 € • kein Restaurant

6 LE RELAIS ROSE
M. Loëffler

24 rue de Neufchâteau
88300 Autreville
Tel. 03 83 52 04 98

Fax 03 83 52 06 03

Ganzjährig geöffnet • 16 Zimmer in 3 Gebäuden, davon einige nur für Nichtraucher, die meisten mit Bad/WC oder Dusche/WC, alle mit TV • 48 bis 75 € für 2 Personen, Frühstück 9 €, Halbpension möglich • Menüs 13 bis 35 €
• Terrasse, Garten, Garage, Parkplatz

 Der herrliche Blick von den meisten Zimmern auf die Kathedrale Saint-Étienne

Die elegante Fassade der ehemaligen Poststation (1627) hat die Jahrhunderte unbeschadet überdauert. Das Innere erhielt jedoch vor kurzem ein komplett neues Styling. Die individuell gestalteten Zimmer kombinieren schmiedeeiserne Möbel mit bunten Stoffen oder besitzen schöne Einzelstücke, aufgestöbert in Auktionshäusern oder beim Antiquitätenhändler. Wände mit Fachwerkelementen, Kamine, Parkettboden etc. – alles zeugt von einer fast vierhundertjährigen Tradition als Unterkunft!

 Die ganze Familie kümmert sich um das Wohl der Gäste

Das Hotel ist mit Mobiliar und Objekten aus allen Epochen und Stilen eingerichtet – hier ein Betstuhl, dort ein schöner alter Schrank, ein gemütlicher Ledersessel oder Tapeten mit verschiedenen Mustern, teils ein bisschen kitschig mit großen Blumen, usw. Liebhaber des Ausgefallenen werden sicherlich Gefallen daran finden! Die renovierten Zimmer sind wirklich reizend, und elegantes Porzellan aus Limoges und Lunéville schmückt die Tische im Restaurant.

Anfahrt: im Zentrum, gleich neben der Kathedrale Saint-Étienne

Anfahrt: im Ortskern, über die N 74 zwischen Colombey-les-Belles und Neufchâteau

LORRAINE / LOTHRINGEN

BULGNÉVILLE - 88140

 CHAMBRES D'HÔTES M. BRETON
M. Breton

74 rue des Récollets
88140 Bulgnéville
Tel. 03 29 09 21 72
Fax 03 29 09 21 72
benoit.breton@wanadoo.fr

Ganzjährig geöffnet (im Winter nur nach Voranmeldung) • 4 Zimmer • 68 € für 2 Personen, Frühstück inkl. • keine Mahlzeit • Garten, Parkplatz; keine Kreditkarten, Hunde auf Anfrage erlaubt

 Die elegante Einrichtung des schönen Landhauses

Der schöne Landsitz aus dem Jahre 1720 wurde von seinem Besitzer, einem Antiquitätenhändler, komplett neu eingerichtet. Das Ergebnis kann sich sehen lassen: geräumige Zimmer mit hohem Komfort, in denen antike und moderne Möbel eine harmonische Verbindung eingehen. Die Badezimmer aus Sandstein sind besonders gelungen. Entspannung bietet der Garten hinter dem Haus.

Anfahrt: 7,5 km westlich von Contrexéville über die D 164

CONTREXÉVILLE - 88140

 LA SOUVERAINE
M. Paris

Parc Thermal
88140 Contrexéville
Tel. 03 29 08 09 59
Fax 03 29 08 16 39
contact@hotel-souveraine.com
www.hotel-souveraine.com

25. Sept. bis Ende März geschlossen • 31 Zimmer, etwa die Hälfte davon zum Park hinaus, alle mit Bad/WC oder Dusche/WC und TV • 85 € für 2 Personen, Frühstück 9 €, Halbpension möglich • Menüs 26 bis 34 € • Parkplatz; Hunde im Restaurant nicht erlaubt

 Die Hitchcock-Atmosphäre im Kurpark, wenn sich die Krähen in den Bäumen niederlassen!

Ein Glasvordach, fein verzierte Geländer, Friese usw. – die Details der grazilen Fassade in Rosa und Weiß zeugen von der stolzen Vergangenheit des eleganten Herrenhauses, in dem die Großherzogin Wladimir, die Tante von Zar Nikolaus II., lebte. In der Belle Époque kam ganz Europa nach Contrexéville zur Kur. Trotz der kürzlichen Renovierung der Zimmer wurde das entzückende nostalgische Dekor mit Marmorkaminen, verzierten Decken und Messingbetten bewahrt. Einige Zimmer gehen auf den Kurpark hinaus.

Anfahrt: im Kurpark

LORRAINE / LOTHRINGEN

GÉRARDMER - 88400　　　　　　　GÉRARDMER - 88400

9 LE CHALET DU LAC
M. Bernier

97 chemin de la Droite du Lac
88400 Gérardmer
Tel. 03 29 63 38 76
Fax 03 29 60 91 63

1. bis 31. Okt. geschlossen • 11 Zimmer, davon 4 in einem dazugehörigen Chalet, alle mit Dusche/WC und TV • 57 € für 2 Personen, Frühstück 8 €, Halbpension möglich • Menüs 22 bis 41 € • Garten, Parkplatz • Tischtennis

10 JAMAGNE
Famille Jeanselme

2 boulevard Jamagne
88400 Gérardmer
Tel. 03 29 63 36 86
Fax 03 29 60 05 87
hotel.jamagne@wanadoo.fr
www.jamagne.com

5. bis 31. März und 12. Nov. bis 22. Dez. geschlossen • 48 Zimmer mit Bad/WC oder Dusche/WC und TV • 80 bis 90 € (Nebensaison 70 bis 85 €), Frühstück 10 €, Halbpension möglich • Menüs 13 bis 40 € • Terrasse, gesicherter Parkplatz; Hunde im Restaurant nicht erlaubt • Schwimmbad, Fitnessraum, Sauna, Dampfbad, Whirlpool, Wanderungen, Wassersport

 Am Seeufer scheint die Zeit still zu stehen

Das Chalet (1866) im typischen Stil der Vogesen ist eines der wenigen Überreste der im 19. Jh. rund um den See von Gérardmer florierenden Sommerfrischen. Manche der gepflegten Zimmer sind mit Möbeln aus Familienbesitz eingerichtet; die renovierten sind besonders zu empfehlen. Im Panoramarestaurant im Stil einer guten Stube sind die Tische mit elsässischem Geschirr und geschliffenen Kristallgläsern gedeckt. Der Garten erstreckt sich bis zum See. Das Ufer bietet sich für Spaziergänge an.

 Die seit 1905 in Ehren gehaltenen Traditionen

Das imposante Eckhaus auf halbem Weg zwischen der Innenstadt und dem See ist nicht zu verfehlen. Die Besitzer haben bei der Gestaltung ihres Hotels an Familien (mehrere Zimmer sind unterteilt), an Erholungsuchende (komfortable Bar und Aufenthaltsräume), an Feinschmecker (schmackhafte regionale Gerichte, die in zwei schönen Speiseräumen aufgetragen werden) und an Sportbegeisterte (Schwimmbad, Fitnessräume und Spaziergänge im Wald) gleichermaßen gedacht.

Anfahrt: an der Straße nach Épinal, 1 km westlich, gegenüber dem See

Anfahrt: in der Innenstadt

LORRAINE /LOTHRINGEN

GIRMONT-VAL-D'AJOL - 88340 LA CHAPELLE-AUX-BOIS - 88240

11 AUBERGE DE LA VIGOTTE
M. et Mme Bouguerne

88340 Girmont-Val-d'Ajol
Tel. 03 29 61 06 32
Fax 03 29 61 07 88
courrier@lavigotte.com
www.lavigotte.com

15. Okt. bis 15. Dez. geschlossen • 15 Zimmer und 1 Suite, die meisten mit Bad/WC, einige mit Dusche/WC • 55 bis 100 € für 2 Personen, Frühstück 7 €, Halbpension möglich • Restaurant Di und Mi geschlossen, Menüs 25 bis 38 € • Terrasse, Garten, Parkplatz • Tennis, Angeln und Baden im See, Spielmöglichkeit für Kinder, Wandern, Skilanglauf

Die ruhige Lage, die reine Luft, der Blick, das Freizeitangebot, die Küche – einfach alles!

Die Website der „Via gotta" – „Weg der Quellen" – vermittelt einen Eindruck von dem dynamischen Konzept der neuen Besitzer, die das Hotel im Jahre 2000 übernommen haben. Das zwischen Tannenwald und Seen in 700 m Höhe gelegene alte Bauernhaus von 1750 hat sich dank seiner hübschen Zimmer und seines „ländlich-schicken" Restaurants innerhalb kürzester Zeit zu einer beliebten Adresse entwickelt. Im Restaurant werden ideenreiche und exquisit präsentierte Gerichte serviert.

Anfahrt: zwischen Le Val-d'Ajol und Remiremont (D 23), in Faymon auf die D 83 abbiegen und 5 km weiterfahren

12 LES GRANDS PRÉS
Mme Chassard

9 les Grands-Prés
88240 La Chapelle-aux-Bois
Tel. 03 29 36 31 00
Fax 03 29 36 31 00

Ganzjährig geöffnet • 3 Zimmer und 2 Ferienwohnungen • 40 € für 2 Personen, Frühstück inkl., Halbpension möglich • Mahlzeit 15 € • Aufenthaltsraum, Garten, Parkplatz; keine Kreditkarten, Hunde im Restaurant nicht erlaubt

Angeln im Bach

Das große Herrenhaus aus dem 19. Jh. liegt mitten im Grünen, nur wenige Minuten vom Kurort Bains-les-Bains entfernt. Die schlichten und tadellos gepflegten Zimmer gehen auf einen malerischen Garten hinaus, durch den ein fischreicher Bach fließt (Angeln erlaubt). Die Mahlzeiten basieren auf Zutaten aus dem Gemüsegarten sowie Hasen und Geflügel aus der eigenen Zucht.

Anfahrt: 3,5 km südöstlich von Bains-les-Bains in Richtung Saint-Loup und über eine Nebenstraße

LORRAINE / LOTHRINGEN

LA PETITE-FOSSE - 88490

13 AUBERGE DU SPITZEMBERG
M. et Mme Calba

88490 La Petite-Fosse
Tel. 03 29 51 20 46
Fax 03 29 51 10 12

Jan. geschlossen • 10 Zimmer im Obergeschoss, einige mit Bad/WC, sonst mit Dusche/WC, manche mit TV • 48 bis 61 € für 2 Personen, Frühstück 7 €, Halbpension möglich • Restaurant Mo-abend und Di außerhalb der Saison geschlossen, Menüs 16 (werktags) bis 25 € • Garten, Garage, Parkplatz • Minigolf, Ausgangspunkt für Waldspaziergänge

Erholung und Naturerlebnis pur!

Das mitten in den Wäldern der Vogesen gelegene Hotel bietet einen idealen Rahmen zur Entspannung, so dass man den Alltagsstress getrost zu Hause lassen kann. Die komfortablen Zimmer strahlen eine persönliche Atmosphäre aus, und im rustikal dekorierten Speiseraum wird eine einfache und gepflegte Küche mit ausgewählten Zutaten aus der Region aufgetischt. Bei Ihren Wanderungen brauchen Sie kein Hänsel-und-Gretel-Erlebnis zu befürchten – die Wege sind alle wunderbar ausgeschildert.

Anfahrt: 3,5 km von Provenchères-sur-Fave über die D 45 und eine Waldstraße

LE VAL-D'AJOL - 88340

14 LA RÉSIDENCE
Mme Bongeot

5 rue des Mousses
88340 Le Val-d'Ajol
Tel. 03 29 30 68 52
Fax 03 29 66 53 00
contact@la-residence.com
www.la-residence.com

26. Nov. bis 26. Dez. geschlossen • 49 Zimmer mit Bad/WC oder Dusche/WC und TV • 58 bis 85 €, Frühstück 9 €, Halbpension möglich • Restaurant So-abend vom 1. Nov. bis 30. Apr. geschlossen, Menüs 17 (werktags) bis 53 € • Park, Parkplatz • Swimmingpool mit ausfahrbarer Überdachung, Tennisplatz

Das Vogelgezwitscher als Morgenmelodie

Die modern oder im Louis-quinze-Stil eingerichteten Zimmer sind auf die drei Gebäude der direkt am Wald gelegenen Anlage verteilt: das Herrenhaus aus dem 19. Jh., die Orangerie, die mit dem Herrenhaus durch eine Glasgalerie verbunden ist, und eine alte Poststation in 50 m Entfernung. Der helle Speisesaal wirkt durch seinen Kamin besonders behaglich. Und auch das Freizeitangebot mit Swimmingpool, Tennisplatz und einem Park mit hundertjährigen Bäumen lässt nichts zu wünschen übrig.

Anfahrt: am Dorfausgang, an der kleinen Straße nach Hamanxard

LORRAINE /LOTHRINGEN

LE VALTIN - 88230

 LE VAL JOLI
M. et Mme Laruelle

12 bis Le Village
88230 Le Valtin
Tel. 03 29 60 91 37
Fax 03 29 60 81 73
le-val-joli@wanadoo.fr
www.levaljoli.com

13. Nov. bis 6. Dez. sowie So-abend, Mo-abend und Di-mittag (außer während der Schulferien) geschlossen • 7 Zimmer und 3 Suiten, alle mit Bad/WC oder Dusche/WC • 75 bis 80 €, Frühstück 12 €, Halbpension möglich • Restaurant Mo-mittag geschlossen, Menüs 16 (werktags) bis 70 € • Terrasse, Garten, Parkplatz • Tennis, Wanderungen

 Von den Balkonen der Zimmer das Röhren der Hirsche vernehmen

Einige der Zimmer dieses ansprechenden Landhotels in der Nähe der Vogesenkammstraße wurden renoviert. Von allen blickt man auf den Nadelwald und die umliegenden Berge. Die geschnitzte Decke im Speiseraum stammt aus dem 19. Jh. und sorgt für ein rustikales Ambiente. Hier oder auf der Veranda sollte man bei den hauptsächlich aus einheimischen Zutaten zubereiteten Gerichten die Kalorien einmal vergessen. Der Besitzer ist auch der Bürgermeister des Ortes und gibt Ihnen interessante Freizeittipps.

Anfahrt: an der D 23, die von Fraize zum Col de la Schlucht führt

XONRUPT-LONGEMER - 88400

 LE COLLET
M. et Mme Lapôtre

Col de la Schlucht
88400 Xonrupt-Longemer
Tel. 03 29 60 09 57
Fax 03 29 60 08 77
hotcollet@aol.com
www.chalethotel-lecollet.com

5. Nov. bis 4. Dez. geschlossen • 25 Zimmer mit Bad/WC oder Dusche/WC und TV • 72 bis 92 €, Frühstück 10 €, Halbpension möglich • Menüs 15 (werktags) bis 26 € • Terrasse, Parkplatz; Hunde im Restaurant nicht erlaubt • Skipisten, Wanderwege

 Die herzliche und familiäre Atmosphäre

Das mitten im Tannenwald an der Vogesenkammstraße gelegene hübsche Hotel ist eine gute Adresse in der Gegend. Die rustikalen Zimmer, die schmackhafte Regionalküche und die liebevollen Details sorgen für eine besonders behagliche Atmosphäre. Die Wirtin serviert den Gästen Brioches und selbstgemachte Marmelade zum Frühstück, gibt Tipps zu Wanderausflügen in die Umgebung und organisiert Zauberveranstaltungen für Kinder.

Anfahrt: 2 km vom Col de la Schlucht entfernt, an der D 417 in Richtung Gérardmer

MIDI-PYRÉNÉES

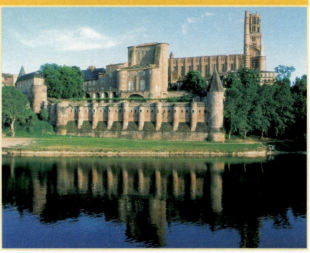

Die gesamte Region Midi-Pyrénées ist mit Wundern der Natur gesegnet. Die Tier- und Pflanzenwelt präsentiert sich äußerst vielfältig; in den entlegensten Gebieten der Pyrenäen gibt es sogar noch Braunbären, und das atemberaubende Gebirge, das die natürliche Grenze zu Spanien bildet, ist von zahlreichen Schluchten durchzogen, in denen reißende Wildbäche fließen. Der Anblick der mittelalterlichen Städte und Festungen im Abendlicht des Sonnenuntergangs ist ein unvergessliches Erlebnis: blutrot die Katharer-Burgen, weinrot Albi und seine festungsartige Kathedrale, während Toulouse in ein staubiges Rosa gehüllt ist. Auch die unterirdischen Sehenswürdigkeiten der Region, wie die Höhlenmalereien unserer prähistorischen Vorfahren in der Höhle von Lascaux, sind einzigartig. Hinzu kommt das fruchtbare Land an der Garonne, wo Getreide, Gemüse, Obst und Wein angebaut wird. Wie überall in Frankreich ist auch hier eine lange kulinarische Tradition lebendig: Wer sich für gutes Essen interessiert, sollte also unbedingt das *Cassoulet*, *Confit de Canard* und die berühmte Gänsestopfleber kosten!

- Ariège (09)
- Aveyron (12)
- Haute-Garonne (31)
- Gers (32)
- Lot (46)
- Hautes-Pyrénées (65)
- Tarn (81)
- Tarn-et-Garonne (82)

MIDI-PYRÉNÉES

AULUS-LES-BAINS - 09140   FOIX - 09000

1   **LES OUSSAILLÈS**
Mme Charrue

 09140 Aulus-les-Bains
Tel. 05 61 96 03 68
Fax 05 61 96 03 70
 jcharrue@free.fr

 Ganzjährig geöffnet • 12 Zimmer auf 2 Stockwerken, alle mit Bad/WC oder Dusche/WC und TV • 47 bis 53 €, Frühstück 7 €, Halbpension möglich • Menüs 10 bis 14 € • Terrasse, Garten, Garage; Hunde nicht erlaubt

2   **AUBERGE LES MYRTILLES**
M. et Mme Blazy

 Col des Marrous
09000 Foix
Tel. 05 61 65 16 46
Fax 05 61 65 16 46
 aubergelesmyrtilles@wanadoo.fr
http://perso.wanadoo.fr/auberge.les.myrtilles

1. Jan. bis 10. Febr., Nov. und Dez. sowie Mi-mittag (in der Nebensaison), Mo und Di geschlossen • 7 Zimmer, davon 2 mit Terrasse, Dusche/WC oder Bad/WC, alle mit TV • 66 bis 72 €, Frühstück 7 €, Halbpension möglich • Menüs 17 bis 25 € • Terrasse, Garten, Parkplatz; Hunde im Restaurant nicht erlaubt • Schwimmbad, Sauna, Whirlpool

 Die familiäre Atmosphäre, dank der man sich wie zu Hause fühlt

Das graue Steinhaus aus den 20er Jahren wird durch den schlanken Turm etwas aufgelockert. An der Gartenseite verlaufen auf zwei Stockwerken Galerien über die gesamte Fassadenbreite. Von den Balkonen dieser Zimmer, auf denen Sie auch Ihr Frühstück einnehmen können, genießt man einen reizvollen Blick auf das grüne Tal. Der gemütliche Speiseraum wird bei schönem Wetter durch eine Terrasse unter den schattigen Bäumen ergänzt.

 Die Berghüttenatmosphäre

In dem Berghotel mitten in unberührter Natur wird es Ihnen bestimmt nicht langweilig. Gönnen Sie sich ein Stück Heidelbeertorte, suchen Sie sich einen guten Bordeaux auf der Weinkarte aus, hören Sie dem Röhren der Hirsche zu, wagen Sie einen Sprung ins Schwimmbad, wandern Sie auf einem ausgeschilderten Weg durch den Buchenwald oder betrachten Sie einfach nur das Arget-Tal von der Terrasse aus – Sie haben die Qual der Wahl und können sich Ihr eigenes Sport- und Freizeitprogramm zusammenstellen.

Anfahrt: in der Dorfmitte, 33 km südöstlich von Saint-Girons

Anfahrt: 19 km westlich von Foix über die D 17

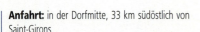

MIDI-PYRÉNÉES

SAINT-GIRONS - 09200

 3 EYCHENNE
Famille Bordeau

8 avenue Paul-Laffont
09200 Saint-Girons
Tel. 05 61 04 04 50
Fax 05 61 96 07 20
eychen@club-internet.fr
www.ariege.com/hotel-eychenne

Dez. und Jan., So-abend und Mo von Nov. bis März (außer an Feiertagen) geschlossen • 43 Zimmer mit Bad/WC oder Dusche/WC und TV • 53 bis 190 € (Nebensaison 45 bis 165 €) für 2 Personen, Frühstück 10 €, Halbpension möglich • Menüs 25 bis 55 € • gesicherter Parkplatz • Swimmingpool

 Ein Spaziergang im Schatten der Platanen am Ufer des Salat

Seit sieben Generationen führt die Familie Bordeau das in einer ehemaligen Poststation eingerichtete Hotel! Die besondere Herzlichkeit der Gastgeber und eine etwas altmodische Atmosphäre sind das Markenzeichen des Hauses. Die meisten Zimmer sind mit frisch gewachsten alten Möbeln sowie mit altmodisch gemusterten Tapeten und Lampen eingerichtet. Liebevolle Details sorgen für eine persönliche Note. Im Restaurant werden eine klassische Küche und Weine aus dem Südwesten Frankreichs angeboten.

Anfahrt: vom Boulevard du Général-de-Gaulle in die Avenue d'Aulot abbiegen, dann in die Rue F. Arnaud und rechts abbiegen

SALSEIN - 09800

 4 MAISON DE LA GRANDE OURSE
Mme Roux

 09800 Salsein
Tel. 05 61 96 06 25

Im Winter am Wochenende geöffnet • 2 Zimmer, davon eines mit eigenem Eingang, eines mit Dusche/WC und eines mit Bad/WC und eigenem Aufenthaltsraum • 45 € für 2 Personen, Frühstück inkl. • nur Abendessen 15 € • Parkplatz; keine Kreditkarten

 Die erlesene Einrichtung des Hauses

Das alte Landhaus wurde außerordentlich gelungen restauriert. Die mit viel Geschmack eingerichteten Zimmer laden zum Wohlfühlen ein. Eines der Zimmer liegt unter dem Dach, in seinem Badezimmer stehen eine prächtige Sitzbadewanne und ein großes Aquarium. Die reizende Küche mit dem Fliesenfußboden und den schönen alten Möbeln dient gleichzeitig als Esszimmer. Sehr zu empfehlen!

Anfahrt: 3 km westlich von Castillon-en-Couserans

MIDI-PYRÉNÉES

AUBRAC - 12470

 HÔTEL - RESTAURANT LA DÔMERIE
Mme Augny

 12470 Aubrac
Tel. 05 65 44 28 42
Fax 05 65 44 21 47
david.mc@wanadoo.fr
www.hoteldomerie.com

10. Okt. bis 15. Apr. geschlossen • 28 Zimmer auf 2 Stockwerken, alle mit Bad/WC oder Dusche/WC, einige mit TV • 57 bis 80 € für 2 Personen, Frühstück 9 €, Halbpension möglich • Restaurant Mi-mittag, Do-mittag und Fr-mittag (Nebensaison) geschlossen, Menüs 19 bis 39 € • Garten, Parkplatz • zahlreiche Wander- und Ausflugsmöglichkeiten

 Die hervorragende Gelegenheit, ein echtes „Aligot" (Kartoffelpüree mit Knoblauch und Käse) zu kosten

Wenn Sie die Schätze der Gegend kennen lernen wollen, wenden Sie sich getrost an den Besitzer, der Ihnen sicher von der alten Römerstraße, den riesigen Buchenwäldern, den „Burons" (Hütten der Kuhhirten) und den hellbraunen Rindern auf den Weiden und von der außerordentlich reichen Pflanzenwelt erzählen wird. Das Basaltgebäude von 1870 bietet gut gepflegte Zimmer mit soliden, rustikalen Möbeln und einen Speiseraum mit heller Holztäfelung und Deckenbalken.

Anfahrt: in der Dorfmitte

BELCASTEL - 12390

 HÔTEL DU VIEUX PONT
Mmes Fagegaltier

 12390 Belcastel
Tel. 05 65 64 52 29
Fax 05 65 64 44 32
hotel-du-vieux-pont@wanadoo.fr
www.hotelbelcastel.com

1. Jan. bis 15. März sowie So-abend, Mo und Di-mittag geschlossen • 7 Zimmer in der ehemaligen Scheune, davon eines behindertengerecht, alle mit Bad/WC und TV • 75 bis 90 € für 2 Personen, Frühstück 12 €, Halbpension möglich • Menüs 27 (werktags) bis 78 € • Parkplatz

 Das mittelalterliche Dorf Belcastel mit seiner Burg und seinen Herrensitzen

Zu beiden Seiten der stark gewölbten Bogenbrücke aus dem 15. Jh. über dem Aveyron steht ein altes Haus. Das Hotel am linken Ufer bietet schlichte, doch gemütliche Zimmer mit Parkettboden, von denen die meisten auf den Fluss hinausgehen. Im Sommer wird das Frühstück im dazu gehörenden Garten serviert. Am rechten Ufer steht das moderne und gleichzeitig rustikale Restaurant, das dank seiner abwechslungsreichen regionalen Gerichte 1991 einen Michelin-Stern erhielt.

Anfahrt: im Ortskern, gegenüber der alten Brücke

MIDI-PYRÉNÉES

BOZOULS - 12340

ENTRAYGUES-SUR-TRUYÈRE - 12140

 7 À LA ROUTE D'ARGENT
M. Catusse

 La Rotonde
12340 Bozouls
Tel. 05 65 44 92 27
Fax 05 65 48 81 40
 yves.catusse@wanadoo.fr

Jan., Febr., So-abend und Mo (außer abends im Juli und Aug.) geschlossen • 21 Zimmer, davon 6 im Nebengebäude - mit Balkon oder Gärtchen - und eines behindertengerecht, alle mit Bad/WC oder Dusche/WC und TV • 40 bis 56 €, Frühstück 6 €, Halbpension möglich • Restaurant mit Klimaanlage, Menüs 15 (werktags) bis 38 € • Parkplatz, Garage • Swimmingpool

 Die moderne Inneneinrichtung

Hinter der unscheinbaren Fassade des Hotels verbirgt sich eine zeitgenössische Inneneinrichtung. Metall, moderne Lampen, warmes Holz und schöne Vorhänge prägen den Eingangsbereich und das Restaurant. Originell ist auch der Aufenthaltsraum mit Bar und Veranda, der mit einer Freske und einer auf eine Glasplatte gemalten Karte der Region geschmückt ist. Die farbenfrohen Zimmer sind komfortabel, wobei diejenigen im Nebengebäude geräumiger sind und einen Balkon zum Garten hin besitzen.

Anfahrt: am Ortseingang von Bozoulz, an der Kreuzung der D 988 und der D 920

 8 AUBERGE DU FEL
Mme Albespy

 Le Fel
12140 Entraygues-sur-Truyère
Tel. 05 65 44 52 30
Fax 05 65 48 64 96
info@auberge-du-fel.com
auberge-du-fel.com

8. Apr. bis 3. Nov. geöffnet • 10 Zimmer, davon eines behindertengerecht und eines mit Terrasse, alle mit Bad/WC oder Dusche/WC und TV • 54 bis 60 € für 2 Personen, Frühstück 7 €, Halbpension möglich • Restaurant mittags außer Sa/So, Feiertage und Schulferien geschlossen; Menüs 18 bis 33 € • schattige Terrasse, Garten

 In diesem Dorf über dem Lot-Tal fühlt man sich wie am Ende der Welt!

Das mit wildem Wein bewachsene Steinhaus in dem friedlichen Dorf ist die ideale Adresse für Leute auf der Suche nach Ruhe. Doch damit gibt sich die Chefin beileibe nicht zufrieden. Das Innere ist tadellos gepflegt, die nach Rebsorten benannten hübschen Zimmer sind individuell gestaltet, und der gemütliche Speiseraum bietet Blicke auf das Tal des Lot. Hier genießt man Pounti, Truffade, Fleisch- und Wurstwaren und andere typische Gerichte, dazu Weine aus der Region, z. B. einen Fel.

Anfahrt: 10 km westlich von Entraygues-sur-Truyère über die D 107, dann rechts abbiegen auf die D 573

MIDI-PYRÉNÉES

ESTAING - 12190 **MILLAU - 12100**

 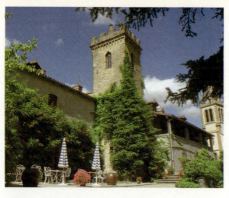

9 AUBERGE SAINT-FLEURET
Mme Moreau

19 rue François d'Estaing
12190 Estaing
Tel. 05 65 44 01 44
Fax 05 65 44 72 19
auberge.st.fleuret @ wanadoo.fr
http://perso.wanadoo.fr/auberge.st.fleuret

15. März bis 15. Nov. geöffnet; So-abend und Mo (Nebensaison) geschlossen • 14 Zimmer mit Dusche/WC, einige mit TV • 47 bis 51 € für 2 Personen, Frühstück 7 €, Halbpension möglich • Menüs 17 bis 55 € • Garten, Garage

Eine köstliche Mahlzeit am knisternden Kaminfeuer oder mit Blick auf den Garten

„Eine gute Küche und eine gute Nachtruhe", so lautet das Motto dieses sympathischen Gasthofes, der einst eine Poststation war. Die farbenfrohen und gut schallisolierten Zimmer sind zwar eher klein, wurden aber renoviert und bieten entweder einen Blick auf das Dorf oder auf den Garten. Vergessen Sie nicht, einen Tisch im Restaurant vorzubestellen, damit Sie die köstlichen regionalen Speisen genießen können, die der Chef aus den besten Produkten zubereitet!

Anfahrt: im Dorfzentrum

10 CHÂTEAU DE CREISSELS
M. et Mme Austruy

Route de Saint-Affrique - Creissels
12100 Millau
Tel. 05 65 60 16 59
Fax 05 65 61 24 63
www.château-de-creissels.com

Jan. und Febr. geschlossen • 30 Zimmer, davon 2 behindertengerecht und 12 in der alten Burg, die meisten mit Bad/WC, einige mit Dusche/WC, alle mit TV • 50 bis 88 € für 2 Personen, Frühstück 9 €, Halbpension möglich • Restaurant So-abend und Mo-mittag geschlossen, Menüs 24 bis 52 € • Terrasse, Garten, Parkplatz

Der schöne Blick über das Dorf und das Tal

Parkettboden im Schachbrettmuster, Holzschnitzereien, ein Kamin aus Marmor, antike Möbel: das sog. „Gemach des Bischofs" in der mittelalterlichen Burg hat in der Tat eine besondere Atmosphäre. Die anderen Zimmer sind gewöhnlicher. Die bei der Erweiterung in den 70er Jahren eingerichteten Zimmer besitzen einen Balkon. Das Restaurant ist in einem mit einer Gewölbedecke überspannten Raum aus dem 12. Jh. untergebracht. Bei schönem Wetter werden die Tische unter den Arkaden aufgestellt.

Anfahrt: in einem kleinen Dorf oberhalb von Millau, an der Straße nach Albi

MIDI-PYRÉNÉES

NANT - 12230   **SAINT-JEAN-DU-BRUEL - 12230**

11 **L'HERMITAGE SAINT-PIERRE**
M. et Mme Macq

Lieu-dit Saint-Pierre-de-Revens
12230 Nant
Tel. 05 65 62 27 99
madeleine.macq@wanadoo.fr
http://hermitage.st.pierre.site.voila.fr

Ganzjährig geöffnet • 5 Zimmer mit Gewölbedecke • 69 bis 79 € für 2 Personen, Frühstück inkl. • Mahlzeit 20 bis 25 € (vom 15. Okt. bis 15. Apr. nach Voranmeldung) • keine Kreditkarten, Hunde nicht erlaubt • Bademöglichkeit im nahen Fluss

12 **MIDI-PAPILLON**
M. et Mme Papillon

12230 Saint-Jean-du-Bruel
Tel. 05 65 62 26 04
Fax 05 65 62 12 97

Palmsonntag bis 11. Nov. geöffnet • 18 Zimmer, die meisten mit Bad/WC, einige mit Dusche/WC • 33 bis 59 € für 2 Personen, Frühstück 5 €, Halbpension möglich • Menüs 14 (werktags) bis 37 € • Garten, Parkplatz, Garage • Swimmingpool

 Das fröhliche Jauchzen der Kinder, die im klaren Wasser der Dourbie plantschen

Kein Wunder, dass sich die Besitzer auf Anhieb in dieses geschichtsträchtige Gebäude verliebt haben, das als Kapelle (10. und 11. Jh.), Komturei der Tempelritter und Pfarrkirche diente. In den geschmackvoll eingerichteten Zimmern dieses Gästehauses stößt man des Öfteren noch auf Spuren der Vergangenheit (schönes Steingewölbe, antike Möbel, Himmelbetten und ein prachtvoller Altaraufsatz aus dem 17. Jh.). Der zauberhafte Garten liegt zu Füßen des Causse Noir am Ufer der Dourbie.

 Ein Hotel mit ländlicher Tradition

Die seit 1850 in der Region ansässige Familie Papillon pflegt ihre Traditionen mit einem gewissen Stolz: Alljährlich werden zehn Schweine von einem benachbarten Bauern gemästet, ein Gärtner ist für das Obst und Gemüse zuständig, Kleinvieh wird gehalten, Pilze sammeln Hirten. Die Zimmer sind individuell eingerichtet und selbstverständlich ohne TV! Vom hübschen Restaurant blickt man auf die Dourbie und auf eine Bogenbrücke aus dem 15. Jh.

Anfahrt: 11 km nordwestlich von Nant in Richtung Millau auf der D 991

Anfahrt: im Ortskern an der D 999, neben der Steinbrücke

MIDI-PYRÉNÉES
SAINT-SERNIN-SUR-RANCE - 12380   ALAN - 31420

13 CARAYON
M. Carayon

Place du Fort
12380 Saint-Sernin-sur-Rance
Tel. 05 65 98 19 19
Fax 05 65 99 69 26
carayon.hotel@wanadoo.fr
www.hotel-carayon.com

So-abend, Mo und Di-mittag (außer im Juli und Aug.) geschlossen • 74 Zimmer, davon 4 behindertengerecht, alle mit Bad/WC oder Dusche/WC und TV • 41 bis 89 €, Frühstück 8 €, Halbpension möglich • Menüs 14 bis 54 €
• Garage, gesicherter Parkplatz, Park, Terrasse • Tennis, Minigolf, Fitnessraum, Sauna, Swimmingpools

 Die zahlreichen Freizeiteinrichtungen im herrlichen Park

Seit 1876 existiert die Poststation in dem friedlichen Dörfchen am Ufer der Rance, seit vier Generationen erhält die Familie Carayon die Tradition der Gastfreundschaft aufrecht. Die Zimmer sind im alten Hauptgebäude, in einem neueren Flügel oder in einem der Häuschen im Park untergebracht. Sie bieten viel Komfort und sind praktisch eingerichtet; am besten fragen Sie nach einem zum Park hinausgehenden Zimmer. Geräumiger Speisesaal und Terrasse mit Blick auf die Landschaft.

Anfahrt: im Ortskern

14 LE POUPAT
Mme Marnay

Route de Bachas
31420 Alan
Tel. 05 61 98 98 14
Fax 05 61 98 71 45
michelle.bechard@wanadoo.fr

Ganzjährig geöffnet • 3 Zimmer mit Bad/WC • 50 € für 2 Personen, Frühstück inkl. • Mahlzeit 20 € • Kinderspielplatz, Park, Garten, Parkplatz • Swimmingpool, Pferde

 Auf einem der drei Pferde, die den Gästen zur Verfügung stehen, die Gegend erkunden

Das große Gebäude aus dem 16. Jh. ist die ideale Adresse für Reisende auf der Suche nach Ruhe. Es liegt einsam in einem weitläufigen Park. Der Aufenthaltsraum und der Speisesaal, in denen eindrucksvolle alte Kamine und Louis-quinze-Möbel den Blick auf sich ziehen, befinden sich im Erdgeschoss. Die im ersten Stock gelegenen, rustikalen Zimmer sind im Stil eines Privathauses mit Holzbalken, farbigen Wänden und Nippes geschmückt.

Anfahrt: 1 km von Alan, Straße nach Bachas

MIDI-PYRÉNÉES

AUTERIVE - 31190

15 LA MANUFACTURE
Mme Balansa

2 rue des Docteurs-Basset
31190 Auterive
Tel. 05 61 50 08 50
Fax 05 61 50 08 50
manufacture@manufacture-royale.net
www.manufacture-royale.net

Nov. bis März geschlossen • 5 Zimmer nur für Nichtraucher und eine Ferienwohnung, alle mit Bad/WC oder Dusche/WC, Internetanschluss • 75 bis 80 € für 2 Personen, Frühstück inkl. • keine Mahlzeit • Park, Terrasse, Parkplatz; keine Kreditkarten, Hunde nicht erlaubt • Swimmingpool, Tischtennis, Fahrräder

 Die wunderschönen antiken Möbel und Dekorationsobjekte

Die im 18. Jh. gegründete Manufacture Royale d'Auterive, die damals Qualitätsstoffe herstellte, wurde um 1880 von dem Arzt Jules Basset in ein Wohnhaus umgebaut. Zahlreiche Details erinnern heute noch an die Geschichte des Hauses: Der Pool ist in einem ehemaligen Spülbecken angelegt, im Treppenhaus hängt eine Ahnengalerie und die geräumigen Zimmer sind mit antiken Möbeln aus dem Familienbesitz eingerichtet. Man fühlt sich wie in eine andere Zeit versetzt. Genießen Sie diese „Reise in die Vergangenheit" mit modernem Komfort und in lockerer Atmosphäre.

Anfahrt: im Dorf, am Ufer der Ariège

AYGUESVIVES - 31450

16 LA PRADASSE
M. et Mme Antoine

39 chemin de Toulouse
31450 Ayguesvives
Tel. 05 61 81 55 96
Fax 05 61 81 89 76
contact@lapradasse.com
www.lapradasse.com

Ganzjährig geöffnet • 5 Zimmer, davon eines behindertengerecht, alle mit Bad/WC oder Dusche/WC • 65 bis 80 € für 2 Personen, Frühstück inkl., Halbpension möglich • Mahlzeit 25 € • Park, Parkplatz; Hunde nicht erlaubt • Swimmingpool

 Die herrliche Innenausstattung, die durchaus den Titel eines Lifestyle-Magazins schmücken könnte

Im Prospekt werden die Zimmer als „charaktervolle Gästezimmer, umgeben von einer Oase der Ruhe" beschrieben - eine Untertreibung, denn die Wirklichkeit ist noch viel eindrucksvoller! Das Haus aus dem frühen 19. Jh. wurde äußerst gelungen restauriert und beherbergt Zimmer, die sich in ihrem Reiz gegenseitig übertreffen. Der große Aufenthaltsraum mit breiter Fensterfront, der weitläufige Park, der blühende Garten, ein Gemüsegarten, der Pool - und tausend andere Dinge, die es zu entdecken gilt!

Anfahrt: 15 km südöstlich von Toulouse, über die N 113, dann 1,1 km auf der D 16 weiterfahren

MIDI-PYRÉNÉES

BAGNÈRES-DE-LUCHON - 31110 | BALMA - 31130

 17 PAVILLON SÉVIGNÉ
Mme Seiter

2 avenue Jacques-Barrau
31110 Bagnères-de-Luchon
Tel. 05 61 79 31 50
seiter@pavillonsevigne.com
http://www.pavillonsevigne.com

Ganzjährig geöffnet • 5 Zimmer nur für Nichtraucher auf 2 Stockwerken, alle mit Bad/WC oder Dusche/WC, TV und Modemanschluss • 80 € für 2 Personen, Frühstück inkl., Halbpension möglich • Mahlzeit 20 € • keine Kreditkarten, Hunde nicht erlaubt

 18 LE MANOIR SAINT-CLAIR
M. Bourdoncle

20 chemin de Sironis
31130 Balma
Tel. 05 61 24 36 98
manoirsaintclair@cegetel.net
www.manoirsaintclair.com

Ganzjährig geöffnet • 3 Zimmer nur für Nichtraucher im ersten Stock, alle mit Bad/WC oder Dusche/WC, Klimaanlage und TV • 73 bis 83 € für 2 Personen, Frühstück inkl. • keine Mahlzeit • Aufenthaltsraum, Terrasse, Garten, Parkplatz; keine Kreditkarten

 Die Einrichtung mit antikem Mobiliar

In dem Herrenhaus aus dem 19. Jh. werden lichtdurchflutete Zimmer angeboten, die mit edlem antiken Mobiliar und hübschen Stoffen gestaltet sind. Am Wochenende werden die Mahlzeiten der Halbpension im Speisezimmer mit Blick auf den Garten serviert. Von Montag bis Freitag können die Hausgäste in einem benachbarten Restaurant essen. Sehr schöner Salon mit Bibliothek und Piano. Eine ideale Adresse für alle, die Antiquitäten und hohen Komfort schätzen.

 Genießen Sie die ländliche Ruhe in unmittelbarer Nähe von Toulouse

Der alte Landsitz aus rosa Backstein aus dem 17. Jh. liegt in einem gepflegten Park mit schönen Alleen und hübschen Rosen. Von der Veranda, auf der das Frühstück serviert wird, gelangt man zu den individuell eingerichteten und schlichten, aber gepflegten Zimmern, deren Namen an historische Ereignisse der Region erinnern („Cathare", „Pastel" und „Aéropostale"). Letzteres ist am größten und bietet einen Blick auf den See von Saint-Clair. Besonders angenehm ist auch der freundliche Empfang der Gastgeber.

Anfahrt: im Stadtzentrum

Anfahrt: 4 km östlich von Toulouse über die D 50

MIDI-PYRÉNÉES

CABANAC-SEGUENVILLE - 31480   JUZET-DE-LUCHON - 31110

19 CHÂTEAU DE SÉGUENVILLE
M. Lareng

Séguenville
31480 Cabanac-Séguenville
Tel. 05 62 13 42 67
Fax 05 62 13 42 68
info@chateau-de-seguenville.com
www.chateau-de-seguenville.com

15. Dez. bis 15. Jan. geschlossen • 5 Zimmer mit Bad/WC oder Dusche/WC • 95 bis 115 € für 2 Personen, Frühstück inkl. • Mahlzeit 22 € • Park, Parkplatz; keine Kreditkarten, Hunde nicht erlaubt • Swimmingpool

Der Park mit seinen hundertjährigen Bäumen und den Pyrenäen als Hintergrund

Die Ursprünge des in einem Park gelegenen Schlosses gehen auf das Jahr 1271 zurück. Es präsentiert sich jedoch in der typischen Bauweise eines Herrenhauses aus dem 19. Jh., denn es wurde nach der Französischen Revolution neu errichtet. Die Gästezimmer, die man über eine herrliche Treppe erreicht, besitzen viel Charme mit Parkett- oder Terrakottaböden, Kaminen, alten Möbeln, hellen Farben, Nippes und komfortablen Badezimmern. Ebenso reizvoll sind die beiden Aufenthaltsräume im Erdgeschoss.

Anfahrt: 5 km von Cox über die D 1, nordwestlich von L'Isle-Jourdain

20 LE POUJASTOU
M. Cottereau

Rue du Sabotier
31110 Juzet-de-Luchon
Tel. 05 61 94 32 88
Fax 05 61 94 32 88
info@lepoujastou.com
 www.lepoujastou.com

Ganzjährig geöffnet • 5 Zimmer nur für Nichtraucher im ersten Stock, alle mit Bad • 47 € für 2 Personen, Frühstück inkl., Halbpension möglich • Mahlzeit 16 € • Terrasse, Garten, Parkplatz; keine Kreditkarten, Hunde nicht erlaubt

Der Gastgeber organisiert im Winter Schneeschuhwanderungen und im Sommer Mountainbike-Touren

Das nach Süden ausgerichtete Haus mit Blick auf die Gipfel des Luchonnais war im 18. Jh. das Dorftheater. Die in Ockertönen geschmackvoll renovierten Zimmer sind von unterschiedlicher Größe. Im Erdgeschoss befinden sich ein hübscher Aufenthaltsraum mit zahlreichen Werken über die hiesige Flora und Fauna sowie ein Speiseraum im pyrenäischen Stil. Die Terrasse, der Garten und die schmackhafte Regionalküche runden den Aufenthalt angenehm ab.

Anfahrt: in der Nähe der Kirche

MIDI-PYRÉNÉES

MONTESQUIEU-VOLVESTRE - 31310 RAMONVILLE-SAINT-AGNE - 31250

21 LA HALTE DU TEMPS
Mme Garcin

72 rue Mage
31310 Montesquieu-Volvestre
Tel. 05 61 97 56 10
Fax 05 61 90 49 03
lahaltedutemps@free.fr

Ganzjährig geöffnet • 5 Zimmer mit Bad • 56 bis 64 € für 2 Personen, Frühstück inkl. • nur Abendessen 22 € (mit Voranmeldung) • Garten; keine Kreditkarten • Swimmingpool, Whirlpool und Sauna

22 LA PÉNICHE SOLEÏADO
Mme Roussel

Pont-de-Mange-Pomme
31250 Ramonville-Saint-Agne
Tel. 06 86 27 83 19
Fax 05 62 19 07 71

Ganzjährig geöffnet • 3 Zimmer nur für Nichtraucher mit Bad/WC • 80 € für 2 Personen, Frühstück inkl., Halbpension möglich • Mahlzeit 30 € • Terrasse; keine Kreditkarten, Hunde nicht erlaubt

 Die Geschichten, die die Gastgeberin über die Zeit des „Grand Siècle" zu erzählen weiß

Die in der Dorfmitte gelegene Villa aus dem 17. Jh. besitzt einen reizenden Innenhof. Die Fassade ist eher unauffällig, das Interieur jedoch sehenswert. Schöne originale Treppen, Fußböden und Möbel sorgen für ein exquisites Ambiente. Die stilvoll eingerichteten Zimmer mit hübschen Badezimmern sind atemberaubend. Im eleganten Speiseraum, den ein großer Kamin schmückt, bekommt man eine wahrlich vorzügliche Küche serviert.

 Erleben Sie Schiffsromantik auf dem Canal du Midi

Das auf dem Canal du Midi im Schatten der Platanen gelegene Hausboot bietet Zimmer, die zwar nicht so geräumig sind wie in Schlössern oder alten Bürgerhäusern, dafür aber einen unvergleichlichen Charme besitzen. Die schlichte Inneneinrichtung aus Holz wirkt besonders gemütlich: ein netter Wohnraum mit Esszimmer und hübsche Zimmer mit eigenem Bad. Der freundliche Empfang und die auf der Brücke servierten Mahlzeiten machen Ihren Aufenthalt zu einem unvergesslichen Erlebnis.

Anfahrt: im Ortskern

Anfahrt: in Port-Sud am Kreisverkehr die Straße hinter der Apotheke, Richtung „Ferme Cinquante"

MIDI-PYRÉNÉES

REVEL-SAINT-FERRÉOL - 31250 | RIEUMES - 31370

23 HÔTELLERIE DU LAC
M. Maréchal

Avenue Pierre-Paul Riquet
31250 Revel-Saint-Ferréol
Tel. 05 62 18 70 80
Fax 05 62 18 71 13
contact @ hotellerie-du-lac.com
www.hotellerie-du-lac.com

Ganzjährig geöffnet • 25 Zimmer, davon eines behindertengerecht und 4 mit Zwischengeschoss, alle mit Bad/WC und TV • 62 € für 2 Personen, Frühstück 8 €, Halbpension möglich • Menüs 12 bis 35 € • Terrasse, Garten, Parkplatz; Hunde auf den Zimmern nicht erlaubt • beheizter Swimmingpool mit Blick auf den See

Der Blick vom Swimmingpool auf den See

Die Anwohner sagen, dass der hl. Ferréol, der Schutzpatron der Region, bis heute über das Haus wacht. Der Charme des am See gelegenen, eleganten Hotels blieb den Räumlichkeiten auch nach der Modernisierung erhalten. Von den meisten Zimmern und dem Swimmingpool bietet sich ein herrlicher Blick über den See. Außerdem stehen den Gästen eine gemütliche Bar, eine Sauna, ein Fitnessraum und ein hübscher Garten zur Verfügung. Im Restaurant werden gutbürgerliche Gerichte aufgetischt.

Anfahrt: oberhalb des Sees, 3 km südöstlich von Revel über die D 629

24 AUBERGE LES PALMIERS
M. Vallès

13 place du Foirail
31370 Rieumes
Tel. 05 61 91 81 01
Fax 05 61 91 56 36
infos @ auberge-lespalmiers.com
www.auberge-lespalmiers.com

1. Woche im Jan., Ende Aug. bis Anfang Sept. geschlossen • 7 Zimmer, davon eines behindertengerecht, alle mit Bad/WC oder Dusche/WC und TV • 58 bis 75 € für 2 Personen, Frühstück 7 € • Restaurant So-abend und Mo geschlossen, Menüs 14 bis 35 € • Garten, Terrasse; Hunde auf den Zimmern nicht erlaubt • Swimmingpool

Die Herzlichkeit der Gastgeber

Einige Palmen zieren den Garten hinter diesem zauberhaften Hotel, das in einem Haus aus dem 19. Jh. mit einem modernen Anbau direkt am malerischen Dorfplatz untergebracht ist. Die geräumigen und komfortablen Zimmer besitzen rustikale Möbel, Parkettboden und eine moderne Note. Für den kleinen oder großen Hunger gibt es den Speiseraum mit Balkendecke, in dem eine traditionelle französische Küche gereicht wird.

Anfahrt: in der Dorfmitte

MIDI-PYRÉNÉES
ST-BERTRAND-DE-COMMINGES - 31150   SAINT-FÉLIX-LAURAGAIS - 31540

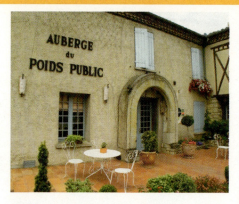

25 HÔTEL DU COMMINGES
Mme Alaphilippe

Place de la Basilique
31510 Saint-Bertrand-de-Comminges
Tel. 05 61 88 31 43
Fax 05 61 94 98 22

Apr. bis Okt. geöffnet • 14 Zimmer, die meisten mit Bad/WC oder Dusche mit oder ohne WC • 30 bis 52 € für 2 Personen, Frühstück 6 € • kein Restaurant • kleiner Parkplatz; Hunde nicht erlaubt

26 AUBERGE DU POIDS PUBLIC
M. Taffarello

Rue St-Roch
31540 Saint-Félix-Lauragais
Tel. 05 62 18 85 00
Fax 05 62 18 85 05
poidspublic@wanadoo.fr
www.auberge-du-poidspublic.com

Jan. und 1 Woche im Nov. geschlossen • 11 Zimmer, davon eine Suite mit Panorama-Terrasse und 4 mit Klimaanlage, alle mit Bad/WC oder Dusche/WC und TV • 65 bis 98 € für 2 Personen, Frühstück 11 €, Halbpension möglich • Menüs 27 bis 68 € • Terrasse, Garage

 Ruhe und Frieden in einem historischen Rahmen

Das in einem ehemaligen Kloster gegenüber der Kathedrale Sainte-Marie eingerichtete Hotel zeichnet sich durch seine absolute Ruhe aus, vor allem im Sommer, wenn der Platz für Autos gesperrt ist. Das Hotel ist im ländlichen Stil ausgestattet. Im Sommer wird auf der Gartenseite eine Terrasse eingerichtet. Eine nette Adresse, die sich seit drei Generationen im Besitz derselben Familie befindet.

 Die Stadtwaage, die dem Gasthof seinen Namen gab

Dieser reizende Dorfgasthof ist in der ganzen Gegend bekannt! Die einen schätzen die erstklassige Küche, die regionale Erzeugnisse, klassische französische Rezepte und Kreativität in sich vereint. Andere heben das rustikale Ambiente des Speisesaals und die schöne Terrasse mit Blick auf die Umgebung hervor. Und wieder andere rühmen die komfortablen Zimmer, die zwar schlicht eingerichtet, aber gut gepflegt sind und nacheinander renoviert werden. Und alle finden einen Grund, wiederzukommen!

Anfahrt: im Ortskern, gegenüber der Kathedrale

Anfahrt: an der Durchfahrtsstraße des Dorfes

MIDI-PYRÉNÉES

SAINT-PAUL-D'OUEIL - 31110

27 MAISON JEANNE
Mme Guerre

au bourg
31110 Saint-Paul-d'Oueil
Tel. 05 61 79 81 63
Fax 05 61 79 81 63
www.maison-jeanne-luchon.com

Ganzjährig geöffnet • 3 Zimmer nur für Nichtraucher, alle mit Bad/WC oder Dusche/WC • 67 € für 2 Personen, Frühstück inkl. • keine Mahlzeit • Garten; keine Kreditkarten, Hunde nicht erlaubt

Das Leben im Einklang mit der Natur

Mit seiner kiesbedeckten Terrasse, den Wänden aus regionalem Stein und dem Fußboden aus rohem Marmor ist dieses lichtdurchflutete Haus typisch für das Vallée d'Oueil. Stilvoll und komfortabel präsentieren sich die mit antiken Möbeln eingerichteten und mit ausgesuchten Stoffen dekorierten Zimmer, von denen man den Blick auf die Gipfel der Pyrenäen genießen kann. Die feinen Pochoirs, die die Wände und Parkettböden schmücken, stammen von der Hausherrin selbst. Hier werden Sie sich wohl fühlen!

Anfahrt: 8 km nordwestlich von Bagnères-de-Luchon über die D 51 und die D 618

VACQUIERS - 31340

28 VILLA LES PINS
Mme Daigre

Route de Bouloc
31340 Vacquiers
Tel. 05 61 84 96 04
Fax 05 61 84 28 54
www.villa-les-pins.com

Ganzjährig geöffnet (nur mit Voranmeldung) • 15 Zimmer mit Bad/WC oder Dusche/WC, alle mit TV • 60 bis 65 € für 2 Personen, Frühstück 7 € • Menüs 16 bis 35 € (nur abends) • Parkplatz, Terrasse, Garten

Ein Abendessen im Sommer auf der hübschen Terrasse mit Blick auf den Park

Nördlich der geschäftigen Metropole Toulouse liegt dieses angenehme Hotel, das wegen seiner Ruhe geschätzt wird. Ein hübscher Kiefernwald umgibt die große Villa, in der eine lockere Atmosphäre herrscht. Die Zimmer, die im ersten Stock geräumiger sind, präsentieren sich eher klassisch mit alten Möbeln, Kronleuchtern und großen Vorhängen. Das gleiche Ambiente herrscht im Speisesaal mit einem eindrucksvollen Kamin.

Anfahrt: 2 km westlich über die D 30

MIDI-PYRÉNÉES

VARENNES - 31450   CAUSSENS - 32100

29 CHÂTEAU DES VARENNES
M. et Mme Mericq

31450 Varennes
Tel. 05 61 81 69 24
Fax 05 61 81 69 24
j.mericq@wanadoo.fr

Ganzjährig geöffnet • 5 Zimmer mit Bad/WC • 100 bis 135 € für 2 Personen, Frühstück inkl. • Mahlzeit 35 € • Terrasse, Garten, Park, Parkplatz • Swimmingpool, in der Nähe: Tennisplatz, Reiterhof

30 AU VIEUX PRESSOIR
M. Martin

Saint-Fort
32100 Caussens
Tel. 05 62 68 21 32
Fax 05 62 68 21 32
auvieuxpressoir@wanadoo.fr
http://perso.wanadoo.fr/vieuxpressoir

2 Wochen im Febr. geschlossen • 3 Zimmer • 49 € für 2 Personen, Frühstück inkl., Halbpension möglich • Mahlzeit in der Auberge: 16 bis 26 € • Terrasse, Garten, Park, Parkplatz; Hunde auf den Zimmern nicht erlaubt • Swimmingpool, Whirlpool

 Der herrliche Blick vom Swimmingpool über die Hänge des Lauragais

 Die lebhafte Atmosphäre am Wochenende

Das Anwesen verzaubert, sobald man durch das Eingangstor neben der Kirche getreten ist. Am Ende der Allee durch den Park erhebt sich hinter einem Ehrenhof das Schloss aus dem 16. Jh., ein hellroter Backsteinbau. Hinter der schweren Eingangstür steht man vor einer schönen doppelläufigen Treppe. In herrlichen Farben erstrahlt das Zimmer „Bédouin" im Erdgeschoss. Die anderen, im Obergeschoss, sind ebenso elegant. Das Tüpfelchen auf dem i sind die Aufenthaltsräume und die Gewölbekeller.

Von dem Landhaus aus dem 17. Jh. bietet sich ein herrlicher Blick über die Weinberge, das Umland und die kleine Entenschar, die vom Hotel selbst gehalten wird. Die mit antiken Möbeln ausgestatteten Zimmer sind gepflegt und komfortabel. Die im früheren Dachboden eingerichtete Ferienwohnung umfasst ein Spielzimmer, außerdem steht ein Videorecorder zur Verfügung. Auf den Tisch kommen Erzeugnisse vom Bauernhof, z. B. Entenleber-Confit.

Anfahrt: 15 km westlich von Saint-Félix über die Straße nach Toulouse (D 2)

Anfahrt: 11 km von Caussens über die D 7, dann rechts in einen Weg einbiegen

MIDI-PYRÉNÉES

EAUZE - 32800

31 **CHAMBRE D'HÔTE HOURCAZET**
Mme Lejeunne

Hourcazet
32800 Eauze
Tel. 05 62 09 99 53
Fax 05 62 09 99 53
claude.lejeunne@mageos.com

Ganzjährig geöffnet • 4 Zimmer • 65 € für 2 Personen, Frühstück inkl. • keine Mahlzeit • Terrasse, Park, Parkplatz; keine Kreditkarten

 Man ist nie weit von einem guten Tropfen entfernt

Die beiden Häuser stehen Seite an Seite in der Stille inmitten der Weinberge des Armagnac. Die Zimmer sind mit ausgesuchten Möbeln und Stoffen geschmackvoll eingerichtet, und auch die Badezimmer sind ausnehmend schön. Die größten Zimmer befinden sich unter dem massiven Dachgebälk, die beiden anderen liegen auf Gartenniveau. Das Frühstück wird den Gästen im typisch regionalen Esszimmer oder auf einer der beiden Terrassen gereicht. Garten mit kleinem Teich zum Sonnenbaden.

Anfahrt: 7 km westlich von Eauze über die D 626, die N 524 in Richtung Cazaubon, dann rechts in eine Straße („Chemin Espajos") und nach 500 m rechts in einen Weg einbiegen

JUILLAC - 32230

32 **AU CHÂTEAU**
M. et Mme de Rességuier

32230 Juillac
Tel. 05 62 09 37 93
deresseguier@marciac.net

Eine Woche im Okt. geschlossen • 4 Zimmer mit Dusche/WC • 50 € für 2 Personen, Frühstück inkl. • Mahlzeit 16 € • Terrasse, Garten, Park, Parkplatz; keine Kreditkarten, Hunde nicht erlaubt • Angeln

 Unter den hundertjährigen Bäumen im Park Sauerstoff tanken

Das Gebäude ist kein Schloss, sondern eine Kartause aus dem 18. Jh., in der sich heute ein landwirtschaftlicher Betrieb befindet. Die Zimmer liegen in einem Nebenflügel und gefallen durch ihre Größe, ihre stilvolle Einrichtung und die komfortablen Badezimmer. Die Mahlzeiten basieren natürlich auf den Produkten des Bauernhofs. Das Freizeitangebot umfasst Radfahren (Verleih), Angeln und zahlreiche Wanderwege, die Ihnen die Besitzerin als Bürgermeisterin des Ortes sehr gut beschreiben kann.

Anfahrt: 5 km westlich von Marciac über die D 255 in Richtung Juillac

MIDI-PYRÉNÉES

LECTOURE - 32700

33 **DE BASTARD**
M. et Mme Arnaud

Rue Lagrange
32700 Lectoure
Tel. 05 62 68 82 44
Fax 05 62 68 76 81

hoteldebastard@wanadoo.fr

20. Dez. bis 1. Febr. sowie So-abend, Mo und Di-mittag geschlossen • 29 Zimmer auf 2 Stockwerken, alle mit Bad/WC oder Dusche/WC und TV • 45 bis 68 €, Frühstück 10 €, Halbpension möglich • Menüs 15 (werktags) bis 56 € • Terrasse, Garten, Hotelgarage • Swimmingpool

 Der Geist der Musketiere, der in dem Hotel zu spüren ist

Stilvoll wie bei den Musketieren geht es in diesem Herrenhaus aus dem 18. Jh. zu, dessen Küchenchef und Besitzer Mitglied der renommierten Kochvereinigung „Ronde des Mousquetaires" ist, die die kulinarischen Traditionen der Gascogne aufrechterhält. Die Einrichtung der nach und nach renovierten Zimmer, eine Reihe kleiner, eleganter Salons mit Parkettboden, Kaminen und Stuck, die das Restaurant bilden, und eine herrliche Terrasse mit Garten spiegeln den hohen Anspruch des Hauses wider.

Anfahrt: von Agen kommend der Rue d'Alsace-Lorraine folgen, in Höhe der Post links, dann rechts in die Rue Subervie und schließlich wieder links abbiegen

MIRANDE - 32300

34 **AU PRÉSIDENT**
M. Piquemil

Route d'Auch
32300 Mirande
Tel. 05 62 66 64 06
Fax 05 62 66 64 06

jacques.piquemil@wanadoo.fr
www.chez.com/aupresident

Ganzjährig geöffnet • 4 Zimmer mit Bad, davon 2 auf Gartenniveau • 50 € für 2 Personen, Frühstück inkl. • keine Mahlzeit • Terrasse, Garten, Parkplatz; keine Kreditkarten, Hunde nicht erlaubt • Billard, für Kinder: Spielecke und Spielmöglichkeit draußen

 Eine Runde Billard unter dem herrlichen Gebälk des Aufenthaltsraums

Das von Türmchen flankierte schöne Anwesen gehörte während der ersten Hälfte des 20. Jh.s dem Präsidenten des Strafgerichts von Mirande, von dem es auch seinen Namen hat. Die Zimmer unter der Mansarde und ihre Badezimmer sind neu. In den großen Zimmern im Erdgeschoss stehen alte Möbel aus Familienbesitz. Im Winter nimmt man das Frühstück vor dem Kamin im weitläufigen Speiseraum ein, im Sommer frühstücken die Gäste am liebsten im windgeschützten Innenhof. Hübscher Garten.

Anfahrt: 3 km nördlich von Mirande über die N 21, die Straße nach Auch

MIDI-PYRÉNÉES

SAINT-CLAR - 32380   SAINT-MAUR - 32300

35 LA GARLANDE
M. et Mme Cournot

Place de la Mairie
32380 Saint-Clar
Tel. 05 62 66 47 31
Fax 05 62 66 47 70
nicole.cournot@wanadoo.fr
www.lagarlande.com

1. Jan. bis 23. Febr. und 6. Nov. bis 31. Dez. geschlossen • 3 Zimmer mit Bad • 54 bis 65 € für 2 Personen, Frühstück inkl. • keine Mahlzeit • Garten; keine Kreditkarten, Hunde nicht erlaubt

36 DOMAINE DE LORAN
M. et Mme Nédellec

32300 Saint-Maur
Tel. 05 62 66 51 55
Fax 05 62 66 78 58

30. Apr. bis 30. Okt. geöffnet (sonst nur nach Voranmeldung) • 3 Zimmer und 2 Suiten, alle mit Bad • 45 bis 50 € für 2 Personen, Frühstück inkl. • keine Mahlzeit • Park, Parkplatz; keine Kreditkarten • Billard

 Die harmonische Gestaltung der Räumlichkeiten

Das breite Gebäude mit seiner ockergelben Fassade über den Arkaden befindet sich im Ortskern gegenüber der Markthalle (16. Jh.). Die tadellos gepflegten Zimmer strahlen dank der Wandbehänge, der schönen alten Möbel und der Originalfußböden aus Parkett oder Terrakottafliesen Gemütlichkeit aus. Die Badezimmer wurden frisch renoviert. Für die Entspannung stehen ein Leseraum und ein umfriedeter Garten mit üppigem Blumenwuchs bereit. Darin befindet sich auch ein Grillplatz mit Tischen und Stühlen.

Anfahrt: gegenüber der Markthalle

 Eine Angelpartie an dem versteckt gelegenen See im Park

Dank seiner beiden seitlichen Türme, der langen, von Platanen gesäumten Auffahrt und seines Parks mit den alten Bäumen wirkt dieses Gut eher wie ein Schloss. Zu den geräumigen und mit alten Möbeln ausgestatteten Zimmern führt eine prachtvolle Holztreppe. Besonders gelungen dekoriert sind die beiden Suiten. In dem riesigen, mit dunklem Holz vertäfelten Speiseraum stehen herrliche Stilmöbel. Zum Freizeitangebot gehören Angeln, Billard und Tischtennis.

Anfahrt: von der N 21 in die lange Auffahrt zur Domaine de Loran einbiegen

MIDI-PYRÉNÉES

SAINT-MÉZARD - 32700

 37 CHAMBRES D'HÔTES LE SABATHÉ
M. et Mme Barreteau

 Le Sabathé
32700 Saint-Mézard
Tel. 05 62 28 84 26
barreteau.sabathe@wanadoo.fr
http://perso-wanadoo.fr/barreteau.sabathe

Ganzjährig geöffnet • 4 Zimmer • 43 € für 2 Personen, Frühstück inkl., Halbpension möglich • Mahlzeit 10 bis 15 € • Terrasse, Parkplatz; keine Kreditkarten

 Erholung garantiert!

In diesem ehemaligen Bauernhaus mit einer fast kargen Einrichtung vor den Toren der Stadt, in dem jeden Morgen Tai-Chi-Übungen veranstaltet werden, wird viel Wert auf Meditation und ausgeglichenes Ambiente gelegt. Die Zimmer sind auf die Nebengebäude verteilt und besitzen alle einen separaten Eingang. Je nach Wetter werden die Mahlzeiten auf der kleinen, von einer Steinmauer umgebenen Terrasse vor dem großen Saal über der Kapelle Notre-Dame-d'Esclaux oder vor dem Kamin im Esszimmer eingenommen.

Anfahrt: 12 km nördlich über die D 36

BÉLAYE - 46140

 38 MARLIAC
Mme Stroobant

 46140 Bélaye
Tel. 05 65 36 95 50
Fax 05 65 31 99 04

Anfang Nov. bis Anfang Apr. geschlossen • 5 Zimmer • 61 bis 66 € für 2 Personen, Frühstück inkl. • Mahlzeit 15 bis 17 € • Park, Parkplatz; keine Kreditkarten, Hunde nicht erlaubt • Swimmingpool

 Die Augen schließen und der Stille lauschen

Eine lange, kurvenreiche Straße führt zu dem Bauerhof aus dem 18. Jh., der von einem 5 ha großen Park mit Wald und Wiesen umgeben ist. Die geschmackvoll eingerichteten Zimmer strahlen eine wohltuende Ruhe aus, zwei Zimmer sind zweigeschossig. Gemütlich ist der Frühstücksraum mit einem alten Ofen, Gebälk und unverputztem Mauerwerk. Die Gastgeber empfangen ihre Gäste mit großer Herzlichkeit.

Anfahrt: 15 km westlich von Luzech über die D 8 und die D 50

MIDI-PYRÉNÉES

FIGEAC - 46100

GOURDON - 46300

39 LE PONT D'OR
M. et Mme Bonnaud

2 avenue Jean-Jaurès
46100 Figeac
Tel. 05 65 50 95 00
Fax 05 65 50 95 39
contact@hotelpontdor.com
www.hotelpontdor.com

Ganzjährig geöffnet • 35 Zimmer auf 3 Stockwerken, davon 2 behindertengerecht und 7 nur für Nichtraucher, alle mit Bad/WC, TV und Klimaanlage • 75 bis 100 €, Frühstück 10 €, Halbpension möglich • Menüs 12 bis 15 € • Terrasse, Garage, Parkplatz • Billardzimmer, Swimmingpool, Fitnessbereich mit Sauna

 Das Musée Champollion, das im Geburtshaus des berühmten Ägyptologen eingerichtet wurde

Nach umfangreichen Renovierungsarbeiten wurde das einladende Haus, das malerisch am Ufer der Célé in der Nähe der mittelalterlichen Brücke steht, im Jahre 2001 wieder eröffnet. Die Zimmer, von denen einige einen Balkon besitzen, zeichnen sich durch warme Gelb- und Orangetöne, zeitgenössische Möbel, neue Betten und perfekt ausgestattete Badezimmer aus. Schöner Wellness-Bereich mit Swimmingpool auf dem Dach des Hauses. Im Sommer frühstückt man auf der Terrasse am Fluss.

Anfahrt: am Rand des historischen Zentrums, in der Nähe der mittelalterlichen Brücke

40 DOMAINE DU BERTHIOL
Famille Dubreuil

Route de Cahors
46300 Gourdon
Tel. 05 65 41 33 33
Fax 05 65 41 14 52
domaine-du-berthiol@wanadoo.fr
www.hotelperigord.com

Apr. bis Ende Dez. geöffnet • 29 Zimmer mit Bad/WC oder Dusche/WC und TV • 77 bis 84 € (Nebensaison 67 bis 75 €) für 2 Personen, Frühstück 11 €, Halbpension möglich • Restaurant mit Klimaanlage, Menüs 24 bis 48 € • Park, Parkplatz; Hunde nicht erlaubt • Swimmingpool, Tennis

 Die idyllische Lage mitten im Grünen

Etwas außerhalb des Ortes steht in einem gepflegten Park das eindrucksvolle, im regionalen Stil errichtete Hotel. Die Zimmer besitzen alle die gleiche Ausstattung und verfügen über ein Bad oder eine Dusche. Das Restaurant ist modern mit Blick ins Grüne, auf der Karte werden ortstypische Gerichte angeboten. In einem Nebengebäude gibt es einen großzügigen Festsaal. Freizeitangebot: Tennis, Swimmingpool und Kinderspielplatz.

Anfahrt: 1 km östlich von Gourdon über die D 704

MIDI-PYRÉNÉES

GRAMAT - 46500

41 **MOULIN DE FRESQUET**
M. et Mme Ramelot

46500 Gramat
Tel. 05 65 38 70 60
Fax 05 65 33 60 13
moulindefresquet@ifrance.com
www.moulindefresquet.com

1. Nov. bis 1. Apr. geschlossen • 5 Zimmer nur für Nichtraucher, alle mit Bad • 57 bis 82 € für 2 Personen, Frühstück inkl., Halbpension möglich • nur Abendessen 21 €, Getränk inkl. • Park, Parkplatz; keine Kreditkarten, Hunde nicht erlaubt

Ein Candlelight-Dinner mit leckeren Spezialitäten des Perigord

Die alte Wassermühle aus dem 17. Jh. liegt in traumhafter Natur, nur 800 m vom Zentrum von Gramat entfernt. Das hübsche Mobiliar, schöne Tapisserien, unverputztes Mauerwerk, Holzbalken und zahlreiche Bücher schaffen eine gemütliche Atmosphäre. Die renovierten Zimmer sind elegant und komfortabel, wobei die meisten einen Blick auf den schattigen Garten und den Bach (für Angler empfehlenswert) bieten. Die Gastgeber empfangen ihre Gäste mit großer Herzlichkeit und tischen köstliche Spezialitäten der Region auf.

Anfahrt: am Ortseingang von Gramat

GRÉZELS - 46700

42 **CHÂTEAU DE LA COSTE**
M. Coppé

46700 Grézels
Tel. 05 65 21 38 28
Fax 05 65 21 38 28
gervais.coppe@wanadoo.fr

Juli und Aug. geöffnet • 3 Zimmer • 75 bis 105 € für 2 Personen, Frühstück inkl. • keine Mahlzeit • keine Kreditkarten, Hunde nicht erlaubt

Das Weinmuseum in der Festung

Die authentische mittelalterliche Festung mit Blick auf das Lot-Tal lohnt wirklich einen Umweg! Die charaktervollen Zimmer tragen fantasievolle Namen: „Gemach der untergehenden Sonne", „Turm des Wächters", „Schlafraum des Junkers" etc. Alle Zimmer sind mit wunderschönem Mobiliar ausgestattet. Der Frühstücksraum ist ein Erlebnis und der Panoramablick einzigartig. Außerdem bietet sich ein Besuch des Weinmuseums in der Festung an.

Anfahrt: 16 km westlich von Luzech über die D 8

MIDI-PYRÉNÉES

LACAPELLE-MARIVAL - 46120

43 **LA TERRASSE**
M. Amalric

Le Bourg
46120 Lacapelle-Marival
Tel. 05 65 40 80 07
Fax 05 65 40 99 45
hotel-restaurant-la-terrasse@wanadoo.fr
 hotel-restaurant-la-terrasse-lot.fr

Jan. und Febr. sowie So-abend, Mo außer abends im Sommer und Di-mittag geschlossen • 13 Zimmer mit Bad/WC oder Dusche/WC und TV • 45 bis 65 € für 2 Personen, Frühstück 7 €, Halbpension möglich • Menüs 19 bis 55 € • Garten • Angelteich

 Entspannen im Blumengarten

Das Hotel liegt gleich neben dem massiven quadratischen Bergfried der Burg von Lacapelle, der von Wachtürmen flankiert wird. Die praktisch eingerichteten Zimmer sind frisch renoviert. Vom hellen Speisesaal mit Veranda blickt man auf einen hübschen Garten mit Bach und das Francès-Tal im Hintergrund. Zum Haus gehören auch ein eigener Park und ein Angelteich in 2 km Entfernung.

Anfahrt: in der Nähe der Burg

LOUBRESSAC - 46130

44 **CHÂTEAU DE GAMOT**
M. et Mme Belières

46130 Loubressac
Tel. 05 65 10 92 03
Fax 01 48 83 01 91
annie-belieres@wanadoo.fr
 www.domaine-de-gamot.com

1. Okt. bis 1. Mai geschlossen • 7 Zimmer, einige mit Bad • 45 bis 60 € für 2 Personen, Frühstück inkl. • keine Mahlzeit • Garten, Parkplatz; keine Kreditkarten, Hunde nicht erlaubt

 Die günstige Lage für Ausflüge zu den Hauptsehenswürdigkeiten des Quercy

Der Besucher wird von dem Charme des Adelssitzes aus dem 17. Jh. gegenüber der Burg von Castelnau und von der herrlichen Umgebung bezaubert sein. Die geräumigen Zimmer bieten hohen Komfort, einige besitzen ein eigenes Bad. Im Juni und September steht der Swimmingpool der Gastgeber auch den Gästen zur Verfügung. Weitere Freizeitaktivitäten in der Nähe: 9-Loch-Golfplatz, Tennis und Reiten.

Anfahrt: 5 km westlich von Saint-Céré über die D 673 und die D 30

MIDI-PYRÉNÉES

MARCILHAC-SUR-CÉLÉ - 46160

 45 **LES TILLEULS**
Mme Ménassol

46160 Marcilhac-sur-Célé
Tel. 05 65 40 62 68
Fax 05 65 40 74 01
michelle.menassol@wanadoo.fr
www.les-tilleuls.fr.st

16. Nov. bis 16. Dez. geschlossen • 4 Zimmer • 40 bis 42 € für 2 Personen, Frühstück inkl. • keine Mahlzeit • Park, Parkplatz; keine Kreditkarten

 Die Herzlichkeit der Gastgeberin

Das Erfolgsrezept des schönen Landhauses aus dem 18. Jh. mitten im Dorf ist die Herzlichkeit der Gastgeberin, die ihre Gäste sehr zuvorkommend empfängt und zahlreiche Tipps für Ausflüge in die Umgebung gibt. Die Zimmer sind eher schlicht, der Frühstückstisch ist aber dafür wahrhaft reichlich gedeckt – bis zu 24 verschiedene selbstgemachte Marmeladen stehen zur Auswahl! Der Garten mit leicht wildem Touch bietet eine Hängematte sowie einen Grill.

Anfahrt: im Dorf

MARTEL - 46600

 46 **LA COUR AU TILLEUL**
Mme Jouvet

 Avenue du Capitani
46600 Martel
Tel. 05 65 37 34 08
www.la-cour-au-tilleul.com

Ganzjährig geöffnet • 3 Zimmer mit Dusche/WC • 55 € (Nebensaison 50 €) für 2 Personen, Frühstück inkl. • keine Mahlzeit • keine Kreditkarten

 Ein farbenfrohes und gepflegtes Interieur hinter der Fassade aus dem 12. Jh.

Die ehrwürdige Fassade dieses Hauses stammt tatsächlich aus dem 12. Jh.! Die geräumigen Zimmer sind stilvoll eingerichtet und gehen zur Rückseite des Hauses hinaus. Je nach Jahreszeit wird das Frühstück in dem in Blau und Orange gehaltenen Speiseraum oder im Innenhof im Schatten des Lindenbaums serviert. Der Empfang ist wirklich herzlich.

Anfahrt: im Dorf

MIDI-PYRÉNÉES

MAUROUX - 46700

 47 HOSTELLERIE LE VERT
M. Philippe

 Lieu-dit Le-Vert
46700 Mauroux
Tel. 05 65 36 51 36
Fax 05 65 36 56 84
info@hotellevert.com
www.hotellevert.com

1. Nov. bis 31. März geschlossen • 7 Zimmer mit Bad/WC oder Dusche/WC und TV • 60 bis 110 € (Nebensaison 55 bis 90 €) für 2 Personen, Frühstück 9 €, Halbpension möglich • Restaurant mittags geschlossen, Menüs 40 € • Terrasse, Garten, Parkplatz; Hunde auf den Zimmern nicht erlaubt • Swimmingpool, im Sommer Verleih von Fahrrädern und Mountainbikes

 Die ausgeschilderten Wanderwege zwischen den Weinbergen und alten Bauernhöfen

Das abgelegene ehemalige Weingut mit seinem zedernbestandenen Garten verspricht einen absolut ruhigen Aufenthalt – ein idealer Ort zum Ausspannen in der Natur! Sehenswert ist das stilvolle Restaurant mit schönem Gebälk, unverputztem Mauerwerk und antiken Möbeln. Die individuell eingerichteten Zimmer sind im gleichen Stil gehalten. Ein Erlebnis ist das im ehemaligen Vorratskeller eingerichtete Zimmer. Dank der Gewölbedecke und der kleinen Fenster ist es innen auch im Sommer angenehm kühl.

Anfahrt: mitten im Grünen, 12 km südwestlich von Puy-L'Évêque über die D 8 und die D 5

ROCAMADOUR - 46500

 48 LE BEAU SITE
M. Menot

 Cité Médiévale
46500 Rocamadour
Tel. 05 65 33 63 08
Fax 05 65 33 65 23
info@bestwestern-beausite.com
www.bestwestern-beausite.com

1. Jan. bis 1. Febr. und 15. Nov. bis 31. Dez. geschlossen • 39 Zimmer in zwei Gebäuden auf beiden Seiten der Straße, davon 21 mit Klimaanlage, alle mit Bad/WC oder Dusche/WC und TV • 65 bis 98 € (Nebensaison 49 bis 74 €), Frühstück 11 €, Halbpension möglich • Menüs 23 bis 52 € • Terrasse, Garage, Parkplatz (Eingang in der Fußgängerzone)

 Das atemberaubende Bergdorf Rocamadour

Die Eingangshalle des im Herzen der mittelalterlichen Stadt gelegenen Herrenhauses aus dem 15. Jh. ist eine Sehenswürdigkeit. Beachten Sie das im Laufe der Jahrhunderte geschwärzte Gebälk und die alten Bodenfliesen. Die unterschiedlich großen Zimmer sind moderner im Nebengebäude, von wo sich auch ein lohnenswerter Blick bietet. Von dem eleganten Restaurant mit Veranda und Terrasse blickt man über die Schlucht des Alzou. 2 km vom Hotel entfernt lockt ein Schwimmbad in einem schattigen Park.

Anfahrt: in der Hauptstraße der mittelalterlichen Stadt (Fußgängerzone) zwischen der Porte Salmon und der Porte du Figuier

MIDI-PYRÉNÉES
ROCAMADOUR - 46500 ROCAMADOUR - 46500

49 **LE TROUBADOUR**
M. Menot

Route de Brive
46500 Rocamadour
Tel. 05 65 33 70 27
Fax 05 65 33 71 99
troubadour@rocamadour.com
www.hotel-troubadour.com

15. Febr. bis 15. Nov. geöffnet • 10 Zimmer und 2 Ferienwohnungen mit Bad/WC oder Dusche/WC und TV • 60 bis 85 € (Nebensaison 55 bis 70 €) für 2 Personen, Frühstück 10 €, Halbpension möglich • Restaurant mit Klimaanlage, Menüs 26 bis 36 € • Parkplatz, Garten, Terrasse • Swimmingpool, Billardraum

50 **LES VIEILLES TOURS**
M. Brousse

Lieu-dit Lafage
46500 Rocamadour
Tel. 05 65 33 68 01
Fax 05 65 33 68 59
les.vieillestours@wanadoo.fr
www.chateauxhotels.com/vieillestours

1. Jan. bis 26. März und 16. Nov. bis 31. Dez. geschlossen • 17 Zimmer in 2 Häusern, fast alle gehen direkt zum Garten hinaus, alle mit Bad/WC und TV • 60 bis 110 € für 2 Personen, Frühstück 12 €, Halbpension möglich • Menüs 25 (werktags) bis 62 € • Terrasse, Garten, Parkplatz • Swimmingpool

 Nach einem schönen Ausflugstag am Swimmingpool relaxen

Ein schöner Garten voller Blumen und Bäume garantiert die Ruhe auf dem hübsch renovierten ehemaligen Bauernhof. Die Zimmer sind zwar nicht sehr groß, doch rustikale Möbel, Holzdielen und tadellose Sauberkeit sorgen für eine wohnliche Atmosphäre. Manche Zimmer bieten einen Blick auf den Swimmingpool, im Hintergrund die ländliche Umgebung. Das nur außerhalb der Saison geöffnete Restaurant serviert eine einfache Küche. Netter Service.

 Das Zimmer in dem ehemaligen Falkenhaus aus dem 13. Jh.

Die Bauzeit des einsam gelegenen Jagdhauses zog sich über mehrere Jahrhunderte hin (13.-17. Jh.). Die meisten der in den Nebengebäuden eingerichteten Zimmer liegen im Erdgeschoss und gehen direkt zum Garten hinaus, mit einem herrlichen Blick auf die Umgebung. Die Mahlzeiten werden entweder in dem gemütlichen, rustikalen Restaurant oder auf der schattigen und ruhigen Terrasse serviert. Angeboten wird eine schmackhafte Regionalküche.

Anfahrt: 2,5 km nordöstlich über die D 673

Anfahrt: 4 km nach Westen, nachdem man Rocamadour über die D 673 in Richtung Payrac verlassen hat, dann weiter auf einer Nebenstraße

MIDI-PYRÉNÉES

SAINT-SIMON - 46320

ARCIZANS-AVANT - 65400

51 LES MOYNES
Mme Le Cerf-Arets

Les Moynes de Saint-Simon
46320 Saint-Simon
Tel. 05 65 40 48 90
Fax 05 65 40 48 90
les.moynes@free.fr
http://les.moynes.free.fr

15. Apr. bis 14. Nov. geöffnet • 5 Zimmer, davon eines behindertengerecht, alle mit Bad/WC • 50 bis 60 € für 2 Personen, Frühstück inkl., Halbpension möglich • Mahlzeit 19 € • Terrasse, Park, Parkplatz; keine Kreditkarten • Swimmingpool, Tischtennis, Mountainbike

 Die Besichtigung der Entenzucht in Begleitung der Gastgeberin

Eine kürzlich erfolgte Renovierung hat dem Haus aus dem Jahre 1885, das mitten auf einem 12 ha großen bäuerlichen Anwesen steht, gut getan. Frische Farben, alte Holzbalken, massive Steinwände, neue Parkettböden und gut ausgestattete Badezimmer zeichnen die gemütlichen Zimmer aus. Jedes von ihnen trägt einen eigenen Namen. Frühstück und Abendessen werden in einem schönen Raum mit großem Kamin und Futtertrögen serviert.

Anfahrt: 7 km nordwestlich von Assier über die D 11 und die D 25 in Richtung Flaujac

52 CHAMBRE D'HÔTE MADAME VERMEIL
Mme Vermeil

3 rue du Château
65400 Arcizans-Avant
Tel. 05 62 97 55 96

 Fax 05 62 97 55 96

Ganzjährig geöffnet • 3 Zimmer mit Blick auf das Tal oder die Berge • 43 € für 2 Personen, Frühstück inkl. • keine Mahlzeit • keine Kreditkarten, Hunde nicht erlaubt

 Der Panoramablick über das Tal

Das schöne Haus aus dem 19. Jh. verspricht einen äußerst angenehmen Aufenthalt. Die unter dem Dach eingerichteten Zimmer sind mit ihrer Täfelung, der Holzdecke und den Holzmöbeln ausgesprochen gemütlich und bieten einen herrlichen Blick über das Tal und die Berge. Den Gästen stehen eine Küche, ein schöner Garten und ein mit einem Relief der Pyrenäen geschmückter Speiseraum zur Verfügung. Der Gastgeber ist Bergführer und gibt seinen Gästen gerne Tipps zu Ausflügen in die Umgebung.

Anfahrt: 5 km südlich von Argelès über die D 101 und die D 13

MIDI-PYRÉNÉES

ARREAU - 65240

53 ANGLETERRE
Mme Aubiban

Route de Luchon
65240 Arreau
Tel. 05 62 98 63 30
Fax 05 62 98 69 66
hotel-angleterre@oreka.com
www.hotel-angleterre-arreau.com

Im Winter Sa/So und während der Schulferien geöffnet; 1. Apr. bis 15. Mai, 10. Okt. bis 25. Dez. geschlossen • 20 Zimmer mit Bad/WC oder Dusche/WC und TV • 62 bis 92 € für 2 Personen, Frühstück 8 €, Halbpension möglich • Restaurant Mo und Di-mittag geschlossen; Menüs 19 bis 38 € • Parkplatz, Garten; Hunde nicht erlaubt • beheizter Swimmingpool

Der zuvorkommende Service und die familiäre Atmosphäre des Hauses

Die ehemalige Poststation steht in einem typischen Dörfchen des Aure-Tals. Die Zimmer wurden alle kürzlich renoviert. Charakter hat der Speisesaal mit seinen rustikalen Möbeln, alten Gebrauchsgegenständen und warmen, modernen Farben. Die Mahlzeiten werden auch auf der Veranda mit Blick auf den Garten serviert (Swimmingpool und Spielmöglichkeiten für Kinder).

Anfahrt: Ausfahrt aus Arreau über die D 618 in Richtung Luchon

BEAUCENS - 65400

54 ETH BÉRYÈ PETIT
M. et Mme Vielle

15 route de Vielle
65400 Beaucens
Tel. 05 62 97 90 02
Fax 05 62 97 90 02
contact@beryepetit.com
www.beryepetit.com

Ganzjährig geöffnet • 3 Zimmer mit Bad • 45 bis 54 € für 2 Personen, Frühstück inkl. • Mahlzeit 18 €, Getränk inkl. (vom 1. Nov. bis 30. Apr. nur abends) • Terrasse, Garten, Parkplatz; keine Kreditkarten, Hunde nicht erlaubt

Die Herzlichkeit der Gastgeberin

Das schöne Landhaus, dessen Name auf Okzitanisch „kleiner Obstgarten" bedeutet, wurde 1790 im Regionalstil erbaut. Die geschmackvoll eingerichteten Zimmer gehen zum Lavedan und auf die Pyrenäen hinaus. Das Zimmer im ersten Stock ist das größte und führt auf den Balkon an der Fassade. Die anderen beiden Zimmer befinden sich unter dem Dach. Morgens wird entweder am Kaminfeuer oder auf der Terrasse ein üppiges, vorzügliches Frühstück aufgetragen.

Anfahrt: 8,5 km südöstlich von Argelès über die D 100 und eine Nebenstraße

MIDI-PYRÉNÉES

CAMPARAN - 65170   CASTELNAU - MAGNOAC - 65230

55 LA COUETTE DE BIÉOU
Mme Moreilhon

  65170 Camparan
Tel. 05 62 39 41 10
  Fax 05 62 39 41 10

Ganzjährig geöffnet • 3 Zimmer • 42 € für 2 Personen, Frühstück inkl. • keine Mahlzeit • Parkplatz; keine Kreditkarten, Hunde nicht erlaubt

56 CHAMBRE D'HÔTE LE MOULIN D'ARIES
M. Dorit Weimer

  À Aries-Espenan
65230 Castelnau-Magnoac
Tel. 05 62 39 81 85
Fax 05 62 39 81 82
moulindaries@aol.com
www.poterie.fr

15. Mai bis 31. Okt. geöffnet • 5 Zimmer mit Bad und separatem WC • 56 € für 2 Personen, Frühstück inkl. • nur Abendessen 20 € • Lesezimmer; Hunde im Speiseraum nicht erlaubt

  Das atemberaubende Panorama mit dem Tal und den Gipfeln der Pyrenäen

  Die perfekt erhaltene Atmosphäre von Anno dazumal

Obwohl sich dieser reizende Bauernhof mitten im Dorf befindet, hat man von seinen hübschen, mit Blumenkästen geschmückten Balkonen eine herrliche Aussicht auf das Tal und die Pyrenäen. Gleiches gilt für die reizenden Zimmer, in denen Holz dominiert. Von einem blickt man auf Saint-Lary-Soulan. Wenn Sie Glück haben, dürfen Sie bei der Zubereitung eines Kuchens (gâteau à la broche) zuschauen, der vier Stunden lang auf einem Spieß über dem Feuer gedreht wird. Sehr freundliche Besitzer.

Die Gastgeber haben die alte Mühle aus dem 14. Jh. liebevoll restauriert. Sie gehört zu einem schönen Herrenhaus, das nichts von seinem Flair eingebüßt hat: alte Fußböden, ein uraltes Treppenhaus, Türen mit Riegel usw. Die geräumigen, weiß gestrichenen Zimmer besitzen riesige Betten, die Bäder sind gut ausgestattet. In der Mühle gibt es ein Lese- und Fernsehzimmer und eine kleine Bar. Die eindrucksvollen Steinräder sind heute noch zu sehen. Serviert werden Spezialitäten der Gascogne.

Anfahrt: 4 km nördlich, über die Straße nach Arreau und dann rechts abbiegen

Anfahrt: 4 km südöstlich von Castelnau-Magnoac über die D 632 in Richtung Boulogne, dann rechts abbiegen in Richtung Aries-Espenan

MIDI-PYRÉNÉES

MONTGAILLARD - 65200

 57 MAISON BURRET
M. Cazaux

 67 le Cap-de-la-Vielle
65200 Montgaillard
Tel. 05 62 91 54 29
Fax 05 62 91 52 42
 jlcazaux@tiscali.fr

Ganzjährig geöffnet • 2 Zimmer und 1 Suite • 45 bis 50 € für 2 Personen, Frühstück inkl. • Mahlzeit 16 € • Garten, Parkplatz; keine Kreditkarten, Hunde nicht erlaubt

 Der historische Charakter des stattlichen Bauernhofs

Der aus dem Jahre 1791 stammende, besonders schöne Bauernhof ist bis heute in seinem historischen Zustand erhalten geblieben: Taubenhaus, Backstube, Pferdeställe, Viehställe sowie alte landwirtschaftliche Geräte. Die mit antiken Möbeln eingerichteten Zimmer bieten einen hohen Komfort, wobei das Zimmer im Erdgeschoss im Winter durch ein gemütliches Kaminfeuer beheizt wird. Das Essen wird in familiärer Atmosphäre im Speiseraum eingenommen, in dem eine geschnitzte Holztreppe ins Auge fällt.

Anfahrt: 5 km nördlich von Pouzac über die D 935

NESTIER - 65150

 58 LE RELAIS DU CASTERA
M. Latour

 Place du Calvaire
65150 Nestier
Tel. 05 62 39 77 37
Fax 05 62 39 77 29
sarl.sergelatour@wanadoo.fr
 www.hotel-lecastera.com

1. bis 8. Juni, 3. bis 21. Jan. sowie So-abend, Mo und Di-abend (außerhalb der Saison) geschlossen • 7 Zimmer im ersten Stock, alle mit Dusche/WC, einige mit TV • 42 bis 65 € für 2 Personen, Frühstück 8 €, Halbpension möglich • Menüs 23 bis 44 € • Terrasse; Hunde nicht erlaubt

 Das köstliche selbstgemachte Cassoulet

Das Dorf im Comminges wird beherrscht vom Mont Arès, auf dem ein eigentümliches Kreuz zu sehen ist, das aus zwölf kleinen Kapellen am Hang gebildet wird. Das Hotel bietet frisch renovierte, zeitgenössisch eingerichtete Zimmer sowie ein gemütliches Restaurant, das wegen der schmackhaften und üppigen traditionellen Gerichte sehr beliebt ist. Die gepflegten, rustikalen Räume versprechen einen angenehmen Aufenthalt in der Nähe der hübschen Bastide von Montréjeau.

Anfahrt: westlich von Montréjeau, über die D 638 und die D 938 bis Saint-Laurent-de-Neste, dann links abbiegen

MIDI-PYRÉNÉES

OMEX - 65100

 59 **LES ROCAILLES**
M. Fanlou

 65100 Omex
Tel. 05 62 94 46 19
Fax 05 62 94 33 35
muriellefanlou@aol.com
www.lesrocailles.com

1. Nov. bis Ostern geschlossen • 3 Zimmer • 65 € für 2 Personen, Frühstück inkl. • Garten, Parkplatz; keine Kreditkarten, Hunde nicht erlaubt • Swimmingpool

 Der diskrete Charme dieses gemütlichen Hauses

Dem Charme dieses kleinen Steinhauses mit modernen, komfortablen Zimmern werden auch Sie verfallen. Eines der Zimmer hat die Gastgeberin, eine ehemalige Kostümbildnerin an der Pariser Oper, „La Couturière" getauft und eine alte Nähmaschine und eine Anprobepuppe hineingestellt. Es besitzt eine eigene Terrasse. Die anderen, mit Klimaanlage ausgestatteten Zimmer unter dem Dach bieten einen Blick über das Tal. Esszimmer mit Kamin und alten Möbeln, Garten mit Swimmingpool.

Anfahrt: 4,5 km südwestlich von Lourdes über die D 13 und die D 213

PINAS - 65300

 60 **DOMAINE DE JEAN-PIERRE**
Mme Colombier

 20 route de Villeneuve
65300 Pinas
Tel. 05 62 98 15 08
Fax 05 62 98 15 08
marie@domainedejeanpierre.com
www.domainedejeanpierre.com

Ganzjährig geöffnet • 3 Zimmer im ersten Stock • 50 € für 2 Personen, Frühstück inkl. • keine Mahlzeit • Park; keine Kreditkarten • in der Nähe: Tennis, Golf

 Ausflüge in die ländliche Umgebung

Das elegante Landhaus mit seiner hübschen, von wildem Wein bewachsenen Fassade liegt gegenüber den Pyrenäen auf dem Plateau von Lannemezan in 600 m Höhe. Die geräumigen und ruhigen Zimmer sind mit antiken Möbeln und eleganten Stoffen stilvoll eingerichtet. Alle Zimmer gehen auf den gepflegten Park hinaus. Im Salon hört man manchmal leises Klavierspiel. Bei schönem Wetter lässt man sich zum Frühstück auf der Terrasse nieder. Einfacher und aufmerksamer Service.

Anfahrt: 200 m östlich des Ortes an der D 158

MIDI-PYRÉNÉES

SAINT-ARROMAN - 65250

SAINT-LARY-SOULAN - 65170

61 DOMAINE VÉGA
M. et Mme Mun

65250 Saint-Arroman
Tel. 05 62 98 96 77
Fax 05 62 98 96 77

Juni bis Sept. geöffnet • 5 Zimmer mit Dusche/WC oder Bad/WC • 58 € für 2 Personen, Frühstück inkl. • Mahlzeit 18 (werktags) bis 25 € • Park, Parkplatz; keine Kreditkarten, Hunde nicht erlaubt • Swimmingpool

62 LA FERME DE SOULAN
M. et Mme Amelot

Soulan
65170 Saint-Lary-Soulan
Tel. 05 62 98 43 21
fermedesoulan@tiscali.fr
www.fermedesoulan.free.fr

Nov. geschlossen • 4 Zimmer mit Bad/WC und TV • 80 bis 85 € (Nebensaison 70 bis 75 €) für 2 Personen, Frühstück inkl., Halbpension möglich • Menü 21 € (nur abends, Getränk inkl.) • Garten; keine Kreditkarten, Hunde nicht erlaubt • Sauna, Dampfbad

Der reizvolle Landschaftspark

Der im 16. Jh. erbaute Landsitz gehörte in der Belle Époque einem russischen Prinzen und beherbergte in den Siebzigern ein buddhistisches Zentrum. Die heutigen Besitzer haben die hübschen Zimmer nach verschiedenen Blumen benannt und mit schön geschnitzten Betten ausgestattet. Von allen Zimmern blickt man auf den Park mit Zedern, riesigen Lebensbäumen und Linden bis in die weitere Umgebung. Die exquisite Küche basiert auf Produkten aus der Region.

Der herrliche Blick über das Aure-Tal von dem 1 280 m hoch gelegenen Bergdorf

Absolute Ruhe und frische Luft (Raucher unerwünscht!) sind die Vorzüge des ehemaligen Bauernhofes. Sein Name ist der mundartliche Ausdruck für Sonne. Die Gebäude sind um einen gepflasterten Innenhof angeordnet und beherbergen im Erdgeschoss einen rustikalen Speisesaal mit Kamin sowie zwei ebenfalls rustikale, komfortable Zimmer mit Balken und Holztäfelungen. Im ersten Stock befinden sich unter der Mansarde zwei weitere hübsche Zimmer. Der Panoramasaal ist bei den Gästen sehr beliebt.

Anfahrt: 11 km nördlich von Sarrancolin über die D 929 und die D 26

Anfahrt: nordwestlich von Saint-Lary-Soulan: nach Vieille-Aure links auf die D 123

MIDI-PYRÉNÉES

SAINT-PÉ-DE-BIGORRE - 65270 | SALLES - 65400

 63 LE GRAND CÈDRE
M. et Mme Peters

 6 rue du Barry
65270 Saint-Pé-de-Bigorre
Tel. 05 62 41 82 04
christian@grandcedre.com
www.grandcedre.com

Ganzjährig geöffnet • 4 individuell eingerichtete Zimmer mit Bad • 65 € für 2 Personen, Frühstück inkl. • Mahlzeit (nach Voranmeldung) 23 €, Getränk inkl. • überdachte Terrasse, Park, Parkplatz, Internetzugang; keine Kreditkarten • Sauna, Wellness

 64 LE BELVÉDÈRE
Mme Crampe

 6 rue de l'Église
65400 Salles
Tel. 05 62 97 23 68
Fax 05 62 97 23 68
www.argeles-pyrenees.com

Nov. geschlossen • 3 Zimmer mit Dusche/WC • 60 € für 2 Personen, Frühstück inkl. • nur Abendessen bei Halbpension (tgl. außer So) • Park, Parkplatz; keine Kreditkarten, Hunde nicht erlaubt • Ausflüge in die Berge, Schwimmbad

 Die Spaziergänge im Park

 Der herrliche Blick aus dem im 18. Jh. errichteten Gebäude

Das herrschaftliche Haus aus dem 17. Jh. wurde nach der dreihundertjährigen Zeder im Park benannt, in deren Schatten sich die Gäste auf Liegestühlen entspannen können. Die Zimmer sind im Art déco-, Louis-Philippe-, Henri-deux- und Louis-quinze-Stil individuell gestaltet und über eine Galerie miteinander verbunden. Sehenswert sind auch das Musikzimmer mit Klavier, das klassische Esszimmer, das Gewächshaus mit Orchideen, Geranien und Kakteen, die Rosen-Pergola und der kleine Gemüsegarten.

Von dem schönen Herrenhaus bietet sich ein überwältigender Blick auf die Täler von Luz, Cauterets und Arrens mit den Gipfeln der Pyrenäen im Hintergrund. Die im Dachgeschoss eingerichteten Zimmer sind modern, das im ersten Stock ist mit antiken Möbeln und einem Kamin ausgestattet. Von allen Zimmern kann man den herrlichen Blick genießen. Im Winter werden die Mahlzeiten am knisternden Kaminfeuer serviert, im Sommer sitzt man draußen unter einer schattigen Laube. Schmackhafte Küche.

Anfahrt: im Dorf

Anfahrt: 12,5 km südlich von Lourdes über die N 21 und die D 102

MIDI-PYRÉNÉES

VISCOS - 65120

ALBI - 81000

 LA GRANGE AUX MARMOTTES
M. et Mme Senac

 Au village
65120 Viscos
Tel. 05 62 92 91 13
Fax 05 62 92 93 75
hotel@grangeauxmarmottes.com
www.grangeauxmarmottes.com

20. Nov. bis 20. Dez. geschlossen • 6 Zimmer mit Bad/WC oder Dusche/WC und TV • 69 bis 79 € (Nebensaison 55 bis 67 €) für 2 Personen, Frühstück 10 €, Halbpension möglich • Menüs 19 (werktags) bis 45 € • Terrasse, Garten • Swimmingpool

 GEORGE V
Mme Selles

 29 avenue du Maréchal-Joffre
81000 Albi
Tel. 05 63 54 24 16
Fax 05 63 49 90 78
info@hotelgeorgev.com
 www.hotelgeorgev.com

Ganzjährig geöffnet • 9 Zimmer, alle mit Dusche mit oder ohne WC, TV, einige mit Kamin • 33 bis 44 € für 2 Personen, Frühstück 6 € • kein Restaurant • schattiger Innenhof

 Schlafen wie ein Murmeltier ...

Diese Region hat zahlreiche Naturschönheiten zu bieten, die man sich mit Wanderungen erschließen kann. Abends fällt man dann müde ins Bett, doch die ehemalige Scheune aus Feldstein bietet mit gemütlichen Zimmern und einer absolut ruhigen Umgebung das ideale Quartier. Die Sonne steht oft schon hoch am Himmel, wenn man erwacht. Genießen Sie den einzigartigen Blick auf das Tal, das von hohen Bergen umschlossen ist.

 Die ersten Sonnenstrahlen frühmorgens beim Frühstück

Das George V ist zwar nicht so luxuriös wie das berühmte Pariser Hotel gleichen Namens, ist aber dennoch durchaus beachtenswert. Es wirkt großzügig, ist in zarten Farben gehalten und kann mit stilvollem Mobiliar und einigen alten Kaminen aufwarten. Die Zimmer sind frisch renoviert. Obwohl das Hotel gegenüber dem Bahnhof liegt, ist es sehr ruhig. In dem nach hinten gelegenen, schattigen Hof wird das Frühstück serviert. Eine gute Adresse mit weitaus günstigeren Preisen als ein Grandhotel ...

Anfahrt: nordwestlich von Luz-Saint-Sauveur in Richtung Pierrefitte-Nestalas

Anfahrt: an einer der Hauptstraßen, die zum Bahnhof führen

MIDI-PYRÉNÉES

BOUT-DU-PONT-DE-LARN - 81660

 LA MÉTAIRIE NEUVE
M. Tournier

 Bout-du-Pont-de-L'Arn
81660 Pont-de-Larn
Tel. 05 63 97 73 50
Fax 05 63 61 94 75
metairieneuve@wanadoo.fr
www.metairieneuve.com

15. Dez. bis 25. Jan. geschlossen • 14 Zimmer, die meisten mit Bad/WC, einige mit Dusche/WC, alle mit TV • 73 bis 86 € für 2 Personen, Frühstück 10 €, Halbpension möglich • Restaurant Sa-mittag (ganzjährig), So-abend und Mo (Okt. bis Ostern) geschlossen, Menüs 18 (werktags) bis 25 € • Terrasse, Garten, Parkplatz • Swimmingpool

 Das üppige und leckere Frühstück

Reservieren Sie eines der drei renovierten Zimmer, sie sind im ländlich-eleganten Stil gehalten, besitzen Charakter und gehen auf den hübschen Garten hinaus. Der ehemalige Familienbauernhof stammt aus dem 18. Jh. und wurde gegen Ende des 20. Jh.s in ein Hotel umgewandelt. Es gibt zwei Speiseräume in gepflegtem, rustikalem Stil. Im Sommer sitzt man jedoch am besten auf der Terrasse unter dem Dachstuhl der alten Scheune.

Anfahrt: 2 km östlich von Mazamet, Ausfahrt über die N 112 in Richtung Saint-Pons, in La Richarde links abbiegen

BURLATS - 81100

 LE CASTEL DE BURLATS
M. et Mme Dauphin

 8 place du 8-Mai-1945
81100 Burlats
Tel. 05 63 35 29 20
Fax 05 63 51 14 69
le.castel.de-burlats@wanadoo.fr
www.lecasteldeburlats.fr.st

1. bis 15. März und während der Herbstferien geschlossen • 10 Zimmer nur für Nichtraucher, alle mit Bad/WC oder Dusche/WC und TV • 61 bis 100 € für 2 Personen, Frühstück 10 € • Menüs 20 € (abends) • Park mit kleinem französischen Garten, gesicherter Parkplatz • Billardzimmer, Leseraum, Rundwanderwege in der Nähe

 Im Renaissancesalon bei einem Glas Whisky über Gott und die Welt reden

Das hübsche „Kastell" aus dem 14. und 16. Jh. liegt am Eingang des mittelalterlichen Dorfes in der Agout-Schlucht. Die geräumigen, individuell eingerichteten Zimmer mit Blick auf den reizvollen kleinen Park wirken durch antike Möbel äußerst stilvoll. Entspannung versprechen das Billardzimmer im englischen Stil und das Lesezimmer im Stil der Renaissance (Kamin, Holztäfelungen, Gebälk), in dem man in Kunst- und Geschichtsbüchern schmökern kann. Die Gäste werden mit großer Herzlichkeit empfangen.

Anfahrt: 9 km nordöstlich von Castres über die D 89 und die D 58 am Agout entlang

MIDI-PYRÉNÉES

CASTRES - 81100

 69 EUROPE
M. Vialar

 5 rue Victor-Hugo
81100 Castres
Tel. 05 63 59 00 33
Fax 05 63 59 21 38
hotelrenaissanceeurope@wanadoo.fr
www.hotelrenaissance.fr

Ganzjährig geöffnet • 38 Zimmer mit Bad/WC oder Dusche/WC und TV • 60 bis 90 € (Nebensaison 50 bis 90 €) für 2 Personen, Frühstück 8 €, Halbpension möglich • Menü (Mo bis Sa) 10 € • Patio • Fr und Sa Pianobar

 Die originelle Innendekoration

Das Hotel liegt in der Altstadt von Castres in drei Häusern aus dem 17. Jh., die durch einen Patio miteinander verbunden sind. Möbel vom Edeltrödel, Skulpturen, Gemälde und Grünpflanzen sorgen für ein besonderes Ambiente. Auch einige der Zimmer haben ihren speziellen Touch: unverputztes Mauerwerk, Fachwerk und offenes Bad. Die Aufenthaltsräume dienen als Speiseräume, am Wochenende werden Konzerte veranstaltet.

Anfahrt: im Stadtzentrum, in einer ruhigen Straße zwischen dem Boulevard des Lices und dem Place Jean-Jaurès

CORDES-SUR-CIEL - 81170

 70 AURIFAT
Mme Wanklyn

 81170 Cordes-sur-Ciel
Tel. 05 63 56 07 03
Fax 05 63 56 07 03
aurifat@wanadoo.fr
www.aurifat.com

Mitte Dez. bis Mitte Febr. geschlossen • 4 Zimmer nur für Nichtraucher • 70 € (Nebensaison 62 €) für 2 Personen, Frühstück inkl. • keine Mahlzeit • Garten, Parkplatz; keine Kreditkarten, Hunde nicht erlaubt • Swimmingpool

 Die bezaubernde Umgebung des geschichtsträchtigen Baus

Der aus Backstein und Fachwerk errichtete Wachturm aus dem 13. Jh. wurde sehr schön restauriert. Die Zimmer sind mit Rattanmöbeln ausgestattet und besitzen durchweg einen Balkon mit Blick auf die Felder und das Tal. Die in einem Taubenhaus aus dem 17. Jh. eingerichtete Suite ist besonders gelungen. Der in Terrassen angelegte Garten lädt zum Erholen und Genießen ein, und das mittelalterliche Stadtzentrum von Cordes ist bequem zu Fuß zu erreichen.

Anfahrt: 600 m von der Oberstadt entfernt, an der Straße nach Saint-Jean

MIDI-PYRÉNÉES

CORDES-SUR-CIEL - 81170

71 HOSTELLERIE DU VIEUX CORDES
M. et Mme Thuriès

Haut de la Cité
81170 Cordes-sur-Ciel
Tel. 05 63 53 79 20
Fax 05 63 56 02 47
vieux.cordes@thuries.fr
www.thuries.fr

Jan. geschlossen • 20 Zimmer in der Hostellerie, einige mit Blick auf das Tal, 8 Zimmer im Nebengebäude „La Cité", alle mit Bad/WC oder Dusche/WC und TV • 49 bis 130 €, Frühstück 9 €, Halbpension möglich • Restaurant So-abend, Di-mittag und Mo außerhalb der Saison geschlossen, Menüs 18 bis 36 € (im Nebengebäude kein Restaurant) • schattige Terrasse

 Die Spaziergänge durch das mittelalterliche Cordes

Die Zimmer des Hotels besitzen zwar nicht soviel Charme wie der Rest des Hauses, ein ehemaliges Kloster, in dem eine Wendeltreppe aus Holz erhalten ist. Der Gasthof ist jedoch ein idealer Ausgangspunkt, um in Cordes, der „Stadt der hundert Spitzbögen", auf Entdeckungstour zu gehen. Vom Zimmer hat man einen herrlichen Blick über das Tal des Cérou und die malerische Gasse. Im wunderschönen Innenhof mit Terrasse duftet eine 200 Jahre alte Glyzinie. Auf der Karte stehen Lachs- und Entengerichte.

Anfahrt: im Ortszentrum, zwischen der Markthalle und der Kirche

CORDES-SUR-CIEL - 81170

72 MAISON BAKEA
M. et Mme Aguirre

28 Le Planol
81170 Cordes-sur-Ciel
Tel. 05 63 56 29 54
Fax 05 63 56 29 54
lamaison bakea@tiscali.fr
www.maisonbakea.chez.tiscali.fr

Jan. bis 15. März und 15. Nov. bis 30. Dez. geschlossen • 5 Zimmer nur für Nichtraucher • 55 bis 75 € für 2 Personen, Frühstück inkl. • keine Mahlzeit • Kreditkarten in der Hauptsaison; Hunde nicht erlaubt

 Die heitere Atmosphäre in diesem von Künstlern geführten Haus

Stellen Sie sich ein Haus aus dem 13. Jh. in einer malerischen alten Stadt vor, mit einem wunderschönen, hübsch restaurierten Innenhof mit Galerien, Backstein und Fachwerk. Fröhliche Farben, alte Möbel, Buntglasfenster, unverputzte Wände und Gebälk in den Zimmern, die individuell gestaltet und mit modernen Badezimmern ausgestattet sind. Und schließlich eine Terrasse, von der man den Blick über die hügelige Landschaft genießt... Nein, das ist kein Traum, das ist das Maison Bakea!

Anfahrt: 800 m von Cordes, auf dem Planol, in der mittelalterlichen Stadt

MIDI-PYRÉNÉES

LACABARÈDE - 81240

 73 **DEMEURE DE FLORE**
M. Di Bari

 106 route Nationale
81240 Lacabarède
Tel. 05 63 98 32 32
Fax 05 63 98 47 56
demeure.de.flore@hotelrama.com
www.hotelrama.com

2. bis 30. Jan. und Mo außerhalb der Saison geschlossen • 10 Zimmer, davon 3 in einem Nebenhaus und eines behindertengerecht, und 1 Suite, alle mit Bad/WC und TV • 79 bis 100 € für 2 Personen, Frühstück 10 €, Halbpension möglich • Menüs 26 bis 34 € • Terrasse, Garten, gesicherter Parkplatz; Hunde im Restaurant nicht erlaubt • Swimmingpool

 Ein Spaziergang im englischen Garten

Eine von majestätischen Linden gesäumte Allee führt zu dem herrschaftlichen Landhaus aus dem Jahre 1882. Die geschmackvoll dekorierten Zimmer sind mit Möbeln im Louis-seize-Stil eingerichtet. Drei Zimmer gehen direkt zum Swimmingpool mit den Montagne Noire im Hintergrund hinaus. Die Hauptmahlzeiten sind provenzalisch-italienisch inspiriert, nur der Nachmittagstee ist richtig schön britisch. Köstlich!

Anfahrt: in Lacabarède die N 112 verlassen und in eine von Linden gesäumte Allee einbiegen

ROUAIROUX - 81240

 74 **LA RANQUIÈRE**
M. et Mme Lecoutre

 La Ranquière
81240 Rouairoux
Tel. 05 63 98 87 50
ranquiere@aol.com

Jan. bis März geschlossen • 4 Zimmer mit Bad/WC oder Dusche/WC • 60 bis 70 € (Nebensaison 50 bis 60 €) für 2 Personen, Frühstück inkl. • nur Abendessen (nach Voranmeldung) 20 € • Terrasse, Garten, Park, Parkplatz; keine Kreditkarten, Hunde nicht erlaubt • Swimmingpool

 Das schmucke Innere, das aus einer Dekorationszeitschrift stammen könnte

Blau, gelb, grün oder rosa - welches Zimmer werden Sie auf diesem Bauernhof aus dem 17. Jh., der auf einem 2 ha großen Anwesen steht, wohl bekommen? Aber die Farbe ist unwichtig, denn alle Zimmer besitzen ihren Reiz. Sie sind wunderschön gestaltet mit unverputzten Wänden, Fliesen, schönen Türen, bunten Stoffen und alten Möbeln. Weitere Vorzüge sind der aufmerksame Service, der hübsche Garten, der kleine Obstgarten, der schöne Swimmingpool und die Terrasse mit Blick auf die Montagne Noire.

Anfahrt: in Lacabarède auf der D 52 in Richtung Rouairoux fahren und nach 800 m links in Richtung La Ranquière abbiegen

MIDI-PYRÉNÉES

ESCATALENS - 82700

75 MAISON DES CHEVALIERS
M. et Mme Choux

Place de la Mairie
82700 Escatalens
Tel. 05 63 68 71 23
Fax 05 63 30 25 90
claude.choux@wanadoo.fr
www.maisondeschevaliers.com

Ganzjährig geöffnet • 6 Zimmer mit Bad • 70 € für 2 Personen, Frühstück inkl., Halbpension möglich • Mahlzeit 20 € • Terrasse, Garten, Park, Parkplatz; keine Kreditkarten • Swimmingpool

 Die ideenreiche Küche der aus Portugal stammenden Gastgeberin

Das herrschaftliche Landhaus aus dem 18. Jh. wurde geschmackvoll renoviert, zum Teil durchaus gewagt. Die in den Farben des Südens gestrichenen Zimmer sind geräumig und haben Atmosphäre: Himmelbetten, antike Möbel, herrliche alte Badewannen und Waschbecken aus portugiesischem Marmor usw. In den Nebengebäuden befinden sich ein Spielzimmer und für Gäste, die sich ihre Mahlzeiten selbst zubereiten möchten eine kleine Küche mit Speiseraum. Mitten auf einer Wiese schöner Swimmingpool.

Anfahrt: 14 km westlich von Montauban, an der N 113, im Ort

LAFRANÇAISE - 82130

76 LE PLATANE
Mme Horf

Coques-Lunel
82130 Lafrançaise
Tel. 05 63 65 92 18
Fax 05 63 65 88 18
leplatane@wanadoo.fr
www.leplatane.fr.tt

Ganzjährig geöffnet • 4 Zimmer • 60 bis 65 € für 2 Personen, Frühstück inkl., Halbpension möglich • Mahlzeit 20 € • Garten, Parkplatz; keine Kreditkarten • Swimmingpool, Reiten

 Die außerordentlich komfortablen Zimmer

Das schöne, im Jahre 1904 aus Backstein errichtete Herrenhaus wird rechts und links von Stallungen und einem Taubenhaus flankiert. Die geräumigen, in modernem oder „neorustikalem" Stil gehaltenen Zimmer bieten jeden erdenklichen Komfort. Bei großer Hitze kann man am Swimmingpool oder im Schatten der hundertjährigen Platanen, Linden und Trauerweiden wunderbar faulenzen. Freizeitaktivitäten: Reiten und Fahrradfahren.

Anfahrt: 10 km östlich von Moissac über die D 927, die D 2 und die D 68

MIDI-PYRÉNÉES

LAMOTHE-CAPDEVILLE - 82130 | LAUZERTE - 82110

77 LA MAISON DE MANON
M. et Mme Pico

122 chemin Antoine-Cadillac
82130 Lamothe-Capdeville
Tel. 05 63 31 36 29
Fax 05 63 31 36 29
manon.pico@wanadoo.fr
http://www.lamaisondemanon.com

Nov. geschlossen • 3 Zimmer und 1 Suite, alle mit Bad/WC oder Dusche/WC • 70 € für 2 Personen, Frühstück inkl. • keine Mahlzeit • Terrasse, Garten, Parkplatz; keine Kreditkarten, Hunde nicht erlaubt • Swimmingpool

Der charmante Empfang

Von dem einsam auf einem Berg gelegenen Haus bietet sich ein hübscher Blick auf die hügelige Umgebung, die Dächer von Montauban und bei schönem Wetter auch auf die Pyrenäen. Die gepflegten, schlichten Zimmer sind nach traumhaften Städten benannt und dementsprechend eingerichtet (Madras, Venedig, Asmara). Alle Zimmer führen zu der halbüberdachten Terrasse mit Blick auf den Park und Swimmingpool.

78 LE QUERCY
M. Bacou

Faubourg d'Auriac
82110 Lauzerte
Tel. 05 63 94 66 36
Fax 05 63 39 06 56

hotel.du.quercy@wanadoo.fr

Ganzjährig geöffnet außer während der Schulferien im Februar • 10 Zimmer mit Bad/WC oder Dusche/WC, 4 Zimmer mit Blick auf die Umgebung • 32 bis 42 € für 2 Personen, Frühstück 6 €, Halbpension möglich • Restaurant Mo und So-abend (Nebensaison) geschlossen, Menüs 10 bis 28 € • kleiner Parkplatz

Einige Kilometer den Pilgern auf dem Jakobsweg folgen

Im Herzen eines auf einem Felsen gelegenen, mittelalterlichen Dorfes steht das Haus vom Ende des 19. Jh.s. Die schönen mittelalterlichen Dorfhäuser mit Fachwerk säumen einen überdachten Platz. Die kleinen Zimmer wurden komplett renoviert, wobei die vier auf der Rückseite gelegenen auf das Tal der Barguelonne hinausgehen. Das Restaurant wurde ebenfalls einfach, aber sehr geschmackvoll renoviert. Die Gastgeber empfangen ihre Gäste mit großer Herzlichkeit.

Anfahrt: 1,5 km nordöstlich von Lamothe-Capdeville über die D 78 und die D 69 Straße nach Mirabel, dann in den Weg nach links einbiegen

Anfahrt: in einem mittelalterlichen Dorf an der D 953 zwischen Montcuq und Valence-d'Agen

MIDI-PYRÉNÉES

MEAUZAC - 82290

79 MANOIR DES CHANTERELLES
M. et Mme Brard

Bernon-Boutonnelle
82290 Meauzac
Tel. 05 63 24 60 70
Fax 05 63 24 60 71
Nathalie@manoirdeschanterelles.com
www.manoirdeschanterelles.com

Ganzjährig geöffnet • 4 Zimmer auf 2 Stockwerken, alle mit Bad/WC, Klimaanlage, TV und Modemanschluss • 70 bis 100 € für 2 Personen, Frühstück inkl. • Mahlzeit 25 bis 30 € • Aufenthaltsraum, Terrasse, Park, Parkplatz; keine Kreditkarten • Swimmingpool, Billard

 Die originelle Zimmereinrichtung

Der entzückende Landsitz bietet individuell gestaltete Gästezimmer: Das Zimmer „Louis XVI" ist mit antikem Mobiliar, das Zimmer „Savane" im afrikanischen Stil und die „Orientalische Suite" im nordafrikanischen Stil eingerichtet. Den Gästen steht ein vielfältiges Freizeitangebot zur Verfügung: Billardzimmer, Swimmingpool, Tennisplatz und ein hübscher, teilweise schattiger Park, der von Obstgärten mit Apfelbäumen umgeben ist. Der herzliche Empfang durch die Gastgeber trägt zum Charme des Hauses bei.

Anfahrt: 2,5 km nordwestlich von Meauzac über die D 45 in Bernon-Boutounelle

MOISSAC - 82200

80 LE MOULIN DE MOISSAC
M. Barthélémy

Esplanade du Moulin
82200 Moissac
Tel. 05 63 32 88 99
Fax 05 63 32 02 08
hotel@lemoulindemoissac.com
www.lemoulindemoissac.com

Ganzjährig geöffnet • 35 Zimmer mit Fahrstuhl und Klimaanlage, davon 2 behindertengerecht und 26 nur für Nichtraucher, alle mit Bad/WC und TV • 50 bis 100 € für 2 Personen, Frühstück 8 €, Halbpension möglich • Restaurant mit Klimaanlage, Sa-mittag und So geschlossen; Menüs 15 bis 32 € • gesicherter Parkplatz • im Herzen des historischen Ortes

 Der Blick auf den Tarn, den man von der reizenden Mühle aus genießt

Der Ursprung der einstigen Getreidemühle auf dem rechten Ufer des Tarn reicht bis ins Jahr 1474 zurück. Nach einer wechselvollen Geschichte und zahlreichen Umbauarbeiten wurde das eindrucksvolle Gebäude kürzlich einer umfassenden Verjüngungskur unterzogen und präsentiert sich nun mit komfortablen Zimmern, die jeweils nach einem Motto eingerichtet sind (Landleben, Gebirge, Seefahrt), gemütlicher Pianobar sowie einem angenehmen Restaurant im Stil eines zeitgenössischen Bistros.

Anfahrt: Autobahn A 62, Ausfahrt 9, in Richtung Moissac-Centre, dann hinter der Brücke (Pont Napoléon) rechts abbiegen

MIDI-PYRÉNÉES

MONTPEZAT-DE-QUERCY - 82270   SAINT-ANTONIN-NOBLE-VAL - 82140

 81 DOMAINE DE LAFON
M. et Mme Perrone

Pech de Lafon
82270 Montpezat-de-Quercy
Tel. 05 63 02 05 09
Fax 05 63 27 60 69
micheline.perrone@domainedelafon.com
www.domainedelafon.com

15. Febr. bis 15. März und 2 Wochen im Nov. geschlossen • 3 Zimmer mit Bad • 65 bis 72 € (Nebensaison 65 €) für 2 Personen, Frühstück inkl., Halbpension möglich • nur Abendessen 22 bis 50 € (nur nach Voranmeldung) • Terrasse, Garten, Parkplatz; keine Kreditkarten, Hunde im Speiseraum nicht erlaubt

 Die Malkurse in Trompe-l'œil-Technik

Der auf einem Hügel gelegene Herrensitz aus dem 19. Jh. bietet einen herrlichen Blick über die Umgebung. Die geräumigen Zimmer überraschen durch ihre originelle Innendekoration, die der Hausherr – ein Maler und ehemaliger Theaterdekorateur – selbst kreiert hat. Das Zimmer „L'Indienne" schmücken orientalische Stoffe, Marmor und Trompe-l'œil-Architekturzeichnungen, „Les Perroquets" besitzt schöne Azujelos, und „Les Baldaquins" beeindruckt durch ein grau-gelbes Laubornament. Unbedingt sehenswert!

Anfahrt: 2 km über die D 20 in Richtung Molières, dann links abbiegen und 2 km in Richtung Mirabel fahren

  82 LA RÉSIDENCE
M. et Mme Weijers

37 rue Droite
82140 Saint-Antonin-Noble-Val
Tel. 05 63 67 37 56
Fax 05 63 67 37 56
info@laresidence-france.com
www.laresidence-France.com

Ganzjährig geöffnet • 5 Zimmer nur für Nichtraucher mit Blick auf den Garten oder die Terrasse, alle mit Bad/WC • 65 bis 80 € für 2 Personen, Frühstück inkl. • nur Abendessen 22 € • Garten; keine Kreditkarten, Hunde nicht erlaubt

 Die ideale Lage im Herzen des mittelalterlichen Dorfs

Das Herrenhaus aus dem 18. Jh. wird von einem englisch-französischen Ehepaar geführt. Das geschmackvolle Interieur ist eine gelungene Mischung der britischen und der französischen Kultur. Die geräumigen und gepflegten Zimmer versprechen einen angenehmen Aufenthalt, wobei die meisten einen Blick auf den Roc d'Anglars bieten; ein Zimmer hat eine eigene Terrasse. Im Sommer kann man sich im Garten entspannen, und für die sportlichen Gäste gibt es ein Kletterzentrum ganz in der Nähe.

Anfahrt: im Zentrum des mittelalterlichen Dorfes

MIDI-PYRÉNÉES

SAINT-PORQUIER - 82700

83 **LES HORTENSIAS**
M. et Mme Barthe

82700 Saint-Porquier
Tel. 05 63 68 73 62
Fax 05 63 68 73 62

Ganzjährig geöffnet • 3 Zimmer nur für Nichtraucher, alle mit Bad/WC oder Dusche/WC und Modemanschluss • 60 € für 2 Personen, Frühstück inkl. • keine Mahlzeit • Garten, Parkplatz; keine Kreditkarten, Hunde nicht erlaubt • Aufenthaltsraum mit Kamin, Swimmingpool

 Der natürliche und freundliche Empfang

Das typische Haus aus rosa Backstein strahlt besonders viel Charme aus. Vermietet werden drei frisch renovierte Zimmer, die mit Mobiliar aus dem Familienbesitz eingerichtet sind und nach Blumen benannt wurden. In dem ehemaligen Weinkeller befindet sich heute das Speisezimmer. Die entzückende überdachte Terrasse führt zum blühenden Garten und zum Gemüsegarten hinaus. Der Swimmingpool lädt zur Entspannung ein.

Anfahrt: im Ort

NORD-PAS-DE-CALAIS

Die Region in Nordfrankreich erwärmt mit ihrer natürlichen Herzlichkeit auch die kühlste Seele. Die Einwohner pflegen ihre Traditionen mit zahlreichen Festen und mit dem Karneval, der mit viel Musik und Tanz gefeiert wird. Über eine Million Besucher kommen jedes Jahr zur *Grande Braderie* nach Lille, einem der vielen Straßenmärkte, und verzehren dort mehrere Tonnen Pommes Frites und Muscheln, zusammen mit einer nicht unbeträchtlichen Menge Bier. Der Einfluss Flanderns ist an den Städte- und Familiennamen und den zahlreichen gotischen Architekturschätzen erkennbar, ganz zu schweigen von den gastronomischen Spezialitäten. So gibt es *Carbonnade*, ein in Bier gegartes Rinderragout, oder *Potjevleesch*, einen Hühner- oder Hasenbraten mit Kartoffeln. Das fröhliche Glockenspiel der Stadttürme, hübsche Häuserreihen aus Backstein in ehemaligen Bergarbeitersiedlungen und die Silhouette von Windmühlen in der Ferne erinnern den Besucher daran, dass die Grenze nach Belgien nicht weit ist. Bei schönem Wetter kann man sogar auf der anderen Seite des Ärmelkanals die weißen Klippen von Dover erblicken!

- Nord (59)
- Pas-de-Calais (62)

NORD-PAS-DE-CALAIS

ARTRES - 59269

 1 LA GENTILHOMMIÈRE
Mme Fournier

 2 place de l'Église
59269 Artres
Tel. 03 27 28 18 80
Fax 03 27 28 18 81
la.gentilhommiere@wanadoo.fr
www.hotel-lagentilhommiere.com

2. bis 25. Aug. sowie So-abend geschlossen • 10 Zimmer mit Bad/WC und TV • 80 € für 2 Personen, Frühstück 10 € • Menüs 29 bis 39 € • Garten, gesicherter Parkplatz • Reitausflüge (nach Voranmeldung), Wanderungen, Mountainbike-Touren, Kutschfahrten

 Das Musée des Beaux-Arts in Valenciennes

Das Hotel befindet sich in einem ehemaligen Bauernhof aus rotem Backstein, der 1746 am Rande von Valenciennes errichtet wurde. Die geräumigen und gepflegten Zimmer gehen zum reizenden Innenhof oder zum gepflegten Garten hinaus. In dem im ehemaligen Stall eingerichteten Restaurant mit der Gewölbedecke und den erhaltenen Futtertrögen herrscht eine gemütliche Atmosphäre. Serviert werden traditionelle Gerichte. Ein weiteres Plus: Auf Wunsch werden Ausritte und Kutschfahrten organisiert.

Anfahrt: südlich von Valenciennes über die D 958 (Richtung Le Cateau), hinter Famars links die D 400 nehmen

BANTEUX - 59266

 2 FERME DE BONAVIS
Mme Delcambre

 59266 Banteux
Tel. 03 27 78 55 08
Fax 03 27 78 55 08
contact@bonavis.fr
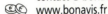 www.bonavis.fr

Ganzjährig geöffnet • 3 Zimmer mit Bad • 47 bis 62 € für 2 Personen, Frühstück inkl. • keine Mahlzeit • keine Kreditkarten, Hunde nicht erlaubt

 Die staunenden Augen der Kinder, wenn sie das Leben auf dem Bauernhof entdecken

Die nach dem Zweiten Weltkrieg in einen (immer noch bewirtschafteten) Bauernhof umfunktionierte ehemalige Poststation überrascht durch ihre großzügigen Räumlichkeiten. Die schlichten und ruhigen Zimmer besitzen schöne Parkettfußböden und sehr hohe Zimmerdecken. Vor Ort gibt es zahlreiche Freizeitmöglichkeiten: Boulespiel, Tischtennis, Kicker, Wanderungen, Fahrradtouren und, in 9 km Entfernung auch ein Segelfluggelände.

Anfahrt: 11 km südlich von Cambrai über die N 44

NORD-PAS-DE-CALAIS

BEAUCAMPS-LIGNY - 59134

3 CHEZ JULIE
M. et Mme Tilmant

8 rue Radinghem
59134 Beaucamps-Ligny
Tel. 03 20 50 33 82
Fax 03 20 50 34 35
ctilmant@wanadoo.fr

 http://perso.wanadoo.fr/chezjulie

Ganzjährig geöffnet • 3 komfortable Zimmer mit Dusche/WC und Telefon • 44 € für 2 Personen, Frühstück inkl. • keine Mahlzeit • Aufenthaltsraum, Parkplatz; keine Kreditkarten, Hunde nicht erlaubt

 Die einfache und natürliche Gastlichkeit der Hausherren

In dem am Rande eines Dorfes gelegenen, kleinen Bauernhaus aus rotem Backstein fühlt man sich gleich wie zu Hause. Die in hellen Pastelltönen gehaltenen Zimmer sind gepflegt; zwei davon befinden sich unter dem Dach. Der gemütliche Frühstücksraum ist mit einem Klavier, einem Kamin und schönen Holzmöbeln ausgestattet. Im Aufenthaltsraum laden Sofas und weiche Sessel zu einer Pause ein.

Anfahrt: 12 km westlich von Lille über die A 25, Ausfahrt 7, und die Straße nach Radinghem (D 62)

BOURBOURG - 59630

4 LE WITHOF
Mme Battais

Chemin du Château
59630 Bourbourg
Tel. 03 28 22 16 17
Fax 03 28 62 38 88

Anfang Aug. geschlossen • 5 Zimmer mit Bad, nur für Nichtraucher • 52 € für 2 Personen, Frühstück inkl. • keine Mahlzeit • Garten, Parkplatz; Hunde nicht erlaubt

 Die wunderbare Architektur des Bauernhofs aus dem 16. Jh.

Mit seinem Wassergraben, den Ecktürmen und dem beeindruckenden Eingang, der an eine Zugbrücke erinnert, wirkt der befestigte Bauernhof aus dem 16. Jh. wie ein Schloss. Die geräumigen Zimmer sind mit schönen Türen, Parkettfußböden und großzügigen Badezimmern ausgestattet. Bei schönem Wetter nimmt man das Frühstück im Ehrenhof ein. Eine Adresse mit gutem Preis-Leistungs-Verhältnis.

Anfahrt: 14 km südwestlich von Dünkirchen über die A 16 in Richtung Calais (Ausfahrt 23)

NORD-PAS-DE-CALAIS

JENLAIN - 59144

5 CHÂTEAU D'EN HAUT
M. Demarcq

59144 Jenlain
Tel. 03 27 49 71 80
Fax 03 27 35 90 17
chateaudenhaut@fr.st
www.chateaudenhaut.fr.st

Ganzjährig geöffnet • 6 Zimmer mit Bad/WC • 48 bis 75 € für 2 Personen, Frühstück inkl. • keine Mahlzeit • Park, Parkplatz; keine Kreditkarten, Hunde nicht erlaubt

Die herrlichen antiken Möbel im Schloss

Das märchenhafte Schloss aus dem 18. Jh. und das dazugehörige Taubenhaus (1772) liegen mitten in einem Park, zu dem eine lange gepflasterte Allee führt. Das Interieur beeindruckt den Gast durch zahlreiche Intarsienarbeiten, Antiquitäten und Gemälde. Die mit Himmelbetten ausgestatteten Zimmer sind äußerst komfortabel. Den Gästen stehen ein geräumiger und freundlicher Frühstücksraum, eine Bibliothek und sogar eine kleine Kapelle zur Verfügung. Ein sehr gepflegtes Haus, herzlicher Empfang.

Anfahrt: 6 km südöstlich von Valenciennes über die D 934 und die D 59

LIESSIES - 59740

6 CHÂTEAU DE LA MOTTE
M. Plateau

59740 Liessies
Tel. 03 27 61 81 94
Fax 03 27 61 83 57
contact@chateaudelamotte.fr
www.chateaudelamotte.fr

18. Dez. bis 9. Febr. sowie So-abend und Mo-mittag außerhalb der Saison geschlossen • 9 Zimmer in 2 Gebäudeflügeln, die meisten mit Bad/WC, einige mit Dusche/WC, alle mit TV • 65 € für 2 Personen, Frühstück 8 €, Halbpension möglich • Menüs 21 bis 37 € • Park, Parkplatz • Mountainbike-Verleih

Der intensiv schmeckende Käse namens „Boulette d'Avesnes"

Das hübsche Gebäude aus rosa Backstein wurde im 18. Jh. am Rand des Forêt de l'Abbé-Val Joly für die Mönche der Benediktinerabtei von Liessies errichtet. Die teils mit antiken, teils mit rustikalen Möbeln ausgestatteten Zimmer wie auch die Bäder sind frisch renoviert und äußerst ruhig. Vom Restaurant, das an eine Orangerie erinnert, blickt man auf einen schattigen Park. Im Naturpark Avesnois kann man schöne Spaziergänge und Wanderungen unternehmen.

Anfahrt: Ausfahrt aus Liessies nach Süden über die D 133 oder die D 963 und die Nebenstraße nach La Motte nehmen

NORD-PAS-DE-CALAIS

LILLE - 59000

7 BRUEGHEL
Mme Lhermie

3-5 parvis Saint-Maurice
59000 Lille
Tel. 03 20 06 06 69
Fax 03 20 63 25 27
hotel.brueghel@wanadoo.fr
www.hotel-brueghel.com

Ganzjährig geöffnet • 65 Zimmer mit Bad/WC oder Dusche/WC, alle mit TV • 75 bis 83 € für 2 Personen, Frühstück 8 € • kein Restaurant • öffentlicher Parkplatz in der Nähe

 Die reizvolle Altstadt von Lille, in der immer ein lebhaftes Treiben herrscht

Das Hotel ist mit seinem roten Backstein und dem Kreidestein ein typisches Beispiel flämischer Architektur. Seine etwas nostalgische Inneneinrichtung mit dem dunklen Holz und einem alten Aufzug aus Holz und Schmiedeeisen wirkt sehr stilvoll. Die meisten der in Pastellfarben gehaltenen kleinen Zimmer bieten einen Blick auf die gotische Kirche Saint-Maurice. Die Lage im Stadtzentrum ist ideal, der Grand'Place ist bequem zu Fuß zu erreichen – darum ist das einfache Hotel auch immer gut belegt.

Anfahrt: gegenüber der Kirche Saint-Maurice

LILLE - 59000

8 PAIX
M. et Mme Trénaux

46 bis rue de Paris
59000 Lille
Tel. 03 20 54 63 93
Fax 03 20 63 98 97
hotelpaixlille@aol.com
www.hotel-la-paix.com

Ganzjährig geöffnet • 35 Zimmer mit Bad/WC oder Dusche/WC und TV • 80 bis 105 € für 2 Personen, Frühstück 9 € • kein Restaurant • öffentlicher Parkplatz in der Nähe

Die Bildergalerie dieses preisgünstigen Hotels

Hinter einer etwas schiefen Fassade – das Gebäude stammt immerhin von 1782 – verbirgt sich das Hôtel de la Paix. Das von einer Malerin geführte Haus ist mit über 250 Reproduktionen von Gemälden dekoriert. Die Zimmer, Flure und Treppen sind jeweils einem Künstler gewidmet, dessen Bilder auf gelbem, altrosafarbenem und hellgrünem Hintergrund ausgestellt sind. Im Frühstücksraum hängen Werke der Hotelbesitzerin. Ein freundliches Hotel mit vielen Stammgästen.

Anfahrt: im Stadtzentrum, in der Nähe des Grand'Place, des Theaters und der Oper

NORD-PAS-DE-CALAIS

LOMPRET - 59840

9 **LA FERME BLANCHE**
Mme Deleval

Rue Pasteur
59840 Lompret
Tel. 03 20 92 99 12
Fax 03 20 54 29 82
dadeleval@nordnet.fr

Ganzjährig geöffnet • 3 Zimmer mit Bad/WC • 50 € für 2 Personen, Frühstück inkl. • keine Mahlzeit • Park, Parkplatz; keine Kreditkarten • Swimmingpool

 Fahrradtouren in der Umgebung

Ein steiniger Weg führt zu dem hübschen Bauernhof, dessen weiß gestrichene und in einem Rechteck angeordnete Gebäude man durch ein videoüberwachtes Eingangstor erreicht. Die in der ehemaligen Scheune eingerichteten Zimmer sind einfach und komfortabel, wobei das schönste in rosa-, bordeauxfarbenen und weißen Tönen gehalten ist. Auch der Frühstücksraum mit seinen Deckenbalken und pastellfarbenen Wänden strahlt eine angenehme Atmosphäre aus. Kleiner Swimmingpool im Innenhof.

Anfahrt: 7 km nordwestlich von Lille über die Ausfahrt 6 und einen Weg rechts

ROUBAIX - 59100

10 **ABRI DU PASSANT**
M. Renart

14 rue Vauban
59100 Roubaix
Tel. 03 20 11 07 62
Fax 03 20 11 07 62
jean-françois.renart@wanadoo.fr
www.ifrance.com/abri-du-passant

Aug. geschlossen • 5 Zimmer mit Bad • 37 € für 2 Personen, Frühstück 5 €, Halbpension möglich • nur Abendessen (werktags und nach Voranmeldung) 11 € • Garten; keine Kreditkarten

 Die zeitgenössischen Gemälde, die das ganze Haus schmücken

Das direkt am Parc Barbieux gelegene Bürgerhaus von 1890 ist ein kleines Juwel. Innen sind zahlreiche originale Architekturelemente erhalten, z. B. das Mosaik am Eingang, die beeindruckend hohen Zimmerdecken und die großzügige Holztreppe, die in die erste Etage führt. Die Zimmer und Badezimmer sind geräumig und gepflegt. Im Aufenthaltsraum und Esszimmer werden Werke eines jungen nordfranzösischen Künstlers ausgestellt.

Anfahrt: im Südwesten der Stadt, in der Nähe des Parks

NORD-PAS-DE-CALAIS

SAINT-PIERRE-BROUCK - 59630

SARS-POTERIES - 59216

11 **CHÂTEAU DE SAINT-PIERRE-BROUCK**
M. et Mme Duvivier-Alba

287 route de la Bistade
59630 Saint-Pierre-Brouck
Tel. 03 28 27 50 05
Fax 03 28 27 50 05
contact@lechateau.net
www.lechateau.net

Ganzjährig geöffnet (nach Voranmeldung) • 5 Zimmer nur für Nichtraucher, alle mit Bad/WC • 65 bis 70 € für 2 Personen, Frühstück inkl. • Mahlzeit (außer Di und Do) 25 € • Park, Parkplatz; keine Kreditkarten, Hunde nicht erlaubt

12 **HÔTEL DU MARQUAIS**
Mmes Carrié et Guinot

65 rue du Général-de-Gaulle
59216 Sars-Poteries
Tel. 03 27 61 62 72
Fax 03 27 57 47 35
hoteldumarquais@aol.com
www.hoteldumarquais.com

1. bis 15. Febr. geschlossen • 11 Zimmer nur für Nichtraucher, alle mit Bad/WC oder Dusche/WC • 50 € für 2 Personen, Frühstück 7 € • kein Restaurant • Garten, Parkplatz • Tennis

 Die gemütliche Einrichtung des 1905 errichteten Herrensitzes

Das beeindruckende Herrenhaus vom Anfang des 20. Jh.s liegt in einem 2 ha großen Park. Die nach Blumen benannten Zimmer besitzen stilvolle Möbel, stuckverzierte Decken und Kamine aus Marmor. Die Herrin des Hauses zaubert leckere Gerichte mit flämischen Einflüssen, die Sie im einladenden und eleganten Speiseraum oder auf der Veranda im Stil eines Wintergartens mit Blick auf die Umgebung zu sich nehmen.

 Ein Besuch in den Keramikwerkstätten von Sars

Das Hotel ist in einem alten Bauernhof eingerichtet. Die Zimmer wirken durch bemalte Backsteinwände und antike Möbel besonders ansprechend. Je nach Wetter wird das Frühstück auf der Terrasse mit Blick über den Garten oder an dem großen Gästetisch in der Eingangshalle serviert. Für sportliche Gäste gibt es einen Tennisplatz, während kulturell Interessierte das Glasmuseum besichtigen können, das sich im Haus des ehemaligen Leiters der Glasbläserei befindet.

Anfahrt: 8 km nördlich des Waldes von Éperlecques über die D 1

Anfahrt: am Ortsausgang

NORD-PAS-DE-CALAIS

ARRAS - 62000

BEUSSENT - 62170

 13 LES 3 LUPPARS
M. Libouton

49 Grand'Place
62000 Arras
Tel. 03 21 60 02 03
Fax 03 21 24 24 80
contact.3luppars@wanadoo.fr
www.ostel-les-3luppars.com

Ganzjährig geöffnet • 42 Zimmer, davon eines behindertengerecht, alle mit Dusche/WC und TV • 60 bis 65 € für 2 Personen, Frühstück 7 € • kein Restaurant • Sauna

 14 LA HAUTE CHAMBRE
M. Barsby

124 route d'Hucqueliers
Hameau le Ménage
62170 Beussent
Tel. 03 21 90 91 92
Fax 03 21 86 38 24

1. bis 15. Sept. und 15. Dez. bis 15. Jan. geschlossen • 5 Zimmer im ersten Stock • 90 € für 2 Personen, Frühstück inkl. • keine Mahlzeit • Garten, Park, Parkplatz; keine Kreditkarten, Hunde auf Anfrage erlaubt • Besuch des Künstlerateliers, M. Barsby ist Bildhauer

 Unter den Arkaden des Grand'Place flanieren

Die einfach und praktisch eingerichteten Zimmer besitzen zwar keinen besonderen Charme, und die nach hinten gelegenen Zimmer sind zwar ruhig, jedoch ohne Blick auf den Platz. Dennoch empfehlen wir diese Adresse, weil das Haus das älteste (1467) von Arras ist. Die herrliche gotische Fassade mit Treppengiebeln, Schießscharten und Kreuzstockfenstern am hübsch restaurierten Grand'Place ist ein Meisterwerk flämischer Architektur.

 Die idyllische Umgebung des hübschen Landhauses aus dem 19. Jh.

Einfach märchenhaft! Das im Jahre 1858 errichtete Landhaus liegt in einem idyllischen Park, in dem der Hausherr, seines Zeichens Bildhauer, einige seiner Werke ausstellt. Die komfortabel und geschmackvoll eingerichteten Zimmer sind wunderschön. Das Frühstück für anspruchsvolle Gäste ist reichlich. Der weitläufige Park mit rund 300 Tieren ist ideal für Kinder.

Anfahrt: im Stadtzentrum, am Grand'Place

Anfahrt: 10 km nördlich von Montreuil über die N 1 und die D 127

NORD-PAS-DE-CALAIS

CALAIS - 62100

15 **MEURICE**
M. et Mme Cossart

5 rue Edmond-Roche
62100 Calais
Tel. 03 21 34 57 03
Fax 03 21 34 14 71
meurice @ hotel-meurice.fr
www.hotel-meurice.fr

Ganzjährig geöffnet • 41 Zimmer auf 3 Stockwerken, alle mit Bad/WC oder Dusche/WC und TV • 60 bis 130 € für 2 Personen, Frühstück 12 €, Halbpension möglich • Restaurant Sa-mittag geschlossen, Menüs 12 (werktags) bis 70 € • Garage

Was uns besonders gefiel
Das Spitzenmuseum gleich neben dem Hotel

Das Hotel existiert seit 1771, aber die alte Poststation wurde im Zweiten Weltkrieg zerstört. Danach wurde das Haus im Stil eines „Minipalastes" wieder aufgebaut, was ihm heute einen leicht nostalgischen Charme verleiht. Die Inneneinrichtung ähnelt einem Filmdekor aus den 50er Jahren. Besonders stilvoll ist die großzügige Eingangshalle mit ihren Kronleuchtern, dem Kamin und antiken Möbeln. Die Zimmer sind etwas altmodisch und das Restaurant ist mit seiner Holztäfelung richtig gemütlich.

Anfahrt: hinter dem Musée de la Dentelle, in einer ruhigen kleinen Straße in der Nähe der Rue Royale und des Parc Richelieu

DUISANS - 62161

16 **LE CLOS GRINCOURT**
Mme Annie Senlis

18 rue du Château
62161 Duisans
Tel. 03 21 48 68 33
Fax 03 21 48 68 33
patrick.senlis @ wanadoo.fr

Nov. bis März geschlossen (außer nach Voranmeldung) • 1 Zimmer und 1 Suite nur für Nichtraucher • 49 € für 2 Personen, Frühstück inkl. • keine Mahlzeit • Park, Parkplatz; keine Kreditkarten, Hunde nicht erlaubt

Was uns besonders gefiel
Das besondere Ambiente des Hauses

Über eine gepflasterte Allee erreicht man den schönen Landsitz, dessen Bau unter Ludwig XIV. begonnen und erst unter Napoleon III. beendet wurde. Das mit Familienfotos geschmückte Haus strahlt eine persönliche Atmosphäre aus. Eine hübsche weiße Wendeltreppe führt zu den apartmentähnlichen Zimmern, die einen Blick auf den Park freigeben, der sich im Frühling in einen Teppich von Osterglocken verwandelt. Das Geheimnis des Hauses: Hier ist der Gast König!

Anfahrt: 9 km westlich von Arras über die N 39

NORD-PAS-DE-CALAIS

ESCALLES - 62179

17 LA GRAND'MAISON
M. Boutroy

Hameau de la Haute-Escalles
62179 Escalles
Tel. 03 21 85 27 75
Fax 03 21 85 27 75

www.lagrandmaison.chez.tiscali.fr

Ganzjährig geöffnet • 6 Zimmer, alle mit Bad/WC oder Dusche/WC und TV • 45 bis 55 € für 2 Personen, Frühstück inkl. • keine Mahlzeit • Garten, Parkplatz; keine Kreditkarten, Hunde auf Anfrage erlaubt

Die einzigartige Lage zwischen Land und Meer

Dieses hübsche Bauernhaus aus dem 18. Jh. befindet sich zwischen Cap Gris-Nez und Cap Blanc-Nez, genau gegenüber von Dover. Im Innenhof steht sogar noch ein originales Taubenhaus. Die geräumigen Zimmer sind mit antiken Möbeln eingerichtet, wobei die sog. „Prestige"-Zimmer einen höheren Komfort und TV bieten. Ideal für Kinder sind der Garten mit Tieren und ein kleiner Spielplatz. Das Freizeitangebot für die Großen umfasst neben Wandern und Mountainbike auch Windsurfen (in 2 km Entfernung).

Anfahrt: 2 km östlich des Cap Blanc-Nez über die D 243

FILLIÈVRES - 62770

18 LE MOULIN
M. et Mme Legrand

16 rue de Saint-Pol
62770 Fillièvres
Tel. 03 21 41 13 20
Fax 03 21 04 32 41
aufildeleau@free.fr

http://aufildeleau.free.fr

Ganzjährig geöffnet • 5 Zimmer nur für Nichtraucher, alle mit Bad/WC • 48 bis 52 € für 2 Personen, Frühstück inkl. • Mahlzeit 19 € (abends) • Garten, Park, Parkplatz; keine Kreditkarten, Hunde auf Anfrage erlaubt • Angeln, Kanufahren, Mountainbike-Verleih.

Die idyllische Lage der Mühle

An der Straße zum Camp du drap d'or, wo einst der französische König Franz I. und der englische König Heinrich VIII. zusammentrafen, steht die hübsche Mühle aus dem 18. Jh. Das Wasserrad und die gesamte Mechanik sind bis heute erhalten. Das schön restaurierte Haus bietet geräumige Zimmer mit antiken Möbeln. Die Canche plätschert gemütlich am Hause vorbei, und in dem herrlichen Park gibt es zwei Teiche mit Schwänen; ein Teich ist zum Angeln freigegeben. Eine ideale Adresse zum Entspannen.

Anfahrt: 7 km südöstlich von Vieil-Hesdin über die D 340

NORD-PAS-DE-CALAIS
LOISON-SUR-CRÉQUOISE - 62990   MARCK - 62730

 LA COMMANDERIE
Mme Flament

Allée des Templiers
62990 Loison-sur-Créquoise
Tel. 03 21 86 49 87

Febr. geschlossen • 3 individuell eingerichtete Zimmer nur für Nichtraucher • 62 bis 70 € für 2 Personen, Frühstück inkl. • keine Mahlzeit • Garten, Parkplatz; keine Kreditkarten, Hunde nicht erlaubt

 Das historische Flair des Hotels

Die ehemalige Templerkomturei, deren Ursprung bis ins 12. Jh. zurückgeht, wurde von Grund auf restauriert. Die geschmackvoll eingerichteten Zimmer tragen weibliche Vornamen zu Ehren der Vorfahren: Alice, Maria, Mancienne und Tantise. Im Erdgeschoss sind zahlreiche alte Gebrauchsgegenstände wie ein Zinktresen, ein Blasebalg, der heute als kleiner Tisch dient, Zinnkrüge u. v. m. zu sehen. In dem hübschen Park hört man das sanfte Plätschern der Créquoise.

Anfahrt: die lange Allee am Fluss entlang nehmen

 LE MANOIR DU MELDICK
M. et Mme Houzet

2528 avenue du Général-de-Gaulle -
Le Fort-Vert
62730 Marck
Tel. 03 21 85 74 34
Fax 03 21 85 74 34
jeandaniele.houzet@free.fr
www.manoir-du-meldick.com

24. Dez. bis 6. Jan. geschlossen • 5 Zimmer • 60 € für 2 Personen, Frühstück inkl. • keine Mahlzeit • Parkplatz; keine Kreditkarten, Hunde nicht erlaubt

 Die Gastgeberin, die Sie liebevoll umsorgt

In dem nur wenige Minuten vom Hafen von Calais entfernt gelegenen und perfekt renovierten Landhaus genießt man absolute Ruhe. Die geräumigen und geschmackvoll eingerichteten Zimmer sind jeweils nach einer Blume benannt: „Kornblume", „Gänseblümchen", „Rose", „Mohnblume" – „Hyazinthe" besitzt ein riesiges Bett. In allen Zimmern lassen sich Tee und Kaffee zubereiten, sogar Kekse stehen bereit. Eine Adresse zum Wohlfühlen!

Anfahrt: 6 km östlich von Calais über die D 940 und die D 119

NORD-PAS-DE-CALAIS

MARLES-SUR-CANCHE - 62170   NOEUX-LES-MINES - 62290

 21   **MANOIR FRANCIS**
Mme Leroy

1 rue de l'Église
62170 Marles-sur-Canche
Tel. 03 21 81 38 80
Fax 03 21 81 38 56
manoir.francis@wanadoo.fr

Ganzjährig geöffnet • 3 Zimmer mit Bad/WC • 60 € für 2 Personen, Frühstück inkl. • keine Mahlzeit • Garten; keine Kreditkarten, Hunde auf Anfrage erlaubt

 22   **LES TOURERELLES**
M. et Mme Verbrugge

374 rue Nationale
62290 Noeux-les-Mines
Tel. 03 21 61 65 65
Fax 03 21 61 65 75
les.tourterelles@wanadoo.fr
www.lestourterelles.fr

Ganzjährig geöffnet • 22 Zimmer auf 3 Stockwerken, alle mit Bad/WC oder Dusche/WC und TV • 50 bis 75 € für 2 Personen, Frühstück 8 €, Halbpension möglich • Menüs 20 bis 45 € • Terrasse, Garten, gesicherter Parkplatz; Hunde auf den Zimmern nicht erlaubt • Freizeitpark Loisinord in der Nähe (Wassersportzentrum, Ganzjahresski)

 Die äußerst gelungene Inneneinrichtung

Man betritt das Gelände des befestigten Bauernhofs aus dem 17. Jh. durch ein riesiges Eingangstor und durchquert dann den Garten, in dem verschiedene kleine Haustiere leben. Die Inneneinrichtung ist außerordentlich reizvoll, insbesondere das Erdgeschoss mit seinem Gewölbe aus Kalkstein, das von diagonal verlaufenden Balken getragen wird. Die geräumigen Zimmer sind mit antiken Möbeln ausgestattet, es gibt eigene Sitzecken und originelle Badezimmer. Hübsche Terrasse im Schatten eines Apfelbaums.

 Eine Abfahrt auf der Skipiste im Freizeitpark Loisinord

Der Bau aus rotem Backstein war ursprünglich, vor über 100 Jahren, der Hauptsitz eines Bergbauunternehmens. Die Schlichtheit der Zimmer wird durch die Eleganz des Restaurants, das sich im ehemaligen Sitzungssaal des Verwaltungsrates befindet, mehr als wettgemacht. Dunkles Holz, ein Marmorkamin und Stühle im Louis-seize-Stil sorgen für eine gemütliche Atmosphäre. Bei schönem Wetter wird draußen auf der Terrasse gespeist.

Anfahrt: 5,5 km südöstlich von Montreuil-sur-Mer über die D 113

Anfahrt: zwischen Arras und Béthune, an der Hauptstraße des Ortes

NORD-PAS-DE-CALAIS

SAULTY - 62158 TIGNY-NOYELLE - 62180

23 CHÂTEAU DE SAULTY
Mme Dalle

82 rue de la Gare
62158 Saulty
Tel. 03 21 48 24 76
Fax 03 21 48 18 32
chateaudesaulty@nordnet.fr

Jan. geschlossen • 4 Zimmer mit Bad/WC • 50 € für 2 Personen, Frühstück inkl. • keine Mahlzeit • Park, Parkplatz; keine Kreditkarten, Hunde nicht erlaubt

24 LE PRIEURÉ
M. Delbecque

Impasse de l'Église
62180 Tigny-Noyelle
Tel. 03 21 86 04 38
Fax 03 21 81 39 95
r.delbecque@wanadoo.fr
www.leprieure-tigny.com

Ganzjährig geöffnet • 5 Zimmer mit Bad/WC und TV • 64 bis 92 € für 2 Personen, Frühstück inkl. • nur Abendessen 25 € • Garten, Park

 Das Frühstück mit Apfel- und Birnensaft aus eigener Herstellung

Das Schloss von 1835 liegt gegenüber einem herrlichen Park und Obstgarten mit Apfel- und Birnbäumen. Die Zimmer sind unterschiedlich groß. Durch den Parkettfußboden, antike Möbel oder Kiefernmöbel und Kamine aus Marmor wirken sie äußerst behaglich. Zum Frühstück im Originalspeisesaal des Schlosses gibt es u. a. selbstgemachte Marmeladen und Säfte. Den Gästen stehen eine Bibliothek und eine Tischtennisplatte zur Verfügung.

 Die exquisite Ausstattung des Hauses

Der Gastgeber ist Antiquitätenhändler und hat das mitten in einem Park gelegene hübsche Haus mit türkisfarbenen Fensterläden selbst restauriert. Die Zimmer besitzen durch Holzbalken und die antiken Möbel besonderen Charme. Besonders gut gelungen sind das zweigeschossige Zimmer und die Suite, zu auch ein Wohnraum mit Kamin gehört. Im Frühstücksraum sorgt ein herrlicher Kamin im regionalen Stil für Gemütlichkeit. Golfspieler werden den 36-Loch-Golfplatz in Nampont (3 km) zu schätzen wissen.

Anfahrt: 19 km südwestlich von Arras in Richtung Doullens über die N 25

Anfahrt: hinter der Kirche

NORD-PAS-DE-CALAIS

VERTON - 62180

25 LA CHAUMIÈRE
Mme Terrien

19 rue du Bihen
62180 Verton
Tel. 03 21 84 27 10
genevieve.terrien@free.fr
www.alachaumiere.com

Ganzjährig geöffnet • 4 Zimmer nur für Nichtraucher • 57 € für 2 Personen, Frühstück inkl. • keine Mahlzeit • Garten, Parkplatz; keine Kreditkarten, Hunde nicht erlaubt

Der Charme eines Puppenhauses

Das hübsche Haus mit Reetdach liegt mitten in einem schönen Garten nur 4 km vom Meer entfernt. Die Adresse verbindet diskrete Eleganz mit großer Herzlichkeit. Die Zimmer sind individuell eingerichtet und Nichtrauchern vorbehalten. Wenn Sie mehrere Tage bleiben, wird Ihnen auffallen, dass zum Frühstück jeden Morgen ein anderes Kaffeeservice aufgetragen wird. Die Gastgeberin besitzt nämlich eine hübsche Sammlung, die sie auch gerne benutzt. Golfplatz in der Nähe.

Anfahrt: 4 km östlich von Berck über die D 303

WIERRE-EFFROY - 62720

26 LA FERME DU VERT
M. Bernard

62720 Wierre-Effroy
Tel. 03 21 87 67 00
Fax 03 21 83 22 62
ferme.du.vert@wanadoo.fr
www.fermeduvert.com

15. Dez. bis 20. Jan. sowie So von Nov. bis März geschlossen • 16 Zimmer mit Dusche/WC • 60 bis 85 € für 2 Personen, Frühstück 9 €, Halbpension möglich • Menüs 22 bis 39 € • Garten, Park, Parkplatz; Hunde im Restaurant nicht erlaubt

Ein Besuch in der Käserei, die von den Gastgebern geführt wird

Eine ideale Adresse zum Entspannen in der Natur. Die Zimmer bieten hohen Komfort, sind ruhig und geschmackvoll eingerichtet. Die größeren Zimmer besitzen gemütliche Nischen. Auf der Speisekarte stehen leckere traditionelle Regionalgerichte. Ein Besuch der Käserei nebenan lohnt sich, um vor der Abfahrt noch richtig guten Käse einzukaufen!

Anfahrt: 10 km nordöstlich von Boulogne über die N 42 und die D 234

NORD-PAS-DE-CALAIS
WIMEREUX - 62930

 27 **LA GOÉLETTE**
Mme Avot

 13 Digue de Mer
62930 Wimereux
Tel. 03 21 32 62 44
Fax 03 21 33 77 54
lagoelette @ nordnet.fr
www.lagoelette.com

Ganzjährig geöffnet • 4 Zimmer mit Bad/WC und TV • 77 bis 130 € (Nebensaison 77 bis 90 €), Frühstück inkl. • keine Mahlzeit • keine Kreditkarten, Hunde nicht erlaubt

 Beim Öffnen der Fenster am Morgen die frische Seeluft genießen

Dem Charme der auf der Deichpromenade von Wimereux stehenden Villa aus der Zeit um 1900 kann keiner widerstehen! Die Innenräume wurden restauriert, wobei der Originalcharakter erhalten blieb. Die Zimmer wirken durch harmonische Farben, stuckverzierte Decken und warme Kiefernholzmöbel besonders ansprechend. Das blaue und das gelbe Zimmer bieten einen beeindruckenden Blick auf das Meer, die anderen Zimmer gehen auf den Innenhof hinaus. Die Gastgeberin gibt gerne Tipps zu Ausflügen in die Umgebung.

Anfahrt: am Meer

NORMANDIE

Die Normandie ist der Inbegriff ländlicher Idylle, die im Frühling während der Apfelblüte von einem weißen Schleier überzogen ist. Den Reisenden erwarten Fachwerkhäuser, die typische Heckenlandschaft und grüne Wiesen mit Pferden und gut genährten Kühen. Folgt man dem gewundenen Flusslauf der Seine, dann kommt man an mittelalterlichen Städten, Burgen und ehrwürdigen Abteien vorbei. An der endlosen Küste mit ihren eleganten Seebädern kann der Reisende herrliche Spaziergänge machen. Zahlreiche Gedenkstätten erinnern an die Menschen, die an den Landungsstränden der Alliierten im Juni 1944 ihr Leben ließen. Atemberaubend ist der Anblick des Mont-Saint-Michel oder der Blick von den Kreidefelsen in Étretat. Eine Beschreibung der Normandie wäre jedoch unvollständig, wenn man die kulinarische Tradition außer Acht ließe: Zu den Spezialitäten der Region gehören frischer Fisch, Meeresfrüchte, cremiger Camembert, frisch prickelnder Cidre und natürlich der in Eichenfässern gereifte Apfelbranntwein Calvados.

- Calvados (14)
- Eure (27)
- Manche (50)
- Orne (61)
- Seine-Maritime (76)

MANCHE

- Cap de la Hague
- **Cherbourg-Octeville** 40, 32, 42, 41
- Barfleur
- Beaumont Hague 35
- 46, 45
- Valognes
- les Pieux
- 44 S¹ Vaast-la-Hougue
- 33
- 43
- Barneville-Carteret
- S¹ᵉ Mère-Eglise 17
- 11 S¹ Laurent-sur-Mer
- la Haye-du-Puits
- Carentan 10 Arromanches 1, 7, 8, 2
- 19 Courseulles 4
- Lessay 20 Bayeux 15 Ouistreham
- Isigny 18
- 3 Caen
- **St Lô**
- 34 38 Villers-Bocage
- Coutances 9
- Torigni 13, 14
- Thury-Harcourt
- Granville
- Villedieu-les-Poêles
- Vire 57
- Condé-sur-Noireau 59
- 47
- 39 Tinchebray
- 56 37 Flers Argenta...
- Avranches Mortain
- 31 S¹ Hilaire-du-Harcouet 21 51
- le Mont-S¹ Michel 36
- Domfront la Ferté-Macé
- Pontorson Landivy Bagnoles-de-l'Orne 49 Carrouges
- S¹ Malo Cancale
- Dinard Dol-de-Bretagne Gorron Lassay Pré-en-Pail
- Plancoët Antrain
- Combourg Ambrières-les-Vallées
- Dinan Fougères 44 63
- Caulnes Hédé Ernée Mayenne Bais
- Montauban-de-Bretagne S¹ Aubin-du-Cormier
- S¹ Méen-le-G¹ Châteaubourg 147 24 Evron
- Mordelles Vilaine Vitré
- **Rennes** **Laval**

NORMANDIE
ARROMANCHES-LES-BAINS - 14117   BANVILLE - 14480

 1 **LA MARINE**
M. Durand

 1 quai du Canada
14117 Arromanches-les-Bains
Tel. 02 31 22 34 19
Fax 02 31 22 98 80
hotel.de.la.marine@wanadoo.fr
www.hotel-de-la-marine.fr

27. Nov. bis 1. März geschlossen • 28 Zimmer mit Bad/WC oder Dusche/WC und TV • 61 bis 87 € für 2 Personen, Frühstück 10 €, Halbpension möglich • Menüs 22 bis 49 € • Parkplatz

 2 **FERME LE PETIT VAL**
M. Gérard Lesage

 24 rue du Camp-Romain
14480 Banville
Tel. 02 31 37 92 18
Fax 02 31 37 92 18

1. Nov. bis zu den Osterferien geschlossen • 5 Zimmer, davon 2 im Erdgeschoss und 3 im ersten Stock, alle mit Bad/WC • 50 bis 56 € für 2 Personen, Frühstück inkl. • keine Mahlzeit • Garten, Parkplatz; keine Kreditkarten, Hunde nicht erlaubt

 Die geschichtsträchtige Atmosphäre der Landungsstrände des D-Day

Die schlicht und zweckmäßig eingerichteten Zimmer des großen, strahlend weißen Hotels erinnern an Schiffskabinen. In dem großzügigen und eleganten Restaurant in hellblauen Farbtönen und in dem Pub kann man Hummer, Fisch und Krustentiere frisch aus einem Bassin bestellen. Man hat einen herrlichen Blick auf den Ärmelkanal und den berühmten Horizont, an dem im Morgengrauen des 6. Juni 1944 die alliierten Truppen auftauchten.

 Der friedliche Anblick weidender Kühe

Der typische Bauernhof aus dem 17. Jh. ist eine ideale Adresse zum Entspannen in unberührter Natur. Die diskret-eleganten Zimmer sind auf zwei Gebäude verteilt, die um einen großen Innenhof herum angeordnet sind. Der mit Möbeln aus Familienbesitz eingerichtete Frühstücksraum ist besonders gemütlich. Bei schönem Wetter lädt der Blumengarten zum Relaxen ein.

Anfahrt: am Hafen

Anfahrt: im Dorf

NORMANDIE

BAYEUX - 14400

 3 D'ARGOUGES
M. et Mme Ropartz

 21 rue Saint-Patrice
14400 Bayeux
Tel. 02 31 92 88 86
Fax 02 31 92 69 16
dargouges@aol.com

24. und 25. Dez. geschlossen • 28 Zimmer mit Bad/WC oder Dusche/WC, alle mit TV • 68 bis 100 € (Nebensaison 52 bis 84 €) für 2 Personen, Frühstück 8 € • kein Restaurant • Garten, Garage, Parkplatz; Hunde nicht erlaubt

 Der ruhige Garten mitten in der Stadt

Das Haus aus dem 18. Jh. sieht zwar auf den ersten Blick etwas streng aus, aber der hübsche Garten hinter dem Haus lockert die ganze Atmosphäre auf. In einigen Zimmern sind noch elegant gemusterte Parkettfußböden, alte Türen und Holzbalken erhalten. Die geräumigeren Zimmer sind auch für Familien geeignet. Derzeit werden die Räume mit neuen Betten, Stoffen und Tapeten ausgestattet.

Anfahrt: in der Straße, die vom Stadtzentrum zur N 13 (Straße nach Cherbourg) führt

CABOURG - 14390

 4 LE COTTAGE
Mme Rival

24 avenue du Général-Leclerc
14390 Cabourg
Tel. 02 31 91 65 61
Fax 02 31 28 78 82
www.hotellecottage.com

5. bis 31. Jan. geschlossen • 14 Zimmer auf 2 Stockwerken, mit Bad/WC oder Dusche/WC und TV • 66 bis 89 € (Nebensaison 60 bis 86 €), Frühstück 8 € • kein Restaurant • Garten • Fitnessraum, Sauna

 Die familiäre Atmosphäre des malerischen Hotels

Das hübsche Fachwerkhaus aus der Zeit um 1900 liegt in einem netten Garten. Eine verwinkelte Treppe führt zu den schlichten, aber regelmäßig renovierten und individuell eingerichteten Zimmern. Die Zimmer im obersten Stock sind etwas kleiner. Familiärer Frühstücksraum. Eine Adresse zum Wohlfühlen!

Anfahrt: gegenüber der Kirche, von Ouistreham kommend an der Avenue, die die Verlängerung der D 514 bildet

NORMANDIE
CAMBREMER - 14340 | CAMBREMER - 14340

5 **MANOIR DE CANTEPIE**
Mme Gherrak

Le Cadran
14340 Cambremer
Tel. 02 31 62 87 27
Fax 02 31 62 87 27

15. Nov. bis 1. März geschlossen • 3 Zimmer mit Bad im ersten Stock • 60 € für 2 Personen, Frühstück inkl. • keine Mahlzeit • Aufenthaltsraum, Garten, Park, Parkplatz; keine Kreditkarten, Hunde nicht erlaubt

6 **LES MARRONNIERS**
M. et Mme Darondel

Les Marronniers
14340 Cambremer
Tel. 02 31 63 08 28
Fax 02 31 63 92 54
chantal.darondel@wanadoo.fr
www.les-marronniers.com

Ganzjährig geöffnet • 5 individuell eingerichtete Zimmer • 50 bis 58 € für 2 Personen, Frühstück inkl. • keine Mahlzeit • Park; keine Kreditkarten, Hunde nicht erlaubt

 Normandie pur!

 Die liebevollen Details der Zimmerdekoration

Das prachtvolle Herrenhaus vom Beginn des 17. Jh.s besitzt eine einzigartige Atmosphäre. Eleganz und Stil sind das Markenzeichen des Hauses. Zu den Zimmern gelangt man über eine wunderschöne Eichentreppe. Die Zimmer selbst sind geräumig und bieten höchsten Komfort. Die nostalgischen Badezimmer sind ein echtes Erlebnis. In dem mit Möbeln aus Familienbesitz eingerichteten Aufenthaltsraum und im Park kann man wunderbar entspannen. Eine der besten Adressen der Region!

Von dem einladenden Gebäude aus dem 17. Jh., das von einem Park umgeben ist, bietet sich ein wunderschöner Blick auf das Tal der Dive und im Hintergrund das Meer. Die großzügigen Zimmer sind individuell eingerichtet und nach römischen Göttinnen benannt: „Venus" ist von Licht durchflutet, „Diana" etwas kleiner, aber sehr romantisch zum Garten hin gelegen. Das üppige Frühstück nehmen die Gäste in einem hübschen Innenhof ein.

Anfahrt: 11 km westlich von Lisieux über die N 13 und die D 50

Anfahrt: 5 km über einen Gemeindeweg

NORMANDIE

CRÉPON - 14480

7 LA FERME DE LA RANÇONNIÈRE
Famille Sileghem et Vereecke

Route d'Arromanches-les-Bains
14480 Crépon
Tel. 02 31 22 21 73
Fax 02 31 22 98 39
ranconniere@wanadoo.fr
www.ranconniere.com

Ganzjährig geöffnet • 35 Zimmer, davon eines behindertengerecht, alle mit Bad/WC oder Dusche/WC und TV • 52 bis 110 € für 2 Personen, Frühstück 11 €, Halbpension möglich • Menüs 16 (werktags) bis 45 € • Garten, Parkplatz

 Der historische Charakter der beiden alten Bauernhöfe

Schöne Balkendecken, Gewölbe, riesige Kamine, unverputztes Mauerwerk, alte Bodenfliesen: Der alte Bauernhof aus dem 13. Jh. sieht aus wie aus einem Geschichtsbuch. Die Möbel und Nippsachen in den meisten Zimmern stammen allerdings von Trödlern. 800 m entfernt befindet sich die Ferme de Mathan in einem Pachthof aus dem 18. Jh., die etwas teurere, geräumigere und absolut ruhige Zimmer anbietet.

Anfahrt: westlich von Bayeux, über die D 12 in Richtung Douvres-la-Délivrande und nach 12 km links auf die D 65 abbiegen

CRÉPON - 14480

8 LE MANOIR DE CRÉPON
Mme Poisson

14480 Crépon
Tel. 02 31 22 21 27
Fax 02 31 22 88 80
manoirdecrepon@wanadoo.fr
www.manoirdecrepon.com

10. Jan. bis 10. Febr. geschlossen • 4 Zimmer mit Bad/WC • 75 bis 110 € für 2 Personen, Frühstück inkl. • keine Mahlzeit • Garten, Parkplatz • Mountainbike

 Das exquisite Interieur dieses Landhauses

Das in einem weitläufigen Park mit hundertjährigen Bäumen stehende elegante Landhaus aus dem 18. Jh. besitzt eine rot verputzte Fassade, die typisch für die Region ist. Die geräumigen und stilvoll möblierten Zimmer sind äußerst komfortabel. Der Frühstücksraum ist in der ehemaligen Küche eingerichtet, wo im Winter ein Feuer im Kamin prasselt. An Hausgäste werden Fahrräder verliehen.

Anfahrt: im Dorf

NORMANDIE

DAMPIERRE - 14350

9 CHÂTEAU DE DAMPIERRE
MM. Cherrier et Jouvin

Le Château
14350 Dampierre
Tel. 02 31 67 31 81
Fax 02 31 67 02 06
www.chateau-de-dampierre.com

Ganzjährig geöffnet • 5 Zimmer mit Blick auf das Taubenhaus • 60 bis 90 € für 2 Personen, Frühstück 3 € • keine Mahlzeit • keine Kreditkarten, Hunde nicht erlaubt • Empfänge

Der erste Blick auf die beiden mächtigen Ecktürme, die am Ende der Allee auftauchen

Das bezaubernde Anwesen liegt in der Heckenlandschaft an der Grenze zwischen Calvados und Manche. Es wurde im 16. Jh. von François Gabriel erbaut, von dem auch das Schloss von Carrouges stammt. Die funktionellen Zimmer sind gut ausgestattet, sauber und sehr ruhig und geben den Blick frei auf die tiefen Schlossgräben, das im Henri-quatre-Stil errichtete ehemalige Pförtnerhaus und ein herrliches restauriertes Taubenhaus, das mit seinen 2 200 Nischen vom Ansehen der Herren von Dampierre zeugt.

Anfahrt: 9 km von Thorigny-sur-Vire über die D 13 und rechts die D 53

FORMIGNY - 14710

10 LA FERME DU MOUCHEL
Mme Lenourichel

Lieu-dit Le Mouchel
14710 Formigny
Tel. 02 31 22 53 79
Fax 02 31 21 56 55

 odile.lenourichel@liberty.surf.fr

Ganzjährig geöffnet • 4 Zimmer mit Bad, nur für Nichtraucher • 45 bis 47 € für 2 Personen, Frühstück inkl. • keine Mahlzeit • Garten, Parkplatz; keine Kreditkarten, Hunde nicht erlaubt • in der Nähe der Landungsstrände

Die Spontaneität und Gastfreundschaft Odiles

Am Ende einer kleinen Landstraße entdeckt man den einladenden Bauernhof im Stil eines Herrenhauses, der auf das 16. Jh. zurückgehen soll. Drei reizende Zimmer wurden im ersten Stock des Hauptshauses eingerichtet, ein weiteres mit einem kleinen Zusatzzimmer befindet sich im Nebengebäude, in dem auch das Frühstück serviert wird. Die sympathischen Besitzer betreiben Rinderzucht und können Sie sogar ins Melken einweisen!

Anfahrt: Die Achse Carentan-Bayeux (N 13) in Formigny über die D 517 verlassen, dann rechts, danach links auf Nebenstraßen abbiegen

NORMANDIE

GÉFOSSE-FONTENAY - 14230

 11 **MANOIR DE L'HERMEREL**
M. et Mme Lemarié

 14230 Géfosse-Fontenay
Tel. 02 31 22 64 12
Fax 02 31 22 76 37
lemariehermerel@aol.com
www.manoir-hermerel.com

15. Nov. bis 15. Febr. geschlossen • 4 Zimmer mit Bad/WC • 60 € für 2 Personen, Frühstück inkl. • keine Mahlzeit • Parkplatz; Hunde nicht erlaubt

 Eine Führung durch das Herrenhaus und den Hof

Das inmitten von Weiden gelegene befestigte Gut aus dem 17. Jh. wirkt durch sein imposantes Eingangstor, seine regelmäßigen Linien und sein elegantes Taubenhaus wie ein kleines Schloss. Die im Herrenhaus eingerichteten Zimmer verbinden Charme mit Komfort. Der Aufenthaltsraum in einer gotischen Kapelle aus dem 15. Jh. lädt zur Entspannung ein. Die Gäste werden von den Gastgebern mit großer Herzlichkeit empfangen.

Anfahrt: 8 km nördlich von Isigny über die D 514 und in Osmanville auf die D 200 abbiegen

GONNEVILLE-SUR-MER - 14510

 12 **FERME DES GLYCINES**
M. et Mme Exmelin

 Carrefour Malernes
14510 Gonneville-sur-Mer
Tel. 02 31 28 01 15

Jan. bis März, Nov. bis Ende Dez. und in der Nebensaison Mo bis Do geschlossen • 3 Zimmer • 50 € für 2 Personen, Frühstück inkl. • keine Mahlzeit • Garten, Parkplatz; keine Kreditkarten, Hunde nicht erlaubt

 Ein Bauernhof wie aus dem Bilderbuch

Der schöne Bauernhof mit Fachwerk stammt aus dem Jahre 1780. Er liegt auf einem 15 ha großen Anwesen mit Obstgärten, Pferden, Schafen, Hühnern und Enten. An den Tieren haben besonders Kinder großen Spaß. Die in harmonischen Farben eingerichteten Zimmer sind äußerst ansprechend; ein Zimmer verfügt über eine eigene Terrasse. Im Winter wird das Frühstück mit selbstgemachten Konfitüren am knisternden Kamin serviert. Der schattige Garten ist mit hübschen Blumen geschmückt.

Anfahrt: von Houlgate aus ca. 4 km auf der D 24 fahren und an der Kreuzung mit der D 142 links abbiegen

NORMANDIE
LONGVILLERS - 14310   LONGVILLERS - 14310

13 MANOIR DE MATHAN
M. et Mme de Mathan

14310 Longvillers
Tel. 02 31 77 10 37
Fax 02 31 77 49 13
mathan.normandie@caramail.com

15. Nov. bis Ende März geschlossen • 4 Zimmer auf 3. Stockwerken, nur für Nichtraucher, alle mit Bad • 43 bis 50 € für 2 Personen, Frühstück inkl. • keine Mahlzeit • Obstgarten, Parkplatz; keine Kreditkarten, Hunde nicht erlaubt • Reitzentrum (500 m)

14 LA NOUVELLE FRANCE
Mme Godey

Lieu-dit La Nouvelle France
14310 Longvillers
Tel. 02 31 77 63 36
Fax 02 31 77 63 36
courrier@la-nouvelle-france.com
www.la-nouvelle-france.com

Ganzjährig geöffnet • 3 Zimmer, davon eines im Erdgeschoss, alle mit Bad/WC • 42 € für 2 Personen, Frühstück inkl. • So keine Mahlzeit, sonst 16 € • Terrasse, Garten; keine Kreditkarten, Hunde nicht erlaubt • Schaukel, Tischtennis

 Die Gastfreundschaft der Besitzer

Der imposante Bauernhof (15. Jh.) im Stil eines Herrenhauses liegt eingebettet in Felder und Obstgärten zwischen Aunay-sur-Odon und Villers-Bocage. Er wurde mehrmals umgebaut. Über eine separat zugängliche Wendeltreppe erreicht man den Aufenthaltsraum, eine kleine Küche und drei große, komfortable Zimmer. Um den von einer herrlichen Kastanie beschatteten Hof sind die Scheunen und Remisen für landwirtschaftliche Geräte angeordnet. Ferienwohnung in der ehemaligen Bäckerei, Reiterhof in der Nähe.

 Das ist Normandie pur!

An einer Straße mitten in der Heckenlandschaft steht dieser hübsche kleine, aus dem regionalen Stein erbaute Bauernhof. In der einstigen Scheune, die sich davor befindet, wurden drei freundliche und helle Zimmer und ein Aufenthaltsraum eingerichtet. Schlichtes, geschmackvolles Interieur, erholsamer Garten mit Birkenallee. Von den Zimmern genießt man den Blick über die Landschaft. Das köstliche Frühstück nimmt man in der Wohnung der Gastgeber ein, die auch typisch regionale Mahlzeiten anbieten.

Anfahrt: 3 km nördlich von Aunay-sur-Odon über die D 6, auf halbem Wege von Longvillers

Anfahrt: 4 km nördlich von Aunay-sur-Odon über die D 6, dann die D 216 in Richtung Longvillers

NORMANDIE

MEUVAINES - 14960

15 L'ANCIENNE ÉCOLE
M. Darthenay

Route d'Arromanches
14960 Meuvaines
Tel. 02 31 22 39 59
Fax 02 31 22 39 11
françoise.georges@ancienne-ecole.net

www.ancienne-ecole.net

Ende Dez. geschlossen • 3 Zimmer mit Bad/WC • 45 € für 2 Personen, Frühstück inkl., Halbpension möglich • nur Abendessen 20 € • Terrasse, Parkplatz; Hunde nicht erlaubt

Die Lage zwischen Meer und Land

Der Name könnte treffender nicht sein: In dem 1741 errichteten Gebäude befand sich früher die Dorfschule. Heute werden in dem Haus Gästezimmer vermietet. Die rustikal eingerichteten Zimmer befinden sich unter dem Dach und bieten einen reizvollen Blick auf die Umgebung. In dem schönen Speiseraum werden leckere Spezialitäten der Region serviert. In der Nähe können Sie die Landungsstrände der Alliierten (Juni 1944) und die Dörfer des Bessin besichtigen.

Anfahrt: 8 km südöstlich von Arromanches über die D 65

ORBEC - 14290

16 LE MANOIR DE L'ENGAGISTE
Mme Dubois

15 rue de Reny
14290 Orbec
Tel. 02 31 32 57 22
Fax 02 31 32 55 58

Ganzjährig geöffnet • 5 behindertengerechte Zimmer • 75 bis 82 € für 2 Personen, Frühstück inkl. • keine Mahlzeit • Garten

Das liebevoll gestaltete Innere des Fachwerkhauses

Das Landhaus aus dem 16. Jh. wurde einzigartig restauriert. Hier möchte man gerne seinen Aufenthalt verlängern! Die geschmackvoll eingerichteten Zimmer mit ihren Terrakottafußböden, der Holztäfelung und den alten Teppichen sind äußerst gemütlich. Der exquisite Aufenthaltsraum mit Kamin besitzt eine Galerie, auf der Gemälde und Plastiken ausgestellt werden. Und in dem weitläufigen Innenhof ist eine alte Kutsche zu sehen. Die Adresse im Zentrum des Ortes ist ein absolutes Muss!

Anfahrt: im Ortszentrum

NORMANDIE

SAINT-PIERRE-DU-MONT - 14450

 17 **LE CLOS FLEURI**
Mme Weidner

 Hameau Lefèvre
14450 Saint-Pierre-du-Mont
Tel. 02 31 22 96 22
Fax 02 31 22 96 22

Ganzjährig geöffnet • 3 Zimmer mit Bad/WC • 50 € für 2 Personen, Frühstück inkl. • Mahlzeit 23 €, Getränk inkl. • Garten, Parkplatz; keine Kreditkarten, Hunde nicht erlaubt

 Der weitläufige Garten zum Entspannen

In diesem Gästehaus fühlt man sich gleich wie zu Hause! Die geräumigen und komfortablen Zimmer sind mit antiken Möbeln eingerichtet. Die Mahlzeiten sind besonders lecker. Der weitläufige Garten eignet sich ideal zum Spielen für Kinder, für ein Nickerchen und zum Mittagessen am Grill. Und bis zum Meer sind es nur wenige Minuten. Was will man mehr?

Anfahrt: 2,5 km südöstlich der Pointe du Hoc über die Straße nach Vierville

SUBLES - 14400

 18 **LE MOULIN DE HARD**
Mme Fichot

 Lieu-dit Le Moulin-de-Hard
14400 Subles
Tel. 02 31 21 37 17
www.gites-de-france-calvados.fr

Ganzjährig geöffnet • 3 Zimmer nur für Nichtraucher • 70 bis 85 € für 2 Personen, Frühstück inkl. • keine Mahlzeit • Garten, Parkplatz; keine Kreditkarten, Hunde nicht erlaubt • Angeln in der Drôme

 Die gepflegten Innen- und Außenbereiche

Die schöne Wassermühle aus dem 18. Jh. liegt idyllisch in einem hübschen Garten, durch den die Drôme fließt. Beim Anblick des malerischen kleinen Flusses bekommt so mancher Lust, an der hauseigenen Angelstrecke sein Glück zu probieren. Die Zimmer bieten modernen Komfort und sind wie die Gemeinschaftsbereiche in einer Mischung aus Alt und Neu eingerichtet. Das reichhaltige Frühstück nimmt man in der lichtdurchfluteten Küche mit Panoramablick ein. Gemütlicher Aufenthaltsraum mit Kamin.

Anfahrt: 6 km südwestlich von Bayeux über die D 572, hinter Subles links abbiegen auf die D 99

NORMANDIE

VAUX-SUR-AURE - 14400

VOUILLY - 14230

19 LE GRAND FUMICHON
M. et Mme Duyck

14400 Vaux-sur-Aure
Tel. 02 31 21 78 51
Fax 02 31 21 78 51
duyckja@wanadoo.fr

Ganzjährig geöffnet • 4 Zimmer, davon eines in einem separaten Haus • 40 bis 42 € für 2 Personen, Frühstück inkl. • keine Mahlzeit • Parkplatz; keine Kreditkarten, Hunde nicht erlaubt • frische Produkte aus Äpfeln aus dem eigenen Obstgarten

 Der Besuch der Cidre-Fabrik mit anschließender Kostprobe

Der befestigte Bauernhof aus dem frühen 17. Jh. gehörte einst zur Abtei von Longues-sur-Mer. Besonders beeindruckend sind der quadratische Hof, das mächtige Eingangstor und die alte Obstpresse. Heute werden auf dem Hof noch Milchprodukte und Cidre hergestellt. Die rustikalen Zimmer sind einfach und bieten einen Blick auf den Obstgarten. Das ruhigste Zimmer befindet sich in einem separaten Haus. Vor der Abfahrt sollten Sie sich mit hausgemachtem Cidre, Calvados, Apfelsaft und Marmelade eindecken.

Anfahrt: 3 km nördlich von Bayeux über die D 104

20 CHÂTEAU DE VOUILLY
M. et Mme Hamel

14230 Vouilly
Tel. 02 31 22 08 59
Fax 02 31 22 90 58
château.vouilly@wanadoo.fr
www.chateau-vouilly.com

Dez. bis Febr. geschlossen • 5 Zimmer mit Bad/WC • 65 bis 80 € für 2 Personen, Frühstück inkl. • kein Restaurant • Garten, Parkplatz; Hunde nicht erlaubt

 Der historische Charme des Schlosses

Das Schloss aus dem 18. Jh. beeindruckt durch seinen fischreichen Wassergraben und seine schönen Gärten. Bei der Landung der Amerikaner in der Normandie im Juni 1944 diente es als Hauptquartier der amerikanischen Presse. Von seinem heutigen Besitzer wurde es komplett restauriert. Die Zimmer sind geräumig und komfortabel, einige sind mit antiken Möbeln ausgestattet. Im Erdgeschoss befinden sich elegante Salons mit zweifarbig gefliesten Böden. In einem von ihnen wird das Frühstück serviert.

Anfahrt: 8 km südöstlich von Isigny über die D 5

NORMANDIE

AIZIER - 27500

21 **LES SOURCES BLEUES**
M. et Mme Laurent

Route du Vieux-Port
27500 Aizier
Tel. 02 32 57 26 68
Fax 02 32 57 42 25

Ganzjährig geöffnet • 4 Zimmer auf 2 Stockwerken, nur für Nichtraucher, alle mit Bad oder Dusche und separatem WC • 54 € für 2 Personen, Frühstück inkl. • nur Abendessen 20 € • Aufenthaltsraum, Garten, Parkplatz; keine Kreditkarten

 Ein Spaziergang im schattigen Park am Ufer der Seine

Das in einem hübschen Park versteckte schöne und typisch normannische Haus von 1854 bietet einen herrlichen Blick auf die Seine und die Schiffe, die nach Le Havre fahren. Holz, alte Terrakottafliesen und Parkettfußböden sorgen für ein gemütliches Ambiente. Die Zimmer sind einfach eingerichtet, wobei die schönsten unter der Mansarde liegen. Das Freizeitangebot umfasst Tennis, Reiten, Kanu und Kajak in der Nähe.

Anfahrt: 5 km nördlich von Bourneville über die D 139

BEUZEVILLE - 27210

22 **PETIT CASTEL**
M. Martin

32 rue Constant-Fouché
27210 Beuzeville
Tel. 02 32 57 76 08
Fax 02 32 42 25 70
auberge-du-cochon-dor@wanadoo.fr
 www.le-cochon-dor.fr

15. Dez. bis 15. Jan. geschlossen • 16 Zimmer mit Bad/WC und TV • 45 bis 56 € für 2 Personen, Frühstück 7 €, Halbpension möglich • Menüs 14 bis 40 € • gesicherter Parkplatz, Garten; Hunde in den Zimmern nicht erlaubt

 Die ruhigen Zimmer mit Blick auf den Garten

Manchmal werden die Gäste des Petit Castel in dem nahe gelegenen Restaurant Auberge du Cochon d'Or empfangen, das ebenfalls von der Familie Martin geführt wird. Wenn man einmal seine Koffer abgestellt hat, kann man das komfortable große Haus mitten im Dorf so richtig genießen. Hübsche Stoffe an den Wänden, Möbel aus gemasertem Holz, gute Betten und gepflegte Zimmer sind das Markenzeichen des Hauses. Einige Zimmer gehen zum Garten hinaus. Bei schönem Wetter wird draußen gefrühstückt.

Anfahrt: im Ortskern

NORMANDIE

BRIONNE - 27800

CONTEVILLE - 27210

 L'AUBERGE DU VIEUX DONJON
M. et Mme Chauvigny

19 rue de la Soie
27800 Brionne
Tel. 02 32 44 80 62
Fax 02 32 45 83 23
auberge.vieuxdonjon@wanadoo.fr
www.auberge-vieux-donjon.com

9. Febr. bis 18. März, 19. bis 26. Aug., 13. Okt. bis 4. Nov. sowie So-abend (Okt. bis Ende Juni), Mo und Do-abend geschlossen • 7 Zimmer mit Bad/WC oder Dusche/WC und TV • 50 bis 56 € für 2 Personen, Frühstück 7 €, Halbpension möglich • Menüs 14 (werktags) bis 45 €
• Terrasse, gesicherter Parkplatz

 Das traditionelle „Trou normand", ein Gläschen Calvados zwischen zwei Gängen einer üppigen Mahlzeit

Das Fachwerkhaus aus dem 18. Jh. könnte auch Teil einer Maupassant-Novelle sein. Mit seinen blau bemalten Holzbalken und den Mauern mit Schachbrettmuster sieht es besonders einladend aus. Der Blick von den Zimmern auf die Ruinen des Bergfrieds (11. Jh.) entschädigt bei weitem für die etwas schlichte Ausstattung. Eine Sammlung von altem Porzellan, funkelnde Messinggegenstände, alte Bodenfliesen und dunkles Gebälk verleihen dem Speiseraum einen rustikalen Charme. Schattige Terrasse im Innenhof.

Anfahrt: gegenüber dem Marktplatz

 LE VIEUX PRESSOIR
Mme Anfrey

Hameau le Clos-Potier
27210 Conteville
Tel. 02 32 57 60 79
Fax 02 32 57 60 79
www.la-ferme-du-pressoir.com

Ganzjährig geöffnet • 5 Zimmer mit Bad/WC • 60 € für 2 Personen, Frühstück inkl. • keine Mahlzeit • Parkplatz; keine Kreditkarten, Hunde nicht erlaubt

 Das herrlich nostalgische Flair des Hauses

Der zwischen grünen Wiesen und Feldern gelegene Bauernhof mit Fachwerk aus dem 18. Jh. eignet sich ideal zum Entspannen im Herzen der Natur. Die Inneneinrichtung ist bunt zusammengewürfelt aus Gegenständen und Möbelstücken des 19. und 20. Jh.s. Die Zimmer sind zwar nicht groß, aber haben aber durchaus Charme. Der blühende Garten, der Ententeich und eine 300 Jahre alte Obstpresse runden das idyllische Bild ab.

Anfahrt: 13,5 km von Honfleur über die Straße nach Pont-Audemer (D 580) und links die D 312

NORMANDIE

FOURGES - 27630

25 **CHAMBRE D'HÔTE M. STEKELORUM**
M. et Mme Stekelorum

24 rue du Moulin
27630 Fourges
Tel. 02 32 52 12 51
Fax 02 32 52 13 12
www.giverny.org.hotels/stekelorum.htm

1. Nov. bis 1. März geschlossen • 3 Zimmer nur für Nichtraucher • 52 € für 2 Personen, Frühstück inkl. • keine Mahlzeit, Garten, Parkplatz; keine Kreditkarten, Hunde nicht erlaubt

 Auf den Spuren Claude Monets wandeln

Der alte Bauernhof steht in der Nähe der pittoresken Mühle von Fourges, die von zahlreichen Künstlern auf den Spuren Monets gemalt wurde. Rustikale Atmosphäre. Die Zimmer befinden sich in einem separaten Gebäude, zwei Zimmer wurden auf einem ehemaligen Dachboden eingerichtet. Äußerst gemütlich ist der Frühstücksraum mit seinem offenen Dachstuhl, einem Brotbackofen und alten Möbeln aus Familienbesitz. Im Sommer präsentiert sich der Garten mit üppigem Blumenschmuck. Hier möchte man bleiben!

Anfahrt: Im Dorf

LES PRÉAUX - 27500

26 **LE PRIEURÉ DES FONTAINES**
M. et Mme Decarsin

Route de Lisieux
27500 Les Préaux
Tel. 02 32 56 07 78
Fax 02 32 57 45 83
jacques.decarsin@wanadoo.fr
www.prieure-des-fontaines.fr

Ganzjährig geöffnet • 5 Zimmer nur für Nichtraucher, alle mit Bad/WC und Telefon • 86 bis 90 € für 2 Personen, Frühstück inkl. • keine Mahlzeit • Aufenthaltsraum, Garten, Parkplatz; keine Kreditkarten, Hunde nicht erlaubt • Swimmingpool, Mountainbike, Tischtennis

 Fahrradtouren durch den nahen Wald

Der im Risle-Tal gelegene Landsitz aus dem 17. Jh. sieht seit seiner Restaurierung wieder fast wie neu aus. Die geräumigen und komfortablen Zimmer wirken durch ihre antiken Möbel, die Holzbalken und Terrakottafliesen besonders einladend; alle sind Nichtraucherzimmer und mit Telefon ausgestattet. Der Aufenthaltsraum mit Kamin, die Eingangshalle mit Klavier und der hübsche Garten bieten den idealen Rahmen für einen entspannenden Aufenthalt.

Anfahrt: 5 km südwestlich von Pont-Audemer über die D 139

NORMANDIE

PONT-DE-L'ARCHE - 27340 | SAINT-MACLOU - 27210

 LA TOUR
M. Hélouard

 41 quai Foch
27340 Pont-de-l'Arche
Tel. 02 35 23 00 99
Fax 02 35 23 46 22
hotel-de-la-tour@wanadoo.fr
www.hoteldelatour.net

Ganzjährig geöffnet • 18 Zimmer nur für Nichtraucher, alle mit Bad/WC oder Dusche/WC und TV • 60 € für 2 Personen, Frühstück 6 € • kein Restaurant • Garten; Hunde nicht erlaubt

 LE PRESSOIR DU MONT
M. Baumann

 Hameau Le Mont
27210 Saint-Maclou
Tel. 02 32 41 42 55
Fax 02 32 41 42 55
www.location-honfleur.com/baumann.htm

Ganzjährig geöffnet • 4 Zimmer nur für Nichtraucher, alle mit Bad/WC, 52 bis 60 € für 2 Personen, Frühstück inkl. • keine Mahlzeit • Terrasse, Garten, Tennisplatz, Parkplatz; Hunde nicht erlaubt

 Ein Spaziergang zwischen der Seine und der Eure

Die beiden aneinander grenzenden Häuser im Schatten der Kirche und mit Blick auf die Eure sind in ein Hotel umgewandelt worden. Die individuell gestalteten Zimmer haben durchaus Charme (stilvolle Möbel und farbenfrohe Dekoration), wobei diejenigen im zweiten Stock Mansarden besitzen. Bei schönem Wetter nehmen die Gäste das Frühstück auf der Terrasse an der alten Stadtmauer mit Blick auf den Garten ein.

 Die absolut ruhige Lage

Das hübsche reetgedeckte Landhaus wird von einem reizenden belgischen Ehepaar geführt. Rings um das Haus liegt ein 7 000 m² großer bewaldeter Park. Die gepflegten, individuell gestalteten Zimmer befinden sich im Haupthaus (das „blaue Zimmer" mit Balkon) und in den Nebengebäuden (das „gelbe" und „grüne" Zimmer mit privater Terrasse). Genießen Sie das leckere Frühstück mit selbstgebackenem Brot und Marmeladen, bevor Sie den Tag mit einem Tennisspiel oder einem Fahrradausflug beginnen.

Anfahrt: im Stadtzentrum

Anfahrt: A 13 Ausfahrt 28 Beuzeville, weiter 1,8 km in Richtung Pont-Audemer, vor dem Kreisverkehr in einen kleinen Weg rechts einbiegen

NORMANDIE

VERNEUIL-SUR-AVRE - 27130

29 **HÔTEL DU SAUMON**
M. Simon

89 place de la Madeleine
27130 Verneuil-sur-Avre
Tel. 02 32 32 02 36
Fax 02 32 37 55 80
hotel.saumon@wanadoo.fr
 www.hoteldusaumon.fr

1. bis 10. Jan., 19. bis 31. Dez. sowie So-abend von Nov. bis März geschlossen • 29 Zimmer im Hauptgebäude auf der Straßenseite und in 2 Nebengebäuden auf der Hofseite, alle mit Bad/WC oder Dusche/WC und TV • 43 bis 64 € für 2 Personen, Frühstück 7 € • Menüs 11 (werktags) bis 49 € • blumengeschmückter Innenhof

 Die von Villen und alten Fachwerkhäusern gesäumten Straßen von Verneuil

Die elegante Poststation vom Ende des 18. Jh.s liegt im Zentrum des hübschen Städtchens, gegenüber der Église de la Madeleine mit ihrem 56 m hohen Turm. Die unterschiedlich großen Zimmer sind im Hauptbau und in den Nebengebäuden untergebracht. Der Innenhof ist mit Blumen geschmückt. Besonders zu empfehlen sind die bereits renovierten Zimmer. Im schlichten Speisesaal wird Lachs serviert, die Spezialität des Hauses, die dem Hotel auch seinen Namen gab.

Anfahrt: am Hauptplatz, in der Nähe der Kirche

VERNON - 27200

30 **HÔTEL D'ÉVREUX**
M. Elbaze

11 place d'Évreux
27200 Vernon
Tel. 02 32 21 16 12
Fax 02 32 21 32 73
contact@hoteldevreux.fr
 www.hoteldevreux.fr

Ganzjährig geöffnet • 12 Zimmer im ersten Stock, alle mit Bad/WC oder Dusche/WC und TV • 38 bis 59 € für 2 Personen, Frühstück 6 € • Restaurant So geschlossen, Menüs 21 bis 27 € • Terrasse, gesicherter Parkplatz

 Das hübsche Wohnhaus von Claude Monet und sein exquisiter Garten in 2 km Entfernung

Das Fachwerkhaus aus dem 17. Jh. war zeitweise die Residenz des Grafen von Évreux, zeitweise eine Poststation. Die Zimmer sind frisch renoviert. Das Restaurant präsentiert sich rustikal mit freiliegenden Holzbalken, Jagdtrophäen und einem Kamin aus Naturstein, doch bei schönem Wetter werden die Tische im Innenhof gedeckt. Auf der Weinkarte stehen einige exzellente Tropfen!

Anfahrt: im Stadtzentrum, gegenüber der Post

NORMANDIE

AVRANCHES - 50300

 LA CROIX D'OR
M. Bertheaume

 83 rue de la Constitution
50300 Avranches
Tel. 02 33 58 04 88
Fax 02 33 58 06 95
www.hoteldelacroixdor.fr

Jan. sowie So-abend vom 15. Okt. bis 1. Apr. geschlossen • 27 Zimmer in mehreren Gebäuden um einen blumengeschmückten Innenhof, alle mit Bad/WC oder Dusche/WC und TV • 60 bis 90 € für 2 Personen, Frühstück 8 €, Halbpension möglich • Menüs 16 (werktags) bis 53 € • Garten, gesicherter Parkplatz

 Der Blick vom Zimmer auf den hübschen Blumengarten

In der Nähe der ehemaligen Poststation aus dem 17. Jh. steht das Patton-Denkmal, das an den „Durchbruch von Avranches" im Juli 1944 unter General Patton erinnert. Vor der schönen Fachwerkfassade befindet sich ein hübscher Garten mit Apfelbäumen und Hortensien. Die ruhigen Zimmer sind zum Teil renoviert. Der Speiseraum birgt eine museumswürdige Sammlung von Uhren, alten Schränken, eine Sammlung von Porzellan- und Kupfergeschirr, Holzbalken, unverputztes Mauerwerk u. v. m.

Anfahrt: vom Mont-Saint-Michel kommend am Place du Général-Patton nach links in die Rue de la Constitution in Richtung Stadtzentrum einbiegen

BARFLEUR - 50760

 LE CONQUÉRANT
M. et Mme Delomenede

 16/18 rue Saint-Thomas-Becket
50760 Barfleur
Tel. 02 33 54 00 82
Fax 02 33 54 65 25

15. März bis 15. Nov. geöffnet • 13 Zimmer, teilweise mit Bad/WC oder Dusche/WC und TV • 60 bis 83 € für 2 Personen, Frühstück 6 bis 10 € • kein Restaurant, aber abends gibt es eine Crêperie für Hotelgäste, Menüs 15 bis 25 € • Garten im französischen Stil, kleiner gesicherter Parkplatz; Hunde nicht erlaubt

 Ein Aperitif am kleinen Fischereihafen

Das schöne Granithaus aus dem 17. Jh. liegt nur wenige Gehminuten vom Hafen entfernt. Hier wurde das Schiff gebaut, mit dem Wilhelm der Eroberer im Jahre 1066 in Richtung England in See stach. Gewundene Gänge, ein Zeugnis der Vergangenheit, führen zu den rustikalen und gepflegten Zimmern, von denen einige mit wunderschönen alten Schränken ausgestattet sind. Bei schönem Wetter werden Frühstück und Abendessen mit Crêpes und Galettes in dem anmutigen französischen Garten serviert.

Anfahrt: in einer Straße, die zum Meer führt, zwischen dem Hafen und der Post

NORMANDIE

BARNEVILLE-CARTERET - 50270   BLAINVILLE-SUR-MER - 50560

33 LES ISLES
M. de Mello

9 boulevard Maritime
50270 Barneville-Carteret
Tel. 02 33 04 90 76
Fax 02 33 94 53 83
hotel-des-isles@wanadoo.fr
www.hoteldesisles.fr

Jan. und 13 Tage im Febr. geschlossen • 34 Zimmer, einige nur für Nichtraucher, mit TV • 65 bis 75 € (Nebensaison 45 bis 65 €) für 2 Personen, Frühstück 10 €, Halbpension möglich • Menüs 15 bis 30 € • Terrasse, Garten, Innenhof • beheizter Swimmingpool, Whirlpool, Leseraum

 Der Blick, der sich bei klarem Wetter bis nach Alderney, Guernsey, Herm, Sark und Jersey erstreckt

Die Villa am Meer gegenüber den Kanalinseln verspricht einen erholsamen Aufenthalt. Die 2004 renovierten Zimmer werden sich bald in einer neuen Aufmachung präsentieren und über den Innenhof zugänglich sein, während die maritime Dekoration der Gemeinschaftsräume erhalten bleibt. Reizvolle Bar, Lesezimmer und Frühstücksraum mit Panoramablick, in dem man sich an einem reichhaltigen Büfett bedienen kann. Einige Bilder brasilianischer Künstler verleihen den Räumen ein exotisches Ambiente.

Anfahrt: gegenüber dem Strand

34 VILLAGE GROUCHY
M. Sebire

11 rue du Vieux-Lavoir
50560 Blainville-sur-Mer
Tel. 02 33 47 20 31
Fax 02 33 47 20 31
jr.sebire@free.fr
 jr.sebire.free.fr

Jan. bis März geschlossen • 5 Zimmer • 40 € für 2 Personen, Frühstück inkl. • keine Mahlzeit • Garten, Parkplatz; keine Kreditkarten, Hunde nicht erlaubt

 Die gelungene Kombination aus Rustikal und Modern

Village Grouchy ist der Name des Fischerdorfes, das sich früher an dieser Stelle befand. In dem ehemaligen Fischerhaus aus Naturstein und Granit werden heute geräumige, vollkommen mit Holz vertäfelte Gästezimmer angeboten. In dem schönen Frühstücksraum stehen ein großer Esstisch, Holzbänke und ein Kamin. Im weitläufigen Garten auf der Rückseite des Hauses befindet sich eine einfache Küche im Freien. Die Gastgeber bereiten ihren Gästen einen beispielhaften Empfang.

Anfahrt: 2 km nördlich von Blainville-sur-Mer über die D 72

NORMANDIE

FLAMANVILLE - 50340

35 BEL AIR
M. et Mme Morel

2 rue du Château
50340 Flamanville
Tel. 02 33 04 48 00
Fax 02 33 04 49 56
hotelbelair@aol.com
www.hotelbelair-normandie.com

20. Dez. bis 31. Jan. geschlossen • 12 Zimmer, davon 6 nur für Nichtraucher, alle mit Bad/WC oder Dusche/WC und TV • 65 bis 110 € (Nebensaison 55 bis 75 €) für 2 Personen, Frühstück 10 € • kein Restaurant • Garten, Parkplatz; Hunde nicht erlaubt • Pianobar

Der „Zöllnerpfad" auf der Klippe

Das aus Granit erbaute Hotel, in dem früher der Verwalter der zum Schloss gehörenden Bauernhöfe wohnte, ist die ideale Adresse für Erholungssuchende. Zwischen dem Haus und dem Strand liegen nur einige Felder. Von den gemütlichen Zimmern blickt man über die Heckenlandschaft der Cotentin-Halbinsel. Der Frühstücksraum befindet sich auf einer Veranda, darüber hinaus verfügt das Haus über einen nostalgischen Aufenthaltsraum mit Bar, Marmorkamin und Klavier sowie einen Garten mit Blumen und Palmen.

Anfahrt: am Rande der D 4, in der Nähe des Schlosses

HUISNES-SUR-MER - 50170

36 LE MOULIN DE LA BUTTE
Mme Rabasté

11 rue du Moulin-de-la-Butte
50170 Huisnes-sur-Mer
Tel. 02 33 58 52 62
Fax 02 33 58 52 62
beatrice.rabaste@club-internet.fr
www.bedandbreakfastineurope.com/
 lemoulindelabutte

Ganzjährig geöffnet • 5 Zimmer auf 2 Stockwerken, davon eines behindertengerecht, alle mit Bad/WC • 35 € für 2 Personen, Frühstück inkl. • keine Mahlzeit • Terrasse; keine Kreditkarten, Hunde nicht erlaubt • Fahrräder stehen zur Verfügung

Die Landschaft, in der man sich wunderbar erholen kann

Am Rande eines Dorfes in der Bucht des Mont-Saint-Michel liegt diese neue Villa. Hier können Sie die Ruhe in schlichten Zimmern genießen, die alle geräumig und individuell eingerichtet sind und den Blick auf die berühmte Abtei und den Rocher de Tombelaine freigeben. Das Frühstück wird im Aufenthaltsraum, ebenfalls mit Panoramablick, eingenommen. Freundlicher Service, wertvolle Tipps, tadellose Führung und eine funktionelle Ausstattung. Den Gästen stehen Fahrräder zur Verfügung.

Anfahrt: zwischen Avranches und Le Mont-St-Michel (D 275), in Richtung Huisnes-sur-Mer, dann am deutschen Soldatenfriedhof links abbiegen auf eine Nebenstraße

NORMANDIE

JUVIGNY-LE-TERTRE - 50520

37 LE LOGIS
M. et Mme Fillâtre

50520 Juvigny-le-Tertre
Tel. 02 33 59 38 20
Fax 02 33 59 38 20
fillatre.claude@wanadoo.fr
 http://www.gitefillatre.free.fr

15. Nov. bis 15. März geschlossen • 3 Zimmer • 38 bis 42 € für 2 Personen, Frühstück inkl., Halbpension möglich • Mahlzeit 15 € (außer Sa-abend) • Parkplatz; keine Kreditkarten, Hunde im Speiseraum nicht erlaubt

 Eine Besichtigung des Bauernhofs mit anschließender Kostprobe

Alte Mauern und Qualitätserzeugnisse sind das Markenzeichen des Bauernhofs aus dem 17. Jh. Die im alten Taubenhaus eingerichteten Zimmer sind modern. Das Zimmer im Hauptflügel besitzt mehr Charakter durch seinen Kamin aus Granit und mit Lilienmotiven verzierte Holzbalken. Freizeitangebot: Tennisplatz und See. Wir empfehlen, einige Erzeugnisse des Bauernhofs, Cidre und hausgemachte Marmelade mit nach Hause zu nehmen.

Anfahrt: 12 km westlich von Mortain über die D 977, die D 5 und die D 55 in Richtung Saint-Hilaire

MONTCHATON - 50660

38 LE QUESNOT
M. Germanicus

3 rue du Mont-César
50660 Montchaton
 Tel. 02 33 45 05 88

15. Nov. bis Ostern geschlossen • 3 Zimmer • 45 € für 2 Personen, Frühstück inkl. • keine Mahlzeit • Garten, Parkplatz; keine Kreditkarten, Hunde nicht erlaubt

 Die idyllische Lage im Herzen der Natur

Das im 18. Jh. aus Feldstein errichtete Haus steht in einem hübsch bepflanzten Garten. Die im ersten Stock eingerichteten, gemütlichen Zimmer sind sehr gepflegt. Im Erdgeschoss steht den Gästen ein schöner Aufenthaltsraum im ländlichen Stil zur Verfügung. Von der Terrasse und dem davor gelegenen Garten kann man die kleine Dorfkirche auf dem Felsen sehen. Außerordentlich herzlicher Empfang.

Anfahrt: 6,5 km südwestlich von Coutances über die D 20 und die D 72

NORMANDIE

MONTVIRON - 50530

OMONVILLE-LA-PETITE - 50440

 39 MANOIR DE LA CROIX
Mme Wagner

La Croix du Gros Chêne
50530 Montviron
Tel. 02 33 60 68 30
Fax 02 33 60 69 21
contact @ manoirdelacroix.com
www.manoirdelacroix.com

Ganzjährig geöffnet (nach Voranmeldung) • 2 Zimmer und 2 Suiten nur für Nichtraucher • 62 € (Zimmer), 79 € (Suite), Frühstück inkl. • keine Mahlzeit • Garten, Parkplatz; keine Kreditkarten, Hunde nicht erlaubt

 40 LA FOSSARDIÈRE
M. Fossard G.

Hameau de la Fosse
50440 Omonville-la-Petite
Tel. 02 33 52 19 83
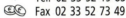 Fax 02 33 52 73 49

15. Nov. bis 15. März geschlossen • 10 Zimmer in verschiedenen Gebäuden, davon 9 mit Bad/WC und eines mit Dusche/WC • 40 bis 64 €, Frühstück 9 € • kein Restaurant • Parkplatz • Sauna, Balneotherapie, Teich mit Terrasse zum Picknicken

 Die Kombination aus Eleganz und Natur

Das elegante Herrenhaus aus dem 19. Jh. besitzt einen herrlichen Garten mit Bäumen, Palmen und anderen Raritäten. Die Suiten im Empire- und Louis-Philippe-Stil sind sehr großzügig geschnitten und mit antiken Möbeln ausgestattet. Die Zimmer und Bäder sind tadellos gepflegt. Zum reichlichen Frühstück werden selbstgemachte Marmeladen, Wurst, Schinken und Käse gereicht. Die Luft ist einmalig – das ganze Haus ist nur für Nichtraucher, einmal tief durchatmen!

 Eine ländliche Atmosphäre wie im Bilderbuch

Das Hotel steht in der Nähe von Omonville, wo der französische Literat und Poet Jacques Prévert begraben liegt. Die Zimmer sind in Größe und Komfort sehr unterschiedlich. Sie verteilten sich auf mehrere Häuser aus Sandstein. Das Frühstück wird in der alten Bäckerei des Ortes serviert. In 300 m Entfernung befindet sich ein Teich, wo man wunderbar rudern oder picknicken kann.

Anfahrt: 8 km nordwestlich von Avranches in Richtung Granville (D 973), dann auf die D 41 (1 km hinter Montviron)

Anfahrt: in der Nähe des Cap de la Hague zwischen Saint-Germain-des-Vaux und Omonville-la-Rogue, gegenüber der kleinen Bucht Anse Saint-Martin

NORMANDIE

RÉVILLE - 50760

41 **LA FERME DE CABOURG**
Mme Marie

50760 Réville
Tel. 02 33 54 48 42
Fax 02 33 54 48 42

Ganzjährig geöffnet • 3 Zimmer • 45 bis 50 € für 2 Personen, Frühstück inkl. • keine Mahlzeit • Garten, Parkplatz; keine Kreditkarten, Hunde nicht erlaubt

Die unmittelbare Nähe zum Meer

Eine schöne Pappelallee führt zu dem nur wenige Schritte vom Meer und vom Fluss Saire entfernten befestigten Bauernhof aus dem 15. Jh. An den weißen Wänden sind hier und da noch einige Granitsteine zu sehen. Außerdem besitzen die Zimmer Kreuzstockfenster sowie Schießscharten und Bogenschlitze, die heute aber verglast sind. Im Winter kann man sich nach einer Wanderung vor dem riesigen Kamin im Aufenthaltsraum wieder aufwärmen. Eine Adresse mit viel Charme!

Anfahrt: 3,5 km nördlich von Saint-Vaast über die D 1, 150 m vom Meer entfernt

SAINTE-GENEVIÈVE - 50760

42 **MANOIR DE LA FÉVRERIE**
Mme Caillet

4 route d'Arville
50760 Sainte-Geneviève
Tel. 02 33 54 33 53
Fax 02 33 22 12 50
caillet.manoirlafevrerie@wanadoo.fr

Ganzjährig geöffnet • 3 Zimmer • 62 bis 70 € für 2 Personen, Frühstück inkl. • keine Mahlzeit • Aufenthaltsraum, Parkplatz; keine Kreditkarten, Hunde nicht erlaubt

Die liebevolle Ausstattung der Innenräume

Das Meer und der malerische kleine Hafen von Barfleur sind nur 3 km von dem reizenden Herrenhaus aus dem 16. und 17. Jh. entfernt. Eine schöne Granittreppe führt zu den Zimmern. Tapeten in Pastelltönen, antike Möbel und Stoffe mit Streifen- oder Blumenmustern verleihen den Zimmern eine romantische Atmosphäre. Das Frühstück wird im Winter am Kamin serviert und ist eine wahre Augen- und Gaumenfreude. Im Aufenthaltsraum lässt man sich gerne in die großen Sofas und die weichen Sessel sinken.

Anfahrt: 3 km westlich von Barfleur über die D 25 und die D 525 (Straße nach Sainte-Geneviève)

NORMANDIE

SAINTE-MÈRE-ÉGLISE - 50480

43 **FERME MUSÉE DU COTENTIN**
Mme Guillotte

1 chemin de Beauvais
50480 Sainte-Mère-Église
Tel. 02 33 95 40 20
Fax 02 33 95 40 24
 musee.sainte-mere@wanadoo.fr

Dez. und Jan. geschlossen • 4 Zimmer • 36 € für 2 Personen, Frühstück inkl. • keine Mahlzeit • Parkplatz • Besuch des Museums

 Eine Übernachtung im Museum!

In dem Museumsbauernhof können Sie das Leben auf dem Lande hautnah erleben, denn die Zimmer des Bauernhofes aus dem 17. und 18. Jh. sind Teil des Museums. Sie sind im Stil der Region eingerichtet. Zarte Farbtöne und alte Möbel (Himmelbetten oder Betten im Alkoven) verleihen ihnen einen besonderen Charme. Die Gäste können die Obstpresse, den Turm aus Granit, wo die Äpfel zerkleinert wurden, die Sammlung von Pflügen, die Bäckerei u. v. m. besichtigen. Ein echtes Erlebnis für Groß und Klein!

Anfahrt: Sainte-Mère-Église nach Norden auf der Straße nach Valognes verlassen

SAINT-VAAST-LA-HOUGUE - 50550

44 **FRANCE ET FUCHSIAS**
Famille Brix

20 rue du Maréchal-Foch
50550 Saint-Vaast-la-Hougue
Tel. 02 33 54 42 26
Fax 02 33 43 46 79
reception@france-fuchsias.com
www.france-fuchsias.com

3. Jan. bis 24. Febr. sowie Mo-mittag im Juli und Aug., Mo, Di von Nov. bis März geschlossen • 36 Zimmer mit Bad/WC oder Dusche/WC und TV • 44 bis 106 € für 2 Personen, Frühstück 8 bis 10 €, Halbpension möglich • Restaurant mit Klimaanlage, Menüs 26 bis 48 € • Terrasse, Garten • Kammermusikkonzerte im Aug.

 Der herrliche exotische Garten

Hinter der von hundertjährigen Fuchsien bewachsenen Fassade der ehemaligen Poststation verbirgt sich das Juwel des Hauses: der einzigartige, von Mauern umschlossene Garten mit Palmen, Mimosen, Eukalyptusbäumen, Bananenstauden und anderen exotischen Pflanzen. Im Sommer nimmt man die Mahlzeiten vor dieser wunderschönen Kulisse auf einer Terrasse ein. Angeboten werden ortstypische Gerichte. Die Zimmer im Nebengebäude sind größer als die des Haupthauses.

Anfahrt: im Stadtzentrum, in der Nähe des Hafens

NORMANDIE

TAMERVILLE - 50700　　　　　　　　TOURLAVILLE - 50110

45　MANOIR DE BELLAUNEY
Mme Allix-Desfauteaux

11 route de Quettehou
50700 Tamerville
Tel. 02 33 40 10 62
Fax 02 33 40 10 62
bellauney@wanadoo.fr
www.bellauney.com

1. Nov. bis Ostern geschlossen • 3 Zimmer im ersten Stock • 50 bis 70 € für 2 Personen, Frühstück inkl. • keine Mahlzeit • Garten, Parkplatz; keine Kreditkarten, Hunde nicht erlaubt

46　MANOIR SAINT-JEAN
M. et Mme Guérard

Le hameau Saint-Jean
50110 Tourlaville
Tel. 02 33 22 00 86

Ganzjährig geöffnet • 3 Zimmer nur für Nichtraucher • 47 bis 52 € für 2 Personen, Frühstück inkl. • keine Mahlzeit • Parkplatz; keine Kreditkarten, Hunde nicht erlaubt

Das historische Ambiente des Herrenhauses

Der von einem Turm und drei romanischen Bögen flankierte Gutshof aus dem 16. Jh. liegt mitten im Grünen in einem schattigen Garten. Eine breite Treppe führt zu den individuell gestalteten Zimmern, von denen jedes den Stil einer bestimmten Epoche widerspiegelt, die das Leben auf dem Gutshof prägte: „Mittelalter" im Erdgeschoss, „Louis-quinze" und „Normandie im 19. Jh." im ersten Stock. Der Frühstücksraum mit seinen alten Holztäfelungen wird Ihnen gefallen.

Die Herzlichkeit der Gastgeber und die praktischen Tipps für Ausflüge in die Umgebung

Der schöne Gutshof aus dem 18. Jh. liegt am Rande des Schlossparks des Château des Ravalets. Von den Zimmern hat man einen herrlichen Blick auf das grüne Tal von Trottebec, Cherbourg und die Reede. Die tadellos gepflegten Zimmer sind mit Familienstücken im regionalen Stil möbliert, während die Wohnräume noch im Originalstil erhalten sind. Die Besitzerin gibt gerne Tipps für Ausflüge und Besichtigungen in der Region.

Anfahrt: 3 km nordöstlich von Valognes in Richtung Quettehou

Anfahrt: 1 km hinter dem Schloss über die D 322, dann in Richtung „Centre aéré" (Freizeitzentrum) und Brix

NORMANDIE

VILLEDIEU-LES-POÊLES - 50800

47 **MANOIR DE L'ACHERIE**
M. Cahu

L'Acherie - Ste-Cécile
50800 Villedieu-les-Poêles
Tel. 02 33 51 13 87
Fax 02 33 51 33 69
manoir@manoir-acherie.fr
www.manoir-acherie.fr

20. Febr. bis 8. März und 13. bis 30. Nov. geschlossen • 19 Zimmer, davon eines behindertengerecht, alle mit Bad/WC oder Dusche/WC und TV • 45 bis 100 € für 2 Personen, Frühstück 7 €, Halbpension möglich • Menüs 16 bis 38 € • Garten, Parkplatz; Hunde nicht erlaubt • Spielmöglichkeit für Kinder

Die schöne und ruhige Lage des Hotels

Das Hotel ist in einem schönen Herrenhaus aus dem Jahre 1660 eingerichtet. Zu dem Komplex gehören auch eine kleine Kapelle aus dem 18. Jh. und ein gepflegter Blumengarten. Die Zimmer sind funktionell und besitzen weniger Charakter als der Rest des Hotels. Das Restaurant ist in der ganzen Region beliebt, auch Einheimische legen gerne mehrere Kilometer zurück, um die reichhaltigen Regional- und Grillgerichte zu genießen, was immer ein gutes Zeichen ist! Verkauf lokaler Erzeugnisse.

Anfahrt: 3,5 km östlich von Villedieu-les-Poêles über die D 554

ALENÇON - 61000

48 **LE GRAND CERF**
M. Bouvet

21 rue Saint-Blaise
61000 Alençon
Tel. 02 33 26 00 51
Fax 02 33 26 63 07
legrandcerf-alencon@wanadoo.fr
www.hotelgrandcerf-61.com

So und an Feiertagen geschlossen • 22 Zimmer mit Bad/WC oder Dusche/WC und TV • 59 bis 83 € für 2 Personen, Frühstück 7 €, Halbpension möglich • Restaurant So geschlossen, Menüs 14 bis 27 € • Terrasse

Eine Besichtigung der beiden Museen, die der Alençon-Spitze gewidmet sind

Die fein verzierte Fassade des aus Quadersteinen errichteten Wohnhauses von 1843 ist bis heute gut erhalten. Das Gebäude ist frisch restauriert. Die mit einem Hirschgeweih geschmückte Eingangshalle, das Restaurant und die meisten Zimmer sind großzügig angelegt und mit Originalstuck geschmückt. Besonders einladend ist der schattige, von Mauern umschlossene Innenhof, in dem im Sommer das Essen serviert wird.

Anfahrt: vom Place du Général-de-Gaulle in Richtung Stadtzentrum und an der Präfektur vorbei; das Hotel steht auf der rechten Seite

NORMANDIE

BAGNOLES-DE-L'ORNE - 61140   LONGNY-AU-PERCHE - 61290

49 L'ERMITAGE
M. Planché

24 boulevard Paul-Chalvet
61140 Bagnoles-de-l'Orne
Tel. 02 33 37 96 22
Fax 02 33 38 59 22
ermitagemc@aol.com
www.hotel-de-l-ermitage.com

Nov. bis Ende März geschlossen • 38 Zimmer mit Bad/WC oder Dusche/WC, alle mit TV • 39 bis 70 € für 2 Personen, Frühstück 8 € • kein Restaurant • Garage, Parkplatz, Garten

50 L'ORANGERIE
M. et Mme Desailly

9 rue du Docteur-Vivares
61290 Longny-au-Perche
Tel. 02 33 25 11 78
Fax 02 33 73 67 19
desailly-fondeur@tele2.fr
http://lorangerie.free.fr

Ganzjährig geöffnet • 3 Zimmer mit Bad/WC • 47 € für 2 Personen, Frühstück inkl. • Mahlzeit (nur nach Voranmeldung) 14 € • Aufenthaltsraum, Garten; keine Kreditkarten, Hunde nicht erlaubt

 Ein Spaziergang zwischen den Villen und den schattigen Gärten des Belle-Époque-Viertels

Das charaktervolle, um 1886 im Stil der Belle Époque erbaute Haus ist typisch für dieses schöne Stadtviertel. Die Zimmer sind einfach und rustikal möbliert. Alle Zimmer besitzen einen Balkon mit Blick auf den ruhigen Garten, auf den man auch vom Frühstücksraum schaut. Der gemütliche Aufenthaltsraum ist mit einem Fresko geschmückt. Lassen Sie sich also von der aufmerksamen Gastgeberin in stilvollem Ambiente verwöhnen!

 Die gemütliche Atmosphäre nach einem langen Ausflugstag

In der ehemaligen Orangerie wurden drei entzückende Zimmer eingerichtet, die nach Feldblumen benannt sind: Geißblatt, Butterblume und Hasenglöckchen. Letzteres ist besonders für Familien geeignet. Der großzügige Aufenthaltsraum bietet den perfekten Rahmen für lange Herbstabende. Dann werden Kastanien über dem Kaminfeuer geröstet, oder es gibt Pilzgerichte. Sehenswert ist der alte Waschplatz im Garten, in dem heute Enten und Fische schwimmen.

Anfahrt: im Belle-Époque-Viertel

Anfahrt: im Dorf

NORMANDIE

RÂNES - 61150

 51 SAINT-PIERRE
M. et Mme Delaunay

 6 rue de la Libération
61150 Rânes
Tel. 02 33 39 75 14
Fax 02 33 35 49 23
info@hotelsaintpierreranes.com
 www.hotelsaintpierreranes.com

Ganzjährig geöffnet • 12 Zimmer mit Bad/WC oder Dusche/WC und TV • 43 bis 62 € für 2 Personen, Frühstück 7 €, Halbpension möglich • Restaurant Fr-abend geschlossen, Menüs 15 bis 42 € • Terrasse

 Die familiäre Atmosphäre des Dorfhotels

Das Hotel aus Feldstein liegt im Ortskern, nur wenige Schritte von der alten Burg entfernt. Die hübschen kleinen Zimmer (Parkett, ausgesuchte Tapeten, schöne Schränke und rustikale Möbel) sind recht günstig. In dem gemütlichen Speiseraum werden traditionelle Gerichte aus Erzeugnissen der Region aufgetischt. Wer es sich traut, sollte Froschschenkel und unbedingt Kutteln, die Spezialität des Chefs, probieren.

Anfahrt: in der Ortsmitte, in der Nähe des Hauptplatzes

AUMALE - 76390

 52 VILLA DES HOUX
M. Mauconduit

 6 av. du Général-de-Gaulle
76390 Aumale
Tel. 02 35 93 93 30
Fax 02 35 93 03 94
villa.des.houx@wanadoo.fr
www.villa-des-houx.com

1. bis 27. Jan. sowie So-abend vom 9. Okt. bis 15. Apr. geschlossen • 22 Zimmer, davon 2 behindertengerecht, alle mit Bad/WC oder Dusche/WC und TV • 60 bis 80 € für 2 Personen, Frühstück 8 €, Halbpension möglich • Menüs 23 bis 39 € • gesicherter Parkplatz, Garten

 Auf der Terrasse bei einer leckeren Mahlzeit das Leben genießen

Das große Fachwerkhaus war früher die Gendarmerie der Gemeinde. Jetzt, zu einem Gasthof umgebaut, wirken die geräumigen Zimmer durch ihre rustikalen Möbel äußerst gemütlich. Bemerkenswert ist der schöne Speiseraum, in dem eine klassische französische Küche mit regionalen Spezialitäten serviert wird. Hier möchte man wieder einkehren! Ein hübscher und gepflegter Blumengarten trägt zum weiteren Charme der Adresse bei.

Anfahrt: in der Nähe des Stadtzentrums, unweit der N 29

NORMANDIE

DIEPPE - 76200

53 **CHAMBRE D'HÔTE LA VILLA-FLORIDA**
M. et Mme Noël

24 chemin du Golf
76200 Dieppe
Tel. 02 35 84 40 37
Fax 01 72 74 33 76
villa-florida@wanadoo.fr
www.lavillaflorida.com

Ganzjährig geöffnet • 4 Zimmer mit Terrasse, davon eines mit Zwischengeschoss, alle mit Bad/WC oder Dusche/WC • 66 € für 2 Personen, Frühstück inkl. • keine Mahlzeit • Garten, Parkplatz; keine Kreditkarten, Hunde nicht erlaubt

Die große Herzlichkeit der Gastgeber

Das ungewöhnliche, mit einem Schieferdach versehene Haus eines Architekten liegt in einem entzückenden Garten mit Blick auf die Bucht von Dieppe. Die großzügig gestalteten und lichtdurchfluteten Innenräume verleihen dem Haus eine freundliche Atmosphäre. Jedes der einfach und modern eingerichteten Zimmer besitzt eine eigene intime Terrasse. Der Frühstückstisch wird je nach Jahreszeit im Aufenthaltsraum oder im Garten gedeckt.

Anfahrt: 2 km östlich von Dieppe in Richtung Pourville über die D 75, vor dem Golfplatz

DUCLAIR - 76480

54 **LE PANORAMA**
M. et Mme Lemercier

282 chemin du Panorama
76480 Duclair
Tel. 02 35 37 68 84
Fax 02 35 37 68 84

Ganzjährig geöffnet • 5 Zimmer • 52 € für 2 Personen, Frühstück inkl. • keine Mahlzeit • Garten, Parkplatz; keine Kreditkarten, Hunde nicht erlaubt

Der einzigartige Panoramablick auf die Seine

Die Villa aus den 30er Jahre im oberen Teil der Stadt trägt ihren Namen zu Recht, denn der Blick auf die Windungen der Seine ist einfach einzigartig. Die farbenfrohen Zimmer sind allesamt wohnlich, am besten gefallen haben uns jedoch die Zimmer unter dem Dach. Vom Frühstücksraum blickt man auf die Seine. Die nette Sitzecke mit Kamin und ein entzückender, terrassenartig angelegter Garten sind weitere Vorzüge des Hauses.

Anfahrt: im Zentrum in Richtung Maromme fahren und in die erste Straße rechts, den Chemin du Catel, einbiegen

NORMANDIE

EU - 76260　　　　　　　　　　FÉCAMP - 76400

55 **MANOIR DE BEAUMONT**
Mme Demarquet

Route de Beaumont
76260 Eu
Tel. 02 35 50 91 91
catherine@demarquet.com
www.demarquet.com

Ganzjährig geöffnet • 3 Zimmer • 47 bis 55 € für 2 Personen, Frühstück inkl. • keine Mahlzeit • Garten, Parkplatz; keine Kreditkarten, Hunde nicht erlaubt

56 **LA FERME DE LA CHAPELLE**
M. Buchy

Côte de la Vierge
76400 Fécamp
Tel. 02 35 10 12 12
Fax 02 35 10 12 13
fermedelachapelle@wanadoo.fr
www.fermedelachapelle.fr

Ganzjährig geöffnet • 22 Zimmer um den Hof, davon 2 behindertengerecht und 5 Appartements mit Kochecke; alle mit Bad/WC und TV • 75 € für 2 Personen, Frühstück 10 €, Halbpension möglich • Restaurant Mo-mittag geschlossen, Menü 20 € • Garten, Parkplatz • Swimmingpool

 Der obligatorische Willkommenstrunk

 Das Museum über die Neufundlandfischer in Fécamp

Von der am Waldrand gelegenen ehemaligen Jagdhütte des Schlosses von Eu bietet sich ein herrlicher Blick über das Tal. Die komfortablen und stilvoll möblierten Zimmer gehen auf den hübschen Park hinaus. Das Familienzimmer besitzt eine Kochecke. Der Aufenthaltsraum und die Bibliothek laden zum Entspannen ein. Den Gästen stehen Informationen über die Region (in englischer und französischer Sprache), Fahrräder und Ställe für die eigenen Pferde zur Verfügung.

Der ehemalige Bauernhof neben der Kapelle der Seefahrer thront hoch oben auf dem Felsen mit Blick über den Ärmelkanal und den Hafen von Fécamp, von wo aus die Fischer früher nach Neufundland in See stachen. Das Hotel hat eine einzigartige Lage, die Zimmer sind jedoch eher bescheiden mit einfach verputzten Wände und soliden Holzmöbeln. In einer so schönen Lage braucht man aber eigentlich auch nicht mehr!

Anfahrt: 2 km östlich von Eu über die D 49 in Richtung Forêt d'Eu

Anfahrt: vom Stadtzentrum in Richtung Dieppe fahren, am Hafen entlang, dann links nach Notre-Dame-du-Salut abbiegen

NORMANDIE

FORGES-LES-EAUX - 76440

57 AUBERGE DU BEAU LIEU
M. et Mme Ramelet

Route de Paris - Le Fossé
76440 Forges-les-Eaux
Tel. 02 35 90 50 36
Fax 02 35 90 35 98
aubeaulieu@aol.com
www.auberge-du-beau-lieu.com

16. Jan. bis 10. Febr. geschlossen • 3 Zimmer mit Blick auf den Garten, alle mit Bad/WC und TV • 56 bis 76 € für 2 Personen, Frühstück 6 bis 11 € • Menüs 18 (werktags) bis 54 € • Terrasse, Garten, Parkplatz

 Ein schöner Spaziergang zwischen Apfelbäumen und Kühen

Das hübsche, nur wenige Minuten von dem kleinen Thermalbad Forges entfernt gelegene Hotel bietet gemütliche Zimmer auf Gartenniveau und einen rustikalen Restaurantraum mit Holzbalken und einem Steinkamin. Das Geschirr erinnert an die berühmte Porzellanmanufaktur der Stadt. Die Hotelbesitzer empfangen ihre Gäste so herzlich, dass man beinahe vergisst, dass man im Hotel wohnt.

Anfahrt: 2 km über die D 915 in Richtung Gournay

JUMIÈGES - 76480

58 LE RELAIS DE L'ABBAYE
M. et Mme Chatel

798 rue du Quesney
76480 Jumièges
Tel. 02 35 37 24 98
Fax 02 35 37 24 98

Ganzjährig geöffnet • 4 Zimmer • 42 € für 2 Personen, Frühstück inkl. • keine Mahlzeit • Garten, Parkplatz; keine Kreditkarten

 Die idyllische Lage des hübschen Fachwerkhauses

Das malerische kleine Fachwerkhaus mit dem für die Normandie typischen Schieferdach liegt in der Nähe der berühmten Abtei. Es besitzt unendlich viel Charme und bietet jeden Komfort. Die raffiniert-rustikale Inneneinrichtung mit freiliegenden Holzbalken, großem Kamin und alten Haushaltsgegenständen verleiht dem Haus eine besondere Atmosphäre. Die Zimmer unter dem offenen Dachstuhl im ersten Stock sind ausgesprochen gemütlich, die Badezimmer sehr gepflegt. Im Sommer frühstückt man im Garten.

Anfahrt: ganz in der Nähe der Abtei

NORMANDIE

LE HAVRE - 76600

 59 **VENT D'OUEST**
M. Lassarat

4 rue Caligny
76600 Le Havre
Tel. 02 35 42 50 69
Fax 02 35 42 58 00
contact@ventdouest.fr
www.ventdouest.fr

Ganzjährig geöffnet • 35 Zimmer mit Bad/WC oder Dusche/WC und TV • 85 bis 110 € für 2 Personen, Frühstück 10 € • kein Restaurant (Zimmerservice) • Café

 Eine Hafenrundfahrt in Le Havre

Das Hotel Vent d'Ouest ist eine erholsame Oase mitten im Quartier Moderne von Le Havre, das von dem Architekten Auguste Perret (20. Jh.) zwischen dem Espace Niemeyer und dem Meer gestaltet wurde. Das in der Nähe des Hafens gelegene Hotel zeichnet sich durch sein Marinedekor aus. Die Gästezimmer haben jedoch alle ein anderes Motto, z. B. „ländlich", „Meditation", „Gebirge". Nippes, weiche Bettdecken und liebevolle Details machen den besonderen Reiz dieser Adresse aus.

Anfahrt: über den Quai Colbert am Bassin Vauban entlang, dann rechts in den Quai George V (Bassin du Commerce) und weiter geradeaus bis zur Kirche Saint-Joseph

LE TRÉPORT - 76470

 60 **GOLF HÔTEL**
Evergreen SARL

102 route de Dieppe
76470 Le Tréport
Tel. 02 27 28 01 52
Fax 02 27 28 01 51
evergreen2@wanadoo.fr
 www.treport-hotels.com

Weihnachtswochenende geschlossen • 10 Zimmer nur für Nichtraucher, alle mit TV • 46 bis 69 € für 2 Personen, Frühstück 7 € • kein Restaurant • Park, Parkplatz; Hunde nicht erlaubt

 Die äußerst komfortablen Zimmer

Wenn man am Eingang des Campingplatzes von Tréport nach links in die Allee einbiegt, kommt man zu diesem schönen Fachwerkhaus vom Ende des 19. Jh.s. Es liegt mitten in einem schattigen Park. Die geräumigen Zimmer, die Nichtrauchern vorbehalten sind, bieten hohen Komfort in individueller Atmosphäre. Alle sind mit einem Kühlschrank ausgestattet. Freundlicher Service und gutes Preis-Leistungs-Verhältnis.

Anfahrt: in der Nähe des Campingplatzes von Le Tréport

NORMANDIE

LE TRÉPORT - 76470   MANNEVILLE-LA-GOUPIL - 76110

LE PRIEURÉ SAINTE-CROIX
M. et Mme Carton

76470 Le Tréport
Tel. 02 35 86 14 77
Fax 02 35 86 14 77
carton.nicole@wanadoo.fr
http://prieuresaintecroix.free.fr

Ganzjährig geöffnet • 5 Zimmer mit Bad/WC • 45 bis 57 € für 2 Personen, Frühstück inkl. • keine Mahlzeit • Garten, Parkplatz; keine Kreditkarten, Hunde nicht erlaubt

CHAMBRE D'HÔTE FERME D'ÉCOSSE
M. et Mme Loisel

1216 route des jonquilles
76110 Manneville-la-Goupil
Tel. 02 35 27 77 21
loisel.nicole@wanadoo.fr
http://ferme-ecosse.site-voila.fr

Ganzjährig geöffnet • 2 Zimmer im ersten Stock • 50 € für 2 Personen, Frühstück inkl., Halbpension möglich • nur Abendessen (außer So und nur nach Voranmeldung) 22 €, Getränk inkl. • Garten, Parkplatz; keine Kreditkarten, Hunde nicht erlaubt

---

 Die absolute Stille, in der nur das Rauschen der Blätter zu hören ist

Der unter Louis-Philippe errichtete Bauernhof gehörte früher zum Schloss von Eu. Heute wird auf dem Hof noch Rinderzucht betrieben. Die Gästezimmer befinden sich in einem Nebengebäude und sind alle im gleichen Stil gehalten: Parkettboden, stilvolle Möbel und moderne Badezimmer. Der frisch renovierte Frühstücksraum hat sich seinen historischen Charme bewahrt. Schöner Garten mit hundertjährigen Pflaumenbäumen.

 Die aus frischen Erzeugnissen vom Bauernhof zubereiteten Mahlzeiten

Das hübsche Herrenhaus aus dem 18. Jh. besitzt eine sehenswerte Fassade aus rotem Backstein. Die Zimmer im Innern sind schlicht und komfortabel, und musikalischen Gästen steht ein Klavier zur Verfügung. Der Garten mit Gemüsebeeten, Hühnerhaus und Schafstall lädt zum Spaziergang ein, Kinder können sich mit den Eselchen vergnügen. Vor dem Abendessen empfehlen wir den im Hause selbst hergestellten Cidre als Aperitif.

Anfahrt: 2 km östlich von Le Tréport an der D 925 (Straße von Abbeville nach Dieppe)

Anfahrt: 4,5 km über die D 10

NORMANDIE

QUIBERVILLE - 76860

 63 LES VERGERS
M. Auclert

 Rue des Vergers
76860 Quiberville
Tel. 02 35 83 16 10
Fax 02 35 83 36 46
christianaucler@aol.com

Nov. bis Febr. geschlossen • 3 Zimmer mit Bad/WC • 60 € für 2 Personen, Frühstück inkl. • keine Mahlzeit • Garten, Parkplatz; Hunde nicht erlaubt

 Die stilvolle Inneneinrichtung des eleganten Landsitzes

Die Gäste werden in dem schönen regionaltypischen Herrenhaus vom Beginn des 20. Jh.s in angemessener Form empfangen. Die geräumigen und komfortablen, in Pastelltönen gehaltenen Zimmer sind mit Blumenstoffen und Stilmöbeln eher klassisch eingerichtet. Der hübsche Landschaftsgarten lädt zu Entspannung und Erholung ein. Durch die Nähe zum Meer ist die Adresse ein idealer Ausgangspunkt für die Erkundung der Küstenregion.

Anfahrt: 7 km östlich von Veules-les-Roses über die D 68 und die D 75

ROUEN - 76000

 64 LE CLOS JOUVENET
Mme de Witte

 42 rue Hyacinthe-Langlois
76000 Rouen
cdewitte@club-internet.fr
www.leclosjouvenet.com

In den Weihnachtsferien geschlossen • 4 Zimmer nur für Nichtraucher, alle mit Bad/WC oder Dusche/WC • 75 bis 82 € für 2 Personen, Frühstück inkl. • keine Mahlzeit • Garten, Aufenthaltsraum mit Bibliothek, gesicherter Parkplatz; keine Kreditkarten

 Der hübsche Blick auf die Stadt und die Kirchtürme

Das am Hang gelegene schöne Herrenhaus aus dem 19. Jh. mit Blick auf Rouen ist eine ideale Unterkunft zum Besuch dieser Stadt. Rings um das Haus liegt ein ruhiger Garten. Die energische und motivierte Gastgeberin bietet ihren Gästen elegante, gemütliche und ausgesprochen gepflegte Zimmer mit Blick auf den Obstgarten oder die Kirchtürme an. Das leckere Frühstück wird je nach Jahreszeit in der Küche, dem bürgerlichen Speisezimmer oder im Garten serviert.

Anfahrt: im Stadtzentrum

NORMANDIE
ROUEN - 76000

65 **LE VIEUX CARRÉ**
M. Beaumont

34 rue Ganterie
76000 Rouen
Tel. 02 35 71 67 70
Fax 02 35 71 19 17
vieux-carre@mcom.fr
www.vieux-carre.fr

Ganzjährig geöffnet • 12 Zimmer, davon eines behindertengerecht, alle mit Bad/WC oder Dusche/WC und TV • 55 bis 60 € für 2 Personen, Frühstück 7 € • nur Mittagessen 12 €

 Einfach alles!

Das Hotel aus dem Jahre 1715 mit schöner Fachwerkfassade liegt neben anderen historischen Häusern in einer Straße, die für das alte Rouen typisch ist. Von hier aus lässt sich die Museumsstadt ideal zu Fuß entdecken. Die gemütlichen Zimmer sind mit hübschen Fresken und alten englischen Schränken geschmückt. Lassen Sie sich im behaglichen Aufenthaltsraum oder auf der Terrasse im Innenhof mit leckeren Speisen und selbstgebackenem Kuchen verwöhnen.

Anfahrt: mitten in der Altstadt zwischen dem Gericht und dem Musée des Beaux-Arts

ROUEN - 76000

66 **HÔTEL DE LA CATHÉDRALE**
M. Delaunay

12 rue Saint-Romain
76000 Rouen
Tel. 02 35 71 57 95
Fax 02 35 70 15 54
contact@hotel-de-la-cathedrale.fr
www.hotel-de-la-cathedrale.fr

Ganzjährig geöffnet • 26 Zimmer mit Bad/WC oder Dusche/WC und TV • 62 bis 85 € für 2 Personen, Frühstück 8 € • kein Restaurant

 Das Frühstück im reizvollen Innenhof, der nachmittags als Café dient

Das bezaubernde Gebäude aus dem 17. Jh., das in einer der schönsten Straßen nahe der Kathedrale in der Altstadt von Rouen steht, ist der beste Beweis dafür, dass man ein angenehmes und preiswertes Hotel in einer stark touristisch geprägten Zone finden kann. Antike Möbel in unterschiedlichen Stilrichtungen, Fachwerk, farbige Tapeten und Nippes sorgen in den Zimmern für eine herrlich altmodische Atmosphäre. Ein riesiger Kamin beherrscht den schönen Frühstücksraum mit seinen Deckenbalken.

Anfahrt: mitten im historischen Viertel

NORMANDIE

SAINT-AUBIN-SUR-MER - 76740 SOMMERY - 76440

67 CHAMBRE D'HÔTE MADAME GENTY
Mme Genty

Hameau de Ramouville
76740 Saint-Aubin-sur-Mer
Tel. 02 35 83 47 05
gisele.genty@wanadoo.fr

http://gisele.genty.free.fr

Ganzjährig geöffnet • 5 Zimmer, davon 2 im Erdgeschoss und 3 unter dem Dach • 47 bis 50 € für 2 Personen, Frühstück inkl. • keine Mahlzeit • Garten, Parkplatz; keine Kreditkarten

68 FERME DE BRAY
M. et Mme Perrier

76440 Sommery
Tel. 02 35 90 57 27

www.ferme.de.bray.free.fr

Ganzjährig geöffnet • 5 Zimmer mit Bad/WC • 46 € für 2 Personen, Frühstück inkl. • keine Mahlzeit • Garten, Parkplatz; keine Kreditkarten, Hunde nicht erlaubt • Besichtigung des Bauernhofs, Angeln

 Der Duft von ofenfrischem Brot am Morgen

Durch eine meisterhafte Restaurierung zeigt sich dieser regionaltypische Bauernhof aus dem 18. Jh. wieder in seinem alten Glanz. Das Reetdach wurde durch ein Ziegeldach ersetzt, aber das schöne Fachwerk ist bis heute erhalten. Der rustikale Wohnraum wirkt durch seine alten Terrakottafliesen und den Kamin äußerst gemütlich. Die Zimmer sind im ländlichen Stil eingerichtet; drei davon befinden sich unter dem Dach. Morgens duftet manchmal das ganze Haus herrlich nach frisch gebackenem Brot.

 Die ländlichen Traditionen werden auf dem Bauernhof weiter gepflegt

Das Gut von 1452 ist seit 18 Generationen im Besitz derselben Familie! Das Hauptgebäude aus dem 17. und 18. Jh. fungiert heute sowohl als Freilichtmuseum wie auch als Herberge. Die Atmosphäre ist selbstverständlich ländlich: einfache Einrichtung, alte Bauernmöbel und Kamine in den Zimmern. Die gestreiften Tapeten schaffen ein heiteres Ambiente. Langeweile kommt bestimmt nicht auf: Besichtigung der Obstpresse, der Mühle, der Molkerei, des Taubenhauses, Ausstellungen, Angeln im Teich usw.

Anfahrt: 4 km nördlich von Le Bourg-Dun, dann in Richtung Quiberville

Anfahrt: 10 km nordöstlich von Forges-les-Eaux über die D 915

NORMANDIE

VALMONT - 76540

69 LE CLOS DU VIVIER
Mme Cachera

4 chemin du Vivier
76540 Valmont
Tel. 02 35 29 90 95
Fax 02 35 27 44 49
dc@le-clos-du-vivier.com
www.leclosduvivier.com

Ganzjährig geöffnet • 2 Zimmer und 1 Suite • 80 bis 100 € für 2 Personen, Frühstück inkl. • Keine Mahlzeit • Garten, Parkplatz; keine Kreditkarten

Das Frühstück mit Blick auf den Garten, in dem sich Enten, Schwäne, Hühner und Pfauen tummeln

Das große, strohgedeckte Haus aus dem 17. Jh. liegt in reizvoller ländlicher Umgebung und gehörte einst zum Schloss von Valmont. Im Laufe der Jahre wurde es mit viel Einsatz von den heutigen Besitzern, die sich aufmerksam um das Wohl ihrer Gäste kümmern, in ein einladendes Hotel verwandelt. Fachwerk, Balken, Steinmauern und Kamine prägen die schönen Räume. In den Gästezimmern konnte die Atmosphäre eines Landhauses erhalten werden.

Anfahrt: 2 km östlich von Valmont über die D 150 in Richtung Ourville

VARENGEVILLE-SUR-MER - 76119

70 LA TERRASSE
M. et Mme Delafontaine

Route de Vasterival
76119 Varengeville-sur-Mer
Tel. 02 35 85 12 54
Fax 02 35 85 11 70
francois.delafontaine@wanadoo.fr

www.hotel-restaurant-la-terrasse.com

15. März bis 15. Okt. geöffnet • 22 Zimmer mit Bad/WC oder Dusche/WC • 47 bis 52 € für 2 Personen, Frühstück 7 € , Halbpension möglich • Menüs 18 bis 30 € • Garten, Parkplatz; Hunde im Restaurant nicht erlaubt • Tennis

Der zum Strand führende Weg, vorbei an einer Wiese, auf der der Esel des Hauses grast

Eine von Tannen gesäumte kleine Straße führt zu dem schönen Bürgerhaus aus Backstein vom Beginn des 20. Jh.s, dem Familiensitz der heutigen Eigentümer. Damit die Ruhe des Hauses nicht gestört wird, gibt es keine Fernseher. Farbige Stoffe und ein Teppichboden mit Schottenmuster sorgen für eine freundliche Atmosphäre. Von der Hälfte der Zimmer blickt man auf das Meer. Restaurant mit Panoramablick und schattigem Garten. Das Hotel bietet keinen besonderen Luxus, aber unendlich viel Charme!

Anfahrt: 3 km nordwestlich, über die D 75, dann weiter auf einer von Tannen gesäumten Nebenstraße

NORMANDIE

VATTEVILLE-LA-RUE - 76940

71 **MANOIR DU PLESSIS**
M. et Mme Laurent

1175 route de Caudebec
76940 Vatteville-la-Rue
Tel. 02 35 95 79 79
Fax 02 35 95 79 77
aplvatteville @ free.fr

Ganzjährig geöffnet • 4 Zimmer mit Dusche/WC • 51 bis 56 € für 2 Personen, Frühstück inkl., Halbpension möglich • Mahlzeit 22 bis 43 € • Garten, Parkplatz

 Die idyllische Umgebung des schönes Herrenhauses

Das aus Backstein erbaute Herrenhaus mit zwei Schornsteinen aus der napoleonischen Zeit lohnt einen Umweg, allein schon wegen der idyllischen Umgebung. Parkett und stilvolle Möbel verleihen einigen Zimmern Charakter; andere sind schlichter gehalten. Sehenswert ist der rustikale Speiseraum mit seiner dunklen Holztäfelung, außerdem gibt es ein Billardzimmer und als weitere Freizeitangebote Malkurse sowie die Teilnahme an einer Hetzjagd.

Anfahrt: Autobahn A 13, Ausfahrt 25, oder A 29, Ausfahrt 8

YVETOT - 76190

72 **AUBERGE DU VAL AU CESNE**
M. Carel

76190 Yvetot
Tel. 02 35 56 63 06
Fax 02 35 56 92 78
valaucesne @ hotmail.com
www.valaucesne.fr

9. bis 29. Jan., 22. Aug. bis 4. Sept., 28. Nov. bis 11. Dez. sowie Mo und Di geschlossen • 5 Zimmer mit Bad/WC, TV und Telefon • 80 € für 2 Personen, Frühstück 9 € • Menüs 25 €, Getränk inkl. • Terrasse, Garten, Parkplatz, Veranstaltungsraum

 Die einladenden Speisezimmer

Die dreihundertjährige Herberge besteht aus zwei reizenden reetgedeckten Fachwerkhäusern. Zu dem Gebäudeensemble gehört ein üppig bepflanzter Garten mit Vogelgehege. In einem der beiden Häuser sind die gepflegten und gemütlichen Zimmer untergebracht, die alle eine eigene Terrasse besitzen. In dem anderen Haus befinden sich die besonders gemütlichen Speisezimmer im ländlichen Stil mit antiken Möbeln und schönen Kaminen. Serviert wird eine traditionelle Küche mit einer guten Weinauswahl.

Anfahrt: an der D 5 zwischen Duclair und Yvetot

PAYS DE LA LOIRE

Das Tal der friedlich dahinfließenden Loire ist für seine herrlichen Ausblicke auf den Fluss, seine prächtigen Landsitze und Schlösser mit ihren wunderschönen Parks bekannt. Es trägt den Beinamen „Garten Frankreichs", weil dank des milden Klimas weitläufige Obstgärten, Gemüsefelder und Weinberge das Bild bestimmen. Weiter nach Westen gelangt man nach Nantes, in dessen Hafen früher exotische Gewürze aus dem neu entdeckten Amerika eingeführt wurden. Von hier stammt der berühmte trockene Muscadet-Weißwein. Sehenswert sind außerdem die Salinen, in denen das Salz heute noch auf traditionelle Art und Weise gewonnen wird, die eleganten Seebäder am Atlantik und natürlich der Freizeitpark des Puy du Fou. Zu den gastronomischen Spezialitäten gehören einfache Gerichte wie *Mojettes* (weiße Bohnen) und *Chaudrée* (ein scharfes Fischgericht) sowie ofenfrische Brioche. Auch die köstlichen *Rillettes* (Schweinepastete) oder eine Scheibe Ziegenkäse auf einem frischen Baguette sind ein echter Genuss. Dazu ein Glas eines leichten Loire-Weines, und man fühlt sich wie Gott in Frankreich!

- Loire-Atlantique (44)
- Maine-et-Loire (49)
- Mayenne (53)
- Sarthe (72)
- Vendée (85)

PAYS-DE-LA-LOIRE

GUÉRANDE - 44350

1 **LA GUÉRANDIÈRE**
Mme Lauvray

5 rue Vannetaise
44350 Guérande
Tel. 02 40 62 17 15
contact@guerandiere.com
www.guerandiere.com

Ganzjährig geöffnet (in der Nebensaison mit Voranmeldung) • 6 Zimmer auf 2 Stockwerken, alle mit Bad/WC • 75 bis 85 € (Nebensaison 55 bis 65 €) für 2 Personen, Frühstück 10 € • keine Mahlzeit • geschlossener Garten, Parkplatz; Hunde auf Anfrage erlaubt • Fahrradverleih

 Die zeitlose einladende Atmosphäre in diesem schönen Herrenhaus

Das große, an die Befestigungsmauer der mittelalterlichen Stadt gebaute Herrenhaus aus dem 19. Jh. besitzt wirklich viel Charme. Bei der Inneneinrichtung wurde der Stil der Häuser aus dieser Epoche bewahrt. Möbel aus Familienbesitz oder vom Antiquitätenhändler, ausgesuchte Stoffe und Nippes schaffen ein elegantes und gemütliches Ambiente. Eine schöne Treppe aus der Bauzeit führt zu den Zimmern. Bei schönem Wetter wird das englische Frühstück im Garten serviert.

Anfahrt: am Fuße der Stadtmauer, in der mittelalterlichen Stadt

LA BAULE - 44500

2 **HOSTELLERIE DU BOIS**
M. et Mme Lethuillier

65 avenue Lajarrige
44500 La Baule
Tel. 02 40 60 24 78
Fax 02 40 42 05 88
hostellerie-du-bois@wanadoo.fr
www.hostellerie-du-bois.com

15. Nov. bis 15. März geschlossen • 15 Zimmer nur für Nichtraucher, auf 2 Stockwerken, auf der Garten- oder der Straßenseite, alle mit Bad/WC oder Dusche/WC und TV • 70 € (Nebensaison 60 €) für 2 Personen, Frühstück 7 €, Halbpension möglich • Restaurant Sa geschlossen, Menüs 23 bis 26 € (nur Abendessen) • Terrasse, Garten

 La Baule-les-Pins, eine wohltuende Ausnahme an der sonst fast überall bebauten Küste

Das zwischen dem Ozean und dem schönen Parc des Dryades gelegene Hotel aus den 20er Jahren fällt durch seine hübsche Fassade mit grünem Fachwerk sofort ins Auge. Innen wird ein etwas nostalgischer Stil gepflegt. Bemerkenswert ist die schöne Sammlung von Nippes und asiatischen Möbeln, die die reiselustigen Hoteleigentümer von ihren zahlreichen Reisen mitgebracht haben. Der kleine Garten hinter dem Haus ist einfach entzückend.

Anfahrt: am Place des Palmiers in Richtung Bahnhof fahren

PAYS-DE-LA-LOIRE

LA BAULE - 44500

3 LE MARINI
M. Le Boudec

22 avenue Georges-Clemenceau
44500 La Baule
Tel. 02 40 60 23 29
Fax 02 40 11 16 98
interhotelmarini@wanadoo.fr
www.hotel-marini.com

Ganzjährig geöffnet • 33 Zimmer mit Bad/WC und TV • 63 bis 84 € (Nebensaison 53 bis 73 €) für 2 Personen, Frühstück 8 €, Halbpension möglich • Menü 21 € • Garage; Hunde im Restaurant nicht erlaubt • Schwimmbad mit Whirlpool

Die Globetrotter-Atmosphäre des Hotels

Das vom Meer etwas entfernt gelegene Hotel eignet sich als Etappe auf einer Rundfahrt durch Frankreich oder als Ausgangspunkt für Ausflüge in die Gegend gleichermaßen. Die Gäste erwartet ein freundlicher Empfang und hoher Komfort, ein Schwimmbad mit Whirlpool, ein gemütlicher Aufenthaltsraum mit Bar und Ledersesseln, eine Leseecke sowie praktisch eingerichtete Zimmer mit komfortablen Betten. Frühstück und Abendessen werden am Pool serviert.

Anfahrt: im Stadtzentrum

LE PALLET - 44330

4 CHÂTEAU DE LA SÉBINIÈRE
Mme Cannaférina

44330 Le Pallet
Tel. 02 40 80 49 25
Fax 02 40 80 49 25
info@chateausebiniere.com
www.chateausebiniere.com

Ganzjährig geöffnet • 3 Zimmer nur für Nichtraucher, davon eines im Nebengebäude, alle mit Bad/WC und TV auf Anfrage • 74 bis 100 € für 2 Personen, Frühstück inkl. • Mahlzeit 30 € • Terrasse, Park, gesicherter Parkplatz; Hunde auf Anfrage erlaubt • Swimmingpool, Billardzimmer

Die idyllischen Spaziergänge am Ufer der Sèvre

Das kleine, von Grund auf renovierte Schloss schmiegt sich an die Hänge des Dorfes Le Pallet. Mit seinem baumbestandenen Park und den 13 ha Weinbergen lädt es zum Entspannen ein. Die bezaubernden, antik eingerichteten Zimmer und die Aufenthaltsräume mit ihren gekalkten Wänden, Terrakottafußboden und gemütlichem Mobiliar strahlen eine zeitlose, warme Atmosphäre aus. Der Muscadet des Weinguts kann verkostet werden.

Anfahrt: in Pallet hinter dem Weinbergmuseum; im letzten Drittel der Steigung in den ersten Privatweg rechts einbiegen

PAYS-DE-LA-LOIRE

PIRIAC-SUR-MER - 44420

 POSTE
M. Malnoé

 26 rue de la Plage
44420 Piriac-sur-Mer
Tel. 02 40 23 50 90
Fax 02 40 23 68 96
hoteldelaposte.piriac@wanadoo.fr

1. Nov. bis 1. Apr. geschlossen • 15 Zimmer auf 2 Stockwerken, mit Bad/WC oder Dusche mit oder ohne WC, einige mit TV • 42 bis 67 € für 2 Personen, Frühstück 7 €, Halbpension möglich • Restaurant Mo geschlossen, Menüs 19 bis 39 € • Hunde im Restaurant nicht erlaubt

 Der Fußweg bis zur Pointe du Castelli

Im Zentrum des malerischen kleinen Fischerhafens mit Häusern aus dem 17. Jh. befindet sich diese Villa aus den 30er Jahren. Die geräumigen und praktisch eingerichteten Zimmer sind sehr gepflegt, denn der Eigentümer achtet peinlich genau auf Sauberkeit – Sie werden garantiert kein einziges Staubkörnchen finden! Das Frühstück wird in einem schönen Raum unter den Arkaden serviert. Im Sommer werden auch draußen einige Tische aufgestellt.

Anfahrt: in der Dorfmitte, an der Hauptstraße gegenüber der Apotheke

PORNIC - 44210

 RELAIS SAINT-GILLES
M. et Mme Robineau

 7 rue Fernand-de-Mun
44210 Pornic
Tel. 02 40 82 02 25
www.relaissaintgilles.com

30. Sept. bis 1. April geschlossen • 24 Zimmer und 1 Suite, alle mit Bad/WC und TV • 50 bis 68 € (Nebensaison 48 bis 55 €), Frühstück 7 € • kein Restaurant • Terrasse unter einer Weinlaube

 Einzigartig: ein Schloss mitten im Grünen, Strände, ein Hafen, schöne Villen ...

Die ehemalige Poststation aus dem 19. Jh. liegt in einer ruhigen Straße des Seebads. Die regelmäßig renovierten Zimmer, von denen einige mit antiken Möbeln ausgestattet sind, verteilen sich auf zwei Gebäude, die eine schattige Terrasse umgeben. Hier sitzt man unter einem mit wildem Wein bewachsenen Laubendach. Der Speiseraum ist im bürgerlichen Stil gehalten. Der Hoteleigentümer, ein ehemaliger Offizier der Handelsmarine, gibt seinen Gästen gute Tipps für Spaziergänge in der Umgebung.

Anfahrt: im oberen Teil der Stadt, in einer ruhigen Straße oberhalb des Schlosses

PAYS-DE-LA-LOIRE

SAINT-LYPHARD - 44110　　SAINT-MALO-DE-GUERSAC - 44550

7 LES CHAUMIÈRES DU LAC
M. Logodin

Route d'Herbignac
44110 Saint-Lyphard
Tel. 02 40 91 32 32
Fax 02 40 91 30 33
jclogodin@leschaumieresdulac.com
www.leschaumieresdulac.com

15. Dez. bis 10. Febr. geschlossen • 20 Zimmer, davon 2 behindertengerecht, alle mit Bad/WC und TV • 72 bis 93 € (Nebensaison 62 bis 77 €), Frühstück 9 €, Halbpension möglich • Auberge Les Typhas: Menüs 18 (werktags) bis 40 € • Garten, Parkplatz • Baden im kleinen See

8 TY GWENN
M. Collard

25 Île-d'Errand
44550 Saint-Malo-de-Guersac
Tel. 02 40 91 15 04

1. Jan. bis 1. Apr. und 1. Okt. bis 31. Dez. geschlossen • 3 Zimmer nur für Nichtraucher, alle mit Bad/WC, TV und Mini-Kühlschrank • 54 € für 2 Personen, Frühstück inkl. • nur Abendessen 20 € • Aufenthaltsraum, Garten, Parkplatz; keine Kreditkarten, Hunde nicht erlaubt • Swimmingpool, Billard; in der Nähe: Segeln, Golf, Reiten, Angeln

 Mit dem Kahn die Flora und Fauna der Grande Brière entdecken

Der Weiler mit neu errichteten Reetdachhäusern im Herzen des Naturparks Brière besitzt zwar keinen historischen Charme, ist aber ein guter Ausgangspunkt für Ausflüge zu den Salzgärten der Region. Das in Gelb und Weiß gehaltene Restaurant, die einfachen, aber stilvollen Zimmer mit Himmelbetten und die schöne Terrasse schaffen den Rahmen für einen angenehmen Aufenthalt.

 Eine Bootsfahrt auf den Kanälen der Grande Brière (auf Anfrage)

Weiß gekalkte Wände, kleine Fenster mit hübschen Gardinen: dieses reizende Reetdachhaus verspricht einen angenehmen Aufenthalt. In den gemütlichen und romantisch gestalteten Zimmern fühlt man sich sofort wohl. Holzbalken, ein Kamin, schöne Stoffe und ein Billardtisch verleihen dem Aufenthaltsraum eine stilvolle Atmosphäre. Am Swimmingpool und in dem netten Garten kann man wunderbar relaxen. Eine Adresse nur für Nichtraucher!

Anfahrt: außerhalb des Dorfes, gegenüber vom See

Anfahrt: 3 km von Saint-Malo

PAYS-DE-LA-LOIRE

SAINT-MOLF - 44350

 9 KERVENEL
M. Brasselet

D 252 - Le Pigeon-Blanc
44350 Saint-Molf
Tel. 02 40 42 50 38
Fax 02 40 42 50 55
ybrasselet @ aol.com
www.loire-atlantique-tourism-com

Okt. bis März geschlossen • 3 Zimmer mit Bad/WC • 60 € für 2 Personen, Frühstück inkl. • keine Mahlzeit • Parkplatz, Aufenthaltsraum; keine Kreditkarten, Hunde nicht erlaubt • Fahrradverleih

 Bei schönem Wetter im Garten relaxen

Der in den 70er Jahren restaurierte ehemalige Bauernhof liegt neben dem Naturpark Brière. Hinter der hübschen Fassade aus Granit befinden sich geräumige Zimmer, die nach dem Stil ihres Mobiliars benannt sind: Louis-seize, Louis-dixhuit und zeitgenössisch. Hübsche Bettwäsche, schöne Badezimmer und die absolute Ruhe tragen ein Weiteres zum Charme des Hotels bei.

Anfahrt: 2,5 km über die D 33 in Richtung La Turballe

ANDARD - 49800

 10 LE GRAND TALON
Mme Guervilly

 3 route des Chapelles
49800 Andard
Tel. 02 41 80 42 85
Fax 02 41 80 42 85

Ganzjährig geöffnet • 3 Zimmer • 63 € für 2 Personen, Frühstück inkl. • keine Mahlzeit • Park, Parkplatz; keine Kreditkarten

 Madame Guervilly, die stets um das Wohl ihrer Gäste besorgt ist

Das von wildem Wein bewachsene, elegante Landhaus aus dem 18. Jh. liegt ganz in der Nähe von Angers. Man betritt das Haus über einen quadratischen Vorhof. Die geschmackvoll eingerichteten Zimmer sind äußerst behaglich. Bei schönem Wetter wird der Frühstückstisch unter den Sonnenschirmen in dem hübschen Garten gedeckt. Wer möchte, kann hier auch picknicken. Eine empfehlenswerte Adresse!

Anfahrt: 11 km östlich von Angers über die N 147 in Richtung Saumur, dann über die D 113

PAYS-DE-LA-LOIRE

ANGERS - 49100

AUVERSE - 49490

 HÔTEL DU MAIL
M. Le-Calvez

 8 rue des Ursules
49100 Angers
Tel. 02 41 25 05 25
Fax 02 41 86 91 20
contact@hotel-du-mail.com
www.hotel-du-mail.com

• 26 Zimmer auf 2 Stockwerken, die meisten mit Bad/WC, sonst mit Dusche/WC, alle mit TV • 55 bis 70 €, Frühstück 8 € • kein Restaurant • gesicherter Parkplatz im Innenhof

 DOMAINE DE LA BRÉGELLERIE
M. et Mme Sohn

 Route de Chigne
49490 Auverse
Tel. 02 41 82 11 69
Fax 02 41 82 11 87
isabelle.sohn@wanadoo.fr
http://la.bregellerie.free.fr

Ganzjährig geöffnet • 5 Zimmer nur für Nichtraucher, davon 4 im ersten Stock, alle mit Bad • 55 bis 70 € für 2 Personen, Frühstück inkl. • keine Mahlzeit • Garten, Parkplatz; keine Kreditkarten • Swimmingpool und Teich zum Angeln

 Das milde Klima, für das Angers bekannt ist

Das in einer ruhigen Straße der Altstadt gelegene Hotel war im 17. Jh. ein Ursulinenkloster, später eine Familienpension und schließlich ein Hotel mit Charakter. Die Adresse ist nicht ganz leicht zu finden, aber die Mühe lohnt sich. Die Zimmer sind individuell und geschmackvoll eingerichtet. Bürgerlich-stilvoller Frühstücksraum und eine entzückende Miniterrasse im Innenhof. Diese Adresse empfiehlt man gerne weiter.

 Das „La Loire" genannte Zimmer

Der ehemalige Bauernhof wurde komplett renoviert und in ein Gästehaus umgewandelt. Die Zimmer sind in einem modernen Anbau eingerichtet und nach ihrem jeweiligen Motto benannt: „Der Wald", „Der Weinstock", „Die Felder", „Der Teich" und „Die Loire" (mit einer besonders sehenswerten Badewanne in Form eines Schiffes). Ein schlicht-eleganter Aufenthalts- und Frühstücksraum, Pool Billard, ein Garten mit Swimmingpool für den Sommer und ein Teich zum Angeln bieten vielfältige Freizeitmöglichkeiten.

Anfahrt: in einer ruhigen Straße hinter dem Rathaus

Anfahrt: 14,5 km südwestlich über die D 767, die Straße nach Noyant, dann rechts auf die D 79

PAYS-DE-LA-LOIRE
FONTEVRAUD-L'ABBAYE - 49590   FONTEVRAUD-L'ABBAYE - 49590

13 LA CROIX BLANCHE
M. et Mme Chabenat

7 place des Plantagenêts
49590 Fontevraud-l'Abbaye
Tel. 02 41 51 71 11
Fax 02 41 38 15 38
info@fontevraud.net
www.fontevraud.net

Eine Woche im Nov., 3. bis 31. Jan. sowie So-abend und Mo von Nov. bis März geschlossen • 25 Zimmer mit Bad/WC oder Dusche/WC, alle mit TV • 65 bis 117 € für 2 Personen, Frühstück 9 €, Halbpension möglich • Menüs 20 bis 53 € • Terrasse, gesicherter Parkplatz • Swimmingpool, Boulespiel, Tischtennis, Billard, Fahrradverleih

14 DOMAINE DE MESTRÉ
M. et Mme Dauge

49590 Fontevraud-l'Abbaye
Tel. 02 41 51 72 32
Fax 02 41 51 71 90
domaine-de-mestre@wanadoo.fr
www.dauge-fontevraud.com

20. Dez. bis 1. Apr. geschlossen • 12 Zimmer mit Bad/WC • 60 € für 2 Personen, Frühstück 8 € • nur Abendessen 24 € • Park, Parkplatz; keine Kreditkarten, Hunde nicht erlaubt

 Eine Fahrradtour in die Umgebung

„Die Geschichte begann im Jahre 1696 mit der Hochzeit von Dame Marie Cohier und Sieur Mathieux Blochon", so heißt es im Prospekt des Hauses. Dieses alte Hotel empfängt seit nunmehr über 300 Jahren Gäste aus aller Welt, die das benachbarte Kloster besichtigen möchten. Die meisten der renovierten Zimmer schmücken Holzbalken und alte Kamine. Die weitere Ausstattung: Billardzimmer, Aufenthaltsraum, klassisches Restaurant (Terrasse im Sommer), Crêperie usw.

 Eine Besichtigung der kleinen Seifenfabrik

Der Bauernhof, dessen ältester Gebäudeflügel und die Zehntscheune aus dem 13. Jh. stammen, gehörten früher zur königlichen Abtei von Fontevraud. Die Gästezimmer strahlen eine persönliche Atmosphäre aus. Frühstück und Abendessen werden mit Erzeugnissen aus eigener Herstellung zubereitet und in der ehemaligen Kapelle eingenommen. Der hübsche Park mit seinen hundertjährigen Linden und Zedern und die kleine Seifenfabrik lohnen ebenfalls einen Besuch.

Anfahrt: mitten im Ort, gegenüber der Abbaye Royale

Anfahrt: 1 km nördlich von Fontevraud über die D 947 in Richtung Montsoreau

PAYS-DE-LA-LOIRE

FONTEVRAUD-L'ABBAYE - 49590   MONTSOREAU - 49730

15 PRIEURÉ-SAINT-LAZARE
M. Haudebault

Abbaye Royale de Fontevraud Rue Saint-Jean-de-l'Hubit
49590 Fontevraud-L'Abbaye
Tel. 02 41 51 73 16
Fax 02 41 51 75 50
contact@hotelfp-fontevraud.com
www.hotelfp-fontevraud.com

1. April bis 12. Nov. geöffnet • 52 Zimmer, davon 6 nur für Nichtraucher, alle mit Bad/WC oder Dusche/WC und TV • 65 bis 112 € (Nebensaison 60 bis 107 €) für 2 Personen, Frühstück 11 €, Halbpension möglich • Restaurant Di und Mi-mittag geschlossen, Menüs 12 (werktags) bis 46 € • Garten, gesicherter Parkplatz; Hunde nicht erlaubt

Die paradiesischen Gärten der Abtei

Früher wurden in den Gebäuden die Leprakranken untergebracht, danach war es ein Priorat, und schließlich wurde der Komplex in ein Hotel umgewandelt. Die Mauern dieses geschichtsträchtigen Ortes haben viele Jahrhunderte heil überstanden. Die fast klösterlich kargen Zimmer bieten einen idealen Rahmen zur Erholung in absoluter Ruhe. Beim Frühstück sitzt man unter Kreuzrippengewölbe, die Restauranttische sind um den Kreuzgang aufgestellt. Alles lädt zur Meditation ein.

Anfahrt: auf dem Gelände der Abbaye-Royale

16 LE BUSSY
Mme Roi

4 rue Jeanne-d'Arc
49730 Montsoreau
Tel. 02 41 38 11 11
Fax 02 41 38 18 10
hotel.lebussy@wanadoo.fr
www.lebussy.com

Di und Mi im Febr., März, Nov. und Dez. geschlossen • 12 Zimmer, einige mit Blick auf das Schloss und die Loire, alle mit Bad/WC oder Dusche/WC und TV • 50 bis 65 € für 2 Personen, Frühstück 8 bis 9 € • kein Restaurant • gesicherter Parkplatz

In der himmlischen Ruhe einen Roman von Alexandre Dumas lesen

Der Name des im oberen Teil des Dorfes gelegenen Hauses aus dem 18. Jh. erinnert an Alexandre Dumas' berühmte Romanfigur des Bussy d'Amboise, des Geliebten der Dame de Montsoreau. Die Zimmer sind mit Möbeln im Louis-Philippe-Stil und modernen Badezimmern ausgestattet und bieten einen Blick auf das Schloss und die Loire. Im Sommer wird das Frühstück in dem blühenden Garten und den Rest des Jahres in einem sehenswerten, in den Fels gehauenen Raum serviert. Familiäre Atmosphäre.

Anfahrt: im oberen Teil des Ortes, hinter dem Schloss

PAYS-DE-LA-LOIRE

TURQUANT - 49730

 17 DEMEURE DE LA VIGNOLE
Mme Bartholeyns

3 impasse Marguerite-d'Anjou
49730 Turquant
Tel. 02 41 53 67 00
Fax 02 41 53 67 09
demeure@demeure-vignole.com
www.demeure-vignole.com

15. März bis 15. Nov. geöffnet • 8 Zimmer, davon eines behindertengerecht, alle mit Bad/WC und TV • 74 bis 111 € für 2 Personen, Frühstück 9 €, Halbpension möglich • Menüs (nur abends und nur nach Voranmeldung) 26 € • Terrasse, Garten, Parkplatz; Hunde nicht erlaubt

 Das Höhlenzimmer, in dem die Dorfbewohner im 12. Jh. ihre Versammlungen abhielten

Das exklusive Hotel wurde erst im Jahre 2000 nach umfangreichen Bauarbeiten unter der Aufsicht des Denkmalschutzamtes eröffnet. Das Herrenhaus aus dem 15. Jh. und die Nebengebäude aus dem 17. Jh. liegen auf dem Felsen und bieten dem Gast ein individuelles Ambiente. Einige historische Bauelemente sind bis heute erhalten (Holzbalken, Kamine, Brotbackofen usw.). Von dem terrassenartig angelegten Garten hat man einen herrlichen Blick auf das Tal. Eine empfehlenswerte Adresse!

Anfahrt: 10 km von Saumur entfernt über die D 947, in der Dorfmitte

CHÂTEAU-GONTIER - 53200

  18 LE CHÂTEAU DE MIRVAULT
M. et Mme d'Ambrières

53200 Château-Gontier
Tel. 02 43 07 10 82
Fax 02 43 07 10 82
château.mirvault@worldonline.fr

Ganzjährig geöffnet • 4 Zimmer • 76 € für 2 Personen, Frühstück inkl. • keine Mahlzeit • Park, Parkplatz; keine Kreditkarten, Hunde nicht erlaubt

 Der freundliche Empfang

Das elegante Schlösschen am Ufer der Mayenne ist seit 1573 im Besitz derselben Familie. Der elegante Aufenthaltsraum mit Möbeln aus dem 18. Jh. und Ahnenporträts der Familie ist besonders eindrucksvoll. Sehr elegant wirkt der Frühstücksraum mit seinem wunderschönen Wandteppich. Im Park tummeln sich neben anderen Tieren Wildkaninchen. Die Zimmer harmonieren mit der Inneneinrichtung des übrigen Hauses und bieten einen Blick auf den Fluss, wo man kostenlos mit dem Boot fahren kann.

Anfahrt: nach Norden über die N 162, die Straße nach Laval, am Ufer der Mayenne

PAYS-DE-LA-LOIRE

CHAMPFLEUR - 72610

 19 LA GARENCIÈRE
M. et Mme Langlais

 72610 Champfleur
Tel. 02 33 31 75 84
Fax 02 33 27 42 09
denis.langlais@wanadoo.fr
www.monsite.wanadoo.fr/garenciere

Jan. geschlossen • 5 Zimmer • 50 € für 2 Personen, Frühstück inkl., Halbpension möglich • nur Abendessen 20 € • Parkplatz; keine Kreditkarten, Hunde nicht erlaubt • Schwimmbad

 Grüne Felder, so weit das Auge reicht

Zur Zeit der Kreuzzüge war die Ortschaft das Hauptquartier der Ritter von La Garencière und bildete eine Etappe für Jakobspilger auf dem Weg nach Santiago de Compostela. Heute bietet der große Bauernhof, der im 19. Jh. an der Stelle der Pilgerherberge errichtet wurde, ruhige und gepflegte Zimmer. Das in einem kleinen Häuschen eingerichtete Zimmer eignet sich ideal für Familien. Die üppigen Mahlzeiten werden aus Erzeugnissen der Region zubereitet. Vom Schwimmbad Blick auf die Umgebung.

Anfahrt: 6,5 km südöstlich von Alençon in Richtung Mamers und Champfleur (D 19), dann weiter in Richtung Bourg-le-Roi

COULAINES - 72190

 20 CHAMBRE D'HÔTE MADAME BORDEAU
Mme Bordeau

 Le Monet
72190 Coulaines
Tel. 02 43 82 25 50

Ganzjährig geöffnet • 4 Zimmer • 50 € für 2 Personen, Frühstück inkl. • keine Mahlzeit • Garten, Parkplatz; keine Kreditkarten, Hunde nicht erlaubt

 Die ländliche Umgebung, nur wenige Kilometer von Le Mans entfernt

Das im letzten Moment vor dem Verfall gerettete kleine Landhaus zeigt sich heute in neuem Glanz. Das Innere konnte sich trotz der Modernisierung seinen historischen Charme bis heute bewahren. Die eher kleinen Zimmer sind mit antiken Möbeln sehr gemütlich eingerichtet; diejenigen im Erdgeschoss besitzen schöne Holzbalken. Die anderen Zimmer befinden sich unter dem Dach. Im Frühstücksraum wird im Winter ein Kaminfeuer angezündet. Der gepflegte, schattige Garten lädt zum Entspannen ein.

Anfahrt: 5 km nördlich von Le Mans in Richtung Mamers, dann in Richtung Ballon über die D 300

PAYS-DE-LA-LOIRE

LE LUDE - 72800

21 CHAMBRE D'HÔTE MADAME PEAN
Mme Pean

5 Grande-Rue
72800 Le Lude
Tel. 02 43 94 63 36

Okt. bis März geschlossen • 3 Zimmer im ersten Stock • 50 € für 2 Personen, Frühstück inkl. • keine Mahlzeit • Garten; keine Kreditkarten

 Der entzückende Garten hinter einer eindrucksvollen Mauer

Niemand würde erwarten, dass sich hinter der imposanten Mauer des schönen Hauses aus dem 17. Jh. ein wunderschöner Garten verbirgt. Die geräumigen Zimmer befinden sich im ersten Stock und sind mit stilvollen Möbeln eingerichtet. Das üppige Frühstück sorgt für einen guten Start in den Tag, und die Gastgeberin empfängt ihre Gäste mit großer Freude und Herzlichkeit, so dass man gerne wieder kommt.

Anfahrt: im Dorf

LUCHÉ-PRINGÉ - 72800

22 L'AUBERGE DU PORT DES ROCHES
M. et Mme Lesiourd

Le Port des Roches
72800 Luché-Pringé
Tel. 02 43 45 44 48

Fax 02 43 45 39 61

Febr. sowie So-abend, Mo und Di-mittag geschlossen • 12 Zimmer mit Bad/WC oder Dusche/WC, die Hälfte mit TV • 45 bis 55 € für 2 Personen, Frühstück 7 €, Halbpension möglich • Menüs 22 bis 44 € • Terrasse und Garten am Loir-Ufer, gesicherter Parkplatz

 Die schönen Spaziergänge am Loir-Ufer

Das schmucke Hotel am Ufer des Loir zeichnet sich durch seine absolute Ruhe aus. Es ist heute kaum vorstellbar, dass noch vor nicht allzu langer Zeit in den Steinbrüchen am Talhang Kalktuff abgebaut und in dem kleinen „Hafen" gegenüber dem Hotel auf Boote verladen wurde. Farbenfroh gestaltete Zimmer, ein bürgerlich-stilvoller Speiseraum und eine Terrasse mit blumengeschmücktem Garten am Wasserufer bieten einen idealen Rahmen zum Entspannen.

Anfahrt: 2,5 km östlich über die D 13 in Richtung Mancigné, dann weiter über die D 214

PAYS-DE-LA-LOIRE

MONCÉ-EN-BELIN - 72230

23 LE PETIT PONT
Mme Brou

3 rue du Petit-Pont
72230 Moncé-en-Belin
Tel. 02 43 42 03 32
Fax 02 43 42 97 95

Ganzjährig geöffnet • 1 Zimmer im Haus und 5 in einem Nebengebäude • 48 bis 60 € für 2 Personen, Frühstück inkl. • Mahlzeit 13 (werktags) bis 25 € • Garten, Parkplatz; Hunde nicht erlaubt

 Die Gastgeberin hat das Haus größtenteils selbst restauriert

Das von wildem Wein bewachsene Haus gehört zu einem Bauernhof, der heute noch bewirtschaftet wird. Die dynamische Gastgeberin hat das hübsche Gebäude im Laufe der Jahre liebevoll restauriert. Das Ergebnis sind individuell gestaltete Zimmer mit hohem Komfort, die Nichtrauchern vorbehalten sind. Ein Zimmer und eine Ferienwohnung befinden sich im Hauptgebäude, die anderen sind in einem Nebengebäude untergebracht. Freundlicher Service.

Anfahrt: 11 km südlich von Le Mans über die D 147 in Richtung Arnage, dann über die D 307

PONCÉ-SUR-LE-LOIR - 72340

24 CHÂTEAU DE LA VOLONIÈRE
M. Becquelin

49 rue Principale
72340 Poncé-sur-le-Loir
Tel. 02 43 79 68 16
Fax 02 43 79 68 18
chateau-de-la-voloniere@wanadoo.fr
http://chateaudelavoloniere.free.fr

Febr. geschlossen (außer nach Voranmeldung) • 5 Zimmer • 60 bis 80 € für 2 Personen, Frühstück inkl. • keine Mahlzeit • Park, Parkplatz • Besichtigung der Loire-Schlösser

 Die ungezwungene und lockere Atmosphäre

Die Gäste werden im Schloss vorbildlich empfangen. Gleich nebenan befindet sich das Geburtshaus des Dichters Pierre de Ronsard (16. Jh.). Die farbenfroh gestalteten Zimmer sind mit antiken Möbeln ausgestattet und nach einem Märchen, einer Legende oder einer Romanfigur benannt: „König Blaubart", „1001 Nacht", „Merlin", „Romeo und Julia". In der Kapelle aus dem 15. Jh. nimmt man heute das Frühstück ein, und in der ehemaligen Troglodyten-Küche finden Ausstellungen statt.

Anfahrt: im Dorf

PAYS-DE-LA-LOIRE
SAINT-LÉONARD-DES-BOIS - 72130   BOUIN - 85230

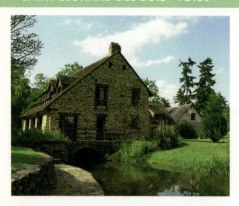

 25 LE MOULIN DE LINTHE
M. et Mme Rollini

 Route de Sougé-le-Ganelon
72130 Saint-Léonard-des-Bois
Tel. 02 43 33 79 22
Fax 02 43 33 79 22
www.moulindelinthe.net

Jan. und Febr. geschlossen • 5 Zimmer • 60 € für 2 Personen, Frühstück inkl. • keine Mahlzeit • Terrasse, Garten, Parkplatz; keine Kreditkarten, Hunde nicht erlaubt • Angeln in der Sarthe

 26 HÔTEL DU MARTINET
Mme Huchet

 1 bis place de la Croix-Blanche
85230 Bouin
Tel. 02 51 49 08 94
Fax 02 51 49 83 08
hotel.martinet@free.fr
www.lemartinet.com

Ganzjährig geöffnet • 30 Zimmer, davon 7 im Erdgeschoss, alle mit Bad/WC oder Dusche/WC und TV • 54 bis 74 € für 2 Personen, Frühstück 7 €, Halbpension möglich • Menüs 23 (werktags) bis 26 € • Garten, Parkplatz; Hunde im Restaurant nicht erlaubt • Swimmingpool, Fitnessraum

 Die Ruhe und die Frische des Flusses

 Die lockere Atmosphäre des Hauses

Die 300 Jahre alte Mühle zwischen Wiesen und Feldern ist die ideale Adresse für Naturliebhaber! In der direkt am Haus vorbeifließenden Sarthe kann man Forellen und Hechte angeln. Sportbegeisterte können die Umgebung per Rad erkunden und die anderen Gäste im Garten faulenzen. Die geräumigen, hellen und ruhigen Zimmer sind in verschiedenen Stilen möbliert: typisch normannisch, Louis-seize, 30er Jahre etc. Vom Wohnzimmer blickt man auf das Schaufelrad.

Das eher unauffällige Dorfhaus aus dem 18. Jh. bietet seinen Gästen einen grünen Garten mit Swimmingpool sowie gepflegte Zimmer. Am schönsten sind die im Erdgeschoss zum Garten hin gelegenen Zimmer mit Terrakottafußboden und Rattanmöbeln. Das Speisezimmer im bürgerlichen Stil strahlt eine behagliche Atmosphäre aus (bemalte Holztäfelungen, Parkettboden, Marmorkamin). Die Gastgeberin serviert frische Fische, die von einem ihrer Söhne am selben Tag gefangen und vom anderen Sohn zubereitet werden.

Anfahrt: 400 m südlich des Dorfes, in Richtung Sougé-le-Ganelon

Anfahrt: in der Dorfmitte

CHALLANS - 85300

PAYS-DE-LA-LOIRE
LA ROCHE-SUR-YON - 85000

27 L'ANTIQUITÉ
M. et Mme Belleville

14 rue Galliéni
85300 Challans
Tel. 02 51 68 02 84
Fax 02 51 35 55 74
antiquitehotel@wanadoo.fr
www.hotelantiquite.com

Ganzjährig geöffnet • 16 Zimmer mit Bad/WC oder Dusche/WC und TV • 52 bis 78 € (Nebensaison 46 bis 70 €) für 2 Personen, Frühstück 7 € • kein Restaurant • gesicherter Parkplatz; Hunde nicht erlaubt • Swimmingpool

28 LOGIS DE LA COUPERIE
Mme Oliveau

85000 La Roche-sur-Yon
Tel. 02 51 24 10 18
Fax 02 51 46 05 59

Ganzjährig geöffnet • 3 Zimmer und 1 Suite, alle mit Bad/WC oder Dusche/WC und TV • 75 bis 106 € (Nebensaison 72 bis 100 €), Frühstück 9 € • keine Mahlzeit • Park mit Gemüsegarten und Teich, Parkplatz; keine Kreditkarten, Hunde nicht erlaubt • Aufenthaltsraum mit Bibliothek, Angeln, Fahrradfahren

 Der Frühstücksraum mit schöner Veranda

Schon der Name des Hotels weist auf die zahlreichen antiken Möbel hin, die die Eigentümer beim Antiquitätenhändler erstanden haben. Die meisten Zimmer sind in dem großen Gebäude mit weißer Fassade untergebracht, das mit den Terrakottafliesen, Stilmöbeln, alten Drucken und Gemälden eine gediegene Atmosphäre verströmt. Die vier Zimmer in dem neueren Flügel am Swimmingpool sind geräumiger und besitzen moderne Badezimmer.

 Die kleinen Aufmerksamkeiten der Gastgeberin

Sobald man das wunderschöne, nach der Französischen Revolution wieder aufgebaute Landgut betreten hat, möchte man diesen Ort am liebsten gar nicht mehr verlassen. Vielleicht weil die Gastgeberin ihre Gäste rundum verwöhnt, vielleicht auch, weil die romantisch eingerichteten und nach Blumen benannten Zimmer so anheimelnd sind oder weil man sich in dem gepflegten Garten mit Angelteich, auf dem Schwäne und Enten schwimmen, einfach wohl fühlt. Kurz gesagt, ein kleines Paradies!

Anfahrt: in der Nähe des Palais des Expositions

Anfahrt: 5 km östlich: den Ort über die D 948 in Richtung Niort verlassen, dann links auf die D 80

PAYS-DE-LA-LOIRE

LES HERBIERS - 85500

 29 **LA MÉTAIRIE DU BOURG**
M. et Mme Retailleau

 85500 Les Herbiers
Tel. 02 51 67 23 97

Ganzjährig geöffnet • 3 Zimmer • 50 € für 2 Personen, Frühstück inkl. • keine Mahlzeit • Garten, Parkplatz; keine Kreditkarten, Hunde nicht erlaubt • bewirtschafteter Bauernhof (Rinderzucht)

 Die Lage in unmittelbarer Nähe des Freizeitparks Puy-du-Fou

Dieser Bauernhof aus Feldstein und mit runden Dachziegeln, auf dem heute noch Rinder gezüchtet werden, ist ein typisches Beispiel für den traditionellen Baustil der Vendée. Die geräumigen Gästezimmer sind sehr gepflegt und besitzen hohe Zimmerdecken. Der rustikale Wohnraum besticht durch schöne Bodenfliesen, freiliegendes Gebälk, antike Möbel und einen Kamin. Üppiges Frühstück und herzlicher Empfang.

Anfahrt: 5 km nordöstlich von Les Herbiers über die D 755 und die D 11, dann weiter auf einer Nebenstraße

MAILLEZAIS - 85420

 30 **CHAMBRE D'HÔTE MADAME BONNET**
Mme Bonnet

 69 rue de l'Abbaye
85420 Maillezais
Tel. 02 51 87 23 00
Fax 02 51 00 72 44
liliane.bonnet@wanadoo.fr
www.accueilvendee.com

Ganzjährig geöffnet • 5 Zimmer mit Bad/WC • 63 bis 66 € für 2 Personen, Frühstück inkl. • keine Mahlzeit • Garten, Park, Parkplatz; keine Kreditkarten, Hunde nicht erlaubt • Ausstellung alter Werkzeuge; Ruderboote

 Eine Bootsfahrt auf den Bewässerungskanälen des Sumpfgebiets

Das schöne Landhaus aus dem 19. Jh. und die dazugehörige Orangerie liegen mitten in einem Park mit hundertjährigen Eiben und einem Obst- und Gemüsegarten. Die Zimmer sind liebevoll eingerichtet. Das schönste Zimmer mit Himmelbett befindet sich unterm Dach, ein anderes im ehemaligen Hühnerstall geht direkt zum Park hinaus. Eine Bootsfahrt auf den Bewässerungskanälen des Sumpfgebiets ist ein echtes Erlebnis für Groß und Klein, auch die Sammlung von Holzschuhen und alten Werkzeugen ist sehenswert.

Anfahrt: in der Nähe der Abtei

PAYS-DE-LA-LOIRE

ROCHESERVIERE - 85620

31 **LE CHÂTEAU DU PAVILLON**
M. et Mme Rio

Rue du Gué-Baron
85620 Rocheserviere
Tel. 02 51 06 55 99
Fax 02 51 06 55 99
ggilann@aol.com
www.le-chateau-du-pavillon.com

16. Okt. bis 14. März geschlossen • 3 Zimmer nur für Nichtraucher auf 2 Stockwerken, alle mit Bad/WC und TV • 100 bis 110 € (Nebensaison 80 bis 90 €) für 2 Personen, Frühstück 9 € • keine Mahlzeit • Kleinkinder-Club, Aufenthaltsraum, Terrasse, Park; keine Kreditkarten, Hunde nicht erlaubt • Swimmingpool

 Die Devise des Hauses: Charme, Eleganz, Komfort

Mit seinem geräumigen Speiseraum im Louis-quatorze-Stil, dem Aufenthaltsraum im Louis-quinze-Stil, Marmorkamin und Flügel strahlt dieses Schloss aus dem Jahr 1885, das in einem 8 ha großen Park mit See und Swimmingpool liegt, Charme und Eleganz aus. Über eine schöne Holztreppe erreicht man die romantisch gestalteten, einladenden Zimmer. Zwei Ferienwohnungen und Kinderbetreuung für Kinder bis 10 Jahre. Mahlzeiten für Wochenendgäste (nach Voranmeldung).

Anfahrt: nördlich der Stadt, an der D 937 und Rue du Gué-Baron

SAINT-GERVAIS - 85230

32 **LE PAS-DE-L'ÎLE**
M. Pitaud

85230 Saint-Gervais
Tel. 02 51 68 78 51
Fax 02 51 68 42 01

1. Nov. bis 15. März geschlossen • 2 Zimmer im Erdgeschoss • 45 € für 2 Personen, Frühstück inkl. • keine Mahlzeit • Garten, Parkplatz; keine Kreditkarten, Hunde nicht erlaubt

 Ausflüge und Bootsfahrten durch das Sumpfgebiet

In dem hübschen Haus im typischen Regionalstil werden Gästezimmer vermietet. Die schön möblierten Zimmer sind um eine quadratische Rasenfläche angeordnet und haben alle einen eigenen Eingang. Wir empfehlen die moderneren Zimmer mit offenem Dachstuhl. Bei den Mahlzeiten können Sie Foie gras aus der hauseigenen Produktion genießen. Das Freizeitangebot umfasst Bootsfahrten und Fahrradausflüge.

Anfahrt: 4 km südöstlich von Beauvoir über die D 948 und die D 59, dann weiter auf einer Nebenstraße

PAYS-DE-LA-LOIRE
TIFFAUGES - 85130

 LE MANOIR DE LA BARBACANE
M. et Mme Baume

 2 place de l'Église
85130 Tiffauges
Tel. 02 51 65 75 59
Fax 02 51 65 71 91
manoir@hotel-barbacane.com
www.hotel-barbacane.com

Letzte Woche im Dez. sowie So von Okt. bis Apr. geschlossen • 19 Zimmer mit Bad/WC oder Dusche/WC und TV • 77 bis 100 € (Nebensaison 62 bis 80 €) für 2 Personen, Frühstück 10 € • kein Restaurant • Garten, Garage; Hunde nicht erlaubt • Swimmingpool, Billardzimmer

 Das Arsenal in der nahe gelegenen Burg

Urlaub in mittelalterlichem Ambiente! Das Hotel ist allerdings in einem Herrenhaus aus dem 19. Jh. untergebracht, das im Stil der englischen Landsitze errichtet wurde. Die Innendekoration ist ländlich mit zahlreichen Nippsachen. Die etwas altmodischen Zimmer sollen demnächst renoviert werden. Einige bieten einen Blick auf die Burg des grausamen Gilles de Rais, des Herrn von Tiffauges, der auch Blaubart genannt wurde.

Anfahrt: auf halbem Wege zwischen Montaigu und Cholet über die D 753, in der Dorfmitte

PICARDIE

Die Picardie hat dem Besucher zahlreiche Aktivitäten und geschichtsträchtige Sehenswürdigkeiten zu bieten. Das Land ist bekannt für seine überwältigenden gotischen Kathedralen, seine herrlichen Rathäuser, die prächtigen Burgen und die beeindruckenden Gedenkstätten zweier Weltkriege. Naturliebhaber können eine Bootsfahrt durch die „schwimmenden Gärten" in Amiens machen, den Naturpark des Marais de Cessière besuchen und die Vogelschwärme an der Mündung der Somme und im Naturreservat von Marquenterre beobachten. Sanfte Hügel, weitläufige Wälder, grüne Wiesen, Weide- und Ackerland erwarten den Reisenden auf der Suche nach reiner Natur. Die gastronomischen Traditionen der Picardie wurden über Jahrhunderte hinweg verfeinert. Das berühmte Pré-salé-Lamm, das in der Nähe der Salzseen weidet, geräucherten Aal und die köstliche Entenpastete darf man sich nicht entgehen lassen. Und als Krönung ein Nachtisch mit frischer Sahne („Crème Chantilly").

- Aisne (02)
- Oise (60)
- Somme (80)

PICARDIE

BRUYÈRES-SUR-FÈRE - 02130

CHAUNY - 02300

1 VAL-CHRÉTIEN
M. et Mme Sion

Ancienne abbaye du Val Chrétien
02130 Bruyères-sur-Fère
Tel. 03 23 71 66 71
Fax 03 23 71 66 71
val.chretien@wanadoo.fr
http://perso.wanadoo.fr/valchretien/

Ganzjährig geöffnet • 5 Zimmer im ersten Stock • 54 bis 64 € für 2 Personen, Frühstück inkl., Halbpension möglich • Mahlzeit 20 € • Park; keine Kreditkarten, Hunde nicht erlaubt • Tennis

2 LA TOQUE BLANCHE
M. et Mme Lequeux

24 avenue Victor-Hugo
02300 Chauny
Tel. 03 23 39 98 98
Fax 03 23 52 32 79
info@toque.blanche.fr
www.toque-blanche.fr

1. bis 26. Febr., 2. bis 20. Aug. sowie Sa-mittag, So-abend und Mo geschlossen • 6 Zimmer, davon 2 nur für Nichtraucher, alle mit Bad/WC oder Dusche/WC und TV • 72 bis 87 €, Frühstück 12 €, Halbpension möglich • Restaurant mit Klimaanlage, Menüs 32 bis 70 € • Terrasse, Park, Parkplatz • Tennis

Die einzigartige Lage an dem legendären Ort im Tardenois

Die Spezialität des Hauses: Entenstopfleber

Das am Ufer des Ourcq zwischen den Ruinen der Abbaye du Val Chrétien (12. Jh.) stehende Haus ist bemerkenswert. Die Zimmer sind schlicht, nur eines ist mit roten Wandstoffen und einem Himmelbett stilvoll ausgestattet. Im Erdgeschoss befinden sich der Frühstücksraum mit freiliegenden Holzbalken und die Bibliothek, in der im Winter ein gemütliches Kaminfeuer knistert. In einem der Nebengebäude wurde eine Tennishalle eingerichtet.

Das Hotel La Toque Blanche, ein entzückendes Bürgerhaus aus den 20er Jahren, bietet individuell ausgestattete Zimmer mit hohem Komfort sowie ein Gourmet-Restaurant, das in der ganzen Region für seine feine Küche bekannt ist. Man setzt sich in einem der beiden Restauranträume – der eine klassisch, der andere im Art déco-Stil gehalten – zu Tisch. Nach einer reichhaltigen Mahlzeit lockt der weitläufige Park zum Spaziergang, bei dem sich bereits einige Kalorien wieder verbrennen lassen …

Anfahrt: 8 km westlich von Fère-en-Tardenois über die D 310 in Richtung Bruyères-sur-Fère, über einen Gemeindeweg

Anfahrt: nahe der Innenstadt

PICARDIE

CONNIGIS - 02330

3 CHAMBRE D'HÔTE M. LECLÈRE
M. et Mme Leclère

1 rue de Launay
02330 Connigis
Tel. 03 23 71 90 51
Fax 03 23 71 48 57

20. bis 31. Dez. geschlossen • 4 Zimmer • 40 bis 48 € für 2 Personen, Frühstück inkl. • Mahlzeit 15 € • Park, Parkplatz; Hunde nicht erlaubt • Fahrradverleih, Wanderwege, Forellenangeln in 200 m Entfernung

Wanderungen und Fahrradtouren durch die Weinberge

Seit über zehn Jahren restaurieren die Gastgeber und Champagnerhersteller den Bauernhof aus dem 16. Jh., der früher zum Château de Connigis gehörte. Die geräumigen Gästezimmer wirken durch den gut erhaltenen Originalparkettboden außerordentlich gemütlich und bieten einen Blick auf den herrlichen, schattigen Park am Rande der Weinberge. Das im flämischen Stil eingerichtete Zimmer im Turm, etwas abseits des Hauptgebäudes, ist am ruhigsten. Spielmöglichkeiten für Kinder und Fahrradverleih.

Anfahrt: 12 km östlich von Château-Thierry über die N 3 und die D 4

ÉTRÉAUPONT - 02580

4 AUBERGE DU VAL DE L'OISE
M. et Mme Trokay

8 rue Albert-Ledent
02580 Étréaupont
Tel. 03 23 97 91 10
Fax 03 23 97 48 92
contact@clos-du-montvinage.fr
www.clos-du-montvinage.fr

Jan. sowie 25. Dez. abends geschlossen • 20 Zimmer, davon eines behindertengerecht, alle mit Bad/WC oder Dusche/WC und TV • 63 bis 83 €, Frühstück 10 €, Halbpension möglich • Menüs 21 bis 40 € • Terrasse, Garten, gesicherter Parkplatz; Hunde auf den Zimmern nicht erlaubt • Billardzimmer

Das hübsche Hochzeitszimmer mit Himmelbett!

Das schöne und eindrucksvolle Herrenhaus aus rotem Backstein vom Ende des 19. Jh.s fällt in diesem Dorf sofort ins Auge. Seine Inneneinrichtung versetzt den Gast in eine andere Zeit. Die geräumigen Zimmer sind mit Möbeln im Louis-Philippe-Stil ausgestattet. In einem frisch renovierten Nebengebäude befindet sich das neue Restaurant, das durch sanfte Pastellfarben besonders ansprechend wirkt und eine traditionelle französische Küche bietet.

Anfahrt: an der N 2 zwischen Vervins und La Capelle, im Dorf

PICARDIE

L'ÉPINE-AUX-BOIS - 02540 | RESSONS-LE-LONG - 02290

5 DOMAINE DES PATRUS
Mme Manning-Royol

la Haute Épine
02540 L'Épine-aux-Bois
Tel. 03 23 69 85 85
Fax 03 23 69 30 14
contact@domainedespatrus.com
www.domainedespatrus.com

Dez. bis Febr. geschlossen • 5 Zimmer, davon 2 unter der Mansarde • 70 bis 95 € für 2 Personen, Frühstück inkl. • Mahlzeit 28 bis 34 €, Getränk inkl. (abends nach Voranmeldung) • Aufenthaltsraum mit Kamin, Bibliothek, Park, Parkplatz; Hunde nicht erlaubt • Gemäldegalerie zum Thema Fabeln von La Fontaine, Wein- und Champagnerprobe

6 FERME DE LA MONTAGNE
M. Ferté

02290 Ressons-le-Long
Tel. 03 23 74 23 71
Fax 03 23 74 24 82
lafermedelamontagne@free.fr
http://www.lafermedelamontagne.free.fr

Jan. und Febr. geschlossen • 5 Zimmer mit Bad/WC • 50 € für 2 Personen, Frühstück inkl. • keine Mahlzeit • Garten, Parkplatz; keine Kreditkarten, Hunde nicht erlaubt • Billardtisch und Klavier

 Die Besichtigung der Gemäldegalerie zum Thema Fabeln von La Fontaine

Das schöne Bauernhaus bietet hohen Komfort und eine ideale Lage in ländlicher Idylle. Vom Fenster genießt man einen einzigartigen Blick auf die friedliche Landschaft. Antike Möbel verleihen den geräumigen Zimmern eine persönliche Note. Die Zimmer unter der Mansarde besitzen eine kleine Sitzecke. Die Bibliothek mit eleganter Galerie trägt ebenfalls zum Charme des Hauses bei. Besichtigung der Galerie zum Thema Fabeln von Jean de La Fontaine unter sachkundiger Führung des Gastgebers.

 Der herrliche Blick über das Aisne-Tal

Der am Rande eines Plateaus errichtete ehemalige Bauernhof der Abtei Notre-Dame de Soissons, dessen Fundamente aus dem 13. Jh. stammen sollen, bietet einen herrlichen Blick über das Aisne-Tal. Die gut geschnittenen Zimmer verfügen jeweils über einen eigenen Eingang. Die Badezimmer sind sehr komfortabel. Im Aufenthaltsraum können sich die Gäste bei einer Runde Billard oder am Klavier entspannen. Auch hier hat man einen wunderschönen Blick über die Umgebung. Freundlicher Empfang.

Anfahrt: 8 km westlich von Montmirail über die D 933 in Richtung Meaux

Anfahrt: 8 km westlich von Soissons über die N 31 und die D 1160

PICARDIE

REUILLY-SAUVIGNY - 02850

 AUBERGE LE RELAIS
M. et Mme Berthuit

 2 rue de Paris
02850 Reuilly-Sauvigny
Tel. 03 23 70 35 36
Fax 03 23 70 27 76
auberge.relais.de.reuilly@wanadoo.fr
www.relaisreuilly.com

29. Jan. bis 3. März, 20. Aug. bis 7. Sept. sowie Di und Mi geschlossen • 7 Zimmer mit Bad/WC oder Dusche/WC, alle mit TV und Klimaanlage • 72 bis 90 € für 2 Personen, Frühstück 13 €, Halbpension möglich • Restaurant mit Klimaanlage, Menüs 329 (werktags) bis 76 € • Garten, Parkplatz; Hunde auf den Zimmern nicht erlaubt

 Limousiner Kalbssteak mit grünem Spargel und Trüffel-Sauce

Das hübsche Hotel mit seiner blumengeschmückten Fassade liegt an der Hauptstraße des Dorfes. Die Inneneinrichtung bildet ein harmonisches Zusammenspiel von Farben und Licht. Von den im provenzalischen oder modernen Stil eingerichteten Zimmern bietet sich ein herrlicher Panoramablick über die Weingärten der Champagne und das Marne-Tal. Auf der überdachten Terrasse oder im stilvollen Speiseraum wird eine gehobene moderne Küche serviert.

Anfahrt: im Ortskern an der N 3, zwischen Château-Thierry und Dormans

SAINT-QUENTIN - 02100

 HÔTEL DES CANONNIERS
Mme Michel

 15 rue des Canonniers
02100 Saint-Quentin
Tel. 03 23 62 87 87
Fax 03 23 62 87 86
lescanonniers@aol.com
www.hotel-canonniers.com

1. bis 15. Aug. sowie So-abend (außer nach Voranmeldung) geschlossen • 7 Zimmer mit Bad/WC oder Dusche/WC, TV und Kochecke • 60 bis 105 € für 2 Personen, Frühstück 8 € • kein Restaurant • Terrasse, Garten, gesicherter Parkplatz • Billardzimmer

 Die Porträts des Malers Quentin de La Tour im Musée Lécuyer

Ob nur für eine Übernachtung oder für einen mehrwöchigen Aufenthalt – das Cannoniers bietet individuelle Apartments mit Kochnische zu kleinen Preisen. Das in ein Hotel umgebaute Herrenhaus von 1754 stellt seinen Gästen ein Billardzimmer und eine Terrasse neben dem üppig grünen Garten zur Verfügung. Für Geschäftsreisende gibt es außerdem elegante Konferenzräume.

Anfahrt: am Rathaus entlang und links in die Rue de la Comédie einbiegen, am Theater vorbei, dann nach rechts abbiegen

PICARDIE

VILLERS-AGRON-AIGUIZY - 02130

9 MANOIR DE LA SEMOIGNE
M. et Mme Ferry

Chemin de la Ferme
02130 Villers-Agron-Aiguizy
Tel. 03 23 71 60 67
Fax 03 23 69 36 54
manoir.semoigne@club-internet.fr
http://manoirdelasemoigne.online.fr

Ganzjährig geöffnet • 4 Zimmer mit Bad/WC • 68 bis 88 € für 2 Personen, Frühstück inkl., Halbpension möglich • nur Abendessen (nur werktags) 37 €, Getränk inkl. • Park; Hunde nicht erlaubt • Golfplatz in der Nähe

Der nahe gelegene 18-Loch-Golfplatz

Das Herrenhaus aus dem 18. Jh. verspricht einen angenehmen Aufenthalt: Im Park befinden sich ein hübscher Golfplatz und ein kleiner Fluss. Die geräumigen und ruhigen Zimmer sind nach verschiedenen Farben benannt: Blau, Gelb, Beige usw. Die Badezimmer sind großzügig und gut ausgestattet. Zum Wohl der Gäste werden leckere Mahlzeiten aus Erzeugnissen vom Bauernhof aufgetischt. Freizeitaktivitäten: Tennis und Forellenangeln.

Anfahrt: 15 km südöstlich von Fère-en-Tardenois

VILLERS-COTTERETS - 02600

10 LE RÉGENT
M. Brunet

26 rue du Général-Mangin
02600 Villers-Cotterets
Tel. 03 23 96 01 46
Fax 03 23 96 37 57
info@hotel-leregent.com
 www.hotel-leregent.com

Ganzjährig geöffnet • 28 Zimmer, nach vorne oder nach hinten hinaus, alle mit Bad/WC oder Dusche/WC und TV • 49 bis 76 € für 2 Personen, Frühstück 8 € • kein Restaurant • Parkplatz

„Die drei Musketiere" in der Heimat von Alexandre Dumas lesen

Das Hotel ist ein kleines Juwel in unmittelbarer Nähe der Innenstadt. Das Herrenhaus aus dem 18. Jh. strahlt noch den Charme von damals aus. Man betritt das Anwesen durch ein schönes Portal und erreicht einen romantischen Hof, wo man von einer grauen Katze begrüßt wird. Den Gast erwarten klassisch eingerichtete Zimmer, die mit der Architektur des Gebäudes perfekt harmonieren. Einige Zimmer sollen bald renoviert werden.

Anfahrt: wenige Schritte vom Ortszentrum von Villers-Cotterets entfernt, in der Nähe der Post

PICARDIE

CAMBRONNE-LÈS-RIBECOURT - 60170   CHELLES - 60350

11 LA FERME ANCIENNE DE BELLERIVE
Mme Brunger

492 rue de Bellerive
60170 Cambronne-lès-Ribecourt
Tel. 03 44 75 02 13
Fax 03 44 76 10 34
bellerive@minitel.net
www.bellerive.fr

Ganzjährig geöffnet • 5 Zimmer • 50 € für 2 Personen, Frühstück inkl., Halbpension möglich • Mahlzeit 15 € • Garten, Parkplatz; keine Kreditkarten, Hunde nicht erlaubt

12 RELAIS BRUNEHAUT
M. et Mme Frenel

3 rue de l'Église
60350 Chelles
Tel. 03 44 42 85 05
Fax 03 44 42 83 30

Hotel ganzjährig geöffnet, Restaurant vom 15. Jan. bis 13. Febr. geschlossen • 10 Zimmer, davon eines mit Kochecke, alle mit Bad/WC oder Dusche/WC und TV • 48 bis 55 € für 2 Personen, Frühstück 8 €, Halbpension möglich • Restaurant Mo und Di-mittag geschlossen, Menüs 24 (werktags) bis 38 € • blumengeschmückter Innenhof, Garten auf der Rückseite, gesicherter Parkplatz; Hunde im Restaurant nicht erlaubt

Der Charakter dieses 200 Jahre alten Bauernhauses

Wer Ruhe und historischen Charme sucht, ist in den ehrwürdigen Mauern dieses zwischen dem Kanal und dem Fluss gelegenen Bauernhofs genau richtig. Die Zimmer in der ehemaligen Scheune sind einfach und nett eingerichtet – weiß getünchte Wände mit farbigen Gardinen und passenden Bettüberwürfen, die Badezimmer sind gut ausgestattet. Die Mittags- und Abendmahlzeiten werden in einem rustikalen Speiseraum serviert. Angeboten werden schmackhafte Menüs. Schöner Garten.

Das in der Nähe gelegene mittelalterliche Schloss von Pierrefonds

Das charmante Hotel besteht aus zwei Gebäuden und einem schön begrünten Innenhof. Die Adresse ist ein idealer Ausgangspunkt, um das Schloss von Pierrefonds mit der einzigartigen mittelalterlichen Architektur des berühmten Architekten Viollet-le-Duc zu besichtigen. Die meisten der rustikal-gemütlichen Zimmer sind in der alten Mühle eingerichtet. Beim Einschlafen hört man das sanfte Plätschern des Bachs. Die nach traditionellen Rezepten zubereiteten Gerichte sind ein Gaumenschmaus!

Anfahrt: 7,5 km südwestlich von Ourscamps über die N 32 und die D 66

Anfahrt: in der Ortsmitte, 5 km östlich von Pierrefonds über die D 85

PICARDIE

CREIL - 60100

13 **LA FERME DE VAUX**
M. et Mme Joly

11 et 19 route de Vaux
60100 Creil
Tel. 03 44 64 77 00
Fax 03 44 26 81 50
joly.eveline@wanadoo.fr

Ganzjährig geöffnet, Sa-mittag und So-abend geschlossen • 28 Zimmer, davon 10 im ersten Stock, die anderen auf Gartenniveau, alle mit Bad/WC und TV • 61 bis 67 € für 2 Personen, Frühstück 8 €, Halbpension möglich • Menüs 17 bis 35 € • Parkplatz

 Die schönen Geschenkideen für Porzellansammler

Die Eigentümer dieses ehemaligen Bauernhofs teilen ihre Lebensart gerne mit ihren Gästen. Die ansprechenden Zimmer sind sehr unterschiedlich gestaltet, und die mittelalterliche Kapelle ist als Gourmet-Tempel in der ganzen Region bekannt. Die köstlichen traditionellen Gerichte werden entweder im gotischen Speiseraum mit Spitzbogenfenstern und Wandbehängen oder im klassisch-eleganten Speiseraum serviert. Lassen Sie sich in eine andere Welt entführen!

Anfahrt: am Ortsausgang von Creil hinter der Kreuzung N 16/D 120 in Richtung Verneuil, am Anfang des Industriegebiets von Vaux

GOUVIEUX - 60270

14 **HOST. DU PAVILLON SAINT-HUBERT**
Mme Luck-Bocquet

Avenue de Toutevoie
60270 Gouvieux
Tel. 03 44 57 07 04
Fax 03 44 57 75 42
pavillon.sthubert@wanadoo.fr
www.pavillon-sainthubert.com

15. Jan. bis 13. Febr. sowie So-abend und Mo geschlossen • 18 Zimmer mit Bad/WC oder Dusche/WC und TV • 55 bis 75 € für 2 Personen, Frühstück 8 €, Halbpension möglich • Menüs 25 (werktags) bis 40 € • Terrasse am Ufer der Oise, Garten, Parkplatz

 Die Schokoladenpralinen namens „Crottin de Chantilly"!

Das kleine Hotel liegt versteckt am Ende einer Sackgasse. Der hübsche Pavillon am idyllischen Ufer der Oise verspricht einen erholsamen Aufenthalt! Sie sollten eines der renovierten Zimmer auf der Flussseite reservieren. Bei schönem Wetter kann man auf der Terrasse im Schatten der Platanen dösen, während die Kinder im Garten spielen. Zum Essen werden köstliche traditionelle Gerichte gereicht.

Anfahrt: Ausfahrt aus Chantilly über die D 909 bis Gouvieux, dann rechts abbiegen und in Chaumont nach links in die Sackgasse in Richtung Oise einbiegen

PICARDIE

HANNACHES - 60650   PIERREFONDS - 60350

15 **CHAMBRE D'HÔTE M. BRUANDET**
M. et Mme Bruandet

13 hameau de Bellefontaine
60650 Hannaches
Tel. 03 44 82 46 63
Fax 03 44 82 26 68
bellefontaine@free.fr
http://bellefontaine.free.fr

Jan. geschlossen • 3 Zimmer • 45 € für 2 Personen, Frühstück inkl. • keine Mahlzeit • Aufenthaltsraum, Garten; keine Kreditkarten

16 **DOMAINE DU BOIS D'AUCOURT**
M. Clément-Bayard

60350 Pierrefonds
Tel. 03 44 42 80 34
Fax 03 44 42 80 36
bois.d.aucourt@wanadoo.fr
www.boisdaucourt.com

Ganzjährig geöffnet • 11 Zimmer mit Bad/WC • 69 bis 110 € für 2 Personen, Frühstück 8 € • kein Restaurant • Parkplatz; Hunde nicht erlaubt • Tennis, Wandern, Mountainbike-Touren, Ausritte

 Die originellen Zimmer, von denen jedes einzigartig ist

Der im Stil der Picardie erbaute ehemalige Bauernhof aus dem 19. Jh. ist eine wirklich originelle Adresse. Der Gastgeber ist selbst Bildhauer und hat das Haus innen und außen fantasievoll gestaltet. Die eher schlichten Zimmer sind mit Designermöbeln ausgestattet, eines besitzt eine Loggia. Im Garten überraschen den Besucher Plastiken aus Altmetall, aus landwirtschaftlichen Geräten, gängigen Gebrauchsgegenständen usw. Freundlicher Empfang.

 Die idyllische Lage des schönen Familienbesitzes

In dem mitten im Wald von Compiègne gelegenen, großzügigen Landhaus mit Fachwerk aus dem 19. Jh. herrscht eine ruhige Atmosphäre. Die individuell gestalteten Zimmer sind Nichtraucherzimmer und verfügen über gepflegte Bäder. Sie können wählen zwischen dem „schottischen", dem „sevillanischen", dem „toskanischen", dem „tropischen" und dem „Zen"-Zimmer. Das Frühstück nimmt man in der gemütlichen Küche der Gastgeber ein.

Anfahrt: 5 km südwestlich von Gerberoy über die D 930 und die D 104 in Richtung Bellefontaine

Anfahrt: 1,6 km westlich von Pierrefonds über die D 85

PICARDIE

PUITS-LA-VALLÉE - 60480

17 **LA FAISANDERIE**
M. et Mme Dumetz

8 rue du Château
60480 Puits-la-Vallée
Tel. 03 44 80 70 29
Fax 03 44 80 70 29

Ganzjährig geöffnet • 4 Zimmer mit Bad/WC und TV • 45 bis 70 € für 2 Personen, Frühstück inkl. • Mahlzeit 16 € • Terrasse, Garten, gesicherter Parkplatz; keine Kreditkarten, Hunde nicht erlaubt • Aufenthaltsraum mit Bibliothek, Fahrräder und Tischtennis

 Die besondere Aufmerksamkeit der Gastgeberin

Ein Kiesweg führt zu dem schönen Bürgerhaus, das hinter einem schattigen Park am Rande des Dorfes liegt. Vermietet werden drei Zimmer (das „Blaue", das „Rosa" und das „Grüne") und eine Suite (die „Goldene"). Alle Zimmer bieten höchsten Komfort und eine harmonische Kombination verschiedener Stile. Zum Frühstück werden leckere selbstgemachte Marmeladen und Kuchen gereicht. Abends werden hauptsächlich Mahlzeiten mit Zutaten aus dem Fasanengarten angeboten.

Anfahrt: im Dorfzentrum

DURY - 80480

18 **CHAMBRE D'HÔTE DU PETIT CHÂTEAU**
M. Saguez

2 rue Grimaux
80480 Dury
Tel. 03 22 95 29 52
Fax 03 22 95 29 52
alainsaguez@libertysurf.fr
http://perso.libertysurf.fr/saguez/dury.html

Ganzjährig geöffnet • 4 Zimmer nur für Nichtraucher, davon eines im Erdgeschoss, alle mit Bad/WC • 70 € für 2 Personen, Frühstück inkl. • keine Mahlzeit • Aufenthaltsraum, Garten, Park, Parkplatz; keine Kreditkarten, Hunde nicht erlaubt • Kutschfahrten

 Die ländliche Idylle, nur 10 Autominuten vom Stadtzentrum von Amiens entfernt

Die nahe gelegene Straße vergisst man beim Anblick des idyllisch gelegenen Landhauses aus dem 19. Jh. sofort. Die Gastgeber empfangen ihre Gäste mit natürlicher Gastfreundlichkeit. Die in einem Nebengebäude eingerichteten Zimmer sind nur für Nichtraucher und größtenteils geräumig, das kleinste Zimmer ist jedoch am gemütlichsten. Das üppige Frühstück nehmen die Gäste gemeinsam mit den Gastgebern ein. Sehenswert ist die Oldtimer-Sammlung auf dem Anwesen.

Anfahrt: 6 km südlich von Amiens über die N 1 in Richtung Beauvais

PICARDIE

LE CROTOY - 80550

PORT-LE-GRAND - 80132

 19 LES TOURELLES
M. et Mme Ferreira Da Silva

 2 rue Pierre-Guerlain
80550 Le Crotoy
Tel. 03 22 27 16 33
Fax 03 22 27 11 45
lestourelles@nhgroupe.com
www.lestourelles.com

5. bis 31. Jan. geschlossen • 27 Zimmer, die meisten mit Dusche/WC, der Rest mit Bad/WC, einige mit TV • 60 bis 85 € (Nebensaison 57 bis 76 €) für 2 Personen, Frühstück 8 €, Halbpension möglich • Menüs 21 bis 31 € • origineller Schlafraum für Kinder

 20 CHAMBRES D'HÔTES DU BOIS DE BONANCE
M. et Mme Maillard

Bois-de-Bonance
80132 Port-le-Grand
Tel. 03 22 24 11 97
Fax 03 22 31 72 01
maillard.chambrehote@bonance.com
www.bonance.com

Nov. bis Febr. geschlossen • 5 Zimmer, davon 2 im Nebengebäude, alle mit Bad/WC • 73 € für 2 Personen, Frühstück inkl. • keine Mahlzeit • Garten • Swimmingpool, Trimm-Dich-Pfad, Tischtennis, Spielmöglichkeit für Kinder

 Der „Schlafsaal" für Kinder

Die beiden Türmchen des herrschaftlichen Hauses aus dem 19. Jh. überragen das kleine Seebad und den „einzigen südlich gelegenen Strand des Nordens" (Pierre Guerlain). Der Bau wirkt wie ein Märchenschloss. Die meisten Zimmer sind im modernen Marinestil oder im schwedischen Stil gehalten und gehen auf die Mündungsbucht der Somme hinaus. Im Restaurant ist man spezialisiert auf Fische, Muscheln und Krustentiere – die letzteren auch als Trost für Krabbenfischer, die ohne Fang heimkehren.

 Der ländliche Charme des Gartens

Die einsam gelegene Sommerfrische aus dem 19. Jh. in gotischem Stil und mit englischem Flair, mit schmalen Fenstern und rosa Backstein ist mit antiken Möbeln stilvoll eingerichtet. Die in den früheren Räumen der Bediensteten befindlichen Zimmer gehen zum wunderschönen Garten hinaus. Der gemütliche Frühstücksraum wird im Winter durch einen Kamin beheizt.

Anfahrt: direkt an der Bucht, an der Straße, die am Strand entlangführt

Anfahrt: 11 km östlich von Saint-Valery-sur-Somme über die D 940, die D 40 und eine Nebenstraße

PICARDIE

QUEND - 80120

SAINT-VALERY-SUR-SOMME - 80230

 21 **AUBERGE LE FIACRE**
M. et Mme Masmonteil

 6 rue des Pommiers Hameau
de Routhiauville
80120 Quend
Tel. 03 22 23 47 30
Fax 03 22 27 19 80
lefiacre@wanadoo.fr
www.aufiacre.fr

Mitte Jan. bis Mitte Febr. und eine Woche an Weihnachten geschlossen • 11 Zimmer, davon eines behindertengerecht, alle mit Bad/WC oder Dusche/WC und TV • 75 bis 79 €, Frühstück 11 €, Halbpension möglich • Restaurant Di-mittag und Mi-mittag geschlossen, Menüs 20 bis 42 € • Garten, Parkplatz; Hunde auf den Zimmern nicht erlaubt • Golfplatz

 Der 2 km lange Trimm-Dich-Pfad in den Dünen

Das mitten im Grünen gelegene Hotel ist in einem ehemaligen Bauernhof eingerichtet. Die gemütlichen Zimmer bieten einen Blick auf den hübschen Garten. Zu vermieten sind außerdem drei moderne Ferienwohnungen. Dem ländlich eingerichteten Restaurantraum verleihen der Terrakottaboden und freiliegende Holzbalken ein besonderes Flair. Serviert werden klassische, schmackhaft zubereitete Gerichte. Für Gäste mit Sinn für Charme und Komfort!

Anfahrt: die D 940 in Quend zwischen Berck-sur-Mer und Rue verlassen und weiter über die D 32 in Richtung Fort-Mahon-Plage

 22 **CHAMBRE D'HÔTE MADAME SERVANT**
Mme Servant

 117 rue Au-Feurre
80230 Saint-Valery-sur-Somme
Tel. 03 22 60 97 56
Fax 03 22 60 97 56

In der Weihnachtswoche geschlossen • 4 Zimmer und 2 Suiten • 58 € für 2 Personen, Frühstück inkl. • keine Mahlzeit • Garten; keine Kreditkarten, Hunde nicht erlaubt

 Der herrliche Blick von der Porte Guillaume auf die Bucht der Somme

Das in der Oberstadt gelegene Landhaus mit seinem gepflegten Garten ist schon durch seine Lage reizvoll. Man ist nur wenige Gehminuten von der Porte Guillaume (12. Jh.) entfernt, die von zwei mächtigen Türmen flankiert wird. Die Zimmer sind nach unterschiedlichen Themen ausgestattet: Meer und Seefahrt (blau-weiß), Kinogeschichte (alte Kinoplakate), Gartenkunst (grüne Farbtöne und schmiedeeiserne Möbel). Der nette Frühstücksraum ist frisch renoviert. Freundlicher Service.

Anfahrt: in der Altstadt, in der Nähe der Kirche und des Rathauses

PICARDIE

SAINT-VALERY-SUR-SOMME - 80230   SAINT-VALERY-SUR-SOMME - 80230

23   **LA GRIBANE**
M. et Mme Douchet

297 quai Jeanne-d'Arc
80230 Saint-Valery-sur-Somme
Tel. 03 22 60 97 55

15. Dez. bis 15. Febr. geschlossen • 4 Zimmer • 70 bis 85 € für 2 Personen, Frühstück inkl. • keine Mahlzeit • Park, Parkplatz; keine Kreditkarten, Hunde nicht erlaubt

24   **LE RELAIS GUILLAUME DE NORMANDY**
MM. Crimet et Dupré

Quai du Romerel
80230 Saint-Valery-sur-Somme
Tel. 03 22 60 82 36
Fax 03 22 60 81 82
relais-guillaume@wanadoo.fr
www.guillaumedenormandy.com

1. bis 10. Jan., 19. bis 31. Dez. sowie Di geschlossen • 14 Zimmer, die Hälfte auf der Meerseite, alle mit Bad/WC oder Dusche/WC und TV • 50 bis 65 € für 2 Personen, Frühstück 8 €, Halbpension möglich • Restaurant mit Klimaanlage, Menüs 16 bis 42 € • Terrasse, Parkplatz; Hunde im Restaurant nicht erlaubt

 Der auf einem Polder gegenüber der Stadtmauer angelegte Garten

Das Haus von 1930 ist nach den Handelsschiffen benannt, die im 18. Jh. auf Frankreichs Flüssen benutzt wurden. Die im Hauptgebäude gelegenen Zimmer in Blau, Beige und Weiß gehen zur Bucht hinaus, die anderen sind in einem Pavillon mitten im Garten untergebracht. Vom Frühstücksraum hat man einen herrlichen Blick auf den zwischen dem Deich und der Stadtmauer angelegten Garten.

 Eine Fahrt mit dem nostalgischen Dampfzug durch die Bucht der Somme

Dieser elegante Landsitz, gegenüber der Bucht und etwas außerhalb des Ortskerns von Saint-Valéry-sur-Somme gelegen, ist ein guter Ausgangspunkt, um die Küste zu entdecken. Die Zimmer sind nicht sehr groß; die Hälfte liegt zum Meer hin, und wenn Sie Glück haben, können Sie sogar einige Robben entdecken! Aus dem schlicht eingerichteten Speiseraum genießt man einen schönen Panoramablick. Serviert werden traditionelle Gerichte und lokale Spezialitäten.

Anfahrt: in der Altstadt, in der Nähe des Strandes

Anfahrt: auf dem Deich, gegenüber der Somme-Bucht

POITOU-CHARENTES

Die Reise beginnt an den weitläufigen Sandstränden und der naturbelassenen Küste des Atlantiks, an der sich der Duft von Kiefern mit der frischen Seeluft vermischt. Ein Aufenthalt in einem der zahlreichen Thermalbäder belebt die Sinne und bringt den Körper in Form. Die Spezialität der Küste, Austern mit frischem Brot und ein wenig Butter, schmeckt nirgendwo sonst so gut wie hier. Die dem Festland vorgelagerten Inseln der Region entdeckt man am besten mit dem Fahrrad. Das flache Land ist von bezaubernden kleinen Sträßchen durchzogen und mit blau-weißen, blumengeschmückten Häusern bedeckt. Dann geht es wieder zurück zum Festland, zu Städten wie Cognac, Angoulême oder La Rochelle. Das Marschland des Marais Poitevin mit seinen zahlreichen Kanälen, auch „Grünes Venedig" genannt, erlebt man am besten an Bord eines Ruderbootes. Einen langen Ausflugstag schließt man mit einem Glas Cognac oder dem weniger bekannten lokalen Aperitif, dem fruchtigen, eiskalten Pineau, ab. Wer mehr Wert auf Action legt, fährt weiter zum spektakulären Vergnügungspark Futuroscope.

- Charente (16)
- Charente-Maritime (17)
- Deux-Sèvres (79)
- Vienne (86)

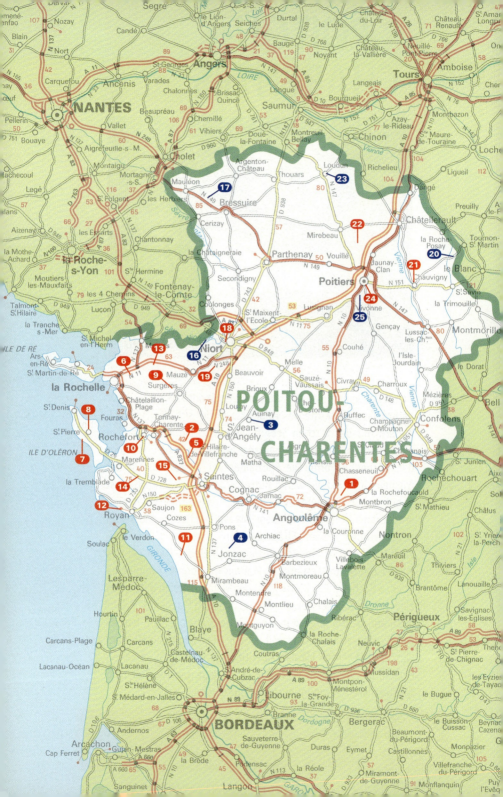

POITOU-CHARENTES

CHAMPNIERS - 16430

1 LA TEMPLERIE
M. et Mme Richon

Denat
16430 Champniers
Tel. 05 45 68 49 00
Fax 05 45 68 91 18

Ganzjährig geöffnet • 5 Zimmer, davon 2 behindertengerechte im Erdgeschoss und 1 Familienzimmer, alle mit Bad/WC • 45 € für 2 Personen, Frühstück inkl. • keine Mahlzeit • Garten, Parkplatz; Hunde nicht erlaubt • Swimmingpool

 Das 200 Jahre alte Weingut mit Blick über die Wiesen und Weiden

In diesem zweihundertjährigen Winzerhof werden die Gäste freundlich empfangen. Die in einem ehemaligen Schuppen farbenfroh eingerichteten Zimmer gehen, soweit sie im Erdgeschoss liegen, direkt zum Garten und zum Swimmingpool hinaus. Manche der Zimmer sind mit antiken Möbeln ausgestattet. Im großzügigen Frühstücksraum knistert im Winter das Kaminfeuer. Besondere Erwähnung verdient der Salon mit Bibliothek auf einer Galerie.

Anfahrt: 9,5 km nördlich von Angoulême in Richtung Poitiers über die N 10, dann in Richtung Balzac über die D 105

ARCHINGEAY - 17380

2 LES HORTENSIAS
M. et Mme Jacques

16 rue des Sablières
17380 Archingeay
Tel. 05 46 97 85 70
Fax 05 46 97 61 89
jpmt.jacques@wanadoo.fr

Ganzjährig geöffnet • 3 Zimmer, davon eines behindertengerecht, alle mit Bad/WC • 49 bis 54 € für 2 Personen, Frühstück inkl. • Mahlzeit 20 €, Getränk inkl. • Garten, gesicherter Parkplatz; keine Kreditkarten

 Die himmlische Ruhe

Das ehemalige Weingut mit Bauernhof wurde vollkommen neu erbaut und bietet zwei Zimmer und eine Suite, die mit Kirschholzmöbeln eingerichtet und wunderschön dekoriert sind. Im rustikalen Speiseraum mit Blick auf den bezaubernden, mit Blumen und Bäumen geschmückten Garten mit Obst- und Gemüsegarten serviert die Hausherrin das Frühstück sowie, dreimal pro Woche, leckere kleine Gerichte wie die regionale Spezialität Grillon charentais, Sorbets aus Früchten des Gartens usw.

Anfahrt: in Tonnay-Boutonne auf die D 114 in Richtung Archingeay; im Ort in Richtung Les Nouillers fahren und dann der Beschilderung folgen

POITOU-CHARENTES

AULNAY - 17470

3 LE DONJON
M. et Mme Imbach

4 rue des Hivers
17470 Aulnay
Tel. 05 46 33 67 67
Fax 05 46 33 67 64
hoteldudonjon@wanadoo.fr
www.hoteldudonjon.com

2 Wochen im Jan. und Febr. geschlossen • 10 Zimmer, davon eines behindertengerecht, alle mit Bad/WC oder Dusche/WC und TV • 61 bis 73 € (Nebensaison 54 bis 64 €), Frühstück 7 € • kein Restaurant

Im hübschen Salon beim knisternden Kaminfeuer plaudern

Schon die elegante Fassade mit den grünen Fensterläden nahe der Kirche Saint-Pierre, einem Meisterwerk der für die Region typischen romanischen Architektur, zieht die Blicke auf sich. Die Innenräume sind frisch renoviert, wobei die schönen Zimmerdecken mit den freiliegenden Balken und einige golddekorierte Wände erhalten wurden. Antikes Mobiliar in den Zimmern, die sich durch geschmackvolle Stoffe und Bettüberwürfe auszeichnen. Alle Zimmer mit modernem Bad.

Anfahrt: mitten im Dorf, in der Nähe des Hauptplatzes

CLAM - 17500

4 LE VIEUX LOGIS
Mme Brard

3 rue du 8-Mai-1945
17500 Clam
Tel. 05 46 70 20 13
Fax 05 46 70 20 64
info@vieuxlogis.com

1. bis 15. Jan. sowie So-abend und Mo-mittag (Nebensaison) geschlossen • 10 ebenerdige Zimmer mit privater Terrasse, alle mit Bad/WC oder Dusche/WC und TV • 50 bis 60 € für 2 Personen, Frühstück 7 €, Halbpension möglich • Restaurant mit Klimaanlage, Menüs 15 bis 36 € • Terrasse, Garten, Parkplatz; Hunde auf den Zimmern nicht erlaubt • Swimmingpool

Die herzlichen Gastgeber

Die „Alte Herberge" war einst die Dorfkneipe mit Lebensmittelladen. Die Theke und die mit Konserven gefüllten Regale verschwanden zugunsten von zwei einladenden rustikalen Speisesälen, deren Wände mit Fotografien des Hausherrn geschmückt sind. Die fröhliche Chefin zaubert leckere regionale Gerichte. Der Hotelbereich ist in einem modernen Gebäude untergebracht, das zum Garten hinausgeht. Die komfortablen und recht angenehmen Zimmer besitzen teilweise eine eigene Terrasse.

Anfahrt: 6 km nördlich von Jonzac über die D 142

POITOU-CHARENTES

CRAZANNES - 17350

5 **CHÂTEAU DE CRAZANNES**
M. et Mme de Rochefort

24 rue du Château
17350 Crazannes
Tel. 06 80 65 40 96
Fax 05 46 91 34 46
crazannes@worldonline.fr
www.crazannes.com

Ganzjährig geöffnet • 6 Zimmer, davon 2 Suiten, auf 2 Stockwerken, alle mit Bad/WC • 70 bis 190 € für 2 Personen, Frühstück inkl. • Mahlzeit 35 € • Terrasse, Park, Parkplatz; Hunde nicht erlaubt • Swimmingpool

Der Luxus, den dieses herrliche, unter Denkmalschutz stehende Schloss bietet

Ein 8 ha großer Park mit Swimmingpool umgibt dieses herrliche, unter Denkmalschutz stehende Schloss aus dem 14. Jh., das prachtvoll restauriert wurde. Es bietet sechs schöne Zimmer, von denen drei im Wohnturm aus dem 16. Jh. untergebracht sind. Sie sind besonders hell und besitzen geräumige Badezimmer. Die regional geprägte Küche wird aus frischen Zutaten bereitet und in einer mit alten landwirtschaftlichen Geräten dekorierten ehemaligen Schäferei serviert.

Anfahrt: Ausfahrt Saintes Nr. 35, weiter auf der N 137 in Richtung Rochefort, rechts in Richtung Plassay N 119 und dann der Beschilderung nach Château de Crazanne folgen

DOMPIERRE-SUR-MER - 17139

6 **LOGIS SAINT-LÉONARD**
M. et Mme Schwartz

6 rue des Chaumes-l'Abbaye
17139 Dompierre-sur-Mer
Tel. 05 46 35 14 65
Fax 05 46 35 14 65
logis-st-leonard@wanadoo.fr

Ganzjährig geöffnet • 4 Zimmer im ersten Stock, alle mit Bad/WC oder Dusche/WC • 65 bis 70 € für 2 Personen, Frühstück inkl. • keine Mahlzeit • Park, Parkplatz, Aufenthaltsraum mit Bibliothek; keine Kreditkarten • Swimmingpool, Billard, Tischtennis, Whirlpool, Angeln

Diese Oase der Ruhe, nur zehn Minuten von La Rochelle entfernt

Das geräumige renovierte Haus, das von einem baumbestandenen Park umgeben ist, bietet drei persönlich gestaltete Zimmer, deren hübsche Dekoration an die Reisen der Gastgeber nach Polynesien und Afrika erinnert. Das Frühstück mit hausgemachten Marmeladen und Kuchen ist ein wahrer Genuss! An Freizeitaktivitäten kann der Gast wählen zwischen Tischtennis, Entspannen im Whirlpool und Baden im von Bäumen beschatteten Swimmingpool. Sehr freundlicher Empfang.

Anfahrt: im Ortszentrum

POITOU-CHARENTES
ILE D'OLERON - 17310   ILE D'OLÉRON - 17310

7   **LES TRÉMIÈRES**
Mme Frat

5 route de Saint-Pierre
17310 La Cotinière
Tel. 05 46 47 44 25
www.chambres-lestremieres.com

Ganzjährig geöffnet • 4 Zimmer, davon 2 Appartements • 56 bis 64 € (Nebensaison 50 bis 58 €) für 2 Personen, Frühstück 7 € • keine Mahlzeit • Garten, Parkplatz; keine Kreditkarten, Hunde nicht erlaubt

8   **MADAME MICHELINE DENIEAU**
Mme Denieau

20 rue de la Legère, la Menounière
17310 Saint-Pierre-d'Oléron
Tel. 05 46 47 14 34
Fax 05 46 36 03 15
denieau.jean-pierre@wanadoo.fr

Ganzjährig geöffnet • 5 Zimmer • 51 € für 2 Personen, Frühstück inkl. • keine Mahlzeit • Garten, Parkplatz; keine Kreditkarten

 Die unmittelbare Nähe des Hafens mit seinen bunten kleinen Fischerbooten

Das Anfang des 20. Jh.s errichtete Haus aus hellem Stein mit blauen Fensterläden liegt nur 200 m vom Hafen von La Cotinière und von den Geschäften entfernt. Die sehr gepflegten Zimmer und Apartments besitzen alle eine persönliche Note. Im Wohnzimmer mit seinen gemütlichen Ledersesseln und -sofas kann man sich vor dem Kamin entspannen. Im Sommer frühstückt man unter dem Kastanienbaum.

 Eine Radtour über die Insel

Oléron- und Pineau-Weine werden in diesem Weingut heute noch hergestellt. Das schöne Steinhaus ist ein typisches Beispiel für die Inselarchitektur. Die einfachen und gepflegten Zimmer sind in den Nebengebäuden eingerichtet. In den neueren Zimmern setzen antike Möbel sowie grün und blau bemalte Holzbalken schöne Akzente. Die Zimmer mit Loggia sind bei Familien besonders beliebt. Den Gästen steht eine Küche zur Verfügung, die von einem Kamin und einem Backtrog geschmückt wird.

Anfahrt: aus Maisonneuve kommend 600 m vom Dorfeingang entfernt

Anfahrt: 3 km westlich von Saint-Pierre-d'Oléron

POITOU-CHARENTES

PUYRAVAULT - 17700   ROCHEFORT - 17300

 9   LE CLOS DE LA GARENNE
M. et Mme François

9 rue de la Garenne
17700 Puyravault
Tel. 05 46 35 47 71
Fax 05 46 35 47 91
info@closdelagarenne.com
www.closdelagarenne.com

Ganzjährig geöffnet • 4 Zimmer nur für Nichtraucher, davon eine behindertengerechte Ferienwohnung, alle mit Bad/WC oder Dusche/WC • 63 bis 123 € für 2 Personen, Frühstück inkl. • Mahlzeit 24 € • Terrasse, Park, Parkplatz • Billardzimmer, Aufenthaltsraum mit Bibliothek und Gesellschaftsspielen, Kinderspielplatz

 10   CHAMBRES D'HÔTES
M. ET MME BLASSELLE
M. et Mme Blasselle

55 rue de la République
17300 Rochefort
Tel. 05 46 99 55 54
palmiersurcour@wanadoo.fr
www.palmiersurcour.com

Ganzjährig geöffnet • 3 Zimmer mit Bad/WC oder Dusche/WC • 55 bis 60 € für 2 Personen, Frühstück inkl. • keine Mahlzeit • Innenhof, Aufenthaltsraum mit Bibliothek, TV und Internetanschluss, Kochecke; keine Kreditkarten, Hunde nicht erlaubt • Fahrradverleih

 Die Atmosphäre in diesem für die Charentes typischen Haus

Ein herzlicher Empfang ist Ihnen gewiss in diesem schönen Herrenhaus mit geschichtsträchtiger Vergangenheit. Die Räume im Erdgeschoss – Esszimmer aus dem 17. Jh., Salon aus dem 18. Jh. mit Louis-quinze-Kamin usw. – gehen zu den Terrassen und zum Park hinaus. Die geräumigen, eleganten Zimmer sind mit schönen Möbeln aus Familienbesitz oder vom Antiquitätenhändler eingerichtet. Ein Ferienhaus und eine Ferienwohnung stehen ebenfalls zur Verfügung. Sehr gutes Preis-Leistungs-Verhältnis.

 Die mediterrane Atmosphäre im Herzen der Charente

Das im 19. Jh. im historischen Zentrum errichtete Stadtpalais bietet heute reizende Zimmer mit persönlicher Note. Das „Corderie" wurde nach dem berühmten Gebäude der Stadt benannt, das „Aziyadé" spielt an auf den orientalistischen Schriftsteller Pierre Loti, das „Marine" besticht durch seine blau-weiße Dekoration. Der palmengeschmückte Patio, in dem man das Frühstück einnimmt, lädt zum Entspannen ein. Eine sympathische Adresse, die wie die gesamte Stadt eine mediterrane Atmosphäre ausstrahlt.

Anfahrt: im Ort

Anfahrt: im Stadtzentrum

POITOU-CHARENTES

SAINT-FORT-SUR-GIRONDE - 17240   SAINT-PALAIS-SUR-MER - 17420

11 LE CHÂTEAU DES SALLES
Mme Couillaud

Carrefour D 125 et D 730
17240 Saint-Fort-sur-Gironde
Tel. 05 46 49 95 10
Fax 05 46 49 02 81
chateaudessalles@wanadoo.fr
www.chateaudessalles.com

1. Nov. bis Ostern geschlossen • 5 Zimmer • 80 bis 110 € für 2 Personen, Frühstück 9 €, Halbpension möglich • Mahlzeit 35 € • Park, Garten, Parkplatz; Hunde nicht erlaubt • Verkauf von Cognac und Pineau des Charentes

12 MA MAISON DE MER
Mme Hutchinson

21 avenue du Platin
17420 Saint-Palais-sur-Mer
Tel. 05 46 23 64 86
Fax 05 46 23 64 86
reservations@mamaisondemer.com
www.mamaisondemer.com

Ganzjährig geöffnet • 6 Zimmer nur für Nichtraucher, alle mit Bad/WC • 80 bis 99 € für 2 Personen, Frühstück inkl. • Abendessen (nur im Juli und Aug.) 21 € • Terrasse, Garten, Parkplatz, Aufenthaltsraum mit Bibliothek und TV

 Die schmackhaften Speisen im sanften Licht der Kerzen

Die Besitzer des Schlosses (15. Jh., im 19. Jh. umgebaut) bieten die von ihnen erzeugten Produkte - Pineau des Charentes, verschiedene Weine und Cognac - auch zum Verkauf an. Von den nach Süden liegenden, hübsch möblierten Zimmern genießt man den Blick in den Garten mit einer wunderschönen Magnolie. In dem größten Zimmer, das unter dem Dach liegt, sind Alt und Neu harmonisch vereint. Aufenthaltsraum mit schönen antiken Möbeln, Klavier und Spieltisch. Gespeist wird bei Kerzenschein.

 Die gemütliche Atmosphäre dieses am Meer liegenden Hauses

Hinter einem Kiefernwald am Meer verbirgt sich das um 1920 errichtete Herrenhaus. Seit der kürzlich erfolgten Renovierung zeichnet es sich durch eine wunderschöne maritime Dekoration mit viel Rattan, blaugrauen Farbtönen und Sisalteppichen in den Zimmern aus. Überall herrscht eine zeitlose, leicht britisch angehauchte Atmosphäre (die Besitzer sind Engländer), in der man sich sofort wohl fühlt. Speisesaal und Bar im Erdgeschoss, französische und britische Küche.

Anfahrt: 7,5 km südöstlich von Mortagne über die D 145 und zur Kreuzung der D 125 mit der D 730

Anfahrt: 200 m vom Ortszentrum entfernt

POITOU-CHARENTES

SAINT-SAUVEUR-D'AUNIS - 17540

13 LE LOGIS DE L'AUNIS
Mme Ecarot

8 rue de Ligoure
17540 Saint-Sauveur-d'Aunis
Tel. 05 46 09 02 14
Fax 05 46 09 02 14
jocelyne.ecarot@wanadoo.fr
www.logisdelaunis.com

Ganzjährig geöffnet • 3 Zimmer nur für Nichtraucher, alle mit Bad/WC oder Dusche/WC, TV und Safe • 80 bis 86 € für 2 Personen, Frühstück inkl. • Mahlzeit 23 € • Terrasse, Garten, Parkplatz • Swimmingpool

Der hübsche Hof mit blumengeschmücktem Garten und Swimmingpool

Das für die Charentes typische, geschmackvoll restaurierte Haus liegt mitten in einem friedlichen Dorf. Es bietet drei hübsch ausgestattete Zimmer, davon eines im Erdgeschoss, zwei Aufenthaltsräume (einer mit Kamin, der andere mit Blick auf den Garten und den Pool) und einen Speiseraum, in dem Holz, Stein und Schmiedeeisen eine besondere Atmosphäre erzeugen. Zum Frühstück kann man sich an hausgemachten Marmeladen und Kuchen stärken, während zum Abendessen eine regionale Küche serviert wird.

Anfahrt: im Ortszentrum

SAINT-SORNIN - 17600

14 LA CAUSSOLIÈRE
M. Gates

10 rue du Petit-Moulin
17600 Saint-Sornin
Tel. 05 46 85 44 62
Fax 05 46 85 44 62
reservations@caussoliere.com
www.caussoliere.com

Ganzjährig geöffnet • 4 Zimmer nur für Nichtraucher, alle mit Bad/WC • 70 bis 85 € für 2 Personen, Frühstück inkl. • keine Mahlzeit • Terrasse, Garten, Aufenthaltsraum mit Bibliothek und TV, gesicherter Parkplatz; keine Kreditkarten • Swimmingpool

Die Lage dieses Hauses zwischen Meer und Hinterland

Nur der Gesang der Vögel unterbricht die Stille auf diesem wunderschön restaurierten Bauernhof, der von einem weitläufigen Garten mit verschiedensten, köstlich duftenden Pflanzen umgeben ist. Auch das Innere ist reizvoll mit gemütlichen, individuell gestalteten Zimmern (antike oder bemalte Möbel, Pastelltöne, Balken- und Mauerwerk). Und das Frühstück auf der Veranda mit Blick auf die grüne Umgebung ist ein Genuss...

Anfahrt: 12,5 km südöstlich von Marennes über die D 728, Straße nach Saintes

POITOU-CHARENTES

ST-GEORGES-DES-COTEAUX - 17810   COULON - 79510

15 CHAMBRE D'HÔTE M. TROUVÉ
M. et Mme Trouvé

5 rue de l'Église
17810 Saint-Georges-des-Coteaux
Tel. 05 46 92 96 66
Fax 05 46 92 96 66
adtrouve@yahoo.fr

15. Nov. bis 1. Apr. geschlossen • 4 Zimmer • 47 € für 2 Personen, Frühstück inkl. • keine Mahlzeit • Garten, Parkplatz; keine Kreditkarten, Hunde nicht erlaubt • im Dorf: Tennis und Reitmöglichkeit

Die komfortablen Zimmer mit literarischem Motto

Dieser in einem großen Garten gelegene Bauernhof aus dem 18. Jh. lohnt einen Umweg. Stall und Scheune wurden umgebaut und dienen als großzügige Eingangshalle, Aufenthaltsraum, Bibliothek und Billardzimmer. Die im Regionalstil möblierten Zimmer sind nach berühmten Schriftstellern benannt: Agatha Christie, Hergé (Tim und Struppi) usw. Auch das sehenswerte alte Waschhaus sollten Sie sich nicht entgehen lassen.

Anfahrt: 9 km nordwestlich von Saintes in Richtung Rochefort über die N 137 und die D 127

16 AU MARAIS
Mme Nerrière

46 quai Louis-Hardy
79510 Coulon
Tel. 05 49 35 90 43
Fax 05 49 35 81 98
information@hotel-aumarais.com
www.hotel-aumarais.com

15. Dez. bis 5. Febr. geschlossen • 18 Zimmer, davon eines behindertengerecht, alle mit Bad/WC oder Dusche/WC und TV • 70 bis 80 € für 2 Personen, Frühstück 12 bis 14 € • kein Restaurant

Eine Bootsfahrt auf den Wassern des „Grünen Venedigs"

Ein idealer Ausgangspunkt für Ausflüge in das Wasserlabyrinth des Sumpfgebiets des Poitou. Die beiden Bootsfahrerhäuser (19. Jh.) aus hellem Stein und mit blauen Fensterläden liegen gegenüber der Anlegestelle für Bootsausflüge. Die modernen Zimmer sind mit farbigen Stoffen im provenzalischen Stil dekoriert. Von den meisten bietet sich ein Blick auf die Boote. Tagsüber herrscht hier reges Treiben, doch nachts, wenn die Uferkais für den Autoverkehr gesperrt sind, ist es absolut ruhig.

Anfahrt: in der Nähe der Anlegestelle, an der die Ausflugsboote starten

POITOU-CHARENTES

NUEIL-LES-AUBIERS - 79250

17 **LE MOULIN DE LA SORINIÈRE**
M. et Mme Froger

79250 Nueil-les-Aubiers
Tel. 05 49 72 39 20
Fax 05 49 72 90 78
moulin-soriniere@wanadoo.fr

www.lemoulindelasoriniere.com

10. bis 26. Apr., 2 Wochen im Sept., 25. Dez, 1. Jan. sowie So-abend und Mo geschlossen • 8 Zimmer, davon zwei behindertengerecht, alle mit Bad/WC und TV • 42 € für 2 Personen, Frühstück 6 € • Menüs 10 bis 27 € • Terrasse, Garten, Parkplatz

Die idyllische Lage der alten Mühle in der Bocage-Landschaft der Bresse

Die am Ufer des Flusses Argent gelegene Mühle aus dem 19. Jh. erstrahlt seit ihrer Umgestaltung in ein Hotel-Restaurant in neuem Glanz. Heute verfügt die Mühle über eine Rezeption, die im ehemaligen Maschinenraum eingerichtet wurde, ein Speisezimmer mit Originalgebälk und einem alten Kamin sowie vier Zimmer im ländlichen Stil. In einem Nebengebäude befinden sich vier geräumigere Zimmer. Der Küchenchef bereitet leckere moderne Gerichte zu.

Anfahrt: 2 km südwestlich von Nueil-les-Aubiers über die D 33 und C 3, Straße nach Cerizay

SAINT-LIGUAIRE - 79000

18 **LA MAGNOLIÈRE**
M. et Mme Marchadier

16 impasse de l'Abbaye
79000 Saint-Liguaire
Tel. 05 49 35 36 06
Fax 05 49 79 14 28
a.marchadier@libertysurf.fr

Ganzjährig geöffnet • 3 Zimmer mit Bad/WC oder Dusche/WC und TV • 75 € für 2 Personen, Frühstück inkl. • Mahlzeit (mit Voranmeldung) • Garten, Parkplatz; keine Kreditkarten, Hunde nicht erlaubt • Aufenthaltsraum mit großer Bibliothek, Swimmingpool

Die Ruhe und die angenehme Atmosphäre des Ortes

Das Herrenhaus wurde im 19. Jh. am Rande des Marais Poitevin an der Stelle einer ehemaligen Abtei erbaut, von der noch einige Überreste erhalten sind. Die mit schönen antiken Möbeln ausgestatteten Zimmer sind nach Malerinnen benannt – Marie Laurencin, Suzanne Valadon, Berthe Morisot – und gehen auf den Garten (herrliche jahrhundertealte Magnolie) hinaus, der sich bis zum Fluss hinunterzieht. Entspannung findet man im Aufenthaltsraum mit Bibliothek, am Pool, beim Angeln, bei Bootsfahrten usw.

Anfahrt: 4 km von Coulon über die D 9

POITOU-CHARENTES

VALLANS - 79270 **ANGLES-SUR-L'ANGLIN - 86260**

 19 LE LOGIS D'ANTAN
Mme Ragouilliaux et M. Di Battista

140 rue Saint-Louis
79270 Vallans
Tel. 05 49 04 86 75
Fax 05 49 32 85 05
info@logisdantant.com
www.logisdantan.com

Ganzjährig geöffnet • 5 Zimmer nur für Nichtraucher, alle mit Bad/WC und TV • 62 bis 78 € für 2 Personen, Frühstück inkl. • nur Abendessen 23 €, Getränk inkl. • Terrasse, Park, gesicherter Parkplatz; keine Kreditkarten

 20 LE RELAIS DU LYON D'OR
M. Thoreau

4 rue d'Enfer
86260 Angles-sur-l'Anglin
Tel. 05 49 48 32 53
Fax 05 49 84 02 28
thoreau@lyondor.com
www.lyondor.com

Dez. bis Febr. geschlossen • 11 Zimmer, davon eines behindertengerecht, alle mit Bad/WC oder Dusche/WC und TV • 65 bis 100 € (Nebensaison 56 bis 90 €), Frühstück 8 €, Halbpension möglich • Menüs 20 bis 26 € • Terrasse, Garten, gesicherter Parkplatz

 Die authentische Atmosphäre des Hauses

Das großzügige Herrenhaus aus Quaderstein (1850) liegt in einem mit Blumen und Bäumen bepflanzten Garten, unweit von dem Grünen Venedig. Die fünf gepflegten und geräumigen Zimmer sind im ländlich-bürgerlichen Stil eingerichtet. Zu den Mahlzeiten werden regionale Spezialitäten in moderner Version angeboten: z. B. Entenbrust mit Feigen aus dem eigenen Garten und Vendéen au chocolat. Im Sommer wird das Abendessen auf der Veranda serviert.

 Entspannen in dem idyllischen Garten

Die in einem malerischen Dorf hoch oben auf dem Felsen gelegene ehemalige Pferdestation (15. Jh.) bietet individuell eingerichtete Zimmer mit Möbeln vom Edeltrödel. Eine Adresse zum Wohlfühlen: Wellnessbereich (Dampfbad, Massage usw.), von Frühling bis Herbst werden Kurse zum Erlernen verschiedener Maltechniken organisiert. Die Gastgeber kümmern sich aufmerksam um das Wohl ihrer Gäste – kurzum, ein idealer Ort zum Ausspannen!

Anfahrt: im Ortszentrum

Anfahrt: in der Dorfmitte

POITOU-CHARENTES

CHAUVIGNY - 86300

21 LA VEAUDEPIERRE
M. de Giafferi

8 rue du Berry
86300 Chauvigny
Tel. 05 49 46 30 81
Fax 05 49 47 64 12
laveaudepierre@club-internet.fr
perso.club-internet.fr/laveaudepierre

Ganzjährig geöffnet • 5 Zimmer • 50 bis 55 € für 2 Personen, Frühstück inkl. • keine Mahlzeit • Garten, Parkplatz; keine Kreditkarten, Hunde nicht erlaubt

 Die einzigartige Lage zu Füßen der mittelalterlichen Stadt

Das schöne Herrenhaus aus dem 18. Jh. gewinnt besonderen Charme durch die im Hintergrund gelegene Schlossruine. Das Interieur ist exquisit mit Holztäfelungen, stilvollen Möbeln, einer schönen Steintreppe und einer Sammlung alter Musikinstrumente. Die hübschen Zimmer bieten einen Blick auf den herrlichen, von einer Mauer umschlossenen Garten. Über eine Treppe gelangt man direkt in die Oberstadt.

Anfahrt: vom Rathaus kommend hinter der Kirche in die erste Straße links einbiegen

CHENECHÉ - 86380

22 CHÂTEAU DE LABAROM
M. et Mme Le Gallais

86380 Cheneché
Tel. 05 49 51 24 22
Fax 05 49 51 47 38
chateau.de.labarom@wanadoo.fr

1. Nov. bis 30. März geschlossen • 3 Zimmer • 67 bis 75 € für 2 Personen, Frühstück inkl. • keine Mahlzeit • wunderschönes Taubenhaus, Park, Parkplatz; keine Kreditkarten, Hunde nicht erlaubt • Swimmingpool

 Die Bibliothek mit zahlreichen Büchern über die Region

Das Schloss aus dem 16. und 17. Jh. liegt in einem weitläufigen, 120 ha großen Park. Es ist ein idealer Ausgangspunkt für Ausflüge in die Region. Das aristokratische Ambiente besitzt einen ganz besonderen Charme: Der Fußboden knarrt, die Möbel zeigen die Spuren der Zeit. Die Wände der geräumigen Zimmer sind mit Stoff bezogen. Im schönen Frühstücksraum beherrscht ein großer Kamin das Bild. Der Besitzer und Hobbykünstler weiht die Gäste gerne in die Grundlagen der Porzellanmalerei ein.

Anfahrt: 15 km nordwestlich des Futuroscope in Richtung Neuville und Lencloître, dann weiter über die D 15

POITOU-CHARENTES
LOUDUN - 86200   POITIERS - 86000

23 **HÔTEL - RESTAURANT DE LA ROUE D'OR**
M. Cuvier

1 avenue d'Anjou
86200 Loudun
Tel. 05 49 98 01 23
Fax 05 49 98 85 45

www.larouedor.com

Sa von Okt. bis Mitte Apr. und So-abend geschlossen • 14 Zimmer, davon eines behindertengerecht, alle mit Bad/WC oder Dusche/WC und TV • 43 bis 51 € für 2 Personen, Frühstück 6 €, Halbpension möglich • Menüs 14 (werktags) bis 35 € • gesicherter Parkplatz, Terrasse

24 **CHÂTEAU DE VAUMORET**
M. Johnson

Rue du Breuil-Mingot
86000 Poitiers
Tel. 05 49 61 32 11
Fax 05 49 01 04 54
chateau-vaumoret@tiscali.fr

Ganzjährig geöffnet • 5 Zimmer nur für Nichtraucher, alle mit Bad/WC • 59 bis 69 € für 2 Personen, Frühstück 7 € • keine Mahlzeit • Park, Parkplatz

 Man stelle sich vor, wie hier früher die Postkutschen vorfuhren

Die alten Ställe im Hof erinnern daran, dass dieses Haus früher eine Poststation war, an der die Kutschen ausgetauscht wurden. Obwohl das Hotel direkt an der Ringstraße liegt, sind die kleinen, im Louis-Philippe-Stil eingerichteten Zimmer relativ ruhig. Sie sind gut schallisoliert und werden außerdem regelmäßig renoviert. Im Restaurant werden traditionelle Gerichte mit ortstypischen Zutaten in klassischem Ambiente serviert.

 Die ländliche Atmosphäre direkt vor den Toren von Poitiers

Das hervorragend restaurierte Schloss aus dem 17. Jh. liegt in einem 15 ha großen Park, an den sich Wald und Wiesen anschließen. Die Gästezimmer im rechten Flügel sind mit antiken Möbeln, Graphiken und Gemälden eingerichtet und besitzen gepflegte Badezimmer. Das Frühstück wird in einem lichtdurchfluteten Raum eingenommen. Den Hausgästen stehen Fahrräder zur Verfügung.

Anfahrt: in der Stadt, in der Nähe des Parc Amirault

Anfahrt: 10 km nordöstlich von Poitiers in Richtung La Roche-Posay über die D 3, dann in Richtung Sèvres-Anxaumont über die D 18

POITOU-CHARENTES

SAINT-BENOÎT - 86280

25 LE CHALET DE VENISE
M. et Mme Mautret

6 rue du Square
86280 Saint-Benoît
Tel. 05 49 88 45 07

Fax 05 49 52 95 44

Während der Schulferien im Febr. und die letzte Augustwoche geschlossen • 12 Zimmer, davon eines behindertengerecht, alle mit Bad/WC und TV • 46 bis 58 € für 2 Personen, Frühstück 7 € • Restaurant So-abend und Mo geschlossen, Menüs 20 (werktags) bis 45 € • Terrasse, Garten, Parkplatz

Die Lage direkt am Wasser

Hinter der strengen Fassade des Gebäudes verbergen sich schöne und reizvolle Innenräume. Der elegantgemütliche Speiseraum mit seinen großen Fenstern bietet einen Blick auf den entzückenden Garten und den Fluss. Die funktionell und modern eingerichteten Zimmer sind ruhig, teils mit Balkon. Die idyllische Terrasse am Wasser verspricht absolute Entspannung. Moderne Küche, die auch die feinsten Gaumen erfreut.

Anfahrt: im Dorf, 4 km südlich von Poitiers über die D 88, in der Nähe des Rathauses

PROVENCE - ALPES - CÔTE - D'AZUR

Wer zum ersten Mal in Marseille ankommt, den faszinieren zunächst die mediterran-lautstarken Fischhändler und die fröhliche Lebensart der Stadt. In den ländlicheren Regionen herrscht hingegen absolute Ruhe. Zu hören ist hier lediglich das beständige Zirpen der Zikaden, das am Abend vielleicht von dem Glockengebimmel heimkehrender Schafsherden unterbrochen wird. Die Sonne geht über den ockerfarbenen Bergdörfern früh auf und scheint glühend heiß auf die duftenden Lavendelfelder. Entdecken Sie die kleinen Dörfer im Landesinneren und genießen Sie die Mittagszeit im kühlen Schatten einer platanenbestandenen Caféterrasse, oder machen Sie es wie die Einheimischen, die sich um 14 Uhr zum Mittagsschläfchen zurückziehen – ob an den schicken Stränden von Saint-Tropez, in den Hütten der Hirten in der Camargue, den von Zypressen umgebenen mittelalterlichen Städtchen oder auf einem kleinen Fischerboot vor der Küste. Wenn die Sonne wieder etwas tiefer steht, beginnt das Leben dann von Neuem.

- Alpes-de-Haute-Provence (04)
- Hautes-Alpes (05)
- Alpes-Maritimes (06)
- Bouches-du-Rhône (13)
- Var (83)
- Vaucluse (84)

PROVENCE-ALPES-CÔTE-D'AZUR

ANNOT - 04240

1 L'AVENUE
M. Génovesi

Avenue de la Gare
04240 Annot
Tel. 04 92 83 22 07
Fax 04 92 83 33 13
hot.avenue@wanadoo.fr

Ende Okt. bis Ende März geschlossen • 11 Zimmer mit Dusche/WC und TV • 54 bis 58 € für 2 Personen, Frühstück 8 €, Halbpension möglich • Restaurant Momittag, Mi-mittag und Fr-mittag geschlossen, Menüs 17 (werktags) bis 26 € (Reservierung empfohlen) • Hunde im Restaurant nicht erlaubt

 Durch die Straßen des malerischen Dörfchens Annot flanieren

Das am Dorfeingang gelegene Haus im Regionalstil fällt durch seine hübsche ockerfarbene Fassade sofort ins Auge. Die in provenzalischen Farben gehaltenen Zimmer sind alle zweckmäßig eingerichtet, sehr gepflegt und ausgesprochen ruhig. Der Gastgeber bereitet üppige Mahlzeiten mit Spezialitäten der Region zu, die seine reizende Frau den Gästen in dem behaglichen, in Orangetönen gehaltenen Speisezimmer serviert.

Anfahrt: am Ortseingang

BARCELONNETTE - 04400

2 AZTECA
M. Chabre

3 rue François-Arnaud
04400 Barcelonnette
Tel. 04 92 81 46 36
Fax 04 92 81 43 92
hotelazteca@wanadoo.fr
www.hotel-azteca.fr.st

13. Nov. bis 5. Dez. geschlossen • 27 Zimmer, davon 5 über 2 Stockwerke und eines behindertengerecht, alle mit Bad/WC und TV • 64 bis 97 € (Nebensaison 50 bis 70 €), Frühstück 4 bis 11 € • kein Restaurant • gesicherter Parkplatz, Hotel-Shuttlebus zu den Skiorten • in der Nähe: Schwimmbad, Tennis, Golfplatz, Reiten, Klettern

 Die drei hübschen Zimmer im mexikanischen Stil

Der „mexikanischen Villa" wurde kürzlich ein neuer Flügel hinzugefügt. Errichtet wurde sie 1888 von einem der Bauern und Handwerker, die nach Mittelamerika auswanderten und sich bei ihrer Rückkehr als Zeichen des Erfolgs eine prächtige Villa bauten. Die originelle Innendekoration mit mexikanischem Flair – naive Wandmalereien, Aztekenkalender, Dekorationsgegenstände und Möbel aus Mexiko – wirkt auf den ersten Blick ungewöhnlich, ist aber hier im Tal der Ubaye kein Einzelfall.

Anfahrt: in der Nähe der Post

PROVENCE-ALPES-CÔTE-D'AZUR

BEVONS - 04200 DIGNE-LES-BAINS - 04000

3 MAS DU FIGUIER
M. Levrault

La Fontaine
04200 Bevons
Tel. 04 92 62 81 28
Fax 04 92 62 81 28
mas.du.figuier@wanadoo.fr
www.guideprovence.com/gites/masdufiguier

Nov. bis Jan. geschlossen • 3 Zimmer mit geräumigem Bad • 50 bis 52 € für 2 Personen, Frühstück inkl., Halbpension möglich • Mahlzeit 19 € • Park, Parkplatz; keine Kreditkarten, Hunde nicht erlaubt

4 VILLA GAÏA
M. et Mme Martin

24 route de Nice
04000 Digne-les-Bains
Tel. 04 92 31 21 60
Fax 04 92 31 20 12
hotel.gaia@wanadoo.fr
www.hotelvilla.gaia.fr

Ostern bis 1. Nov. geöffnet • 10 Zimmer mit Bad/WC oder Dusche/WC • 70 bis 99 € für 2 Personen, Frühstück 9 €, Halbpension möglich • Restaurant 1. bis 10. Juli und in der Nebensaison Mi geschlossen; Menü 26 € (nur für Hausgäste) • Aufenthaltsräume, Bibliothek, Terrasse, Park, Parkplatz; Hunde nicht erlaubt

 Eselreiten in der Montagne de Lure

 Die ruhigen Nächte mitten in einem weitläufigen Park mit hundertjährigen Bäumen

Vor dem einsam gelegenen provenzalischen Bauernhof (17. Jh.) in 650 m Höhe befindet sich ein duftendes Lavendelfeld, im Hintergrund die Bergkämme der Montagne de Lure. Die Zimmer im provenzalischen Stil sind mit ihren warmen Farbtönen, Terrakottafußböden und freiliegenden Deckenbalken besonders ansprechend. Die geräumigen Badezimmer sind im maurischen Stil eingerichtet. Im Winter knistert im Aufenthaltsraum ein gemütliches Kaminfeuer.

Eine familiäre Atmosphäre herrscht in dem Herrenhaus aus dem Jahre 1730, das Anfang des 20. Jh.s umgebaut und ab 1993 in ein Hotel verwandelt wurde. Von dieser Vergangenheit zeugen die schön erhaltenen Stilmöbel, Nippes, Fliesen und Holztäfelungen in den komfortablen Zimmern, der Bibliothek und den Aufenthaltsräumen. Abends finden sich die Gäste der Villa Gaïa im hübschen Speisesaal ein, um sich in einem schlichten Ambiente das Tagesmenü schmecken zu lassen.

Anfahrt: 18 km westlich von Sisteron über die N 85, die D 946 und die D 553

Anfahrt: der N 85 in Richtung Nizza 2 km folgen

PROVENCE-ALPES-CÔTE-D'AZUR

FORCALQUIER - 04300

FORCALQUIER - 04300

 AUBERGE CHAREMBEAU
M. Berger

Route de Niozelles
04300 Forcalquier
Tel. 04 92 70 91 70
Fax 04 92 70 91 83
contact@charembeau.com
www.charembeau.com

15. Febr. bis 15. Nov. geöffnet • 24 Zimmer, davon eines behindertengerecht, alle mit Bad/WC oder Dusche/WC und TV, einige mit Balkon oder Terrasse • 58 bis 89 € (Nebensaison 52 bis 78 €) für 2 Personen, Frühstück 8 € • kein Restaurant • Park, Parkplatz • Swimmingpool, Tennis, Radfahren, Reitausflüge, Mountainbike-Verleih

 CAMPAGNE « LE PARADIS »
M. Pourcin

04300 Forcalquier
Tel. 04 92 75 37 33
campagneleparadis@wanadoo.fr
www.campagneleparadis.com

Ganzjährig geöffnet • 4 Zimmer • 55 € für 2 Personen, Frühstück inkl. • keine Mahlzeit • Garten, Terrasse, Parkplatz; keine Kreditkarten, Hunde nicht erlaubt

Mountainbike-Touren in die Region

Der in hellem Stein errichtete Bauernhof aus dem 18. Jh. liegt in einer hügeligen und einsamen Landschaft. Die geräumigen Zimmer wurden von der Hausherrin im provenzalischen Stil eingerichtet. Es gibt kein Restaurant, aber in dem schattigen Park kann man wunderbar picknicken, am besten mit dem lokalen Ziegenkäse Banon. Das Haus hat eine große Stammkundschaft, was immer ein gutes Zeichen ist. Ein Wanderweg führt durch die Felder bis nach Forcalquier.

Ausritte in die Umgebung (Reiterhof in 300 m Entfernung)

Das ehrwürdige Bauernhaus liegt am Fuße der Zitadelle mit Blick auf die ruhige Umgebung. Die in der ehemaligen Scheune eingerichteten Zimmer wirken beinahe asketisch, zwei verfügen über ein Zwischengeschoss. Im Frühstücksraum sind das schöne Steingewölbe und die Futtertröge für die Pferde erhalten. Zahlreiche Fotos an den Wänden erinnern an die Vergangenheit.

Anfahrt: östlich von Forcalquier, 2,5 km über die N 100 in Richtung Niozelles, dann nach rechts auf eine Nebenstraße abbiegen

Anfahrt: in Richtung Villeneuve über die D 16 und die D 216

PROVENCE-ALPES-CÔTE-D'AZUR

MÉOLANS-REVEL · 04340   **MOUSTIERS-SAINTE-MARIE · 04360**

 MAISON D'HÔTE DES MÉANS
Mme Millet

 Les Méans
04340 Méolans-Revel
Tel. 04 92 81 03 91
Fax 04 92 81 03 91
elisabeth@les-means.com
www.les-means.com

Ganzjährig geöffnet • 3 Zimmer und 1 Suite, alle mit Bad/WC, einige mit Balkon • 50 bis 85 € für 2 Personen, Frühstück inkl. • Mahlzeit 25 bis 30 €, Getränk inkl. • Terrasse, Garten, Parkplatz, Aufenthaltsraum; Hunde im Speiseraum nicht erlaubt

 LE CLOS DES IRIS
Mlle Dorche-Teissier

 Le Pavillon Saint-Michel
04360 Moustiers-Sainte-Marie
Tel. 04 92 74 63 46
Fax 04 92 74 63 59
closdesiris@wanadoo.fr
www.closdesiris.fr

1. bis 26. Dez. geschlossen • 6 Zimmer und 2 Suiten, alle mit Dusche/WC • 62 bis 68 € für 2 Personen, Frühstück 9 € • kein Restaurant • Garten, Terrasse

 Das für dieses Tal typische Innendekor des Hauses

Der im Tal der Ubaye in 1 000 m Höhe gelegene Bauernhof aus dem 16. Jh. verspricht einen erholsamen Aufenthalt. Die geräumigen und hübsch eingerichteten Zimmer besitzen stilvoll gekachelte Badezimmer und zum Teil einen Balkon. Der mit einem schönen Gewölbe überspannte Aufenthaltsraum im Erdgeschoss wird im Winter durch einen Kamin beheizt. Bei schönem Wetter werden die Mahlzeiten im Garten um einen alten Brotbackofen serviert.

 Auf einem Liegestuhl unter der Laube relaxen

Wer Erholung sucht, ist hier genau richtig. Das kurz vor dem Dorf, mitten im Grünen gelegene Bauernhaus mit blauen Fensterläden ist einfach reizend. Die Zimmer und Ferienwohnungen im Erdgeschoss verfügen über eine eigene Terrasse mit einer angenehmen, von Kletterrosen bewachsenen Laube, Liegestühlen und einem Gartentisch. Die geräumigen Zimmer sind mit Kacheln aus Salernes verziert.

Anfahrt: 4 km von Martinet über die D 900, die Straße nach Gap

Anfahrt: 400 m vom Dorf entfernt, am Weg nach Quinson

PROVENCE-ALPES-CÔTE-D'AZUR

MOUSTIERS-SAINTE-MARIE - 04360

 9 MONASTÈRE DE SEGRIÈS
M. et Mme Allègre

 04360 Moustiers-Sainte-Marie
Tel. 04 92 74 64 32
Fax 04 92 74 64 22
c.allegre@wanadoo.fr

Nov. bis Ende März geschlossen • 5 Zimmer mit Bad • 52 € für 2 Personen, Frühstück inkl., Halbpension möglich • Mahlzeit 18 € • Terrasse, Park, Parkplatz; keine Kreditkarten, Hunde nicht erlaubt

 Die idyllische Atmosphäre an diesem reizenden Ort

Ein gewundener Weg, auf dem es wunderbar nach Lavendel und Rosmarin duftet, führt zu dem schönen Kloster, das sich auf einem Plateau mitten in einem Wald mit grünen Eichen erhebt. Die Zimmer sind zum Teil sehr großzügig bemessen und allesamt absolut ruhig. Sie bieten einen Blick auf den Kreuzgang und das Wasserbecken oder auf das Tal. Der Aufenthaltsraum mit weichen Sofas, Billardtisch und Kamin lädt zum Wohlfühlen ein. Diese Adresse möchte man am liebsten für sich behalten!

Anfahrt: 6 km nordwestlich von Moustiers über die D 952

PIERRERUE - 04300

 10 JAS DES NEVIÈRES
M. Duermael

 Route de Saint-Pierre
04300 Pierrerue
Tel. 04 92 75 24 99
Fax 04 92 75 03 75
duermael@wanadoo.fr
http://jas-des-nevieres.com

1. Nov. bis 31. März geschlossen • 4 Zimmer, davon 2 im Erdgeschoss mit Dusche/WC und 2 im ersten Stock mit Bad/WC • 70 € (Nebensaison 65 €) für 2 Personen, Frühstück inkl. • keine Mahlzeit • Terrasse, Parkplatz; keine Kreditkarten • Swimmingpool

 Die geschmackvoll eingerichteten Zimmer

Die in einem kleinen Weiler gelegene ehemalige Schäferei mit den schönen Steinmauern bietet Entspannung pur! Die geschmackvoll eingerichteten Zimmer strahlen eine ruhige Atmosphäre aus. Das Frühstück wird im reizenden Innenhof beim Zirpen der Zikaden eingenommen. Vom Swimmingpool hat man einen schönen Blick auf die Umgebung.

Anfahrt: 6 km östlich von Forcalquier über die D 12 und die D 212

PROVENCE-ALPES-CÔTE-D'AZUR

PRA-LOUP - 04400 **PRA-LOUP - 04400**

11 **LA FERME DU COUVENT**
M. Riehl

Les Molanes
04400 Pra-Loup
Tel. 04 92 84 05 05
Fax 04 92 84 05 05
info@ferme-du-couvent.fr
www.ferme-du-couvent.com

Eine Woche im Juni geschlossen • 5 Zimmer, alle mit separatem Eingang und Terrasse • 38 bis 76 € für 2 Personen, Frühstück inkl., Halbpension möglich • Mahlzeit 16 bis 25 € • Garten; Hunde im Speiseraum nicht erlaubt • Tennis

12 **LE PRIEURÉ DE MOLANES**
M. Paradis

Les Molanes
04400 Pra-Loup
Tel. 04 92 84 11 43
Fax 04 92 84 01 88
hotel.leprieure@wanadoo.fr
www.prieure-praloup.com

24. Apr. bis 3. Juni und 20. Sept. bis 17. Dez. geschlossen • 14 Zimmer auf 2 Stockwerken, mit Bad/WC oder Dusche/WC, alle mit TV • 60 bis 80 € (Nebensaison 60 bis 75 €) für 2 Personen, Frühstück 8 €, Halbpension möglich • Menüs 21 bis 49 € • Terrasse, Garten, Parkplatz • im Sommer Swimmingpool

Der urtümliche Charakter des typischen Bauernhauses des Ubaye-Tals

Das mitten im Ort gelegene Bauernhaus aus dem 14. Jh. ist eine angenehme Überraschung zwischen den zahlreichen neu gebauten Chalets des Ortes. Innen erinnern viele Details an die lange Geschichte des Hauses: niedrige Türen, Boden aus Lärchenholz, schmale Fenster, angenehm kühle Räume usw. Die einfachen Gästezimmer besitzen eine eigene Terrasse, von der man den Blick über das Tal, Barcelonnette und die Gipfel genießen kann. Das Abendessen wird das ganze Jahr vor dem Kamin serviert.

Der Name der Gastgeber spricht Bände …

Bei der Familie Paradis in dem ehemaligen Kloster aus dem 17. Jh. fühlt man sich tatsächlich wie im Himmel! Der Skilift befindet sich ganz in der Nähe und bietet Zugang zu einem herrlichen Skigebiet in reiner Natur. Von dem Skiort hat man einen Blick auf das Ubaye-Tal. Bei schlechtem Wetter relaxt man am Kaminfeuer im Restaurant mit Gourmet-Küche. Die nach Süden gelegene Terrasse lädt zum Sonnenbaden ein.

Anfahrt: im Ort

Anfahrt: 8,5 km südwestlich von Barcelonnette über die D 902, dann die D 908 und rechts die D 109

PROVENCE-ALPES-CÔTE-D'AZUR

ROUMOULES - 04500   SAINT-GENIEZ - 04200

13 LE VIEUX CASTEL
M. et Mme Léonardi

1 route des châteaux
04500 Roumoules
Tel. 04 92 77 75 42
vieuxcastel @ free.fr
http://vieuxcastel.free.fr

Jan. und Dez. geschlossen • 5 Zimmer nur für Nichtraucher, alle mit Bad/WC • 55 € für 2 Personen, Frühstück inkl. • Mahlzeit 20 €, Getränk inkl. • Garten, Aufenthaltsraum; keine Kreditkarten, Hunde nicht erlaubt

14 DOMAINE DES RAYES
M. Masure

04200 Saint-Geniez
Tel. 04 92 61 22 76
Fax 04 92 61 06 44
les.rayes @ wanadoo.fr
www.lesrayes.fr

Ganzjährig geöffnet • 5 Zimmer • 72 bis 79 € (Nebensaison 65 bis 72 €) für 2 Personen, Frühstück inkl. • Mahlzeit 17 € • Parkplatz; Hunde nicht erlaubt • Swimmingpool, Spielmöglichkeit für Kinder

Der authentische Charakter des eleganten provenzalischen Hauses mit lavendelfarbenen Fensterläden

Drei hundertjährige Kastanienbäume bewachen das aus dem 17. Jh. stammende Haus, das sich ehemals im Besitz der Familie Clérissy, der Gründer der Porzellanmanufaktur in Moustiers, befand. Die Zimmer sind mit gemalten Friesen geschmückt und Nichtrauchern vorbehalten. Großzügiger Speisesaal mit Gewölbe, Kamin, antiken Möbeln und hübschem Steinboden.

Die himmlische Ruhe

Das von Heide umgebene Schäferhaus aus dem 17. Jh. in 1 300 m Höhe ist wirklich einzigartig! Die zumeist sehr geräumigen Zimmer sind absolut ruhig und in hübschen provenzalischen Farben gehalten. In dem gemütlichen Speiseraum zu Abend essen, in einem der beiden Aufenthaltsräume mit Gewölbedecke entspannen oder auf der Terrasse den atemberaubenden Blick über das Tal der Durance genießen – ein echtes Erlebnis!

Anfahrt: 4 km nordöstlich von Riez, über die Straße nach Moustiers-Sainte-Marie (D 952), am Eingang des Dorfes Roumoules

Anfahrt: 17 km nordöstlich von Sisteron über die D 3, die Straße nach Saint-Geniez

PROVENCE-ALPES-CÔTE-D'AZUR

SAINT-LAURENT-DU-VERDON · 04500

 15 MOULIN DU CHÂTEAU
M. et Mme Staempfli-Faoro

Le Village
04500 Saint-Laurent-du-Verdon
Tel. 04 92 74 02 47
Fax 04 92 74 02 97
info@moulin-du-chateau.com
www.moulin-du-chateau.com

Anfang Nov. bis Ende Febr. geschlossen • 10 Zimmer, davon eines behindertengerecht, alle mit Dusche/WC • 85 bis 99 € (Nebensaison 77 bis 88 €) für 2 Personen, Frühstück 8 €, Halbpension möglich • Restaurant Mo, Do und mittags geschlossen, Menü (nur für Hotelgäste) 30 € • Terrasse, Garten; Hunde im Restaurant nicht erlaubt • Bibliothek, Billardzimmer

 Die gemütliche Atmosphäre in dieser alten Mühle

Die einstige Ölmühle aus dem 17. Jh. liegt versteckt in einem Garten mit schönen Bäumen, gleich neben dem Schloss dieses Dorfes im Herzen des Naturparks Verdon. Die Presse und der Mühlstein schmücken noch den großen Aufenthaltsraum. Weiße Wände, schmiedeeiserne Betten, Stoffe in kräftigen Farben und Rattansessel sorgen in den ansonsten schlichten Zimmern für Atmosphäre. Das einzige Tagesmenü (regionale Gerichte) nehmen Sie im rustikalen Speiseraum oder auf der herrlichen Terrasse ein.

Anfahrt: hinter dem Schloss

ARVIEUX · 05350

 16 LA GIRANDOLE
M. Morel

Brunissard
05350 Arvieux
Tel. 04 92 46 84 12
Fax 04 92 46 86 59
lagirandole@tiscali.fr
lagirandole.info

15. Nov. bis 15. Dez. geschlossen • 6 Zimmer nur für Nichtraucher, mit Dusche oder Bad; 2 Ferienwohnungen • 66 € für 2 Personen, Frühstück inkl. • keine Mahlzeit • Garten, Parkplatz; keine Kreditkarten, Hunde nicht erlaubt • Swimmingpool

 Die günstige Lage an der „Straße der Sonnenuhren"

Eine schöne Sonnenuhr ziert die Fassade dieses alten Bauernhofs im Queyras mit seiner für das Arvieux-Tal typischen Architektur. Das Innere ist mit alten Möbeln und Gegenständen, Stoffen in warmen Farben, einem Klavier und weichen Sofas im Aufenthaltsraum geschmackvoll eingerichtet. Die schlichter gehaltenen Zimmer mit ihren weißen Wänden haben Balkone, von denen man eine hübsche Sicht über die schöne Alpenlandschaft genießt. Eine Küche steht den Gästen ebenfalls zur Verfügung.

Anfahrt: 3 km nördlich über die D 902

PROVENCE-ALPES-CÔTE-D'AZUR

BARATIER - 05200

17 LES PEUPLIERS
M. Bellot

Chemin de Lesdier
05200 Baratier
Tel. 04 92 43 03 47
Fax 04 92 43 41 49
info @ hotel-les-peupliers.com
www.hotel-les-peupliers.com

26. März bis 14. Apr., 25. Sept. bis 26. Okt. sowie Di-mittag und Fr-mittag geschlossen • 24 Zimmer, davon 6 nur für Nichtraucher, alle mit Bad/WC oder Dusche/WC und TV • 53 bis 57 € für 2 Personen, Frühstück 7 €, Halbpension möglich • Menüs 16 bis 34 € • Terrasse, Parkplatz • Swimmingpool, Bouleplatz

Der sympathische Gastgeber und die herzliche Atmosphäre des Hauses

Ein friedliches Dorf oberhalb des Lac de Serre-Ponçon und der Gegend von Embrun: Die Umgebung dieses Chalets verheißt Ruhe und Natur. Die schönen Zimmer sind mit handverzierten Möbeln im Gebirgsstil und mit provenzalischen Stoffen dekoriert, wobei diejenigen im zweiten Stock mit Balkon und Seeblick noch vorzuziehen sind. Netter Speisesaal mit einem Dekor aus Stein und Holz. Eine schöne Terrasse lädt zur Erholung ein, und ein Wanderweg sowie eine Mountainbike-Strecke bieten Gelegenheit zum Sport.

Anfahrt: die N 94 in Richtung Les Orres verlassen, dann in Richtung Baratier durch das Dorf, zweite Straße rechts

BUISSARD - 05500

18 LES CHEMINS VERTS
Mme Dubois

05500 Buissard
Tel. 04 92 50 57 57
lescheminsverts @ free.fr
www.lescheminsverts.com

Ganzjährig geöffnet • 4 Zimmer und 1 Ferienwohnung • 45 € für 2 Personen, Frühstück inkl., Halbpension möglich • Mahlzeit 14 € • Terrasse, Parkplatz; keine Kreditkarten, Hunde nicht erlaubt

Die herrlich frische Bergluft

Das hübsche Bauernhaus liegt in 1 200 m Höhe und überblickt das Drac-Tal und das grandiose Dévoluy-Massiv. Die geschmackvoll restaurierten Zimmer bieten hohen Komfort. Eine besonders schöne Aussicht genießt man von dem „Fleurette" genannten Zimmer. Des weiteren steht eine nagelneue Ferienwohnung zur Verfügung. Ebenfalls erwähnenswert sind der gemütliche Aufenthaltsraum und die Terrasse mit Panoramablick. Zuvorkommender Empfang.

Anfahrt: 1 km östlich von Saint-Julien-en-Champsaur über die D 15

PROVENCE-ALPES-CÔTE-D'AZUR

GAP - 05000   LA GRAVE - 05320

19 LE PARLEMENT
M. et Mme Drouillard

Charance
05000 Gap
Tel. 04 92 53 94 20
Fax 04 92 53 94 20
www.maisondhotes-leparlement.com

Ganzjährig geöffnet • 5 Zimmer • 60 bis 80 € für 2 Personen, Frühstück inkl. • keine Mahlzeit • Parkplatz; Hunde nicht erlaubt • Swimmingpool, Sauna, Billard, Spielmöglichkeit für Kinder, verschiedene Kurse

20 LES CHALETS DE LA MEIJE
M. et Mme Teyras

Le Nouveau Village
05320 La Grave
Tel. 04 76 79 97 97
Fax 04 76 79 97 98
contact@chalet-meije.com
www.chalet-meije.com

2. bis 14. Mai und 8. Okt. bis 17. Dez. geschlossen • 12 Zimmer, davon zwei behindertengerecht, alle mit Bad/WC und TV • 60 bis 78 € für 2 Personen, Frühstück 8 € • kein Restaurant • Garage, Aufenthaltsraum mit Bar • Swimmingpool, Sauna, Whirlpool, Fitness

 Das umfangreiche Freizeitangebot

Das mitten im Grünen gelegene Haus aus dem 18. Jh. gehörte früher zum Château de Charance. Nur wenige Minuten von Gap entfernt ist dies die ideale Adresse für Erholungssuchende. Herrlicher Blick auf das Umland von Gap. Die Zimmer sind groß, geschmackvoll dekoriert und gepflegt. Schwimmbad, Sauna, ein Billardtisch und ein Spielzimmer stehen zur Verfügung. Der Besitzer ist Bergführer und Mountainbike-Lehrer und gibt gute Tipps für Ausflüge.

 Die außerordentliche Lage mit Blick auf das Meije-Massiv

Der moderne Häuserkomplex mit Blick auf das Meije-Massiv bietet verschiedene Übernachtungsmöglichkeiten. Die Chalets sind mit komfortablen Zimmern, Zwei-Etagen-Wohnungen und Suiten ausgestattet. Die Inneneinrichtung mit schmiedeeisernen Stühlen, indonesischen Möbeln und Stoffen in warmen Farbtönen wirkt besonders stilvoll. Im Hauptgebäude steht den Gästen ein Wellnessbereich (Fitness-Raum, Sauna, Whirlpool) und eine Bar mit Blick auf das Bergmassiv zur Verfügung.

Anfahrt: von Gap 4 km in Richtung Orange und Valence (D 994) fahren und am Rond-Point des 3 Cascades in Richtung Domaine de Charance abbiegen

Anfahrt: über die N 91 zwischen Deux-Alpes und Serre-Chevalier

PROVENCE-ALPES-CÔTE-D'AZUR

LE MONÊTIER-LES-BAINS - 05220   NÉVACHE - 05100

21 L'ALLIEY
M. et Mme Buisson

11 rue des Écoles
05220 Le Monêtier-les-Bains
Tel. 04 92 24 40 20
Fax 04 92 24 40 60
hotel@alliey.com
www.alliey.com

16. Apr. bis 30. Juni und 1. Sept. bis 19. Dez. geschlossen • 23 Zimmer mit Bad/WC und TV • 59 bis 89 € für 2 Personen, Frühstück 10 €; in der Hauptsaison Halbpension möglich • Menüs 29 € • Terrasse, Park; Hunde nicht erlaubt • Innenpool

Die gemütliche Atmosphäre des Hauses

Das Dorfhaus ist eine Adresse mit viel Charme: Die im Bergstil gehaltene Inneneinrichtung mit viel Holz verleiht dem Haus eine gemütliche Atmosphäre. Die Zimmer sind mit hübschen Möbeln aus Lärchenholz ausgestattet. Nach einem anstrengenden Ski- oder Wandertag können Sie sich in dem Wellnessbereich entspannen und danach eine der regionalen Spezialitäten im Restaurant genießen. Interessante Weinkarte mit einigen sehr guten Jahrgängen.

Anfahrt: im Dorfzentrum

22 LE CHALET D'EN HÔ
M. et Mme Baudoux

Hameau des Chazals - Le Roubion
05100 Névache
Tel. 04 92 20 12 29
Fax 04 92 20 59 70
chaletdenho@aol.com
www.chaletdenho.com

17. Apr. bis 2. Juni, 17. Sept. bis 27. Okt. und 5. Nov. bis 22. Dez. geschlossen • 14 Zimmer nur für Nichtraucher, alle mit Bad/WC oder Dusche/WC und TV, die meisten mit Balkon • 79 bis 117 € (Nebensaison 51 bis 71 €), Frühstück 9 €, Halbpension möglich • Menü 23 € (nur abends) • Parkplatz; Hunde im Restaurant nicht erlaubt • Sauna, Wandern, Skilanglauf

Das Frühstück auf der Terrasse mit Blick auf das mit wilden Blumen bewachsene Tal

Für den mühsamen Aufstieg zu dem Chalet aus Lärchenholz werden Sie reich belohnt! Die gemütlichen Zimmer sind nach den Bergen und Seen benannt, die man vom Balkon aus sieht. Die Inneneinrichtung ist eine gelungene Mischung aus Tannenholzvertäfelung und provenzalischen Stoffen. Im hübschen Speiseraum erinnern alte Werkzeuge an lokale Traditionen und an das Kunsthandwerk der Region. Die Eigentümer sind selbst Naturliebhaber und geben gerne Tipps für Ausflüge ins Clarée-Tal.

Anfahrt: nördlich von Briançon von der N 94 auf die D 994G abbiegen, die an der Clarée entlang verläuft, und in Roubion rechts abbiegen

PROVENCE-ALPES-CÔTE-D'AZUR

POLIGNY - 05500

SAINT-CHAFFREY - 05330

23 LE CHALET DES ALPAGES
M. et Mme Potut

Les Forestons
05500 Poligny
Tel. 04 92 23 08 95
www.le-chalet-des-alpages.com

Ganzjährig geöffnet • 6 Zimmer nur für Nichtraucher, alle mit Bad/WC • 55 bis 86 € für 2 Personen, Frühstück inkl. • Mahlzeit 17 € • Garage; keine Kreditkarten, Hunde nicht erlaubt • Fitnessraum, Sauna, Whirlpool, Dampfbad

 Ein Sprung in das „norwegische Bad" – mitten im Winter!

Man kann gut verstehen, warum die Eigentümer ihr Haus an dieser Stelle errichtet haben, denn das auf einer Wiese in Waldnähe gelegene Chalet bietet einen herrlichen Blick auf den Col du Noyer, die Chaîne de Faraud, den Cuchon und den Vieux Chaillol. Eine gemütliche Atmosphäre herrscht in den im alpenländischen Stil gestalteten Räumen. Die hübschen und gut ausgestatteten Zimmer besitzen einen Balkon oder, im Erdgeschoss, eine eigene kleine Terrasse. Regionale und provenzalische Küche.

Anfahrt: ab Poligny 2 km in Richtung Col du Noyer bis zum Flurstück Les Forestons fahren, dann links in den kleinen Weg einbiegen.

24 LES MARMOTTES
M. Lucas

22 rue du Centre - village de Chantemerle
05330 Saint-Chaffrey
Tel. 04 92 24 11 17
lucas.marmottes@wanadoo.fr

Ganzjährig geöffnet • 5 Zimmer nur für Nichtraucher, alle mit Bad/WC und TV • 49 bis 56 € für 2 Personen, Frühstück inkl. • Mahlzeit 19 €, Getränk inkl. • keine Kreditkarten, Hunde nicht erlaubt

 Am schönen Kamin im Wohnzimmer richtig ausspannen

Die im Zentrum des alten Dorfes Chantemerle gelegene ehemalige Scheune hat ihren historischen Charme bis heute erhalten. Die individuell eingerichteten, geräumigen Zimmer, das Wohn- und das Speisezimmer sind vorwiegend mit Holz ausgestattet. Der große Eichentisch, an dem zwölf Personen Platz haben, wirkt besonders einladend. Hier wird den Gästen die üppige Familienküche der Gastgeberin serviert.

Anfahrt: im Dorfzentrum

PROVENCE-ALPES-CÔTE-D'AZUR

SAINT-DISDIER - 05250　　　　　　CABRIS - 06530

25 **AUBERGE LA NEYRETTE**
 M. et Mme Muzard

05250 Saint-Disdier
Tel. 04 92 58 81 17
Fax 04 92 58 89 95
info@la-neyrette.com
www.la-neyrette.com

17. bis 30. Apr. und 15. Okt. bis 15. Dez. geschlossen • 12 Zimmer mit Bad/WC oder Dusche/WC, alle mit TV • 64 bis 72 € für 2 Personen, Frühstück 8 €, Halbpension möglich • Menüs 20 bis 40 € • Terrasse, Garten, Parkplatz • Forellenteich zum Angeln und Spielmöglichkeit für Kinder

26 **CHAMBRE D'HÔTE MADAME FARAUT**
 Mme Faraut

14 rue de l'Agachon
06530 Cabris
Tel. 04 93 60 52 36
Fax 04 93 60 52 36

1. Okt. bis 31. März geschlossen • 5 Zimmer • 50 bis 60 € für 2 Personen, Frühstück inkl. • keine Mahlzeit • keine Kreditkarten

 Ein Mittagsschläfchen am Teichufer oder unter einem Baum im Garten

Das Hotel liegt etwas einsam auf dem Hochplateau des Dévoluy am Fuße kahler Bergkämme. Die kürzlich renovierten Zimmer sind nach Bergblumen benannt. In dem ruhigen Garten befindet sich ein Teich, in dem man Forellen angeln kann. Forelle ist übrigens auch die Spezialität des Restaurants. Im Sommer wird auf der Terrasse gespeist, von wo aus man auf die gewaltigen Felsmassive blickt. Im Winter ist das Skigebiet von Superdévoluy mit dem Auto gut erreichbar.

 Ein Spaziergang durch die Gassen des Künstlerdorfes

Die heitere gelbe Fassade dieses Dorfhauses sieht man schon von weitem. Die mittelgroßen Zimmer sind durchweg weiß gestrichen, ruhig und sehr gepflegt. Einige von ihnen wie auch der Aufenthaltsraum bieten einen schönen Blick auf das Esterelmassiv und den See von Saint-Cassien. Der Frühstücksraum wirkt durch seine massiven Holzbalken, seinen Kamin und die großen Fenster mit Ausblick auf die grüne Landschaft äußerst behaglich.

Anfahrt: am Ortsausgang, an der Straße nach Superdévoluy

Anfahrt: in einer Gasse des Dorfes

PROVENCE-ALPES-CÔTE-D'AZUR

CAGNES-SUR-MER - 06800　　CANNES - 06400

27 LES JARDINS FRAGONARD
M. Mombeck

12 rue Fragonard
06800 Cagnes-sur-Mer
Tel. 04 93 20 07 72
Fax 04 93 20 07 72
jardinsfragonard@hotmail.com

Ganzjährig geöffnet • 4 Zimmer mit Bad/WC • 85 € (Nebensaison 55 bis 70 €) für 2 Personen, Frühstück inkl. • Mahlzeit nach Voranmeldung • Salon, Terrassen, Garten, Parkplatz; keine Kreditkarten, Hunde nicht erlaubt • Swimmingpool, Billard; in der Nähe: Tennis, Golf

28 VILLA L'ÉGLANTIER
M. et Mme Daran

14 rue Campestra
06400 Cannes
Tel. 04 93 68 22 43
Fax 04 93 38 28 53
www.bnbnet.com

Ganzjährig geöffnet • 4 Zimmer mit Bad • 75 bis 100 € für 2 Personen, Frühstück inkl. • keine Mahlzeit • Terrasse, Garten; keine Kreditkarten

 Ein Besuch im nahe gelegenen Renoir-Museum

Die schöne Villa von 1925 auf den Höhen von Cagnes liegt in einem duftenden Park mit mediterranen Pflanzen. Den Gast umfängt schon hier eine sanfte Ruhe. Die geräumigen und zumeist mit Rattanmöbeln ausgestatteten Zimmer sind im provenzalischen Stil gehalten. Die Badezimmer sind neu. Je nach Wetter lässt man sich zum Frühstück auf der Terrasse oder drinnen an dem großen Esstisch nieder. Im schattigen Garten und am Swimmingpool kann man sich wunderbar entspannen.

 Die Ruhe, nur wenige Minuten zu Fuß von der Croisette entfernt

Die große weiße Villa liegt auf den Hügeln über Cannes in einem hübschen Garten mit Palmen, Orangenbäumen und anderen exotischen Pflanzen. Sie stammt aus den 20er Jahren des letzten Jahrhunderts und hat sich ihren Art déco-Stil bewahrt. Die geräumigen und ruhigen Zimmer sind schlicht möbliert und besitzen große Badezimmer. Das Weiße, das Grüne und das Blaue Zimmer liegen im ersten Stock und haben einen Balkon oder eine angenehme Terrasse. Das Rote Zimmer im Erdgeschoss geht zum Garten hinaus.

Anfahrt: in der Nähe des Renoir-Museums

Anfahrt: oberhalb von Cannes

PROVENCE-ALPES-CÔTE-D'AZUR

CAP-D'ANTIBES - 06160　　　COARAZE - 06390

29 LA JABOTTE
M. April et M. Mora

13 avenue Max-Maurey
06160 Cap-d'Antibes
Tel. 04 93 61 45 89
Fax 04 93 61 07 04
info@jabotte.com
www.jabotte.com

3 Wochen im Nov. und Weihnachtswoche geschlossen
• 10 Zimmer nur für Nichtraucher, alle mit Dusche/WC
• 78 bis 83 € (Nebensaison 56 bis 61 €) für 2 Personen, Frühstück 8 € • kein Restaurant • Terrasse, Garten, Parkplatz, Hunde nicht erlaubt

30 L'AUBERGE DU SOLEIL
Mme Jacquet

Dans le village
06390 Coaraze
Tel. 04 93 79 08 11
Fax 04 93 79 37 79
auberge.du.soleil@wanadoo.fr

1. bis 15. Jan. geschlossen • 8 Zimmer mit Bad/WC
• 56 bis 84 € für 2 Personen, Frühstück 9 €, Halbpension möglich • Menüs 23 bis 28 € • Garten • Swimmingpool

 Die günstige Lage in der Nähe eines hübschen Sandstrandes

Das Hotel liegt in einer ruhigen, quer zum Plage de la Salis verlaufenden Straße und bietet hübsche Zimmer, die geschmackvoll und individuell eingerichtet sind. Die kleinen Terrassen sind um einen herrlichen kiesbedeckten Innenhof angeordnet, der mit Büschen begrünt ist. Einer der Besitzer hat ein Faible für Kalligrafie und stellt seine Werke in einigen Zimmern und im Aufenthaltsraum aus, in dem auch das vorzügliche Frühstück serviert wird. Freundlicher Service, herzliche Atmosphäre.

Anfahrt: 100 m vom Strand von La Salis

 Die leckeren provenzalischen Gerichte, die die Chefin auftischt

Achtung: Das schöne Herrenhaus von 1863 mit seiner freundlichen Atmosphäre ist nur zu Fuß erreichbar! Den Gast erwarten gepflegte Zimmer mit einer gelungenen Kombination aus Alt und Neu. Vier Zimmer bieten einen Blick auf das Tal und die Terrassen. Der gleiche Blick eröffnet sich von dem großzügigen Speisesaal mit Veranda. Zur Entspannung gibt es Billard, einen Garten, einen Obstgarten und einen Swimmingpool. Das Restaurant, das nur frische Produkte verwendet, ist in der ganzen Region bekannt.

Anfahrt: über die Autobahn A 8, Ausfahrt Nice-Est, dann die Schnellstraße in Richtung La Trinité-Drap-Sospel; in La Pointe links ab in Richtung Contes-Coaraze

PROVENCE-ALPES-CÔTE-D'AZUR

LA BRIGUE · 06430 | LA COLLE-SUR-LOUP · 06480

31 LE MIRVAL
M. et Mme Dellepiane

3 rue Vincent-Ferrier
06430 La Brigue
Tel. 04 93 04 63 71
Fax 04 93 04 79 81
lemirval@club.fr
www.lemirval.com

1. Apr. bis 2. Nov. geöffnet • 18 Zimmer auf 2 Stockwerken, die meisten mit Bad/WC, alle mit TV • 45 bis 70 € (Nebensaison 42 bis 60 €) für 2 Personen, Frühstück 8 €, Halbpension möglich • Restaurant Fr-mittag geschlossen, Menüs 19 bis 25 € • Terrasse, Garten, Parkplatz • Mountainbike, Wildwassersport

 Forellenangeln in dem reißenden Wasser der Levense

Das Berghotel von 1893 liegt in einem hübschen mittelalterlichen Dorf nahe der italienischen Grenze. Die Zimmer sind modern und praktisch eingerichtet, fast alle sind frisch renoviert. Vom Restaurant mit Veranda hat man einen schönen Blick auf eine kleine Brücke aus Stein, die über einen fischreichen Bach führt. Der Gastgeber organisiert zahlreiche Ausflüge ins Vallée des Merveilles (Tal der Wunder): Anfahrt mit dem Geländewagen, dann Wanderungen mit unterschiedlichen Schwierigkeitsgraden.

Anfahrt: 6,5 km südlich von Tende, über die D 204, dann in Saint-Dalmas-de-Tende links auf die D 143

32 LA BASTIDE DE SAINT-DONAT
M. Rosso

Route du Pont-de-Pierre, parc Saint-Donat
06480 La Colle-sur-Loup
Tel. 04 93 32 93 41
Fax 04 93 32 80 61

Ganzjährig geöffnet • 5 Zimmer mit Dusche oder Bad • 65 bis 95 € für 2 Personen, Frühstück inkl. • keine Mahlzeit • Terrasse, Garten; keine Kreditkarten

 Auf der Terrasse mit Blick auf den Fluss entspannen

Die Natursteinfassade der Schäferei aus dem Jahre 1850 wirkt schlicht, doch innen ist das Gebäude nach alten Vorgaben stilvoll restauriert: Arkaden, Säulen, Kamin, Terrakottaboden usw. Die Zimmer wirken durch Pastelltöne, Holzbalken und alte Möbel besonders gemütlich. Einige Zimmer besitzen einen Balkon. Von der Terrasse hört man das sanfte Plätschern des Flusses – ein idealer Ort zum Entspannen und Genießen.

Anfahrt: 2 km südlich von Saint-Paul über die D 6

PROVENCE-ALPES-CÔTE-D'AZUR

LE SUQUET - 06450   MENTON - 06500

33 AUBERGE DU BON PUITS
M. et Mme Corniglion

06450 Le Suquet
Tel. 04 93 03 17 65
Fax 04 93 03 10 48
http://www.logis06.com

1. Dez. bis 15. Apr. sowie Di außer vom 15. Juli bis 30. Aug. geschlossen • 8 Zimmer, davon 2 nur für Nichtraucher, alle mit Bad/WC, TV und Klimaanlage • 62 bis 65 € für 2 Personen, Frühstück 9 €, Halbpension möglich • Menüs 20 bis 32 € • Terrasse, Park, Parkplatz; keine Kreditkarten • Tierpark, Kinderspielplatz, Wildwassersport, Angeln, Wandern auf Wegen mit touristischen Sehenswürdigkeiten

34 PIERROT-PIERRETTE
M. Mitolo

Place de l'Église - Monti
06500 Menton
Tel. 04 93 35 79 76
Fax 04 93 35 79 76
pierrotpierrette@aol.com

6. Dez. bis 15. Jan. sowie Mo außer Ostern geschlossen • 7 Zimmer, davon 4 im Anbau, alle mit Dusche/WC • 67 bis 76 € für 2 Personen, Frühstück 8 €, Halbpension möglich • Menüs 28 bis 39 € • Garten • Swimmingpool

Das Lachen der Kinder beim Ponyreiten im Tierpark

Die ehemalige Poststation aus behauenem Stein ist seit 1890 im Besitz derselben Familie. Die Zimmer sind neu und mit liebevollen Details eingerichtet. Die Küche ist fest in der Hand der Frauen der Familie, die von Generation zu Generation leckere Rezepte überlieferten und den Gästen bis heute im gemütlichen Gastraum mit seinem alten Gebälk servieren. Der Spielplatz und besonders der Tierpark werden den Kindern gefallen. Freundlicher Empfang.

Auch die blassesten Besucher bekommen hier eine gesunde Farbe!

Ein nettes kleines Hotel im oberen Teil eines friedlichen Weilers im Hinterland von Menton. Die meisten der einfachen und für Familien bestens geeigneten Zimmer besitzen einen Balkon. Der rustikale Speiseraum – hier werden hausgemachte Spezialitäten, wie Entenstopfleber und die Fischsuppe Bouillabaisse serviert - ist gemütlich, besonders schön ist der in Terrassen angelegte Garten mit Rosen und mediterranen Pflanzen. Vom Swimmingpool genießt man den Blick auf das Carei-Tal.

Anfahrt: über die D 2565, zwischen Plan-du-Var und La Bollène-Vésubie

Anfahrt: 5 km nördlich von Menton, über die D 2566 in Richtung Sospel

PROVENCE-ALPES-CÔTE-D'AZUR

NICE - 06000 | NICE - 06000

35 ARMENONVILLE
Mme Moreilhon

20 avenue des Fleurs
06000 Nice
Tel. 04 93 96 86 00
Fax 04 93 44 66 53
nice@hotel-armenonville.com
www.hotel-armenonville.com

Ganzjährig geöffnet • 13 Zimmer mit Bad oder Dusche, alle mit TV und Klimaanlage • 75 bis 100 € (Nebensaison 60 bis 75 €) für 2 Personen, Frühstück 10 € • kein Restaurant • Garten, gesicherter Parkplatz; Hunde nicht erlaubt

36 DURANTE
Mme Stramigioli

16 avenue Durante
06000 Nice
Tel. 04 93 88 84 40
Fax 04 93 87 77 76
info@hotel-durante.com
www.hotel-durante.com

Jan. geschlossen • 24 Zimmer, davon 19 mit Kochecke, alle mit Bad/WC oder Dusche/WC, TV und Klimaanlage • 69 bis 100 € für 2 Personen, Frühstück 10 € • kein Restaurant • Garten, Parkplatz

 Das russische Viertel von Nizza und die russisch-orthodoxe Kathedrale

Die Villa aus der Zeit um 1900 liegt am Ende einer ruhigen Sackgasse im ehemaligen Viertel der russischen Emigranten. Die Zimmer sind unterschiedlich groß und besitzen mit ihren hohen Decken und den nostalgischen Möbeln aus dem Hotel Négresco altmodischen Charme. Einige Zimmer gehen auf den mit palmenbestandenen Blumengarten hinaus, in dem bei schönem Wetter – d. h. fast das ganze Jahr über – das Frühstück serviert wird. Bemerkenswert ist der Ofen aus emailliertem Gusseisen im Aufenthaltsraum.

 Das Frühstück auf der Terrasse unter duftenden Zitrusbäumen

Die Fassade im italienischen Stil und die Fenster mit Maskaronen (Maskenköpfe) geben diesem eleganten Hotel einen besonderen Charakter. Es liegt ideal in einer ruhigen Sackgasse in Bahnhofsnähe. Man kann sogar bei offenem Fenster schlafen. Die in mediterranem Stil frisch renovierten Zimmer gehen zur Gartenterrasse hinaus, die mit Terrakottafliesen, Palmen, Orangen- und Zitronenbäumen ein südliches Flair ausstrahlt.

Anfahrt: von der Promenade des Anglais aus über den Boulevard Gambetta, dann nach links abbiegen

Anfahrt: vom Bahnhof aus die Avenue Durante nehmen und hinter der Rue d'Alsace-Lorraine in die Sackgasse links einbiegen

PROVENCE-ALPES-CÔTE-D'AZUR

PÉGOMAS - 06580

 LE BOSQUET
M. Cattet

 74 chemin des Périssols
06580 Pégomas
Tel. 04 92 60 21 20
Fax 04 92 60 21 49
hotel.lebosquet@wanadoo.fr
www.hotellebosquet.com

Ganzjährig geöffnet • 16 Zimmer mit Bad/WC oder Dusche/WC und TV • 45 bis 60 € für 2 Personen, Frühstück 7 € • kein Restaurant • gesicherter Parkplatz, Park; Hunde nicht erlaubt • Swimmingpool, Tennis

 Das Frühstück mit selbstgemachter Marmelade aus Früchten aus dem eigenen Obstgarten

Bougainvillea, Oleander, Lavendel, Bambus, Rasen und große Bäume umgeben dieses Hotel, das nur wenige Kilometer von Cannes entfernt liegt. Die Stammgäste des Hauses schätzen die Ruhe, den freundlichen und familiären Service, den Swimmingpool und die schlichten, im provenzalischen Stil gehaltenen Zimmer, die auf zwei Gebäude verteilt sind. Eine Ferienwohnung mit Küche steht ebenfalls zur Verfügung.

Anfahrt: nordöstlich, an der Straße nach Mouans-Sartoux

SAINT-PAUL - 06570

 HOSTELLERIE DES REMPARTS
M. Tibaud

 72 rue Grande
06570 Saint-Paul
Tel. 04 93 32 09 88
Fax 04 93 32 06 91
h.remparts@wanadoo.fr
www.hotel-les-remparts.net

Mitte Jan. bis Mitte Febr. sowie So-abend und Mo geschlossen • 9 Zimmer mit Bad/WC oder Dusche/WC • 39 bis 80 € für 2 Personen, Frühstück 7 €, Halbpension möglich • Restaurant im Winter abends außer Sa/So geschlossen, Menü 12 bis 30 € • Parkplatz, Terrasse

 Die wunderschöne Inneneinrichtung des Hotels

Das Hotel liegt in einer engen Gasse der Altstadt von Saint-Paul. Gut erhaltene Mauern, antike Möbel, Terrakottaböden und warme Farbtöne verleihen dem Haus seinen besonderen Charme. Die individuell eingerichteten Zimmer wurden nach Blumen benannt; die größeren Zimmer bieten einen schönen Blick auf die Umgebung. Die überdachte Terrasse ist reizend, der Empfang herzlich. Eine durchweg empfehlenswerte Adresse!

Anfahrt: in dem Abschnitt der Rue Grande zwischen der Rue de l'Étoile und der Rue des Pontis

PROVENCE-ALPES-CÔTE-D'AZUR

TOURRETTES-SUR-LOUP - 06140

39 MAS DES CIGALES
M. Prieur-Gelis

1673 route des Quenières
06140 Tourrettes-sur-Loup
Tel. 04 93 59 25 73
Fax 04 93 59 25 73
lemasdescigales@free.fr
www.lemasdescigales.com

Ganzjährig geöffnet • 5 Zimmer mit Bad/WC und TV • 92 bis 97 € (Nebensaison 80 €) für 2 Personen, Frühstück inkl. • keine Mahlzeit • Garten, Parkplatz; Hunde nicht erlaubt • Swimmingpool, Tennis, Mountainbike, W-LAN-Anschluss (schnurloser Internetzugang)

Die grüne Umgebung, in der man wunderschöne Spaziergänge unternehmen kann

Von der inmitten von Kiefern an einen Hügel geschmiegten Villa genießt man einen herrlichen Blick über die Rivieraküste. Die reizenden Zimmer tragen hübsche Namen (Kapuzinerkresse, Pfingstrose, Schmetterling, Veilchen oder Olive) und sind mit handbemalten Möbeln eingerichtet. Das Frühstück nimmt man auf der zum Garten hinausgehenden Veranda ein, im Sommer auch neben dem Swimmingpool. Terrasse oberhalb eines kleinen Wasserfalls, Tennisplatz, Mountainbike, Wellness und Internet-Zugang (WLAN).

Anfahrt: 1,5 km westlich von Tourrettes über die D 2210 in Richtung Pont-du-Loup

VALBERG - 06470

40 BLANCHE NEIGE
M. et Mme Kretchmann

10 avenue de Valbery
06470 Valberg
Tel. 04 93 02 50 04
Fax 04 93 02 61 90

Nov. sowie Mo-abend und Di in der Nebensaison geschlossen • 17 Zimmer mit Dusche/WC, einige mit Bad/WC, alle mit TV • 76 € (Nebensaison 66 €) für 2 Personen, Frühstück 8 bis 10 €, Halbpension möglich • Restaurant in der Nebensaison geschlossen, Menü 18 bis 25 € • Terrasse, Garage, Parkplatz; Hunde nicht erlaubt • Skifahren, Wandern

Das märchenhafte Flair dieser Berghütte

Es war einmal eine hübsche Hütte mit grün-gelben Fensterläden am Rande eines Lärchenwaldes – eine Hütte wie aus dem Bilderbuch! Es wird erzählt, dass in den gemütlichen kleinen Zimmern mit den Bauernmöbeln früher Schneewittchen und die sieben Zwerge wohnten. Heute lebt die Region jedoch nicht mehr von Märchen, sondern von dem „weißen Gold": 50 km Piste in 1 500 bis 2 000 m Höhe. Gemütliches Restaurant und großzügige Terrasse mit Blick auf die Straße.

Anfahrt: am Ortseingang

PROVENCE-ALPES-CÔTE-D'AZUR

VAL-DU-TIGNET - 06530

41 MAS DE CLAIREFONTAINE
M. et Mme Lapostat

3196 route de Draguignan
06530 Val- du-Tignet
Tel. 04 93 66 39 69
andre.lapostat@wanadoo.fr
http://masdeclairefontaine.online.fr

Ganzjährig geöffnet • 3 Zimmer mit Bad und TV • 80 € für 2 Personen, Frühstück inkl. • keine Mahlzeit • Terrasse, Park, Parkplatz; keine Kreditkarten, Hunde nicht erlaubt • Swimingpool; in der Nähe: Angeln oder Bootsfahrten auf dem See

 Die Spaziergänge in dem weitläufigen, schattigen Park

Übernachten Sie in einem alten provenzalischen Bauernhof mit terrassenartigem Garten, umgeben von Pinien und Schilfrohr. Die Zimmer sind in provenzalischen Farben gehalten. Liebevolle Details wie Fragonard-Seifen, Postkarten, Bonbons u. v. m. sorgen für eine behagliche Atmosphäre. Die Badezimmer sind gut ausgestattet. Ein Zimmer namens Iris besitzt eine eigene Terrasse. Im Sommer werden die Mahlzeiten im kühlen Schatten der hundertjährigen Eiche eingenommen.

Anfahrt: 10 km südöstlich von Grasse, Straße nach Draguignan

VENCE - 06140

42 AUBERGE DES SEIGNEURS
Mme Rodi

Place du Frêne
06140 Vence
Tel. 04 93 58 04 24
Fax 04 93 24 08 01

März bis Okt. geöffnet • 6 Zimmer mit Dusche/WC • 70 bis 85 € für 2 Personen, Frühstück 10 €, Halbpension möglich • Restaurant So und Mo geschlossen, Menüs 31 bis 42 €

 Nach dem Essen bekommen die Damen eine Blume überreicht!

Das neben dem Schloss der Barone von Villeneuve gelegene geschichtsträchtige Haus aus dem 17. Jh. beherbergte berühmte Gäste. Schon Franz I., der 1547 starb, soll hier gewohnt haben. In jedem Fall ist die Originaleinrichtung des im 19. Jh. in ein Hotel umgebauten Hauses meisterhaft erhalten. Die leckeren Grillgerichte (besonders zu empfehlen sind die Lammspieße), die auf dem Feuer des riesigen Kamins zubereitet werden, machen die etwas eintönigen Zimmer bei weitem wett.

Anfahrt: in der Altstadt, in der Nähe des Schlosses

PROVENCE-ALPES-CÔTE-D'AZUR

AIX-EN-PROVENCE - 13100

AIX-EN-PROVENCE - 13100

43 **QUATRE DAUPHINS**
M. et Mme Lafont

54 rue Roux-Alphéran
13100 Aix-en-Provence
Tel. 04 42 38 16 39
Fax 04 42 38 60 19
lesquatredauphins@wanadoo.fr

Ganzjährig geöffnet • 13 Zimmer, alle mit Bad/WC oder Dusche/WC, TV, Klimaanlage und Modemanschluss • 65 bis 85 € für 2 Personen, Frühstück 9 € • kein Restaurant

44 **SAINT-CHRISTOPHE**
M. Bonnet

2 avenue Victor-Hugo
13100 Aix-en-Provence
Tel. 04 42 26 01 24
Fax 04 42 38 59 17
saintchristophe@francemarket.com
www.hotel-saintchristophe.com

Ganzjährig geöffnet • 58 Zimmer, davon eines behindertengerecht, alle mit Bad/WC, TV und Klimaanlage • 79 bis 117 € für 2 Personen, Frühstück 10 € • Menüs 21 bis 26 € • Garage

 Die Mansardenzimmer im obersten Stock – im Sommer zwar drückend heiß, aber hochromantisch!

Aix-en-Provence, das sind die kleinen Straßen mit Privatvillen aus dem 17. und 18. Jh., der Cours Mirabeau mit den berühmten Caféterrassen, die paradiesischen kleinen Restaurants, die farbenprächtigen Märkte – denken Sie gar nicht an die Hitze und an den Lärm, sondern genießen Sie den Charme dieses kleinen Hotels mit Terrakottafliesen und bemalten Holzmöbeln, das nur wenige Schritte von dem eleganten kleinen Place des Quatre Dauphins entfernt ist. Es lohnt sich wirklich!

 Die Gemälde eines Künstlers aus der Region in der gemütlichen Lounge-Bar

Das kleine Gebäude mit schmucker rosafarbener Fassade wurde von der Familie Bonnet seit 1936 nach und nach in ein Hotel mit Restaurant umgebaut. Die Zimmer sind entweder im Art déco-Stil oder im provenzalischen Stil eingerichtet. Im Restaurant herrscht die Atmosphäre einer Pariser Brasserie mit überdachter Terrasse zum Draußensitzen. Auf der Karte werden üppige regionale, aber auch elsässische Gerichte angeboten. Zu den Spezialitäten des Hauses gehört Sauerkraut!

Anfahrt: in einer ruhigen kleinen Straße im Mazarin-Viertel

Anfahrt: im Stadtzentrum, in der Nähe des Fremdenverkehrsamtes und des Cours Mirabeau

PROVENCE-ALPES-CÔTE-D'AZUR
ARLES - 13200

45 **L'AMPHITHÉATRE**
M. Coumet et M. Piras

5-7 rue Diderot
13200 Arles
Tel. 04 90 96 10 30
Fax 04 90 93 98 69
contact@hotelamphitheatre.fr
www.hotelamphitheatre.fr

Ganzjährig geöffnet • 28 Zimmer und 3 Suiten auf 3 Stockwerken, die meisten mit Dusche/WC und mit TV • 49 bis 95 € für 2 Personen, Frühstück 7 € • kein Restaurant

 Das Frühstück mit frisch gepresstem Fruchtsaft, knusprigen Croissants und selbstgemachter Marmelade

Die kleine Villa (17. Jh.), deren Fassade eine Marienstatue schmückt, liegt hinter Platanen versteckt. Die hellen und schlichten, aber sehr gepflegten Zimmer sind renoviert und mit bemalten und schmiedeeisernen Möbeln und schönen Stoffen eingerichtet. Besonders einladend sind der Aufenthalts- und der Frühstücksraum mit der harmonischen Kombination aus altem Mauerwerk, modernem Dekor und mediterranem Ambiente. Das Hotel ist idealer Ausgangspunkt, um die Kulturschätze von Arles zu entdecken.

Anfahrt: im historischen Zentrum in der Nähe des antiken Theaters und der Arena

ARLES - 13200

46 **CALENDAL**
Mme Jacquemin

5 rue Porte-de-Laure
13200 Arles
Tel. 04 90 96 11 89
Fax 04 90 96 05 84
contact@lecalendal.com
www.lecalendal.com

Jan. geschlossen • 38 Zimmer mit Bad/WC oder Dusche/WC und TV • 45 bis 104 € für 2 Personen, Frühstück 7 € • Restaurant in der Hauptsaison nur mittags geöffnet, Büfett 14 € • schattiger Garten; Hunde nicht erlaubt

 Der Nachmittagstee mit selbstgebackenem Kuchen und exquisiten Teesorten

Einige Zimmer liegen zum Garten hinaus, andere bieten einen Blick auf das antike Theater und einige wenige auch auf das Amphitheater. Fragen Sie daher bei der Reservierung nach einem „Zimmer mit Aussicht". Alle Räume sind in den warmen Farben der Provence eingerichtet. Zum Frühstück lässt man sich auf der Terrasse im Schatten der Palmen oder in dem reizenden Speiseraum nieder, der nachmittags als Café dient.

Anfahrt: zwischen dem antiken Theater und der Arena

PROVENCE-ALPES-CÔTE-D'AZUR

BARBENTANE - 13570   **CASSIS - 13260**

47 **CASTEL MOUISSON**
Mme Mourgue

Quartier Castel-Mouisson
13570 Barbentane
Tel. 04 90 95 51 17
Fax 04 90 95 67 63
contact@hotel-castelmouisson.com
www.hotel-castelmouisson.com

1. März bis 31. Okt. geschlossen • 17 Zimmer mit Bad/WC und TV • 56 bis 67 € für 2 Personen, Frühstück 8 € • kein Restaurant • Terrasse, Park, gesicherter Parkplatz; Hunde nicht erlaubt • Swimmingpool, Tennisplatz

48 **LE CLOS DES ARÔMES**
M. et Mme Bonnet

10 rue Abbé Paul-Mouton
13260 Cassis
Tel. 04 42 01 71 84
Fax 04 42 01 31 76

Jan. und Febr. geschlossen • 14 Zimmer, die meisten mit Dusche/WC, einige mit Bad/WC • 63 bis 73 € für 2 Personen, Frühstück 8 €, Halbpension möglich • Menüs 24 bis 36 € • schattige Terrasse in einem blumengeschmückten Garten, Garage; Hunde nicht erlaubt

Die absolute Ruhe des Hauses

Das am Fuße der Montagnette gelegene Hotel im Stil eines provenzalischen Bauernhauses mit schattigem Garten und Swimmingpool lädt zur Erholung ein. Die Zimmer sind im ländlich-schlichten Stil eingerichtet und führen zum Garten hinaus. Die Gastgeberin empfängt ihre Gäste mit großer Herzlichkeit und bietet zahlreiche Freizeitaktivitäten an: Vor Ort können Sie Tennis und Golf spielen. In der Nähe gibt es zahlreiche Möglichkeiten für Wanderungen, Mountainbike-Ausflüge, Ausritte, Jet-Ski u. v. m.

Die angenehme provenzalische Lebensart

Die Türen dieses reizenden, mit blauen Fensterläden geschmückten Hauses führen in einen bunten Blumengarten. Die ruhigen und geschmackvoll eingerichteten Zimmer sind in provenzalischen Farben gehalten. Eines von ihnen ist besonders für Familien geeignet. Die Mahlzeiten werden mit dem melodischen Akzent des Südens im gemütlichen Speisesaal und im Sommer auf der schattigen Terrasse unter den Platanen serviert.

Anfahrt: Autobahnausfahrt Avignon Sud, in Richtung Chateaurenard, Rognonas und Barbentane

Anfahrt: vom Ortszentrum aus zum Place de la République, dann durch die Rue Adolphe-Thiers und geradeaus an der Kirche vorbei

PROVENCE-ALPES-CÔTE-D'AZUR

CHÂTEAUNEUF-LE-ROUGE - 13790

 49 LA GALINIÈRE
M. et Mme Gagnières

Route de Saint-Maximin
13790 Châteauneuf-le-Rouge
Tel. 04 42 53 32 55
Fax 04 42 53 33 80
lagaliniere @ aol.com
www.lagaliniere.com

So-abend von Okt. bis Apr. geschlossen • 18 Zimmer zum Hof oder zum Garten hin, die meisten mit Bad/WC, alle mit TV • 56 bis 82 € für 2 Personen, Frühstück 9 €, Halbpension möglich • Menüs 26 bis 53 € • Terrasse, Garten, 2 Parkplätze, einer gesichert • Swimmingpool, Reitzentrum

 Das 15 ha große Gut mit seinem Reitzentrum (Ponys für Kinder)

La Galinière wurde im 17. Jh. auf den Ruinen eines Templerguts im Schatten der Berge Cengle und Sainte-Victoire erbaut und fungierte zunächst als Postkutschenstation, wo 1809 und 1814 Papst Pius VII. Halt machte. Am Rand der berühmten und viel besungenen N 7, die von Paris aus in den Süden führt, signalisiert ein elegantes schmiedeeisernes Portal den Eingang des Hotels. Heute bietet das Haus rustikale Zimmer und ein elegantes Restaurant mit Torweg.

Anfahrt: an der N 7, 2 km von Châteauneuf-le-Rouge entfernt, in Richtung Saint-Maximin-la-Sainte-Baume

FONTVIEILLE - 13990

 50 VAL MAJOUR
M. Güell

22 avenue d'Arles
13990 Fontvieille
Tel. 04 90 54 62 33
Fax 04 90 54 61 67
contact @ valmajour.com
www.valmajour.com

Ganzjährig geöffnet • 32 Zimmer mit Bad/WC oder Dusche/WC und TV • 62 bis 125 € (Nebensaison 50 bis 83 €) für 2 Personen, Frühstück 10 € • kein Restaurant • Park, Garage, gesicherter Parkplatz • Swimmingpool, Tennis, Tischtennis, Boulespiel

 Die Eichhörnchen, die in den Bäumen im Park herumturnen

Das lang gestreckte Gebäude im Regionalstil am Dorfeingang von Alphonse Daudets Geburtsort verspricht einen angenehmen Aufenthalt. Die geräumigen, mit Stoffen in den Farben der Provence dekorierten Zimmer geben sich rustikal. Einige besitzen eine Terrasse, andere einen Balkon mit Blick auf den Park, in dem mediterrane Pflanzen gedeihen. Zur Entspannung gibt es einen großen Swimmingpool und einen Tennisplatz.

Anfahrt: am Ortsausgang, an der Straße nach Arles

PROVENCE-ALPES-CÔTE-D'AZUR

GÉMENOS - 13420 **GRANS - 13450**

 51 PARC
M. et Mme Robin

 Vallée de Saint-Pons
13420 Gémenos
Tel. 04 42 32 20 38
Fax 04 42 32 10 26
hotel.parc.gemenos@wanadoo.fr
www.hotel-parc-gemenos.com

Ganzjährig geöffnet • 13 Zimmer mit Bad/WC und TV • 58 bis 89 € (Nebensaison 54 bis 77 €) für 2 Personen, Frühstück 7 €, Halbpension möglich • Menüs 17 (werktags) bis 35 € • Garten, Terrasse, gesicherter Parkplatz

 52 DOMAINE DU BOIS VERT
M. et Mme Richard

 Quartier Montauban
13450 Grans
Tel. 04 90 55 82 98
Fax 04 90 55 82 98
leboisvert@hotmail.com
www.domaineduboisvert.com

5. Jan. bis 15. März geschlossen • 3 Zimmer • 66 bis 73 € für 2 Personen, Frühstück inkl. • keine Mahlzeit • Terrasse, Park, Parkplatz; keine Kreditkarten, Hunde nicht erlaubt • Swimmingpool, Tischtennis

 Der im Sommer angenehm kühle Parc de Saint-Pons

Am Ortsausgang steht dieses entzückende, von Bäumen umgebene Haus im provenzalischen Stil. Die modernen Zimmer sind gemütlich, von einigen genießt man den Blick auf den Park. Vom Speiseraum mit Veranda blickt man dagegen auf einen blühenden Garten. Im Sommer wird eine reizvolle Terrasse im Schatten der schönen Platanen eingerichtet. Herzlicher Empfang.

 Die Herzlichkeit der Gastgeber, die schon viele Male ausgezeichnet wurden

Der Bauernhof aus Bruchstein liegt in einem Park mit Eichen und Kiefern am Ufer eines Flüsschens. Alle Zimmer befinden sich im Erdgeschoss und sind im provenzalischen Stil eingerichtet, Terrakottafliesen, freiliegendes Gebälk und alte Möbel schaffen eine anheimelnde Atmosphäre. Je nach Lust und Laune oder Jahreszeit wird das Frühstück im großen Wohnzimmer oder auf der Terrasse gegenüber dem Garten serviert. Eine Bibliothek und ein Kühlschrank stehen ebenfalls zur Verfügung.

Anfahrt: in 1 km Entfernung über die Straße nach Sainte-Baume (D 2)

Anfahrt: 7 km südlich von Salon über die D 16 und weiter in Richtung Lançon (D 19)

PROVENCE-ALPES-CÔTE-D'AZUR

GRAVESON - 13690   LES SAINTES-MARIES-DE-LA-MER - 13460

53 LE CADRAN SOLAIRE
Mme Guilmet

Rue du Cabaret-Neuf
13690 Graveson
Tel. 04 90 95 71 79
Fax 04 90 90 55 04
cadransolaire@wanadoo.fr
www.hotel-en-provence.com

Ganzjährig geöffnet (Nov. bis März nur nach Voranmeldung) • 12 Zimmer mit Bad/WC oder Dusche/WC • 55 bis 80 € für 2 Personen, Frühstück 8 € • kein Restaurant • Terrasse, Garten, gesicherter Parkplatz

54 LE MAS DES RIÈGES
M. Ducarre

Route de Cacharel
13460 Les Saintes-Maries-de-la-Mer
Tel. 04 90 97 85 07
Fax 04 90 97 72 26
hoteldesrieges@wanadoo.fr
www.hoteldesrieges.com

5. Jan. bis 5. Febr. und 15. Nov. bis 15. Dez. geschlossen • 20 Zimmer im Erdgeschoss mit eigener Terrasse, Bad/WC oder Dusche/WC, alle mit TV • 63 bis 78 € (Nebensaison 57 bis 73 €) für 2 Personen, Frühstück 7 € • kein Restaurant (bei schönem Wetter Imbiss am Swimmingpool) • Garten, Parkplatz • Swimmingpool

 Hier fühlt man sich wie unter Freunden

In der 300 Jahre alten reizenden Poststation, deren Fassade mit einer hübschen Sonnenuhr geschmückt ist, erleben und leben Sie den provenzalischen Charme pur. Die Gastgeberin hat beschlossen, dem Haus neuen Atem einzuhauchen, und das Ergebnis kann sich sehen lassen! Die gemütlichen kleinen Zimmer überraschen durch liebevolle Details (Nippes, Bilder etc.), die Badezimmer sind frisch renoviert, und die kleine Terrasse mit schmiedeeisernen Rankgittern liegt mitten im Grünen.

 Die Zimmer im Erdgeschoss mit Blick auf die Camargue

Einige wenige Minuten vom Stadtzentrum, und schon ist man im Sumpfgebiet, wo dieses entzückende Haus im Stil einer Hazienda mitten in einem Garten mit Blumen und Bäumen gar nicht zu verfehlen ist. Schöne rustikale Zimmer mit Terrasse, dekoriert mit provenzalischen Stoffen. Ein Schönheitssalon mit Dampfbad, Balneotherapie und Solarium kümmert sich bei Bedarf um Ihr Wohlbefinden. Sportliche Gäste können die Gegend auf dem Rücken eines Pferdes erkunden.

Anfahrt: in einem Wohnviertel am Dorfeingang

Anfahrt: mitten im Sumpfgebiet, 1 km von Saintes-Maries-de-la-Mer entfernt, über die Straße nach Cacharel und weiter auf einer Nebenstraße

PROVENCE-ALPES-CÔTE-D'AZUR

MARSEILLE - 13012

 55 VILLA MARIE-JEANNE
Mme de Montmirail

 4 rue Chicot
13012 Marseille
Tel. 04 91 85 51 31
Fax 04 91 49 55 74

Ganzjährig geöffnet • 3 Zimmer, davon eines mit Terrasse, alle mit Blick auf den Garten • 60 bis 75 € (Nebensaison 50 bis 65 €) für 2 Personen, Frühstück inkl. • keine Mahlzeit • Garten, Parkplatz; keine Kreditkarten, Hunde nicht erlaubt • Swimmingpool

 Der idyllische Charme des Ortes unweit vom „Stade-Vélodrome", dem Fußballstadion von Marseille

Die Bastide aus dem 19. Jh. ist ein besonderer Ort in Marseille, mitten in einem Wohnviertel, das nach und nach das Dorf Saint-Barnabé verschluckt hat. Das geschmackvoll eingerichtete Innere präsentiert eine harmonische Kombination aus den traditionellen Farben der Provence, alten Möbeln, Schmiedeeisen und zeitgenössischen Gemälden. Die Zimmer in den Nebengebäuden gehen auf den Garten mit schattigen Platanen und einem Zürgelbaum hinaus; eines von ihnen besitzt eine Terrasse. Sehr empfehlenswert!

Anfahrt: von Marseille kommend über den Boulevard de la Blancarde nach Osten

SAINT-ANDIOL - 13670

 56 LE BERGER DES ABEILLES
Mme Grenier

 Route de Cabanes
13670 Saint-Andiol
Tel. 04 90 95 01 91
Fax 04 90 95 48 26
abeilles13@aol.com
berger-abeilles.com

1. Nov. bis Ostern geschlossen • 8 Zimmer im ersten Stock, alle mit Bad/WC oder Dusche/WC und TV • 72 bis 95 € für 2 Personen, Frühstück 10 €, Halbpension möglich • Restaurant Mo und mittags außer So geschlossen, Menüs 36 bis 53 € • Terrasse, Garten, Parkplatz

 Fragen Sie die Gastgeberin, warum das Haus der „Bienenhirte" heißt

Dieser authentische, reizende und ruhige Hof abseits der N 7 besitzt eine Terrasse mit üppigem Blumenschmuck im Schatten einer majestätischen, hundertjährigen Platane. Die komfortablen Zimmer, von denen einige mit alten Möbeln eingerichtet sind, sind in tadellosem Zustand; drei führen direkt in den Garten. Der hübsche rustikale Speisesaal trägt ebenfalls zum Charme des Hauses bei.

Anfahrt: 2 km nordwestlich von Saint-Andiol in Richtung Avignon von der N 7 auf die D 74E in Richtung Cabanes fahren (200 m)

PROVENCE-ALPES-CÔTE-D'AZUR
SAINT-RÉMY-DE-PROVENCE - 13210

57 L'AMANDIÈRE
M. Fougerolle-Jacquemet

Avenue Théodore Aubanel
13210 Saint-Rémy-de-Provence
Tel. 04 90 92 41 00
Fax 04 90 92 48 38
http://pers.wanadoo.fr/hotel.amandiere

Anfang Nov. bis Ende März geschlossen • 26 Zimmer, davon eines behindertengerecht, alle mit Bad/WC oder Dusche/WC und TV • 56 bis 66 € für 2 Personen, Frühstück 7 € • kein Restaurant • gesicherter Parkplatz, Garten; Hunde nicht erlaubt • Swimmingpool

 Die Eigentümer, denen das Wohl ihrer Gäste sehr am Herzen liegt

Das unauffällige Hotel befindet sich in einem ruhigen Wohnviertel. Der moderne Bau ist im Stil der Region errichtet und von einem mit Blumen und Bäumen bepflanzten Garten umgeben. Die Zimmer bieten keinen besonderen Luxus, sondern praktischen Komfort und schlicht-rustikale Möbel und verfügen entweder über eine eigene Terrasse oder einen Balkon mit Blick auf den Garten. Zum üppigen Frühstück gibt es oft selbstgebackenen Kuchen. Schöner Swimmingpool.

Anfahrt: in der Nähe des Stadtzentrums über die Avenue Mirabeau, dann die Avenue de-Lattre-de-Tassigny

---

SAINT-RÉMY-DE-PROVENCE - 13210

58 CASTELET DES ALPILLES
Mme Canac-Roux

6 place Mireille
13210 Saint-Rémy-de-Provence
Tel. 04 90 92 07 21
Fax 04 90 92 52 03
hotel.castel.alpilles@wanadoo.fr
www.castelet-alpilles.com

Ende März bis Anfang Nov. geöffnet • 19 Zimmer in 2 Gebäuden, im zweiten Stock mit Blick auf die Alpillen, die meisten mit Bad/WC und TV • 68 bis 92 € (Nebensaison 65 bis 88 €) für 2 Personen, Frühstück 9 € • kein Restaurant • Garten, gesicherter Parkplatz

 Man ist nur fünf Gehminuten von Saint-Rémy entfernt

Dieses Bürgerhaus vom Anfang des 20. Jh.s liegt ganz in der Nähe des Plateaus des Antiques und der Ausgrabungsstätten von Glanum. Die komfortablen Zimmer besitzen zum Teil eine Loggia; diejenigen im zweiten Stock bieten einen schönen Blick über die Alpilles. Die großzügigen Aufenthaltsräume sind im Stil der Provence dekoriert. Im Sommer nimmt man das Frühstück gern im schönen schattigen Garten ein.

Anfahrt: am Ortsausgang, in Richtung Villa-Glanum

PROVENCE-ALPES-CÔTE-D'AZUR

SALON-DE-PROVENCE - 13300

59 ANGLETERRE
M. Ferrandino

98 cours Carnot
13300 Salon-de-Provence
Tel. 04 90 56 01 10
Fax 04 90 56 71 75
hoteldangleterre@wanadoo.fr
www.hotel-dangleterre.biz

20. Dez. bis 6. Jan. geschlossen • 26 Zimmer auf 3 Stockwerken, davon 15 mit Klimaanlage, alle mit Bad/WC oder Dusche/WC und TV • 46 bis 53 € für 2 Personen, Frühstück 7 € • kein Restaurant

Das Frühstück in echtem Empire-Ambiente unter der Kuppel

Das frühere Kloster aus dem frühen 20. Jh. genießt eine ausgezeichnete Lage im Herzen des historischen Stadtkerns und in der Nähe der Museen. Die Zimmer sind einfach, aber komfortabel und mit Doppelverglasung sowie Klimaanlage ausgestattet. Die Fassade ist frisch renoviert. Besonders angenehm ist der Frühstücksraum unter einer verglasten Kuppel. Herzlicher Empfang und individueller Service.

Anfahrt: in der Innenstadt, in der Nähe der Fußgängerzone

TARASCON - 13150

60 RUE DU CHÂTEAU
M. et Mme Laraison

24 rue du Château
13150 Tarascon
Tel. 04 90 91 09 99
Fax 04 90 91 10 33
ylaraison@wanadoo.fr

2. Nov. bis 25. Dez. geschlossen • 5 Zimmer • 78 bis 85 € für 2 Personen, Frühstück inkl. • keine Mahlzeit • keine Kreditkarten, Hunde nicht erlaubt

Die bis ins kleinste Detail durchdachte Dekoration

Ein Portalvorbau mit schwerem Tor schützt den Eingang zu diesem Haus aus dem 18. Jh. in einer ruhigen Gasse, die zur Burg von Tarascon führt. Die wunderbar renovierten Zimmer bieten höchsten Komfort. Zwei von ihnen sind über eine schöne, mittelalterlich angehauchte Treppe zugänglich. Mit den ersten warmen Tagen nehmen die Gäste das Frühstück im reizenden begrünten Innenhof ein, dessen Wände in Rot- und Ockertönen gestrichen sind.

Anfahrt: in Schlossnähe

PROVENCE-ALPES-CÔTE-D'AZUR

BRAS - 83149   BRIGNOLES - 83170

 61   DOMAINE LE PEYROURIER
« UNE CAMPAGNE EN PROVENCE »

 M. Fussler

Chemin du Petit-Temple
83149 Bras
Tel. 04 98 05 10 20
Fax 04 98 05 10 21
info @ provence4u.com
www.provence4u.com

Ganzjährig geöffnet • 6 Zimmer nur für Nichtraucher, alle mit Bad/WC • 75 bis 83 € für 2 Personen, Frühstück inkl. • Mahlzeit 19 bis 28 € Di, Do, Sa/So • Terrasse, Park, Kochecke, Garage; Hunde nicht erlaubt • Swimmingpool, Sauna, Dampfbad, Internet

 Die zahlreichen Spaziergänge, auf denen man das Anwesen erkunden kann

Das weitläufige, zwischen Wiesen und Weinbergen gelegene Anwesen ist ideal, um die Reize der ländlichen Provence zu entdecken. Die Ferienwohnungen und die Zimmer, die in den ehemaligen Gebäuden des auf die Tempelritter zurückgehenden Bauernhofes eingerichtet wurden, sind mit viel Geschmack und persönlicher Note gestaltet. Alle bieten einen schönen Blick auf den Garten oder über die hügelige Landschaft. Bei den Mahlzeiten kann man die hauseigenen und regionalen Erzeugnisse kennen lernen.

Anfahrt: 3 km südöstlich über die D 28 und einen Weg links in Richtung Le Peyrourier

 62   LA CORDELINE

 M. Dyens

14 rue des Cordeliers
83170 Brignoles
Tel. 04 94 59 18 66
Fax 04 94 59 00 29
lacordeline @ wanadoo.com
www.lacordeline.com

Ganzjährig geöffnet • 5 Zimmer mit Bad • 70 bis 105 € für 2 Personen, Frühstück inkl. • Mahlzeit (nur werktags abends und nur nach Voranmeldung) 30 € • Terrasse, Garten; Hunde nicht erlaubt • Whirlpool

 Im Garten beim Gesang der Vögel und beim Plätschern des Brunnens einfach die Seele baumeln lassen

Eine Adresse zum Wohlfühlen mitten im Stadtzentrum ist dieses reizende Herrenhaus aus dem 17. Jh. Es bietet großzügige Zimmer mit schönen Möbeln aus Familienbesitz. Alle Zimmer sind mit neuen Badezimmern und einem kleinen Wohnzimmer ausgestattet. Bei schönem Wetter wird der Frühstückstisch mit selbstgemachter Marmelade auf der Terrasse im Schatten einer Laube gedeckt.

Anfahrt: im Stadtzentrum

PROVENCE-ALPES-CÔTE-D'AZUR

CARQUEIRANNE - 83320

63 L'AUMÔNERIE
M. et Mme Menard

620 avenue de Fontbrun
83320 Carqueiranne
Tel. 04 94 58 53 56
www.guidesdecharme.com

Ganzjährig geöffnet • 4 Zimmer • 75 bis 110 € für 2 Personen, Frühstück inkl. • keine Mahlzeit • Terrasse, Garten, Parkplatz; keine Kreditkarten, Hunde nicht erlaubt • Direktzugang zum Strand

 Die Ruhe des Gartens mit dem sanften Rauschen der Wellen im Hintergrund

Weder Schilder noch sonstige Zeichen weisen auf diese Privatunterkunft hin, denn die Gastgeber möchten die Ruhe ihres Hauses bewahren. Die Zimmer sind schlicht eingerichtet. Das Frühstück wird ans Bett gebracht oder bei schönem Wetter auf der Terrasse im Schatten der Strandkiefern serviert. Der hübsche Garten endet an einer kleinen Treppe, die direkt zum Meer führt, wo den Gästen ein Privatstrand zur Verfügung steht. Ein kleines Paradies!

Anfahrt: in einem Park am Meer, 5 km von Hyères entfernt

COTIGNAC - 83570

64 DOMAINE DE NESTUBY
M. et Mme Roubaud

Route de Montfort
83570 Cotignac
Tel. 04 94 04 60 02
Fax 04 94 04 79 22
nestuby@wanadoo.fr
www.sejour-en-provence.com

Jan., Febr. und 15. Nov. bis 31. Dez. geschlossen • 5 Zimmer • 70 bis 80 € für 2 Personen, Frühstück inkl. • Mahlzeit (außer Sa/So) 22 € • Parkplatz; keine Kreditkarten • Sauna, Fitness-Center

 Eine Weinprobe mit den besten Jahrgängen des Weinguts

Diese schöne provenzalische Bastide aus dem 19. Jh. steht im Herzen eines Weinguts. Die Zimmer in Pastelltönen, eingerichtet mit Möbeln aus dem Trödelladen, tragen die Namen berühmter Rebsorten des Anbaugebiets Côtes de Provence: Semillon, Grenache, Cinsault und Syrah. Das in den früheren Stallungen untergebrachte Restaurant besitzt mit seinen Futtertrögen und seinem Kamin viel Charme. Im Sommer sorgen hundertjährige Platanen und das große Quellwasserbecken für eine angenehme Erfrischung.

Anfahrt: 5 km südlich von Cotignac in Richtung Brignoles

PROVENCE-ALPES-CÔTE-D'AZUR

DRAGUIGNAN - 83300

 65 LES OLIVIERS
M. Chaillard

 Route de Flayosc
83300 Draguignan
Tel. 04 94 68 25 74
Fax 04 94 68 57 54
hotel-les-oliviers@club-internet.fr
www.hotel-les-oliviers.com

5. bis 20. Jan. geschlossen • 12 ebenerdige Zimmer, davon eines behindertengerecht, alle mit Dusche/WC und TV • 57 bis 61 € (Nebensaison 52 bis 56 €) für 2 Personen, Frühstück 8 € • kein Restaurant • kleiner Aufenthaltsraum mit Kamin, Terrasse, Garten, Parkplatz • Schwimmbad

 Das Frühstück auf der Terrasse mit Blick auf den Garten

Die Nähe der Departementsstraße ist schnell vergessen, wenn man in dem neuen, vom regionalen Stil beeinflussten Hotel erst einmal seine Koffer ausgepackt hat. Die komfortablen Zimmer, einige sind in den warmen Farben der Provence gehalten, sind nämlich gut schallisoliert. Zum Teil gehen sie auf den Swimmingpool und den reizvollen Garten hinaus, in dem mediterrane Pflanzen wachsen - natürlich auch einige Olivenbäume, wie der Name schon sagt.

Anfahrt: 4 km über die Straße, die nach Flayosc führt, dann über die D 557

FRÉJUS - 83600

 66 LES VERGERS DE MONTOUREY
M. Artaud

 Vallée du Reyran
83600 Fréjus
Tel. 04 94 40 85 76
Fax 04 94 40 85 76
arttotof@wanadoo.fr
http://perso.wanadoo.fr/vergers.montourey

Febr. bis Allerheiligen geöffnet • 6 Zimmer, nur für Nichtraucher, alle mit Bad/WC und TV • 58 € für 2 Personen, Frühstück inkl. • Mahlzeit 20 €, Getränk inkl. (Mo, Mi und Fr) • Terrasse, Park, Garten, Parkplatz; keine Kreditkarten, Hunde nicht erlaubt • Tischtennis, kl. Fahrräder, Rutsche

 Ein Familienurlaub auf dem Bauernhof

Hier finden Sie zauberhafte, geräumige Gästezimmer auf einem alten Bauernhof im Vallée du Reyran. Ihre Namen und Farben erhielten sie von den Früchten, die hier angebaut werden: Erdbeere, Kirsche, Pflaume, Pfirsich usw. Das Frühstück und das Abendessen, die ebenfalls auf eigenen Erzeugnissen basieren, nimmt man gemeinsam mit den Gastgebern an einem großen Tisch im ländlichen Speiseraum oder auf der Terrasse ein. Die Besitzer stehen jederzeit mit Tipps zur Verfügung. Kinder sind willkommen.

Anfahrt: Montourey-Viertel

PROVENCE-ALPES-CÔTE-D'AZUR

GRIMAUD - 83310 | LE BEAUSSET - 83330

67 LA TOSCANE
M. et Mme Leroy

RD 44 - quartier de l'Avelan
83310 Grimaud
Tel. 04 94 43 24 11
latoscane@free.fr
www.la-toscane.com

1 Woche im Nov. geschlossen, sonst 1. Apr. bis Mitte Okt. und in der Nebensaison auf Anfrage geöffnet • 4 Zimmer nur für Nichtraucher mit Bad • 75 bis 80 € (Nebensaison 60 bis 65 €) für 2 Personen, Frühstück inkl. • keine Mahlzeit • Terrasse, Garten, Parkplatz; keine Kreditkarten, Hunde nicht erlaubt • Swimmingpool

68 LES CANCADES
M. et Mme Zerbib

1195 chemin de la Fontaine-de-Cinq-Sous
83330 Le Beausset
Tel. 04 94 98 76 93
Fax 04 94 90 24 63
charlotte.zerbib@wanadoo.fr

Ganzjährig geöffnet • 4 Zimmer, davon 2 mit Blick auf den Swimmingpool • 75 € für 2 Personen, Frühstück inkl. • keine Mahlzeit • Garten, Parkplatz; keine Kreditkarten, Hunde nicht erlaubt • Swimmingpool

 Der gepflegte Außenbereich und die hübsch eingerichteten Zimmer

Nomen est omen - beim Anblick der ockerfarben verputzten Villa und des Innenhofs, in dem ein Brunnen plätschert, denkt man sofort an die Toskana. Ruhige Nächte garantieren die mit erlesenen Möbeln, gesteppten Bettüberwürfen und Fliesen aus Salernes ausgestatteten Zimmer, die nach der jeweils vorherrschenden Farbe benannt sind. Jedes besitzt eine Pergola und eine Terrasse mit Liegestuhl und schmiedeeisernen Möbeln. Außerdem locken der gepflegte Garten und der Pool. (Brave) Kinder sind willkommen.

 Der herrliche Duft der Pinien, Olivenbäume und Zypressen

Ein steiler, schmaler Weg führt durch ein baumbestandenes Wohnviertel bis zu dieser von Pinien und Olivenbäumen umgebenen provenzalischen Villa. Das Haus wurde von dem Eigentümer, einem Architekten im Ruhestand, selbst gebaut und bietet schlichte Zimmer von unterschiedlicher Größe. Zwei der Zimmer besitzen eine eigene Terrasse mit Blick auf den Swimmingpool. Im Sommer Kochgelegenheit in einem Holzhäuschen, schöner grüner Garten.

Anfahrt: 4 km nordöstlich von Grimaud über die D 14 und die D 44 in Richtung Plan-de-la-Tour

Anfahrt: 3 km östlich von Le Castellet, gegenüber dem Supermarkt Casino in den Chemin de la Fontaine-de-Cinq-Sous einbiegen

PROVENCE-ALPES-CÔTE-D'AZUR

LE CANNET-DES-MAURES - 83340

 LA HAUTE VERRERIE
M. Brun

Route de Saint-Tropez
83340 Le Cannet-des-Maures
Tel. 04 94 47 95 51
Fax 04 94 47 95 51
lahauteverrerie@aol.com

Ganzjährig geöffnet • 3 Zimmer • 55 bis 60 € für 2 Personen, Frühstück inkl. • keine Mahlzeit • Garten, Parkplatz; keine Kreditkarten • Swimmingpool

 Die Lage am Rande des Forêt des Maures genannten Waldes

Ein Bach plätschert am Fuße dieses charmanten provenzalischen Hauses aus dem Jahr 1839, einer ehemaligen Glasbläserei. Die in mehreren Nebengebäuden untergebrachten Zimmer haben jeweils einen eigenen Charakter. Das schönste Zimmer liegt auf dem früheren Dachboden und besitzt eine eigene Sonnenterrasse, doch das Zimmer im Steinhäuschen ist mit Sicherheit am ruhigsten. Der Aufenthaltsraum mit Kamin und der kleine Garten mit Swimmingpool sind weitere Vorzüge dieser bezaubernden Adresse.

Anfahrt: 6 km östlich von Le Luc über die D 558 in Richtung Saint-Tropez.

LE LUC - 83340

 LE HAMEAU DE CHARLES-AUGUSTE
Mme Gaudin

Chemin de Baraouque
83340 Le Luc
Tel. 04 94 60 79 45
Fax 04 94 60 79 45
margaud@wanadoo.fr
www.provenceweb.fr/83/charles-auguste

Ganzjährig geöffnet • 4 Zimmer nur für Nichtraucher • 58 bis 84 € (Nebensaison 50 bis 74 €) für 2 Personen, Frühstück inkl. • Mahlzeit 25 € (nach Voranmeldung) • Terrasse, Garten, Parkplatz; keine Kreditkarten • Swimmingpool

 Den Erzählungen der Besitzerin über die Vergangenheit des Hauses zu lauschen

Hier handelt es sich nicht wirklich um einen Weiler, wie der Name vermuten ließe, sondern um eine Ansammlung von Häusern, die im Laufe der Jahre um das ursprüngliche Bauernhaus aus dem 18. Jh. entstanden sind. Alles wurde mit Geschmack und viel Liebe zum Detail renoviert. Die Zimmer besitzen alle eine eigene Note mit Möbeln aus Familienbesitz oder vom Antiquitätenhändler. Bei schönem Wetter wird am Swimmingpool im Schatten der Platanen und der Kastanienbäume gefrühstückt. Ein zauberhafter Ort!

Anfahrt: südlich von Luc in Richtung Schwimmbad, rechts davor abbiegen zur Pioule-Quelle.

PROVENCE-ALPES-CÔTE-D'AZUR

LES MAYONS - 83340

71 **DOMAINE DE LA FOUQUETTE**
M. et Mme Aquadro

83340 Les Mayons
Tel. 04 94 60 00 69
Fax 04 94 60 02 91
domaine.fouquette@wanadoo.fr
www.domainedelafouquette.com

Nov. bis Febr. geschlossen • 4 Zimmer nur für Nichtraucher, davon eines behindertengerecht • 60 € für 2 Personen, Frühstück inkl., Halbpension möglich • Mahlzeit 20 €, Getränk inkl. (nur abends außer So) • Terrasse, Garten, Parkplatz

 Ein erholsamer Urlaub in dieser Oase der Ruhe

Der einladende, von einem Weingut umgebene Bauernhof liegt einsam am Rand des Maurenmassivs. Die ruhigen Zimmer sind schnörkellos im provenzalischen Stil eingerichtet. Das Restaurant gibt sich rustikal mit Kamin und Terrasse, von der man atemberaubende Blicke genießt. Auf dem Gut werden verschiedene Aperitifs und Côtes-de-Provence-Weine produziert. Die Küche basiert auf einheimischen Erzeugnissen. Lohnende Ausflugsziele sind das Schildkrötendorf in Gonfaron und der Korkeichenwald von Les Mayons.

Anfahrt: 10 km südöstlich von Luc über die D 33 und die D 279, am Rande des Maurenmassivs

LORGUES - 83510

72 **LES PINS**
Mme Perin

3630 route de Saint-Antonin
83510 Lorgues
Tel. 04 94 73 91 97
Fax 04 94 73 91 97
www.ehol.com

15. Nov. bis 15. März geschlossen • 5 Zimmer nur für Nichtraucher mit Bad/WC oder Dusche/WC • 42 bis 58 € für 2 Personen, Frühstück inkl. • Mahlzeit 20 € (nur abends außer So und im Sommer), Getränk inkl. • Terrasse, Parkplatz; keine Kreditkarten, Hunde nicht erlaubt • Swimmingpool, Spielmöglichkeit für Kinder

 Die familiäre Atmosphäre und das Lachen der Kinder, die sich am Pool vergnügen

Die neben einem Weinberg gelegene und von Kiefern beschattete Villa ist im Stil eines typischen provenzalischen Landhauses erbaut. Die familienfreundliche Anlage umfasst einen Swimmingpool, zu dem die drei im Nebengebäude eingerichteten Suiten hinausgehen. Die beiden Zimmer im Hauptgebäude sind eher schlicht, aber gut gepflegt und ebenso wie die Suiten im provenzalischen Stil eingerichtet. Für Kinder stehen zahlreiche Spielmöglichkeiten zur Verfügung.

Anfahrt: 4 km nordwestlich von Lorgues über die D 50 in Richtung Entrecasteaux

PROVENCE-ALPES-CÔTE-D'AZUR

PUGET-VILLE - 83390

73 **LE MAS DES OLIVIERS**
M. Leroy

Chemin des Grands-Prés
83390 Puget-Ville
Tel. 04 94 48 30 89
Fax 04 94 48 30 89
guy.leroy18@wanadoo.fr
www.masdesoliviers.sup.fr

Ganzjährig geöffnet • 3 Zimmer • 66 € für 2 Personen, Frühstück inkl. • Mahlzeit 24 € • Terrasse, Garten, Parkplatz; keine Kreditkarten, Hunde nicht erlaubt • Swimmingpool, Möglichkeit zum Ausritt oder für Fahrradtouren, Fitnessraum, Sauna

 Das typische Dekor der Provence

Das ehemalige Bauernhaus liegt in einem 3 ha großen Anwesen mit Weingärten und Olivenhainen, mitten auf dem Land in der Var-Region, und eignet sich für alle, die absolute Ruhe suchen. Die geräumigen, gepflegten Zimmer sind in den Farben des Südens gehalten; die Badezimmer sind besonders schön. Die gleiche Atmosphäre herrscht in den gemeinschaftlich genutzten Zimmern mit typisch provenzalischen Farben wie Ocker, Terrakotta usw. vor. Zum Entspannen stehen Ausritte oder Fahrradtouren zur Wahl.

Anfahrt: 2,5 km über die N 97, die Straße nach Cuers

RAMATUELLE - 83350

74 **LEÏ SOUCO**
Mme Giraud

Le Plan - Plaine de Camarat
83350 Ramatuelle
Tel. 04 94 79 80 22
Fax 04 94 79 88 27
www.leisouco.com

15. Okt. bis 31. März geschlossen • 6 Zimmer, davon 2 mit Klimaanlage, alle mit Bad/WC und TV • 78 bis 110 € (Nebensaison 70 bis 95 €) für 2 Personen, Frühstück inkl. • keine Mahlzeit • Terrasse, Park, Parkplatz; keine Kreditkarten • Tennisplatz

 Abseits vom Trubel in Saint-Tropez die herrliche Ruhe genießen

Olivenbäume, Kiefern und andere mediterrane Pflanzen umgeben das auf einem Weingut gelegene provenzalische Haus. Es steht zurückgesetzt von der Straße, die Ramatuelle mit Saint-Tropez verbindet. Die meisten der Zimmer befinden sich im Erdgeschoss und besitzen eigene Terrassen mit Blick auf die Weinberge. Die Inneneinrichtung ist angenehm schlicht mit weißen Wänden, Terrakottaböden, Holzbalken, rustikalen Möbeln und Badezimmern, die mit Fayencen aus Salernes geschmückt sind.

Anfahrt: 3,5 km östlich von Ramatuelle über die D 93 in Richtung Saint-Tropez

PROVENCE-ALPES-CÔTE-D'AZUR

SALERNES - 83690 SANARY-SUR-MER - 83110

75 **LA BASTIDE ROSE**
M. et Mme Henny

Chemin Haut Gaudran
83690 Salernes
Tel. 04 94 70 63 30
Fax 04 94 70 77 34
labastiderose@wanadoo.fr
www.bastide-rose.com

Okt. bis Mitte März geschlossen • 5 Zimmer nur für Nichtraucher • 68 bis 92 € (Nebensaison 68 bis 78 €) für 2 Personen, Frühstück inkl. • Mahlzeit 23 € • Terrasse, Park, Garten, Parkplatz; keine Kreditkarten, Hunde nicht erlaubt

76 **VILLA LOU GARDIAN**
M. et Mme Castellano

646 route de Bandol
83110 Sanary-sur-Mer
Tel. 04 94 88 05 73
Fax 04 94 88 24 13
www.lougardian.com

Okt. bis März geschlossen • 4 Zimmer, davon 2 im Garten • 80 € (Nebensaison 70 €) für 2 Personen, Frühstück inkl. • keine Mahlzeit • Garten, Parkplatz; keine Kreditkarten, Hunde nicht erlaubt • Swimmingpool, Tennis

 Der ländliche Charme dieses Bauernhofes

Über einen holprigen Weg erreicht man diesen hübschen, einsam zwischen Weinbergen, Obstbäumen und bewaldeten Hügeln gelegenen Bauernhof. Die ruhigen Zimmer und Suiten besitzen Badezimmer, die mit Fliesen aus Salernes ausgestattet sind. Einige von ihnen haben ein Zwischengeschoss und eine eigene Terrasse. Bei Tisch servieren die freundlichen Besitzer, ein holländisches Landwirtsehepaar, eigene Erzeugnisse, wie Hühner, Gänse, Oliven, Wein, Eier, Pfirsiche, Aprikosen, Pflaumen u. a. m.

 Die Nähe zum Strand La Gorguette

Trotz der Nähe zur Straße ist diese erst unlängst erbaute, von Palmen und einem netten Garten umgebene Villa recht ruhig gelegen. Die mittelgroßen Zimmer sind farbenfroh gestaltet und besitzen schöne Badezimmer. Wir empfehlen besonders die Zimmer am großen Swimmingpool. Die Mahlzeit wird im Innenhof serviert, und das Freizeitangebot umfasst Tennis und Tischtennis.

Anfahrt: 3 km südwestlich von Salernes über die D 31 nach Entrecasteaux, die Bresque in Richtung La Colle oder Riforan überqueren

Anfahrt: an der Straße nach Bandol

PROVENCE-ALPES-CÔTE-D'AZUR

TARADEAU - 83460

77 **LA BERGERIE DU MOULIN**
M. et Mme Guillot

Chemin du Vieux Moulin
83460 Taradeau
Tel. 04 94 99 91 51
Fax 04 94 99 98 98
bergerie.moulin@wanadoo.fr
www.bergeriedumoulin.com

Ganzjährig geöffnet • 6 Zimmer nur für Nichtraucher mit Klimaanlage im 1. Stock, alle mit Bad/WC oder Dusche/WC, Satellitenfernsehen und Minibar • 85 bis 105 € für 2 Personen, Frühstück inkl. • Mahlzeit 35 bis 40 €, Getränk inkl. • Terrasse, Garten, gesicherter Parkplatz; keine Kreditkarten • Swimmingpool, Aufenthaltsraum mit Billardtisch, Whirlpool

 Die guten Tipps, die die Besitzer bereithalten

Ruhe und Erholung finden Sie in diesem charaktervollen Haus in einem Dorf nahe Les Arcs-sur-Argens und Lorgues. Die alten Mauern sind vom Grün überwuchert. Die Mahlzeiten werden in der Küche der ehemaligen Schäferei eingenommen, an manchen Abenden auch unter der Laube neben dem Pool und dem lauschigen Sommeraufenthaltsbereich im Freien. Von den reizenden Zimmern im provenzalischen Stil hört man nur das Singen der Zikaden und das Plätschern des Bachs, der einst das Mühlrad antrieb.

Anfahrt: 6 km von Arcs-sur-Argens über die D 10

VINS-SUR-CARAMY - 83170

78 **CHÂTEAU DE VINS**
M. Bonnet

Les Prés du Château
83170 Vins-sur-Caramy
Tel. 04 94 72 50 40
Fax 04 94 72 50 88
chateau.de.vins@wanadoo.fr
http://perso.wanadoo.fr/chateaudevins/

Nov. bis März geschlossen • 5 individuell eingerichtete Zimmer mit Bad • 70 € für 2 Personen, Frühstück inkl. • Keine Mahlzeit • Garten, Parkplatz; keine Kreditkarten • kulturelle Aktivitäten, Musik-Workshops und Sommerkonzerte

 Das vielfältige kulturelle Freizeitangebot des Hauses

Das vom heutigen Eigentümer vor dem Verfall gerettete und liebevoll renovierte Schloss aus dem 16. Jh. mit seinen Türmen bietet mittelgroße Zimmer, die stilvoll eingerichtet wurden und absolute Ruhe garantieren. Sie sind nach berühmten Komponisten benannt. Im früheren Jagdsalon wird heute das Essen serviert, während andere gelungen restaurierte Räume das ganze Jahr für Ausstellungen, Musik-Workshops und Konzerte genutzt werden.

Anfahrt: 9 km von Brignoles über die D 24, die Straße nach Le Thoronet

PROVENCE-ALPES-CÔTE-D'AZUR

AVIGNON - 84000 | AVIGNON - 84000

 79 DE BLAUVAC
Mme Chapron

11 rue de la Bancasse
84000 Avignon
Tel. 04 90 86 34 11
Fax 04 90 86 27 41
blauvac@aol.com
www.hotel-blauvac.com

Ganzjährig geöffnet • 16 Zimmer, die meisten mit Zwischengeschoss, alle mit Bad/WC oder Dusche/WC und TV • 67 bis 77 € (Nebensaison 57 bis 70 €) für 2 Personen, Frühstück 7 € • kein Restaurant • Hunde nicht erlaubt

 Eine absolut ruhige Unterkunft mitten in Avignon

Dieses herrschaftliche Haus wurde von dem Marquis de Blauvac im 17. Jh. in einer ruhigen Straße in unmittelbarer Nähe des Papstpalastes errichtet, der für einige Generationen Rom den Rang ablief. Das schöne schmiedeeiserne Geländer und die soliden Steinmauern sind typisch für die Epoche. Der Frühstücksraum ist im Louis-quinze-Stil eingerichtet, während die meisten Zimmer einfach möbliert sind und über ein Zwischengeschoss mit einem zusätzlichen Bett verfügen.

Anfahrt: in der Innenstadt, in einer ruhigen kleinen Straße, die zum Place de l'Horloge mit dem Rathaus führt

 80 LA FERME
M. Courtois

Chemin des Bois - Ile de la Barthelasse
84000 Avignon
Tel. 04 90 82 57 53
Fax 04 90 27 15 47
info@hotel-laferme.com
www.hotel-laferme.com

15. Nov. bis 15. März geschlossen • 20 Zimmer, davon 3 nur für Nichtraucher, alle mit Bad/WC oder Dusche/WC, TV und Klimaanlage • 78 bis 89 € (Nebensaison 66 bis 71 €) für 2 Personen, Frühstück 10 €, Halbpension möglich • Restaurant Mo und Mi geschlossen, Menüs 23 bis 38 € • Terrasse, Parkplatz; Hunde auf den Zimmern nicht erlaubt • Swimmingpool

 Ein Inselrundgang durch Feld und Wald und der Blick zur berühmten Brücke von Avignon

Der schöne Bauernhof liegt direkt gegenüber von Avignon auf der Île de la Barthelasse, der grünen Lunge der Stadt. Die Zimmer sind schlicht eingerichtet, und Ihr Schlaf wird höchstens vom Vogelgezwitscher gestört. Dem hübschen Speisezimmer verleihen massive Balken, solides Mauerwerk und ein riesiger Kamin ein rustikales Flair. Bei schönem Wetter lädt die Terrasse unter einer hundertjährigen Platane zum Farniente ein.

Anfahrt: 5 km nördlich, auf der Île de la Barthelasse, über die D 228 und eine Nebenstraße

PROVENCE-ALPES-CÔTE-D'AZUR

AVIGNON - 84000   AVIGNON - 84000

 HÔTEL DE GARLANDE
Mme Michelotte

20 rue Galante
84000 Avignon
Tel. 04 90 80 08 85
Fax 04 90 27 16 58
hotel-de-garlande@wanadoo.fr
www.hoteldegarlande.com

Jan. und So-abend von Nov. bis März geschlossen • 11 Zimmer, davon 9 mit Klimaanlage, alle mit Bad/WC oder Dusche/WC, TV und Telefon • 69 bis 109 € für 2 Personen, Frühstück 7 € • keine Restaurant • Hunde nicht erlaubt

 LE MÉDIÉVAL
M. Philippe Régis

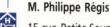
15 rue Petite-Saunerie
84000 Avignon
Tel. 04 90 86 11 06
Fax 04 90 82 08 64
hotel.medieval@wanadoo.fr
www.hotelmedieval.com

1. Jan. bis 4. Febr. geschlossen • 35 Zimmer, die meisten mit Kochecke, alle mit Bad/WC oder Dusche/WC und TV • 55 bis 84 € für 2 Personen, Frühstück 7 € • kein Restaurant • Hunde nicht erlaubt • blumengeschmückter Patio

 Eine Oase der Ruhe mitten in der Stadt

Das in ein Hotel umgebaute ehemalige Wohnhaus besitzt eine ideale Lage an einer Fußgängerstraße in der Altstadt unweit vom Place de l'Horloge und dem Palais des Papes. Die absolute Ruhe, der warmherzige Empfang und die gemütlichen Zimmer, die farblich hübsch gestaltet sind, tragen zum Charme des Hauses bei. Einige Zimmer haben schöne Decken mit freiliegenden Deckenbalken.

 Die Zimmer mit Kochecke, die sich für einen längeren Aufenthalt außerhalb der Festivalszeit eignen

Dieses Bürgerhaus, das im späten 17. Jh. für einen Kardinal errichtet wurde, war früher durch einen unterirdischen Gang mit dem Papstpalast verbunden. Seine hübsche Fassade aus Quaderstein ist mit einer Marienstatue verziert. Eine schöne alte Treppe führt zu den etwas altmodischen, im rustikalen Stil eingerichteten Zimmern. Vor allem im Sommer sind die Zimmer zum ruhigen, mit Blumen bepflanzten Innenhof vorzuziehen. Mehrsprachiger Empfang (Englisch, Deutsch, Italienisch, Spanisch).

Anfahrt: in einer Fußgängerstraße im Stadtzentrum

Anfahrt: in einer ruhigen Straße im Stadtzentrum, von der Porte Saint-Lazare aus durch die Rue Carreterie, dann rechts abbiegen

PROVENCE-ALPES-CÔTE-D'AZUR

BÉDOIN - 84410   CARPENTRAS - 84200

 83 LA GARANCE
M. et Mme Babinet

Hameau de Sainte-Colombe
84410 Bédoin
Tel. 04 90 12 81 00
Fax 04 90 65 93 05
info@lagarance.fr
www.lagarance.fr

15. Nov. bis 1. Apr. geschlossen • 13 Zimmer im Erdgeschoss und im ersten Stock, alle mit Bad/WC oder Dusche/WC und TV • 55 bis 70 € (Nebensaison 50 bis 65 €) für 2 Personen, Frühstück 8 € • kein Restaurant • Parkplatz • Swimmingpool

 84 LE COMTADIN
M. Van Orshoven

65 boulevard Albin-Durand
84200 Carpentras
Tel. 04 90 67 75 00
Fax 04 90 67 75 01
lreception@le-comtadin.com
www.le-comtadin.com

12. bis 21. Febr. geschlossen • 19 Zimmer, die meisten zum Innenhof hin gelegen, davon eines behindertengerecht und 2 nur für Nichtraucher, alle mit Bad/WC oder Dusche/WC, TV und Klimaanlage • 74 bis 86 €, Frühstück 12 € • Menüs 20 bis 35 € • Innenhof, Garage

 Den Mont Ventoux zu Fuß oder mit dem Auto erklimmen

Das in einem ehemaligen Bauernhof mit sehenswertem Garten eingerichtete Hotel in einem hübschen Weiler inmitten von Weinreben und Obstgärten ist einfach zu finden. Von den Zimmern, die mit alten Bodenfliesen und modernen Möbeln ausgestattet sind, genießt man den Blick auf den Mont Ventoux. Gefrühstückt wird auf der Terrasse oder in dem im Regionalstil gehaltenen Frühstücksraum. Auf den Wanderwegen GR 91 und 91 B kann man den Berg erklimmen. Eine Adresse, die man unbedingt weiterempfehlen möchte.

 Das im Innenhof servierte Frühstück

Die Villa vom Ende des 18. Jh.s steht an der Ringstraße, die um die kleine Hauptstadt des Comtat führt. Das frisch renovierte Hotel bietet einen angenehmen Aufenthalt in elegantem Ambiente. Die schmiedeeisernen Möbel und die moderne Dekoration bilden eine stilvolle Harmonie. Die meisten Zimmer gehen auf den ruhigen Innenhof hinaus, in dem ein kleiner Brunnen vor sich hin plätschert. An der Rezeption ist eine herrliche Orchideensammlung zu bewundern, das Steckenpferd der Hoteleigentümer.

Anfahrt: nach Bédoin über die D 19 von Malaucène aus oder die D 974 von Carpentras aus, dann in Richtung Mont Ventoux weiterfahren

Anfahrt: an der Ringstraße

PROVENCE-ALPES-CÔTE-D'AZUR

CHÂTEAUNEUF-DE-GADAGNE - 84470   GORDES - 84220

85 LE CLOS DES SAUMANES
M. et Mme Lambert

519 chemin de la Garrigue
84470 Châteauneuf-de-Gadagne
closaumane @ aol.com
www.closaumane.com

Ganzjährig geöffnet • 6 Zimmer nur für Nichtraucher, alle mit Bad/WC • 75 bis 100 € für 2 Personen, Frühstück inkl. • keine Mahlzeit • Garten, Parkplatz; keine Kreditkarten, Hunde nicht erlaubt • Swimmingpool

86 AUBERGE DE CARCARILLE
M. Rambaud

Route d'Apt
84220 Gordes
Tel. 04 90 72 02 63
Fax 04 90 72 05 74
carcaril @ club-internet.fr
www.auberge-carcarille.com

Dez., Jan. sowie Fr (Fr-abend nur von Apr. bis Sept.) geschlossen • 11 Zimmer mit Bad/WC oder Dusche/WC und TV • 60 bis 75 € für 2 Personen, Frühstück 10 €, Halbpension möglich • Menüs 18 bis 42 € • gesicherter Parkplatz, Garten, Terrasse; Hunde nicht erlaubt • Swimmingpool

 Die besonders hilfsbereiten Gastgeber

Die zwischen einem Pinienwald und Weinstöcken gelegene elegante Bastide aus dem 18. Jh. lädt zur Erholung ein. Die Zimmer im traditionellen provenzalischen Stil besitzen viel Charme, ein Zimmer verfügt über eine Terrasse. Am frühen Abend kann man ein erfrischendes Bad im Swimmingpool und den Sonnenuntergang genießen. Das Frühstück wird im gepflasterten Hof im Schatten einer großen Kastanie hergerichtet.

 Auf einer der zum Zimmer gehörigen Terrassen relaxen und das Nichtstun genießen

Ein Besuch in dem äußerlich eher unauffälligen Hotel in dem berühmten Dorf Gordes lohnt sich wirklich. Die elegant im provenzalischen Stil eingerichteten Zimmer befinden sich in einem aus Bruchstein erbauten Haus, umgeben von einem Garten. Sie sind mit bemalten Holzmöbeln ausgestattet und tadellos gepflegt. Im Restaurant mit seinen strahlend weißen Wänden und den bunten Stühlen wird regionale Küche angeboten. Auch die Terrasse ist äußerst reizvoll.

Anfahrt: 1 km über die D 97, Straße nach Morières

Anfahrt: im unteren Teil des Dorfes in Richtung Apt

PROVENCE-ALPES-CÔTE-D'AZUR

GORDES - 84220   LA BASTIDE-DES-JOURDANS - 84240

 87 LA BADELLE
Mme Cortasse

 84220 Gordes
Tel. 04 90 72 33 19
Fax 04 90 72 48 74
badelle@club-internet.fr
www.la-badelle.com

Ganzjährig geöffnet (im Jan. und Febr. nur nach Voranmeldung) • 5 Zimmer • 88 bis 104 € (Nebensaison 80 bis 94 €) für 2 Personen, Frühstück inkl. • keine Mahlzeit • Garten, Parkplatz; Hunde nicht erlaubt • Swimmingpool, Tischtennis, Wanderwege, Boule

 88 AUBERGE DU CHEVAL BLANC
M. Moullet

 84240 La Bastide-des-Jourdans
Tel. 04 90 77 81 08
Fax 04 90 77 86 51
provence.luberon@wanadoo.fr

Febr. und Do geschlossen • 4 Zimmer mit Bad/WC, TV und Klimaanlage • 70 bis 90 € für 2 Personen, Frühstück 10 €, Halbpension möglich • Restaurant mit Klimaanlage, Menüs 17 (werktags) bis 37 € • Terrasse, gesicherter Parkplatz

 Die harmonische Mischung aus Altem und Modernem

Eine wenig befahrene Landstraße führt zu diesem alten Bauernhof. Die in den ehemaligen Nebengebäuden eingerichteten Zimmer sind komplett renoviert und alle im gleichen Stil gehalten mit weißen Wänden, Terrakottafliesen, alten Möbeln und einem schönen Badezimmer. Vier Zimmer gehen direkt zum Swimmingpool hinaus. Eine einfache Küche im Freien steht den Gästen ebenfalls zur Verfügung.

 Wanderungen im Naturpark Luberon

Innerhalb weniger Jahre wurde die ehemalige Poststation in ein hübsches und modernes Hotel im provenzalischen Stil umgebaut. In den geräumigen Zimmern sind das freiliegende Gebälk, die soliden Steinwände und die Terrakottafliesen erhalten. Einige Zimmer besitzen eine Sitzecke mit Rattanmöbeln. Der elegante, im mediterranen Stil eingerichtete Speiseraum führt auf eine ruhige und teils schattige Terrasse hinaus.

Anfahrt: 7 km südlich von Gordes über die D 104 in Richtung Saint-Pantaléon und Goult

Anfahrt: in der Hauptstraße des Dorfes

PROVENCE-ALPES-CÔTE-D'AZUR

LAURIS - 84360

89 LA MAISON DES SOURCES
Mme Collart

Chemin des Fraisses
84360 Lauris
Tel. 04 90 08 22 19
Fax 04 90 08 22 19
contact@maison-des-sources.com
www.maison-des-sources.com

Ganzjährig geöffnet • 4 Zimmer mit Bad in einem hübschen kleinen Bauernhaus • 85 bis 87 € für 2 Personen, Frühstück inkl. • Mahlzeit 25 € (abends) • Aufenthaltsraum, Garten, Parkplatz; keine Kreditkarten • Wandern, Reiten, Mountainbike

Das Frühstück im Schatten der Akazien

Am Fuße des Luberon, zwischen Weingärten, Obstgärten und Olivenhainen, findet man diesen ehemaligen Bauernhof an einem Felsen mit Höhlenwohnungen. Dank umfangreicher Renovierungsarbeiten konnte das Haus vor dem Verfall gerettet werden. Die Zimmer sind farbenfroh gestaltet mit weiß gekalkten Wänden. Das originellste Zimmer ist mit vier Himmelbetten ausgestattet! Der Wohnraum und der Speiseraum beeindrucken durch eine schöne Gewölbedecke. Der etwas wilde Garten besitzt einen besonderen Reiz.

Anfahrt: 4,5 km südwestlich von Lourmarin über die D 27

LE BARROUX - 84330

90 LES GÉRANIUMS
M. Awada Huw

Place de la Croux
84330 Le Barroux
Tel. 04 90 62 41 08
Fax 04 90 62 56 48
les.geraniums@wanadoo.fr
www.hotel-lesgeraniums.com

3. Jan. bis 19. März geschlossen • 22 Zimmer mit Bad/WC oder Dusche/WC; vom Nebengebäude bietet sich ein herrlicher Blick über das Tal • 55 bis 60 € für 2 Personen, Frühstück 10 €, Halbpension möglich • Restaurant mit Klimaanlage, Menüs 20 bis 35 € • Terrasse, Garten, gesicherter Parkplatz; Hunde nicht erlaubt • im Dorf: Lamazucht

Wanderungen in den Weinbergen und Olivenhainen am Fuße der Dentelles de Montmirail

Das beeindruckende Haus aus Naturstein liegt im Herzen des befestigten Dorfes oberhalb der Ebene des Comtat. Die gepflegten Zimmer sind rustikal und schlicht möbliert, einige besitzen einen Balkon mit Blick auf das Tal. Die schmackhaften lokalen Spezialitäten des Küchenchefs werden auf der mit Geranien bepflanzten Terrasse oder im Speiseraum serviert, der mit Gemälden eines Künstlers geschmückt ist, der Stammgast des Hotels ist.

Anfahrt: in der Dorfmitte

PROVENCE-ALPES-CÔTE-D'AZUR

LE BARROUX - 84330   LE BARROUX - 84330

 91 HOSTELLERIE FRANÇOIS JOSEPH
M. Pochat

 Chemin des Rabassières
84330 Le Barroux
Tel. 04 90 62 52 78
Fax 04 90 62 33 54
hotel.f.joseph@wanadoo.fr
www.hotel-francois-joseph.com

10. Apr. bis 31. Okt. geöffnet • 12 Zimmer, davon eines behindertengerecht, und 6 Ferienwohnungen, alle mit Bad/WC oder Dusche/WC und TV • 75 bis 110 € für 2 Personen, Frühstück 12 €, Halbpension möglich • Menüs 25 € (nur abends außer So und Do) • Park, Parkplatz; Hunde nicht erlaubt • Swimmingpool

 92 MAS DE LA LAUSE
M. et Mme Lonjon

 Chemin de Geysset
84330 Le Barroux
Tel. 04 90 62 33 33
Fax 04 90 62 36 36
maslause@provence-gites.com
www.provence-gite.com

15. Nov. bis März geschlossen • 5 Zimmer mit Dusche, Waschbecken und WC • 59 € für 2 Personen, Frühstück inkl. • Mahlzeit 18 € • Garten, Parkplatz

 Ein Mittagsschläfchen unter den Pinien

Das Hotel liegt mitten im Grünen, zwischen Bäumen und gepflegten Rasenflächen. Der Komplex besteht aus mehreren Gebäuden, die erst kürzlich im regionalen Stil erbaut wurden. Die modernen und etwas kargen Zimmer sind mit bunten Stoffen im Stil der Provence ausgestattet. Die Hälfte der Zimmer verfügt über eine Loggia oder eine Terrasse, die zum Garten führt. Für Familien gibt es zwei kleine Ferienhäuser. Vom Swimmingpool blickt man auf die Landschaft des Comtat Venaissin und den Mont Ventoux.

 Die Aprikosenbäume im Garten

Der zwischen Weinreben und Aprikosenbäumen gelegene ehemalige Bauernhof stammt aus dem Jahre 1883. Die im provenzalischen Stil renovierten Zimmer besitzen verschiedene Namen: „Sonnenblume" und „Iris" bieten einen Blick auf das Château du Barroux und die Ebene des Comtat Venaissin, „Aprikose" blickt auf die Obstgärten. Die aus Produkten der Region zubereiteten Mahlzeiten werden entweder unter der Laube oder unter dem Gewölbe des Speiseraums serviert.

Anfahrt: 2 km von Le Barroux über die Straße zu den Monastères Sainte-Madeleine

Anfahrt: 800 m von Le Barroux in Richtung Suzette

PROVENCE-ALPES-CÔTE-D'AZUR

LE CRESTET - 84110   LOURMARIN - 84160

 LE MAS DE MAGALI
M. et Mme Bodewes

Quartier Chante-Coucou
84110 Le Crestet
Tel. 04 90 36 39 91
Fax 04 90 28 73 40
masmagali@wanadoo.fr
www.masdemagali.com/formhtml

2. Okt. bis 31. März geschlossen • 11 Zimmer, davon 8 mit Terrasse, alle mit Bad/WC und TV • 69 bis 75 € für 2 Personen, Frühstück 8 €, Halbpension möglich • Restaurant Mi geschlossen, Menüs 25 bis 28 € • Terrasse, Garten, Parkplatz; Hunde im Restaurant nicht erlaubt • Swimmingpool

 LE MAS DE GUILLES
M. et Mme Lherm

Route de Vaugines
84160 Lourmarin
Tel. 04 90 68 30 55
Fax 04 90 68 37 41
hotel@guilles.com
www.guilles.com

Mitte Nov. bis Anfang Apr. geschlossen • 28 Zimmer, alle mit Bad/WC und TV • 80 bis 115 € für 2 Personen, Frühstück 13 €, Halbpension möglich • Menü 43 € • Terrasse, Garten, gesicherter Parkplatz; Hunde im Restaurant nicht erlaubt • Swimmingpool, Tennisplatz

 Der reizende Garten mit den Düften des Südens

Absolute Ruhe, ein herrlicher Blick auf den Mont Ventoux und die Landschaft der Vaucluse, der gemütliche Speiseraum in Gelb und Blau, die geräumigen Zimmer, teils mit Terrasse – der moderne Bauernhof bietet alle Annehmlichkeiten der Provence. Magali, die Gastgeberin, sorgt für das Wohl ihrer Gäste, serviert kühlen Pastis und zeigt, wie man Pétanque spielt. Zur heißen Mittagszeit empfiehlt sich eine Siesta.

 Die absolute Ruhe

Über einen holprigen, aber befahrbaren Weg erreicht man das hübsche provenzalische Landhaus, das von Weinbergen und Obstgärten umgeben ist. Sofort fällt der Blick auf den herrlichen Swimmingpool, an dem einige Liegestühle auf dem angrenzenden Rasen zur Entspannung einladen. Schöne alte Schränke, Stilmöbel und in Gelbtönen gehaltene Wände prägen die Atmosphäre in den reizenden Zimmern. Im schönen überwölbten Speisesaal oder auf der angenehmen Terrasse werden klassische Gerichte angeboten.

Anfahrt: Ausfahrt aus Vaison-la-Romaine über die D 938 (Richtung Malaucène) und nach 3,5 km rechts abbiegen (D 76)

Anfahrt: 2 km von Lourmarin

PROVENCE-ALPES-CÔTE-D'AZUR

MORNAS - 84550

95 LE MANOIR
M. ou Mme Caillet

Avenue Jean-Moulin
84550 Mornas
Tel. 04 90 37 00 79
Fax 04 90 37 10 34
linfo@lemanoir-mornas.fr
www.hotel-le-manoir.com

10. Jan. bis 10. Febr. geschlossen • 25 Zimmer, davon 11 mit Klimaanlage, alle mit Bad/WC oder Dusche/WC und TV • 50 bis 75 €, Frühstück 7 € , Halbpension möglich • Restaurant Mo-mittag und Di-mittag von Juni bis Sept. und So-abend, Mo und Di von Okt. bis Mai geschlossen, Menüs 17 (werktags) bis 60 € • Terrasse, Parkplatz, Garage

Lauschige Sommerabende bei Kerzenschein im hübschen Innenhof

Das schöne Bürgerhaus aus dem 18. Jh. steht am Fuße des hohen Felsens, auf dem die berühmte Festung thront. Die neuen Eigentümer haben das Restaurant bereits renoviert. Eine Renovierung der Zimmer dürfte demnächst anstehen. Die hübschen alten Schränke und die Marmorkamine verleihen ihnen einen altmodischen Charme. Im begrünten Innenhof und auf der blumengeschmückten Terrasse kann man sich dem faulen Nichtstun hingeben.

Anfahrt: an der N 7

MURS - 84220

96 LES HAUTS DE VÉRONCLE
M. et Mme Pouget

84220 Murs
Tel. 04 90 72 60 91
Fax 04 90 72 62 07
hauts.de.veroncle@wanadoo.fr
http://hauts.de.veroncle.free.fr

1. Jan. bis 29. März und 4. Nov. bis 31. Dez. geschlossen • 3 Zimmer • 51 bis 53 € für 2 Personen, Frühstück inkl. • Mahlzeit 21 € (abends außer So und Mi) • Wohnzimmer mit Kamin, Terrasse, Garten, Parkplatz; keine Kreditkarten, Hunde im Speiseraum nicht erlaubt

Ein idealer Ort zum Abschalten

Das einsam gelegene Bauernhaus aus Bruchstein strahlt eine absolut ruhige Atmosphäre aus. Nur das Zwitschern der Vögel ist hier zu hören. In den einfachen, weiß gekalkten Zimmern kann man den Alltagsstress vergessen. Die köstlichen Mahlzeiten werden im Winter am Kaminfeuer und im Sommer unter der Laube serviert, an der sich eine Glyzinie emporrankt. Zum Spazierengehen sollten Sie sich nach dem „Chemin des Sept Moulins" erkundigen, der an den Gorges du Véroncle entlangführt.

Anfahrt: 8 km nordöstlich von Sénanque über die D 177, die D 244 und die D 15

PROVENCE-ALPES-CÔTE-D'AZUR

ORANGE - 84100

 97 MAS DES AIGRAS
M. et Mme Davi

 Chemin des Aigras
84100 Orange
Tel. 04 90 34 81 01
Fax 04 90 34 05 66
masdesaigras@free.fr

1. bis 12. Jan., 24. Okt. bis 9. Nov. sowie Di, Mi und Sa-mittag von Apr. bis Sept. geschlossen • 12 Zimmer nur für Nichtraucher, davon 8 mit Klimaanlage, alle mit Bad/WC oder Dusche/WC und TV • 70 bis 110 €, Frühstück 11 €, Halbpension möglich • Menüs 26 (werktags) bis 50 € • Terrasse, Garten, gesicherter Parkplatz; Hunde nicht erlaubt • Swimmingpool

 Der erstaunliche botanische Garten des Entomologen J.-H. Fabre (19. Jh.)

Der hübsche Bauernhof aus hellem Stein liegt zwischen Weinbergen und Feldern am Rande von Orange. Die jungen Eigentümer haben das Hotel bereits einer Verjüngungskur unterzogen: farbige Stoffe, weiß gekalkte Wände usw. Die Zimmer werden nach und nach in provenzalischen Farben geschmückt und mit Klimaanlage ausgestattet. Die moderne Küche wird mit Bioprodukten zubereitet und in einem netten Speiseraum oder auf der Terrasse serviert.

Anfahrt: 4 km nördlich von Orange über die N 7, dann weiter auf einer Nebenstraße (100 m hinter der Umgehungsstraße)

PERNES-LES-FONTAINES - 84210

 98 L'HERMITAGE
Mme Oury

 Route de Carpentras
84210 Pernes-les-Fontaines
Tel. 04 90 66 51 41
Fax 04 90 61 36 41
hotel.lhermitage@libertysurf.fr
www.hotel-lhermitage.com

Dez. bis Febr. geschlossen • 20 Zimmer im ersten Stock, die meisten mit Bad/WC und TV • 74 bis 86 € (Nebensaison 60 bis 72 €), Frühstück 9 € • kein Restaurant • Park, gesicherter Parkplatz • Swimmingpool

 Eine Erfrischung an einem der 36 Brunnen

Die Villa von 1890 gehörte einst einem Verwandten des berühmten Hauptmanns Dreyfus, dessen Prozess Frankreich am Ende des 19. Jh.s spaltete und Émile Zola zu seinem berühmten „J'accuse" inspirierte. Das Hotel strahlt eine südliche Atmosphäre aus. Der weitläufige Park mit mächtigen Bäumen, Brunnen und Statuen ist wie geschaffen für Spaziergänge. Die farbenfrohen Zimmer werden nach und nach renoviert. In den Aufenthaltsräumen tragen antike Möbel zum Charme des eleganten Hauses bei.

Anfahrt: etwas abseits der Straße, 2 km nördlich von Pernes-les-Fontaines, in Richtung Carpentras über die D 938

PROVENCE-ALPES-CÔTE-D'AZUR

ROAIX - 84110

99 **LES AUZIÈRES**
M. Cuer

84110 Roaix
Tel. 04 90 46 15 54
Fax 04 90 46 12 75
alain @ auzieres.fr
www.auzieres.fr

Ende Okt. geschlossen • 5 Zimmer mit Dusche/WC und TV • 77 € für 2 Personen, Frühstück inkl. • Mahlzeit 25 €, Getränk inkl. (Mo bis Fr nur Abendessen und nur nach Voranmeldung) • Aufenthaltsraum, Parkplatz • Swimmingpool, Boulespiel, Tischtennis, Billard

 Der Panoramablick über das Tal

Dieser provenzalische Bauernhof liegt einsam an einem Hang zwischen Weinbergen, Olivenbäumen und Lavendelsträuchern. Die geräumigen, sehr gepflegten und angenehm kühlen Zimmer sind für Erholungssuchende geradezu ideal. Zu den köstlichen Mahlzeiten nehmen die Gäste im Speiseraum an einem großen Holztisch oder auf der Terrasse mit Blick auf den Mont Ventoux und die Dentelles de Montmirail Platz. Serviert wird eine regionale Küche.

Anfahrt: 6 km westlich von Vaison über die D 975 in Richtung Orange

ROUSSILLON - 84220

100 **LES SABLES D'OCRE**
M. Hilario

Les Sablières
84220 Roussillon
Tel. 04 90 05 55 55
Fax 04 90 05 55 50
sablesdocre @ free.fr
www.roussillon-hotel.com

Anfang Nov. bis Ende März geschlossen • 22 Zimmer mit Balkon oder Terrasse im Erdgeschoss, davon 2 behindertengerecht, alle mit Bad/WC oder Dusche/WC, TV und Klimaanlage • 62 bis 75 € (Nebensaison 55 bis 65 €) für 2 Personen, Frühstück 10 € • kein Restaurant • Garten, Parkplatz • Swimmingpool

 Ein Spaziergang auf dem „Ockerpfad" bis zur „Straße der Riesen"

Die farbenfrohe Fassade des modernen Hotels erinnert an die „roten Dörfer" des Roussillon und ihre malerischen Häuser. Das 1998 in der Nähe der Ortschaft Roussillon erbaute Haus bietet Zimmer ohne besonderen Charakter, aber mit hohem Komfort und Balkon oder eigener Terrasse. Einige Zimmer besitzen Messingbetten. 400 m entfernt befindet sich die ehemalige Mathieu-Fabrik, in der sich heute ein Museum für Pigmentfarbstoffe befindet (Besichtigung und Kurse).

Anfahrt: ca. 10 km von Apt in Richtung Avignon die N 100 verlassen, rechts auf die D 149 abbiegen und 4,5 km weiterfahren

PROVENCE-ALPES-CÔTE-D'AZUR

VAISON-LA-ROMAINE - 84110

 L'ÉVÊCHÉ
M. et Mme Verdier

 Rue de l'Évêché
84110 Vaison-la-Romaine
Tel. 04 90 36 13 46
Fax 04 90 36 32 43
eveche @ aol.com
http://eveche.free.fr

15. Nov. bis 15. Dez. geschlossen • 3 Zimmer und 2 Suiten • 70 bis 80 € für 2 Personen, Frühstück inkl. • keine Mahlzeit • Aufenthaltsraum, Terrasse; keine Kreditkarten, Hunde nicht erlaubt

 Der herzliche Empfang nach einer anstrengenden Besichtigungstour

Der ehemalige Bischofspalast aus dem 16. Jh. befindet sich im mittelalterlichen Teil der Stadt. Die meisten der auf verschiedene Stockwerke verteilten Räume gehen zu einer kleinen Terrasse hinaus. Vom Frühstücksraum, dem größten Raum, hat man einen bezaubernden Blick auf die Unterstadt. Eine schöne Wendeltreppe führt zu den gepflegten und stilvoll möblierten Gästezimmern. Sehenswert ist auch die Sammlung von Drucken aus einem Handbuch des Schlosserhandwerks.

Anfahrt: in der Altstadt

VIOLÈS - 84150

 LA FARIGOULE
Mme Favrat

 Le Plan-de-Dieu
84150 Violès
Tel. 04 90 70 91 78
Fax 04 90 70 91 78
 www.la-farigoule.com

Nov. bis März geschlossen • 5 Zimmer mit Dusche/WC • 45 bis 55 € für 2 Personen, Frühstück inkl. • keine Mahlzeit • Aufenthaltsraum, Garten, Parkplatz; keine Kreditkarten • Spielmöglichkeit für Kinder, Tischtennis

 Die belesene Atmosphäre in diesem charaktervollen Haus

Das ehemalige Winzerhaus aus dem 18. Jh. hat seinen historischen Charme bis heute bewahrt. Eine schöne Treppe führt zu den Zimmern, die mit antiken Möbeln ausgestattet und nach Dichtern der Provence benannt sind: Frédéric Mistral, Alphonse Daudet, Marie Mauron usw. – kein Wunder, denn die Gastgeber waren früher Buchhändler. Gefrühstückt wird in einem Raum mit schöner Gewölbedecke. Im Freizeitangebot: Spielmöglichkeit für Kinder im Garten und Verleih von Fahrrädern und einem Tandem.

Anfahrt: 10 km westlich von Gigondas über die D 80 in Richtung Orange, dann über die D 8 und die D 977 in Richtung Violès

PROVENCE-ALPES-CÔTE-D'AZUR

VIOLÈS - 84150

 103 MAS DE BOUVAU
M. et Mme Hertzog

 Route de Cairanne
84150 Violès
Tel. 04 90 70 94 08
Fax 04 90 70 95 99

15. Dez. bis 31. Jan., abends von Nov. bis Febr., mittags von Juni bis Aug. sowie So-abend, Mo und Di-mittag geschlossen • 6 Zimmer mit Bad/WC oder Dusche/WC und TV • 60 bis 70 € für 2 Personen, Frühstück 9 €, Halbpension möglich • Menüs 26 € • Terrasse, Garten, Parkplatz; Hunde auf den Zimmern nicht erlaubt

 Der herrliche Blick auf die Dentelles de Montmirail

Der ehemalige Bauernhof liegt mitten in den Weinbergen des Plan de Dieu, auf denen seit dem Mittelalter Wein angebaut wird. Die schlichten Zimmer sind mit soliden Bauernmöbeln ausgestattet. Die traditionellen Mahlzeiten werden in einem der in provenzalischem Stil gehaltenen Speiseräume oder auf den Terrassen serviert – uns hat die Terrasse in der ehemaligen Scheune am besten gefallen. Die Weinkarte bietet Weine der Region an.

Anfahrt: nördlich von Violès die D 977 verlassen und nach links in Richtung Cairanne abbiegen

RHÔNE-ALPES

Die Region Rhône-Alpes bietet dem Reisenden ein abwechslungsreiches Bild. Die hohen Berge sind ein Paradies für Skifahrer, Klettersportler und Bergwanderer, die von der überwältigenden Schönheit der weißen Gipfel und Gletscher, der reißenden Gebirgsbäche und der kristallklaren Bergseen angezogen werden, während die schicken Wintersportorte wie Chamonix und Courchevel die alpine High-Society beglücken. Nehmen Sie nun Abschied vom Dach Europas und fahren Sie hinunter in das Rhonetal, vorbei an saftigen Bergwiesen und weidenden Kühen bis zu dem reißenden Strom, der schon zur Römerzeit einen wichtigen europäischen Verkehrs- und Kommunikationsweg darstellte und der Region zu ihrer Blüte verhalf. Das Land liegt außerdem auf dem Weg von Tausenden von Sommertouristen, die hier einen Zwischenstopp machen, um die lokalen kulinarischen Spezialitäten zu genießen. Gute Restaurants gibt es hier nämlich zuhauf! Man hat die Wahl zwischen noblen Drei-Sterne-Restaurants, den legendären *Bouchons* in Lyon und zahlreichen unbekannten Adressen.

- Ain (01)
- Ardèche (07)
- Drôme (26)
- Isère (38)
- Loire (42)
- Rhône (69)
- Savoie (73)
- Haute-Savoie (74)

RHÔNE-ALPES

AMBÉRIEUX-EN-DOMBES · 01330

 1 AUBERGE DES BICHONNIÈRES
M. Sauvage

Route de Savigneux
01330 Ambérieux-en-Dombes
Tel. 04 74 00 82 07
Fax 04 74 00 89 61
bichonnier@aol.com
www.aubergedesbichonnieres.com

15. Dez. bis 15. Jan. sowie So-abend (Mo und Di-mittag im Juli und Aug.) geschlossen • 9 Zimmer mit Bad/WC oder Dusche/WC und TV • 50 € für 2 Personen, Frühstück 8 €, Halbpension möglich • Menüs 15 bis 32 € • Terrasse, Garten, gesicherter Parkplatz

 Die reizvolle „Route des Étangs"

In dem von wildem Wein bewachsenen regionaltypischen Bauernhof werden die Gäste aufs Höchste verwöhnt. Die Zimmer wurden renoviert (Pastellfarben, Fresken), wobei die zum Hof gelegenen besonders ruhig sind. Im rustikalen Speiseraum sitzt man neben dem alten Ofen – oder man nimmt die Mahlzeit auf der mit einem Sonnensegel beschatteten Terrasse ein. Serviert werden Spezialitäten der Region. Im hübschen Garten leuchten rote Geranien.

Anfahrt: am Ortsausgang, an der Straße nach Ars-sur-Formans

BRENS · 01300

 2 FERME DES GRANDS HUTAINS
M. et Mme Veyron

Le Petit Brens
01300 Brens
Tel. 04 79 81 90 95
 Fax 04 79 81 90 95

Nov. und So geschlossen • 4 Zimmer nur für Nichtraucher, alle mit Bad • 45 € (Nebensaison 40 €) für 2 Personen, Frühstück inkl. • Mahlzeit 13 bis 15 € • Terrasse, Parkplatz; keine Kreditkarten, Hunde im Speiseraum nicht erlaubt

 Die gemütlichen Mahlzeiten mit feinem Gemüse aus dem hauseigenen Garten

Das schöne Bauernhaus mit bezaubernder Pergola ist eine wirklich reizende Adresse. Die unter dem Dach eingerichteten Gästezimmer besitzen gemütliches Flair mit ihrem alten Dekor und den Möbeln aus Familienbesitz. Alle Zimmer sind Nichtraucherzimmer. Die Mahlzeiten werden mit Produkten aus dem eigenen Gemüsegarten zubereitet und im behaglichen Esszimmer aufgetischt. Bei schönem Wetter kann man auch draußen im Schatten der Eiche und der Birken essen.

Anfahrt: 3 km südlich von Belley über die D 31A

RHÔNE-ALPES

CHÂTILLON-LA-PALUD - 01320

3 AUBERGE DE CAMPAGNE DU MOLLARD
M. Decré

01320 Châtillon-la-Palud
Tel. 04 74 35 66 09
Fax 04 37 61 11 72
f.decre@wanadoo.fr
www.aubergedumollard.com

Ganzjährig geöffnet (nach Voranmeldung) • 4 Zimmer in einem Nebengebäude • 65 € für 2 Personen, Frühstück inkl. • Mahlzeit à la carte 17 bis 35 € • Parkplatz; keine Kreditkarten, Hunde nicht erlaubt

 Der mit Bedacht gepflegte rustikale Charme

Eine kleine Straße führt durch die Felder zu dem entzückenden Bauernhof, dessen Hof mit Garten im Frühling in allen Farben blüht. Die in einem Nebengebäude eingerichteten Zimmer beeindrucken durch ihre schön geschnitzten Betten aus Holz. Das Badezimmer muss man sich jedoch mit den anderen Gästen teilen. Der ländlich eingerichtete Speiseraum wirkt durch den Kamin mit riesigem Kochkessel äußerst gemütlich. Auf der Speisekarte stehen familiäre Gerichte mit Produkten der Region.

Anfahrt: 14 km nordöstlich von Pérouges über die D 984 und die D 904 in Richtung Chalamont, dann in einen Weg links einbiegen

CHÂTILLON-SUR-CHALARONNE - 01400

4 L'INATTENDU
M. et Mme Jacquet

150 place du Champ-de-Foire
01400 Châtillon-sur-Chalaronne
Tel. 04 74 55 06 86
Fax 04 74 55 42 56
amrjacquet@inattendu-hotes.fr
www.inattendu-hotes.fr

22. Dez. bis 8. Jan. geschlossen • 9 Zimmer • 56 bis 65 € für 2 Personen, Frühstück inkl. • Mahlzeit 22 € (mit Voranmeldung) • Garten, Parkplatz; Hunde nicht erlaubt

 Der reich gedeckte Frühstückstisch

Alte Schränke, eine schöne Holztreppe, dicke Holzbalken und romantische Blumentapeten bilden den Rahmen für einen angenehmen Aufenthalt. Antike Möbel und hübsche Blumensträuße verleihen den Zimmern einen unglaublichen Reiz. Morgens erwartet die Gäste ein üppig gedeckter Frühstückstisch mit Croissants, Walnussbrot, Pancakes und nicht weniger als 30 Sorten selbstgemachte Marmelade! Eine empfehlenswerte Adresse.

Anfahrt: in der Innenstadt

RHÔNE-ALPES
ÉVOSGES - 01230   GEX - 01170

5   L'AUBERGE CAMPAGNARDE
Mme Merloz

Le Village
01230 Évosges
Tel. 04 74 38 55 55
Fax 04 74 38 55 62
auberge-campagnarde@wanadoo.fr

2. Jan. bis 2. Febr., 5. bis 14. Sept. und 14. bis 30. Nov. geschlossen • 15 Zimmer mit Bad/WC oder Dusche/WC und TV • 42 bis 67 € für 2 Personen, Frühstück 8 €, Halbpension möglich • Menüs 18 bis 50 € • Terrasse, Garten, Parkplatz • Swimmingpool, Minigolf, Tischtennis, Kinderspielplatz, Angeln am Teich

 Die zahlreichen Aktivitäten für Kinder

Der frühere Familienbauernhof in einem kleinen Dorf im Bugey wurde in einen netten Landgasthof umgebaut. Teils rustikale, teils moderne Zimmer, ein gemütliches Restaurant mit unverputzten Steinwänden und Kamin, ein schattiger Garten mit Kinderspielplatz, eine Minigolfanlage und ein Swimmingool sind die wesentlichen Vorzüge dieses Hauses. Eine Adresse zum Entspannen in reiner Natur.

Anfahrt: die N 504 (Ambérieu-Belley) zwischen Saint-Rambert-en-Bugey und Argis verlassen und weiter über die D 34

6   LA MAINAZ
M. Part

Route du col de la Faucille - N 5
01170 Gex
Tel. 04 50 41 31 10
Fax 04 50 41 31 77
mainaz@club-internet.com
www.la-mainaz.com

So-abend und Mo (außer in den Schulferien) sowie 1. Nov. bis 10. Dez. geschlossen • 22 Zimmer mit Bad/WC und TV • 62 bis 92 € für 2 Personen, Frühstück 12 €, Halbpension möglich • Restaurant So-abend, Mo und Di-mittag geschlossen, Menüs 20 (werktags) bis 52 € • Parkplatz • Swimmingpool

 Der herrliche Blick über den Genfer See und die Alpen

Seit drei Generationen wacht dieselbe Familie über die Geschicke dieses Chalets. Es schmiegt sich an die Hänge, die zum Col de la Faucille führen. Von einigen Zimmern genießt man einen überwältigenden Blick über die Gegend, ebenso wie von der Restaurantterrasse und vom Swimmingpool aus. Die Einrichtung des Hotels erinnert bisweilen an die 70er Jahre (getäfelte Wände, Möbel), doch wurden mehrere Zimmer kürzlich renoviert. Manche verfügen auch über einen Balkon. Hier kann man Sauerstoff tanken!

Anfahrt: 1 km vom Col de la Faucille, an der N 5 in Richtung Gex

RHÔNE-ALPES

MIRIBEL - 01700

7 LA VILLA DU RHÔNE
M. et Mme Cabardi

Chemin de la Lune
01700 Miribel
Tel. 04 78 55 54 16
Fax 04 78 55 54 16
contact@lavilladurhone.com
www.lavilladurhone.com

Ganzjährig geöffnet • 4 Zimmer • 80 bis 100 € für 2 Personen, Frühstück inkl. • nur Abendessen 25 € • Garten, Parkplatz; keine Kreditkarten • Swimmingpool

Das ruhige Ambiente nur wenige Minuten von Lyon entfernt

Die im oberen Teil von Miribel gelegene moderne Villa bietet einen herrlichen Blick auf die Rhone und das Tal. Die beiden dem Swimmingpool zugewandten Zimmer besitzen eine eigene Terrasse mit Panoramablick. Das Wohnzimmer mit Veranda wirkt durch unverputzte Backsteinwände, einen kleinen Ziergarten und einen Kamin besonders behaglich. Im Sommer wird das Frühstück auf der Terrasse serviert – ein echter Genuss!

Anfahrt: 12 km nordöstlich von Lyon, über die A 46, die Ostumgehung von Lyon, Ausfahrt Rillieux, dann die D 71 in Richtung Le Mas-Rillier und Miribel.

NEUVILLE-SUR-AIN - 01160

8 CHAMBRE D'HÔTE DE BOSSERON
Mme Rivoire

325 route de Genève
01160 Neuville-sur-Ain
Tel. 04 74 37 77 06
Fax 04 74 37 77 06
arivoire@free.fr
http://arivoire.free.fr

1. Nov. bis Ostern geschlossen • 4 Zimmer, alle mit Bad • 60 € für 2 Personen, Frühstück inkl. • keine Mahlzeit • Park, Parkplatz; keine Kreditkarten, Hunde nicht erlaubt • Billard, Tischtennis, Fahrräder

Die perfekte Innendekoration

In diesem charaktervollen Haus in einem 2 ha großen Park am Ufer des Ain werden Sie sich wohl fühlen. Die ruhigen und komfortablen Zimmer sind in harmonischen Farben gehalten. In einem Nebengebäude wurden für die Gäste ein Fitnessraum und ein Billardzimmer eingerichtet. Der Empfang durch die Gastgeberin ist immer von großer Herzlichkeit.

Anfahrt: 8 km nordöstlich von Pont-d'Ain über die N 84

RHÔNE-ALPES

SAINT-MARTIN-DE-BAVEL - 01510

9 **SNC LES CHARMETTES**
Mme Vincent Juliette

La Vellaz
01510 Saint-Martin-de-Bavel
Tel. 04 79 87 32 18
Fax 04 79 87 34 51

Ganzjährig geöffnet • 3 Zimmer, davon eines behindertengerecht • 44 € für 2 Personen, Frühstück inkl. • keine Mahlzeit • Parkplatz; keine Kreditkarten • Wanderungen und Mountainbike-Touren

Herrliche und großzügige Natur hautnah

Das reizende Bauernhaus des Bugey ist die ideale Adresse für Naturliebhaber. Die hübschen und komfortablen Zimmer, von denen eines behindertengerecht ausgestattet ist, befinden sich in dem ehemaligen Pferdestall. In einem Nebengebäude stehen den Gästen eine komplett ausgestattete Küche, ein Esszimmer und ein Aufenthaltsraum zur Verfügung. Der Gastgeber gibt gerne Tipps für Ausflüge in die Umgebung.

Anfahrt: 11 km nördlich von Belley über die N 504 bis Chazey-Bons, dann weiter auf der D 31C

SERVAS - 01960

10 **LE NID À BIBI**
Mme Bibus

Lieu-dit Lalleyriat
01960 Servas
Tel. 04 74 21 11 47
Fax 04 74 21 02 83
lenidabibi@wanadoo.fr
www.lenidabibi.com

Ganzjährig geöffnet • 5 individuell eingerichtete Zimmer nur für Nichtraucher, alle mit Bad/WC, ein Zimmer mit Balneo-Badewanne • 90 bis 110 € für 2 Personen, Frühstück inkl. • Mahlzeit 20 bis 30 € • Parkplatz; Hunde nicht erlaubt • Schwimmbad mit Gegenstromschwimmen, Fitnessraum, Sauna, Tennisplatz, Tischtennis, Fahrräder

Ein vielfältiges Freizeitangebot für den Aktivurlaub

Der hübsch restaurierte Bauernhof bietet komfortable Zimmer mit antikem und modernem Mobiliar. Den Hausgästen steht ein vielfältiges Freizeitangebot zur Verfügung: Fitnessraum, Sauna, Schwimmbad, Tischtennis, Tennisplätze im Park und Fahrräder für Ausflüge in den Wald. Bei einem üppigen Frühstück mit Eiern vom eigenen Hof und Käse können Sie Energie für die Tagesaktivitäten tanken.

Anfahrt: 5 km südlich über die N 83, dann 2 km über die D 22 und links in Nebenstraße einbiegen

RHÔNE-ALPES

ALBA-LA-ROMAINE - 07400

BEAULIEU - 07460

11 **LE JEU DU MAIL**
M. et Mme Arlaud

07400 Alba-la-Romaine
Tel. 04 75 52 41 59
Fax 04 75 52 41 59
lejeudumail@free.fr
http://lejeudumail.free.fr

15. Nov. bis 15. März geschlossen • 5 Zimmer • 54 bis 75 € für 2 Personen, Frühstück inkl. • keine Mahlzeit • Garten, Terrasse, Parkplatz; keine Kreditkarten, Hunde nicht erlaubt • Swimmingpool

12 **LA SANTOLINE**
M. et Mme Espenel

07460 Beaulieu
Tel. 04 75 39 01 91
Fax 04 75 39 38 79
info@lasantoline.com
www.lasantoline.com

1. Mai bis 20. Sept. geöffnet • 7 Zimmer und 1 Appartement, alle mit Bad/WC und Klimaanlage, einige mit Balkon • 65 bis 110 € für 2 Personen, Frühstück 12 €, Halbpension möglich • Terrasse, Garten, Parkplatz; Hunde im Restaurant nicht erlaubt • Swimmingpool

Beim ausgiebigen Mittagessen unter der Laube oder der großen Platane das süße Leben genießen

Die Eigentümer dieser ehemaligen Seidenraupenfarm aus dem 19. Jh. gehörten zu den ersten, die in den 70er Jahren damit begannen, in der Ardèche Gästezimmer zu vermieten. Bis heute empfangen sie ihre Gäste mit großer Freude und Herzlichkeit. Die wohnlichen Zimmer tragen alle einen Namen, der mit der Geschichte des Hauses in Zusammenhang steht: Émilie, Suite des Jesuiten, Zimmer der Bediensteten usw. Im Sommer frühstücken die Gäste unter der Laube oder der großen Platane.

Anfahrt: im Dorf

Der schöne Blick über die Ardèche und die Ausläufer der Cevennen

Bauernhof? Seidenraupenfarm? Jagdhaus? Das alte Gebäude aus dem 16. Jh. beherbergt heute ein entzückendes, einsam gelegenes Hotel, das besonders von Großstädtern auf der Suche nach Ruhe und Authentizität geschätzt wird. Die farbenfrohen Zimmer im provenzalischen Stil sehen aus wie aus einem gehobenen Lifestylemagazin; einige sind klimatisiert, aber die dicken Steinmauern halten die Räume sowieso angenehm kühl. Restaurant mit Gewölbedecke, hübsche Terrasse und Swimmingpool in schönster Natur.

Anfahrt: im Südosten, 1 km auf einem Schotterweg

RHÔNE-ALPES
CHANDOLAS - 07230   MERCUER - 07200

13 AUBERGE LES MURETS
M. Rignanese

Lengarnayre
07230 Chandolas
Tel. 04 75 39 08 32
Fax 04 75 39 39 90
dominique.rignanese@wanadoo.fr
www.aubergelesmurets.com

3. Jan. bis 10. Febr., 20. Nov. bis 10. Dez. sowie Mo und Di vom 15. Nov. bis 30. März geschlossen • 7 Zimmer, alle mit Bad/WC oder Dusche/WC, TV und Klimaanlage • 55 € für 2 Personen, Frühstück 7 €, Halbpension möglich • Menüs 17 bis 28 € • Parkplatz, Park, Terrasse; Hunde auf den Zimmern nicht erlaubt • Swimmingpool

Die entspannte Atmosphäre am Swimmingpool mit Blick auf die Umgebung

Das schöne Bauernhaus aus dem 18. Jh. liegt in einem 2 ha großen Park und ist von Weinbergen umgeben. Vor kurzem wurde es in ein Familienhotel umgewandelt. Die Zimmer zeichnen sich durch warme Farbtöne und Bambusrohrmöbel aus. Je nach Wetter werden die Tische in einem schön überwölbten Speiseraum oder auf der Terrasse im Schatten eines hundertjährigen Maulbeerbaums gedeckt. Serviert werden traditionelle Gerichte mit lokalem Einfluss. Frühstücksbüfett.

Anfahrt: 6 km nördlich über die D 208, die D 104 und eine Nebenstraße

14 LE MAS DE MAZAN
M. Croze

07200 Mercuer
Tel. 04 75 35 41 88
Fax 04 75 35 41 88
masdemazan@wanadoo.fr

http://perso.wanadoo.fr/masdemazan

Ganzjährig geöffnet • 5 Zimmer • 45 bis 47 € für 2 Personen, Frühstück inkl. • keine Mahlzeit • Parkplatz; keine Kreditkarten, Hunde nicht erlaubt

Die Besichtigung der Seidenraupenzucht

Das Landwirtsehepaar empfängt seine Gäste mit großer Herzlichkeit in dem liebevoll restaurierten regionaltypischen Bauernhof. Das absolut ruhig gelegene Haus bietet einen herrlichen Panoramablick auf das Tal, die bewaldeten Hügel und das Dorf. Die behaglichen Zimmer sind schön renoviert, haben aber nicht alle den gleichen bezaubernden Ausblick. Der Gastgeber ist Seidenraupenzüchter und zeigt seinen Gästen gerne seinen Betrieb.

Anfahrt: 5 km nordwestlich von Aubenas über die D 104 und die D 435

RHÔNE-ALPES

SAINT-DÉSIRAT - 07340

15 LA DÉSIRADE
M. et Mme Mennier

07340 Saint-Désirat
Tel. 04 75 34 21 88
contact@desirade-fr.com

www.desirade-fr.com

Weihnachten und 1. Jan. geschlossen • 6 Zimmer • 45 € für 2 Personen, Frühstück inkl. • Mahlzeit 18 € • Terrasse, Garten, Parkplatz; keine Kreditkarten

Die köstlichen, von der Gastgeberin selbst zubereiteten Mahlzeiten

Das zwischen Bäumen und den Weinbergen von Saint-Joseph gelegene Bürgerhaus aus dem 19. Jh. ist komplett renoviert und besitzt einen ganz besonderen Charme. Von den einfachen und hellen Zimmern blickt man auf den Hof mit einer hübschen Magnolie oder auf den Park und den Weinberg. Die Gastgeberin ist eine gute Köchin und serviert ihren Gästen köstliche Spezialitäten der Region. Ein idealer Ausgangspunkt, um die Ardèche zu entdecken.

Anfahrt: 15 km östlich von Annonay über die D 82 in Richtung Andance, dann weiter auf einer Nebenstraße

SAINT-JULIEN-DU-SERRE - 07200

16 CHAMBRE D'HÔTE BOURLENC
M. et Mme Ventalon

Route de Saint-Andéol
07200 Saint-Julien-du-Serre
Tel. 04 75 37 69 95
Fax 04 75 37 69 95
bourlenc07@free.fr
www.guidewed.com/ardeche/ch-hote/
mas-de-bourlenc

Nov. bis Febr. geschlossen (Sa/So nach Voranmeldung geöffnet) • 5 Zimmer • 60 € für 2 Personen, Frühstück inkl. • Mahlzeit 25 € (mit Voranmeldung) • Garten; keine Kreditkarten, Hunde nicht erlaubt

Die Mahlzeiten, bei denen längst vergessene Gemüse und Früchte auf den Tisch kommen

Das reizende, auf einem Felsen gelegene und von Akazien umgebene Haus verspricht einen erholsamen Aufenthalt. Die Inneneinrichtung strahlt südliches Flair aus: Terrakottafußböden, weiß gekalkte Wände, bunt bemalte Schränke usw. Von den geräumigen und hellen Zimmern hat man einen herrlichen Blick auf den Col de Lescrinet. Die leckeren Mahlzeiten werden aus frischem Gemüse aus dem eigenen Garten und Fleisch vom Bauernhof zubereitet. Ein echter Geheimtipp!

Anfahrt: 3,5 km von Saint-Julien-du-Serre über die D 218

RHÔNE-ALPES
SAINT-PAUL-LE-JEUNE - 07460   SAINT-PONS - 07580

17 LA PASSIFLORE
Mme Luypaerts

Sauvas
07460 Saint-Paul-le-Jeune
Tel. 04 75 39 80 74
Fax 04 75 39 80 74
godeliva.luypaerts @ wanadoo.fr
www.ardeche.com.lapassiflore

15. Dez. bis 15. Jan. geschlossen • 3 Zimmer • 42 € für 2 Personen, Frühstück inkl. • keine Mahlzeit • Garten, Parkplatz; keine Kreditkarten, Hunde nicht erlaubt

 Die freundlichen Gastgeber, die ihre Gäste gern verwöhnen

Die flämischen Besitzer kümmern sich höchst persönlich um das Wohl ihrer Gäste, so dass man sich hier sehr schnell wie zu Hause fühlt. Die Straße ist zwar nicht weit entfernt, aber die komfortablen Zimmer sind trotzdem ausgesprochen ruhig. In mehreren Aufenthaltsräumen kann man sich wunderbar entspannen. Der Frühstückstisch wird unter der Laube in der Nähe des Maulbeerbaums und des Vogelhauses gedeckt. Guten Appetit!

Anfahrt: 13 km südlich von Les Vans über die D 901, dann die D 104 in Richtung Alès

18 HOSTELLERIE « MÈRE BIQUETTE »
Mme Bossy

Les Allignols
07580 Saint-Pons
Tel. 04 75 36 72 61
Fax 04 75 36 76 25
merebiquette @ wanadoo.fr
www.logis-d-ardeche.com/merebiquette

15. Nov. bis 12. Febr. sowie So-abend von Okt. bis März geschlossen • 9 Zimmer in einem Nebengebäude, alle mit Bad/WC und TV • 57 bis 105 €, Frühstück 8 bis 9 €, Halbpension möglich • Restaurant Mo-mittag und Mi-mittag (außer an Feiertagen) geschlossen, Menüs 19 bis 38 € • Terrasse, Garten, Parkplatz • Swimmingpool, Tennis

 Das üppige Frühstücksbüfett

Der Name des Hotels stammt von dem Ziegenkäse, der früher auf dem Bauernhof hergestellt wurde. „La mère biquette" wurde noch von den Eltern der heutigen Eigentümer auf den Märkten der Region verkauft. Komfortable Zimmer mit Blick auf den Kastanienhain oder die Weinberge, ein rustikales Restaurant, eine schattige Terrasse mit Blick über das Tal und einen Swimmingpool – der ideale Rahmen für einen erholsamen Aufenthalt.

Anfahrt: die N 102 zwischen Villeneuve-de-Berg und Le Teil verlassen, über die D 293 durch Saint-Pons und noch 4 km weiterfahren

RHÔNE-ALPES

CHÂTILLON-SAINT-JEAN - 26750

CLIOUSCLAT - 26270

19 MAISON FORTE DE CLÉRIVAUX
M. et Mme Josquin

Clérivaux
26750 Châtillon-Saint-Jean
Tel. 04 75 45 32 53
Fax 04 75 71 45 43
pierre.josquin@kyxar.fr
www.clerivaux.kyxar.fr

Anfang Jan. bis Ostern geschlossen • 4 Zimmer mit Bad/WC oder Dusche/WC • 53 bis 58 € für 2 Personen, Frühstück inkl. • keine Mahlzeit • Terrasse, Park, Parkplatz

20 LA TREILLE MUSCATE
M. Delaitre

26270 Cliousclat
Tel. 04 75 63 13 10
Fax 04 75 63 10 79
latreillemuscate@wanadoo.fr
www.latreillemuscate.com

5. Dez. bis 11. Febr. geschlossen • 12 Zimmer, davon 6 mit Blick auf die ländliche Umgebung, alle mit Bad/WC oder Dusche/WC, fast alle mit TV • 60 bis 110 € für 2 Personen, Frühstück 9 €, Halbpension möglich • Menüs 15 bis 26 € • Terrasse, kleiner Garten, gesicherter Parkplatz; Hunde im Restaurant nicht erlaubt

 Eine ideale Adresse für einen Erholungsurlaub

Anne und Pierre Josquin haben den in einem kleinen Tal der Drôme gelegenen Hof mit neuem Leben erfüllt. Zu dem Hof gehören ein befestigtes Haupthaus aus dem 13. Jh., mehrere Nebengebäude, Gärten und 11 ha Ländereien mit Wald. Die vier Zimmer sind in einem Bauernhof aus dem 17. Jh. eingerichtet und verbinden die schöne Atmosphäre des alten Bauernhofes mit modernstem Komfort. Bei schönem Wetter wird das Frühstück mit Obst aus dem eigenen Garten und selbstgemachter Marmelade unter dem Laubendach gegenüber dem hübschen „Jardin de Julie" serviert.

Anfahrt: in Châtillon-Saint-Jean in Richtung Parnans fahren, nach 1 km links abbiegen in Richtung Saint-Michel, dann der Beschilderung folgen

 Der Blick auf die blühenden Obstgärten

Das zwischen Valence und Montélimar in der Nähe der Autobahn A 7 gelegene Dorf auf den Hügeln über dem Drôme-Tal beherbergt ein hübsches Hotel. Die auf zwei Gebäude verteilten Zimmer wirken durch Terrakottaböden und antike Möbel äußerst stilvoll. Der überwölbte Speiseraum ist im provenzalischen Stil eingerichtet. Eine herrliche Terrasse mit kleinem Garten lädt zum Entspannen ein.

Anfahrt: die Straße von Valence nach Montélimar (N 7) zwischen Loriol-sur-Drôme und Saulce-sur-Rhône verlassen und über eine Nebenstraße in Richtung Osten fahren

RHÔNE-ALPES
ÉTOILE-SUR-RHÔNE - 26800

21 LA MARE
Famille Chaix

Route de Montmeyran
26800 Étoile-sur-Rhône
Tel. 04 75 59 33 79
Fax 04 75 59 05 20

Ganzjährig geöffnet • 4 Zimmer • 45 € für 2 Personen, Frühstück inkl. • keine Mahlzeit • Garten, Parkplatz; keine Kreditkarten, Hunde nicht erlaubt

Die herzliche Gastlichkeit dieser Landwirtsfamilie

Das schöne Steinhaus an der Schwelle zum Süden Frankreichs, das von einer Landwirtsfamilie geführt wird, bietet die einmalige Gelegenheit, sich mit der Lebensweise der Bevölkerung und mit der Schönheit der Landschaft vertraut zu machen. Die Möbel in den hübschen und komfortablen Zimmern wurden von den Besitzern hergestellt. Die Zutaten des reichhaltigen Frühstücks kommen aus dem eigenen Garten. Ein weiterer Vorteil sind die interessanten Zimmerpreise.

Anfahrt: 15 km südöstlich von Valence über die D 111 und die D 111B

LA CHAPELLE-EN-VERCORS - 26420

22 BELLIER
Mme Bellier

26420 La Chapelle-en-Vercors
Tel. 04 75 48 20 03
Fax 04 75 48 25 31
www.hotel-bellier.fr

Jan. bis 1. Apr. sowie Di-abend und Mi außerhalb der Saison geschlossen • 13 Zimmer mit Bad/WC und TV • 58 bis 65 € (Nebensaison 46 bis 55 €), Frühstück 6 €, Halbpension möglich • Mahlzeit à la carte 15 bis 30 € • Terrasse, Garten, Parkplatz • Swimmingpool, im Winter Skilanglauf, Schneeschuhwanderungen

Die Lage im Herzen des 175 000 ha großen Naturparks des Vercors

Durch die Bombenangriffe im Jahre 1944 wurde das Dorf fast völlig zerstört. Das schmucke Chalet auf einem Felsvorsprung oberhalb der Straße stammt jedoch erst von 1946. Die meisten der geräumigen und behaglichen Zimmer besitzen einen Balkon. Nach einem langen Tag auf Skiern erwarten ein Speiseraum in Berghüttentradition und ein gemütlicher Aufenthaltsraum mit Kamin die Gäste. Im Sommer lässt man sich auf der Terrasse neben dem Swimmingpool nieder.

Anfahrt: im Ortskern, auf einem Felsvorsprung oberhalb der Straße

RHÔNE-ALPES

LA GARDE-ADHÉMAR - 26700　　MONTÉLIMAR - 26200

23 **GÎTE DU VAL DES NYMPHES**
M. et Mme Andruejol

Domaine de Magne
26700 La Garde-Adhémar
Tel. 04 75 04 44 54
Fax 04 75 04 44 45
www.valdesnymphes.com

Ganzjährig geöffnet • 5 Zimmer • 48 € für 2 Personen, Frühstück inkl. • nur Abendessen 18 € • Terrasse, Garten; keine Kreditkarten, Hunde im Restaurant nicht erlaubt • Swimmingpool

24 **SPHINX-HÔTEL**
M. et Mme Harnichard

19 boulevard Desmarais
26200 Montélimar
Tel. 04 75 01 86 64
Fax 04 75 52 34 21
reception@sphinx-hotel.fr
www.sphinx-hotel.fr

23. Dez. bis 10. Jan. geschlossen • 24 Zimmer auf 2 Stockwerken, alle mit Bad/WC, TV und Klimaanlage • 52 bis 66 € für 2 Personen, Frühstück 7 € • kein Restaurant • Innenhof, gesicherter Parkplatz

 Selbstgepflückte Pfirsiche und Aprikosen aus dem Garten

Der Bauernhof mit seinen Obstgärten erstreckt sich auf den Hügeln des Tricastin über ein weitläufiges Gebiet, zu dem früher auch die „Kapelle der Nymphen" gehörte. Die in einem Nebengebäude eingerichteten Zimmer bieten einen Blick auf die Obstgärten. Einladend wirkt der Speiseraum mit seiner Gewölbedecke, alten Werkzeugen und Familienfotos. Wer möchte, kann sich ans Klavier setzen oder im Garten relaxen. Vor der Abreise kann man sich im Garten mit frischen Pfirsichen und Aprikosen eindecken.

Anfahrt: 1 km auf der Straße zur Kapelle im Val des Nymphes

 Der sonnige Innenhof des Hotels

Das elegante Stadtpalais aus dem 17. Jh. steht kurz vor dem Beginn der schattigen Geschäftsstraße Allées Provençales, die Fußgängern vorbehalten ist. Abgesehen von der Klimaanlage bestimmen großbürgerliche Charakteristika von Anno dazumal, darunter hohe Decken, Kamine, Parkettböden, Holztäfelungen und massive Holzbalken, die Architektur des Gebäudes. Einige der Zimmer werden demnächst neu tapeziert.

Anfahrt: in der Innenstadt, am Rand der Allées Provençales

RHÔNE-ALPES

NYONS - 26110

25 LA CARAVELLE
M. et Mme Allignol

8 rue des Antignans
26110 Nyons
Tel. 04 75 26 07 44
Fax 04 75 26 07 40
www.guideweb.com/provence/hotel/caravelle

Jan. bis März sowie Nov. und Dez. geschlossen • 11 Zimmer nur für Nichtraucher, alle mit Bad/WC oder Dusche/WC und TV • 75 bis 95 € für 2 Personen, Frühstück 9 € • kein Restaurant • Garten, gesicherter Parkplatz; Hunde nicht erlaubt

 Im Garten mit einem guten Buch entspannen

Der Name des Hotels und die Bullaugen an der Fassade, die von dem Panzerkreuzer Jean-Bart stammen, gehen auf den vorherigen Eigentümer zurück, der als alter Seebär bekannt war. Die ungewöhnliche Architektur der Villa aus der Zeit um 1900 und der einzigartige Garten mit seinen Trompetenbäumen bilden einen interessanten Kontrast zum traditionellen provenzalischen Stil. Die Zimmer sind ruhig und gepflegt. Ein traumhafter Aufenthalt im „Königreich der Oliven".

Anfahrt: über die Deichpromenade

ALLEMONT - 38114

26 GINIÈS
M. et Mme Giniès

Le Plan
38114 Allemont
Tel. 04 76 80 70 03
Fax 04 76 80 73 13
hotel-ginies@wanadoo.fr
www.hotel-ginies.com

Jan., Apr. und Dez. sowie So-abend und Mo geschlossen • 15 Zimmer, davon eines behindertengerecht, alle mit Bad/WC oder Dusche/WC und TV • 55 € für 2 Personen, Frühstück 7 €, Halbpension möglich • Menü 20 € • Terrasse, Garten, Parkplatz; Hunde im Restaurant nicht erlaubt • Minigolf

 Die praktische Nähe zu den herrlichen Skigebieten

Das Hotel mit neuem Anbau befindet sich in einem friedlichen Dorf im Tal der Eau d'Olle. Einige der funktionellen, geräumigen und tadellos gepflegten Zimmer besitzen einen Balkon. Bei den Speiseräumen haben Sie die Wahl zwischen einem rustikalen mit Steinwänden und Holzbalken und zwei modernen mit Blick auf den schönen Garten. Eine vor kurzem erneuerte Minigolfanlage rundet das Angebot ab.

Anfahrt: im Ortskern, 9 km nördlich von Le Bourg-d'Oisans über die N 91 und rechts in die D 526 einbiegen

RHÔNE-ALPES

AOSTE - 38490

27 AU COQ EN VELOURS
M. et Mme Bellet

1800 route de Saint-Genix
38490 Aoste
Tel. 04 76 31 60 04
Fax 04 76 31 77 55
contact @ au-coq-en-velours.com
www.au-coq-en-velours.com

1. bis 27. Jan. sowie So-abend und Mo geschlossen
• 7 Zimmer mit Bad/WC oder Dusche/WC und TV • 65 bis 70 €, Frühstück 9 € • Menüs 28 bis 56 € • Terrasse, Park, blumengeschmückter Garten, Parkplatz

Der weitläufige, mit Blumen und Bäumen bepflanzte Garten

Das reizende Dorfhotel wird seit 1900 von derselben Familie geführt. Die nach verschiedenen Hühnervögeln benannten Zimmer liegen alle nach hinten hinaus, diejenigen mit Badewanne sind geräumiger. Im Restaurant findet man Vögel aller Art auf den Gemälden, als Skulpturen, Nippes und auch auf dem Teller. Die Hühnchenspezialität des Hauses, „Coq en velours", sollte man unbedingt probieren. Im Garten lädt eine schattige Terrasse am erfrischenden Zierteich zum Entspannen ein.

Anfahrt: 2 km nordöstlich von Aosta, an der N 516, am Gare de l'Est

AVIGNONET - 38650

28 CHÂTEAU DES MARCEAUX
M. et Mme Rocca

38650 Avignonet
Tel. 04 76 34 18 94
Fax 04 76 34 18 94
eric.rocca @ wanadoo.fr
http://monsite.wanadoo.fr/
chateaudesmarceaux

Jan. bis Mitte Apr.l und Nov. bis Ende Dez. geschlossen
• 2 Zimmer • 67 bis 74 € für 2 Personen, Frühstück inkl.
• keine Mahlzeit • Park, Parkplatz; keine Kreditkarten, Hunde nicht erlaubt

Die originelle Einrichtung der Zimmer

Das architektonisch sehr interessante Schloss aus dem 18. Jh. bietet ganz unterschiedliche Zimmer. Das erste, im früheren Taubenhaus eingerichtete Zimmer beeindruckt durch seine schöne Holztreppe und die zahlreichen Nestnischen. Sehenswert ist auch das Turmzimmer, in dem der alte Parkettboden und die Originaldeckenhöhe erhalten ist. Das dritte Zimmer befindet sich in einem separaten Haus und ist sehr geräumig. Den Speiseraum ziert eine Freske, die der Gastgeber selbst gemalt hat.

Anfahrt: von der Straße aus der Allee bis zum Schlosstor folgen

RHÔNE-ALPES
CHARETTE - 38390   CHICHILIANNE - 38930

 AUBERGE DU VERNAY
M. Sallemand

Route d'Optevoz
38390 Charette
Tel. 04 74 88 57 57
Fax 04 74 88 58 57
reservation@auberge-du-vernay.fr
www.auberge-du-vernay.fr

Ganzjährig geöffnet • 7 Zimmer, davon eines behindertengerecht, alle mit Dusche/WC und TV • 60 bis 75 € (Nebensaison 60 €) für 2 Personen, Frühstück 8 €, Halbpension möglich • Restaurant So-abend geschlossen, Menüs 15 bis 23 € • Terrasse, Parkplatz

 CHÂTEAU DE PASSIÈRES
M. et Mme Perli

38930 Chichilianne
Tel. 04 76 34 45 48
Fax 04 76 34 46 25

Mitte Nov. bis Ende Febr. sowie So-abend und Mo außerhalb der Saison geschlossen • 23 Zimmer mit Bad/WC oder Dusche/WC, etwa die Hälfte mit TV • 50 bis 70 €, Frühstück 7 € • Menüs 19 bis 32 € • Terrasse, Garten, Parkplatz; Hunde im Restaurant nicht erlaubt • Swimmingpool, Tennisplatz

 Die absolute Ruhe in ländlicher Umgebung

Die leuchtend weiße Fassade des Bauernhofs aus dem 18. Jh. ist frisch renoviert. Seine hübschen Zimmer versprechen einen individuellen Aufenthalt. Sehenswert ist das Restaurant mit einer gelungenen Mischung verschiedener Stile: alte Bodenfliesen, freiliegendes Gebälk, ein monumentaler Kamin, wo man ein ganzes Rind braten könnte, helle Farben und bunte Designerstühle. Neben der schattigen Terrasse kann man einen alten Brotbackofen bewundern.

 Der Blick vom Swimmingpool auf den „unbezwingbaren" Mont Aiguille

Das kleine Landschloss aus dem 14. Jh., dessen Fassade zwei Türme auflockern, steht in einem kleinen Dorf zu Füßen des Mont Aiguille. Die Zimmer variieren von modern bis stilvoll, drei zeichnen sich durch schöne alte Möbel und eine dunkle Holztäfelung aus. Der Besitzer ist ein ehemaliger Profifußballer und interessiert sich heute für die Malerei des 19. Jh.s, was zahlreiche Gemälde im Restaurant und im Aufenthaltsraum bezeugen.

Anfahrt: hinter dem Bürgermeisteramt in Richtung Optevoz fahren

Anfahrt: die N 75 12 km südlich von Monestier-de-Clermont bei „La Gare" verlassen und auf die D 7 abbiegen

RHÔNE-ALPES

CHICHILIANNE - 38930

31 FERME DE RUTHIÈRES
M. Sauze

Lieu-dit Ruthières
38930 Chichilianne
Tel. 04 76 34 45 98
Fax 04 76 34 45 98
fsauze@aol.com
 www.fermederuthieres.com

20. bis 27. Dez. geschlossen • 4 Zimmer im Obergeschoss • 45 € für 2 Personen, Frühstück inkl., Halbpension möglich • Mahlzeit nur für Hausgäste und nur nach Voranmeldung • Garten, Parkplatz; keine Kreditkarten

 Die Mahlzeiten aus Erzeugnissen vom Bauernhof

„Schlicht und herzlich" lautet die Devise dieses Besitzerpaars, das gleichzeitig in der Landwirtschaft tätig ist. Schöne Bauernmöbel stehen in den geräumigen Zimmern im ehemaligen Stall. Aus zweien blickt man auf die Hochebenen des Vercors. Regelmäßig stellt der Besitzer den Speiseraum, der durch ein Deckengewölbe, einen Kamin und elegante Tuffsteinpfeiler geprägt ist, Malern aus der Region als Ausstellungsraum zur Verfügung. Auf den Tisch kommen einheimische Erzeugnisse.

Anfahrt: 4 km nordwestlich von Chichilianne über eine Nebenstraße

CHONAS-L'AMBALLAN - 38121

32 LE DOMAINE DE CLAIREFONTAINE
M. et Mme Girardon

Chemin des Fontanettes
38121 Chonas-L'Amballan
Tel. 04 74 58 81 52
Fax 04 74 58 80 93
domainedeclairefontaine@yahoo.fr
 www.domaine-de-clairefontaine.fr

19. Dez. bis 19. Jan. geschlossen • 28 Zimmer, davon 2 behindertengerecht, alle mit Bad/WC und TV • 45 bis 115 € für 2 Personen, Frühstück 13 €, Halbpension möglich • Restaurant mit Klimaanlage, Menüs 40 bis 98 € • Terrasse, Park, gesicherter Parkplatz; Hunde im Restaurant nicht erlaubt • Tennisplatz

 Das elegante Herrenhaus in einem 3 ha großen Park – in unmittelbarer Nähe zur A 7

Das ehrwürdige Haus aus dem Jahre 1766 diente früher den Bischöfen von Lyon zur Erholung. Die Zimmer sind etwas altmodisch, dafür bietet das Gourmet-Restaurant eine raffinierte Küche in besonderem Ambiente. Der Speiseraum ist halb klassisch, halb modern, dazu gehört eine Terrasse mit Blick auf den hübschen Park mit mehr als hundertjährigen Bäumen. Und für ein paar Euro mehr gibt es ein entzückendes Zimmer im Stil der Räume, in denen früher die Walnüsse getrocknet wurden.

Anfahrt: 9 km südlich von Vienne über die N 7

RHÔNE-ALPES

ESTRABLIN - 38780 | GRESSE-EN-VERCORS - 38650

 LA GABETIÈRE
M. Neyret

D 502
38780 Estrablin
Tel. 04 74 58 01 31
Fax 04 74 58 08 98

1. bis 10. Jan. geschlossen • 12 Zimmer mit Bad/WC oder Dusche/WC und TV • 50 bis 64 € für 2 Personen, Frühstück 8 € • kein Restaurant • Park, gesicherter Parkplatz • Swimmingpool

 LE CHÂLET HÔTEL PRAYER
M. Prayer

38650 Gresse-en-Vercors
Tel. 04 76 34 32 08
Fax 04 76 34 31 06
lechalet@free.fr
http://lechalet.free.fr

12. März bis 6. Mai, 15. Okt. bis 23. Dez. sowie Mi außer während der Schulferien geschlossen • 20 Zimmer und 5 Appartements, alle mit Bad/WC oder Dusche/WC und TV • 56 bis 80 € für 2 Personen, Frühstück 9 €, Halbpension möglich • Menüs 18 bis 49 € • Terrasse, Hotelgarage, Parkplatz; Hunde nicht erlaubt • Swimmingpool, Tennisplatz, Boulespiel

 Die sympathische und lockere Atmosphäre

Das mitten in einem schattigen Park gelegene Herrenhaus aus dem 16. Jh. befindet sich am Rand von Vienne. Eine schöne Steintreppe im Turm führt zu den romantisch und individuell eingerichteten Zimmern, die kürzlich mit Doppelfenstern ausgestattet wurden, um den Lärm der nahe gelegenen Straße zu dämpfen. Der Frühstücksraum strahlt durch seine freiliegenden Balken und einen 400 Jahre alten riesigen Kamin eine besondere Atmosphäre aus.

 Auf einer Wanderung die reiche Fauna der Bergwelt entdecken

Das schöne alte Haus hat von einem Chalet lediglich den Namen und die behagliche Atmosphäre. Die Zimmer verteilen sich auf das Hauptgebäude und einen modernen Anbau und werden schrittweise renoviert. Die Fenster geben den Blick auf das Dorf und die Berge frei. In den modernen Speiseräumen serviert man regionale Gerichte. Im Gästebuch stehen so berühmte Persönlichkeiten wie König Albert II. von Belgien und Gérard Depardieu.

Anfahrt: 8 km östlich von Vienne über die D 41 und die D 502

Anfahrt: in der Dorfmitte

RHÔNE-ALPES

LANS-EN-VERCORS - 38250

35 LE VAL FLEURI
M. Bonnard

730 avenue Léopold-Fabre
38250 Lans-en-Vercors
Tel. 04 76 95 41 09
Fax 04 76 94 34 69
 levalfleuri@aol.com

Mitte Mai bis 20. Sept. und 20. Dez. bis 20. März geöffnet • 14 Zimmer mit Bad/WC und TV • 34 bis 60 € für 2 Personen, Frühstück 8 €, Halbpension möglich • Menüs 23 (werktags) bis 26 € • Terrasse, Garten, Garage, Parkplatz; Hunde im Restaurant nicht erlaubt

 Das reichhaltige Freizeitangebot, ideal auch für Kinder

Der alte Glockenturm der Kirche scheint über dem Hotel Le Val Fleuri zu wachen. Das hübsche Haus mit blauen Fensterläden wurde um 1920 errichtet; seitdem scheint die Zeit hier still zu stehen. Der Speiseraum ist noch in seiner Originalausstattung erhalten, und die sehr gepflegten Zimmer besitzen zum Teil schöne Art déco-Möbel und -Lampen. Im großen Blumengarten lockt die Terrasse im Schatten der Lindenbäume.

Anfahrt: in der Hauptstraße des Ortes, hinter der Kirche

LE PIN - 38730

36 LES BALCONS DU LAC
M. Ferrard

145 chemin de Béluran Lieu-dit Vers-Ars
38730 Le Pin
Tel. 04 76 06 68 82
 Fax 04 76 06 68 82

In den Weihnachtsferien geschlossen • 5 Zimmer mit Bad • 43 € für 2 Personen, Frühstück inkl. • nur Abendessen 15 € • keine Kreditkarten

 Der herrliche Blick auf den See von Paladru

Von den Fenstern des ehemaligen Bauernhofs, der Zug um Zug renoviert wurde, blickt man auf der einen Seite auf die grüne Wasserfläche des Sees von Paladru, auf der anderen auf weite Felder und Wälder. Die meisten Zimmer liegen auf der Seeseite, drei besitzen eine Kochecke. Alle bieten sie schlichte Behaglichkeit und neue Badezimmer. Das Frühstück nimmt man im riesigen Wohnraum ein, in dessen Mitte ein pyramidenförmiger Kamin steht. Im Winter sorgt er für wohlige Wärme. Freundlicher Service.

Anfahrt: 1 km südwestlich vom See von Paladru über die D 50

RHÔNE-ALPES

L'ISLE-D'ABEAU - 38080   MIZOEN - 38142

 37 LE RELAIS DU ÇATEY
M. Ducretet

10 rue du Didier - Le Bourg
38080 L'Isle-d'Abeau
Tel. 04 74 18 26 50
Fax 04 74 18 26 59
relaiscatey@aol.com
www.le-relais-du-catey.com

30. Juli bis 22. Aug. und 24. Dez. bis 2. Jan. geschlossen
• 7 Zimmer mit Bad/WC oder Dusche/WC und TV
• 54 bis 65 € für 2 Personen, Frühstück 6 €, Halbpension möglich • Restaurant So geschlossen, Menüs 21 bis 50 €
• Terrasse, Garten, Parkplatz

 38 LE PANORAMIQUE
M. Keesman

Route des Aymes
38142 Mizoen
Tel. 04 76 80 06 25
Fax 04 76 80 25 12
info@hotel-panoramique.com
www.hotel-panoramique.com

24. Apr. bis 24. Mai und 19. Sept. bis 23. Dez. geschlossen • 9 Zimmer mit Bad/WC oder Dusche/WC und TV • 60 bis 65 € für 2 Personen, Frühstück 10 €, Halbpension möglich • nur Abendessen außer Sa/So, an Feiertagen und während der Schulferien, Menüs 21 bis 25 € • Nichtraucherhaus; Terrasse, Garten, Parkplatz; Hunde nicht erlaubt • Sauna

 Die romantischen Abendessen auf der ruhigen Terrasse

Das hübsche Haus aus der Zeit Ludwigs XV. liegt in einem grünen Wohnviertel, weniger als 10 Minuten vom Flughafen Lyon-Saint-Exupéry entfernt. Die behaglichen Zimmer wurden vor kurzem mit hochwertigen Materialien modernisiert. Auch das Restaurant wartet mit einer gelungenen modernen Dekoration auf (Schmiedeeisen, warme Farben etc.), die einen harmonischen Kontrast zu dem Originalsteinboden bildet. Auf der Terrasse spenden Linden und Trompetenbäume Schatten. Einfallsreiche und schmackhafte Küche.

 Mit ein bisschen Glück kann man morgens Gemsen entdecken!

Im Sommer schmücken leuchtend rote Geranien die Balkone des am Hang gelegenen Chalets. Das seit kurzer Zeit von einem holländischen Ehepaar geführte Hotel (man spricht natürlich Holländisch, aber auch Französisch, Englisch, Deutsch und Spanisch) hat zahlreiche Vorzüge zu bieten: im alpenländischen Stil eingerichtete Zimmer, eine nette Terrasse nach Süden, eine Sauna und einen einzigartigen Panoramablick über den Ort, das Oisans und die umliegenden Berge.

Anfahrt: nordwestlich von Bourgoin-Jallieu

Anfahrt: zwischen Le Freney-d'Oisans und dem Tunnel am Barrage du Chambon die N 91 verlassen und weiter auf der D 25

RHÔNE-ALPES

MOISSIEU-SUR-DOLON - 38270

 39 DOMAINE DE LA COLOMBIÈRE
Mme Carle

 Château de Moissieu
38270 Moissieu-sur-Dolon
Tel. 04 74 79 50 23
Fax 04 74 79 50 25
colombieremoissieu@hotmail.com
www.lacolombiere.com

23. Dez. bis 1. Jan., während der Schulferien im Febr., So-abend und Mo (außer an Feiertagen) geschlossen • 21 Zimmer, davon 2 behindertengerecht, alle mit Bad/WC oder Dusche/WC, TV und Klimaanlage • 76 bis 118 €, Frühstück 12 €, Halbpension möglich • Restaurant mit Klimaanlage, Menüs 29 bis 66 € • Parkplatz, Park, Terrasse • Swimmingpool

 Die idyllische Lage und die himmlische Ruhe

Ein schöner, 4,5 ha großer Park umgibt dieses Bürgerhaus aus dem Jahre 1820. Das geschickt restaurierte und in ein Hotel umgewandelte Haus bietet geräumige und farbenfroh gestaltete Zimmer, die nach berühmten Malern benannt sind. In den Zimmern hängen Kopien von Gemälden, die von der Gastgeberin, die selbst Malerin ist, angefertigt wurden. Das in dem einzigen modernen Bau des Anwesens untergebrachte Restaurant besitzt eine Terrasse mit Blick auf die umliegende Natur.

Anfahrt: am Rande des Dorfes

SAINT-BAUDILLE-DE-LA-TOUR - 38118

 40 LES BASSES PORTES
M. et Mme Giroud-Ducaroy

 Torjonas
38118 Saint-Baudille-de-la-Tour
Tel. 04 74 95 18 23
mirvinc@wanadoo.fr
www.basses-portes.com

Ganzjährig geöffnet • 3 Zimmer • 50 € für 2 Personen, Frühstück inkl. • Mahlzeit 17 € • Terrasse, Park, Parkplatz; keine Kreditkarten, Hunde nicht erlaubt • Swimmingpool

 Die reizvolle Mischung aus Altem und Modernem

Der ehemalige Bauernhof konnte trotz umfassender Modernisierung seinen rustikalen Charme bewahren. Das alte Mauerwerk, das Gebälk und der Holzfußboden wurden nach Möglichkeit erhalten. Die Inneneinrichtung der Zimmer präsentiert sich in einer gelungenen Mischung aus Alt und Modern, die Badezimmer sind nagelneu. Ein idealer Ausgangspunkt für Ausflüge auf die Île Crémieu!

Anfahrt: 2 km nördlich über die D 52B

RHÔNE-ALPES

SAINT-LATTIER - 38840

 LE LIÈVRE AMOUREUX
M. Lapeyre

 La Gare
38840 Saint-Lattier
Tel. 04 76 64 50 67
www.lelievreamoureux.com

Jan. geschlossen • 3 Zimmer mit Bad/WC und TV • 55 bis 75 € für 2 Personen, Frühstück 7 € • Mahlzeit 25 € • Terrasse, Garten, Kochecke

 Der professionelle Service

Das ehemalige Jagdschloss, das schon im Roten Michelinführer aufgelistet war, ist nach der Renovierung zu neuem Leben erwacht. Die drei schönen, geräumigen Zimmer mit persönlicher Note und die beiden zweigeschossigen Zimmer garantieren einen komfortablen Aufenthalt. Bei den Mahlzeiten entdecken Sie die Spezialitäten der Dauphiné (Trüffel, Ravioli, Nüsse usw.), die Sie sich im Speisesaal mit Kamin oder auf der Terrasse schmecken lassen. Den Wein können Sie selbst im Keller auswählen.

Anfahrt: von der A 49 Abfahrt 8, La Baume d'Hostun, durch Eymeux fahren, hinter der Brücke rechts abbiegen, am Kreisverkehr weiter in Richtung Saint-Lattier

SAINT-MARTIN-DE-LA-CLUZE - 38650

 LE CHÂTEAU DE PÂQUIER
M. Rossi

 38650 Saint-Martin-de-la-Cluze
Tel. 04 76 72 77 33
Fax 04 76 72 77 33
hrossi@club-internet.fr
http://www.chateau.de.paquier.free.fr

Ganzjährig geöffnet (im Winter nach Voranmeldung) • 5 Zimmer, 62 bis 80 € für 2 Personen, Frühstück inkl. • Mahlzeit 21 €, Getränk inkl. • Garten, Parkplatz; Hunde nicht erlaubt

 Ein Landschloss, wie es im Buche steht

Die Besitzer haben das Renaissanceschlösschen mit dem hübschen Garten mit all ihrer Liebe und Begeisterung renoviert und daraus ein Schmuckstück gemacht, in dem die vielen Originalbestandteile wie Holzdecken, Wendeltreppe, Kreuzstockfenster u. a. voll zur Geltung kommen. Mit gleicher Sorgfalt wurden die geräumigen Zimmer eingerichtet. Eines davon befindet sich in der ehemaligen Kapelle. Bei Tisch werden Erzeugnisse aus dem Garten und im Kamin zubereitete Grillgerichte gereicht.

Anfahrt: 12 km nördlich von Monestier-de-Clermont über die N 75 und eine Nebenstraße

RHÔNE-ALPES

TREFFORT - 38650

43 LE CHÂTEAU D'HERBELON
M. Castillan

Lac de Monteynard
38650 Treffort
Tel. 04 76 34 02 03
Fax 04 76 34 05 44
chateaudherbelon@wanadoo.fr
www.chateau-herbelon.fr

20. Dez. bis 4. März sowie Mo und Di außer im Juli und Aug. geschlossen • 9 Zimmer mit Bad/WC und TV • 56 bis 76 €, Frühstück 8 €, Halbpension möglich • Menüs 21 bis 36 € • Terrasse, Garten, Parkplatz; Hunde auf den Zimmern nicht erlaubt • ausgezeichnete Möglichkeiten zum Windsurfen

 Die idealen Wassersportmöglichkeiten auf dem nahen See

Das mit wildem Wein und Kletterrosen bewachsene Landschlösschen aus dem 17. Jh. steht am Ufer des Stausees von Monteynard. Die eher nüchternen und absolut ruhigen Zimmer sind geräumig und mit allem Komfort ausgestattet. Schmückstück des Restaurants ist ein alter Steinkamin. Der Saal im Untergeschoss, der eine schöne Gewölbedecke besitzt, steht für Hochzeits-, Kommunions- und andere Feiern zur Verfügung. Im umfriedeten Garten Spielmöglichkeit für Kinder.

Anfahrt: am See, 3 km über die D 110 E

URIAGE-LES-BAINS - 38410

44 LES MÉSANGES
M. Prince

Route de Bouloud
38410 Uriage-les-Bains
Tel. 04 76 89 70 69
Fax 04 76 89 56 97
prince@hotel-les-mesanges.com
www.hotel-les-mesanges.com

20. Okt. bis 1. Febr. geschlossen • 33 Zimmer mit Bad/WC oder Dusche/WC und TV • 57 bis 69 €, Frühstück 8 €, Halbpension möglich • Menüs 22 bis 52 € • Terrasse, Garten, Parkplatz; Hunde nicht erlaubt • Swimmingpool, Tischtennis, Boule, Spielmöglichkeit für Kinder

 Die himmlische Ruhe in dieser Alpenlandschaft

Das Hotel liegt oberhalb des Kurorts und des Schlosses. Fragen Sie nach einem (funktionell) renovierten Zimmer mit Balkon und genießen Sie die Aussicht auf das Chamrousse-Massiv oder das Vercors. Ebenso angenehm in diesem Familienbetrieb sind der moderne und helle Speiseraum, die schöne Terrasse, auf der Platanen Schatten spenden, und der Garten mit einem Swimmingpool und Spielmöglichkeiten für Kinder.

Anfahrt: die Avenue des Thermes am Park entlangfahren, links in die Route de Chamrousse und am Kurkrankenhaus rechts in die Route de Bouloud einbiegen

RHÔNE-ALPES
VIGNIEU - 38890 | CHAZELLES-SUR-LYON - 42140

 45 CHÂTEAU DE CHAPEAU CORNU
M. Regnier

Le Rual
38890 Vignieu
Tel. 04 74 27 79 00
Fax 04 74 92 49 31
chapeau.cornu@wanadoo.fr
www.chateau-chapeau-cornu.fr

23. Dez. bis 3. Jan. sowie So-abend außer im Juli und Aug. geschlossen • 21 Zimmer (und 2 Ferienwohnungen), alle mit Bad/WC oder Dusche/WC und TV • 65 bis 110 € für 2 Personen, Frühstück 9 bis 12 €, Halbpension möglich • Menüs 22 (werktags) bis 57 € • Terrasse, Park, gesicherter Parkplatz; Hunde nicht erlaubt • Swimmingpool

 Eine Ritterburg wie aus dem Märchen

Die ehemaligen Besitzer Capella und Cornutti haben dieser Burg aus dem 13. Jh. den lustigen Namen gegeben, der soviel wie Spitzhut bedeutet. Die Zimmer sind nacheinander aufgefrischt worden (neue Stoffe, schmiedeeiserne Möbel) und besitzen alle einen schönen alten Kleiderschrank. In einigen steht ein Himmelbett. Der Speiseraum erstreckt sich unter einem stilvollen Steingewölbe. Im Innenhof wurde eine Terrasse angelegt. Im 6 ha große Park locken Wasserbecken und schattige Alleen.

Anfahrt: in Bourgoin-Jallieu auf die N 6 in Richtung Lyon, dann rechts auf die D 522 bis nach Flosaille, nun auf die D 19 und hinter Saint-Chef noch 5 km weiterfahren

 46 CHÂTEAU BLANCHARD
M. Bonnidal

36 route de Saint-Galmier
42140 Chazelles-sur-Lyon
Tel. 04 77 54 28 88
Fax 04 77 54 36 03
chateau-blanchard@wanadoo.fr

7. bis 27. Aug. geschlossen • 12 Zimmer mit Bad/WC und TV • 59 bis 82 € für 2 Personen, Frühstück 8 €, Halbpension möglich • Restaurant So-abend, Mo und Fr-abend geschlossen, Menüs 20 bis 30 € • Garten, Parkplatz

 Das Hutmuseum, in dem Kopfbedeckungen berühmter Persönlichkeiten gezeigt werden

Dieses weitläufige großbürgerliche Anwesen in einem schattigen Park gehörte einst einer Hutmacherfamilie. Nach einer erfolgreichen Renovierung erstrahlt das Haus wieder in seinem alten Glanz. Zu den modern und individuell eingerichteten Zimmern, die angemessenen Komfort bieten, führt eine schöne Marmortreppe. Im Restaurant serviert man klassische französische Gerichte.

Anfahrt: am Ortseingang, an der Straße nach Saint-Galmier

RHÔNE-ALPES

COMMELLE-VERNAY - 42120

47 CHÂTEAU DE BACHELARD
M. et Mme Noirard

Route de Commelle
42120 Commelle-Vernay
Tel. 04 77 71 93 67
Fax 04 77 78 10 20
bachelard@worldonline.fr
www.chateaubachelard.com

Ganzjährig geöffnet • 4 Zimmer und 1 Suite nur für Nichtraucher, alle mit Bad/WC oder Dusche/WC • 93 € für 2 Personen, Frühstück inkl. • Mahlzeit 23 € (mit Voranmeldung) • Park, Parkplatz; keine Kreditkarten • großer Aufenthaltsraum mit Kamin, Swimmingpool, Teich mit Angelplatz

 Der freundliche Empfang der Gastgeber

Das unweit von Roanne gelegene elegante Herrenhaus aus dem 17. Jh. strahlt eine erholsame Atmosphäre aus. Die individuell gestalteten Zimmer und die Suite (für sechs Personen) sind sehr gepflegt. Bemerkenswert sind die Blumenfresken im Zimmer „Peintre" (Maler). Der geräumige Speisesaal führt zum Park, dem Swimmingpool und der Terrasse mit Teakholzmöbeln hinaus, auf der bei schönem Wetter das Frühstück hergerichtet wird.

Anfahrt: 3 km südlich von Roanne

FEURS - 42110

48 LA BUSSINIÈRE
M. et Mme Perrin

Route de Lyon
42110 Feurs
Tel. 04 77 27 06 36
Fax 04 77 27 06 36
la-bussiniere@wanadoo.fr

www.labussiniere.com

Ganzjährig geöffnet • 3 Zimmer • 40 € für 2 Personen, Frühstück inkl. • nur Abendessen 15 € • Garten, Parkplatz; keine Kreditkarten

 Das ständige Bemühen der Hausherrin um das Wohl ihrer Gäste

In dem renovierten Bauernhaus ist alles auf das Wohlergehen der Gäste ausgelegt: die mittels eines Zugangscodes gesicherte Eingangstür, die hervorragende Schallisolierung, die Qualität der Betten etc. Die Zimmer mit ihren dicken Holzbalken und den harmonischen Farbtönen sind äußerst ansprechend. In den Badezimmern fehlt es nicht an Komfort. Die Mahlzeiten nehmen die Gäste am großen Tisch im Esszimmer ein.

Anfahrt: 3 km östlich von Feurs über die D 89 in Richtung Lyon

RHÔNE-ALPES
NOAILLY - 42640   PANISSIÈRES - 42360

49 CHÂTEAU DE LA MOTTE
M. et Mme Froumajou

42640 Noailly
Tel. 04 77 66 64 60
Fax 04 77 66 68 10
chateaudelamotte@wanadoo.fr
www.chateaudelamotte.net

Ganzjährig geöffnet • 6 Zimmer nur für Nichtraucher, alle mit Bad/WC, TV und Internetanschluss • 72 bis 103 € für 2 Personen, Frühstück inkl. • Mahlzeit 24 €, Getränk inkl. • Terrasse, Park, Parkplatz, Lese- und Spielzimmer; Hunde im Speiseraum nicht erlaubt • Swimmingpool, Fitnessraum, Sauna

50 LA FERME DES ROSES
M. Barthélémy

Le Clair
42360 Panissières
Tel. 04 77 28 63 63
Fax 04 77 28 63 63
jednostka.arabians@free.fr
www.gites-de-France-loire.com

Ganzjährig geöffnet • 5 Zimmer nur für Nichtraucher, alle mit Bad/WC oder Dusche/WC und TV • 50 bis 55 € für 2 Personen, Frühstück inkl. • Mahlzeit 15 € • Terrasse, Garten, Parkplatz; keine Kreditkarten, Hunde nicht erlaubt • Swimmingpool

 Die elegante Südfassade des Schlosses

Das wunderschöne Schloss aus dem 18. Jh. liegt in einem 5 ha großen Park mit Swimmingpool. Die geräumigen und gepflegten Zimmer sind nach berühmten Schriftstellern benannt. „George Sand" ist für bis zu vier Personen ausgelegt und daher für Familien besonders geeignet, während „Lamartine" mit seiner prächtigen runden Badewanne und dem Himmelbett gerne von Jungverheirateten ausgewählt wird. Die gastfreundlichen Eigentümer legen bei ihrer regionaltypischen Küche großen Wert auf frische Zutaten.

 Der schöne Blumenschmuck

Die Zimmer dieses ehemaligen Bauernhofs aus dem Jahr 1813 tragen die Namen von Rosen, die nach den Pferden die zweite Leidenschaft des Besitzers darstellen. Alle sind zeitgemäß möbliert. Zwei von ihnen, „Rose des Peintres" und „Rose de Resht", sind für bis zu fünf Personen ausgelegt. Die Mahlzeiten, die vor dem Kamin oder auf der Terrasse eingenommen werden, basieren auf heimischen Erzeugnissen. Die zum Frühstück servierte traditionelle regionale Spezialität sollten Sie auf jeden Fall probieren!

Anfahrt: im Ort

Anfahrt: durch Feurs fahren, über die D 60 Richtung Panissières

RHÔNE-ALPES

RENAISON - 42370

SAINT-MAURICE-SUR-LOIRE - 42155

 51 PLATELIN
M. et Mme de Bats

42370 Renaison
Tel. 04 77 64 29 12
Fax 04 77 62 14 79
contact @ platelin.com
www.platelin.com

Ganzjährig geöffnet • 2 Zimmer und 1 Suite nur für Nichtraucher, alle mit Bad/WC, TV und Kochecke • 60 bis 75 € für 2 Personen, Frühstück inkl. • keine Mahlzeit • Garten, Parkplatz; keine Kreditkarten • Aufenthaltsraum mit Bibliothek und Klavier, Swimmingpool

 Der Blick auf die Berge des Roannais

Wer gerne in der Natur Urlaub macht, ist an dieser Adresse genau richtig: Der ehemalige familiäre Winzerhof liegt einsam zwischen Feldern und Wäldern. Die Suite ist im ehemaligen Hühnerstall untergebracht und trägt den Namen „Poules" (Hühner), die Zimmer heißen „Lapins" (Hasen) und „Vaches" (Kühe). Alle Zimmer sind geschmackvoll eingerichtet und führen zu einem Garten mit Liegestühlen hinaus. Durch den Garten gelangt man zum Pool. Der Gemeinschaftsraum, in dem sich auch die Rezeption befindet, ist mit einer netten Bibliothek und einem Flügel ausgestattet.

Anfahrt: wenn man von Roanne kommt, am Dorfeingang

 52 L'ÉCHAUGUETTE
M. et Mme Alex

Ruelle Guy-de-la-Mûre
42155 Saint-Maurice-sur-Loire
Tel. 04 77 63 15 89
contact @ echauguette-alex.com
www.echauguette-alex.com

Ganzjährig geöffnet • 4 Zimmer • 62 bis 72 € für 2 Personen, Frühstück inkl. • nur Abendessen 25 € • keine Kreditkarten, Hunde nicht erlaubt

 Den Ausflugsschiffen auf dem See zuschauen

Die drei kleinen Häuser im Herzen eines mittelalterlichen Dorfes üben einen unwiderstehlichen Reiz aus. Sie stehen an dem ruhigen Wasser des Lac de Villerest, der malerisch von Hügeln umgeben ist. Jedes der sehr geschmackvollen Zimmer ist anders gestaltet. Eines hat einen Kamin, ein anderes bietet eine Blick auf den See, ein drittes auf den Bergfried und die Kirche. Das Frühstück, das auf der Terrasse oder in der Küche am Fenster serviert wird, ist ein Genuss für das Auge wie für den Gaumen.

Anfahrt: 12 km südwestlich von Roanne über die D 53 und die D 203

RHÔNE-ALPES

SAINT-PIERRE-LA-NOAILLE - 42190

53 DOMAINE DU CHÂTEAU DE MARCHANGY
Mme Grandeau

42190 Saint-Pierre-la-Noaille
Tel. 04 77 69 96 76
Fax 04 77 60 70 37
contact@marchangy.com
www.marchangy.com

Ganzjährig geöffnet • 3 Zimmer mit Bad/WC und TV • 85 bis 98 € für 2 Personen, Frühstück inkl. • keine Mahlzeit • Park, Parkplatz; keine Kreditkarten • Swimmingpool

 Das Leben im Schloss - für ein paar Euro!

Über eine eichenbestandene Allee erreicht man das bezaubernde Schloss aus dem 18. Jh. mit seinem Ehrenhof. Die ruhigen Zimmer liegen in den ehemaligen Nebengebäuden. Sie wurden mit Möbeln aus Familienbesitz, restaurierten Parkettböden, Teppichen, Himmelbetten, Nippes und Gemälden geschmackvoll eingerichtet. Im Park, in dem sich der schöne Swimmingpool befindet, stehen mehrere alte Bäume, aber auch einige Rebstöcke. Der daraus produzierte Tafelwein wird ausschließlich vor Ort verkostet.

Anfahrt: 5,5 km nordwestlich von Charlieu über die D 227 und eine Nebenstraße

SAINT-ROMAIN-LE-PUY - 42610

54 SOUS LE PIC - LA PÉROLIÈRE
M. Perol

20 rue Jean-Moulin
42610 Saint-Romain-le-Puy
Tel. 04 77 76 97 10
Fax 04 77 76 97 10
laperoliere@wanadoo.fr
www.laperoliere.com

5. Jan. bis 15. März geschlossen • 3 Zimmer nur für Nichtraucher, davon eines behindertengerecht und 1 Suite, alle mit Bad/WC oder Dusche/WC, TV und Modemanschluss • 50 bis 68 € für 2 Personen, Frühstück inkl. • keine Mahlzeit • Terrasse, Parkplatz; keine Kreditkarten, Hunde nicht erlaubt • in der Nähe: Golfplatz, Angeln, Tennisplatz

 Der herzliche Empfang

Der stilsicher renovierte Bauernhof liegt am Fuße eines Priorats aus dem 11. Jh., das im Abendlicht besonders schön wirkt. Die ruhigen, schlicht und hübsch eingerichteten Zimmer versprechen einen erholsamen Aufenthalt. Morgens wird ein üppiges Frühstück serviert (Obstsalat, selbstgebackener Kuchen, Marmeladen usw.). Machen Sie es sich im Wohnzimmer gemütlich und genießen Sie die urtümliche Atmosphäre. Die Einrichtung und die Bücher erinnern an das Pays du Forez. Im Haus werden zwar keine Mahlzeiten angeboten, aber die Gastgeberin gibt ihren Gästen gerne persönliche Tipps, wo man gut essen kann...

Anfahrt: 7 km von Montbrison über die D 8, dann rechts über die D 107

RHÔNE-ALPES

ST-JULIEN-MOLIN-MOLETTE - 42220

VILLEMONTAIS - 42155

 55 LA RIVOIRE
M. et Mme Thiollière

42220 Saint-Julien-Molin-Molette
Tel. 04 77 39 65 44
Fax 04 77 39 67 86
info@larivoire.net
www.larivoire.net

Ganzjährig geöffnet • 5 Zimmer • 55 € für 2 Personen, Frühstück inkl., Halbpension möglich • Mahlzeit 18 € • Terrasse, Garten, Parkplatz; keine Kreditkarten, Hunde nicht erlaubt

 56 DOMAINE DU FONTENAY
M. et Mme Hawkins

42155 Villemontais
Tel. 04 77 63 12 22
Fax 04 77 63 15 95
hawkins@netsysteme.net
www.domainedufontenay.com

Ganzjährig geöffnet • 4 Zimmer nur für Nichtraucher, alle mit Bad/WC oder Dusche/WC • 65 € für 2 Personen, Frühstück inkl. • keine Mahlzeit • Terrasse, Parkplatz, Kochecke; Hunde nicht erlaubt • Weinprobe

 Die Zutaten der Speisen aus dem eigenen Gemüsegarten und die regionalen Wurstwaren

Sehr einladend wirkt das stattliche Gebäude, das wahrscheinlich aus dem 15. Jh. stammt, mit seinem runden Turm und seinem riesigen Gemüsegarten. Es steht auf einer Anhöhe über dem Tal der Déôme, gegenüber den von Tannen bewachsenen Ausläufern der Höhenzüge der Ardèche. Von den in harmonischen Farbtönen gehaltenen Zimmern kann man dieses herrliche Panorama genießen. Zur Entspannung stehen den Gästen drei Aufenthaltsräume mit Klavier, Spieltischen und Fernseher zur Verfügung.

Anfahrt: 5 km östlich von Bourg-Argental über die N 82

 Die überaus zuvorkommenden Gastgeber

Ein kleiner Weg führt durch die Weinberge zu dieser Adresse, die sich auf einem 10 ha großen Weingut befindet. Von allen Räumen bietet sich ein überwältigender Blick auf die Weinberge und die Gegend um Roanne. Dieses Panorama genießen Sie auch von den geräumigen, hellen und geschmackvoll eingerichteten Gästezimmern. Die überaus gastfreundlichen Besitzer bieten zudem Kostproben ihres nach traditionellen Verfahren hergestellten Weins an.

Anfahrt: Roanne über Faubourg Clermont verlassen, 10 km über die D 53, am Kreisverkehr links in Richtung Autobahn abbiegen, Richtung Domaine du Fontenay

RHÔNE-ALPES

ANSE - 69480 **FLEURIE - 69820**

 57 SAINT-ROMAIN
M. et Mme Levet

 Route de Graves
69480 Anse
Tel. 04 74 60 24 46
Fax 04 74 67 12 85
hotel-saint-romain@wanadoo.fr
 www.hotel-saint-romain.fr

9. bis 20. Jan., 1. Nov. bis Ende Apr. sowie So-abend geschlossen • 24 Zimmer, die meisten mit Bad/WC und TV • 48 bis 56 € für 2 Personen, Frühstück 7 €, Halbpension möglich • Menüs 19 (außer So-mittag) bis 46 € • Terrasse, Garten, gesicherter Parkplatz

 Die labyrinthartigen Gänge in dem Bau aus dem 13. Jh.

Dieser ehemalige Bauernhof lohnt einen Umweg! Das Hotel im Herzen der Region Beaujolais liegt absolut ruhig. Man hört nur das Zwitschern der Vögel und das Rauschen der Blätter in den Bäumen. Die Zimmer sind zwar etwas altmodisch, aber tadellos gepflegt. Das gemütliche Restaurant geht auf eine Terrasse hinaus, die im Sommer sehr beliebt ist. Beim Anblick der leckeren Speisen des Küchenchefs, der Mitglied in einer renommierten Kochvereinigung ist, läuft einem das Wasser im Mund zusammen.

Anfahrt: etwas außerhalb des Dorfes, in der Nähe der Gendarmerie

 58 DOMAINE DU CLOS DES GARANDS
Mme Yves

Les Garands
69820 Fleurie
Tel. 04 74 69 80 01
contact@closdesgarands.fr
www.closdesgarands.fr

Ganzjährig geöffnet • 4 Zimmer nur für Nichtraucher, alle mit Bad/WC oder Dusche/WC • 79 bis 99 € für 2 Personen, Frühstück inkl. • keine Mahlzeit • Park, Parkplatz; Hunde nicht erlaubt

 Der wunderschöne Blick auf Fleurie und die Berge des Beaujolais

Über einen gewundenen Weg durch die Weinberge erreicht man das herrliche, vollkommen umzäunte Anwesen (6 ha). Vom Haus und von der Terrasse genießt man den Blick über das Dorf und die Weinberge. Die Dekoration im Innern ist äußerst gepflegt (Möbel aus der Zeit um 1930, im Louis-seize-Stil, modern usw.), und die Zimmer – „Mohnblume", „Iris", „Krokus" und „Pfingstrose" – sind individuell eingerichtet. In einem schönen Gewölbekeller bieten die Eigentümer Kostproben des von ihnen erzeugten Weins an.

Anfahrt: in Romanèche-Thorins auf die D 32 rechts in Richtung Fleurie; vor dem Schild „Fleurie" nach rechts abbiegen und der Beschilderung „Gites de France" folgen

RHÔNE-ALPES

JULLIÉ - 69840

59 LE DOMAINE DE LA CHAPELLE DE VÂTRE
M. Capart

Le-Bourbon
69840 Jullié
Tel. 04 74 04 43 57
Fax 04 74 04 40 27
www.vatre.com

Während der Weinlese geschlossen • 3 Zimmer, davon 2 nur für Nichtraucher im Nebengebäude, alle mit Bad/WC • 60 bis 95 € für 2 Personen, Frühstück inkl. • keine Mahlzeit • Aufenthaltsraum, Terrasse, Parkplatz; Hunde nicht erlaubt • Swimmingpool

 Die gelungene Verbindung aus moderner Inneneinrichtung und alten Mauern

Von dem auf einem Hügel thronenden Anwesen bietet sich ein herrlicher Rundblick über die Weinberge und das Saône-Tal. Ein belgisches Paar verliebte sich sofort in das Haus und kaufte es. Seit seiner Renovierung verfügt es über drei stilvolle Zimmer, in denen Alt und Neu perfekt harmonieren, und eine ebenso schöne Ferienwohnung . Im oberen Teil des Anwesens befindet sich der Swimmingpool mit Blick hinunter auf das Schloss von La Roche.

Anfahrt: 3 km südlich von Jullié, in Moulin-Aujas auf die Straße nach Émeringes und dann rechts in einen Weg einbiegen.

LANCIÉ - 69220

60 LES PASQUIERS
M. et Mme Gandilhon

69220 Lancié
Tel. 04 74 69 86 33
Fax 04 74 69 86 57
ganpasq@aol.com
www.lespasquiers.com

Ganzjährig geöffnet • 4 Zimmer, davon eines behindertengerecht • 80 € für 2 Personen, Frühstück inkl. • Mahlzeit 25 € • Aufenthaltsraum, Garten, Parkplatz; keine Kreditkarten • Swimmingpool

 Die Zeitreise zurück ins Zweite Kaiserreich

Das stattliche Anwesen aus dem Zweiten Kaiserreich (Mitte 19. Jh.) ist umgeben von einem Garten mit hohen Mauern. Aus der Bauzeit ist noch eine Reihe von Charakteristika erhalten, wie z. B. die Stuckdecken, der Kamin, Teppiche, die Bibliothek und der Flügel im Aufenthaltsraum. In den Zimmern des Hauptgebäudes stehen Möbel aus dem 19. Jh., die im Nebengebäude geben sich moderner (Kokosmatten, japanische Wand vor dem Bad, Bilder von Kindern etc.). Schöne Terrasse neben dem Swimmingpool.

Anfahrt: 2 km südlich von Romanèche-Thorins

RHÔNE-ALPES

LES ARDILLATS - 69430

61 **CHAMBRE D'HÔTE M. ET MME BONNOT**
M. et Mme Bonnot

 Le Bourg
69430 Les Ardillats
Tel. 04 74 04 80 20
 Fax 04 74 04 80 20

Jan. geschlossen • 5 Zimmer • 42 € für 2 Personen, Frühstück inkl. • Mahlzeit 17 € • Garten, Parkplatz; keine Kreditkarten, Hunde nicht erlaubt

 Eine Feinschmeckeradresse im Beaujolais

Das am Rande des Dorfes gelegene restaurierte Bauernhaus verspricht einen angenehmen Aufenthalt. Die hübsche Steinfassade mit Fensterläden aus hellem Holz sieht man schon von weitem. Die Inneneinrichtung ist im ländlichen Stil gehalten. Die farbenfrohen Zimmer mit schönem Gebälk sind nach Früchten benannt: Himbeere, Ananas, Pflaume, Pampelmuse und Mandarine. Serviert werden leckere Mahlzeiten mit einem fruchtig-frischen Glas Beaujolais.

Anfahrt: 5 km nordwestlich von Beaujeu über die D 37

LES HALLES - 69610

62 **MANOIR DE TOURVILLE**
M. et Mme Goubier

 69610 Les Halles
Tel. 04 74 26 66 57
Fax 04 74 26 66 57
 tourville@manoirdetourville.com
www.manoirdetourville.com

Ganzjährig geöffnet • 5 Zimmer und 1 Suite nur für Nichtraucher, alle mit Bad/WC oder Dusche/WC • 60 bis 120 € für 2 Personen, Frühstück inkl. • nur Abendessen 20 bis 35 € (mit Voranmeldung) • Park, Parkplatz; Hunde auf Anfrage erlaubt

 Der 20 ha große Park

Das ursprünglich aus dem 14. Jh. stammende Herrenhaus liegt in einem märchenhaften Park mit vielen Bäumen und kleinen Teichen, die von Schwänen und Enten bevölkert werden. Die mit antiken Möbeln eingerichteten Zimmer und die Suite erreicht man über eine prachtvolle Treppe. Der Speiseraum wirkt durch die Holzarbeiten und den Parkettfußboden besonders schön. Hier werden das französische Frühstück und die familiären Mahlzeiten serviert, die mit Produkten aus eigener Herstellung oder der benachbarten Bauernhöfe zubereitet werden.

Anfahrt: an der D 4 zwischen Ste-Foy-l'Argentière und St-Laurent-de-Chamrousset

RHÔNE-ALPES

LUCENAY - 69480

63 LES TILLEULS
Mme Vermare Michèle

31 route de Lachassagne
69480 Lucenay
Tel. 04 74 60 28 58
Fax 04 74 60 28 58
vermare@hotmail.com
www.lestilleuls.org

Ganzjährig geöffnet • 3 Zimmer nur für Nichtraucher auf 2 Stockwerken, davon eines im Nebengebäude, alle mit Bad/WC oder Dusche/WC • 80 bis 100 € für 2 Personen, Frühstück inkl. • Mahlzeit 25 € • Terrasse; keine Kreditkarten, Hunde nicht erlaubt • Golfplatz, Wassersport

 Der reizende und gastfreundliche Empfang

Einige Teile dieses gegenüber der Kirche gelegenen Winzerhauses gehen auf das 17. Jh. zurück. Eine elegante Kombination aus Alt und Neu (Balken- und Mauerwerk, Designermöbel) kennzeichnet das Innere und kann im Speise- und Aufenthaltsraum ebenso bewundert werden wie in den drei hellen Zimmern mit persönlicher Note. Die Besitzerin, eine leidenschaftliche Köchin, die die köstlichen Mahlzeiten selbst zubereitet, plant von einem Koch geleitete Kochkurse zu veranstalten.

Anfahrt: im Ort

LYON - 69002

64 ARTISTES
Mme Lameloise

8 rue Gaspard-André
69002 Lyon
Tel. 04 78 42 04 88
Fax 04 78 42 93 76
hartiste@club-internet.fr
www.hoteldesartistes.fr

Ganzjährig geöffnet • 45 Zimmer mit Bad/WC oder Dusche/WC und TV • 85 bis 115 € für 2 Personen, Frühstück 9 € • kein Restaurant • Hunde nicht erlaubt

 Die „Traboules" genannten Durchgänge in der Altstadt von Lyon

Ein entzückendes kleines Hotel in idealer Lage im Zentrum von Lyon, auf der Halbinsel gegenüber dem Hügel von Fourvière. Die hübschen, hellen Zimmer sind praktisch ausgestattet, einige gehen zum Théâtre des Célestins hinaus, daher auch der Name des Hotels. Der Frühstücksraum wird von einer Freske im Stil von Cocteau geziert. Der in der Nähe gelegene öffentliche Parkplatz ist ein nicht zu unterschätzender Vorteil des Hauses.

Anfahrt: ganz in der Nähe des Place Bellecour (und des Bellecour-Parkplatzes), gegenüber dem Theater

RHÔNE-ALPES

QUINCIÉ-EN-BEAUJOLAIS - 69430 | QUINCIÉ-EN-BEAUJOLAIS - 69430

65 **CHAMBRE D'HÔTE GÉRARD LAGNEAU**
M. et Mme Lagneau

Huire
69430 Quincié-en-Beaujolais
Tel. 04 74 69 20 70
Fax 04 74 04 89 44
jealagneau@wanadoo.fr

Ganzjährig geöffnet • 4 Zimmer nur für Nichtraucher im ersten Stock, alle mit Bad • 58 € für 2 Personen, Frühstück inkl. • keine Mahlzeit • Garten, Parkplatz; keine Kreditkarten

66 **DOMAINE DE ROMARAND**
M. et Mme Berthelot

69430 Quincié-en-Beaujolais
Tel. 04 74 04 34 49
Fax 04 74 04 35 92

Weihnachten und Neujahr geschlossen • 3 Zimmer • 55 bis 58 € für 2 Personen, Frühstück inkl. • nur Abendessen 20 € (mit Voranmeldung) • Garten, Parkplatz • Swimmingpool, Weinprobe und -verkauf

 Das schöne Ambiente auf dem Weingut

Der hübsche Winzerhof liegt in einem Weiler inmitten von Weinbergen. Die Winzerfamilie tut ihr Bestes, um den Gästen den Aufenthalt so angenehm wie möglich zu gestalten. Die schlichten, aber sehr gepflegten Zimmer befinden sich im ersten Stock. Das Frühstück wird in einem gemütlichen Raum mit alten Holzbalken serviert. Die Krönung ist jedoch der Weinkeller aus dem 16. Jh., wo man natürlich die Weine des Hauses in perfektem Ambiente probieren kann.

 Ganz nah bei der „Quelle" köstlichen Weines zu sein

Das schöne Steinhaus eines Winzerehepaares ist in U-Form um einen Hof und einen blühenden Steingarten mit den Weinreben und Bergen im Hintergrund angeordnet. Von den modernen und komfortablen Zimmern blickt man auf die schöne Landschaft. Behaglichkeit vermittelt das Esszimmer mit seinem offenen Dachstuhl, seinem Kamin, dem großen Holztisch und der Kartensammlung über die Beaujolais-Region. Zum reichhaltigen Frühstück gibt es hausgemachtes Gebäck und Marmelade.

Anfahrt: mitten in den Weinbergen

Anfahrt: 9 km südöstlich von Beaujeu über die D 37 und die D 9, dann in Richtung Château de Varennes

RHÔNE-ALPES

SAINT-LAURENT-DE-MURE - 69720

67 **HOSTELLERIE LE SAINT-LAURENT**
M. Lavault

8 rue Croix-Blanche
69720 Saint-Laurent-de-Mure
Tel. 04 78 40 91 44
Fax 04 78 40 45 41
le.st.laurent@wanadoo.fr
www.lesaintlaurent.fr

26. Dez. bis 2. Jan., 30. Apr. bis 8. Mai, 26. Mai, 14. bis 16. Juli, 30. Juli bis 20. Aug., 27. Aug. geschlossen • 30 Zimmer, einige mit Bad/WC, sonst mit Dusche/WC, alle mit TV • 58 bis 110 € für 2 Personen, Frühstück 7 € • Menüs 22 bis 56 € • Terrasse, Park, 2 Parkplätze, davon einer gesichert; Hunde in den Zimmern nicht erlaubt

 Die Besitzerfamilie, die sich ganz dem Wohle der Gäste verschrieben hat

Das hübsche Herrenhaus aus dem 18. Jh. mit seinem blühenden Park liegt äußerst günstig in der Nähe des Flughafens von Lyon, der Autobahnen und der Nationalstraße 6. Die kleinen Zimmer bieten allen Komfort (die moderneren befinden sich im Anbau). In den beiden Speiseräumen hat man die Wahl zwischen einer heimeligen Ecke an der Holztäfelung oder einem Tisch vor den großen Fenstern mit Blick auf die Landschaft. Die Linde, die der Terrasse Schatten spendet, ist nicht weniger als 300 Jahre alt.

Anfahrt: 15 km von Lyon, etwas zurückgesetzt von der N 6

SAINT-VERAND - 69620

68 **AUCHERAND**
M. Degottex

69620 - Saint-Vérand
Tel. 04 74 71 85 92
degottex@aol.com

Ganzjährig geöffnet • 5 Zimmer nur für Nichtraucher mit Bad/WC • 92 € für 2 Personen, Frühstück inkl. • Mahlzeit 20 € • Park, Parkplatz; keine Kreditkarten, Hunde nicht erlaubt • Swimmingpool, Tennisplatz

 Die Mahlzeiten und die Einrichtung im alten Bistro-Stil

Die Gastgeber haben ihr entzückendes Haus selbst renoviert und geschmackvoll gestaltet: Er ist Antiquitätenhändler und hat die Möbel ausgesucht. Sie ist Innenausstatterin und hat die Farben und Stoffe ausgewählt, mit denen die Schlafzimmer, die Ferienwohnung über dem ehemaligen Stall und die gemütliche Wohnzimmerecke mit Kamin und Piano eingerichtet sind. Rings um das Haus liegt ein 3 ha großer Park mit Pool und Tennisplatz. Eine ideale Adresse für einen Erholungsurlaub.

Anfahrt: im Ort

RHÔNE-ALPES

THIZY - 69240

69 LA TERRASSE
M. et Mme Arnette

Le Bourg - Marnand
69240 Thizy
Tel. 04 74 64 19 22
Fax 04 74 64 25 95
francis.arnette@wanadoo.fr
www.laterrasse-marnand.com

Während der Schulferien im Febr. und um Allerheiligen sowie Mo (außer Hotel) und So-abend geschlossen • 10 Zimmer, davon eines behindertengerecht, alle mit Bad/WC und TV • 45 € für 2 Personen, Frühstück 6 €, Halbpension möglich • Menüs 13 (werktags) bis 63 € • Terrasse, Parkplatz • Kinderspielzimmer

Die Wassersportmöglichkeiten am Lac des Sapins in 6 km Entfernung

Das Hotel war früher eine der Textilfabriken, die typisch für das Beaujolais sind. Die reizenden Zimmer mit Terrasse zum Garten hin sind nach Blumen oder Gewürzpflanzen benannt, sind entsprechend dekoriert und sogar parfümiert! Zwei schlichte, moderne Speiseräume mit großzügiger Terrasse, von der man auf die Berge des Umlandes blickt. Geboten wird eine abwechslungsreiche Küche mit lokalen Spezialitäten.

Anfahrt: 2 km nach Nordosten über die D 94, am Ortseingang von Bourg-Marnand, gegenüber dem Rathaus

VAUX-EN-BEAUJOLAIS - 69460

70 LES PICORETTES
M. et Mme Blettner

Montrichard
69460 Vaux-en-Beaujolais
Tel. 04 74 02 14 07
Fax 04 74 02 14 21
www.picorettes.com

Ganzjährig geöffnet • 3 Zimmer, davon eine Suite für Nichtraucher, alle mit Bad/WC oder Dusche/WC • 62 bis 90 € für 2 Personen, Frühstück inkl. • Mahlzeit 23 € • Aufenthaltsraum, Parkplatz; Hunde nicht erlaubt • Swimmingpool

Die gastfreundliche Atmosphäre

Josette und Francis Blettner haben drei Zimmer und eine Familiensuite in diesem für das Beaujolais typischen Haus eingerichtet. Jedes von ihnen wird täglich mit einem frischen Blumenstrauß geschmückt. Vom „Weinrebe" genannten Zimmer im zweiten Stock genießt man einen wunderschönen Blick auf das Dorf. Das umfangreiche Frühstück umfasst verschiedene Käsesorten, Eier, Brot und Marmelade, während zum Abendessen traditionelle Gerichte wie Blanquette oder Bresse-Huhn aufgetischt werden.

Anfahrt: in Vaux-en-Beaujolais über die D 49E bis zum Flurstück Montrichard

RHÔNE-ALPES

VILLEFRANCHE-SUR-SAÔNE - 69400

 LA FERME DU POULET
M. et Mme Rongeat

 180 rue Georges-Mangin
69400 Villefranche-sur-Saône
Tel. 04 74 62 19 07
Fax 04 74 09 01 89
la.ferme.du.poulet@wanadoo.fr

7. bis 24. Aug., 23. Dez. bis 2. Jan. sowie So-abend und Mo geschlossen • 10 Zimmer mit Bad/WC und TV • 80 € für 2 Personen, Frühstück 12 € • Menüs 35 bis 60 € • Terrasse, Parkplatz; Hunde auf den Zimmern nicht erlaubt

 Die gelungene Kombination aus Rustikalem und Modernem

Eine grüne Insel mit unverkennbarem Charme im Herzen eines Industriegebietes – das befestigte Gut aus dem 17. Jh. ist von dem geschäftigen Treiben in der Umgebung durch eine Umfassungsmauer geschützt. In den geräumigen und praktisch ausgestatteten Zimmern schläft man in hochwertigen Betten. Farbenfrohe Akzente setzt das Geschirr im hübschen Speiseraum, in dem die imposanten Holzbalken erhalten sind. Im Innenhof lädt eine lauschige Terrasse zum Verweilen ein.

Anfahrt: nordöstlich von Villefranche, im Industriegebiet in der Nähe des Ausstellungsgeländes

AIX-LES-BAINS - 73100

 AUBERGE SAINT-SIMOND
M. et Mme Mattana

 130 avenue Saint-Simond
73100 Aix-les-Bains
Tel. 04 79 88 35 02
Fax 04 79 88 38 45
auberge@saintsimond.com
www.saintsimond.com

Jan., während der Herbstferien, 22. bis 31. Dez. sowie So-abend geschlossen • 28 Zimmer, davon 2 behindertengerecht, alle mit Bad/WC oder Dusche/WC und TV • 50 bis 75 € für 2 Personen, Frühstück 8 €, Halbpension möglich • Menüs 21 bis 35 € • Parkplatz, Terrasse, Garten; Hunde im Restaurant nicht erlaubt • Swimmingpool

 Im schattigen Garten einfach entspannen und das Nichtstun genießen

Die nur wenige Minuten vom Lac du Bourget entfernte frühere Poststation bietet Reisenden seit über 100 Jahren Unterkunft. Acht der Zimmer sind renoviert (Schallisolierung, Möbel, Betten und Innendekoration), die anderen bieten guten, aber schlichten Komfort; einige Zimmer besitzen auch einen Balkon. Wir empfehlen, eines der zum Garten hin gelegenen zu reservieren. Der Speiseraum mit Veranda kann um die schattige Terrasse mit hundertjährigen Platanen erweitert werden. Regionale Küche.

Anfahrt: in der Nähe der Innenstadt

RHÔNE-ALPES

AIX-LES-BAINS - 73100

73 LA CROIX DU SUD
Mme Collot

3 rue du Docteur-Duvernay
73100 Aix-les-Bains
Tel. 04 79 35 05 87
Fax 04 79 35 72 71
lecrire@hotel-lacroixdusud.com
www.hotel-lacroixdusud.com

1. Jan. bis 5. Apr. und 4. Nov. bis 31. Dez. geschlossen • 16 Zimmer mit Bad/WC oder Dusche/WC, einige mit TV • 29 bis 40 € für 2 Personen, Frühstück 6 € • kein Restaurant • kleiner Innenhof mit Garten; keine Kreditkarten • Fernsehraum mit Leseecke

 Der etwas angestaubte Charme dieses Bürgerhauses aus dem frühen 20. Jh.

Sollte seine Sammlung an Hüten aus aller Herren Länder den ehemaligen Besitzer etwa an seine Reisen in die entferntesten Winkel der Erde erinnern? Bekannt jedenfalls ist das Hotel, das bei Kurgästen und Touristen gleichermaßen beliebt ist, für seine große Gastlichkeit. Trotz der etwas veralteten Einrichtung haben die ziemlich großen Zimmer ihren eigenen Charme (Sims, Marmorkamine).

Anfahrt: in der Innenstadt, in einer ruhigen Gasse

AUSSOIS - 73500

74 SOLEIL
M. Montaz

15 rue de l'Église
73500 Aussois
Tel. 04 79 20 32 42
Fax 04 79 20 37 78
www.hotel-du-soleil.com

21. Apr. bis 15. Juni und 30. Sept. bis 17. Dez. geschlossen • 22 Zimmer, davon eines behindertengerecht, alle mit Bad/WC oder Dusche/WC und TV • 66 bis 84 €, Frühstück inkl., Halbpension möglich • Menüs (nur abends) 20 bis 22 € • Terrasse, Parkplatz; Hunde auf den Zimmern nicht erlaubt • Filmvorführraum, Sauna, Dampfbad, Whirlpool, Souvenirladen, Billard, Skifahren im Winter

 Der Shuttlebus zum größten Skigebiet der Welt und der längste Klettersteig Frankreichs

Das Hotel, hinter dessen etwas strenger Fassade sich ein behagliches Inneres verbirgt, steht nahe der Kirche, deren Glocken rücksichtsvollerweise nachts nicht läuten. Aus den Zimmern blickt man auf das Vanoise-Massiv. Am schönsten sind die neu im Almhüttenstil gestalteten mit heller Holztäfelung und passenden Stoffen. Die Sonnenterrasse auf dem Dach umfasst einen Whirlpool im Freien, ein Riesenschach- und ein Kegelspiel. Weitere Vorzüge sind die Sauna, das Dampfbad und der Filmvorführraum.

Anfahrt: in der Nähe der Kirche

RHÔNE-ALPES

BONNEVAL-SUR-ARC - 73480

75 À LA PASTOURELLE
M. Blanc

73480 Bonneval-sur-Arc
Tel. 04 79 05 81 56
Fax 04 79 05 85 44
www.pastourelle.com

Eine Woche im Mai oder Juni und um Allerheiligen geschlossen • 12 Zimmer mit Bad/WC • 56 bis 58 €, Frühstück 7 €, Halbpension möglich • Restaurant außerhalb der Saison geschlossen, Menüs 12 bis 18 € • Aufenthaltsraum mit Bibliothek; Hunde nicht erlaubt • Skifahren und Wandern in der Nähe

  Die Lage am Rande von einem der schönsten Skigebiete Frankreichs

Das mit Schiefer gedeckte Dach und der Name, der an Kuhglocken erinnert, weisen bereits darauf hin, dass das Haus die lokalen Traditionen ehrt. Ob als Unterkunft auf einer Reise durch die französischen Alpen oder als Ausgangspunkt für erlebnisreiche Skiausflüge im atemberaubenden Massif de la Vanoise, das Hotel ist in jedem Fall eine gute Adresse. Die Zimmer sind gemütlich, und in dem rustikalen Speiseraum duftet es verlockend nach Raclette, Fondue und salzigen oder süßen Crêpes.

Anfahrt: im oberen Teil des Ortes

BOURG-SAINT-MAURICE - 73700

76 L'AUTANTIC
Mme Bourgeois

69 route d'Hauteville
73700 Bourg-Saint-Maurice
Tel. 04 79 07 01 70
Fax 04 79 07 51 55
hotel.autantic@wanadoo.fr
www.hotel-autantic.com

Ganzjährig geöffnet • 29 Zimmer, davon 2 behindertengerecht, 27 mit Bad/WC, 2 mit Dusche/WC, alle mit TV • 45 bis 80 € für 2 Personen, Frühstück 8 € • kein Restaurant • Parkplatz • Schwimmbad, Sauna

 Eine Rafting-Taufe im Wildwassersportzentrum des Ortes

Das relativ neue solide Steinhaus erinnert mit seinen schmalen Fenstern an die traditionellen Wohnhäuser der Region. Es liegt in einem ruhigen Viertel von Bourg-Saint-Maurice, ganz in der Nähe der futuristischen Standseilbahn nach Les Arcs. Die Zimmer mit verputzten Wänden sind mit Kiefernholzmöbeln eingerichtet und bieten einen schönen Blick über das Tal; vier Zimmer besitzen einen Balkon. Der freundliche Service und das auf der Terrasse aufgetischte Frühstück sind weitere Vorzüge des Hauses.

Anfahrt: am Ortseingang, etwas abseits der Straße

RHÔNE-ALPES

CREST-VOLAND - 73590

 77 LE CAPRICE DES NEIGES
Famille Borrel

Route du Col des Saisies
73590 Crest-Voland
Tel. 04 79 31 62 95
Fax 04 79 31 79 30
info@hotel-capricedesneiges.com
www.hotel-capricedesneiges.com

15. Apr. bis 19. Juni und 15. Sept. bis 20. Dez. geschlossen • 16 Zimmer mit Bad/WC, einige mit TV • 78 bis 88 € für 2 Personen, Frühstück 8 €, Halbpension möglich • Menüs 15 bis 40 € • Terrasse, Garten, Parkplatz; Hunde nicht erlaubt • im Sommer: Tennis, Fliegenfischen, Minigolf, im Winter: Skifahren und Schneeschuhwandern

 Die lockere und familiäre Atmosphäre des Hauses

Das exquisite kleine Chalet liegt ruhig, etwas außerhalb des Dorfes am Fuße der Skipisten. Die Inneneinrichtung erinnert an ein Puppenhaus, überall Holz, Nippes, ausgesuchte Stoffe und typische Möbel im Savoyer Stil. Die Zimmer im zweiten Stock sind frisch renoviert, für die restlichen werden die Arbeiten wohl demnächst beginnen. Von allen Zimmern blickt man auf das Massif des Aravis und die Bergwiesen. Zu essen gibt es leckere Spezialitäten der Region.

Anfahrt: an der Straße zum Col des Saisies, 1 km vom Ort und 50 m vom Skilift entfernt

LA CÔTE-D'AIME - 73210

 78 CHALET LE PARADOU
M. Hanrard

Pré Bérard
73210 La Côte-d'Aime
Tel. 04 79 55 67 79
Fax 04 79 55 67 79
hanrard@aol.com

2. Mai bis 30. Juni und 4. Sept. bis 20. Dez. geschlossen • 5 Zimmer, davon 4 zur großen Terrasse hin • 66 € für 2 Personen, Frühstück inkl., Halbpension möglich • Mahlzeit 17 bis 22 € • Garten, Terrasse, Parkplatz; keine Kreditkarten, Hunde nicht erlaubt

 Der tadellose Zustand dieses Chalets

Von diesem wunderschönen Chalet in 1 000 m Höhe genießt man eine atemberaubende Aussicht auf das Tal der Tarentaise und den Mont Pourri. Die komfortablen und tadellos gepflegten Zimmer gehen auf eine große Terrasse hinaus. Der Gebirgsstil des Hauses spiegelt sich im Aufenthaltsraum mit seiner Holztäfelung, dem Kamin und einem Klavier wider. Im Winter werden Skipauschalen angeboten. Im Sommer lädt der schöne Garten zum Faulenzen ein.

Anfahrt: 3 km nordöstlich von Aime über die D 86

RHÔNE-ALPES

LA GIETTAZ - 73590 | PRALOGNAN-LA-VANOISE - 73710

79 FLOR'ALPES
M. Bibollet

 73590 La Giettaz
Tel. 04 79 32 90 88
 mary-anne.schouppe@wanadoo.fr

15. Apr. bis 1. Mai, 3. Nov. bis 15. Dez. geschlossen
• 11 Zimmer, davon 7 mit Balkon, alle mit Bad/WC oder Dusche/WC • 36 bis 43 € für 2 Personen, Frühstück 6 €, Halbpension möglich • Menüs 13 bis 25 € • Garten; Hunde im Restaurant nicht erlaubt

80 LES AIRELLES
M. Boyer

 Rue des Darbelays - BP 25
73710 Pralognan-la-Vanoise
Tel. 04 79 08 70 32
Fax 04 79 08 73 51
hotellesairelles@free.fr
www.hotel-les-airelles.fr

22. Apr. bis 3. Juni und 17. Sept. bis 23. Dez. geschlossen
• 22 Zimmer mit Blick auf die Berge, alle mit Bad/WC oder Dusche/WC und TV • 68 bis 82 € für 2 Personen, Frühstück 8 €, Halbpension möglich • Menüs 20 bis 24 €
• Terrasse, Hotelgarage, Parkplatz; Hunde nicht erlaubt
• Swimmingpool, Sauna, Whirlpool, Billard, Shuttlebus zu den Skiliften

 Der unwiderstehliche Charme eines typischen Bergdorfes der Savoyer Alpen

Ein herzlicher Empfang ist das Markenzeichen der zwischen der Kirche und der Schule gelegenen, sehr sympathischen Pension. Die Gastgeberin kümmert sich persönlich um das Wohl ihrer Gäste. Die einfachen, aber sehr gepflegten Zimmer besitzen nach vorne hinaus einen blumenbepflanzten Balkon, von dem man eine herrliche Aussicht genießt – hier braucht man wirklich keinen Fernseher! In dem schlichten Speiseraum mit Blick auf den Garten werden köstliche Gerichte mit regionaler Note serviert.

 Die Kombination aus dörflicher Idylle und erstklassigem Wintersportort

Das Chalet steht etwas außerhalb des Wintersportortes an den Hänges des Vanoise-Massivs, dessen Gipfel trutzig in den Himmel ragen. Von den Zimmern, die mit Balkon und einer herrlichen Aussicht auf die Berge aufwarten, werden Sie hellauf begeistert sein. Für das leibliche Wohl zaubert der junge Küchenchef wahre Gaumenfreuden. Wanderfreunde finden im Besitzer, der ein ausdauernder Wanderer ist, eine unerschöpfliche Quelle an guten Tipps vor. Beheizter Swimmingpool für Wasserratten.

Anfahrt: an einem kleinen Platz neben dem Rathaus und der Schule

Anfahrt: auf einer Anhöhe über dem Ort, am Rand des Forêt des Granges

RHÔNE-ALPES

SAINT-SORLIN-D'ARVES - 73530

 81 BEAUSOLEIL
M. et Mme Vermeulen

73530 Saint-Sorlin-d'Arves
Tel. 04 79 59 71 42
Fax 04 79 59 75 25
info@hotel-beausoleil.com
www.hotel-beausoleil.com

15. Apr. bis 30. Juni und 1. Sept. bis 15. Dez. geschlossen
• 20 Zimmer auf 3 Stockwerken, alle mit Bad/WC oder Dusche/WC und TV • 50 bis 64 € für 2 Personen, Frühstück 9 €, Halbpension möglich • Menüs 13 bis 24 €
• Terrasse, Garten, Parkplatz; Hunde im Restaurant nicht erlaubt • Wanderungen zum Col de la Croix-de-Fer, Sauna, Dampfbad, Whirlpool, Bergsportarten

 Sonnenschein und Pulverschnee, was will man mehr?

Bei diesem Berghotel fangen die Schönheiten schon bei der Anfahrt über die Combe Genin oder den Col de la Croix-de-Fer an. Oben angekommen, erwarten Sie je nach Jahreszeit mit herrlichem Pulverschnee bedeckte Hänge oder mit Knabenkraut und Flockenblumen übersäte Wiesen. Die Besitzer legen Wert auf eine familiäre Atmosphäre, die Zimmer sind hübsch und funktionell. Nach einer Wanderung oder einem Skiausflug greift man gern zu bei den köstlichen Spezialitäten des Küchenchefs und Besitzers.

Anfahrt: außerhalb der Ortsmitte, in Richtung Col de la Croix-de-Fer

ST-CHRISTOPHE-LA-GROTTE - 73360

 82 LA FERME BONNE DE LA GROTTE
M. Amayenc

73360 Saint-Christophe-la-Grotte
Tel. 04 79 36 59 05
Fax 04 79 36 59 31
info@ferme-bonne.com
www.gites-savoie.com

Ganzjährig geöffnet • 5 Zimmer, einige mit Zwischengeschoss • 66 bis 89 € für 2 Personen, Frühstück inkl.
• Mahlzeit 18 bis 27 € • Terrasse, Park, Parkplatz; Hunde nicht erlaubt

 Das typisch alpenländische Flair des Hauses

In weniger als zwölf Monaten ist das 300 Jahre alte Bauernhaus am Fuße der Grottes des Échelles zu einer der beliebtesten Adressen der Region geworden, nicht zuletzt auch wegen seines gehobenen gastronomischen Angebots. Die geräumigen Zimmer, von denen einige ein Zwischengeschoss besitzen, wirken durch bemalte Holzmöbel äußerst gemütlich. Serviert werden leckere regionale Gerichte, die der Gastgeber als fachmännischer Koch selbst zubereitet.

Anfahrt: 4 km nordöstlich von Échelles über die N 6, die Straße nach Chambéry

RHÔNE-ALPES

VILLARODIN-BOURGET - 73500

83 **CHÉ CATRINE**
Mme Finas

 88 rue Saint-Antoine
73500 Villarodin-Bourget
Tel. 04 79 20 49 32
Fax 04 79 20 48 67
info@che-catrine.com
che-catrine.com

Ganzjährig geöffnet • 3 Zimmer und 2 Suiten, alle mit Bad/WC • 80 bis 107 € (Nebensaison 64 bis 85 €) für 2 Personen, Frühstück inkl., Halbpension möglich • Mahlzeit 30 € • Garten; keine Kreditkarten • Sauna

 Urlaub und Lebenskunst in einem stattlichen Herrenhaus aus dem Jahre 1524

Das traditionsgetreu renovierte Herrenhaus ist ein architektonisches Juwel. Man fühlt sich in den Zimmern, die mit massiven Kiefernholzmöbeln eingerichtet sind, gleich wie zu Hause. Eine besondere Attraktion sind das Esszimmer mit der Gewölbedecke in den ehemaligen Stallungen und der Aufenthaltsraum mit Bar, der in den Fels gehauen ist. In die Küche kommen ausschließlich Zutaten aus dem eigenen Garten und Fleisch aus dem Maurienne-Tal. Eine Adresse, die man liebsten für sich behalten würde!

Anfahrt: Autobahn A 43, Ausfahrt Modane, hinter Modane 2 km auf der N 6 in Richtung Haute-Maurienne weiterfahren

CHAMONIX-MONT-BLANC - 74400

84 **L'AIGUILLE DU MIDI**
M. et Mme Farini

 479 chemin Napoléon - Les Bossons
74400 Chamonix-Mont-Blanc
Tel. 04 50 53 00 65
Fax 04 50 55 93 69
hotel-aiguille-du-midi@wanadoo.fr
www.hotel-aiguilledumidi.com

17. Apr. bis 20. Mai und 20. Sept. bis 20. Dez. geschlossen • 40 Zimmer mit Bad/WC und TV • 69 bis 80 € für 2 Personen, Frühstück 12 €, Halbpension möglich • Menüs 21 (werktags) bis 44 € • Terrasse, Park, Parkplatz; Hunde im Restaurant nicht erlaubt • Swimmingpool, Tennis, Fitnessraum, Sauna, Whirlpool

 Der Blick von dem schattigen Park auf den Glacier des Bossons

Das eindrucksvolle Landhaus, seit 1908 ein Hotel, trägt an seiner Fassade Malereien im Tiroler Stil. Die holzgetäfelten Zimmer sind zum Teil etwas altmodisch, bieten aber einen herrlichen Blick auf das Montblanc-Massiv. Der runde Speisesaal und die Terrasse mit Holzmöbeln unter einem riesigen Sonnenschirm gehen auf einen gepflegten Park hinaus, in dem man sich wunderbar entspannen kann. Sehenswert ist die geschnitzte Decke im Aufenthaltsraum. Umfangreiches Freizeitangebot.

Anfahrt: 3 km südlich von Chamonix-Mont-Blanc

RHÔNE-ALPES

CHAMONIX-MONT-BLANC - 74400

 BEAUSOLEIL
M. et Mme Bossonney

Le Lavancher
74400 Chamonix-Mont-Blanc
Tel. 04 50 54 00 78
Fax 04 50 54 17 34
info@hotelbeausoleilchamonix.com
www.hotelbeausoleilchamonix.com

9. bis 24. Mai und 20. Sept. bis 20. Dez. geschlossen • 17 Zimmer auf 2 Stockwerken, alle mit Bad/WC oder Dusche/WC und TV • 86 bis 98 € (Nebensaison 70 bis 80 €) für 2 Personen, Frühstück 10 €, Halbpension möglich • Menüs 14 bis 28 € • Terrasse, Garten, Parkplatz; Hunde im Restaurant nicht erlaubt • Tennis, Tischtennis

 Die Ruhe dieses in einem kleinen Dorf gelegenen Chalets

Egal, ob Sie lieber im Sommer oder im Winter in die Berge fahren, die Familie Bossonney weiß ihre Gäste seit drei Generationen zu jeder Jahreszeit in ihrem Chalet zu verwöhnen. Die tadellos sauberen kleinen Zimmer sind mit Holz getäfelt und angenehm schlicht. Einige besitzen einen Balkon, von dem man den Blick über verschneite Hänge oder saftig grüne Wiesen genießt. Im rustikalen Speisesaal, der zur Terrasse und zum Garten hinausgeht, werden bodenständige Gerichte und Käsespezialitäten serviert.

Anfahrt: 6 km über die N 506 in Richtung Argentière, dann rechts in eine Nebenstraße

CHÂTEL - 74390

 LE KANDAHAR
Mme Vuarand

Route du Linga
74390 Châtel
Tel. 04 50 73 30 60
Fax 04 50 73 25 17
lekandahar@wanadoo.fr
www.lekandahar.com

23. Apr. bis 23. Mai, 18. Juni bis 5. Juli, 1. Nov. bis 23. Dez. sowie Di-abend und Mi geschlossen • 8 Zimmer, alle mit Bad/WC und TV • 70 bis 80 € (Nebensaison 60 bis 70 €), Frühstück 8 €, Halbpension möglich • Menüs 13 (werktags mittags) bis 33 € • Terrasse, Garten, Parkplatz • Fitnessraum, Sauna

 Die familiäre Atmosphäre des Chalets

Das nahe der Schweizer Grenze gelegene Hotel ist für seine Herzlichkeit und die gemütlichen Zimmer bekannt. Häufig verkehrende kostenlose Shuttlebusse bringen die Gäste zur Talstation des Tête du Linga. Die sanften Hügel eignen sich für Spaziergänge, aber wer die atemberaubenden Aussichtspunkte des Chablais erreichen will, muss schon einiges an Ausdauer mitbringen. Der Küchenchef serviert den Gästen leckere Spezialitäten der Region.

Anfahrt: 1,5 km nach Südwesten über die Route de la Bechigne, dann links die Straße nach Linga nehmen

RHÔNE-ALPES

CORDON - 74700   LA CHAPELLE-D'ABONDANCE - 74360

87 LE CORDONANT
M. et Mme Pugnat

Les Darbaillets
74700 Cordon
Tel. 04 50 58 34 56
Fax 04 50 47 95 57
lecordonant@wanadoo.fr

Mitte Apr. bis Mitte Mai und Okt. bis Dez. geschlossen • 16 Zimmer mit Balkon, Bad/WC (2 Zimmer mit Dusche/WC) und TV • 78 bis 85 € (Nebensaison 74 bis 80 €) für 2 Personen, Frühstück 8 €, Halbpension möglich • Menüs 24 (werktags) bis 32 € • Terrasse, Parkplatz; Hunde im Restaurant nicht erlaubt • Fitnessraum, Sauna, Whirlpool

88 LES GENTIANETTES
M. et Mme Trincaz

Route de Chevenne
74360 La Chapelle-d'Abondance
Tel. 04 50 73 56 46
Fax 04 50 73 56 39
bienvenue@gentianettes.fr
www.gentianettes.fr

Außerhalb der Saison von Ostern bis Christi Himmelfahrt und 20. Sept. bis 18. Dez. geschlossen • 32 Zimmer, davon 2 behindertengerecht, alle mit Bad/WC oder Dusche/WC und TV • 70 bis 95 €, Frühstück 9 €, Halbpension möglich • Menüs 19 bis 59 € • Terrasse, Parkplatz • Schwimmbad, Sauna, Fitnessraum, Hammam

 Die absolute Stille und der atemberaubende Blick vom Zimmer

 Die schmackhafte Küche nach einem Tag an der frischen Luft

Das schmucke Chalet mit rosa verputzter und mit hellem Holz verkleideter Fassade liegt auf den Höhen des „Balkon des Montblanc". Seine Zimmer wurden im modernen Stil der Savoyer Alpen renoviert: Holztäfelung, bemalte Möbel und schöne Stoffe. Vom Restaurant hat man einen atemberaubenden Panoramablick über das „Dach Europas". Serviert wird eine gehobene Küche in großzügigen Portionen, und für das Mittagsschläfchen lockt der hübsche Garten.

Ein zuvorkommender Service, recht geräumige, mit Holztäfelung und Balkonen ausgestattete Zimmer, ein angenehmer Speisesaal und Aufenthaltsraum im Gebirgsstil, eine gepflegte regionale Küche, ein reichhaltiges Frühstück, das sind die Vorzüge, die das Chalet aus dem Jahre 1994 zu bieten hat. Wenn Sie im Sommer nach La Chapelle-d'Abondance kommen, entdecken Sie auf einer Wanderung mit etwas Glück vielleicht einen Enzian. Im Winter können Sie die wunderschöne verschneite Landschaft genießen.

Anfahrt: auf einer Anhöhe, 4 km südwestlich von Sallanches über die D 113

Anfahrt: nördlich von La Chapelle-d'Abondance

RHÔNE-ALPES
LA BEUNAZ - 74500　　　　LA CLUSAZ - 74220

 89 LE BOIS JOLI
M. et Mme Birraux

74500 La Beunaz
Tel. 04 50 73 60 11
Fax 04 50 73 65 28
hboisjoli@aol.com
www.hotel-bois-joli.com

10. Okt. bis 20. Dez. und Mitte März bis Mitte Apr. geschlossen • 29 Zimmer, davon 8 im Nebengebäude, alle mit Bad/WC oder Dusche/WC und TV • 74 bis 85 € (Nebensaison 65 bis 75 €), Frühstück 10 €, Halbpension möglich • Restaurant So-abend und Mi geschlossen, Menüs 22 (werktags) bis 48 € • Terrasse, Garten, Parkplatz • Swimmingpool, Tennisplatz, Sauna, Tischtennis, Billard

 Die atemberaubende Aussicht in 1 000 m Höhe

Von den Zimmern, dem Speiseraum und der Terrasse genießt man eine atemberaubende Aussicht auf den Dent d'Oche, den Mont Billiat und die Gipfel des Chablais. Hier kommt keine Langeweile auf: Abgesehen vom beheizten Swimmingpool, umgeben von üppigem Grün, einem Tennisplatz, einem Billardzimmer und Spielmöglichkeiten für Kinder warten ganz in der Nähe die Skipisten, der Genfer See und seine berühmten Kurorte auf Sie.

Anfahrt: unterhalb der Straße, 1,5 km von Bernex über die D 52

 90 FLORALP
Mmes Pollet

79 chemin du Pré-de-Foire
74220 La Clusaz
Tel. 04 50 02 41 46
Fax 04 50 02 63 94
info@hotel-floralp74.com
www.hotel-floralp74.com

28. Juni bis 15. Sept. und 20. Dez. bis 14. Apr. geöffnet • 20 Zimmer mit Bad/WC oder Dusche/WC und TV • 60 bis 90 € (Nebensaison 48 bis 75 €) für 2 Personen, Frühstück 8 €, Halbpension möglich • Menüs 18 (werktags) bis 26 € • Parkplatz; Hunde im Restaurant nicht erlaubt • Aufenthaltsraum mit Billardtisch

 Die authentische Berghüttenatmosphäre

Die schlicht eingerichteten Zimmer verfügen an der Vorderseite des Hauses über einen Balkon nach Osten. Wer will sich schon die legendäre Schönheit der Berge, die mit Rhododendren übersäten Täler und die felsigen Bergkämme entgehen lassen? Zum Picknick nimmt man hier Tomme- und Reblochon-Käse mit, und zum Abendessen lässt man sich gerne von den Kochkünsten der Besitzerinnen überraschen. Im Aufenthaltsraum sorgen eine Bar, ein Billardtisch und ein Kamin für einen entspannenden Ausklang.

Anfahrt: von Annecy über die D 909 kommend am Ortseingang von La Clusaz rechts abbiegen

RHÔNE-ALPES

LES CARROZ-D'ARACHES - 74300

 91 **LA CROIX DE SAVOIE**
M. et Mme Tiret

 768 route du Pernand
74300 Les Carroz-d'Araches
Tel. 04 50 90 00 26
Fax 04 50 90 00 63
info@lacroixdesavoie.fr
www.lacroixdesavoie.fr

So-abend und Mo-mittag geschlossen • 19 Zimmer mit Dusche/WC, die meisten mit Balkon • 77 bis 83 € (Nebensaison 49 bis 75 €) für 2 Personen, Frühstück 8 €, Halbpension möglich • Menüs 18 bis 36 € • Terrasse, Garten, Parkplatz

 Das typische Savoyer Chalet mitten in einem herrlichen Tannenwald

In diesem sympathischen Hotel auf einer Anhöhe über dem Kurort geht es besonders herzlich und familiär zu. Die Zimmer besitzen durch die einfache Ausstattung und die Holzverkleidung echtes Bergweltflair. Fast alle haben einen Balkon. Im Winter steht den Gästen ein weites Skigebiet zur Verfügung, im Sommer macht man sich auf zur Erkundung der Mineralienwelt des Platé-Massivs. Wenn Sie Glück haben, erspähen Sie hoch über Ihnen einen Steinbock.

Anfahrt: auf einer Anhöhe über dem Kurort, 1 km von der Ortsmitte entfernt in Richtung Flaine

LES CONTAMINES-MONTJOIE - 74170

 92 **GAI SOLEIL**
Mme Mermoud

 288 chemin des Loyers
74170 Les Contamines-Montjoie
Tel. 04 50 47 02 94
Fax 04 50 47 18 43
gaisoleil2@wanadoo.fr
www.gaisoleil.com

20. Apr. bis 14. Juni und 15. Sept. bis 20. Dez. geschlossen • 19 Zimmer mit Bad/WC oder Dusche/WC • 65 bis 72 € (Nebensaison 62 bis 68 €) für 2 Personen, Frühstück 10 €, Halbpension möglich • Menüs 20 bis 27 € • Garten, Parkplatz; Hunde im Restaurant nicht erlaubt • Fondue-Abende und Filme über das Leben in den Bergen

 Der Blick auf den Mont Joly und die verschneiten Spitzen der Dômes de Miage

Das Haus wurde 1823 erbaut, was eine bis heute erhaltene, datierte Inschrift auf einem Balken eindeutig belegt. Auf der Webseite des Hotels wird die lange Geschichte des Familienbauernhofs anschaulich erzählt. Besonders empfehlenswert sind die im alpenländischen Stil renovierten Zimmer (Holztäfelung, Kiefernholzmöbel). Im Sommer wie im Winter nimmt man die Mahlzeiten auf der nach Süden ausgerichteten Terrasse mit Blick über den Urlaubsort ein. Schöner Garten.

Anfahrt: im oberen Teil des Ortes

RHÔNE-ALPES

MENTHON-SAINT-BERNARD - 74290

 93 BEAU SÉJOUR
M. et Mme Blanc

Allée des Tennis
74290 Menthon-Saint-Bernard
Tel. 04 50 60 12 04
Fax 04 50 60 05 56

15. Apr. bis Ende Sept. geöffnet • 18 Zimmer, davon 14 mit Dusche/WC und 4 mit Bad/WC, einige mit Balkon • 65 bis 73 € für 2 Personen, Frühstück 8 € • kein Restaurant • Garten, gesicherter Parkplatz ; keine Kreditkarten • Tischtennis, Leseraum, Tennis-, Golfplatz und Wassersportangebot

 Die Besichtigung des märchenhaften Schlosses von Menthon

Diese Villa aus dem frühen 20. Jh. steht nur 100 m vom See von Annecy entfernt und ist von einem weiten Park mit schönen Bäumen umgeben. Die Zimmer mit Balkon sind geräumiger und wurden kürzlich einer Renovierung unterzogen, bei der sie sich ihres 70er-Jahre-Stils entledigten. Von dem großen Fenster im Frühstücksraum blickt man auf den blühenden Garten, in dem bei den ersten Sonnenstrahlen das Frühstück serviert wird. Familiäre Atmosphäre.

Anfahrt: 100 m vom See entfernt

MORZINE - 74110

 94 FLEUR DES NEIGES
M. Archambault

74110 Morzine
Tel. 04 50 79 01 23
Fax 04 50 75 95 75
fleurneige@aol.com
www.fleurdesneiges.com

10. Apr. bis 1. Juli und 5. Sept. bis 18. Dez. geschlossen • 32 Zimmer mit Bad/WC oder Dusche/WC und TV • 70 bis 90 € (Nebensaison 50 bis 60 €), Frühstück 10 €, Halbpension möglich • Menüs 20 bis 25 € • Terrasse, Garten, Parkplatz; Hunde im Restaurant nicht erlaubt • im Winter überdachter Swimmingpool, Tennis, Fitnessraum, Sauna, Tischtennis, Boulespiel

 Ein Sprung in den Swimmingpool nach einem langen Skitag

Das Hotel im Stil eines Chalets liegt etwas außerhalb der Innenstadt von Morzine, dem touristischen Zentrum des Chablais. Reservieren Sie eines der renovierten Zimmer, die mit getäfelten Wänden, hellen Holzmöbeln und geschmackvollen Stoffen besonders gemütlich sind. Das etwas dunkle Restaurant soll demnächst renoviert werden. Freizeitangebot: Sauna, Tennis, Swimmingpool (im Winter mit Überdachung). Genau das Richtige für Urlauber, die sportliche Aktivitäten mit Entspannung kombinieren möchten.

Anfahrt: etwa außerhalb der Innenstadt, an der Straße nach Thonon-les-Bains

RHÔNE-ALPES

SALLANCHES - 74700

95 AUBERGE DE L'ORANGERIE
M. Liboureau

3 carrefour de la Charlotte
74700 Sallanches
Tel. 04 50 58 49 16
Fax 04 50 58 54 63
auberge-orangerie@wanadoo.fr

19. Juni bis 3. Juli geschlossen • 7 Zimmer mit Bad/WC oder Dusche/WC und TV • 45 bis 60 € für 2 Personen, Frühstück 8 € • Restaurant So-abend, Mo, Di-mittag, Mi-mittag und Do-mittag geschlossen, Menüs 23 bis 43 € • gesicherter Parkplatz, Garten, Terrasse

 Der Blick von den gemütlichen Zimmern auf die Berge

Im Sommer ist die Fassade des am Fuße der Côte de Passy gelegenen Chalets üppig mit Blumen geschmückt. Die schön renovierten Zimmer, von denen einige einen Balkon besitzen, sind wie geschaffen für einen erholsamen Aufenthalt: holzgetäfelte Wände, gute Schallisolierung gegen den Straßenlärm, große Betten mit weichen Bettdecken, bequeme Sessel und gefliese Badezimmer. Der Küchenchef serviert seinen Gästen in rustikalem Rahmen eine gelungene Mischung aus klassischen und regionalen Gerichten.

Anfahrt: außerhalb der Stadt, am Fuße der Côte de Passy

SERVOZ - 74310

96 GORGES DE LA DIOSAZ
M. Fraipont

„Sous le Roc"
74310 Servoz
Tel. 04 50 47 20 97
Fax 04 50 47 21 08
info@hoteldesgorges.com
www.hoteldesgorges.com

15. bis 30. Mai und 15. bis 30. Nov. geschlossen • 7 Zimmer mit Bad/WC oder Dusche/WC und TV • 55 bis 65 € (Nebensaison 50 bis 55 €) für 2 Personen, Frühstück 7 €, Halbpension möglich • Menüs 18 bis 44 € • Terrasse

 Die sonnenüberflutete Terrasse mit Blick auf den Montblanc

Das Berghotel mit reichem Blumenschmuck an den Balkonen steht in einem typischen Savoyer Dorf am Rand der Gorges de la Diosaz. Die ruhigen und schlichten Zimmer wurden modern und im Almhüttenstil renoviert. Durch die Sprossenfenster des rustikalen Speiseraums blickt man auf das Montblanc-Massiv. Auch im Aufenthaltsraum mit Bar ist Holz das dominierende Merkmal. Nach einem anstrengenden Tag auf den Pisten lässt man sich hier gern zu einem Glas nieder.

Anfahrt: in der Dorfmitte in der Nähe der Post

RHÔNE-ALPES
SEYTHENEX - 74210   YVOIRE - 74140

97 **AU GAY SÉJOUR**
M. et Mme Gay

Le Tertenoz
74210 Seythenex
Tel. 04 50 44 52 52
Fax 04 50 44 49 52
hotel-gay-sejour@wanadoo.fr
www.hotel-gay-sejour.com

15. Nov. bis 15. Dez. sowie So-abend und Mo (außer an Feiertagen) geschlossen • 10 Zimmer, davon eines behindertengerecht, alle mit Bad/WC und TV • 78 bis 110 €, Frühstück 12 €, Halbpension möglich • Menüs 26 bis 72 € • Terrasse, Parkplatz; Hunde nicht erlaubt • Schneeschuhwandern, in der Nähe: Skipisten

Der Blick auf die grünen Bergwiesen im Sommer und die weiten Schneefelder im Winter

Der in einem friedlichen Weiler in mittlerer Höhe gelegene Bauernhof aus dem 17. Jh. wurde in ein nettes Familienhotel umgebaut. Hier können Sie die frische Bergluft so richtig genießen. Die Zimmer sind zwar etwas altmodisch, dafür aber besonders ruhig; von einigen bietet sich ein herrlicher Blick über das Tal und die Berge. Im Restaurant tadelloser Service und gepflegte traditionelle Küche.

Anfahrt: 4 km südöstlich von Faverges

98 **LE VIEUX LOGIS**
M. Jacquier-Durand

Rue des Remparts
74140 Yvoire
Tel. 04 50 72 80 24
Fax 04 50 72 90 76
contact@levieuxlogis.com
www.levieuxlogis.com

1. Jan. bis 15. Febr. geschlossen • 11 Zimmer mit Bad/WC und TV • 68 bis 78 € für 2 Personen, Frühstück 8 €, Halbpension möglich • Restaurant So-abend und Mo geschlossen, Menüs 20 (werktags) bis 45 € • Terrasse, gesicherter Parkplatz

Das malerische mittelalterliche Dorf und sein „Garten der fünf Sinne"

Das bemerkenswerte mittelalterliche Haus, das aus der Stadtmauer herausschaut, ist seit vier Generationen im Besitz derselben Familie. Die funktionell und modern eingerichteten Zimmer haben im ersten Stock einen Balkon. Die dicken Mauern aus dem 14. Jh. halten die Räume im Sommer angenehm kühl. Das Restaurant ist für sein Barschfilet berühmt, das man unter der Gewölbedecke oder den alten Holzbalken der Speiseräume oder auf der herrlichen Terrasse kosten kann.

Anfahrt: am Rand der Altstadt, in die Stadtmauer integriert

BESONDERS PREISGÜNSTIGE ADRESSEN

€€ Damit Sie auch mit einem kleinen Budget einen angenehmen Urlaub verbringen können, haben wir einige überraschend preisgünstige Hotels und Privatunterkünfte ausgewählt, die sich durch herzliche Atmosphäre, eine schöne Lage und besonderen Charme auszeichnen. Das Münzsymbol neben einer Adresse bedeutet, dass das Hotel oder die Privatunterkunft Zimmer für 2 Personen bis maximal 50 € pro Nacht anbietet (bei Privatunterkünften ist das Frühstück inbegriffen, bei Hotels wird es extra berechnet).

ALSACE/ELSASS
Bas-Rhin
La Bonne Franquette 23
Au Cheval Blanc 19
Le Clos de la Garenne 22
Gimbelhof 16
Klein 13
Krumeich 12
La Maison du Charron 20
Le Vignoble 14
Winzenberg 13
Haut-Rhin
Auberge et Hostellerie Paysanne 29
Au Cerf 36
Aux Deux Clefs 30
Ferme du Busset 31
Maison Thomas 25
Aux Mines d'Argent 34

AQUITAINE/AQUITANIEN
Dordogne
Chambre d'Hôte au Village 59
Ferme des Guezoux 60
Hôtel des Bories 51
Hôtel des Récollets 58

Hôtel du Château 44
Le Panoramique 49
La Touille 45
Gironde
Henri IV 65
La Tour du Vieux Port 67
Landes
Les Arbousiers 76
Capcazal de Pachiou 76
Le Domaine de Paguy 74
Le Poutic 74
Pyrénées-Atlantiques
La Belle Auberge 82
Chambre d'hôte M. et Mme Asnar 86
La Closerie du Guilhat 88
La Ferme aux Sangliers 84
Ferme Etxeberria 84
Hôtel du Chêne 85
Maison Elixondoa 87
Maison Rachou 86
Soubeleta 85

AUVERGNE
Allier
Le Chalet de la Neverdière 97
Manoir Le Plaix 96

BESONDERS PREISGÜNSTIGE ADRESSEN

Cantal
- Auberge des Montagnes 104
- Chambre d'Hôte M. Prudent 103
- De Barathe 99
- Le Griou 102
- Lou Ferradou 102

Haute Loire
- Les Gabales 108
- Lou Chandel'Aigue 106
- La Paravent 105
- Les Revers 107

Puy de Dôme
- Auberge de la Forge 112
- Chambre d'Hôte Paul Gebrillat 117
- Les Granges 115
- Montarlet 119
- Au Pont de Raffiny 118

BOURGOGNE/BURGUND

Côte-d'Or
- Hostellerie du Château 127

Nièvre
- Le Bon Laboureur 135
- Les Forges 134
- Perreau 135
- Verdun 136

Saône et Loire
- Chambre d'Hôte M. Mathieu 142
- Château de Salornay 141
- La Poste 140
- Villa du Vieux Puits 138

Yonne
- Les Aquarelles 153
- Auberge des Brizards 150
- Auberge le Voutenay 155
- Cabalus, l'Ancienne Hôtellerie de l'Abbaye 153
- Chambre d'Hôte M. Piedallu 148
- La Marmotte 147
- Le Relais Saint Benoît 155
- Le Relais Saint Vincent 148

BRETAGNE

Côtes-d'Armor
- Arvor 160
- Manoir Saint-Michel 163

Finistère
- An Tiez Bihan 167
- Ar Presbital Koz 170
- De Lescoff 168
- La Ferme de Porz Kloz 164
- Le Manoir de Coat Canton 165
- Porz-Morvan 168
- Ty-Dreux 167

Ille-et-Vilaine
- Les Mouettes 175
- Relais de la Rance 174

Morbihan
- Auberge le Râtelier 177
- Ferme de Guerlan 182
- La Marine 179
- Le Pélican 184
- Relais du Porhoët 178
- Stiren ar Mor 180

CENTRE

Cher
- Auberge du Piet à Terre 190
- Château de Bel Air 189

Eure-et-Loir
- Chambres d'hôtes 192
- L'Erablais 194
- Le Moulin des Planches 193

Indre
- Montgarni 197
- Le Portail 197

Indre-et-Loire
- Le Blason 198
- De Biencourt 198
- La Meulière 200
- La Milaudière 203

Loiret
- Domaine de la Thiau 210
- La Vieille Forêt 212
- Villa Hôtel 213

Loir-et-Cher
- Chambre d'Hôte Peyron-Gaubert 207
- Le Moulin de la Renne 209

CHAMPAGNE-ARDENNE

Aube
- Au Vieux Logis 218

Les Colombages Champenois ... 220
Ferme de la Gloire Dieu ... 218
Le Moulin d'Eguebaude ... 219
Marne
Au Brochet du Lac ... 224
La Grosse Haie ... 222

CORSE/KORSIKA
Corse
Li Fundali ... 230

FRANCHE-COMTÉ
Doubs
A l'hôtel des Trois îles ... 239
Auberge le Tillau ... 244
La Cascade ... 242
Le Moulin ... 244
Jura
Chambre d'Hôte Mme Devenat ... 246

ÎLE-DE-FRANCE
Seine et Marne
Chambre d'Hôte M. Dormion ... 261
Ferme du Chatel ... 263
La Ferme du Vieux Château ... 262

LANGUEDOC-ROUSSILLON
Aude
Auberge de Cucugnan ... 276
Hérault
Auberge de Saugras ... 285
Chambre d'Hôte Monsieur Gener ... 287
Parc ... 287
Lozère
Le Saint-Sauveur ... 290
Pyrénées-Orientales
Les Arcades ... 290
Hostal dels Trabucayres ... 291

LIMOUSIN
Corrèze
Chez Monsieur et Madame Perrot ... 299
La Raze ... 298

Le Relais du Bas Limousin ... 299
À la Table de la Bergère ... 300
La Tour ... 297
Les Voyageurs ... 300
Haute-Vienne
Le Moulin de Marsaguet ... 302
Le Relais du Taurion ... 302
Saint-Éloi ... 303

LORRAINE /LOTHRINGEN
Moselle
Auberge des Mésanges ... 308
Vosges
Auberge du Spitzemberg ... 313
Les Grands Prés ... 312
Le Relais Rose ... 309

MIDI-PYRÉNÉES
Ariège
Maison de la Grande Ourse ... 319
Les Oussaillès ... 318
Aveyron
Auberge Saint-Fleuret ... 322
Carayon ... 324
Midi-papillon ... 323
À la Route d'Argent ... 321
Gers
Au Vieux Pressoir ... 332
De Bastard ... 334
Chambres d'Hôtes le Sabathé ... 336
Domaine de Loran ... 335
Haute-Garonne
Hôtel du Comminges ... 330
Le Poujastou ... 327
Hautes-Pyrénées
Chambre d'hôte Madame Vermeil ... 343
La Couette de Biéou ... 345
Eth Béryè Petit ... 344
Maison Burret ... 346
Le Relais du Castera ... 346
Lot
Château de Gamot ... 339
La Terrasse ... 339
Les Tilleuls ... 340

BESONDERS PREISGÜNSTIGE ADRESSEN

Tarn
George V ... 350
Hostellerie du Vieux Cordes ... 353
Tarn-et-Garonne
Le Quercy ... 356

NORD-PAS-DE-CALAIS
Nord
Abri du Passant ... 367
Château d'En Haut ... 365
Ferme de Bonavis ... 363
Chez Julie ... 364
Pas-de-Calais
Le Clos Grincourt ... 370
La Grand'Maison ... 371
Le Moulin ... 371

NORMANDIE
Calvados
L'Ancienne École ... 387
La Ferme du Mouchel ... 384
Le Grand Fumichon ... 389
Manoir de Mathan ... 386
La Nouvelle France ... 386
Eure
Hôtel d'Évreux ... 394
Hôtel du Saumon ... 394
Petit Castel ... 390
Manche
La Ferme de Cabourg ... 400
Ferme Musée du Cotentin ... 401
La Fossardière ... 399
France et Fuchsias ... 401
Le Logis ... 398
Manoir de l'Acherie ... 403
Manoir Saint-jean ... 402
Le Moulin de la Butte ... 397
Le Quesnot ... 398
Village Grouchy ... 396
Orne
L'Ermitage ... 404
L'Orangerie ... 404
Saint-Pierre ... 405
Seine-Maritime
Chambre d'Hôte Madame Genty ... 413
Ferme de Bray ... 413

Golf Hôtel ... 409
Manoir de Beaumont ... 407
Le Prieuré Sainte-Croix ... 410
Le Relais de l'Abbaye ... 408
La Terrasse ... 414

PAYS-DE-LA-LOIRE
Loire-Atlantique
Poste ... 422
Sarthe
L'Auberge du Port des Roches ... 430
Le Petit Pont ... 431
Vendée
Le Pas-de-l'Île ... 435

PICARDIE
Aisne
Chambre d'Hôte M. Leclère ... 440
Le Régent ... 443
Oise
Chambre d'Hôte M. Bruandet ... 446
La Faisanderie ... 447
Relais Brunehaut ... 444

POITOU-CHARENTES
Charente
La Templerie ... 453
Charente-Maritime
Chambre d'Hôte M. Trouvé ... 460
Les Hortensias ... 453
Deux-Sèvres
Le Moulin de la Sorinière ... 461
Vienne
Le Chalet de Venise ... 465
Hôtel - restaurant de la Roue d'Or ... 464

PROVENCE-ALPES-CÔTE-D'AZUR
Alpes-de-Haute-Provence
La Ferme du Couvent ... 475
Alpes-Maritimes
Le Bosquet ... 488
Hostellerie des Remparts ... 488
Le Mirval ... 485

Bouches-du-Rhône
- L'Amphithéatre 492
- Angleterre 499
- Calendal 492

Hautes-Alpes
- Les Chemins Verts 478
- Les Marmottes 481

Var
- Les Pins 505

Vaucluse
- La Farigoule 520

RHÔNE-ALPES

Ain
- L'Auberge Campagnarde 528
- Ferme des Grands Hutains 526
- SNC les Charmettes 530

Ardèche
- La Désirade 533
- Le Mas de Mazan 532
- La Passiflore 534

Drôme
- Gîte du Val des Nymphes 537
- La Mare 536

Haute-Savoie
- Auberge de l'Orangerie 573

Isère
- Les Balcons du Lac 543
- Le Domaine de Clairefontaine 541
- Ferme de Ruthières 541
- Le Val Fleuri 543

Loire
- La Bussinière 549

Rhône
- Chambre d'Hôte M. et Mme Bonnot 556
- Saint-Romain 554
- La Terrasse 560

Savoie
- L'Autantic 563
- La Croix du Sud 562
- Flor'Alpes 565

ADRESSEN FÜR GOURMETS

Gutes Essen ist ein wesentlicher Bestandteil eines gelungenen Aufenthalts – das wissen wir aus eigener Erfahrung. Deshalb haben wir alle Hotels und Privatunterkünfte, die eine besonders gute Küche anbieten, noch einmal separat aufgeführt. Bei den Hotels finden Sie mit „Sternen" und „Bibs Gourmands" ausgezeichnete Adressen des Roten Michelin-Führers; bei den Privatunterkünften werden Ihnen die von den Gastgebern meisterhaft zubereiteten Mahlzeiten mit regionalen Zutaten und Spezialitäten serviert. Guten Appetit!

ALSACE/ELSASS
Bas-Rhin
À l'Ami Fritz 20
Au Cheval Blanc 19
Julien 15
Haut-Rhin
Les Alisiers 28
L'Arbre Vert 27
Aux Armes de France 24
Auberge St-Laurent 35

AQUITAINE/AQUITANIEN
Dordogne
La Belle Étoile 46
Hôtel du Château 44
Pyrénées-Atlantiques
Arraya 90
La Belle Auberge 82

AUVERGNE
Cantal
Auberge de l'Aspre 99
Auberge des Montagnes ... 104
Beauséjour 98
Puy de Dôme
Auberge de Mazayes 114
Castel Hôtel 1904 119

BOURGOGNE/BURGUND
Yonne
Auberge le Pot d'Étain 149
Hostellerie des Clos 146

BRETAGNE
Finistère
Le Moulin de Rosmadec ... 169
La Pointe du Cap Coz 165
Ille-et-Vilaine
Relais de la Rance 174
Morbihan
Gavrinis 176
La Marine 179
Relais du Porhoët 178

CENTRE
Cher
Auberge du Piet à Terre ... 190
Loir-et-Cher
Hôtel de l'École 207

FRANCHE-COMTÉ
Doubs
Le Bon Accueil 241
La Cascade 242
Jura
Le Comtois 248

LANGUEDOC-ROUSSILLON
Aude
Auberge de Cucugnan 276
Host. du Château de la
Pomarède 277
La Maison sur la Colline 275
Hérault
Auberge de Saugras 285
Lozère
Grand Hôtel Prouhèze 288

LIMOUSIN
Corrèze
LeManoir de Beaulieu 298

LORRAINE /LOTHRINGEN
Meuse
Château de Labessière 307
Vosges
Le Collet 314
Le Val Joli 314

MIDI-PYRÉNÉES
Aveyron
Hôtel du Vieux Pont 320
Midi-papillon 323
À la Route d'Argent 321
Haute-Garonne
Auberge du Poids Public 330
Lot
Moulin de Fresquet 338
Les Vieilles Tours 342

NORMANDIE
Manche
La Croix d'Or 395
France et Fuchsias 401
Manoir de l'Acherie 403
Seine-Maritime
Villa des Houx 405

PAYS-DE-LA-LOIRE
Loire-Atlantique
Château de la Sébinière 421

PICARDIE
Aisne
Auberge le Relais 442
La Toque Blanche 439

PROVENCE-ALPES-CÔTE-D'AZUR
Hautes-Alpes
Auberge la Neyrette 482

RHÔNE-ALPES
Haute-Savoie
Le Cordonant 569
Les Gentianettes 569
Isère
Le Châlet Hôtel Prayer 542
Le Domaine de
Clairefontaine 541
Rhône
Saint-Romain 554

ADRESSEN MIT SPORTAKTIVITÄTEN

Im Urlaub aktiv sein, statt Alltagsstress neue Kraft schöpfen und in entspannender Umgebung ein paar überflüssige Kilos abnehmen – für alle, die sich auch im Urlaub gerne sportlich betätigen möchten, haben wir im Folgenden die Adressen gesondert verzeichnet. Die nachstehenden Hotels und Privatunterkünfte besitzen einen Swimmingpool und bieten in der Regel auch weitere Sportaktivitäten an: Tennis, Golf, Fitnessraum, Wandern, Reiten usw. Die genaue Beschreibung des Sportangebotes finden Sie unter der jeweiligen Adresse im Hauptteil.

ALSACE/ELSASS
Bas-Rhin
Au Cheval Blanc 19

AQUITAINE/AQUITANIEN
Dordogne
Le Branchat 52
Les Charmes de Carlucet 53
La Flambée 41
La Guérinière 44
Le Manoir du Grand Vignoble . 55
Gironde
Dousud 62
Landes
Domaine de Bellegarde 77
Les Lacs d'Halco 75
Lot-et-Garonne
La Cascade aux Fées 79
Château de la Seiglal 79
Moulin de Labique 80

AUVERGNE
Allier
G. H. Montespan-Talleyrand 93
La Grande Poterie 94
Cantal
Auberge des Montagnes 104

Hostellerie les Breuils 101
Puy de Dôme
Auberge de Fondain 113
Au Pont de Raffiny 118

BOURGOGNE/BURGUND
Côte-d'Or
La Saura 129
Nièvre
Beaumonde 133
Le Colombier de Corvol 134
Yonne
La Grange de Boulay 150

BRETAGNE
Finistère
Château de Kerlarec 163

CENTRE
Loiret
Domaine de la Thiau 210
Le Domaine de Sainte-Barbe . 213

CHAMPAGNE-ARDENNE
Haute-Marne
Le Moulin 224

FRANCHE-COMTÉ
Doubs
Taillard 240

ÎLE-DE-FRANCE
Essonne
Le Clos des Fontaines 268

LANGUEDOC-ROUSSILLON
Gard
Vic 280
Pyrénées-Orientales
Auberge les Écureuils 294

LORRAINE /LOTHRINGEN
Vosges
Auberge de la Vigotte 312
Jamagne 311
La Résidence 313

MIDI-PYRÉNÉES
Ariège
Auberge les Myrtilles 318
Aveyron
Carayon 324
Gers
Au Vieux Pressoir 332
Haute-Garonne
La Halte du Temps 328
La Manufacture 325
Lot
Domaine du Berthiol 337
Les Moynes 343
Tarn-et-Garonne
Les Hortensias 359
Manoir des Chanterelles 357
Le Platane 355

NORMANDIE
Manche
Les Isles 396

PAYS-DE-LA-LOIRE
Loire-Atlantique
Château de la Sébinière 421
Le Marini 421
Ty Gwenn 423
Maine-et-Loire
Domaine de la Brégellerie ... 425
Vendée
Hôtel du Martinet 432

PICARDIE
Oise
Domaine du Bois d'Aucourt ... 446

Somme
Chambres d'Hôtes du Bois de Bonance 448

POITOU-CHARENTES
Charente-Maritime
Logis Saint-Léonard 455

PROVENCE-ALPES-CÔTE-D'AZUR
Alpes-de-Haute-Provence
Auberge Charembeau 472
Alpes-Maritimes
Le Bosquet 488
Les Jardins Fragonard 483
Mas des Cigales 489
Bouches-du-Rhône
Castel Mouisson 493
La Galinière 494
Val Majour 494
Hautes-Alpes
Le Chalet des Alpages 481
Les Chalets de la Meije 479
Le Parlement 479
Var
Domaine le Peyrourier „Une Campagne en Provence" 500
Le Mas des Oliviers 506
Villa Lou Gardian 507
Vaucluse
Le Mas de Guilles 516

RHÔNE-ALPES
Ain
Le Nid à Bibi 530
Ardèche
Hostellerie „Mère Biquette" . 534
Haute-Savoie
L'Aiguille du Midi 567
Le Bois Joli 570
Fleur des Neiges 572
Isère
Le Châlet Hôtel Prayer 542
Château de Passières 540
Loire
Château de la Motte 550
Rhône
Aucherand 559
Savoie
L'Autantic 563

ALLE ADRESSEN IN ALPHABETISCHER REIHENFOLGE

A

À la Thuilerie des Fontaines	39700 Châtenois	247
À l'Ami Fritz	67530 Ottrott-le-Haut	20
A l'hôtel des Trois îles	25220 Chalezeule	239
A Martinella	20245 Galéria	229
A Spelunca	20226 Speloncato	234
A Tramula	20259 Pioggiola	232
Abbaye de Villelongue	11170 Saint-Martin-le-Vieil	279
Abri du Passant	59100 Roubaix	367
L'Agrybella	24560 Saint-Aubin-de-Lanquais	53
Aigle d'Or	67116 Reichstett	21
L'Aiglon	20124 Zonza	235
L'Aiguille du Midi	74400 Chamonix-Mont-Blanc	567
Les Airelles	73710 Pralognan-la-Vanoise	565
Les Albatros	33510 Andernos-les-Bains	61
L'Alcyone	56340 Carnac	176
Les Alisiers	68650 Lapoutroie	28
L'Alliey	05220 Le Monêtier-les-Bains	480
L'Alpage	39130 Bonlieu	246
L'Amandière	13210 Saint-Rémy-de-Provence	498
L'Amphithéatre	13200 Arles	492
An Tiez Bihan	29770 Plogoff	167
L'Ancienne École	14960 Meuvaines	387
Angleterre	65240 Arreau	344
Angleterre	13300 Salon-de-Provence	499
L'Antiquité	85300 Challans	433
Apollon Montparnasse	75014 Paris	256
Les Aquarelles	89450 Vézelay	153
Ar Milin'	35220 Châteaubourg	172
Ar Presbital Koz	29410 Saint-Thégonnec	170
Arbez Franco-Suisse	39220 La Cure	248
Les Arbousiers	40630 Sabres	76
L'Arbre Vert	68240 Kaysersberg	27
Les Arcades	66400 Céret	290
Ar-Men	29990 Île-de-Sein	166
Armenonville	06000 Nice	487
Aux Armes de France	68770 Ammerschwihr	24
Arnold	67140 Itterswiller	17
Arraya	64310 Sare	90
Artistes	69002 Lyon	557
Arvor	22100 Dinan	160
L'Atelier	30500 Villeneuve-lès-Avignon	285
Les Atelleries	41300 Selles-Saint-Denis	209
Au Chasseur	67440 Birkenwald	12
Au Moulin d'Ancy le Franc	89160 Ancy-le-Franc	143
Au Vieux Logis	10220 Brévonnes	218

/Auberge le Pot d'Étain

Au Vieux Pressoir	32100 Caussens	332
L'Auberge	56400 Sainte-Anne-d'Auray	185
L'Auberge Campagnarde	01230 Évosges	528
Auberge Catalane	66760 Latour-de-Carol	292
Auberge Charembeau	04300 Forcalquier	472
Auberge de Campagne du Mollard	01320 Châtillon-la-Palud	527
Auberge de Carcarille	84220 Gordes	512
Auberge de Cucugnan	11350 Cucugnan	276
Auberge de Fondain	63820 Laqueuille	113
Auberge de la Forge	63160 Glaine-Montaigut	112
Auberge de la Motte Jean	35350 Saint-Coulomb	174
Auberge de la Vigotte	88340 Girmont-Val-d'Ajol	312
Auberge de l'Aspre	15140 Fontanges	99
Auberge de l'Orangerie	74700 Sallanches	573
Auberge de Mazayes	63230 Mazaye	114
Auberge de Quelven	56310 Quelven	183
Auberge de Saugras	34380 Argelliers	285
Auberge des Bichonnières	01330 Ambérieux-en-Dombes	526
Auberge des Brizards	89630 Quarré-les-Tombes	150
Auberge des Mésanges	57960 Meisenthal	308
Auberge des Montagnes	15800 Vic-sur-Cère	104
L'Auberge des Moulins	25110 Pont-les-Moulins	243
Auberge des Seigneurs	06140 Vence	490
Auberge du Beau Lieu	76440 Forges-les-Eaux	408
Auberge du Bon Puits	06450 Le Suquet	486
Auberge du Cheval Blanc	77910 Varreddes	265
Auberge du Cheval Blanc	84240 La Bastide-des-Jourdans	513
Auberge du Fel	12140 Entraygues-sur-Truyère	321
Auberge du Mehrbächel	68550 Saint-Amarin	33
Auberge du Piet à Terre	18370 Châteaumeillant	190
Auberge du Poids Public	31540 Saint-Félix-Lauragais	330
Auberge du Pont de Lanau	15260 Lanau	100
L'Auberge du Port des Roches	72800 Luché-Pringé	430
L'Auberge du Soleil	06390 Coaraze	484
Auberge du Spitzemberg	88490 La Petite-Fosse	313
Auberge du Val au Cesne	76190 Yvetot	415
Auberge du Val de l'Oise	02580 Étréaupont	440
Auberge du Vernay	38390 Charrette	540
Auberge du Vieux Chêne	15270 Champs-sur-Tarentaine	98
L'Auberge du Vieux Donjon	27800 Brionne	391
Auberge et Hostellerie Paysanne	68480 Lutter	29
Auberge la Meunière	68590 Thannenkirch	36
Auberge la Neyrette	05250 Saint-Disdier	482
Auberge la Plume d'Oie	24250 La Roque-Gageac	46
Auberge le Fiacre	80120 Quend	449
Auberge le Pot d'Étain	89440 L'Isle-sur-Serein	149

ALLE ADRESSEN IN ALPHABETISCHER REIHENFOLGE

Auberge le Râtelier	56340 Carnac	177
Auberge le Relais	02850 Reuilly-Sauvigny	442
Auberge le Tillau	25300 Verrières-de-Joux	244
Auberge le Voutenay	89270 Voutenay-sur-Cure	155
Auberge les Écureuils	66340 Valcebollère	294
Auberge les Grandes Roches	29910 Trégunc	170
Auberge les Murets	07230 Chandolas	532
Auberge les Myrtilles	09000 Foix	318
Auberge les Palmiers	31370 Rieumes	329
Auberge Metzger	67130 Natzwiller	18
Auberge Régordane	48800 La Garde-Guérin	289
Auberge Saint-Fleuret	12190 Estaing	322
Auberge Saint-Simond	73100 Aix-les-Bains	561
Auberge St-Laurent	68510 Sierentz	35
Aucherand	69620 - Saint-Vérand	559
L'Aulnaye	28400 Nogent-le-Rotrou	194
L'Aumônerie	83320 Carqueiranne	501
Aurifat	81170 Cordes-sur-Ciel	352
L'Autantic	73700 Bourg-Saint-Maurice	563
Les Auzières	84110 Roaix	519
L'Avenue	04240 Annot	470
Azteca	04400 Barcelonnette	470

B

La Badelle	84220 Gordes	513
Le Bailliage	15140 Salers	103
La Balance	25200 Montbéliard	242
Les Balcons du Lac	38730 Le Pin	543
Barbary-Lane	40150 Hossegor	75
Le Barry du Grand Chemin	34520 Le Caylar	286
Les Basses Portes	38118 Saint-Baudille-de-la-Tour	545
De Bastard	32700 Lectoure	334
La Bastide de l'Aubetin	77120 Saints	265
La Bastide de Saint-Donat	06480 La Colle-sur-Loup	485
La Bastide des Corbières	11200 Boutenac	274
La Bastide des Senteurs	30500 Saint-Victor-de-Malcap	283
La Bastide Rose	83690 Salernes	507
Les Batarelles	33550 Villenave-de-Rions	73
Les Baudarts	63500 Varennes-sur-Usson	121
Beau Séjour	74290 Menthon-Saint-Bernard	572
Le Beau Site	46500 Rocamadour	341
Beaumonde	58400 Chaulgnes	133
Beauséjour	15340 Calvinet	98
Beausoleil	73530 Saint-Sorlin-d'Arves	566
Beausoleil	74400 Chamonix-Mont-Blanc	568
Le Béguinage	41700 Cour-Cheverny	206
Bel Air	50340 Flamanville	397

Auberge le Râtelier/Le Castel de Burlats

La Bélie	24220 Meyrals	51
La Belle Auberge	64270 Castagnède	82
La Belle Étoile	24250 La Roque-Gageac	46
La Belle Vue	67420 Saulxures	21
Bellevue	77610 Neufmoutiers-en-Brie	262
Bellier	26420 La Chapelle-en-Vercors	536
Belvédère	45200 Amilly	210
Le Belvédère	65400 Salles	349
Le Berger des Abeilles	13670 Saint-Andiol	497
La Bergerie du Moulin	83460 Taradeau	508
La Bergerie St-Michel	40550 St-Michel-d'Escalus	77
Blanche Neige	06470 Valberg	489
Le Blason	37400 Amboise	198
Boileau	75016 Paris	257
Le Bois Joli	74500 La Beunaz	570
Le Bon Accueil	25160 Malbuisson	241
Le Bon Laboureur	58400 La Charité-sur-Loire	135
La Bonbonnière	21240 Talant	132
La Bonne Franquette	67220 Villé	23
Le Bosquet	06580 Pégomas	488
La Boursaultière	51480 Boursault	221
Le Branchat	24170 Sagelat	52
Brikéténia	64210 Guéthary	83
Au Brochet du Lac	51290 Saint-Rémy-en-Bouzemont	224
Brueghel	59000 Lille	366
La Bussinière	42110 Feurs	549
Le Bussy	49730 Montsoreau	427
La Butte de l'Épine	37340 Continvoir	201

C

Cabalus, l'Ancienne Hôtellerie de l'Abbaye	89450 Vézelay	153
Le Cadran Solaire	13690 Graveson	496
Calendal	13200 Arles	492
Le Calounier	89310 Molay	149
Campagne „Le Paradis"	04300 Forcalquier	472
Can Oliba	66200 Elne	291
Les Cancades	83330 Le Beausset	503
Capcazal de Pachiou	40350 Mimbaste	76
Le Caprice des Neiges	73590 Crest-Voland	564
La Caravelle	26110 Nyons	538
Carayon	12380 Saint-Sernin-sur-Rance	324
Casa Del Arte	66300 Thuir	293
La Casa Musicale	20220 Pigna	231
La Cascade	25920 Mouthier-Haute-Pierre	242
La Cascade aux Fées	47230 Barbaste	79
Le Castel de Burlats	81100 Burlats	351

ALLE ADRESSEN IN ALPHABETISCHER REIHENFOLGE

Castel Hôtel 1904	63390 Saint-Gervais-d'Auvergne	119
Castel Mouisson	13570 Barbentane	493
Castelet des Alpilles	13210 Saint-Rémy-de-Provence	498
La Cathédrale	57000 Metz	309
La Caussolière	17600 Saint-Sornin	459
Les Cèdres Bleus	43110 Aurec-sur-Loire	105
Au Cep de Vigne	67880 Innenheim	16
Au Cerf	68480 Winkel	36
Le Chalet de la Neverdière	03160 Ygrande	97
Le Chalet de Venise	86280 Saint-Benoît	465
Le Chalet d'En Hô	05100 Névache	480
Le Chalet des Alpages	05500 Poligny	481
Le Chalet du Lac	88400 Gérardmer	311
Le Chalet et Montégut	03000 Coulandon	94
Le Châlet Hôtel Prayer	38650 Gresse-en-Vercors	542
Chalet le Paradou	73210 La Côte-d'Aime	564
Les Chalets de la Meije	05320 La Grave	479
Chambre d'Hôte Arrayoa	64310 Ascain	81
Chambre d'Hôte au Village	24420 Sorges	59
Chambre d'Hôte Bourlenc	07200 Saint-Julien-du-Serre	533
Chambre d'hôte Brie Champagne	77510 Saint-Denis-lès-Rebais	264
Chambre d'Hôte Clos de la Croix Blanche	91490 Moigny-sur-École	268
Chambre d'Hôte de Bosseron	01160 Neuville-sur-Ain	529
Chambre d'Hôte Delong	51390 Saint-Euphraise-et-Clairizet	223
Chambre d'Hôte du Petit Château	80480 Dury	447
Chambre d'hôte Ferme d'Écosse	76110 Manneville-la-Goupil	410
Chambre d'Hôte Gérard Lagneau	69430 Quincié-en-Beaujolais	558
Chambre d'Hôte Hourcazet	32800 Eauze	333
Chambre d'hôte La Calmade	24420 Saint-Vincent-sur-l'Isle	57
Chambre d'hôte La Marmittière	37150 Civray-de-Touraine	201
Chambre d'hôte La Villa-Florida	76200 Dieppe	406
Chambre d'hôte l'Ambroisie	24310 Bourdeilles	42
Chambre d'hôte le Clos-Vallis	24200 Sarlat-la-Canéda	57
Chambre d'Hôte Le Moulin d'Aries	65230 Castelnau-Magnoac	345
Chambre d'Hôte le Saint-Denis	95510 Chérence	269
Chambre d'Hôte les Brugères	21160 Couchey	127
Chambre d'Hôte Les Égrignes	70150 Cult	250
Chambre d'Hôte M. Bruandet	60650 Hannaches	446
Chambre d'Hôte M. Dormion	77650 Lizines	261
Chambre d'Hôte M. Dumontant	23200 Saint-Pardoux-le-Neuf	301
Chambre d'hôte M. et Mme Asnar	64260 Izeste	86
Chambre d'Hôte M. et Mme Bonnot	69430 Les Ardillats	556
Chambre d'Hôte M. Ladeuix	40220 Tarnos	78
Chambre d'Hôte M. Leclère	02330 Connigis	440
Chambre d'Hôte M. Malherbe	56400 Ploemel	181

Castel Hôtel 1904/Château de Creissels

Chambre d'Hôte M. Mathieu	71600 Poisson	142
Chambre d'Hôte M. Piedallu	89160 Lézinnes	148
Chambre d'Hôte M. Prudent	15140 Salers	103
Chambre d'Hôte M. Stekelorum	27630 Fourges	392
Chambre d'Hôte M. Trouvé	17810 Saint-Georges-des-Coteaux	460
Chambre d'Hôte Madame Bonnet	85420 Maillezais	434
Chambre d'Hôte Madame Bordeau	72190 Coulaines	429
Chambre d'Hôte Madame Faraut	06530 Cabris	482
Chambre d'Hôte Madame Genty	76740 Saint-Aubin-sur-Mer	413
Chambre d'Hôte Madame Gouzer	56470 Saint-Philibert	185
Chambre d'Hôte Madame Pean	72800 Le Lude	430
Chambre d'Hôte Madame Servant	80230 Saint-Valery-sur-Somme	449
Chambre d'hôte Madame Vermeil	65400 Arcizans-Avant	343
Chambre d'Hôte Mme Bacchieri	21500 Rougemont	131
Chambre d'Hôte Mme Bagatelle	21320 Châteauneuf	126
Chambre d'Hôte Mme Beaujeard	63460 Beauregard-Vendon	110
Chambre d'Hôte Mme Boissière	63114 Montpeyroux	114
Chambre d'Hôte Mme Devenat	39130 Charezier	246
Chambre d'Hôte Monsieur Delaleu	95620 Parmain	269
Chambre d'Hôte Monsieur Gener	34530 Montagnac	287
Chambre d'Hôte Paul Gebrillat	63500 Perrier	117
Chambre d'Hôte Peyron-Gaubert	41170 Mondoubleau	207
Une Chambre en Ville	33000 Bordeaux	63
Chambres d'hôtes	28700 Cherville	192
Chambres d'Hôtes du Bois de Bonance	80132 Port-le-Grand	448
Chambres d'Hôtes le Sabathé	32700 Saint-Mézard	336
Chambres d'Hôtes M. Breton	88140 Bulgnéville	310
Chambres d'hôtes M. et Mme Blasselle	17300 Rochefort	457
Les Chandelles	28130 Villiers-le-Morhier	195
Les Charmes de Carlucet	24590 Saint-Crépin-et-Carlucet	53
Au Château	32230 Juillac	333
Château d'Épenoux	70000 Pusy-et-Épenoux	251
Château Blanchard	42140 Chazelles-sur-Lyon	548
Château Cagninacci	20200 San-Martino-di-Lota	233
Château Cantet	47250 Samazan	81
Château Coulon Laurensac	33360 Latresne	66
Château de Bachelard	42120 Commelle-Vernay	549
Château de Bel Air	18340 Arcay	189
Le Château de Boues	64570 Féas	83
Château de Bouesse	36200 Bouesse	196
Château de Chapeau Cornu	38890 Vignieu	548
Château de Charade	63130 Royat	118
Château de Châtel	08250 Châtel-Chéhéry	217
Château de Crazannes	17350 Crazannes	455
Château de Creissels	12100 Millau	322

ALLE ADRESSEN IN ALPHABETISCHER REIHENFOLGE

Château de Dampierre	14350 Dampierre	384
Château de Gamot	46130 Loubressac	339
Château de Grand Branet	33550 Capian	64
Château de Jonvilliers	28320 Écrosnes	193
Château de Kerlarec	29300 Arzano	163
Château de la Coste	46700 Grézels	338
Château de la Motte	59740 Liessies	365
Château de la Motte	42640 Noailly	550
Château de la Sébinière	44330 Le Pallet	421
Château de la Seiglal	47380 Monclar-d'Agenais	79
Château de la Vernède	63500 Saint-Rémy-de-Chargnat	120
Château de la Volonière	72340 Poncé-sur-le-Loir	431
Château de Labarom	86380 Cheneché	463
Château de Labessière	55320 Ancemont	307
Château de l'Ormet	03330 Valignat	97
Château de Marigny	58160 Sauvigny-les-Bois	137
Le Château de Mirvault	53200 Château-Gontier	428
Le Château de Pâquier	38650 Saint-Martin-de-la-Cluze	546
Château de Pasredon	63500 Saint-Rémy-de-Chargnat	120
Château de Passières	38930 Chichilianne	540
Château de Prauthoy	52190 Prauthoy	226
Château de Ribourdin	89240 Chevannes	146
Château de Rouillon	77590 Chartrettes	259
Château de Saint-Pierre-Brouck	59630 Saint-Pierre-Brouck	368
Château de Salornay	71870 Hurigny	141
Château de Saulty	62158 Saulty	374
Château de Séguenville	31480 Cabanac-Séguenville	327
Château de Vaumoret	86000 Poitiers	464
Château de Vins	83170 Vins-sur-Caramy	508
Château de Voissieux	63210 Rochefort-Montagne	117
Château de Vouilly	14230 Vouilly-Église	389
Château d'En Haut	59144 Jenlain	365
Château des Jacobins	47000 Agen	78
Château des Marceaux	38650 Avignonet	539
Le Château des Salles	17240 Saint-Fort-sur-Gironde	458
Château des Varennes	31450 Varennes	332
Le Château d'Escolles	71960 Verzé	143
Le Château d'Herbelon	38650 Treffort	547
Château du Max	03240 Le Theil	95
Le Château du Pavillon	85620 Rocheserviere	435
Château du Rey	30570 Le Vigan	281
Château Lantic	33650 Martillac	68
Château Meylet	33330 Saint-Émilion	70
Château Monlot	33330 Saint-Hippolyte	71
Le Chatellier	35260 Cancale	171
La Chaumière	62180 Verton	375

Château de Dampierre/La Cour au Tilleul

Nom	Code	Ville	Page
La Chaumière de Kervassal	56670	Riantec	184
Les Chaumières de Cahire	56400	Plougoumelen	182
Les Chaumières du Lac	44110	Saint-Lyphard	423
Ché Catrine	73500	Villarodin-Bourget	567
Les Chemins Verts	05500	Buissard	478
Le Cheval Blanc	52200	Langres	225
Au Cheval Blanc	67510	Niedersteinbach	19
Chez les Colin	25650	Hauterive-la-Fresse	240
Christine et Maurice Biron	24300	Nontron	52
Les Cinq Lacs	39130	Le Frasnois	249
Le Clos	21200	Montagny-lès-Beaune	130
Le Clos de la Garenne	17700	Puyravault	457
Le Clos de la Garenne	67700	Saverne	22
Le Clos des Arômes	13260	Cassis	493
Le Clos des Fontaines	91750	Nainville-les-Roches	268
Le Clos des Iris	04360	Moustiers-Sainte-Marie	473
Le Clos des Saumanes	84470	Châteauneuf-de-Gadagne	512
Le Clos du Mûrier	68170	Rixheim	33
Le Clos du Petit Marray	37310	Chambourg-sur-Indre	199
Le Clos du vivier	76540	Valmont	414
Le Clos Fleuri	14450	Saint-Pierre-du-Mont	388
Le Clos Grincourt	62161	Duisans	370
Le Clos Jouvenet	76000	Rouen	411
Clos Sainte-Marie	58000	Nevers	136
Clos Saint-Laurent	28210	Saint-Laurent-la-Gâtine	195
La Closerie de Manou	63240	Le Mont-Dore	113
La Closerie du Guilhat	64270	Salies-de-Béarn	88
Le Collet	88400	Xonrupt-Longemer	314
Les Colombages Champenois	10270	Laubressel	220
Colombier	67210	Obernai	19
Le Colombier de Corvol	58210	Corvol-d'Embernard	134
La Commanderie	62990	Loison-sur-Créquoise	372
Commerce	22800	Quintin	162
Le Comtadin	84200	Carpentras	511
Le Comtois	39130	Doucier	248
Le Conquérant	50760	Barfleur	395
Au Coq En Velours	38490	Aoste	539
La Cordeline	83170	Brignoles	500
Le Cordonant	74700	Cordon	569
La Corne de Cerf	35380	Paimpont	173
La Corniche	20200	San-Martino-di-Lota	233
Cos-Milin	29233	Cléder	164
Côté Rivage	24150	Badefols-sur-Dordogne	40
Le Cottage	14390	Cabourg	381
La Couette de Biéou	65170	Camparan	345
La Cour au Tilleul	46600	Martel	340

ALLE ADRESSEN IN ALPHABETISCHER REIHENFOLGE

La Cour des Prés	08290 Rumigny	217
Les Courtils	45430 Chécy	211
Le Couvent	15400 Trizac	104
Le Crêt l'Agneau	25650 La Longeville	241
Crispol	89450 Vézelay	154
La Croix Blanche	49590 Fontevraud-l'Abbaye	426
La Croix de Savoie	74300 Les Carroz-d'Araches	571
La Croix d'Or	50300 Avranches	395
La Croix du Sud	73100 Aix-les-Bains	562
Crystal	51100 Reims	222
Les Cymaises	21140 Semur-en-Auxois	132

D

D'Argouges	14400 Bayeux	381
De Barathe	15130 Giou-de-Mamou	99
De Biencourt	37190 Azay-le-Rideau	198
De Blauvac	84000 Avignon	509
De Lescoff	29770 Plogoff	168
Demeure de Flore	81240 Lacabarède	354
La Demeure de la Presqu'île	64270 Salies-de-Béarn	89
Demeure de la Vignole	49730 Turquant	428
Demeure d'Hauterive	03340 La Ferté-Hauterive	95
La Désirade	07340 Saint-Désirat	533
Aux Deux Clefs	68480 Moernach	30
Diderot	37500 Chinon	200
Domaine Borgnat le Colombier	89290 Escolives-Sainte-Camille	147
Domaine de Beauséjour	37220 Panzoult	203
Domaine de Bellegarde	40140 Soustons	77
Domaine de Carrat	33480 Castelnau-de-Médoc	64
Le Domaine de Clairefontaine	38121 Chonas-L'Amballan	541
Domaine de Coussères	66220 Prugnanes	293
Domaine de Croccano	20100 Sartène	234
Domaine de Gaudon	63520 Ceilloux	111
Domaine de Jean-Pierre	65300 Pinas	347
Domaine de la Brégellerie	49490 Auverse	425
Le Domaine de la Chapelle de Vâtre	69840 Jullié	555
Domaine de la Colombière	38270 Moissieu-sur-Dolon	545
Domaine de la Creuse	10800 Moussey	220
Domaine de La Fouquette	83340 Les Mayons	505
Domaine de la Marmette	24150 Lanquais	47
Domaine de la Pierre Chaude	11490 Portel-des-Corbières	278
Domaine de la Thiau	45250 Briare	210
Domaine de Lafon	82270 Montpezat-de-Quercy	358
Domaine de l'Ermitage	18500 Berry-Bouy	189
Domaine de Loran	32500 Saint-Maur	335
Domaine de Mestré	49590 Fontevraud-l'Abbaye	426
Domaine de Nestuby	83570 Cotignac	501

La Cour des Prés/La Ferme Ancienne de Bellerive

Le Domaine de Paguy	40240 Betbezer-d'Armagnac	74
Domaine de Romarand	69430 Quincié-en-Beaujolais	558
Le Domaine de Sainte-Barbe	45500 Nevoy	213
Domaine de Saint-Jean	11200 Bizanet	274
Domaine de Teinteillac	24320 Bourg-des-Maisons	42
Domaine de Ternant	63870 Orcines	116
Domaine des Patrus	02540 L'Épine-aux-Bois	441
Domaine des Rayes	04200 Saint-Geniez	476
Domaine du Berthiol	46300 Gourdon	337
Domaine du Bois d'Aucourt	60350 Pierrefonds	446
Domaine du Bois Vert	13450 Grans	495
Domaine du Bouxhof	68630 Mittelwihr	30
Le Domaine du Cauze	47600 Nérac	80
Domaine du Château de Marchangy	42190 Saint-Pierre-la-Noaille	552
Domaine du Clos des Garands	69820 Fleurie	554
Domaine du Fontenay	42155 Villemontais	553
Domaine du Mas Boluix	66100 Perpignan	292
Domaine du Mascaret	33290 Parempuyre	69
Domaine du Moulin aux Moines	21190 Meursault	130
Domaine du Voirloup	10190 Estissac	219
Domaine le Peyrourier „Une Campagne en Provence"	83149 Bras	500
Domaine Véga	65250 Saint-Arroman	348
Le Donjon	17470 Aulnay	454
Doumarias	24800 Saint-Pierre-de-Côle	56
Dousud	33430 Bernos-Beaulac	62
Durante	06000 Nice	487

E

L'Échauguette	42155 Saint-Maurice-sur-Loire	551
L'Enclos	24390 Tourtoirac	60
L'Erablais	28300 Saint-Aubin-des-Bois	194
L'Ermitage	61140 Bagnoles-de-l'Orne	404
Ermitage Saint Vincent	43100 Vieille-Brioude	109
Eth Béryè Petit	65400 Beaucens	344
Europe	81100 Castres	352
L'Évêché	84110 Vaison-la-Romaine	520
Eychenne	09200 Saint-Girons	319

F

La Faisanderie	60480 Puits-la-Vallée	447
La Famille Guy Charbaut	51160 Mareuil-sur-Ay	221
La Farigoule	84150 Violès	520
La Fauconnerie du Roy	78124 Montainville	267
Du Faudé	68650 Lapoutroie	28
La Ferme	84000 Avignon	509
La Ferme Ancienne de Bellerive	60170 Cambronne-lès-Ribecourt	444

ALLE ADRESSEN IN ALPHABETISCHER REIHENFOLGE

La Ferme aux Sangliers	64570 Issor	84
La Ferme Blanche	59840 Lompret	367
La Ferme Bonne de la Grotte	73360 Saint-Christophe-la-Grotte	566
Ferme de Bonavis	59266 Banteux	363
Ferme de Bray	76440 Sommery	413
La Ferme de Cabourg	50760 Réville	400
Ferme de Guerlan	56400 Plougoumelen	182
La Ferme de la Chapelle	76400 Fécamp	407
Ferme de la Gloire Dieu	10250 Courteron	218
Ferme de la Montagne	02290 Ressons-le-Long	441
La Ferme de la Rançonnière	14480 Crépon	383
Ferme de la Recette	77830 Échouboulains	260
La Ferme de Porz Kloz	29690 Berrien	164
Ferme de Ruthières	38930 Chichilianne	541
La Ferme de Soulan	65170 Saint-Lary-Soulan	348
La Ferme de Toussacq	77480 Grisy-sur-Seine	260
La Ferme de Vaux	60100 Creil	445
La Ferme de Vosves	77190 Vosves	266
Ferme des Glycines	14510 Gonneville-sur-Mer	385
Ferme des Grands Hutains	01300 Brens	526
Ferme des Guezoux	24800 Vaunac	60
La Ferme des Roses	42360 Panissières	550
Ferme du Busset	68370 Orbey	31
La Ferme du Château	28300 Bailleau-l'Évêque	192
La Ferme du Château	39800 Bersaillin	245
Ferme du Chatel	77160 Provins	263
La Ferme du Couvent	77720 Bréau	258
La Ferme du Couvent	04400 Pra-Loup	475
La Ferme du Grand Chesnoy	45260 Chailly-en-Gâtinais	211
La Ferme du Mouchel	14710 Formigny	384
La Ferme du Poulet	69400 Villefranche-sur-Saône	561
La Ferme du Vieux Château	77540 Ormeaux	262
Ferme Etxeberria	64220 Ispoure	84
Ferme le Petit Val	14480 Banville	380
Ferme Musée du Cotentin	50480 Sainte-Mère-Église	401
Les Feuilles d'Acanthe	33490 Saint-Macaire	71
La Flambée	24100 Bergerac	41
Fleur des Neiges	74110 Morzine	572
Le Fleuray	37530 Cangey	199
Floralp	74220 La Clusaz	570
Flor'Alpes	73590 La Giettaz	565
Les Forges	58200 Cosne-Cours-sur-Loire	134
La Fossardière	50440 Omonville-la-Petite	399
France et Fuchsias	50550 Saint-Vaast-la-Hougue	401
Funtana Marina	20220 L'Île-Rousse	230

G

G. H. Montespan-Talleyrand	03160 Bourbon-L'Archambault	93
Les Gabales	43170 Sauges	108
La Gabetière	38780 Estrablin	542
Gai Soleil	74170 Les Contamines-Montjoie	571
La Galinière	13790 Châteauneuf-le-Rouge	494
La Garance	84410 Bédoin	511
La Garencière	72610 Champfleur	429
La Garlande	32380 Saint-Clar	335
La Gâtine	78125 La Boissière-École	266
Gavrinis	56870 Baden	176
Au Gay Séjour	74210 Seythenex	574
Les Gentianettes	74360 La Chapelle-d'Abondance	569
La Gentilhommière	59269 Artres	363
George V	81000 Albi	350
Les Géraniums	84330 Le Barroux	514
Germinal	35510 Cesson-Sévigné	172
Gimbelhof	67510 Gimbelhof	16
Giniès	38114 Allemont	538
La Girandole	05350 Arvieux	477
Gîte du Val des Nymphes	26700 La Garde-Adhémar	537
La Goélette	62930 Wimereux	376
Golf Hôtel	76470 Le Tréport	409
Gorges de la Diosaz	74310 Servoz	573
Le Grain de Sable	33740 Arès	61
Le Grand Boucaud	33580 Rimons	70
Le Grand Cèdre	65270 Saint-Pé-de-Bigorre	349
Le Grand Cerf	61000 Alençon	403
Le Grand Fumichon	14400 Vaux-sur-Aure	389
Le Grand Hotel	71140 Bourbon-Lancy	138
Grand Hôtel Prouhèze	48130 Aumont-Aubrac	288
Le Grand Talon	49800 Andard	424
La Grande Marque	24440 Marnac	50
La Grande Poterie	03000 Coulandon	94
La Grand'Maison	62179 Escalles	371
Les Grands Crus	21220 Gevrey-Chambertin	128
Les Grands Prés	88240 La Chapelle-aux-Bois	312
La Grange aux Marmottes	65120 Viscos	350
La Grange de Boulay	89570 Neuvy-Sautour	150
La Grange du Moulin	64230 Lescar	87
Les Granges	63210 Nébouzat	115
Les Granges Hautes	24590 Saint-Crépin-et-Carlucet	54
La Grek	56590 Île de Groix	179
La Gribane	80230 Saint-Valery-sur-Somme	450
Grillon	21200 Beaune	125
Le Griou	15800 Saint-Jacques-des-Blats	102

ALLE ADRESSEN IN ALPHABETISCHER REIHENFOLGE

La Grosse Haie	51510 Matougues	222
La Guérandière	44350 Guérande	420
La Guérinière	24250 Cénac-et-Saint-Julien	44
Les Gués Rivières	33350 Pujols	69

H

Les Habrans	24310 Brantôme	43
La Halte du Temps	31310 Montesquieu-Volvestre	328
Le Hameau de Charles-Auguste	83340 Le Luc	504
La Haute Chambre	62170 Beussent	369
La Haute Verrerie	83340 Le Cannet-des-Maures	504
Les Hauts de Montguillon	77860 Saint-Germain-sur-Morin	264
Les Hauts de Véroncle	84220 Murs	517
Henri IV	33230 Coutras	65
L'Herminette	43550 Saint-Front	107
L'Hermitage	84210 Pernes-les-Fontaines	518
L'Hermitage Saint-Pierre	12230 Nant	323
Les Hirondelles	68970 Illhaeusern	26
Les Hortensias	17380 Archingeay	453
Les Hortensias	82700 Saint-Porquier	359
Host. du Château de la Pomarède	11400 La Pomarède	277
Host. du Pavillon Saint-Hubert	60270 Gouvieux	445
Hostal dels Trabucayres	66480 Las Illas	291
Hostellerie „Mère Biquette"	07580 Saint-Pons	534
Hostellerie des Clos	89800 Chablis	146
Hostellerie des Remparts	06570 Saint-Paul	488
Hostellerie du Bois	44500 La Baule	420
Hostellerie du Château	21320 Châteauneuf	127
Hostellerie du Château d'As	25110 Baume-les-Dames	239
Hostellerie du Cygne	67160 Wissembourg	23
Hostellerie du Grand Duc	11140 Gincla	277
Hostellerie du Lion d'Or	57680 Gorze	307
Hostellerie du Passeur	24620 Les Eyzies-de-Tayac	48
Hostellerie du Vieux Cordes	81170 Cordes-sur-Ciel	353
Hostellerie François Joseph	84330 Le Barroux	515
Hostellerie la Clé d'Or	77630 Barbizon	258
Hostellerie le Saint-Laurent	69720 Saint-Laurent-de-Mure	559
Hostellerie le Vert	46700 Mauroux	341
Hostellerie les Aiguillons	24320 Saint-Martial-Viveyrols	55
Hostellerie les Breuils	15300 Murat	101
Hostellerie Les Griffons	24310 Bourdeilles	41
Hostellerie les Hirondelles	63870 Orcines	116
Hostellerie Saint-Germain	39210 Saint-Germain-les-Arlay	250
Hostellerie Schwendi	68240 Kientzheim	27
Hôtel - restaurant de la Roue d'Or	86200 Loudun	464
Hôtel - restaurant la Dômerie	12470 Aubrac	320
Hôtel de Garlande	84000 Avignon	510

La Grosse Haie/Leï Souco

Hôtel de Kerlon	56680 Plouhinec	183
Hôtel de la Cathédrale	76000 Rouen	412
Hôtel de la Madeleine	24200 Sarlat-la-Canéda	58
Hôtel de l'École	41400 Pontlevoy	207
Hôtel des Bories	24620 Marquay	51
Hôtel des Canonniers	02100 Saint-Quentin	442
Hôtel des Récollets	24200 Sarlat-la-Canéda	58
Hôtel d'Évreux	27200 Vernon	394
Hôtel du Canal	11400 Castelnaudary	276
Hôtel du Château	24260 Campagne	44
Hôtel du Chêne	64250 Itxassou	85
Hôtel du Comminges	31510 Saint-Bertrand-de-Comminges	330
Hôtel du Golf	77150 Lésigny	261
Hôtel du Mail	49100 Angers	425
Hôtel du Marquais	59216 Sars-Poteries	368
Hôtel du Martinet	85230 Bouin	432
Hôtel du Saumon	27130 Verneuil-sur-Avre	394
Hôtel du Vieux Pont	12390 Belcastel	320
Hotel Laumière	75019 Paris	257
Hôtellerie du Lac	31250 Revel-Saint-Ferréol	329

I
Les Isles	50270 Barneville-Carteret	396

J
La Jabotte	06160 Cap-d'Antibes	484
La Jacquerolle	43160 La Chaise-Dieu	106
Jamagne	88400 Gérardmer	311
Le Jardin de Gustave	25290 Ornans	243
Les Jardins Fragonard	06800 Cagnes-sur-Mer	483
Jas des Nevières	04300 Pierrerue	474
Le Jeu du Mail	07400 Alba-la-Romaine	531
Chez Julie	59134 Beaucamps-Ligny	364
Julien	67130 Fouday	15

K
Le Kandahar	74390 Châtel	568
Kervenel	44350 Saint-Molf	424
Klein	67160 Cleebourg	13
Krumeich	67660 Betschdorf	12

L
La Bastide Vieille	34310 Capestang	286
La Ferme du Vert	62720 Wierre-Effroy	375
Lac des Graves	15590 Lascelle	100
Les Lacs d'Halco	40700 Hagetmau	75
Les Landettes	24260 Journiac	45
Leï Souco	83350 Ramatuelle	506

ALLE ADRESSEN IN ALPHABETISCHER REIHENFOLGE

La Lézardière	33540 Saint-Martin-de-Lerm	72
L'hôtel Europe	67700 Saverne	22
Li Fundali	20228 Luri	230
Le Lièvre amoureux	38840 Saint-Lattier	546
L'Inattendu	01400 Châtillon-sur-Chalaronne	527
Le Logis	50520 Juvigny-le-Tertre	398
Le Logis d'Antan	79270 Vallans	462
Logis de la Couperie	85000 La Roche-sur-Yon	433
Le Logis de la Paqueraie	37320 Saint-Branchs	204
Le Logis de l'Aunis	17540 Saint-Sauveur-d'Aunis	459
Les Logis de Lestiac	33550 Lestiac-sur-Garonne	66
Logis Saint-Léonard	17139 Dompierre-sur-Mer	455
Lou Chandel'Aigue	43140 La Séauve-sur-Semène	106
Lou Ferradou	15130 Saint-Étienne-de-Carlat	102
La Lozerette	48400 Cocurès	289

M

Ma Maison de Mer	17420 Saint-Palais-sur-Mer	458
Madame Micheline Denieau	17310 Saint-Pierre-d'Oléron	456
La Magnanerie de Bernas	30630 Montclus	281
La Magnolière	79000 Saint-Liguaire	461
Maïnade	64260 Buzy	82
La Mainaz	01170 Gex	528
La Maison	19120 Beaulieu-sur-Dordogne	297
Maison Bakea	81170 Cordes-sur-Ciel	353
Maison Burret	65200 Montgaillard	346
Maison de la Forêt	24130 Laveyssière	47
Maison de la Grande Ourse	09800 Salsein	319
La Maison de la Treille	63200 Davayat	112
La Maison de Manon	82130 Lamothe-Capdeville	356
La Maison des Chanoines	19500 Turenne	301
Maison des Chevaliers	82700 Escatalens	355
La Maison des Sources	84360 Lauris	514
Maison d'hôte des Méans	04340 Méolans-Revel	473
La Maison du Charron	67370 Pfettisheim	20
La Maison du Prince de Condé	03140 Charroux	93
Maison Elixondoa	64120 Pagolle	87
Maison Errard	37130 Langeais	202
La Maison Fleurie	24310 Brantôme	43
Maison Forte de Clérivaux	26750 Châtillon-saint-Jean	535
Maison Jeanne	31110 Saint-Paul-d'Oueil	331
Maison Léchémia	64270 Salies-de-Béarn	89
Maison Oléa	24260 Le Bugue	48
Maison Rachou	64570 Lanne-en-Barétous	86
La Maison Royale	70140 Pesmes	251
La Maison sur la Colline	11000 Carcassonne	275
Maison Thomas	68770 Ammerschwihr	25

La Lézardière/Les Marmottes

Le Manoir	84550 Mornas	517
Le Manoir de Beaulieu	19120 Beaulieu-sur-Dordogne	298
Manoir de Beaumont	76260 Eu	407
Manoir de Bel Air	41500 Saint-Dyé-sur-Loire	208
Manoir de Bellauney	50700 Tamerville	402
Manoir de Bodrevan	56190 Noyal-Muzillac	180
Manoir de Boisvillers	36200 Argenton-sur-Creuse	196
Manoir de Cantepie	14340 Cambremer	382
Le Manoir de Coat Canton	29140 Rosporden	165
Le Manoir de Crépon	14480 Crépon	383
Le Manoir de la Barbacane	85130 Tiffauges	436
Manoir de la Croix	50530 Montviron	399
Manoir de la Févrerie	50760 Sainte-Geneviève	400
Le Manoir de la Forêt	41160 La Ville-aux-Clercs	206
Manoir de la Salle du Roc	41400 Bourré	205
Manoir de la Semoigne	02130 Villers-Agron-Aiguizy	443
Le Manoir de la Ville Gourio	22500 Morieux	161
Manoir de l'Acherie	50800 Villedieu-les-Poêles	403
Manoir de Lanleya	29610 Plouigneau	169
Le Manoir de l'Engagiste	14290 Orbec	387
Manoir de l'Hermerel	14230 Géfosse-Fontenay	385
Manoir de Mathan	14310 Longvillers	386
Manoir de Rigourdaine	22490 Plouër-sur-Rance	162
Manoir de Tarperon	21510 Aignay-le-Duc	125
Manoir de Tourville	69610 Les Halles	556
Manoir de Troézel Vras	22610 Kerbors	160
Manoir des Chanterelles	82290 Meauzac	357
Le Manoir du Grand Vignoble	24140 Saint-Julien-de-Crempse	55
Le Manoir du Meldick	62730 Marck	372
Manoir du Plessis	35650 Le Rheu	173
Manoir du Plessis	76940 Vatteville-la-Rue	415
Manoir Francis	62170 Marles-sur-Canche	373
Manoir Le Plaix	03320 Pouzy-Mésangy	96
Le Manoir Saint-Clair	31130 Balma	326
Manoir Saint-jean	50110 Tourlaville	402
Manoir Saint-Michel	22240 Sables-d'Or-les-Pins	163
La Manufacture	31190 Auterive	325
Au Marais	79510 Coulon	460
La Mare	26800 Étoile-sur-Rhône	536
Mare e Monti	20225 Feliceto	229
La Marine	14117 Arromanches-les-Bains	380
La Marine	56590 Île de Groix	179
Le Marini	44500 La Baule	421
Marliac	46140 Bélaye	336
La Marmotte	89700 Collan	147
Les Marmottes	05330 Saint-Chaffrey	481

ALLE ADRESSEN IN ALPHABETISCHER REIHENFOLGE

Les Marronniers	14340 Cambremer	382
Mas de Bouvau	84150 Violès	521
Le Mas de Castel	24200 Sarlat-la-Caneda	59
Mas de Clairefontaine	06530 Val- du-Tignet	490
Le Mas de Guilles	84160 Lourmarin	516
Mas de la Lause	84330 Le Barroux	515
Le Mas de Magali	84110 Le Crestet	516
Le Mas de Mazan	07200 Mercuer	532
Mas des Aigras	84100 Orange	518
Mas des Cigales	06140 Tourrettes-sur-Loup	489
Le Mas des Oliviers	83390 Puget-Ville	506
Le Mas des Rièges	13460 Les Saintes-Maries-de-la-Mer	496
Le Mas du Caroubier	30700 Saint-Quentin-la-Poterie	283
Mas du Figuier	04200 Bevons	471
Mas Fontclaire	30250 Sommières	284
Maxime	89000 Auxerre	144
La Mazade	30730 Saint-Mamert-du-Gard	282
Le Médiéval	84000 Avignon	510
Les Mésanges	38410 Uriage-les-Bains	547
Messageries	39600 Arbois	245
La Métairie du Bourg	85500 Les Herbiers	434
La Métairie Neuve	81660 Pont-de-Larn	351
La Meulière	37130 Cinq-Mars-la-Pile	200
Meurice	62100 Calais	370
Midi-papillon	12230 Saint-Jean-du-Bruel	323
La Milaudière	37500 Ligré	203
Mimosa	34725 Saint-Saturnin-de-Lucian	288
Aux Mines d'Argent	68160 Sainte-Marie-aux-Mines	34
Le Mirval	06430 La Brigue	485
Monastère de Segriès	04360 Moustiers-Sainte-Marie	474
Chez Monsieur et Madame Perrot	19460 Naves	299
Montarlet	63390 Saint-Gervais-d'Auvergne	119
Montgarni	36230 Sarzay	197
Montségur	11000 Carcassonne	275
Les Mouettes	35430 Saint-Suliac	175
Le Moulin	25380 Vaucluse	244
Le Moulin	52100 Chamouilley	224
Le Moulin	62770 Fillièvres	371
Au Moulin	68127 Sainte-Croix-en-Plaine	34
Moulin Chantepierre	39110 Pont-d'Héry	249
Moulin de Bourgchâteau	71500 Louhans	141
Moulin de Fresquet	46500 Gramat	338
Le Moulin de Hard	14400 Subles	388
Moulin de Huttingue	68480 Oltingue	31
Le Moulin de la Beune	24620 Les Eyzies-de-Tayac	49
Le Moulin de la Butte	50170 Huisnes-sur-Mer	397

Les Marronniers/Parc

Le Moulin de la Coudre	89290 Venoy	152
Le Moulin de la Forge	89350 Tannerre-en-Puisaye	151
Le Moulin de la Renne	41140 Thésée	209
Le Moulin de la Sorinière	79250 Nueil-les-Aubiers	461
Au Moulin de la Walk	67160 Wissembourg	24
Le Moulin de la Wantzenau	67610 La Wantzenau	17
Moulin de Labique	47290 Saint-Eutrope-de-Born	80
Le Moulin de Linthe	72130 Saint-Léonard-des-Bois	432
Le Moulin de Marsaguet	87500 Coussac-Bonneval	302
Le Moulin de Moissac	82200 Moissac	357
Le Moulin de Pommeuse	77515 Pommeuse	263
Le Moulin de Rosmadec	29930 Pont-Aven	169
Le Moulin d'Eguebaude	10190 Estissac	219
Le Moulin des Arbillons	71520 Bourgvilain	139
Le Moulin des Planches	28270 Montigny-sur-Avre	193
Le Moulin des Vernières	63120 Aubusson-d'Auvergne	110
Moulin du Château	04500 Saint-Laurent-du-Verdon	477
Le Moulin du Gastronome	71850 Charnay-lès-Mâcon	140
Le Moulin Neuf	24510 Sainte-Alvère	54
Le Moulinot	89270 Vermenton	152
Les Moynes	46320 Saint-Simon	343

N
Le Nid à Bibi	01960 Servas	530
Chez Norbert	68750 Bergheim	25
Normandie	89000 Auxerre	145
La Nouvelle France	14310 Longvillers	386

O
Les Oliviers	83300 Draguignan	502
L'Ombre de Gozinière	03350 Theneuille	96
L'Orangerie	52190 Prangey	225
L'Orangerie	61290 Longny-au-Perche	404
L'Orée des Vignes	58200 Saint-Père	137
L'Oriel	68340 Riquewihr	32
Les Oussaillès	09140 Aulus-les-Bains	318

P
La Pagnoune	15320 Loubaresse	101
Paix	59000 Lille	366
La Palombière	89450 Vézelay	154
Le Panorama	76480 Duclair	406
Le Panoramique	24620 Les Eyzies-de-Tayac	49
Le Panoramique	38142 Mizoen	544
La Paravent	43700 Chaspinhac	105
Parc	21200 Levernois	129
Parc	34000 Montpellier	287
Parc	13420 Gémenos	495

ALLE ADRESSEN IN ALPHABETISCHER REIHENFOLGE

Name	PLZ Ort	Seite
Le Parc de Geoffroy	63300 Thiers	121
Le Parc des Maréchaux	89000 Auxerre	145
Le Parlement	05000 Gap	479
Le Pas-de-l'Île	85230 Saint-Gervais	435
Les Pasquiers	69220 Lancié	555
La Passiflore	07460 Saint-Paul-le-Jeune	534
À la Pastourelle	73480 Bonneval-sur-Arc	563
Le Pavillon de Margaux	33460 Margaux	67
Pavillon Sévigné	31110 Bagnères-de-Luchon	326
Le Pélican	56220 Rochefort-en-Terre	184
La Péniche Soleïado	31250 Ramonville-Saint-Agne	328
Les Perce-Neige	37210 Vernou-sur-Brenne	204
Père Benoit	67960 Entzheim	15
Perreau	58140 Lormes	135
Petit Castel	27210 Beuzeville	390
Le Petit Pont	72230 Moncé-en-Belin	431
La Petite Auberge	67140 Le Hohwald	18
Les Peupliers	05200 Baratier	478
Peyraguey Maison Rouge	33210 Bommes-Sauternes	62
Piaggiola	20166 Porticcio	232
Les Picorettes	69460 Vaux-en-Beaujolais	560
Pierre Nicole	75005 Paris	255
Pierrot-Pierrette	06500 Menton	486
Le Pigeonnier de Picandine	24350 Lisle	50
La Pilleterie	37420 Huismes	202
Les Pins	83510 Lorgues	505
Le Platane	82130 Lafrançaise	355
Platelin	42370 Renaison	551
La Pointe du Cap Coz	29170 Fouesnant	165
La Pointe du Grouin	35260 Cancale	171
La Pomme de Pin	87140 Thouron	303
Au Pont de Raffiny	63660 Saint-Anthème	118
Le Pont d'Or	46100 Figeac	337
Le Pont du Roy	30126 Tavel	284
Le Portail	36170 Saint-Benoît-du-Sault	197
Le Portail Bleu	77610 Châtres	259
Porz-Morvan	29550 Plomodiern	168
Poste	44420 Piriac-sur-Mer	422
La Poste	71120 Charolles	140
Le Poujastou	31110 Juzet-de-Luchon	327
Le Poupat	31420 Alan	324
Le Poutic	40240 Créon-d'Armagnac	74
La Pradasse	31450 Ayguesvives	325
Les Pradets	63114 Montpeyroux	115
Les Prairies	43190 Tence	109
Les Prés d'Ondine	67600 Baldenheim	11

Le Parc de Geoffroy/Residence Vert Galant

Au Président	32300 Mirande	334
Le Pressoir du Mont	27210 Saint-Maclou	393
Le Prieuré	18500 Vignoux-sur-Barangeon	191
Le Prieuré	62180 Tigny-Noyelle	374
Le Prieuré de la Chaise	41400 Saint-Georges-sur-Cher	208
Le Prieuré de Molanes	04400 Pra-Loup	475
Le Prieuré des Fontaines	27500 Les Préaux	392
Le Prieuré Maïalen	78840 Moisson	267
Le Prieuré Sainte-Croix	76470 Le Tréport	410
Prieuré-Saint-Lazare	49590 Fontevraud-L'Abbaye	427
Le Puits d'Athie	89380 Appoigny	144

Q

Quatre Dauphins	13100 Aix-en-Provence	491
Le Quercy	82110 Lauzerte	356
Le Quesnot	50660 Montchaton	398
Quic-en-Groigne	35400 Saint-Malo	175

R

La Raboullière	41700 Contres	205
La Ranquière	81240 Rouairoux	354
La Raze	19500 Collonges-la-Rouge	298
Régence	63140 Chatelguyon	111
Le Régent	02600 Villers-Cotterets	443
Relais Brunehaut	60350 Chelles	444
Relais de la Rance	35290 Quedillac	174
Le Relais de l'Abbaye	76480 Jumièges	408
Le Relais de Lavergne	24150 Bayac	40
Relais de l'Oustau Camarguen	30240 Port-Camargue	282
Le Relais des Abbesses	39210 Château-Chalon	247
Le Relais du Bas Limousin	19270 Donzenac	299
Le Relais du Castera	65150 - Nestier	346
Le Relais du Çatey	38080 L'Isle-d'Abeau	544
Au Relais du Château de Mensberg	57480 Manderen	308
Le Relais du Lyon d'Or	86260 Angles-sur-l'Anglin	462
Relais du Porhoët	56490 Guilliers	178
Le Relais du Taurion	87480 Saint-Priest-Taurion	302
Le Relais Guillaume de Normandy	80230 Saint-Valery-sur-Somme	450
Le Relais Rose	88300 Autreville	309
Le Relais Saint Benoît	89130 Villiers-Saint-Benoît	155
Le Relais Saint Vincent	89144 Ligny-le-Chatel	148
Relais Saint-Gilles	44210 Pornic	422
Les Remparts	33890 Gensac	65
La Résidence	11100 Narbonne	278
La Résidence	88340 Le Val-d'Ajol	313
La Résidence	82140 Saint-Antonin-Noble-Val	358
Residence Vert Galant	75013 Paris	256

ALLE ADRESSEN IN ALPHABETISCHER REIHENFOLGE

Les Revers	43130 Retournac	107
La Rivoire	42220 Saint-Julien-Molin-Molette	553
Les Rocailles	65100 Omex	347
La Romance	67220 Dieffenbach-au-Val	14
À la Route d'Argent	12340 Bozouls	321
Rue du Château	13150 Tarascon	499

S

Les Sables d'Ocre	84220 Roussillon	519
Saint-Christophe	13100 Aix-en-Provence	491
Saint-Éloi	87110 Solignac	303
Saint-Pierre	61150 Rânes	405
Saint-Romain	69480 Anse	554
Le Saint-Sauveur	48150 Meyrueis	290
Santa Maria	20113 Olmeto	231
La Santoline	07460 Beaulieu	531
Le Sarment d'Or	68340 Riquewihr	32
La Saura	21360 Lusigny-sur-Ouche	129
La Sauvageonne	33820 Saint-Palais	72
La Sérénité	30430 Barjac	279
Sèvres-Azur	75006 Paris	255
SNC les Charmettes	01510 Saint-Martin-de-Bavel	530
Soleil	73500 Aussois	562
La Solognote	18410 Brinon-sur-Sauldre	190
Soubeleta	64250 Itxassou	85
Les Sources Bleues	27500 Aizier	390
Sous le Pic - La Pérolière	42610 Saint-Romain-le-Puy	552
La Souveraine	88140 Contrexéville	310
Sphinx-Hôtel	26200 Montélimar	537
Stiren ar Mor	56470 La Trinité-sur-Mer	180

T

Les 3 Luppars	62000 Arras	369
À la Table de la Bergère	19600 Nespouls	300
Taillard	25470 Goumois	240
La Templerie	16430 Champniers	453
Au Temps d'Autrefois	21340 Nolay	131
La Terrasse	43170 Saugues	108
La Terrasse	46120 Lacapelle-Marival	339
La Terrasse	69240 Thizy	560
La Terrasse	76119 Varengeville-sur-Mer	414
Le Thy	56800 Ploërmel	181
Ti Va Zadou	29253 Île-de-Batz	166
Les Tilleuls	46160 Marcilhac-sur-Célé	340
Les Tilleuls	69480 Lucenay	557
Le Tinailler du Manoir de Champvent	71700 Chardonnay	139
La Tonnelle	30200 La Roque-sur-Cèze	280

La Toque Blanche	02300 Chauny	439
La Toscane	83310 Grimaud	503
La Touille	24250 Cénac-et-Saint-Julien	45
La Tour	19190 Aubazine	297
La Tour	27340 Pont-de-l'Arche	393
La Tour du Vieux Port	33500 Libourne	67
La Tour Intendance	33000 Bordeaux	63
Les Tourelles	80550 Le Crotoy	448
Les Tourterelles	62290 Noeux-les-Mines	373
La Treille Muscate	26270 Cliousclat	535
Les Trémières	17310 La Cotinière	456
Le Trianon	56410 Étel	178
Le Troubadour	46500 Rocamadour	342
Turenne	68000 Colmar	26
Ty Gwenn	44550 Saint-Malo-de-Guersac	423
Ty Me Mamm	56340 Carnac	177
Ty-boni	40150 Angresse	73
Ty-Dreux	29410 Loc-Eguiner-Saint-Thégonnec	167

U

Univers	51100 Reims	223
Les Usses	45760 Marigny-les-Usages	212

V

Le Val d'Aron	58340 Cercy-la-Tour	133
Le Val Fleuri	38250 Lans-en-Vercors	543
Le Val Joli	88230 Le Valtin	314
Val Majour	13990 Fontvieille	494
Val-Chrétien	02130 Bruyères-sur-Fère	439
Vauban	90000 Belfort	252
La Veaudepierre	86300 Chauvigny	463
Vent d'Ouest	76600 Le Havre	409
Verdun	58000 Nevers	136
Les Vergers	76860 Quiberville	411
Les Vergers de Montourey	83600 Fréjus	502
Vic	30210 Castillon-du-Gard	280
La Vieille Forêt	45240 La Ferté-Saint-Aubin	212
Les Vieilles Fontaines	89270 Sacy	151
Les Vieilles Tours	46500 Rocamadour	342
Le Vieux Carré	76000 Rouen	412
Le Vieux Castel	04500 Roumoules	476
Le Vieux Logis	17500 Clam	454
Le Vieux Logis	74140 Yvoire	574
Le Vieux Pressoir	27210 Conteville	391
À la Vigne	68280 Logelheim	29
Le Vignoble	67650 Dambach-la-Ville	14
Villa Argi-eder	64500 Saint-Jean-de-Luz	88

ALLE ADRESSEN IN ALPHABETISCHER REIHENFOLGE

Villa Ashram	33121 Maubuisson	68
Villa des Courtissous	24210 Saint-Rabier	56
Villa des Houx	76390 Aumale	405
La Villa du Lac	68290 Sewen	35
La Villa du Rhône	01700 Miribel	529
Villa du Vieux Puits	71140 Bourbon-Lancy	138
Villa Fleurie	21200 Beaune	126
Villa Gaïa	04000 Digne-les-Bains	471
Villa Hôtel	45500 Poilly-lez-Gien	213
Villa l'Églantier	06400 Cannes	483
Villa les Pins	31340 Vacquiers	331
Villa Lou Gardian	83110 Sanary-sur-Mer	507
Villa Marguerite	22370 Pléneuf-Val-André	161
Villa Marie-Jeanne	13012 Marseille	497
Village Grouchy	50560 Blainville-sur-Mer	396
Villemenard	18500 Vignoux-sur-Barangeon	191
La Violetterie	71740 Saint-Maurice-lès-Châteauneuf	142
Les Voyageurs	19320 Saint-Martin-la-Méanne	300

W
Wilson	21000 Dijon	128
Winzenberg	67650 Blienschwiller	13
Le Withof	59630 Bourbourg	364

Z
Zinckhotel	67140 Andlau	11

BILDNACHWEIS

Fotos der Privatunterkünfte und Hotels:

Projektleiter – Productions photos Alain LEPRINCE
Agence ACSI – A CHACUN SON IMAGE
2, rue Aristide Maillol, 75015 Paris – Tél. : (33) 1 43 27 90 10

Bildnachweis : Philippe GUERSAN, Lawrence Banahan, Romain Aix, Annick MEGRET

mit Ausnahme von:
L'Hermitage: L'Hermitage/MICHELIN
La ferme de la Rançonnière: La ferme de la Rançonnière/MICHELIN
La Romance: La Romance/MICHELIN
Thuilerie des Fontaines: La Thuilerie des Fontaines/MICHELIN
Une campagne en Provence: Une Campagne en Provence - www.provence4u.com/MICHELIN
Le chalet des Alpages: Le chalet des Alpages/MICHELIN
La Bergerie: La Bergerie/MICHELIN

Die Regionen: Bildunterschriften und Bildnachweis

ALSACE/ELSASS: *Andlau an der Elsässischen Weinstraße* R. Mattes/MICHELIN • **AQUITAINE/AQUITANIEN:** *Becken von Arcachon* A. Thuillier/MICHELIN • **AUVERGNE:** *Rathaus von Ambert* J. Damase/MICHELIN • **BOURGOGNE/BURGUND:** *Kanalbrücke von Briare* Ph. Gajic/MICHELIN • **BRETAGNE:** *Hafen von Le Palais, Belle-Île* G. Guégan/MICHELIN • **CENTRE:** *Schloss d'Ussé* Ph. Gajic/MICHELIN • **CHAMPAGNE-ARDENNE:** *Place Ducale in Charleville-Mézières* Ph. Gajic/MICHELIN • **CORSE/KORSIKA:** *Bonifacio* G. Magnin/MICHELIN • **FRANCHE-COMTÉ:** *Burg von Joux* G. Benoît à la Guillaumen/MICHELIN • **ÎLE-DE-FRANCE UND PARIS:** *Place de la Concorde* B. Kaufman/MICHELIN • **LANGUEDOC-ROUSSILLON:** *Talkessel von Navacelles* B. Kaufman/MICHELIN • **LIMOUSIN:** *Brücke bei Sénoueix* S. Sauvignier/MICHELIN • **LORRAINE/LOTHRINGEN:** *Bitche/Bitsch und seine Festung* R. Mattes/MICHELIN • **MIDI-PYRÉNÉES:** *Kathedrale von Albi* B. Kaufman/MICHELIN • **NORD-PAS-DE-CALAIS:** *Internationales Drachenfestival in Berck-sur-Mer* Y. Tierny/MICHELIN • **NORMANDIE:** *Landschaft im Pays d'Auge* G. Targat/MICHELIN • **PAYS-DE-LA-LOIRE:** *Salzgewinnung auf Noirmoutier* M. Thiery/MICHELIN • **PICARDIE:** *Vogelpark von Marquenterre* S. Sauvignier/MICHELIN • **POITOU-CHARENTES:** *Port d'Arçais im Marais Poitevin* D. Mar/MICHELIN • **PROVENCE-ALPES-CÔTE-D'AZUR:** *Calanque von Sormiou* G. Magnin/MICHELIN • **RHÔNE-ALPES:** *Notre-Dame de la Vie in Saint-Martin de Belleville* S. Sauvignier/MICHELIN

Umschlagfoto

1. Umschlagseite: © SIC/Valentin Christophe

46, avenue de Breteuil – 75324 Paris Cedex 07
℡ 01 45 66 12 34
www.ViaMichelin.fr

Manufacture Française des Pneumatiques Michelin
Société en commandite par actions au capital de 304 000 000 EUR
Place des Carmes-Déchaux, 63 Clermont-Ferrand (France) - R.C.S. Clermont-Fd B 855 200 507
Michelin et Cie, Propriétaires-Editeurs - Dépôt légal Janvier 2006

Jede Reproduktion, gleich welcher Art, welchen Umfangs und mit welchen Mitteln,
ist nur mit vorheriger Genehmigung des Verlages gestattet.

Printed in Italy 01-2006/3.1

Satz: Maury, Malesherbes
Druck: STIGE, San Mauro (Italie)

Layout: Studio Maogani
Bildredaktion und Farbumschlag: Christelle Le Déan et Maud Burrus
Layout Umschlag: Laurent Muller

Ausgabe 2006

IHRE MEINUNG INTERESSIERT UNS!

Für Ihre Mithilfe an der kontinuierlichen Verbesserung dieses Reiseratgebers möchten wir uns im Voraus bedanken. Senden Sie diesen Fragebogen bitte an:

Michelin Reifenwerke KGaA, Reise-Verlag, „Fragebogen Privatunterkünfte und Hotels mit Charme in Frankreich" Landkommissärstr. 3, D-76829 Landau

❯ 1-Sie sind:

- männlich ❒
- weiblich ❒
- unter 25 Jahre ❒
- 25-35 Jahre ❒
- 35-50 Jahre ❒
- Über 50 Jahre ❒

- Landwirt ❒
- Angestellter ❒
- Handwerker, Einzelhändler, Unternehmer ❒
- Arbeiter ❒
- Führungskraft oder selbstständig ❒
- Rentner ❒
- Lehrer ❒
- Student ❒
- Ohne berufliche Tätigkeit ❒

❯ 2-Zu welchem Zweck haben Sie diesen Reiseratgeber erworben?

- für den Urlaub ❒
- für ein Wochenende oder einen Kurztrip ❒
- für Geschäftsreisen ❒
- als Geschenk ❒

❯ 3-Wie sind Sie in Urlaub gefahren?

- zu zweit ❒
- mit der Familie ❒
- alleine ❒
- mit Freunden ❒
- sonstiges ❒

❯ 4-Haben Sie bisher schon Michelin-Reiseratgeber erworben?

- ja ❒
- nein ❒

Wenn ja, welche?

- den Roten Michelin-Führer (Hotels und Restaurants) ❒
- den Grünen Reiseführer ❒
- eine andere Ausgabe dieses Führers ❒
- sonstige Michelinführer (Titel bitte angeben) ❒

❯ 5-Wie oft suchen Sie im Internet nach Informationen über Hotels, Privatunterkünfte

- nie ❒
- gelegentlich ❒
- regelmäßig ❒
- häufig ❒

❯ 6-Wie beurteilen Sie die folgenden Punkte dieses Reiseratgebers?

1 = sehr gut 2 = gut 3 = ausreichend 4 = schlecht 5 = sehr schlecht

	1	2	3	4	5
die Auswahl der Adressen	❒	❒	❒	❒	❒
die Anzahl der Adressen	❒	❒	❒	❒	❒
die Aufteilung Hotels und Privatunterkünften	❒	❒	❒	❒	❒
die geografische Aufteilung der Adressen	❒	❒	❒	❒	❒
den Zimmerpreis	❒	❒	❒	❒	❒
die Informationen (Preis, Freizeitaktivitäten)	❒	❒	❒	❒	❒
die Beschreibungen	❒	❒	❒	❒	❒
die Fotos	❒	❒	❒	❒	❒
die allgemeine Aufmachung	❒	❒	❒	❒	❒
die Aufteilung nach Regionen	❒	❒	❒	❒	❒
das thematische Register	❒	❒	❒	❒	❒
den Umschlag	❒	❒	❒	❒	❒
den Preis dieses Führers	❒	❒	❒	❒	❒
sonstiges (bitte angeben)	❒	❒	❒	❒	❒

❯ 7-Benoten Sie den Reiseratgeber mit einer Punktzahl zwischen 1 und 20 (Höchstnote 20): /20

❯ 8-Welche Verbesserungsvorschläge haben Sie?